KB248433

기측체의 역해 3

추측록 推測錄 (하)

기측체의 역해 氣測體義 譯解 3
추측록 推測錄 (하)

2025년 4월 28일 초판 1쇄 펴냄

역해자   이종란
원저자   최한기
펴낸이   김영호
펴낸곳   도서출판 동연
등록   제1-1383호(1992. 6. 12.)
주소   (03962) 서울시 마포구 월드컵로 163-3
전화/팩스 (02)335-2630 / (02)335-2640
이메일   yh4321@gmail.com
인스타그램 instagram.com/dongyeon_press

ISBN 978-89-6447-997-1 94150
ISBN 978-89-6447-994-0 (기측체의 역해)

氣　기측체의
測　역해 3
體
義　추측록 推測錄
　　（하）

譯
　　이종란 역해
解　최한기 원저

역해자 서문

이 책『기측체의 역해』는 19세기 최한기의『기측체의』를 나의 철학 관점에서 우리말로 옮기고 주석하며 해설한 책이다. 최한기는 단순한 사상가가 아니다. 근대 전환기 우리의 전통과 현대를 잇는 그야말로 우리 철학이 무엇인지 모범 사례를 보여주는 인물이다. 그 중요성은 당시 전통문화와 사상이 서양 종교와 과학의 도전에 대응한 점에서, 또 우리의 정신적 정체성이 21세기 현재에도 갈팡질팡하는 점에서도 찾을 수 있다. 다만 현대 한국인들이 그 상황을 제대로 의식하지 못하고 있을 따름이다. 그런 점에서 그의 철학은 19세기 전반기 조선 철학이지만, 그 해석이 시의성을 갖추면 현대 우리 철학이다.

알려진 최한기 철학 용어의 생소함은 바로 우리 철학이 만들어지는 과정에서 탄생한 독창성 때문이다. 그 생소함과 독창성은 원시 유학, 제자백가 사상, 주희 성리학, 양명학, 불교사상, 전통 의학, 무엇보다 기의 철학 등에서 합리적 내용을 계승하면서 동시에 서양 과학과 종교 그리고 그 철학과 신학이 혼합된 서학의 장점과 서로 융합하면서 나온 저자 철학의 표면적 특징 가운데 하나이다.

나는 석사과정 때부터 줄곧 최한기의 철학을 연구하면서 이『기측체의』와 그의 저작에 관심을 가졌으나, 그때는 감히 내 방식대로 옮겨보겠다는 생각을 못 했다. 그 생소함에 더해 전통 철학 전반과 서학에 대한 무지 때문이었다. 그 후 다시 전통 철학과 그의 철학을 본격적으로 공부하면서 그의 식견과 그 학문의 배경이 만만치 않음을 알게 되었고, 그 공부한 내용을 차례차례 번역하거나 저술하였다. 주희 성리학은 『주희의 철학』(예문서원), 양명학은 『왕양명 실기』(한길사), 서학은 『공제격치』(한길사), 기와 관련된 철학과 의학·예술·종교 등은 『기란 무엇인가』(새문사)에서, 그 적용을 위하여 『의산문답』(한설연)과 『운화측험』(한길사) 등의 책을 펴냈고, 그의 철학 난제 가운데 하나인 윤리 문제는 『운화와 윤리』(문사철)에서 그리고 시험적으로 철학의 핵심 내용만 쉽게 간추리고 풀어서 중·고생 대상의 『기측체의』(풀빛)라는 책을 낸 바 있다.

그런 일의 결실로서 이 『기측체의 역해』를 출간하는 세 가지 목적이 있다. 첫째는 우리 철학을 밝히는 일이다. 우리 철학이 무엇인지 그 방법론에 대해서는 이미 출간한 『서양 문명의 도전과 기의 철학』(학고방)에서 근대 전환기의 기의 철학을 대상으로 적용한 바 있다. 그래서 19세기 전반기 우리 철학으로서 전통 철학을 재해석하여 계승·극복하거나 서학을 수용·변용하면서 새로운 철학을 탄생시킨 내용, 동시에 그것을 어떤 논리로 진행하는지 구체적으로 밝혔다. 이는 또 한국철학사에서 이른 시기에 동서 철학의 교섭으로 새로운 철학을 탄생한 일을 면밀하고 구체적으로 밝히는 일이기도 하다. 이 책은 그 근거와 사례를 강력히 뒷받침한다.

두 번째 목적은 철학이 구름 잡는 이야기 곧 역사와 현실 문제를 떠난 공리공담이 아님을 분명히 밝히는 데 있다. 이 책 곳곳에 원저자가 살았던 조선 후기 사회의 문제를 짚어내고 비판하며 대안 이론이나 논리를 제시하기 때문이다. 물론 그 일부는 여전히 지금의 현실에도 적용됨을 해설에서 지적하였다. 이것은 내가 연구한 우리 철학의 방법론 가운데 필수모델에 속하는 내용이면서 동시에 이 책의 기본 태도이기도 하다. 그런 점에서 나는 어떤 이념이나 종교에 치우치거나 현실에 무관심한 태도로 인해 중요한 문제를 줄곧 오판하거나 그것에 무지한 철학자와 그의 철학을 신뢰하지 않는다.

마지막 목적은 후학을 위해 내가 평생 연구한 내용을 내놓은 일이다. 그래서 은퇴 후에 줄곧 이 일에 매달렸고, 열악한 독서 환경 속에 출판 비용도 만만치 않지만, 평생을 가르치고 공부만 학자로서 내가 조금 희생해서라도 세상을 위해 할 수 있는 일이란 이것뿐이라는 생각에서였다. 보잘것없지만 역사에 부끄럽지 않게 살려는 작은 몸부림이라 여긴다. 시장에 구애하려는 목적이었더라면 아예 엄두조차 못 낼 일이다.

이 책을 마무리하고 나니 되레 나의 치부만 드러내어 부끄럽기 짝이 없다. 그 번역문은 미래세대의 일반인을 의식하고 옮겼지만, 낱말 선택과 문장이 거칠었음을 인정하지 않을 수 없다. 한문 해석에서 '겉 문리'와 '속 문리' 사이를 오락가락한 느낌이다. 전문가와 연구자들은 각주와 해설 위주로 읽기를 권한다. 또 나는 해석상 나의 그것과 다른 관점이 있을 수 있음을 인정한다. 그 차이는 오로지 나의 철학에서 발생하는 문제이다. 따라서 이 책의 내용은 원저자의 철학이면서 동시에 나의 철학일 수밖에 없다. 있을지도 모르는 오역을 포함해서 모두 나의 관점에서 바라보고 이해한 원저자의 철학이기 때문이다. 그래서 내 해석만이 옳다고 주장하고 싶지는 않다.

따지고 보면 이 책은 순수하게 나 개인의 역량만으로 나온 게 아니다. 나의 논문 지도교수이자 성리학의 이해를 높일 수 있도록 번번이 기회를 마련해 주신 최영진 성균관대 명예교수, 30년 넘게 고락을 함께하며 강학한 왕부지사상연구회 고 임옥균 고문과 회원들, 한중철학회에서 함께 『주역전의대전』을 읽으면서 절차탁마한 회원들, 한국에서 철학을 공부하는 일이 무엇인지 고민하게 해준 한국철학사상연구회의 근현대

삶사회분과 회원들, 우리 철학에 각별한 애정으로 연구를 책임지고 함께 진행했던 조선대 이철승 교수와 동료 연구원들, 현실 사회의 문제를 고민하게 해준 설득포럼의 고 김종명 대표와 위원들, 각자의 새로운 철학 연구를 소개하며 토의한 진인회 회원들, 불교와 과학을 이해하는 데 도움을 준 고려대 양형진 교수 그리고 오래전『기측체의』를 함께 읽었던 성균관대학교 대학원 동양철학과 한국철학전공 후배들, 무엇보다 내가 소싯적 철학과 음악 사이에서 진로 문제로 갈등할 때 그 우선순위를 결정하는 데 일조한 권인호 대진대 명예교수를 비롯하여 앞에서 언급하지 못한 여러 동학의 영향과 도움 그리고 그것들을 바탕으로 내 삶과 사유 속에서의 변증법적 지양이 없었으면 이 책의 출간은 불가능했을 것이다. 끝으로 본서는 열악한 출판 환경 속에서도 동연출판사 김영호 대표님의 결단으로 빛을 보게 되었다. 모두에게 머리 숙여 감사드린다.

2024. 1.

이종란 씀

기측체의 서문

氣測體義 序

주공[1]과 공자가 오랜 세월 동안 스승[2]이 된 까닭은 그들의 존귀한 호칭[3]에 또 그들의 몸가짐[4]과 얼굴의 신비한 광채[5]에도 있지 않다. 더군다나 그것이 다시 그들의 평상시 모습[6]과 행동[7]과 의복과 집과 만난 시대에 있었겠는가? 참으로 그것은 법도를 세우고 윤리를 밝히고 몸을 닦고 나라를 다스리는[8] 방법에 있다. 또 옛날과 지금을 참작하고 인심의 바탕

---

1 이름은 旦(기원전 ?~기원전 ?)으로 西周의 걸출한 정치가. 文王의 아들이자 武王의 동생으로 成王을 보필하여 서주의 문물을 완성한 사람으로 공자 이전의 성현으로 여기던 인물.

2 百世師는 百世之師의 줄인 말로 그 용례는 『孟子』, 「盡心下」의 "孟子曰, 聖人, 百世之師也, 伯夷柳下惠是也."에 보인다. 이는 백세 후까지 모든 사람에게 본보기가 될 만큼 훌륭한 사람. 百世는 3천 년으로 아주 긴 시간을 말함.

3 尊號는 왕이나 제후의 덕을 기리거나 선왕을 높인 이름. 일찍이 『史記』, 「秦始皇本紀」의 "臣等謹與博士議曰, 古有天皇, 有地皇, 有泰皇, 泰皇最貴. 臣等昧死上尊號, 王為泰皇 … 追尊莊襄王為太上皇."에 보임. 본문에서는 그것처럼 높여 부르는 이름의 뜻. 가령 공자를 '孔夫子'나 '大成至聖文聖王' 등으로 부르는 것이 그것이다.

4 容儀는 달리 儀容으로도 불리며 몸을 가지는 태도로서 용모와 행동거지. 『漢書』, 「成帝紀贊」의 "成帝善修容儀, 升車正立, 不內顧, 不疾言, 不親指, 臨朝淵嘿, 尊嚴若神, 可謂穆穆天子之容者矣."에 보인다. 비슷한 말에는 『中庸』에서 말하는 威儀가 있다.

5 神彩는 神采와 같이 쓰이며 여러 뜻이 있으나 여기서는 얼굴의 신비로운 기운과 광채를 의미함. 『晉書』, 「王戎傳」의 "戎幼而穎悟, 神彩秀徹, 視日不眩."에 보인다.

6 居處는 뒤에 宮室이 나오므로 사는 장소가 아니라 평상시의 생활 태도로 보임. 그 용례로 『論語』, 「子路」의 "居處恭, 執事敬, 與人忠, 雖之夷狄不可棄也."와 같은 책 「陽貨」의 "夫君子之居喪, 食旨不甘, 聞樂不樂, 居處不安."에 보임.

7 動作은 여기서는 행위나 거동을 뜻함. 『左傳』, 「襄公三十一年」의 "法行可象, 聲氣可樂, 動作有文, 言語有章."에 보임.

8 修身과 治國은 格物·致知·誠意·正心·修身·齊家·治國·平天下의 『大學』 8조목 가운데

과 제도의 꾸밈9을 적절하게 조절하여,10 도리를 밝히고 의론11을 바르게 해서, 후세 사람들에게 자연과 인간 일상에 합당함12을 준수하도록 알린 데 있다. 이것이 그들이 오랜 세월 동안 스승이 된 까닭이다.

周公孔子所以爲百世師者, 不在於周公孔子之尊號, 又不在於容儀神彩. 況復在於居處動作衣服宮室, 及所遇之時乎. 亶在於立綱明倫修身治國之道. 參酌乎古今, 損益乎質文, 明其道, 正其誼, 以詔後世遵守天人常行之宜. 此所以爲百世師也.

주공과 공자를 스승으로 삼는 후세 사람들은 오직 그들이 참작하고 조절한 내용을 본받아야지, 어찌 있지도 않은 내용을 오로지 본받기만 할 것인가? 나아가 나라의 제도와 풍습은 옛날과 지금이 알맞음을 달리하고, 역법과 물리는 후대로 오면서 더욱 밝아졌다. 그러니 주공과 공자가 통달한 큰 도리를 배우는 사람은 장차 주공과 공자의 남긴 자취만 꽉 붙잡아 지키면서 변통13이 없어야겠는가? 아니면 주공과 공자가 통달한 점을 취하여 본받고 연혁14이 있어야겠는가?

　나오며, 자기의 몸을 닦고 나라를 다스리는 일.

9 質과 文은 일찍이 『論語』, 「雍也」에 보이는데, "質勝文則野, 文勝質則史, 文質彬彬然後, 君子."라고 한데서 나온 말. 여기서 질은 인심의 본바탕, 문은 문물제도로서 꾸밈을 말함.

10 損益은 덜어내거나 보태는 뜻으로 제도를 시세에 맞게 잘 조절하는 일이다. 이것은 최한기(이하 저자로 약칭)의 變通 사상과 연결된다. 損과 益은 덜어내거나 보태준다는 『周易』 괘의 이름이기도 한데, 이를 근거로 損益을 설명하는 일이 많음. 합성된 낱말은 『周易』, 「損卦」의 "損剛益柔有時, 損益盈虛, 與時偕行."에 보인다.

11 誼에는 義의 뜻이 있으나 여기서는 議의 뜻. 그 용례로 『漢書』, 「董仲舒傳」의 "故擧賢良方正之士, 論誼考問."에 보인다.

12 天人(常行)之宜는 용어사전을 볼 것.

13 變通은 『周易』, 「繫辭上」의 "變通莫大乎四時."와 「繫辭下」 第1章의 "窮則變, 變則通, 通則久"에 등장하는 말. 자세한 것은 용어사전을 볼 것.

後之師周孔者, 惟當師其參酌損益之所在, 豈惟師其所不在也. 至於國制風俗, 古今異宜, 歷算物理, 後來益明. 則師周孔之通達大道者, 將膠守周孔之遺蹟而無所變通耶. 抑將取法周孔之通達而有所沿革耶.

대개 천지 만물과 인간은 모두 기의 조화[15]를 말미암아 생겨났는데, 후세 사람들이 겪어온 일과 경험은 점차 기를 밝혔다. 그래서 이치를 규명하는 사람에게는 기준[16]이 있어서 떠들썩한 논란을 그치게 하였고, 수행하는 사람에게는 매개물[17]이 있어서 어긋나거나 벗어나는 일이 거의 없게 되었다.

蓋天地人物之生, 皆由氣之造化, 而後世之閱歷經驗漸明乎氣. 究理者有準的而熄其紛紜, 修行者有津梁而庶無違越.

그리하여 기의 본체를 논하여 『신기통』을 저술하였고, 기의 작용[18]을

---

14 沿은 따르는 것, 革은 바꾸는 것. 저자 變通의 다른 표현으로 동어 반복을 피하기 위한 것으로 보임.

15 造化는 천지자연과 만물이 저절로 생성·소멸·변화하는 것 또는 자연을 가리킴. 일찍이 『莊子』, 「大宗師」의 "今一以天地爲大鑪, 以造化爲大冶, 惡乎往而不可哉."에 보이며, 후대 학자들이 『주역』의 만물 생성과 변화의 의미를 조화의 개념으로 설명하였다. 이는 조물주가 이 세상을 만들었다는 기독교의 창조설과 대비된다. 저자는 마테오 리치의 『천주실의』와 그 외 많은 서학 관련 서적을 읽고 그것을 분명히 인지한 상태에서 이 글을 썼다. 중국에 온 당시 일부 선교사는 조물주인 하느님을 造化라는 말로 번역하기도 하였다.

16 準的은 용어사전을 볼 것. 『後漢書』, 「齊武王縯傳」의 "遽自尊立, 爲天下準的, 使後人得承吾敝, 非計之善者也."에 용례가 보임.

17 津梁은 나루터 또는 그 교량. 교량의 작용을 하는 사물이나 사람을 비유하는 말로도 쓰임. 『魏書』, 「封軌傳」의 "吾平生不妄進擧, 而每薦此二公, 非直爲國進賢, 亦爲汝等將來之津梁也."에 그런 뜻이 보임.

18 여기서 말하는 기의 작용이란 두 가지 측면에서 말할 수 있다. 하나는 자연현상에 나타나는 기의 작용이고, 다른 하나는 인간의 정신작용을 뜻한다. 『추측록』에서

밝혀『추측록』을 지었는데, 두 책은 서로 안팎이 된다. 일상의 삶에서
앎을 기억하고 밖으로 그것을 드러내어 쓰는 일[19]이 비록 이 기를 버리고
자 하여도 불가능하며, 지식을 찾아 모으는 일도 이 기를 안 데[20]서
나오지 않음이 없다. 기를 논한 글은 여기서 대략 그 단서를 열어 놓았고,
두 글을 합쳐 엮었는데,『추측록』6권,『신기통』3권, 총 9권으로, 이름
을『기측체의』라 하였다.

論氣之體而著神氣通, 明氣之用而撰推測錄, 二書相爲表裏. 日用常行, 涵育發用,
雖欲捨是氣而不可得, 拔萃知識, 無非出於通是氣也. 論氣之書, 於斯略發其端, 合
二書而編之, 推測錄六卷, 神氣通三卷, 總九卷, 名曰氣測體義.

이 책을 읽는 사람이 주공과 공자의 도리를 본받는 데에 무슨 도움을
받을까? 주공과 공자의 학문은 실제의 이치[21]를 좇아 앎을 넓혀서 나라
를 다스리고 온 세상을 평화롭게 하는 일[22]에 나아가기를 바란다. 그러니

　　두 가지를 다 다루며, 推測만은 후자의 뜻인데, 곧 인간의 마음인 신기가 추리하고
　　판단하는 推測 활동을 두고 한 말이다.

19　뒤에서 밝히겠지만 涵育과 發用의 대상은 앎이다. 涵育은 기억을 말하며 발용은
　　기억한 내용을 드러내 사용하는 일이다. 저자는 서학의 영향으로 앎의 기억-저장-발
　　용의 세 단계를 말한다.

20　원문의 通은 그의 철학의 중요 개념 가운데 하나인데, 여기서는 '알다'의 뜻. 통이
　　함축하는 의미는 매우 많고 복잡한데 문맥에 맞게 적절히 옮길 것임. 용어사전을
　　볼 것.

21　實理는 실제로 근거가 있는 이치. 여기서는 주희 성리학의 리를 의식하고 기를
　　근거로 한 이치를 말함으로써 주공과 공자를 假託하여 저자의 철학적 입지를 세우려
　　는 의도가 엿보임. 주희도 實理라고 주장하여,『朱子語類』卷21, 19項(이하 21-19와
　　같은 방식으로 통일함)에서 "忠信, 以人言之. 蓋忠信以理言, 只是一箇實理."라고
　　말하고 있는데, 이는 실생활의 도덕적 이치를 말한다.

22　『大學』에서 말하는 治國과 平天下. 그 전에 앎을 넓힌다는 格物致知가 전제되어
　　있다.

기는 실제 이치의 근본이요, 추측은 앎을 넓히는 중요한 방법이다. 이 기를 말미암지 않으면 탐구하는 내용이 모두 허황하고 망령되거나 괴이하고 거짓된 이치이며,23 추측을 말미암지 않으면 아는 내용이 모두 근거와 증거가 없는 말이다. 그리하여 근고의 잡학과 이단의 설24은 없애기를 기약하지 않아도 저절로 없어지고, 알차고 참된 대상은 저절로 확립되며 밝은 것도 저절로 드러나니, 고금을 참작하는 일과 피차의 변통25에는 자연히 방법이 있다. 그 결과 옛날에 밝히지 못한 대상을 지금에 밝히거나, 옛날에 마땅하던 내용이 지금에는 어긋나기도 한다. 또 지금 숭상하는 일이 옛것에 미치지 못하기도 하고, 지금 밝힌 내용이 옛사람들이 버린 내용에서 나오기도 한다.

讀之者有何補於師周孔之道乎. 周孔之學, 從實理而擴其知, 以冀進乎治平. 則氣爲實理之本, 推測爲擴知之要. 不緣於是氣, 則所究皆虛妄怪誕之理, 不由於推測, 則所知皆無據沒證之言. 近古之雜學異說, 不期祛而自祛, 精實自立, 光明自著, 古今

---

23 虛妄은 일찍이 王充의 『論衡』, 「書虛」의 "世信虛妄之書, 以爲載於竹帛上者, 皆賢聖所傳, 無不然之事, 故信而是之, 諷而讀之. 睹眞是之傳與虛妄之書相違, 則并謂短書, 不可信用."이라고 하여 황당무계의 뜻으로 사용하였다. 怪誕은 괴이하고 거짓된 것으로 唐 劉知幾의 『史通』, 「古今正史」의 "發言則嗤鄙怪誕, 敘事則參差倒錯."에 보인다. 전자는 전통 학문과 종교, 후자는 기독교를 비판할 때 자주 쓴다. 용어사전을 더 볼 것. 여기서 '기독교'라는 말은 개신교만이 아니라 예수의 가르침을 믿고 따르는 모든 그리스도교를 일컫는 말로 사용함. 이하 모두 적용.

24 전통적으로 잡학은 유학이 아닌 것을 싸잡아서 지칭하며, 이단은 유학이면서 정통 유학이 아닌 것을 지칭해 왔다. 그러나 저자는 기를 근거로 하지 않는 학문을 똑같은 용어로 비판하는데, 그 대상을 행간에 숨겨두고 있다. 또 저자가 역사를 구분할 때는 上古, 中古, 近古, 方今라는 용어를 쓰는데, 여기서 현재인 방금은 청대를 가리키고, 근고는 송·원·명대이다. 따라서 근고의 잡학과 이단에는 기독교도 포함된다.

25 '피차의 변통'이란 참다운 앎을 기준으로 본문의 '옛날과 지금'처럼 피차 알고 있는 것을 비교해서 수정하는 것. 변통의 일반적 의미는 용어사전을 볼 것.

之參酌, 彼此之變通, 自有其術. 古所不明, 或明乎今, 古之攸宜, 或違於今矣. 今之所
尙, 或不逮於古, 今之所明, 或出於古人所棄.

이러한 논리로서 주공과 공자를 본받는 도리에 연결해 보면, 옛날과
지금이 다르지 않고 참작할 내용이 갖추어진다. 또 몸을 수양하고 나라를
다스리는 방법을 연구하여 밝히면, 참된 이치는 이로 말미암아 쉽게
좇을 수 있는 순서를 갖게 되고, 항상 통하는 윤리도 이것을 따라 붙들어
세울 방도가 있게 된다.

擧此而通之於師周孔之道, 則古今無異, 參酌備陳. 究明修身治國之道, 則誠實之理,
從此有易循之序, 倫綱之常, 從此有扶植之術.

주공과 공자 같은 오래된 스승의 성덕과 대업26은 정말로 후세에 누가
밝히기를 기다리고 있다. 그래서 실용에 도움이 된다면 비록 하찮은
사람의 말27이라도 취하여 쓰고, 후세 사람들이 한 말이라고 해서 아직
내버리지 못할 것이다. 만약 주공과 공자의 도리에 도움이 없다면, 비록
듣기 좋은 말28이나 좋은 말이라 할지라도 취하여 쓸 수 없다. 참으로
자연과 인간에 합당한 경지에 배워 도달할 수 있다면, 신기29와 추측을

---

26 『周易』, 「繫辭上」: 盛德大業至矣哉. 富有之謂大業, 日新之謂盛德.

27 蕘說의 蕘는 나무꾼으로 『詩經』, 「板」의 "先民有言, 詢于芻蕘."라는 말에서 가져왔다.

28 巧言은 원래 부정적으로 교묘하게 꾸미는 말의 뜻으로는 『論語』, 「學而」의 "巧言令色,
鮮矣仁."에 보이며, 또 표면상으로는 듣기 좋으나 실제로는 허위인 말로서 『詩經』,
「小雅·雨無正」의 "哿矣能言, 巧言如流, 俾躬處休."에 보인다. 본문에서는 듣기 좋은
말의 뜻.

29 용어사전을 볼 것. 일찍이 신묘한 기운의 뜻으로는 『禮記』, 「孔子閒居」의 "地載神氣,
神氣風霆, 風霆流形, 庶物露生, 無非敎也."에 보이며, 인체 내의 순수한 元氣의
뜻으로는 『莊子』, 「田子方」의 "夫至人者, 上闚靑天, 下潛黃泉, 揮斥八極, 神氣不變."

기약하지 않아도 저절로 신기와 추측에 이를 것이며, 주공과 공자의
길을 기대하지 않아도 저절로 그 길에 들어갈 것이다.

周公孔子百世師之盛德大業, 果有俟於後世之所明. 有補於實用, 則雖蒭說而取用,
未嘗以後世所言拚棄之. 若無補於周孔之道, 雖巧言善辭, 不可取用. 苟能學到天人
之宜, 不期乎神氣推測, 而自臻乎神氣推測, 不期乎周孔之道, 而自入於周孔之道.

1836년[30] 초겨울 최한기 쓰다

道光十六年, 丙申孟冬, 崔漢綺書

등에 보인다.

30 道光은 청 宣宗의 연호이며 그 16년 丙申年은 조선 헌종 2년이다.

해 설

원문의 '참작·손익·변통·연혁'이라는 핵심 낱말을 통해 제도와 문물을 개혁할 수 있음을 주공과 공자를 빌어 말하고, 또 "자연과 인간에 합당함을 준수한다"라는 말로서 최한기(이하 저자로 약칭) 학문의 성격을 읽어낼 수 있다. 곧 '물리'와 '인정'으로 자주 표현하는 사물의 이치와 인간의 실정에 합당한 개혁 또는 변화를 중시하는 특징이 그것이다.

그것은 그의 철학에서 볼 때 당연하다. 물론 기의 외연을 모르면 이해하기 어렵겠지만, 일단 현실의 모든 존재는 기로 이루어지고 모든 활동은 기와 연관된 그것인데, 인류의 누적된 경험으로 점차 기를 밝혔기 때문이다. 곧 인식의 진보에 조응하여 인간의 제도나 삶을 바꾸어야 한다는 관점이 그것이다.

특히 '기가 실제 이치의 근본'이라는 의미는 뒤에서 밝히겠지만, 모든 존재의 근원은 기이고, '실제의 이치'는 기의 조리 또는 속성으로서 물리적 법칙을 말하며, 기를 떠난 형이상학적 존재나 원리를 인정하지 않는다는 뜻이다. 우리가 볼 때 주공과 공자가 이런 기철학의 실리를 따랐다는 역사적 증거는 없지만, 저자는 주공과 공자의 권위를 빌어 자신이 말하고 싶은 점을 드러내고 있다. 곧 개혁의 당위도 이들의 업적을 재해석해서 주장한다. 조선 후기 시대 배경에서 볼 때 학문풍토에 대한 반성이 필요함을 행간에서 말하고 있다.

그리고 "추측은 앎을 넓히는 중요한 방법이다"라고 하여 추측을 강조하고 있다. 추측은 『기측체의』의 소제목을 포함해서 총 753회 등장할 정도로 이 책의 핵심어로서, 추(推)라는 추리와 측(測)이라는 판단의 논리로 이루어지는 앎의 과정 또는 방법이다. 곧 추측은 감각을 통한

경험의 토대 위에서 발현되며, 경험한 내용을 추리하여 새로운 앎을
판단하는 인식 활동으로, 물리적 법칙의 추리만이 아니라 인간의 윤리나
도덕의 가치 등을 구축해 가는 활동이다. 자연히 추측이 경험을 통해
앎을 넓혀가는 핵심 활동이다.

정리하면 신기의 통함과 추측을 중시하는 학문으로서 현실에 맞게
주공과 공자가 의도한 바를 이룰 수 있다고 하여, 『기측체의』 저술의
의도와 정당성을 주장하고 있다.

『기측체의』와 최한기

1. 최한기는 누구인가?

학생들에게 보통 실학자로 알려진 최한기(崔漢綺, 1803~1877)는 19세기 초·중반에 활동한 사상가이자 철학자이다. 철학자라고 말할 수 있는 근거는 『기측체의』의 저술 태도만 보아도 충분하다. 독창적 이론은 물론이고, 저술에 필요한 자료를 어디서 가져왔든 간에 그것을 본인의 철학적 세계관과 방법론에 맞게 재해석하거나 그 맥락에 따라 재구성하였기 때문이다.

그는 혜강(惠剛), 패동(浿東), 기화당(氣化堂), 명남루(明南樓) 등의 호를 사용하였으며, 자는 지노(芝老)이고 본관은 삭녕(朔寧)이다. 개성 출신이지만 서울에서 살았고, 세조 때 영의정을 지낸 최항(崔恒, 1409~1474)의 15대 후손으로 알려져 있다. 하지만 그 후 적어도 최한기의 직계 조상 10대를 거꾸로 계산해 올라가 보면, 한 사람의 문과 급제자도 없고, 음직(蔭職)인 감찰과 군수 1명 그리고 양부 최광현(崔光鉉)이 무과 출신으로 곤양 군수를 지낸 일이 사회적 위상을 잘 나타내고 있다.[1]

그도 그럴 것이 인조반정 뒤부터 정국을 이끌었던 서인·남인·노론·소론의 후예가 아니거나 세도 정권을 주도했던 권문세가에 빌붙지 못하면,

---

[1] 이우성·손병욱·허남진·백민정·권오영·전용훈 저, 『혜강 최한기 연구』 (사람의무늬, 1916), 36쪽.

조선 초기 양반의 후손이라도 예외 없이 몰락의 길을 걸을 수밖에 없었기 때문이다. 이처럼 그도 비록 양반의 후손이지만 사회적 영향력이 별로 없는 집안 출신이었고, 생원으로 평생을 보냈으니 지낸 벼슬도 없었다. 다만 장남 최병대(崔柄大, 1819~1888)가 문과에 합격하여 관직에 진출함으로써 훗날의 증직(贈職)만 있다.

그런 까닭으로 사회적 활동과 그가 교유한 사람들은 제한될 수밖에 없었다. 다시 말하면 그가 조선말까지 주류 학문으로 내려온 주희 성리학을 치밀하게 공부하지 않았던 것은 아니지만, 주요 학자들과 교유한 흔적이 거의 없고, 겨우 중인에 해당하는 역관(譯官) 그리고 김정호(金正浩, ?~?)나 이규경(李圭景, 1788~1856) 등에 그치고 있어서, 주류 사회로부터 크게 주목받지 못했음을 말해준다.[2]

이 점은 본서의 성격과 관련하여 매우 중요하다. 어떤 영향력 있는 인물이나 문벌과 학벌의 후예가 주도하는 학맥에 소속되지 않음으로써 사상적으로 자유롭게 자신의 의견을 개진할 수 있는 공간이 마련되기 때문이다. 이 책에서 주희 성리학을 비판·극복할 수 있었던 일도 또 양명학이나 노장학 무엇보다 서학 등을 자유롭게 접할 수 있었던 일도 그런 배경 때문이다.

더구나 관직이나 당파에 소속되지 않음으로써 불필요한 견제나 오해로부터 자유롭게 되어 독창적인 신선한 사고를 할 수 있었다. 기껏해야 젊은 도학자 전우(田愚, 1841~1922)로부터 양명학자로 지목될 정도였

---

2 최한기의 가계와 그 내력, 연보, 저술한 책 등의 자세한 사항은 앞의 책과 예문동양사상연구원·김용헌 편저, 『혜강 최한기』(예문서원, 2005)와 권오영·손병욱·신원봉·최진덕·한형조, 『혜강 최한기』(청계, 2000)와 최영진 외 지음, 『조선말 실학자 최한기의 철학과 사상』(철학과현실사, 2000) 등에 자세하다.

고, 훗날 학행이 약간 알려져 세도 정권의 실력자 조인영(趙寅永, 1782~1850)으로부터 벼슬 제안을 받은 일 정도가 고작이었다. 그래서 이 책에서 현실 정치에 대한 비판과 개혁 담론이 많을 뿐만 아니라, 그 개혁의 필요성을 철저하게 철학의 논리에 연동해 놓고 있다.

다만 19세기 당시 천주교 박해가 심해서 서양 종교와 거리를 둘 수밖에 없어서 표면적으로 그것을 비판하지만, 그 철학의 일부를 수용 또는 변용한 점을 누구나 알 수 있게 쉽사리 드러내지 않았는데, 그것은 서학을 신봉한다는 불필요한 오해를 대비한 자기 검열의 소산이었다. 최한기가 서학에서 과학사상만 수용했다고 믿는다면 그 또한 일면적 고찰이다.

훗날 그의 학행이 알려져 신미양요 때 대원군의 뜻에 따라 강화진무사 (江華鎭撫使) 정기원(鄭岐源, 1809~?)의 자문에 응하기도 하지만, 이미 나이가 많아 사회적으로 영향력 있게 활동하지 못했다.3 이렇듯 최한기 의 신변에 관해 알려진 내용이 많지 않아도, 그동안 학계에서 꾸준히 연구한 성과가 있어서 저술과 활동의 자세한 내용은 지면 관계상 각주에 소개한 문헌과 이 글 뒤의 연보로 대체한다.

2.『기측체의』와 그 구성 및 사상적 배경

(1)『기측체의』와 그 출간

전통 철학을 공부한 사람이라면 처음『기측체의(氣測體義)』라는 책 이름을 접할 때는 다소 생소하다고 느끼게 된다. 무슨 근거로 이렇게

---

3 권오영·손병욱·신원봉·최진덕·한형조,『혜강 최한기』 37-42쪽 참조.

지었는지 쉽사리 상상되지 않기 때문이다. 이 책에 그런 이름을 붙인 설명은 없지만, 서문에 "기의 본체를 논하여『신기통』을 저술하고 기의 작용을 밝혀『추측록』을 지었다(論氣之體而著神氣通, 明氣之用而撰推測錄)"라는 말을 보면,『신기통(神氣通)』과『추측록(推測錄)』에서 각각 '氣' 자와 '測' 자를 따왔음을 알 수 있다. 그리고 또 '기의 본체를 논하고 기의 작용을 밝혔다'라는 말에서 보면, '氣測體義'는 '신기와 추측의 본체와 작용'이라는 뜻임을 곧장 알 수 있다.『기측체의』의 전개 논리에서 보면 신기는 본체이고 추측은 그 작용이다.

사실 본체와 작용을 의미하는 체용(體用)이란 말은 불교에서 자주 쓰던 용어인데, 또 그 체용이 체의(體義)와 같이 쓰이기도 했다. 곧 체(體)는 제법(諸法)의 평등한 이체(理體)를 말하고, 의(義)는 차별되는 제법에서 본체가 드러나는 현상과 작용인 바, 체의는 신유학에서 자주 쓰는 체용의 뜻으로 봐도 무관하다. 그렇다면 체용이 있는데 왜 굳이 그것을 쓰지 않고 '體義'라고 했을까? 동아시아 서적의 이름에 '體用'이 들어간 문헌은『사고전서』같은 곳에 보이지 않으니 거의 없다고 봐야 한다. 대신 '體義'가 들어간 책에는 송의 도결(都絜)이 지은『역변체의(易變體義)』와 예수회 선교사 마테오 리치의 저서 가운데『건곤체의(乾坤體義)』등이 있다. 저자는『주역』에도 조예가 깊었고 선교사들이 쓴 서학 관련 책을 자주 보았으므로, 그런 용례를 따라 이런 이름을 정한 것으로 보인다. 물론 이에 대한 설명은 없다.

이 책은 중국 베이징의 정양문(正陽門) 안의 인화당(人和堂)에서 활자로 간행하였다고 하는데, 그 시기와 경위는 알 수 없다. 서문이 1836년으로 되어 있으니, 요즘 출판의 관례에 따라 그해나 한 해 뒤라고 생각할 수 있겠다. 하지만 아니다.『추측록』권5의 일부 내용에 1836년 뒤에 있는 내용을 추가한 사실을 보면, 적어도 1차 아편전쟁이 끝난 1842년 이후에 출간한 것 같다. 거기에는 아편전쟁 직후 1842년에 초간한 청 위원(魏源)의『해국도지(海國圖志)』내용이 등장하기 때문이다. 그뿐만 아니라『추측록』에는 초기 선교사들이 전한 과학과 다른 훗날 저술한 『운화측험(運化測驗)』(1860)의 내용과도 겹치는 부분이 꽤 있다. 그러 니까 서문을 다 쓰고 난 뒤 새로운 내용을 추가했음을 알 수 있다.

최한기는 지금까지는 베이징에 간 적이 없는 것으로 알려져 있다. 그럼에도 거기서 출판할 수 있었던 까닭은 그가 교유한 사람 가운데 역관이나 사신 출신이 있었기 때문이라고 한다.[4]

(2)『기측체의』의 저술 목적

이 책을 끝까지 잘 음미하면 저술의 목적을 종합할 수 있지만, 먼저 『기측체의』의 서문만 잘 분석해도 그것을 확인할 수 있다. 거기에 "이 책을 읽는 사람이 주공과 공자의 도리를 본받는 데에 무슨 도움을 받을 까?"라는 말이 보이는데, 바로 독자들이 주공과 공자의 도리를 본받도록 하는 데 표면적 목적이 있다고 하겠다.

사실 이런 진술은 형식적이며 유학의 모든 학파의 주장이기도 하다. 문제는 주공과 공자의 도리가 어떤 것인지 다른 학파와 구별되는 저자만 의 주장에 그 차이가 있을 것이다. 주공과 공자의 도리 또한 서문에 "참으로 그것은 법도를 세우고 윤리를 밝히고 몸을 닦고 나라를 다스리는 방법에 있다. 또 옛날과 지금을 참작하고 인심의 바탕과 제도의 꾸밈을 적절하게 조절하여, 도리를 밝히고 의론을 바르게 해서, 후세 사람들에

---

4 같은 책, 28-29쪽 참조.

게 자연과 인간 일상에 합당함을 준수하도록 알린 데 있다"라는 말 속에 녹아 있다.

이 말은 매우 함축적이어서 분석해 봐야 한다. 먼저 '몸을 닦고 나라를 다스린다'라는 표현에서 수기치인(修己治人), '법도를 세우고 윤리를 밝힘'은 제도의 확립, '옛날과 지금을 참작하고'에서 '의론을 바르게 해서'까지는 제도나 정책의 시의성과 적절성을 뜻하며, '자연과 인간 일상에 합당함을 준수한다'라는 말에서는 합리적이고 과학적인 태도를 가리키고 있다. 종합하면 제도를 만들거나 수정하는 위치에 있는 사람의 도리란 시의성과 적절성 및 합리성과 과학적 태도를 갖추어 세상을 이끄는 일 곧 인문 정신의 실현이다.

여기서 기존의 유학과 차이점은 시의성과 적절성 그리고 합리성과 과학적 태도에서 찾아야 할 것 같다. 이전 유학에서 시의성을 강조하지 않은 것은 아니지만, 19세기 상황은 그것과 비교할 수 있는 상태가 아니었다. 다시 말해 주희 성리학이 뒷받침하는 제도와 학문 방법으로서는 전근대성을 극복하기 어려웠기 때문이다. 그 대안 가운데 하나가 인간과 자연에 대한 합리적이고 과학적 이해이다. 자연히 그러한 대상을 파악하는 인식의 문제가 부각되어 신기통과 추측이 강조될 수밖에 없었고, 그것의 주체이자 그 주체와 대상을 매개하는 것이 신기였다.

그러니까 '주공과 공자의 도리'는 19세기 상황에 맞는 유학의 저자 방식의 재해석이었다. 다시 말해 동아시아 유학을 새롭게 해석해서 독자들에게 내보이는 일이 그 목적이었다. 곧 전근대사회를 이끌었던 주희 성리학을 극복하고 주공과 공자를 잇는 사람이 저자 본인이라는 자부심이 이 책 행간의 곳곳에 보인다. 더 나아가 그런 유학만이 아니라 서양의 종교와 그 학문을 비판하고, 거기서 과학적이고 합리적인 요소만 본인의 학문 속에 변용하여 명실공히 동서를 아우르는 보편적 가르침이라고 자부하였다. 그것이 진정한 '주공과 공자의 도리'를 잇는다고 보는 본인만의 자부심이었다.

자, 처음으로 되돌아가서 '주공과 공자의 도리를 본받게 하는 일'이 이 책의 저술 목적이라면, 그것은 바로 최한기 자신의 주장을 독자들이 본받게 하는 데 있다. 그렇다면 독자들이 누구인가? 형식적으로는 이 책을 읽는 모든 사람에게 해당하겠지만, '주공과 공자'가 한 일을 상기해 본다면, 당시는 요즘과 같은 일반독자가 아니라 적어도 한문을 아는 사대부 지식층이고, 뒤의 내용을 보면 사회에 영향력을 끼치는 위치에 있으면 왕을 포함한 통치 대열에 참여한 독자들이다. 현대적 관점에서 보면 이 책을 읽는 사회의 리더가 저자의 주장을 본받게 하는 데 있다고 하겠다.

그렇다면 지금의 우리는 이『기측체의』의 저술 목적을 어떻게 받아들여야 할까? 그 답은 역시 '주공과 공자의 도리를 본받게 하는 일'에 있다. 곧 주공과 공자는 고대의 인문 정신을 세우는 데 이바지한 인물이다. 초자연적 신이나 인간 실존과 거리가 먼 어떤 대상으로부터 인간의 자율성과 독립을 높인 분들이다. 다시 말하면 인간 위에서 군림하는 어떤 존재나 미신 따위에서 벗어나 인간 속에서 길을 찾는 일이다. 특히 공자에겐 설령 초자연적인 무엇이 있다고 해도 공경하되 멀리할 대상일 뿐이다.

그런 맥락에서 볼 때 조선 후기 구체제를 이념적으로 뒷받침하는 주희 성리학 말류의 폐단과 온갖 잡술과 미신에서 벗어나기 위한 그리고 기독교와 같은 초월적 신 중심의 종교와 거리를 둔, 곧 서양 중세에서 근대로 전환하는 인문-계몽주의를 최한기가 알았는지와는 무관하게 결과적으로 보면, 동서 양자의 폐단을 극복하고자 하는 데서 그 목적을 풀어낼 수 있다.

그러므로 현대의 우리는 인간을 옥죄며 인간 위에 군림하는 무엇, 그것이 자본이든 이념이든 종교든 제도든 권력이든 기술이든 상품이든 인공지능이든 또 무엇이든 간에 인간성을 억누르고 지배하는 대상에서 벗어나 인간을 위하는 일이 참으로 무엇인지 또 어떻게 해야 하는지 고민하는 데서 찾아야 할 것이다. 다만 모든 게 다 좋을 수는 없기에 빈대 잡으려다가 초가삼간을 다 태우는 어리석음만 경계해야 할 것 같다.

(3)『기측체의』의 구성

이 책은『신기통』3권과『추측록』6권으로 이루어져 있다. 그러니까 두 종류의 독립된 책인데 하나로 합쳐 이름을 붙였음을 알 수 있다. 그렇다면 서문에서 말한 대로『신기통』에서 기의 본체를 논하고,『추측록』에서 기의 작용을 밝혔는가?

여기서 본체와 작용은 불교에서 주로 사용했던 용어이지만 송대 신유학이 그것을 사용하면서 널리 쓰게 되었는데, 둘 사이의 관계는 본체와 작용이 하나의 근원이라는 체용일원(體用一源), 겉으로 드러난 작용과 드러나지 않은 미묘한 본체는 틈이 없다는 현미무간(顯微無間)이란 말로 압축된다. 본체와 작용이 따로 존재하거나 독립적으로 작용하지 않는다는 뜻이다. 논리상 구분되어도 본체를 설명해도 작용을 말할 수밖에 없고, 작용을 말해도 본체를 언급할 수밖에 없다.

그래서 기의 본체를 논한다는 말은 기 개념의 내포를, 작용을 밝힌다는 말은 기 운동의 외연 곧 기의 다양한 운동 양태를 밝힌다는 말로 이해할 수 있다. 물론 현대의 논문처럼 『신기통』과 『추측록』을 오로지 그렇게 나누어 논하고 밝혔다고 한다면 좀 어폐가 있지만, 앞의 체용 관계를 따라 서술한 것은 분명하다. 『신기통』에서 기의 본체를 논함은 기철학에서 다루는 우주와 이 세상을 이루고 있는 존재의 근원이자 본질을 설명하는 것으로서, 그것이 구성하고 있는 다양한 사물과 현상의 보편성과 특수성을 다룬다. 곧 그 내용에는 신기(神氣)의 개념, 일기장존(一氣長存), 기의 불생불멸(不生不滅), 유행(流行)과 취산(聚散), 기의 성격으로서 생기(生氣)와 활물(活物), 만물의 생성과 소멸, 기의 내재적 운동성, 이기(理氣)의 관계, 기(신기)와 질의 관계, 신의 개념, 초월적이거나 비물질적 대상의 존재 여부, 영혼의 본질 문제, 사후 세계의 존재 여부, 물질과 정신의 이원성 여부 등이 녹아 있다. 특히 신기는 존재의 근원이면서, 서학식으로 말하면 만물의 영혼 그리고 인간의 인식 활동의 주체이자 동시에 만물 속에 깃든 존재이다. 그래서 신기의 설명만으로 곧 본체를 논하는 일로 본 것 같다.

그러나 『신기통』의 목차만 보면, 비록 신기가 간여해도 기의 본체를 논하는 내용과 거리가 멀어 보인다. 곧 체통(體通)·목통(目通)·이통(耳通)·비통(鼻通)·구통(口通)·생통(生通)·수통(手通)·족통(足通)·촉통(觸通)·주통(周通)·변통(變通)으로 되어 있기 때문이다. 체통은 인식의 총론적 성격이 강하고, 목통에서 촉통까지는 신체 기관에 따른 감각적 인식에 할애되어 서양의 오감보다 세밀하고, 주통은 감각 내용을 통합한 보다 진전된 인식이며, 변통은 인식의 수정 또는 그에 따른 사회적 실천이다. 하지만 앞에서 설명한 체용 관계에 따라 사물의 작용 속에 본체가 있음을 감안한다면, 그 설명에서도 작용을 본체와 떼어내 설명하기도 어렵다. 함께 설명해야 그것이 온전하기 때문이다. 그래서 작용을 밝힌다는 『추측록』에도 본체의 내용이 들어 있음은 어쩔 수 없었다.

그래서『추측록』에서 인식 문제를 다루어도,『신기통』과는 달리 경험을 주제로 한 내용이 아니라 그 경험 자료를 가지고 추론하고 판단하는 내용이 주축을 이룬다. 그러니 추측 자체가 인간 신기의 작용일 뿐만 아니라, 많은 분량을 차지하는 추측의 다양한 대상도 결국 기의 작용이거나 그것이 만들어 낸 결과물이다. 더구나 거기에 등장하는 과학적 내용은 물리적인 기의 작용을 밝힌 것들이다. 그래서『추측록』의 내용은 인간의 추측과 기로 이루어진 만물의 작용에 해당할 수밖에 없다.

추측이란 추(推)와 측(測)이라는 사유 방법을 통해 경험 자료를 근거로 직접 경험하지 못하거나 일정한 거리가 있는 대상을 밝히는 사유활동이자 기능이다. 그래서 총론 격인 추측제강(推測提綱)에 이어 추기측리(推氣測理)·추정측성(推情測性)·추동측정(推動測靜)·추기측인(推己測人)·추물측사(推物測事)의 항목을 두었다. 모두 推A測B의 형식을 띠고 있는데, 'A를 미루어 B를 헤아리다'라고 옮겼다. 다시 말해 A를 근거로 추리하여 B라는 결과를 판단한다는 의미이다. 여기서 기(氣)와 정(情)과 동(動)과 기(己)와 물(物)은 직접 경험할 수 있는 대상이지만, 리(理)와 정(情)과 정(靜)은 감각할 수 없는 이론적·추상적 대상이며 인(人)과 사(事)는 인식주체에서 상대적으로 거리가 있는 대상이다. 그래서 서문에서 추측을 '앎을 넓히는 중요한 방법'이라 소개하였다.

(4)『기측체의』의 사상 배경

이 책에 반영된 각종 사상은 곧장 최한기의 초기 철학의 배경을 이룬다. 구체적으로 인용된 내용의 출처는 각주에 표기하였다. 이미 '이 책을 펴내며'에서 간접적으로 밝힌 바 있지만, 동서의 많은 사상이 그 배경을 이루고 있다. 우선 그 가운데 전통사상에는 원시 유학과 제자백가의 사상이 있다. 자주 인용되는『사서』와『주역』그리고『노자』와『장자』, 『순자』,『관자』, 불교 등이 그것이다.

다음으로 그 연장선에서 주희 성리학과 양명학이다. 극단적으로 말하면 본서는 주희 성리학을 극복하면서 동시에 기독교에 대항해서 썼다는 느낌이 없지 않다. 본서에 자주 등장하는 '허망(虛妄)'과 '괴탄(怪誕)'이라는 용어에서 대체로 전자는 노불(老佛)을 포함한 성리학, 후자는 기독교를 상징한다. 그만큼 양쪽에 대해서 철저하게 공부했다는 방증이다. 『사서집주』는 물론이고『주자어류』등을 꼼꼼히 읽었음을 확인할 수 있다. 물론 주희 성리학을 비판만 하지 않았으며, 계승한 부분도 꽤 있다. 또 유학의 갈래로서 양명학의 영향도 받았는데, 이 책에『전습록』의 내용이 가끔 인용된 것만 보아도 알 수 있다. 물론 그것도 성리학처럼 비판하면서 그 장점을 자기 철학으로 재구성하였다.

또 전통의 기철학을 이어받았다. 하지만 음양과 오행 개념은 폐기하였고, 또 기의 존재상에서 선천과 후천으로 나누는 일도 없다. 다만 기 운동의 내재성, 일기장존, 취산과 생기 개념, 리는 기의 조리라는 전통을 계승하였다.[5]

불교사상도 들어 있다. 불교 자료는『능엄경』을 보았다는 점이 확인된다. 표면적으로 보면 불교를 비판하지만, 그것은 대체로 불교의 방편에 해당하고, 공(空)을 기로 바꾸면 좋겠다는 생각이 녹아 있다. 그것은 불교의 세계관이 사물의 실체를 인정하지 않기 때문이다. 기철학도 만물이 취산하는 과정에 있으므로 기를 제외하고는 영원한 실체가 없다.

---

5 성리학이나 양명학 그리고 전통의 氣論에서 어떤 점을 계승하고 극복했는지는 이종란, 『서양 문명의 도전과 기의 철학』(학고방, 2020), 71-87쪽을 보기 바람.

이 점은 또 현대 과학과 통하는 부분이기도 하다. 다만 불교와 큰 차이는 기를 실체로 보는 것 외에『기측체의』의 관심이 출세간이 아니라 온통 세간에 있다는 점이다.

또 무엇보다 중요한 배경을 이루는 것 가운데 하나는『황제내경』을 비롯한 전통의 의학사상이다.『신기통』의 통의 항목만 봐도 알 수 있지만, 의학 관련 내용이 많이 등장한다. 신체를 통한 기(신기)의 소통은 의학에서 다루는 문제이기 때문이다. 그것만이 아니다 경험(經驗)이나 증험(證驗) 또는 징험(徵驗) 등의 용어도 그것과 관련이 있다. 그 외 배경을 이루는 전통사상에는 음악, 역사, 천문, 잡술 등이 있다.

이제『기측체의』의 배경의 마지막 한 축은 서학인데, 과학과 지리 등은 물론이고 일부 철학과 신학적 견해도 수용하거나 변용했다. 이 책에도 그런 사례가 수도 없이 등장한다. 물론 최한기의 저술에서 어느 책을 보았다는 책의 이름은 과학이나 기술 및 지리 관련 서적 외는 드러나지 않는데, 그것은 일련의 천주교 박해 사건과 관련하여 서양 종교에 엮이지 않으려는 자기 검열 때문이다. 하지만 그것을 비판하는 내용에서는 물론이거니와 수용하는 사상 속에도 철학·신학 관련 용어와 내용이 풍부하다. 그런 가운데 최한기의 다른 저술을 보면, 이 책의 각주에서 인용하는 철학·신학 관련 책을 소개하고 있는 사실로 보아, 일찍이 그런 책을 보았음을 확인할 수 있다.[6]

또 서학에 대한 저자 철학의 논리적인 대응의 대상, 곧『신기통』의 신기도 그렇지만『추측록』의 추측으로 대응하는 대상이 서학에 있었다. 곧 서학의 생혼·각혼·영혼론의 삼혼설을 신기로 일원화하고, 하느님과

---

6 이종란, "기독교철학에 대한 최한기의 비판적 수용,"「인문학연구」제52집 (2016), 179-182 참조.

인간 영혼불멸설에 신기의 불멸설로, 각혼의 감각적 경험을 신기의 형질 통으로, 인간 영혼(anima)의 추론 능력을 신기의 추측으로 대응한 일이 그것이다. 이렇듯『기측체의』가 왜 인간의 신기를 중심으로, 그것도 인식론 위주로 다루느냐 하는 의문은 서학을 모르면 전혀 이해할 수 없다. 그것은 예수회 선교사들의 저술에서 그것을 더 거슬러 올라가면 중세 토마스 아퀴나스의 토미즘 그리고 최종적으로 아리스토텔레스의 영혼론과 그 인식 이론에 닿는다. 해당하는 곳에서 자세히 해설하였다.7

그리고 언급했듯이『기측체의』는 적어도 표면적으로는 서양 종교를 배척한다. 사실 그것도 불교를 비롯한 민간신앙을 대하는 일과 같은 맥락에서 비물질적 신의 존재나 천당과 지옥이나 화복설(禍福說) 등의 방편을 진리로 보는 일에 대한 반발이다. 하지만 무작정 배척만 했다면 신학 속에 녹아든 철학의 합리적 요소를 수용하거나 변용할 까닭이 없다. 이는 그의 철학이 합리성과 보편성을 지향하기 때문에 서양에도 성인이 있을 수 있다고 믿었다. 화이론(華夷論)에 따라 서양은 온통 오랑캐라고 여기던 동시대의 도학자 이항로(李恒老, 1792~1868) 등과는 다른 태도이다. 그래서 그의 철학은 순수한 전통 철학만의 연장이 아니라, 동서 철학과 사상의 융합으로 이루어진 독창성을 지닌 학문이다.

이렇듯『기측체의』속에는 당시 동서의 사상이 한데 모여 배경을 이룬다. 그 속에서 시대의 문제를 고민하여 자신의 철학을 만들어 내었다. 그것을 가능케 한 것이 자기 철학의 방법론이자 글쓰기 방식이다.

---

7 전통과 서양의 사상에서 무엇을 비판·계승·극복·수용·변용·배척했는지는 각각의 항목별로 정리하여 도표화한 자료가 있는데, 같은 책, 313-316을 참고 바람.

3. 최한기 초기 철학의 기본적인 이해

최한기의 철학을 다 설명하기에는 방대한 분량이 필요하다. 여기서는 『기측체의』에 녹아든 초기 철학만 간략하게 설명하고자 한다. 보통 철학의 범주에 따라 설명하는데, 그 범주도 존재론이나 인식론이나 실천론 등의 일반적인 것도 있고, 어떤 철학의 내부 논리에 따른 설명도 있다. 여기서는 이 책의 성격에 맞게 후자의 방식을 따라 설명하겠다. 최한기 초기 철학을 대표하는 핵심 용어는 신기·유행·통·경험·추측·변통 등이다.

(1) 신기의 유행과 통

기는 최한기 철학에서 존재의 근거이다. 리(理)는 기의 조리 또는 법칙으로서 기에 의존하는 우유성(Accidents)을 띨 뿐이다. 신기는 앞에서 산발적으로 언급했지만, 최한기 초기 철학에서 우주의 본질과 인간을 설명하는 주요 개념이다. 중기 철학에서는 단지 사람의 마음을 말할 때만 신기를 사용하다가, 후기 철학에서 다시 전기의 신기로 돌아온다. 그 앞의 신(神) 자는 『주역』의 전통에 따라 대체로 '신묘하다'라는 형용사 이상의 의미는 없다. 신기를 서양식의 초월적 '신(God)의 기운'이나 '정신의 기운' 등으로 이해하면 난센스가 된다. 다만 보통의 기철학에서 우주의 본질을 설명할 때 사용하는 기를 신기로 설명하고 있을 뿐이다. 그래서 그 본질이 일반 기와 다르지 않다. 앞서 언급한 우주의 근원, 취산, 운동의 자기 원인성, 불생불멸 등의 성질은 보통의 기와 전혀 다르지 않다.

그렇더라도 신기라고 말한 데는 다분히 어떤 의도와 이중성이 있다.

그것은 이 책에서 신기와 기를 섞어 쓰는 점에서도 찾을 수 있다. 신기는 전통에서 주로 인간의 마음을 가리킬 때 사용하고, 드물게 자연의 기를 형용하기도 했다. 저자가 그것을 재규정하여 사용한 의도는 그냥 기라고 했을 때는 말하고자 하는 의도를 드러내기가 쉽지 않았기 때문이다. 다시 말하면 서학에서 말하는 인간을 포함한 동식물의 영혼에 대응하여 그냥 일반적인 기라는 용어를 쓰면, 만족스럽지 않았기 때문이다. 더구나 인식론과 관련하여 그 주체를 기라고 말하기에는 어울리지 않기 때문이다. 그래서 자연 상태의 기이든 인간의 마음으로서 기이든 통합하여 신기로 일원화하였고, 서학의 하느님이나 거기서 소개하는 아리스토텔레스의 영혼 개념에 대응해서 신기로 일원화할 필요가 있었다. 다만 인간을 제외한 자연이나 일반적 대상에서는 기라는 말을 병행해서 사용하였다.

바로 여기서 신기의 이중성이랄까 모종의 불일치가 드러난다. 존재의 원질(原質)이라 할 수 있는 기와 인간의 정신 현상을 일으키는 기를 동일선상에서 논의할 수 있는가이다. 더 나아가 정신 현상을 물질 그 자체와 동일시 할 수 있느냐 하는 점이다. 서구 전통의 이분법 논리에 익숙한 독자라면 당연히 그렇게 생각할 수 있다.

하지만 이러한 생각의 밑바탕에는 동서 철학 또는 두 문화 사이의 오해와 틈이 있다. 우선 기의 다의성[8]을 이해해야 한다. 그런 맥락에서 최한기가 말하는 신기는 생기(生氣)로서 스스로 운동하는 활물(活物)이

---

8 기는 현대적 용어로 옮기기 어렵다. 기는 현대적 관점에서 해석할 때 에너지·힘·빛·소리· 전파 그리고 분자 이하의 미립자 등의 외연을 갖는다. 더구나 아인슈타인에 의하여 물질과 에너지의 경계가 없어져 버렸다. 기에 대한 더 자세한 내용은 이종란,『기란 무엇인가』(새문사, 2017)를 보기 바람.

지 죽은 질료로서 물질이 아니다. 다시 말해 기를 가지고 여러 현상을 설명할 수 있는데, 정신 현상에 한정해 말하면 그것은 기의 다양한 운동방식 가운데 하나일 뿐이다. 그 정신이 비록 기가 엉겨 이루어진 육체의 조건에 구애받더라도 그렇다. 정신 현상이란 몸이 있고 또 일정한 조건에 맞아야 일어나는 신기의 작용 가운데 하나라고 보면 된다. 현대 뇌과학에서 정신작용이란 극단적으로 뇌의 신경 세포 사이에서 벌어지는 전기·화학 작용의 결과인 전기적 '스파크'라는 점에서 그것을 신기로 보는 데는 아무런 저항감이 없다.

그러니까 신기라는 용어로 인하여 인간의 정신 현상을 무차별적으로 적용하여 만물 또는 모든 단세포생물과 모든 식물에도 의식이 있다고 생각하는 범심론(panpsychism)으로 딱지 붙여서는 곤란하다. 더구나 범신론(pantheism)으로 보아서는 더욱 말이 안 된다. 당연히 마음 또는 의식을 소유한 존재를 물질적 몸과 비물질적 마음의 이원론적 존재로 보아서도 안 되지만, 신기 또는 생기라는 용어 때문에 기가 일반 물질과 다른 특별한 성격과 지위를 갖는 신비한 무엇이라고 볼 이유도 전혀 없다. 물질의 진화9 또한 기의 응취 과정으로 이해한다면, 인간을 포함한 만물의 여러 현상을 기의 범주 속에 포섭할 수 있다.

아무튼 질료로 인식하는 고전적 서양의 물질 개념으로서는 이런 정신 현상을 설명할 수 없다. 그러니까 기를 물질로 봐도 되지만, 이때의 물질은 서학의 그것과 다르다는 점을 분명히 이해해야 한다. 『기측체의』에서 기가 서양 과학을 만나 그 물질 개념을 일부 포섭하고 있지만, 절대로 양보하지 않은 점은 바로 이러한 생기 또는 활물로서 기 개념이다.

---

9 원자에서 단순 분자로, 거기서 거대 분자로, 또 거기에서 유기체로 진행과 그로부터 의식 발생의 과정.

통 또한 여러 의미를 지닌다. 일차적으로 유행의 의미이다. 곧 자연 속에서는 기가 저절로 잘 소통되고 있다는 점을 전제한다. 그리고 그 유행하는 기의 조리가 유행지리(流行之理)이다. 그것처럼 인사도 잘 소통해야 한다. 그 소통이 통의 두 번째 의미로서『기측체의』의 큰 주제이다. 그 걸림돌은 첫째로 대상에 대한 무지와 편견이고, 다음으로 사회적인 제도와 재화의 불통이다.『신기통』은 통이라는 인식 활동을 통해 그런 불통을 제거하자는 의도에서 저술되었고, 경험과 추측은 그 과정이며 변통은 잘못된 앎의 수정과 더불어 제도의 불통을 제거하는 사회적 실천이다. 당시 조선이 직면한 시대적 문제를 이렇게 철학 논리 속에 잘 담아내고 있다.

그 외 통의 뜻은 거기서 연역한 의미로서 앎·능통·의사소통·유통·연결·매개·통과·전달 등 문맥에 따라 다양하게 쓰이고 있다.

(2) 경험과 추측

경험과 추측은 전통 철학을 공부한 사람에게 매우 낯선 철학 용어이다. 그것은 어쩌다 쓰이는 용어기는 해도, 철학의 주요 개념이나 주제로 다루지는 않았다.

경험이라는 말은 전통 의학에서 가져온 말이다. 이른바 '~경험방(經驗方)'이라는 형태로 쓰인 말로서 효험이 확실한 약방(藥方)의 뜻이 그것이다. 하지만 저자는 거기서 용어만 취했을 뿐, 그 뜻은 서학의 영향으로 현대적 의미의 경험과 거의 일치한다. 그리고 추측 또한 전통에서도 가끔 쓰고 서학에서도 보이는데, 그것을 철학적 이론으로 재탄생시킨 일은 저자가 유일하다. 현재 사용하는 우리말 추측이란 '짐작(guess)'의 의미밖에 없다.

경험과 추측은 최한기 철학에서 소통을 구현하는 방법 가운데 하나이다. 그러니까 그 과정에서 『신기통』이 일차적 감각 경험을 주로 다룬다면, 『추측록』은 그 감각된 경험 자료를 토대로 사유를 통해 새로운 지식을 구축해 가는 활동을 설명한 책이다.

그러므로 우리는 최한기 철학을 경험주의로 못 박으면 안 된다. 초기 연구자들 가운데 간혹 경험주의로 몰고 가려는 유혹을 떨쳐내지 못했는데, 인간 의식에 본래 아무 내용도 없다는 백지설과 유사했기 때문이다. 하지만 그렇다고 해서 곧장 경험주의라 규정하면 안 된다. 경험이란 인식의 기원을 설명하고, 그 확실성을 검증하는 일에 동원하여 중시하는 점은 사실이지만, 경험 자체가 완결된 인식은 아니기 때문이다.

여기서 경험주의라 말할 수 없는 근거 가운데 하나는 바로 이 추측이 있기 때문이다. 추측이란 단지 경험 자료만 정리하거나 질서 지우는 데 머물지 않고, 그것을 근거로 근본적이고 이론적 앎을 구성한다. 그것이 추측지리(推測之理)이다. 인간의 윤리나 도덕 및 가치 등도 추측지리이지만, 사물의 법칙으로 아직 검증받지 못한 가설적 앎도 추측지리이다. 그래서 자연법칙인 유행지리에 부합하는지 검증하는 과정이 증험(證驗)이다. 이렇게 경험-추측-증험의 과정을 놓고 보았을 때 경험주의라 말할 수 없고, 근대 과학의 탐구 방법과 논리상 일치한다. 다만 경험의 중시는 필연적으로 절대적 진리가 있을 수 없다. 귀납법이 갖는 한계로서 진리 여부는 누적된 검증에 맡길 수밖에 없었다. 그래서 그는 인식의 진보를 강하게 믿었다.

(3) 인간의 본성과 선악

전통 철학에서 인간의 본성을 논할 때 크게 보아 맹자의 성선설과 순자의 성악설로 나뉜다. 맹자의 성선설을 따른 정통 유학은 인간의 본성을 선하게 보고, 특히 성리학은 그 본성의 내용을 사회적 규범까지 포함된 태극으로서 천리가 갖춰진 것으로 본다. 서양인 사르트르의 말처럼 '실존이 본질에 앞서는 것'이 아니라 역으로 본질이 실존에 앞서는 셈이다.

최한기는 이런 성선설이나 성악설을 따르지 않는다. 유학자들이 외면하는 『맹자』에 등장하는 고자(告子)의 말을 따라 인간의 본성이 선하지도 악하지도 않다고 보았다. 왜냐하면 선과 악이 어떤 실체로서 존재하는 대상이 아니기 때문이다. 그냥 '좋음'과 '나쁨'의 개념적 가치판단에 지나지 않기 때문이다. 설령 그렇더라도 인간의 본성을 일률적 선악으로 규정할 수 없는 까닭은 또 본성 자체가 변하여 사람마다 천차만별이기 때문이다.[10]

그러므로 선과 악이란 좋음과 나쁨의 느낌처럼 인간이 판단하는 윤리적 가치에 불과하다. 가치의 실재설을 반대하는 쪽에 선다고 하겠다. 그렇다면 문제는 윤리 가치의 보편성을 어떻게 확립하느냐이다. 바로 여기서도 추측의 중요한 역할이 드러난다. 곧 추측으로 인간의 본성과 보편타당한 윤리를 구축한다고 한다. 인간의 본성이란 생물적 본능과 추측으로 파악한 사회 규범의 통일체로서, 그 본성 가운데 하나인 인의예지도 인간의 정(情)을 통해 추측으로 파악한 것이라 규정하였다.[11] 결국 본능과 사회 규범의 양자가 결합·통일되면서 인간성이 결정되는데, 사

---

10 이 문제는 본성 개념의 차이에서 오는 문제일 수도 있다. 성선설을 따른 성리학은 이상적 인간상을 세워 놓고 그것을 본성 개념에 투영한 것이고, 최한기는 현실적 인간을 두고 경험적으로 파악한 본성이기 때문이다.

11 『추측록』 권6, 「仁義禮知」.

람마다 문화마다 그 정도가 다를 수 있다.

그러니 인간성은 고정되지 않는다. 본능과 규범의 양자에서 어느 쪽으로 기울어지느냐에 따라 천차만별이겠지만, 각자의 인간성은 각자가 형성한다는 지평을 열어주었다. 기존의 사회 규범에 순응하든 비판적이든 모두 그러하다. 이것이 공자의 '성상근(性相近)·습상원(習相遠)'의 저 자식 해석에 따른 전망이다.

그런데 여기서 인간의 대동소이한 본능을 상수로 본다면 규범은 변수가 된다. 그래서 보편적 인간 본성을 확립하려면 규범의 보편성이 전제되어야 한다. 그 보편성을 확립하는 역할이 추측이다. 그렇더라도 형이상학적으로 절대 가치의 기준을 세우지 않은 이상 어떻게 규범의 보편성을 확보할 것인가? 이미 선악 판단이 각자 개인의 몫이어서 아무리 보편성을 띤 규범에 합의한다고 하더라도, 그 지평은 필연적으로 공리주의로 나아갈 수밖에 없다.[12] 이는 앞의 인식론에서 누적된 검증을 통해 진리를 확보할 수밖에 없다는 귀납법의 한계와 같은 운명이다. 변하는 삶이 특정 문화 속의 가치보다 선행하기 때문이다.

그의 철학은 어쩌면 가장 현실을 잘 설명하는 방식일 수 있다. 하지만 사람들은 보통 보편타당한 규범을 원한다. 사실 그런 규범은 칸트의 정언명령이나 '네 이웃을 네 몸처럼 사랑하라'는 말처럼 형식으로만 가능하다. 이처럼 그의 전기 철학에서는 그 보편적 선악 기준을 형식적으로 진술하고 있는데, 그것은 천인지의(天人之宜)라는 '자연과 인간에 합당함'이라는 논리로서, 이 책에서 자주 언급하는 물리(物理)와 인정(人情)의 양자를 만족시키는 행위이다. 이는 자연적 원리로서 과학적이고

---

12 그 대표적 근거가 『신기통』 권3, 「善惡利害」에서 선악이란 公議 곧 공론에 근거한 이로움과 해로움이라는 말에서도 보인다.

합리적 사실과 인간의 본성을 포함한 실정이 모두 고려되는 관계 속에서 결정되는 문제이지만, 이에 대한 자세한 설명은 보기 어렵다. 후기 철학에서 그것을 자주 진술한다. 그것이 '운화(運化)의 승순(承順)'이라는 논리이다.[13]

　이제껏 최한기의 철학을 간단히 살펴보았다. 전통사상과 서양 과학과 철학 속에서 합리적 요소를 융합해 자기 철학으로 만들었다. 하지만 이런 철학도 한계가 분명히 있다. 곧 합리적 이성과 과학에 너무 기댄 나머지 인간사의 또 다른 측면인 주술적 세계와 심미적 감성에 인간이 취약한 부분을 간과했다는 점이다. 그래서 현실 종교는 물론 문학이나 예술에도 관심이 적었고 비판적이었다. 비합리적이고 주술적 대상은 자연히 소멸한다는 진보의 관점에서 미래를 낙관적으로 바라보았고, 문학이나 예술은 실용과 거리가 멀다고 판단했기 때문일 것이다. 시대 상황에 대한 반작용 효과이다.

4. 우리 철학으로서 최한기 철학의 의의

(1) 우리 철학과 그 방법론

　우리 철학이란 일단 현대 한국인이 주체적으로 생산한 한국철학을 일컫는 말로 쓰고자 한다. 우선 철학이 무엇인지 학자마다 정의가 다를 수 있겠지만, 현실의 문제를 근원에서부터 비판하고 해결하고자 하는

---

13 그 또한 형식적 진술이지만 구체적 내용은 이종란, 『운화와 윤리』(문사철, 2008), 151-181을 볼 것.

이론 정도로 간단히 정의해 보자. 이는 학문이 삶과 관련된 일상적 문제를 떠날 수 없다는 유학의 전통을 따랐다. 현실과 동떨어진 사변적이고 추상적 논리 그 자체만을 다루는 문제는 최한기도 그렇지만 나도 다루지 않는다.

그런 맥락에서 한국철학이란 한국의 상황에서 발생하는 문제를 한국적 정서와 역사문화를 바탕으로 근원에서부터 해결하고자 하는 이론이라고 보면 되겠다. 여기서 '근원에서부터'와 '한국적 정서와 역사문화'라는 말에 집중해 보면 여타 학문과 구별되는 한국철학만의 특징을 갖는다.

그러면 현대 한국인으로서 과거 조선시대의 철학이나 서양철학을 연구하는 사람들의 연구는 현대 한국철학과 무관한가? 그 답은 한국철학이 될 수도 있고 아닐 수도 있다. 그것은 우리 철학의 방법론에 부합할 때만 우리 철학이라 말할 수 있기 때문이다. 나는 지난 수년간 그 문제를 연구해 왔고, 현대 한국철학이 될 수 있는 기준과 그 모델을 제시해 왔다.[14]

여기서 그 기준이란 첫째 합리적이어야 하고 보편타당성을 지향해야 하며, 둘째 우리말로 말해야 하며 한국인의 삶과 문화에 기초하여 현재의 문제를 다루어야 하고, 셋째 한국적인 특징을 새롭게 반영하고 있어야 하며, 넷째 과거의 철학이든 외래사상이든 민족의 삶에 발전적으로 작용해야 하는 것[15]이다.

---

14 그 방법론의 효시는 이종란, "『전경(典經)』의 사상 분석으로 살펴본 '우리철학'의 방법론," 「대순사상논총」 30호(2018)이며, 그 뒤를 이어 이종란, 『서양 문명의 도전과 기의 철학』(학고방, 2020)에서 그 방법을 적용하여 근대 전환기의 기철학을, 또 이종란·김현우·이철승, 『민족종교와 민의 철학』(학고방, 2020)에서 근대 전환기 민족종교와 민의 철학을 탐색한 바 있다.

15 이종란, 『서양 문명의 도전과 기의 철학』, 30쪽.

그 기준에 근거한 우리 철학 모델은 5가지인데 우선 필수모델로서 한국인의 삶과 문화에 기초한 시대 인식과 문제의식이며, 다음으로 전통사상을 발전적으로 계승하기, 전통사상의 재해석을 통해 창의적으로 특성화하기, 외래사상을 한국적 입장에서 수용하거나 포용하기, 외래사상에 대응하면서 한국적으로 변용(變容)하기의 5개 모델이다. 우리 철학이 되려면 반드시 앞의 기준에 맞춰 필수모델과 나머지 하나의 모델이 조합을 이루어야 한다.[16]

그러므로 과거의 철학을 다루든 외래사상을 다루든 이 기준과 모델에 맞으면, 현대 한국철학으로서 우리 철학이라 말할 수 있다. 게다가 신라의 불교나 조선의 성리학은 처음에는 모두 외래사상이었지만 이 기준과 모델을 거기에 적용하면 비록 한글을 사용하지는 않았지만, 신라와 조선의 철학으로서 한국철학이라 말하지 않을 수 없다. 그런 논리에서 보면 최한기의 그것은 조선 철학이면서 19세기형 우리 철학이 된다. 물론 이황이나 이이의 철학도 그렇다.

그러니 제발 바라건대 단군 사상이나 무속 등의 고유사상만 우리 것이고, 불교나 유교는 인도나 중국에서 왔으니 우리 것이 아니라는 소아병적인 태도는 이제 버렸으면 좋겠다. 사상과 문화는 세밀히 따지고 보면 영향을 주고받으면서 전파되기 때문에 순수한 고유성이란 없다고 봐야 한다. 혈연으로만 따지는 민족 또한 그런 운명이다. 그런 의미에서 지금의 외래사상이나 종교에 대해서도 지나치게 배타적일 필요가 없다. 우리의 삶과 정신을 풍족하게 한다면, 우리의 정체성을 상실하지 않는 한 주체적으로 한국의 문화와 정서에 맞게 해석해 받아들이면 그만이다.

---

16 같은 책, 31쪽.

토착화라는 말도 그런 뜻이리라.

(2) 우리 철학으로서 19세기 중반의 조선 철학

이 책에서 자주 보게 되겠지만, 최한기가 전통사상과 외래 문물을 대하는 방법과 태도는 앞서 말하는 우리 철학의 방법론을 벗어나지 않는다. 다만 두 가지 기준 곧 우리말로 철학을 하지 않았고, 근대 전환기의 문제를 다루었다는 점에서 현대 한국철학과 차이점이 있을 뿐이다.

최한기가 살았던 당시는 전근대적 제도의 온존으로 민족 내부의 모순이 첨예하게 드러나기 시작하던 때였다. 그는 그런 폐단을 알고 대내적으로 제도 개혁의 철학적 근거를 제시하였다. 게다가 대외적으로는 제국주의 침략이 가속화하고 있었다. 청국은 아편전쟁의 여파로 반식민지 상태로 진행되는 과정에 있었다. 이렇듯 서양보다 열세에 놓인 처지에서 대외적 문제에 잘 대처해야 한다는 이론이 또 그의 철학이다. 그런 점에서 우리 철학의 방법론 가운데 필수모델에 충실했다고 하겠다.

다음으로 전통사상을 발전적으로 계승한 모델은 이 책에 자주 등장한 고전의 인용에서 보인다. 고전의 모든 내용을 계승한 것이 아니라, 본인의 철학에 맞는 내용을 선택하였다는 점에서 그렇다. 그런데 가장 돋보이는 모델은 전통사상을 재해석하여 창의적으로 특성화한 내용이다. 그것이 신기와 통과 경험과 추측으로 대표되는 그의 기철학이다. 그의 철학은 기존의 그것과 성격이 다른 유학의 성격을 띤다. 이 책의 행간에는 주공과 공자의 가르침을 이은 사람이 바로 최한기 자신임을 읽어낼 수 있다. 그전에는 유학자들이 암묵적으로 주희가 도통을 이었다는 의식을 가졌으나,17 그는 주희 성리학이 더 이상 시대를 이끌어갈 학문이 아니라고 보았기에 그것을 극복했다.

그것만이 아니다. 서학에서 과학을 비판적으로 수용한 일은 외래사상을 한국적 입장에서 수용하거나 포용하기의 모델에 속하고, 서양철학이나 신학에서 신앙을 배제하고 합리적 요소를 받아들인 사실은 외래사상에 대응하면서 한국적으로 변용하기 모델에 속한다. 그럴 수밖에 없었던 배경에는 종교사상의 불합리성 때문이다. 이는 신학이 반영된 철학만이 아니라 일부 과학사상에도 해당한다. 선교사들이 전한 과학은 신학적 목적론에 따라 설명하였기 때문이다. 이렇게 서양사상을 수용하거나 변용하면서, 자신의 논리에 충실하면 동아시아를 넘어 세계의 스승이 될 수 있다는 웅대한 꿈을 읽어낼 수 있다.

이렇게 보고 이 책을 읽으면 글의 의미를 쉽게 이해할 수 있을 것이다. 최한기는 이 책을 저술하기 위해 많은 자료를 사용하였는데, 이러한 철학의 방법론을 모르면 그가 남의 글을 단순히 베껴 작성했다는 오해를 일으킬 수 있다. 하지만 이 책 각주와 해설에서 밝혔듯이 자료를 그대로 인용하지 않고, 몇 글자를 빼거나 보태서 본인이 말하고자 하는 맥락에 맞춰 글을 다시 썼다. 그것이 본인의 글쓰기 방식이기도 하지만, 결과적으로 자기 철학을 보강하는 재구성의 과정이었다.

이 점을 분명하게 이해하기 위해서는 그의 친구였던 이규경(李圭景, 1788~1856)이 쓴 『오주연문장전산고(五洲衍文長箋散稿)』와 비교해 보면 금방 알 수 있다. 같은 자료가 양쪽에 다 보이는데, 이규경은 그것을 있는 그대로 노출하여 자기 의견은 별로 첨가하지 않고, 독자가 스스로 판단하도록 유도한다. 반면 최한기는 철저하게 경험과 추측이라는 맥락 속에 배치하여 자기 철학으로 녹여 진술한다. 당연히 본인의 세계관과

---

17 서울 성균관 문묘에 배향된 인물의 면면을 보라.

맞지 않는 내용은 삭제하거나 조정한다. 이 책에 등장하는 『주자어류』나 『전습록』, 또 『신법산서』나 『물리소지』 등의 내용도 모두 그러하다. 이는 자기 철학이 확고하지 않으면 할 수 없는 작업이다. 그런 점에서 그의 철학은 조선 철학이면서 동시에 19세기형 우리 철학이라 말할 수 있다.

그렇다면 우리 철학으로서 최한기 철학의 현대적 의의가 무엇인지 묻지 않을 수 없다. 그것을 현대적 관점에서 크게 두 가지로 말하면, 첫째로 새로운 상식으로 기존의 상식을 파괴하는 철학이라 지적하지 않을 수 없다. 다만 그의 상식은 현대 과학과 사상이 우리에게 너무 상식적이어서 그의 철학이 그 속에 파묻혀 돋보이지 않을 뿐이다. 그 점은 도리어 그의 철학을 현대과학적 관점과 방향에서 재해석할 수 있는 풍부한 여지를 남겼다.

아무튼 기존의 상식 파괴는 당시의 상식이었던 동아시아를 대표하는 주희 성리학과 서양을 대표하는 기독교 종교사상 그 가운데서도 몸과 이성을 이분법적으로 보는 철학적 관점 그리고 동서 모두에 일상적으로 행했던 미신적 풍습과 잡술의 비판에서 알 수 있다. 곧 근거를 알 수 없는 형이상학적 존재로부터 연역하는 모든 담론, 그 존재를 증명할 수 없는 초월적 신으로 세상을 설명하는 담론과 그 기복적 신앙과 민간의 미신적 주술을 거부하는 데서 찾을 수 있다. 대신 동서 양자에 섞여 있던 합리적인 상식을 발굴해 자기 철학으로 재구성하였다.

사실 역사적으로 국가나 권력으로부터 보호받는 형이상학과 종교는 기득권 옹호에 이념을 제공하는 역할을 해 왔다. 기득권에 도전하는 일을 막아 현실의 변화를 거부하려면, 절대적 신이나 형이상학적 존재의 보증이 필요했기 때문이다. 그 영향 아래 전근대 또는 근대 전환기 다수의 서양철학이 이해하기 어렵고 언어 구사가 복잡한 이유 가운데 하나도 기독교와 그 문화를 거부하고 싶어도 명시적으로 거부할 수 없었던 서양인들의 자기 검열과 정신 분열에서 나온 아슬아슬한 줄타기 결과로 보인다. 주희 성리학 또한 그 후학들이 교조적으로 받들고 그 특유의 형이상학적 성격으로 인해 각기 주장을 세워 사변적이고 난해할 수밖에 없어, 그 해석을 둘러싸고 정치적–학파적 주도권과 이해관계와 맞물려 사분오열될 수밖에 없었다. 조선 후기에 전개된 성리학 내부의 각종 논변과 논쟁을 보라!

하지만 이제 주희 성리학은 더 이상 우리의 삶을 구속하지 않는다. 반면 보통 사람의 삶과 미래에 큰 영향을 미치는 대상은 여전히 종교이다. 문제는 종교의 본질로 이끌려는 방편만을 진리라 생각하는 종교인들이 많을수록 본인의 삶도 피폐해질 뿐만 아니라 사회에 좋지 않은 영향을 미친다는 점이다. 최한기가 종교를 비판하는 까닭도 아마도 여기에 있을 것이다. 그는 과학과 종교와 철학의 상식이 일치하는 가르침을 세우고자 하였고, 기존 성인들의 가르침도 본질적으로 그런 것이라 믿었다.

이제 그런 관점에서 최한기 사상을 해석해 종교적 지평을 말한다면, 성과 속 그리고 영적인 일과 육신의 일이 분리된 이원적 성격이 아니라, 세계와 인간이 신기(神氣)로서 하나인 몸체라고 여기는 영성으로 드러 난다.[18] 그 하나의 몸체를 이해하기 위해 인간과 인간, 인간과 자연이 서로 소통해야 하는 당위성이 요청된다. 사실 이러한 영성의 원형은 신과 인간이 하나인 신인합일(神人合一)이라는 단군 이래의 전통[19]에서

---

18 이 신기에 근거하여 범신론(pantheism)이나 범심론(panpsychism)을 말하려는 의도는 없다. 동아시아 전통의 萬物一體의 관점에서 말한 것뿐이다. 또 여기서 말하는 영성이란 믿음과 그 표현의 총체를 의미함.

찾아볼 수 있다. 이렇게 만물과 각자의 영혼 속에 깃든 신성(神性)[20]을 발견하여 하나가 되는 일, 그의 전기 철학을 한 마디로 압축하면 현대에도 유효한 소통이다. 물론 일반 종교에서 말하는 인간 구원이 최한기 철학에서는 종교 자체만으로는 실현할 수 없다. 이른바 정교(政敎) 곧 정치와 교육과 문화와 학문 등을 포괄하는 인간의 총체적 삶을 통하여 피안(彼岸)이 아니라 차안(此岸)인 '지금' '여기'에서 구현할 문제이기는 하다. 단군 신화에서 신시(神市)를 이 땅에서 구현하고자 한 전통과 통한다.

두 번째 의의는 비판과 거부의 철학이자 적어도 사상적 저항이다. 이는 사실 모든 관념과 이념과 가치를 일단 의심하고 비판하는 철학의 기본 성격에 속하는 문제로서, 철학에 이런 태도가 없다면 철학이 아니라 어떤 이념이나 종교 따위의 시녀일 뿐이다. 최한기가 성리학의 말류와 온갖 미신과 그릇된 종교를 비판했듯이, 현대의 우리도 아직 헤어 나오지 못하는 종교적 방편의 맹신, 냉전 시대의 유물인 분열의 이념, 인간 위에 군림하는 자본·권력·기술·상품 따위를 비판하거나 거부·저항하면서, 그것들과 올바르게 관계 맺는 데서 최한기 철학의 의의를 찾을 수 있다.

그리고 그의 철학은 또 이러한 상식이나 거부나 저항에만 멈추지 않는다. 인간성이나 만물에 선과 악의 이데아가 존재하지 않는다는 그의 철학에서 볼 때 결국 합리성에 기초한 다수 인류가 생각하는 선, 다수의 정당한 욕구 실현에 이바지하는 공리주의(公利主義)[21]가 현실적 대안이

---

19 이종란·김현우·이철승,『민족종교와 민의 철학』, 310-311쪽 참조. 이는 한국 민족종교의 특징이기도 하다. 그 효시가 되는 동학의 崔濟愚와 최한기가 동시대에 살았다는 점에서 시사하는 바가 크다.

20 종교에서 초월적으로 존재한다는 신의 성품이 아니라,『주역』 등에서 말하는 聖人의 신묘한 성품 또는 인간이 규정하여 추구하고자 하는 신적인 성품이다.

면서 동시에 만물까지 공존—상생하는 경지, 천지의 화육(化育)에까지 참여하는 인간의 책임을 요구한다. 그것이 인정(人情)과 물리(物理)에 통달한 인간이 자연과 인간에게 마땅한 천인지의(天人之宜)를 추구하는 노력이다!

(3) 우리 철학과 『기측체의 역해』

19세기형 우리 철학이 어떻게 형성되었는지, 최한기의 저술 내용을 일일이 해부하는 일은 매우 중요하다. 그가 사용하는 낱말이나 구, 문장이 어디서 기원했는지, 또 그것이 기존의 맥락을 이탈하여 어떤 논리를 따라 새로운 맥락으로 이동했는지 살피는 일은 매우 의미 있는 작업이다. 특히 조선조 선비들의 글은 대부분 경서와 주희의 글에 본인들의 의견을 약간 채웠고, 그것과 독립된 본인의 주장을 따로 펼치는 일은 드물었다. 그것이 술이부작(述而不作) 전통의 발로라서 그렇기도 하고, 또 주희 학문의 권위를 빌린 동어 반복이기는 해도, 그 내용을 다 분석해야만 해당 사상가의 독창적 견해를 엿볼 수 있다. 그렇지 못하면 그냥 주희 철학의 연장선에 놓이게 된다.

이러한 분석은 고인에 대한 불경스러운 일이 아니라, 오히려 그를 빛나게 해주는 후학의 노력이다! 그런 점에서 이 책은 가혹하리만큼 낱말 하나 구절 하나 문장 하나하나의 출전을 각주 등에서 밝혀 따지고, 그가 바꾸어 쓴 글자까지 추적하여 사상의 출처와 근거를 찾아내 그가 어떤 방법을 통해 자기 철학을 만들어 갔는지 따졌다.

따라서 최한기의 철학은 필연적으로 나의 머릿속에서 재구성될 수밖

---

21 모두 또는 다수의 이익의 고려는 모든 생물이 각자의 생존과 번식의 유지를 일차적 목표로 삼는 자연적·과학적 사실에 비추어 근거를 갖는다.

에 없다. 그가 기존의 사상자료를 자기 철학에 맞게 재구성했듯이, 나 또한 나름의 내 철학과 그 방법으로 그의 저술을 옮길 수밖에 없었기 때문이다. 나의 철학을 한마디 말로 무엇이라 한마디로 말하기는 지면 관계상 어렵지만,22 이 책의 해설 속에 반영해 두었고, 그 철학의 배경이란 우리 철학의 필수모델에 해당하는 현대 한국인의 삶과 문화에 기초한 시대 인식 및 문제의식과 관련된다. 이는 달리 말하면 내가 이 시점에서 바라보는 최한기의 철학일 수밖에 없다는 뜻이다. 옆에서 하는 사람의 말도 해석해서 들을 수밖에 없는 인간의 숙명을 이해한다면, 하물며 철학적 저술이야.

그래서 이 책은 내가 바라보는 최한기의 철학이면서 동시에 최한기를 빌어서 나타내는 나의 철학서이다. 그러니까 그와 공동작업인 셈이다. 그러니 이 책의 이름을 '기측체의(氣測體義) 역해(譯解)'라고 붙일 수밖에 없었다.

그러니 이 책은 단순 번역을 넘어선 나의 철학적 소견에 따라 재해석한 것이다. 이미 국역『기측체의』가 몇십 년 전에 나왔고, 그 번역본을 인터넷에서 쉽게 찾아볼 수 있다. 그러함에도 연구 실적을 위해서나 경제적으로 아무 이득 없는 일을 새삼스럽게 벌인 까닭은 그 재해석 자체가 현재의 삶과 관련된 내 철학의 표명이기도 하지만, 또 사회를 위해 내가 할 수 있는 작은 봉사라고 생각하기 때문이다.

그렇다면 원본『기측체의』를 저본으로 삼아 또 다른 해석의 저술이 얼마든지 나올 수 있다고 생각한다. 마치『논어』나『맹자』를 두고『논어 정의(論語正義)』나『맹자요의(孟子要義)』같은 책을 저술하듯이, 『기측

---

22 대중이 쉽게 이해할 수 있는 내 철학의 요약본을 희곡처럼 이미 저술해 두었지만, 어려운 출판 여건으로 아직 출간하지 못함.

체의』가 현대나 미래의 한국인에게 우리 철학을 할 수 있는 토대를 제공할 수 있기 때문이다. 그리하여 내 생각만이 정답이 될 수 없기에 다양한 해석이 모여 최한기 철학의 실체에 더 가깝게 접근할 것이라 보며, 그만큼 우리 철학이 풍부해지는 계기가 될 것이라 믿어 의심치 않는다.

그러니 나의 이름으로 『기측체의 역해』라는 책을 내는 일이 원저자에 대한 모독이 아니다. 도리어 『기측체의』를 『논어』나 『맹자』 같은 중요한 텍스트의 반열에 올려놓는 일이다. 적어도 전통사상의 장점을 이으며 서양 문명에 대응하면서 그것을 흡수해 세계인에 맞는 새로운 철학을 만들었다고 자부하는 최한기에게는 그렇게 대우받을 자격이 충분히 있고, 또한 한국인으로서 우리 철학을 사랑하는 연구자에게도 그것을 높일 사명이 있기 때문이다.

최한기 연보

1803년 생부 치현(致鉉) 생모 청주한씨의 독자로 출생(출생지는 개성으로 추정).
젖먹이의 어린 나이에 큰집 재종숙 광현(光鉉)의 양자로 들어감.

1812년(10세) 생부 치현 서거, 향년 25세, 시고(詩稿) 10권이 있었음.

181?년 반남박씨 박종혁(朴宗爀)의 딸과 혼인.

1819년(17세) 장남 병대(柄大) 출생.

1825년(23세) 생원시에 합격함.

1833년(31세) 양모 안동김씨 서거, 향년 76세.

1834년(32세) 『육해법(陸海法)』 상하 1책 엮음. 『농정회요(農政會要)』 10책
편찬. 김정호(金正浩)와 협력하여 『만국경위지구도(萬國經緯地球圖)』
를 판각함. 김정호의 「청구도(靑丘圖)」의 서문을 지음.

1835년(33세) 『소모(素謨)』를 지음.

1836년(34세) 『신기통(神氣通)』 3권 2책과 『추측록(推測錄)』 6권 3책을 짓고
둘을 묶어 『기측체의(氣測體義)』로 함. 훗날 중국 북경 정양문(正陽門)
내 인화당(人和堂)에서 간행함. 『강관론(講官論)』 4권 1책 지음.

1837년(35세) 양부 광현 서거, 향년 78세로 곤양(昆陽) 군수 등을 지내고 문집
1권을 남겼음. 생모 청주한씨 서거, 향년 52세.

1838년(36세) 『감평(鑑枰)』 지음. 훗날 이것을 『인정(人政)』에 수록함.

1839년(37세) 『의상리수(儀想理數)』 엮음.

1841년(39세) 영의정 조인영(趙寅永)의 벼슬 제안을 거절함. 조인영이 다시
과거를 볼 것을 권했지만 거절함.

1842년(40세) 『심기도설(心器圖說)』 1책을 지음.

1843년(41세) 『소차류찬(疏箚類纂)』 상하책을 엮음.

1850년(48세) 『습산진벌(習算津筏)』 5권 2책을 지음.

1851년(49세) 서울에서 송현(松峴)의 상동(尙洞)으로 이주.

1857년(55세)『지구전요(地球典要)』13권 7책 엮음.『우주책(宇宙策)』12권
6책과『기학(氣學)』2권을 지음.

1860년(58세)『인정(人政)』25권 12책 완성. 장손 윤행(允行) 진사시에 합격.
『운화측험(運化測驗)』2권 지음.

1862년(60세) 장남 병대 문과에 급제함.

1865년(63세) 부인 박씨 서거, 향년 66세.

1866년(64세)『신기천험(身機踐驗)』8권 지음.

1867년(65세)『성기운화(星氣運化)』12권을 엮음.

1868년(66세)『승순사무(承順事務)』1책을 지음.

1870년(68세)『향약추인(鄕約抽人)』1책을 지음.

1871년(69세) 신미양요를 당해 강화진무사 정기원(鄭岐源)이 자문을 구하고
대원군의 뜻을 전했으나 신병을 이유로 나가지 않았음. 왕복 서한이 있음.

1872년(70세) 통정(通政)에 승(陞)하여 첨지(僉知)에 배(拜)함.

1874년(72세) 장남 병대가『강관론(講官論)』을 간행함.

1876년(74세) 장남 병대가 시국에 관한 상소를 올려 전라도 익산으로 귀양
갔다 풀려남.

1877년(75세) 6월 21일 서거. 다음 해 4월 임시 매장지에서 개성 동면(東面)
적전리(籍田里) 세곡(細谷) 선영 아래에 안장됨.

1888년 장남 병대 서거, 향년 70세로『상기서례(喪期敍例)』와『난필수록(亂筆隨
錄)』의 저술이 있음.

1892년 대사헌(大司憲) 겸 좨주(祭酒)로 추증됨.

(이 연보는 성균관대학교 동아시아학술원·대동문화연구원,『증보 명남루총서』
1권, 2002년에 근거했음)

일러두기

1. 모든 용어는 가능한 직역을 피하고 의역하여 한자어보다 현대의 일상어로 옮기려고 노력하였다. 다만 그 미묘한 차이는 각주나 용어사전 및 해설에서 밝혔고, 저자만이 쓰는 특수한 개념어는 그대로 썼다.

2. 각주의 출처에서 원문에 해당하는 용어는 대부분 옮긴이가 밑줄로 강조하였고, 그 내용은 옮기지 않고 연구자들을 위해 그대로 실었다.

3. 본문과 원문을 같이 실어 번역문과 대조할 수 있게 하였고, 본문은 가능한 한글로만 나타내되, 원문에 없는 한자만 노출하였다.

4. 한문의 긴 문장은 뜻을 해치지 않는 범위 안에서 한글의 가독성을 위해 무리해서라도 번역문에 맞춰 짧게 끊었다. 그리고 『추측록』은 큰 두 문단의 내용을 서로 대조하여 옮겼다.

5. 문맥 속에서 말하고자 하는 의도를 중시하여 낱말을 선택하였으며, 같은 글자라도 저자의 의도와 맥락에 맞춰 달리 옮긴 곳이 있다.

6. 저자의 부가 설명의 표시는 【 】로 통일함.

7. 저본(底本)은 1990년 驪江出版社에서 발간한 『明南樓全集』 第一册에 수록된 『氣測體義』이다.

차례

추측록(推測錄) 권 5

추측록(推測錄) 권 6

추물측사 推物測事　327

기측체의 역해 2
: 추측록 (상)

추측록推測錄 권2

추기측리推氣測理

추측록推測錄 권3

추정측성推情測性

추측록推測錄 권4

추동측정推動測靜

추측록 서문推測錄 序

하늘을 이어 이룬 것이 본성이요,[1] 본성을 따라 익힌 일이 미룸이며, 미룸을 말미암아 재는 일이 헤아림이다.[2] 추측의 문은 예부터 모든 인민[3] 이 함께 말미암은 큰길이다.

繼天而成之爲性, 率性而習之爲推, 因推而量之爲測. 推測之門, 自古蒸民所共由之 大道也.

그러나 미룸이 마땅하면 헤아림에도 방향이 있고, 미룸이 마땅하지 못하 면 헤아림도 마땅하지 않다.[4] 마땅하지 않은 곳에서 미룸과 헤아림을 수정하고, 마땅한 곳에서 근원과 말단을 천명하여 딱 알맞고 올바른 표준을 세운다. 이것을 넘어서면 앎이 허황하고 망령된 데로 돌아가고,

---

1 繼天而成之爲性은 『周易』, 『繫辭上』의 "(一陰一陽之謂道), 繼之者善也, 成之者性也." 를 압축한 말. 『中庸章句』第1章의 '天命之謂性'과 논리가 유사하다.

2 率性而習之爲推 이하는 『中庸章句』第1章의 '率性之謂道'의 논리를 따라 推와 測이 본성을 따라 익힌 것으로, 역으로 보면 인간의 본성에 사유할 잠재력을 갖추고 있다는 점을 인정한 말. 뒤에 잇따르는 문장을 보면 『중용』의 이 道에 해당하는 말이 推測이다.

3 蒸民은 衆民 또는 百姓의 뜻. 『孟子』, 「告子上」의 "詩曰, 天生蒸民, 有物有則."에 보인다.

4 이로 보면 推는 추리, 測은 판단과 유사한 사유 방법임을 알 수 있다. 추론이 잘못되면 당연히 판단도 오류를 일으키기 때문이다.

이것에 미치지 못하면 비루하고 옹색한 데 빠진다.

然推得其宜, 測亦有方, 推失其宜, 測亦失宜. 失宜處變推改測, 得宜處闡明源委,

以建中正之標準. 過此則歸於虛妄, 不及則陷於鄙塞.

먼 옛날 복희씨[5]가 하늘을 우러러보고 땅을 굽어보아 가까이는 몸에서 취하고 멀리서는 사물에서 취한 일이[6] 곧 온 세상[7]을 통달한 것이니, 추측의 으뜸 되는 설명이다. 나아가 『대학』의 격물[8]과 혈구[9]도 만세를 위해 베푼 가르침인데, 반드시 이전 성현[10]의 가르침을 상고하고 당시를 참고하며 일용에서 증험하고 사물의 법칙을 고찰하여, 후학에게 길을 열어준 것[11]이다.

---

5 太昊는 복희씨로 『漢書』, 「古今人表」의 "太昊帝宓羲氏"라는 말에 보인다.

6 이 내용은 『周易』, 「繫辭下」의 "古者包犧氏之王天下也, 仰則觀象於天, 俯則觀法於地, 觀鳥獸之文與地之宜, 近取諸身, 遠取諸物, 於是始作八卦, 以通神明之德, 以類萬物之情."에서 가져와 압축한 말이다.

7 宇宙는 space나 the universe가 아니라, 宇는 天地四方으로서 無限空間을, 宙는 古往今來로서 無限時間을 가리켜 곧 宇宙는 시·공간을 통합한 말인데, 여기서는 온 세상의 뜻으로 쓰임.

8 『大學』의 8조목 가운데 맨 앞에 나오는 덕목. 사물을 탐구·궁리한다는 말.

9 『大學章句』 傳10章의 "所謂平天下, 在治其國者, 上老老而民, 興孝, 上長長而民, 興弟, 上恤孤而民, 不倍. 是以君子有絜矩之道也."에 나오는 말. 주희의 주석에서는 "絜, 度也, 矩, 所以爲方也. … 是以君子必當因其所同, 推以度物, 使彼我之間, 各得分願."라고 하여, '자기와 남의 공통점을 미루어 남을 헤아린다'라는 뜻으로 풀었다.

10 前修는 前賢과 같은 말이다. 『楚辭』, 「離騷」의 "謇吾法夫前修兮, 非世俗之所服."와 『後漢書』, 「劉愷傳」의 "今愷景仰前修, 有伯夷之節, 宜蒙矜宥, 全其先功, 以增聖朝尚德之美."에 보인다.

11 開來學은 繼往聖開來學으로 붙여 쓰이는데 옛 성인을 계승하여 다가올 학문을 열어준다는 의미로 주희 「中庸章句序」의 "若吾夫子, 則雖不得其位, 而所以繼往聖開來學, 其功反有賢於堯舜者."라는 말에 보인다.

粵自太昊, 仰觀天俯察地, 近取身遠取物, 卽洞宙達宇, 推測之宗詮也. 至於大學之
格物也絜矩也, 亦爲萬世之施敎, 而必稽之于前修, 參之于當時, 驗之於日用, 考之
於物則, 以開來學之門路.

뒤에서 이것을 연구하는 사람은 응당 그 노고를 줄여야 하는데도, 물리에
순응하여 법칙을 따를[12] 수 있는 사람은 드물고, 늘 대부분 자기의 견해를
가지고 글을 지어[13] 허상을 실물로 삼고 이름뿐인 것을[14] 실제 사물[15]로
여긴다. 그리하여 얻음은 잃음을 보상하기에 부족하고, 말이 고상할수
록 도는 더욱 비천해져, 말다툼하고 언쟁해 봐야 결론이 나지 않는데,
장차 어떻게 그 근본에 돌아가 그 도리를 세우겠는가?

後之究諸斯者, 應損其勞, 而鮮能順物理而循軌, 常多將己見而排撰, 以虛影爲眞形,
以名像爲實蹟. 得不足以償其失, 言愈高而道愈卑, 斷斷辯爭, 靡定攸屆, 將何以返
其本而立其道哉.

대개 하늘 기의 유행지리가 물건에서는 제각기 그래야 하는 것[16]이 있어

---

12 循軌는 바퀴 자국을 따른다는 말로 궤도(법칙)를 따른다는 말로 쓰임. 『淮南子』,
  「本經訓」의 "四時不失其叙, 風雨不降其虐, 日月淑淸而揚光, 五星循軌而不失其行."
  와 『後漢書』, 「郞顗傳」의 "天文昭爛, 星辰顯列, 五緯循軌, 四時和睦."에 보인다.
13 排撰은 글자를 배열하여 글을 짓는 일. 『신기통』, 「文字之言語」에 '以文字排撰'와
  같은 책, 「功能最多」에 '排撰文字'라는 말이 나온다.
14 『추측록』 권1의 「名像離心」에 名像에 대한 논의가 등장하는데 사람마다 갖는 사물의
  개념이나 관념 또는 그것을 대표하는 명칭을 말한다. 그 서두에 "天之主宰, 卽人之心,
  名像多端, 各有攸當, 至於全體大用, 苟非名像所能盡. 在名像而求其義, 離名像而求
  其眞, 先立標準, 然後推測之左右取用, 庶無攸礙"라는 말을 참고하면 그 뜻이 명확해짐.
15 實蹟은 실제적 자취로 번역되지만 유한 실체이다. 이 실체는 서학에서 말하는
  구체적으로 존재하는 사물을 말한다. 『천주실의』에 그 구별이 보이며 저자도 그
  영향을 받았다.
16 해당 사물이 그 사물이 되게끔 하는 물리적 법칙이나 성질 따위를 말함.

서 원래부터 증감이 없다.[17] 이 이치를 궁리하여 밝힐[18] 수 있는 것은
사람 마음의 추측인데, 여기에 잘하거나 잘못하거나 참과 거짓[19]의 차이
가 있다. 하지만 이것[20] 또한 리라고 말하지 않을 수 없다. 유행지리와
추측지리가 부합할 때는 같은 이치이지만, 부합하지 않을 때는 이 이치와
저 이치에 완전히 다른 자취가 있다. 만약 리에 있어서 허구와 실제의
차이가 있음을 모른다면, 잘함과 잘못함을 가려 취할 방법이 없고 참과
거짓이 섞이는 폐단이 있게 된다.[21]

蓋天氣流行之理, 在物各有攸當, 原無增減. 能窮格此理者, 卽人心之推測, 而有善
不善誠不誠. 然是亦不可不謂之理也. 擧其流行推測符合者, 理是一也, 在於流行推
測不合者, 此理彼理, 完然有跡. 若於理不知虛實之有異, 善不善無擇取之方, 誠不
誠有渾淆之弊.

생각건대 옛 성인은 다만 마음과 물건으로서 공부하였고, 후학들도 그렇
게 공부하였다. 마음과 물건은 옛날과 지금이 다르지 않으나, 오직 마음
이 미루는 내용에 자연히 참과 거짓의 차이가 있고, 헤아림에도 그에
따라 나뉨이 있다. 모름지기 그런 실마리가 되는 옛사람의 논설을 말끔히
제거하고 그 실상을 탐구토록 하는 일 또한 그 실마리가 되는 논설에서

---

17 오로지 자연법칙의 지배를 받는다는 뜻. 곧 流行之理는 사물의 물리법칙의 뜻이다.
18 窮格은 성리학의 窮理와 『대학』의 格物의 합성어. 저자는 성리학의 궁리를 비판하므
   로(『추측록』에 보임) 비록 그 용어를 빌려서 썼지만, 여기서는 기수를 통해 자연법칙
   을 탐구하는 의미이다.
19 誠實은 『신기통』에서도 무수히 나왔고, 저자 학문의 특징 가운데 하나인데, 거짓에
   상대 개념인 참 또는 진실의 뜻으로 자주 쓴다. 誠과 不誠은 참과 거짓의 뜻.
20 推測하여 알아낸 이치를 말함. 곧 推測之理이다.
21 여기서 虛實과 誠·不誠으로 참과 거짓을 對比하였다. 저자가 즐겨 사용하는 虛妄·虛
   無·怪誕과 誠實의 대비와 같은 용례.

그 참된 의미를 밝혀내는 일이다.22 특별히 성인과 보통 사람이 함께하는 것, 인간과 만물이 관계하여 성사하는 것, 근본과 말단이 어긋나지 않은 것, 크고 작음이 서로 돕는 것 등을 들어서 빠짐없이 한마디 말로 묶은 일을 추측이라는 이름으로 천명하였다.

竊想古聖只將心與物做功夫, 後學亦將心與物做功夫. 則心與物無異於古今, 而惟心之所推, 自有誠僞之不同, 所測亦從而分焉. 須令頓除古人緒論而究諸實, 亦將古人緒論而明其義. 特擧聖凡之所同, 人物之交濟, 本末之無違, 大小之相資, 無有欠闕, 而一言括之者, 以闡推測之號.

전체를 말하면 평생의 추측이 있고, 사용하는 곳을 말하면 때에 따른 추측이 있다. 대체로 보아 추측은 길은 늘 저절로 있다. 사람이 그 길을 능히 좇아가서 길을 잃지 않았을 때, 그 길이 가는 방향이 맞았다고 여태 인정한 적은 없어도 오직 마음만은 편안하다. 간혹 사람이 좇아가다가 그 길을 잃을 때, 그 길 또한 길을 잃었다고 여태 비웃지는 않았어도 오직 마음만은 저절로 불안하다.23 편안과 불안이 어찌 일을 실행한 뒤에 결정되고, 또한 설사 지나갔다고 해서 곧장 잃어버리겠는가? 그것은 오직 기를 미루어 리를 헤아리고 정을 미루어 본성을 헤아리고 동적인 대상을 미루어 정적인 대상을 헤아리고 자기를 미루어 남을 헤아리고

---

22 古人緒論은 후인에게 학문적 실마리가 될 수 있는 古人의 담론으로, 여기에는 추측에 부정적이거나 긍정적인 점이 동시에 있어서 올바르게 해석해야 한다는 뜻.

23 道는 길이다. 길 그 자체가 어떤 의지나 作爲를 가지고 무엇을 하지 않는다. 그 길을 맞게 가고 틀리게 가는 일은 인간의 문제라는 말. 이런 관점은 『中庸』의 "誠者, 自成也, 而道, 自道也."에 보이고, 또 『論語』, 「衛靈公」의 "子曰, 人能弘道, 非道弘人."의 정신을 이었다. 『集注』의 "人外無道, 道外無人. 然人心有覺, 而道體無爲. 故人能大其道, 道不能大其人也."라는 해석도 매우 적절한데, 저자는 이런 가르침을 소화하여 자기식으로 표현함.

물건을 미루어 일을 헤아리는 데 달려 있을 뿐이다.[24]

自其統體言之, 有平生之推測, 自其用處言之, 有隨時之推測. 夫推測之道, 固常自
在. 人能遵行而不失其道, 其道未嘗許其得, 而惟於心是安爾. 人或遵行而失其道,
其道亦未嘗識其失, 而惟於心自有不安爾. 安與不安, 豈待行而後決, 亦豈使過而便
忘. 惟在推氣而測理, 推情而測性, 推動而測靜, 推己而測人, 推物而測事.

추측을 매일매일 쌓고 쌓아 숨은 대상이 드러나게 하고 드러난 대상을
알게 만들면, 추측지리와 유행지리가 자연히 부합하여 하나의 이치가
된다. 그리하여 곁에 있는 허상은 다른 곳으로 옮겨가고, 밖에서 오는
풍파는 일어났다 사라질 것이다. 이에 『추측록』을 기록하여 길을 찾는
자에게는 찾을 만한 단서가 있고, 길을 지키는 자에게는 버릴 수 없는
방법이 있기를, 마치 무게와 네모와 원에 관계하는 저울과 곱자와 컴퍼스
처럼 되기를 바란다.

今日明日, 至于積累, 使微者著, 著者通, 則推測與流行, 自然合爲一理. 虛影在傍而
轉移, 風波自外而起滅. 玆錄推測, 以冀究道者有可尋之緖, 守道者有不可捨之方,
若輕重方圓之於權衡規矩.

1836년[25] 병신년 중춘 패동 최한기 혜강유거에서 쓰다.

道光丙申仲春, 浿東崔漢綺, 書于惠崗幽居.

---

24 推氣測理, 推情測性, 推動測靜, 推己測人, 推物測事는 모두 『추측록』의 큰 범주이자
   영역이며, 氣理, 情性, 動靜, 物事 등은 전통 철학을 구성하는 범주들이다.
25 道光은 청 宣宗의 연호이며 丙申年 조선 헌종 2년이다.

해 설

이 서문은 추측의 정의와 그것이 나오게 된 이론의 전통적 근거, 추측을 제시한 사회적·학문적 배경, 추측지리와 유행지리의 관계와 차이, 추측의 보편성과 객관성, 추측의 범주와 효과 등을 포함한 내용이다. 먼저 추측 활동을 본성에 따라 익힌 것이라 하여, 인간의 사고 활동이 선험적으로 완성된 형태로 주어진 사유 능력이 아니라, 경험적 환경을 토대로 하여 발전하는 것임을 천명하였다. 다음으로 그 모범적 사례가 『주역』이나 『대학』에 보인다고 하여, 그것을 근거 없이 창작하지 않고 전통을 계승하고 있음을 밝혔다. 이는 '추측'이란 용어를 전통에서 개념적으로 부각해 사용하지는 않았고,[26] 비로소 자신이 그것을 밝혔음이 행간에서 묻어 나온다.

이어 당시 학문풍토를 간접적으로 비판하였다. 실제 사물의 법칙과 무관한 각자의 생각이나 관념을 무기로 논쟁하고 있음을 지적하였는데, 조선 후기 학문 내부의 각종 논쟁을 비판한 말로 보인다.

이어 등장하는 주장은 유행지리와 추측지리의 구분이다. 전자는 기가 유행하는 사물의 법칙이지만, 후자는 인간의 사유로 파악한 일종의 가설과 같은 이치이다. 가설은 참일 수도 거짓일 수도 있다. 그래서 사람들이 말하는 리에는 참과 거짓이 섞여 있다고 한다. 추측을 매일매일 사용하여 사물을 파악하는 일이 오래되면, 자연히 유행지리와 하나가 된다고 주장하였다.

---

26 하지만 推測이라는 말 그 자체는 보인다. 가령 『論語』, 「公冶長」 顔回의 '聞一以知十'에 대한 풀이의 集注에 보면 "顔子, 明睿所照, 卽始而見終, 子貢, 推測而知."라는 말 속에 보인다. 하지만 『論語大全』의 "朱子曰, 明睿所照, 推測而知, 兩句, 當玩味. 明睿所照, 如明鏡在此, 物來畢照. 推測而知, 如將些子火, 逐些子照去."라는 말을 보면, 주희의 推測은 저자의 推測과 의미가 다르다.

그다음에는 추측의 방법은 보편적이고 객관성을 견지한다고 하였다. 그리고 추측의 대상을 보면 기(氣)·정(情)·동(動)·기(己)·물(物) 등을 미루어 리(理)·성(性)·정(靜)·인(人)·사(事)를 헤아리는 것인데, 그 내용을 자세히 보면 직접 경험할 수 있는 대상에서 경험할 수 없는 원리나 감각적으로 경험하기 어려운 대상을 파악하는 일이다. 이것들은 형식상 전통 철학에서 사용하는 용어들이지만, 대상을 관찰한 내용을 추리하여 어떤 이론적 지식인 법칙을 찾아내는 과정이다. 그 결과가 추측지리이고 과학에서 말하는 일종의 가설인 셈이다. 저자의 인식 이론에서 보면 추측지리가 진리가 되려면 증험을 거쳐야 하는데, 그 검증된 이치가 바로 유행지리로서 사물의 원리나 법칙이다.

하지만 이렇게만 설명하면 충분하지 않다. 비록 이 서문에는 서학의 냄새가 좀처럼 나지 않고, 오로지 전통사상을 토대로 추측을 말한 것처럼 말하고 있는데, 그것은 당시 학문풍토에 있어서 일종의 자기 검열이자 학문의 정당성을 표명하는 일이기도 하다. 사실 그보다 더 중요한 점은 전통에서 찾은 학문 방법을 말해주고 있다는 점이다. 곧 새로운 이론은 어느 날 하늘에서 뚝 떨어지는 것처럼 창조되는 것이 아니라, 이전 것을 계승하거나 재해석하고 변용하면서 이루어진다. 온고지신처럼 옛것을 바탕으로 삼아야 새로운 학문을 창조할 수 있다. 그런 의미에서 전통에서 추측을 끌어낸 일은 학문 방법상 매우 중요한 일이다. 곧 '추측'의 논리는 유교 경전 곧 유학의 재해석에 따른 자기 철학적 창조물 이자 동시에 서학 수용의 토대였다. 달리 말하면 서학에서 사용하는 논리가 이미 우리 전통에 있었다는 자신감의 표현이다.

이상이 『추측록』의 서문에 나타난 추측에 대한 설명이지만, 사실 이 추측 이론이 등장한 데는 서학의 영향이 지내하다. 이제부터 해당하는 글의 각주와 해설에서 그 점을 분석해 밝히겠지만, 간단히 말하면 아리스토텔레스의 철학을 받아들인 중세 스콜라 철학에 바탕을 둔 17~18세기 예수회 선교사들이 전한 한역 된 서학 서적을 통해 그 영향을 받았다. 곧 『신기통』이 인식 일반과 경험의 설명이라면, 『추측록』은 인간 사유 작용 곧 지성에 대한 설명이다.

이렇게 두 분야로 나눈 까닭은 전적으로 서학의 영향이다. 다시 말하면 『신기통』의 주요 내용이 인식 일반과 동시에 각혼의 기능(인간을 포함한 동물의 지각과 운동 능력)에 의한 감각적 경험의 일에 한정한다면, 『추측록』의 주요 내용은 영혼의 지성적(intellectual) 기능인 사유 작용에 해당한다. 이것은 서학에 반영된 아리스토텔레스의 인식 이론을 따른 것이다. 그 가운데 이 사유 능력이야말로 신이 부여한 불멸하는 영혼의 능력으로 동물과 다른 인간만의 그것으로 보았다. 더구나 이렇게 이성적으로 인식하는 방법을 서학 서적에서는 추통(推通)이라는 용어를 사용했다.[27] 이 각혼과 영혼 그리고 그 기능의 구분은 저자가 『신기통』에서 감각 경험과 사유를 통한 인식을 각각 형질통과 추측통으로 구별하는 데 결정적 영향을 미쳤다.

하지만 저자는 그것을 그대로 수용하지 않고 저자 나름의 원칙에 따라 변용하였다. 그 사례는 매우 많지만 한두 가지 소개하면, 개체의 그것으로써 인간 영혼인 신기가 사후에 서학처럼 불멸한다고 보지 않고 전체 신기로 환원한다고 보았으며, 서학에서 동물의 추리 능력을 인정하지 않았던 반면, 『추측록』에서는 '동물도 추측한다'라고 주장하였다.[28] 문제는 거기서만 머물지 않고, 성리학에서 말한 형이상학적 리나 태극은 모두 추측지리로 보았는데,[29] 그것은 리나 태극이 독립적으로 실재하지

---

27 이종란, "기독교철학에 대한 최한기의 비판적 수용," 192쪽.
28 더 자세한 것은 이종란, 『서양 문명의 도전과 기의 철학』, 313-316쪽에 도표로 서학의 수용과 변용에 대해서 정리해 두었으므로 참고 바람.

않고 사물에 의존하여 나타나는 우유적(偶有的) 존재(Accidents)인 속
성으로 사물이 없으면 그것도 없다는 서학의 영향이다. 실체와 속성의
이 개념은 아리스토텔레스가 사용한 개념으로 마테오 리치가『천주실의』
에서 성리학의 태극이나 리의 존재성을 비판하면서 사용한 말이다.
저자가 리와 태극이 추측지리라고 주장한 데는 그 논리의 영향이 크다.
이렇게 신기통과 추측 이론은 전통을 계승·극복하면서도 외래사상인
서학을 변용하고 있다. 동서 사상을 종합하여 창의적으로 재구성해
내었다. 이것이 그의 학문 방법 가운데 하나이고, 자기 철학을 만들어
가는 방식이기도 하다. 더 자세한 내용은 해당하는 글에서 자세히 분석하
겠다.

---

29 『추측록』 권2, 「推測以流行理爲準」.

추측록
推測錄
권 5

추기측인
推己測人

1. 인심을 화합함
和協人心

여러 공적과 성과는 인심의 화협[1]을 말미암아 이루어지지 않음이 없고, 또한 인심에 저촉[2]되어서 무너지지 않음이 없다. 내가 남의 마음을 알아주는 일이 화(和)요, 남이 내 마음을 알아주게 하는 일이 협(協)이다.

庶績羣功, 莫不由和協人心而成, 亦莫不由乖戾人心而敗. 我知人之心爲和, 使人知我心爲協.

* * *

인심을 화협하는 데는 저절로 크고 작은 범위가 있다. 온 세상 인민을 거느려 인의로서 교화하는 일은 천자[3]의 화협이고, 한 지역을 맡아 좋은 풍속을 후세에 전해지게 하는 일은 제후[4]의 화협이고, 한 가[5]의 무리를 가지런히 하여 화목한[6] 기풍이 두텁게 하는 일은 대부의 화협이다.

---

1 和協은 여러 뜻이 있는데, 화목하게 서로 처신하는 것과 同心으로 협력하는 것과 화합 등이 그것이다. 본문은 '내가 남의 마음을 아는 일'을 和로 '남이 내 마음을 알게 하는 일'을 協을 나누어 설명했으나 결국 화합의 뜻으로 쓰였다. 국어사전에는 '서로 마음을 툭 터놓고 협의함'이라고 풀이하나 전혀 다른 뜻임.

2 乖戾는 어긋나 일치하지 않거나 저촉하는 뜻인데, 『史記』, 「天官書」의 "三能色齊, 君臣和, 不齊, 爲乖戾."에 보인다.

3 君師는 임금과 스승 또는 임금의 스승일 수 있으나, 여기서는 天子를 뜻한다. 고대에 그렇게 사용했고 또 주희의 「大學章句序」의 "則天必命之以爲億兆之君師, 使之治而敎之."에 그 용례가 보인다.

4 方伯은 周代의 제후. 『禮記』, 「王制」의 "天子百里之內以共官, 千里之內以爲御, 千里之外設方伯."에 보이다.

5 家는 고대의 대부가 다스리던 나라.

和協人心, 自有大小. 率天下之民, 以仁義化之者, 君師之和協, 守一方之地, 使善俗遺後者, 方伯之和協, 齊一家之衆, 俾厚婣睦之風者, 家長之和協也.

하지만 그 화협에는 또 같지 않음이 있으니, 기쁘고 참으로 심복하여 끝내 잊을 수 없는 상태가 으뜸이고, 한때의 권세나 이익을 좇아 의지하며 따르는7 상태가 그 아래이다. 인심에 저촉되는 일도 이와 유사하다.

然其所和協, 又有不同, 心悅誠服, 終不可諼, 上也, 趨一時之權利而附從, 次也. 至於乖戾人心, 亦類乎此.

---

6 婣睦을 고전번역원의 국역 『葛庵集』·『修堂集』·『旅軒集』 등에서 모두 和睦으로 옮겼다.
7 附從은 『漢書』, 「杜周傳」의 "案師丹行能無異, 及光祿勳許商被病殘人, 皆但以附從方進, 嘗獲尊官."에 보인다.

해 설

이 내용은 자기를 미루어 남을 헤아리는 '추기측인'의 첫 번째 글이다. 남을 헤아린다는 '측인'이 발전하여 훗날 국가의 인사 정책론에 해당하는 『인정』의 한 영역으로서 곧 측인(測人)-교인(敎人)-선인(選人)-용인(用人)으로 이어지는 책의 한 부분으로 반영되었다.

화합의 다른 말인 화협을 화(和)와 협(協)으로 나누어 설명하였다. 곧 내가 남의 마음을 알아주어서 남이 내 마음을 알아주게 하는 화합하는 일로서, 서로가 알아주어야만 화합이 이루어지기 때문이다. 그래서 원문 知 자는 『논어』, 「학이」의 '남이 알아주지 않더라도 성내지 않는다(人不知而不慍)'라고 할 때의 知 자와 같은 뜻으로 보았다.

그러니까 내가 남을 알아주거나 남이 나를 알아주는 일은 전적으로 주체인 리더에게 달려 있다. 특히 후자는 리더의 인성과 역량과 관계된다. 구성원들은 그에게 진정성과 능력이 없으면 진심으로 알아주지 않기 때문이다.

2. 본성이 같아도 익힘에 따라 달라진다
性同習異

남과 나의 본성은 같으나 익힘에 따라 다름이 생긴다. 그러므로 나는
같음을 가지고 다름을 헤아릴 수 있다. 만약 본성이 다르기만 하다면,
어떻게 다름을 가지고 다름을 헤아릴 수 있겠는가?

人與我性則同, 而習有異. 故我能擧其同而測其異. 性若有異, 則何能擧其異而測其
異哉.

* * *

남과 나에게 다름이 있는 까닭은 사는 곳과 익힌 내용이 자연히 달라서
견문 또한 다르고, 이미 견문이 다르면 지향도 다르기 때문이다.

人與我有所不同者, 以其所處所習自異, 而聞見亦異, 聞見旣異, 趨向亦異.

사람의 삶이 갖춘 대상을 말하면 같지 않음이 없다. 안으로는 오성8과
칠정 다음으로 목마르면 마시고 배고프면 먹으며, 여름에는 베옷 겨울에
는 가죽옷 입는 일과 나아가 임금과 신하, 아버지와 자식, 남편과 아내,

---

8 五性 여러 뜻이 있다. 먼저 5가지 성정으로 喜怒欲懼憂인데 『大戴禮記』, 「文王官人」의
  "民有五性, 喜怒欲懼憂也."에 보이고, 또 仁義禮智信이 그것으로 班固의 『白虎通』,
  「情性」의 "五性者何. 謂仁義禮智信也."에 보인다. 또 五臟의 특성으로 『漢書』, 「翼奉傳」
  의 "五性不相害, 六情更興廢."에 보인다. 본문에 칠정과 오륜을 거론한 것으로 보아
  仁義禮智信을 말한 것 같다.

어른과 아이, 친구 사이의 오륜에 이르기까지 나에게 이미 이것이 있으
니, 남에게도 이것이 있다.

語其生之所具有, 則無有不同. 內而五性七情, 次而渴飮饑食, 夏褐冬裘, 以至于君
臣父子夫婦長幼朋友之倫, 我旣有此, 人亦有此.

이른바 다름이란 이렇게 갖춘 대상을 말미암지 않음이 없건만, 거기에는
통하거나 막히거나 따르거나 거스르는 구별이 있는 것뿐이다. 만약 남과
내가 갖춘 대상이 본래부터 다르다고 말한다면, 이는 근본부터 말단까지
같은 점이 아예 없으니, 내가 무엇을 가지고 남을 헤아리겠는가?

所謂不同者, 莫不由此所具有, 而有通塞順逆之別而已. 若謂人與我之所具有, 本自
不同, 則是本與末無所攸同, 我將何而測人哉.

해 설

다름을 알려면 같음이 있어야 한다는 논리이다.

이는 같음과 다름이 서로 상대적 개념이어서 한쪽의 개념이 다른 한쪽을 성립시키기 때문이다. 이는 일찍이 노자가 설파한 내용이기도 하다.[9] 그래서 저자는 본성의 다름을 알려면 같음도 알아야 한다는 논리로 전개하였다.

이런 논지의 출발점은 『논어』의 "본성은 서로 가까우나 학습으로 멀어진다"[10]라는 말에서 비롯하였다. 성리학은 이것을 본연지성과 기질지성으로 나누어 보았지만, 저자는 하나로 통합하였다. 바로 본문에서 본성의 같음과 다름이 문제되는 지점이다.

저자의 글에 익숙한 독자들은 본문의 '삶이 갖춘 대상'으로 언급된 내용 가운데 오성과 오륜을 보고, 주희 성리학과 같아 저자의 철학적 방향과 맞지 않는다고 여길 수 있겠다. 하지만 저자의 논지는 본성을 이루는 삶의 조건으로서 본능적 요소와 사회적·문화적 배경이 같다는 점, 다시 말해 당시 저자를 기준으로 같은 지역과 시대와 문화 속에서 태어난 사람은 같다고 하겠다. 이 요소는 분명히 저자가 말하는 본성의 일부를 차지하고 있다. 본문에서도 드러나고 앞에서도 말했지만, 그의 본성이란 자연 본능과 사회 규범의 통일체이기 때문이다.

그러니 이런 같은 점을 가지고 본성의 다른 점을 구별할 수 있다. 결국 그 차이란 유전적 요소가 환경과 상호작용한 학습의 결과이다. 그 학습은 개인의 자질이 사물의 이치를 이해하는 지능과 규범을 준수하거나 어기는 행동 특성에 따라 이루어지며, 그대로 성품의 형성으로 이어진

---

9 『老子』21章: 有無相生, 難易相成, 長短相較, 高下相傾, 音聲相和, 前後相隨.
10 『論語』, 「陽貨」: 子曰, 性相近也, 習相遠也.

다. 따라서 본성은 같은 환경과 조건 속에서도 학습에 따라 달라진다. 바로 여기서 '성상근 습상원'의 논리가 정당화된다. 본능과 사회 규범은 적어도 같은 문화권에 사는 사람들에게는 '서로 가까운 것'이지만, 그것이 한 인격체 안에서 통합되는 결과는 사람마다 천차만별이기 때문이다.

3. 남과 나에게 항상 통하는 도리
物我常道

항상 통하는 도리11는 남과 나의 준칙이다. 남의 옳고 그름과 삿되고 바름을 분별하는 일이 마치 똑바른 푯대를 세워 물건의 굽음과 곧음을 조사하는 일과 같고, 사람의 우열과 경중을 분별하는 일이 마치 저울을 가지고 물건의 크고 작음을 재는 역할과 같다. 만약 항상 통하는 도리12로서 하지 않으면, 옳고 그름과 삿되고 바름에 변별이 없고, 우열과 경중에도 저절로 시끄러운 다툼만 많을 것이다.

庸常之道, 物我之準則. 辨人之是非邪正, 如立正標而查物之曲直, 辨人之優劣輕重, 如將權衡而稱物之大小. 若不以常道, 則是非邪正, 固無辨別, 優劣輕重, 自多囂訟.

*　*　*

오직 이 항상 통하는 도리는 자기의 일시적 소견으로 홀로 세울 수 없고, 남을 통해 빌려 얻을 수도 없다. 반드시 남과 내가 마땅하게 여기고 고금이 함께 하는 것을 익히 알면, 자연히 세우는 준칙이 있게 되니, 이것이 항상 통하는 도리이다.

惟此常道, 不可以己之一時所見而獨立, 亦不可由人而借得. 必須熟認物我之所宜, 古今之攸同, 自有所立之準則, 是乃常道也.

---

11 庸常之道는 뒤에 줄여 常道로 표현하였다.
12 常道는 용어사전과 해설을 보라.

이미 항상 통하는 도리를 얻었으면 취사하고 절충하는 데는 자연히 준칙이 있게 된다. 남이 말한 내용이 비록 "천고에 바뀌지 않는다"라고 자부하더라도, 내가 일상에 상고해 봐서 어긋나지 않으면 바른 것이요 어긋나면 바르지 않다. 만약 항상 통하는 도리에서 얻은 게 없고 단지 자기의 일시적 소견을 가지고 남의 옳음과 그름을 말하기 좋아하는 사람은 자연히 자기의 견해와 같으면 옳다고 여기고 다르면 그르다고 여기니, 이러한 옳고 그름은 천하의 공론이 아니라 한 사람의 사사로운 말이다.

旣有得於常道, 則取捨折衷, 自有其則. 人之所說, 雖自謂其千古不易, 我乃稽之于常, 無違則是正, 有違則非正. 若無得於常道, 而只以己之一時所見, 好說人之是非者, 自然同於己則是之, 不同於己則非之, 如此是非, 非天下之公論, 乃一人之私說.

해 설

추기측인의 논리를 일반화하여 항상 통하는 도리로 옮긴 '상도'의 건립을 논하였다.

상도란 앞의 글에서도 종종 언급하였다. 언제 어디서나 늘 통용되는 도리라는 뜻을 가지며, 이 용어는 노자가 언급한[13] 이래 유가에서도 자주 사용하였다. 순자는 자연적인 상도를 말했지만,[14] 이후 성리학자들은 주로 인륜의 도리로서 일컬었다.[15]

그래서 후학들이 이 상도를 옮길 때, '떳떳한 도리'나 '불변의 도리'나 '일상의 도리'로 옮기는데, 표현은 달라도 다 같은 의미이다. 떳떳하거나 불변하지 않으면 항상 통하는 도리가 되겠는가? 하지만 당시의 유가 윤리는 오늘날까지 상도로 인정받기는 쉽지 않다.

저자는 앞의 글에서 상도가 인간만이 아니라 천지 만물에 적용되는 보편적인 것으로 말한 적이 있는데, 이 경우도 노자처럼 만물에 적용되는 자연적 원리로 보인다. 하지만 본문에서는 상도의 외연을 구체적으로 말하지 않았으나, 그것이 옳음과 그름과 삿됨과 바름의 기준이 된다는 점에서 그 역할을 논한 내용을 보면, 인도에 국한해서 설명하고 있음을 알 수 있다. 이 경우 상도는 인류의 보편적 규범이라 할 수 있겠다. 이는 저자가 본문에서 '남과 내가 마땅하게 여기고 고금이 함께 하는 것'과 '천하의 공론'이라는 말에서 알 수 있는데, '남과 나'와 '천하'는 공간, '고금'은 시간을 상징하는 말로서, 다시 말해 시간과 공간의 제약을

---

13 『老子』1章: 道可道, 非常道.

14 『荀子』, 「天論」: 天有常道矣, 地有常數矣.

15 『朱子語類』18-82: 天生烝民, 有物有則, 則字卻似衷字. <u>天之生此物, 必有箇當然之則, 故民執之以爲常道</u>, 所以無不好此懿德. 物物有則, 蓋君有君之則, 臣有臣之則, 爲人君, 止於仁, 君之則也, 爲人臣, 止於敬, 臣之則也. (강조는 옮긴이)

초월한 보편적인 규범이 상도라는 뜻이다. 상도의 내용보다 형식적 정의에 몰두한 결과이다.

이제 유교 규범이 저자가 말한 상도가 되려면 시대와 지역에 따라 재해석되어야 한다. 이는 유교만이 아니라 불교나 기독교도 마찬가지이다. 바로 여기에 현대신학자들의 고민이 있을 것이다.

4. 오직 말에만 이치를 벗어나는 것이 있다
惟言有理外

온 세상에는 이치를 벗어나는 물건이 없고, 또한 이치를 벗어나는 일도 없다. 오직 사람의 입에서 이치를 벗어나는 말이 간혹 나오기도 하는데, 그것이 비록 서적에 실려 천년만년 전해오더라도 단지 헛소리16로만 머무를 뿐이다.

天下無理外之物, 亦無理外之事. 惟凡人口中, 或出理外之言, 雖得載傳書籍千萬秋, 只留虛言而已.

* * *

참됨에서 터득한 사람은 이미 자기를 속이는 일이 없어,17 남도 그를 속이기 어렵다. 그러므로 허황하고 망령된 말을 귀가 닳도록 말해도 그의 마음에 들어갈 수 없고, 괴이하고 거짓된 책을 종일 읽더라도 오직 옳지 않다는 내용만 볼 뿐이다.

得於誠實者, 旣無自欺, 人亦難得以欺之. 故虛妄之說, 雖以杵築耳, 而不得入, 怪誕之書, 雖使終日讀之, 惟見其不是也.

---

16 虛言은 空談 또는 거짓된 말. 『老子』 22章의 "古之所謂曲則全者, 豈虛言哉."에 보인다. 여기서는 이치 밖의 말, 곧 이치에 맞지 않는 말을 뜻함.

17 『大學章句』 傳6章: 所謂誠其意者, 毋自欺也. 성실 곧 誠은 『中庸』에서도 강조하는 것.

해 설

성실한 사람을 미루어 남을 헤아리는 일을 논하였다.

성실 곧 성(誠)이란 유가 수양론의 목표이다. 주희의 주석대로 '진실하여 거짓이 없는 상태'가 성실인데, 본문은 그것을 미루어 남을 판단할 수 있다는 논리이다.

이렇게 성실의 관점에서 본다면 자연물과 일에는 거짓이 없다. 기가 유행하는 조리가 이치여서 그것을 벗어날 리가 없기 때문이다. 설령 인사에서 일을 거짓으로 한다고 해도 그로 인해 그것이 잘못 돌아가는 것 또한 이치이기 때문이다. 그래서 '순리대로 살아야 한다'라는 말이 등장한다.

하지만 사람에게는 '이치를 벗어나는 말'이 있다고 하는데, 그것은 잘못된 인식의 산물이다. 불교의 지적대로 인간의 마음은 온갖 것을 지어내기 때문이다. 여기서 저자가 말한 '이치를 벗어남'의 의미는 진술하는 말이 논리에 맞지 않는다는 뜻이 아니다. 그 이치란 사물이 존재하거나 운동하는 방식을 말한다. 그런 점에서 원문 '虛妄'과 '怪誕'이 상징하는 종교나 가르침은 성실한 사람이 절대로 속지 않는다는 저자의 지적은 날카롭다. 합리적인 사람은 대개 이 세계를 벗어난 초자연적이고 신비적인 내세 따위를 믿지 않기 때문이다. 저자는 허망을 도교나 불교, 괴탄을 기독교를 상징하는 말로 자주 쓴다.

5. 남의 우열을 헤아림
測人優劣

통달한 사람이 남을 헤아릴 때는 충직과 신의,18 재주와 식견으로 우열을
나누고 기량19을 품평한다. 보통 사람이 남을 헤아릴 때는 항상 자기가
아는 내용에는 상세하게 보고, 또 자기가 모르는 데에서는 소홀히 한다.

達者之測人, 以忠信才識, 分其優劣, 品其器局. 凡夫之測人, 每詳於己之所達, 而或
忽於己之所未達.

* * *

깨끗한 절개가 있는 사람은 정직을 법도로 삼으므로, 남의 성품과 행위20
의 떳떳함은 알아볼 수 있지만, 간혹 법술21의 속임을 의심한다.22 법을
만드는 데 능한 사람23은 사물의 한계나 한도를 법도로 삼으므로, 남의
바르거나 곧은 국량을 비교하여 알아도 변화의 방법을 귀하게 여기지

---

18 忠信은 충직과 신의로『論語』, 「學而」에 "曾子曰, 吾日三省吾身, 爲人謀而不忠乎.
與朋友交而不信乎. 傳不習乎."라고 한 말에, 또 "子曰, 君子不重則不威, 學則不固.
主忠信."에도 등장한다. 주희 주석에 "盡己之謂忠, 以實之謂信."으로 풀이했다. 忠이
내면적인 일이라면 信은 그 忠을 남이 볼 수 있는 외면의 행위로 실천하는 것.
그래서 신뢰를 얻는다.

19 器局은 氣量과 德量 또는 度量을 뜻함.

20 性行은 王充의『論衡』, 「率性」의 "善漸於惡, 惡化於善, 成爲性行."에 보인다.

21 法家의 法과 術.

22 이 문장은 魏 劉劭의『人物志』, 「接識」의 "夫淸節之人, 以正直爲度, 故其歷衆材也,
能識性行之常, 而或疑法術之詭."에서 가져온 말. 강조는 저자가 삭제한 내용.

23 法制之人은『人物志』, 「流業」에 따르면 法家이다.

않는다.24 계책에 능한 사람25은 꾀를 생각해 내는 일을 법도로 삼으므로, 기이한 책략을 잘 세워도 준법의 좋음을 모른다.26 재능27이 있는 사람은 다스려 지키는28 일을 법도로 삼으므로, 방략29의 규칙을 잘 알아도 제도의 근원을 모른다.30 지모31가 뛰어난 사람은 향원32을 법도로 삼으므로, 슬기를 감춘 융통성을 알아도 교법의 보편성을 모른다.33 한 가지 방면에만 재주가 뛰어난34 사람은 남의 공로를 가로채는 일을 법도로 삼으므로, 공로를 쫓아갈 줄을 잘 아나 도리와 덕의 교화를 모른다.35 품평36을 잘하는 사람은 남을 엿보아 살피는 일을 법도로 삼으므로, 밝게 꾸짖어 경계할 줄을 잘 알더라도 출중한 기개는 알지 못한다.37

24 『人物志』, 「接識」: 法制之人, 以分數為度, 故能識較方直之量, 而不貴變化之術.
25 術謀之人은 『人物志』, 「才能」에 따르면 "計策之能, 術家之材也."로 되어 있다.
26 같은 책: 術謀之人, 以思謨為度, 故能成策略之奇, 而不識遵法之良.
27 器能은 기량과 재능으로 『後漢書』, 「龐參傳」의 "尚書僕射虞詡薦參有宰相器能, 以為太尉, 錄尚書事."에 보인다.
28 辯護는 감독하거나 다스려 지키는 일로서 『墨子』, 「號令」의 "為符者曰養吏一人, 辨護諸門."에 보인다.
29 方略은 계획 또는 책략. 『荀子』, 「王霸」의 "鄉方略, 審勞佚, 謹畜積, 脩戰備, 齺然上下相信, 而天下莫之敢當."에 보인다.
30 『人物志』, 「接識」: 器能之人, 以辨護為度, 故能識方略之規, 而不知制度之原.
31 같은 책, 「流業」의 "術家之流, 不能創制垂則, 而能遭變用權, 權智有餘, 公正不足, 是謂智意, 陳平韓安國是也."에 보인다.
32 위선자로서 『論語』, 「陽貨」의 "子曰, 鄉原, 德之賊也."에 보인다.
33 『人物志』, 「接識」: 智意之人, 以原意為度, 故能識韜諝之權, 而不貴法教之常. 강조는 본문과 다른 글자.
34 伎倆은 같은 책, 「流業」의 "法家之流, 不能創思圖遠, 而能受一官之任, 錯意施巧, 是謂伎倆, 長敏趙廣漢是也."와 「利害」의 "伎倆之業, 本于事能, 其道辨而且速."에 보인다.
35 같은 책, 「接識」: 伎倆之人, 以邀功為度, 故能識進趣之功, 而不通道德之化.
36 臧否는 살펴 品評 또는 褒貶하는 뜻으로 같은 책, 「才能」의 "司察之能臧否之材也."에, 「利害」의 "臧否之業, 本乎是非."에 보이며, 또 三國 蜀의 諸葛亮 「前出師表」의 "宮中府中俱為一體, 陟罰臧否, 不宜異同."에 보인다.

말을 잘하는38 사람은 분별하는 일을 법도로 삼으므로, 막힘없이 대답을 잘하는 슬기는 잘 알지만 함유한 아름다움39을 모른다.40 그러니 만약 그 차이 나는 역량을 살펴 치우치고 가려짐을 제거할 수 있으면, 수많은 재주에 통달할 수 있을 것이다.

淸節之人, 以正直爲度, 故能識性行之常, 而或疑法術之詭. 法制之人, 以分數爲度, 故能識較方直之量, 而不貴變化之術. 術謀之人, 以思謨爲度, 故能成策略之奇, 而不識遵法之良. 器能之人, 以辨護爲度, 故能識方略之規, 而不知制度之原. 智意之人, 以鄕原爲度, 故能識韜諝之權, 而不貴法敎之常. 伎倆之人, 以邀功爲度, 故能識進趨之功, 而不通道德之化. 臧否之人, 以伺察爲度, 故能識訶砭之明, 而不暢倜儻之異. 言語之人, 以辨析爲度, 故能識捷給之慧, 而不知含章之美. 苟能察其異量, 去其偏蔽, 則可以達衆才矣.

---

37 『人物志』, 「接識」: 臧否之人, 以伺察爲度, 故能識訶砭之明, 而不暢倜儻之異.

38 言語 외에 같은 책에서 口辯(「流業」)과 辯給(「材理」)이 보이며, 『論語』, 「先進」의 "言語, 宰我子貢."을 보면 말재주의 뜻임.

39 含章은 포함된 아름다운 자질로 『周易』, 「坤卦」의 "六三, 含章可貞."에 보인다.

40 『人物志』, 「接識」: 言語之人, 以辨析爲度, 故能識捷給之惠, 而不知含章之美. 강조는 본문과 다른 글자.

해 설

추기측인의 논리에서 남을 헤아리는 사례를 소개하였다.

후반부의 인물을 헤아리는 사례는 삼국시대 위(魏)나라 조조의 아들과 손자의 신하였던 유소(劉劭: ?~?)가 편찬한 『인물지(人物志)』의 내용을 따랐다. 거기에는 인간이 하는 일을 청절가(淸節家)·법가(法家)·술가(術家)·국체(國體)·기능(器能)·장비(臧否)·기량(伎倆)·지의(智意)·문장(文章)·유학(儒學)·구변(口辨)·웅걸(雄傑)이라는 12가지로 나누었는데, 본문에서는 국체, 문장, 유학, 웅걸을 제외한 8가지만 소개하였다. 원문의 법제지인(法制之人)은 법가이고, 술모지인(術謀之人)은 술가의 다른 표현이다. 각주에 원문을 실어 저자의 그것과 비교하였다.

저자가 이렇게 다른 책의 내용을 자신이 말하고자 하는 맥락에 맞추어 재구성하였음을 알 수 있다.

6. 가르칠 때의 수준 조절
敎人進退

남을 가르치는 사람은 먼저 학습자가 가진 조예의 깊이[41]를 살펴서 진보할 지점을 열어 인도한다. 또 타고난 자질의 장단점을 살펴서 학습의 진도나 속도를 조절하는 방도를 두어야 한다.

敎人者, 先察其造詣之淺深, 開導進步之地. 又察其氣稟之彊弱, 宜有進退之方.

* * *

가르치는 방법은 먼저 배우는 사람의 말과 행동[42]을 미루어 그 조예를 헤아려야, 수준 높은 내용을 말해줄 만하면 수준 높게 말해주고, 수준 낮은 내용을 말해줄 만하면 수준 낮게 말해준다. 이는 마치 어린아이를 안고 산을 오르면서 바라보는 경치를 상세히 설명할 때, 멀고 가까운 경치를 알려주는 일이 걸어 올라가는 산의 높이와 관계있는 상황과 같다.

敎誨之方, 先推其人之言語動靜, 而測其造詣, 可以語上則語上, 可以語下則語下. 如抱兒登山, 隨所望而詳說之, 以示所見之遠近, 在於進步之高低.

---

41 造詣는 여기서 학습자가 선행한 학습의 수준 또는 지적·기능적 능력을 말함. (앞에 나옴)

42 여기서 動靜은 행동 또는 활동의 뜻이다. 일과 휴식을 포함한 활동의 뜻으로 『周易』, 「艮卦」의 "時止則止, 時行則行. 動靜不失其時, 其道光明."에 보인다.

또 타고난 자질을 헤아려야만, 격려할 수 있으면 격려하고 진보를 장려할 수 있으면 장려한다. 이는 마치 훌륭한 의사가 질병을 치료할 때 혹 보약을 쓰거나 때로는 사약43을 쓰는 일과 같다.

又須測其氣稟, 可以激勵則激勵之, 可以獎進則獎進之. 如良醫之調理疾病, 或用補藥, 或用瀉藥.

---

43 補藥과 瀉藥은 補瀉하는 데 쓰는 약으로서, 한의학의 치료에서 精氣가 虛한 증상인 虛證에는 補하고, 實證에는 瀉하는 약이다.

해 설

남을 가르치기에 앞서 피교육자를 헤아리는 문제는 논하였다.
이는 현대 교육학의 교수-학습 이론에서 기본적으로 고려해야 할 문제
이다. 학습자의 학습 능력은 물론, 선행한 학습의 내용과 수준을 알아야
거기에 맞춰 교육 내용과 목표 및 방법을 결정할 수 있기 때문이다.
그래서 학년에 따른 교육과정을 설정해 두는 일도 그런 이유 때문이다.
하지만 같은 학년이라 하더라도 학습 능력과 수준 차이가 존재한다.
그래서 한때 '수준별 학습'이 유행한 적도 있었다.
이런 내용이 저자의 발언 속에 다 녹아 있다. 근대적 교육이 아직 이뤄지
지 않는 당시에 이런 생각을 했다는 게 참으로 경이롭다. 조선 교육
사상사에서 눈여겨 다루어야 할 내용이다.

7. 남을 간하는 일은 달래는 일과 같다
諫人如說人

윗사람에게 간할44 때는 반드시 그가 잘못하고 도리에 어긋난 일을 따라 바꾸기를 기대한다. 그러므로 비록 듣고 그렇게 하겠다고 허락하더라도, 간하다가 꺼림을 당하는 경우가 많다.

諫人者, 必因其所誤所差, 以冀遷焉. 故雖聽許, 而見忌者多.

남을 달래는45 사람은 반드시 그가 하고 싶어 하거나 좋아하는 대상을 좇아 말한 내용을 자연히 받아들이도록 한다. 그러므로 비록 거절당하더라도 피해당하는 경우가 적다.

說人者, 必因其所欲所好, 使自入焉. 故雖見拒, 而遇害者少.

남의 마음을 거스르지 않기가 참으로 미묘하구나! 간하는 것을 달래듯이 하고, 달래는 것을 간하듯이 하여, 나아가는 일이 너무 곧아서 실수하지 않고 물러나는 일이 아첨에 빠지지 않게 한다.

微哉, 人心之難忤也. 諫之若說, 說之若諫, 進不失於過直, 退不陷於諂邪.

---

44 諫은 윗사람에게 잘못이 있을 때 고치도록 하는 말로서 『論語』, 「里仁」의 "事父母幾諫, 見志不從, 又敬不違, 勞而不怨."에 보인다.
45 여기서 說는 '달래다'의 뜻으로 설득하기이다. 거기에 여러 뜻이 있지만 여기서는 '좋고 옳은 말로 잘 이끌어 꾀다'의 뜻임.

*　*　*

좋아하거나 하고 싶은 대상이 있는 사람은 곧장 달랠 수 있고, 또한 그런 사람은 남이 달래는 말을 들어줄 수도 있다. 하지만 만약 좋아하거나 하고 싶은 대상이 없다면, 이 또한 달랠 방법이 없다. 비록 그를 달랜다고 하더라도 들어줄 까닭이 없다.

人之有所好所欲者, 方可說之, 亦可以聽人之說. 若無所好所欲, 亦無可說之方. 雖說之, 無由以見聽也.

또 사람에게 누군들 잘못과 어긋남이 없겠는가? 듣는 사람이 남이 단정해서 하는 말46을 매번 싫어하다 보면 그를 쉽게 꺼리고 싫어한다. 대저 남의 마음을 어렵사리 거스르는 행위는 기둥에 남의 머리를 붙잡아 부딪히는 일보다 심하여, 이루어진 일도 곧장 훼손하고 쌓은 공로도 되레 이지러지게 만든다.

且人孰無過差. 每患厭人成言, 易致忌嫌. 夫人心之難忤, 有甚捽頭觸柱, 使成事輒毀, 累功反虧.

윗사람에게 간하는 사람은 항상 상대의 마음을 거스르지 말 것을 경계로 삼고, 남을 달래는 사람은 아첨에 빠지는 일을 늘 수치로 여기면, 간하고

---

46 成言은 斷定해서 말하는 일종의 論斷. 『朱子語類』 105-19에 "問, 疑事毋質, 經文只說疑事, 而小學注云毋得成言之, 何也. 曰, 質, 成也, 成言之, 皆古注文. 謂彼此俱疑, 不要將己意斷了."과 또 晉의 杜預 『春秋經傳集解』, 「序」에서 "春秋雖以一字為褒貶, 然皆須數句以成言."에 보인다. 그러니까 간할 때 상대의 잘못이라 단정 또는 논단해서 말하는 것을 말함.

달래는 일이 거의 알맞음[47]을 얻을 것이다.

諫人者, 常以人心之不可忤爲戒, 說人者, 每以陷於諂佞爲恥, 則庶乎諫說之得中.

---

[47] 得中은 『周易』의 爻가 가운데 자리를 얻었다는 뜻으로 「同人卦」의 "柔得位得中, 而應乎乾, 曰同人." 등에 보인다. 알맞음을 얻었다는 뜻으로 여기서는 中庸을 얻었다는 뜻.

해 설

사람의 마음을 잘 헤아려 윗사람에게 간하거나 남을 달래는 요령을 말하였다.

윗사람의 잘못을 고치라고 간하는 일은 상대의 마음을 거슬리기 쉽다. 그래서 더욱 공손하게 해야 한다. 특히 신하로서 임금에게 간할 때 정의감에 불타 대의명분으로 직간하여 임금이 어쩔 수 없이 들어주더라도, 그의 마음 한구석에 쌓이는 괘씸죄를 피하기 어렵다.[48] 임금이 그 신하의 진정성을 알아주지 않거나 그가 성인군자가 아닌 이상 그렇다. 대신 달래는 일은 설득처럼 상대의 니즈(needs)를 공략한다. 그렇게 해도 상대가 들어주지 않으면 그만이기에 달래는 사람의 부담감은 훨씬 적고, 되레 상대는 거절에 따른 미안함이 남을 수 있다. 마케팅 전문가는 그 미안함마저도 훗날 활용하기 위해 항상 간단한 선물을 제공한다.

이런 심리가 본문에 반영되어 있다. 그래서 간하는 사람은 상대의 마음을 거스르지 않고, 달래는 사람은 아첨하지 않기를 경계해야 한다고 주장했다.

요즘은 간하거나 달랜다는 말보다 통합해 설득이란 표현을 자주 쓴다. 윗사람이 잘못을 고치라고 설득할 수도 있고, 나의 요구를 들어 달라고 상대를 설득할 수 있다. 설득은 말처럼 쉽지 않다. 상대의 마음을 바꾸는 일이기 때문이다. 그에 따른 이론과 요령이 필요한데, 본문의 결론도 나름의 요령 가운데 하나이다.

---

48 조선 中宗에 대한 趙光祖 등의 直諫을 생각해 보라.

8. 경륜이 있는 사람의 담론
經綸者談論

경륜49이 있는 사람에게는 반드시 담론50이 있고, 담론이 있는 사람이라고 해서 반드시 경륜이 있지는 않다. 그러므로 해당 담론을 듣고 그 마음속에 쌓은 내용을 안다.

有經綸者, 必有談論, 有談論者, 不必有經綸. 故聽其談論, 而知其中之所蘊.

* * *

서책에서 조금이라도 안 내용이 있는 사람은 모두 경전의 뜻을 미루어 펼치고51 반복해서 이치를 말한다. 비록 그것이 크고 화려한 책의 편과 장52을 이루었더라도, 때로는 지엽적인 내용만 상세히 논하여 뿌리와 줄기를 빠뜨리기도 하고, 혹은 그 설을 과장하여 잡박하게 된다. 이것은 반드시 담론과 경륜 사이에 저절로 벌어진 간격이 있어 통달하지 못한 점이 있기 때문이다.

---

49 經綸은 국가나 천하 등의 큰 조직을 다스리는 것. 『周易』, 「屯卦」의 "雲雷屯, 君子以經綸."과 『中庸』의 "唯天下至誠, 為能經綸天下之大經, 立天下之大本, 知天地之化育,"에 보인다. 여기서는 어떤 조직을 경영한 의미로 사용함.

50 談論은 談說談話와 議論의 뜻으로 『韓非子』, 「說難」의 "故諫說談論之士, 不可不察愛憎之主而後說焉."에 보인다.

51 推演은 미루어 펼치는 일로 『朱子語類』 47-10의 "最苦是世間所謂聰明之人, 卻去推演其說, 說到神妙處."에 보인다.

52 篇章은 책의 篇과 章으로 王充의 『論衡』, 「別通」의 "儒生不博覽, 猶為閉闇, 況庸人無篇章之業, 不知是非, 其為閉闇甚矣."에 보인다.

少有得於簡冊者, 皆能推演經義, 反覆說理. 雖成巨麗篇章, 或詳論枝葉, 而遺佚根
株, 或誇張其說, 以致斑駁. 是必談論與經綸, 自有間隔而未達.

저 성정의 근원에 밝고 변화의 낌새를 아는 데53 달통한 사람이라면,
그의 마음에서 우러나오는 말의 사연과 맥락을 남이 들으면 조리가
있고 따르면 단계가 있다. 이것이야말로 바로 담론이 경륜에서 나오고,
경륜이 담론에 넘쳐흐르는 일이다.

若夫明於性情之原, 達于通變之機者, 言由中出, 辭緣脈絡, 聽之有條理, 循之有階
梯. 是乃談論出於經綸, 經綸溢於談論也.

---

53 通變은 변화를 안다는 의미로 『周易』, 「繫辭上」의 "極數知來之謂占, 通變之謂事."에
   보이지만, 여기서는 變之機를 안다는 뜻.

해 설

남의 담론을 듣고 그 사람의 경륜을 헤아리는 일을 논하였다.
경륜은 일에 대한 경험을 전제로 한다. 본문은 실무 경험이 없는 단순한
이론가보다 경험을 통해 이론을 겸비한 자를 높였다. 그런 사람은 "담론
이 경륜에서 나오고, 경륜은 담론에 넘쳐흐른다"라고 호평하였다.

9. 비방과 칭찬
毁譽

원숙한[54] 경지에 나아가지 못한 사람은 칭찬을 듣고 은근히 기뻐하며, 남이 알아주지 않으면 속으로 저절로 업신여기며 비웃는다.[55] 이미 이치를 탐구하여 몸을 닦는 방법을 터득한 사람은 비방을 들으면 점차 연마하고 힘쓰고, 자기에게 능숙하지 못한 점이 있으면 놓아두지 않는다.

未進於純熟之域者, 聞稱譽而隱有悅樂, 見不知而內自非笑. 已得其格修之方者, 聞訾毁而漸次磨勵, 有不能而自有不措.

* * *

자포자기[56]하며 잘못을 꾸며대거나 변명하는 사람 따위는 논할 필요가 없다. 이치를 탐구하여 몸을 닦은 데서 체득한 사람은 비방과 칭찬에 마음이 동요되더라도, 권하고 징계하는 일을 스스로 절실하게 한다. 이미 원숙한 경지에 이른 사람은 비방과 칭찬에 마음이 흔들려 돌이키는 일이 없어, 일상의 도리[57]가 저절로 드러난다.

---

54 純熟은 熟練 또는 精通의 뜻이다. 『傳習錄』卷中-144의 "只要無間斷, 到得純熟後, 意思又自不同矣."에 보인다. (앞에 나옴)

55 非笑는 譏笑의 뜻으로 일찍이 『漢書』, 「息夫躬傳」의 "人有上書言躬懷怨恨, 非笑朝廷所進."과 『傳習錄』卷中-134의 "天下之人見其若是, 遂相與非笑而詆斥之."에 보인다.

56 『孟子』, 「離婁上」: 孟子曰, 自暴者, 不可與有言也, 自棄者, 不可與有爲也. 言非禮義, 謂之自暴也, 吾身不能居仁由義, 謂之自棄也.

57 『中庸章句』의 주석에서 주희는 "庸, 平常也."라 하고 또 "子程子曰, 不偏之謂中, 不易之謂庸. 中者, 天下之正道, 庸者, 天下之定理."라고 하여, 庸常은 일상으로서 庸常之道를 함축한 말. 본문에서는 흔들리지 않는 일상의 떳떳한 도리의 의미.

(강조는 옮긴이)

自暴自棄, 飾非文過, 不須論也. 有得於格修者, 動於毁譽, 而勸懲自切. 已進於純熟者, 不以毁譽有所搖回, 而庸常自著.

(강조는 옮긴이)

해 설

남을 헤아리는 일 가운데 하나로서, 비방과 칭찬에 마음이 흔들리는 사람과 그렇지 않은 사람을 비교하여 설명하였다. 행간에 수양의 단계와 수준이 녹아 있다.

원숙한 사람이 남의 칭찬이나 비방에 신경 쓰지 않음은 당연하다. 어찌 그에게 돌아오는 비방이 전혀 없겠는가? 군자를 비난하는 소인은 언제나 있게 마련이니까. 그러니 누구에게도 비난받지 않으려는 태도는 과욕이다. 그래서 성숙한 사람은 비방을 당해도 마음이 흔들리지 않는다. 칭찬 또한 그렇다. 칭찬받을 일도 아닌데 칭찬받는다면 사실 낯 뜨거운 일이다. 하지만 칭찬받아도 우쭐대지 않음은 당연히 해야 할 일을 했기 때문이다. 그러니 칭찬받을 일을 했는데도 칭찬이 없다고 해서, 섭섭한 감정을 눈곱만큼이라도 가지겠는가?

10. 시속에 물든 학문
染俗學問

식물이 처음 싹 틀 때 너무 일찍 혼탁한 먼지를 뒤집어쓰면, 끝내 무성하게 자라지 못한다. 사람이 학문을 원해도 시속(時俗)에 물들면 끝내 공평하기 어렵다.

草始萌芽, 早蒙濁塵, 終不振茂. 人要學問, 染着汙俗, 竟難公平.

* * *

혼탁한 먼지를 뒤집어쓴 식물은 때때로 비가 씻어준다. 하지만 더러운 시속에 물드는 사람은 익힘이 꾀와 함께 자라 거기에 매우 깊이 물든다. 그래서 자연히 선한 길과 거리가 벌어져서 끝내 만회할 수 없다.

草之蒙濁塵, 有時雨洗. 人之染汙俗, 習與智長, 浸漬汙俗泰深. 自與善道隔遠, 終不可挽回.

더러운 시속이 사람을 해치는 종류는 여러 갈래이다. 간혹 교양 없는 사람들58의 노는 습관에서 나오고 본래부터 확실한 근거가 없는 것 따위는 비록 널리 퍼졌어도 피해가 크지 않다.

---

58 野人은 여러 뜻이 있으나 여기서는 교양이나 예의가 부족한 야만인의 뜻으로, 『荀子』, 「大略」의 "管仲之為人, 力功不力義, 力知不力仁, 野人也. 不可以為天子大夫."에 보인다.

汙俗之害人多端. 或出於野人之戲習, 而本無實據者, 雖得流傳, 爲害不深.

하지만 묘자리로 화를 피하고 복을 받고자 하는 일과 문벌의 비방·칭찬과 관련된 문제는 확실한 근거가 없지 않아서, 후인들이 잡다한 논의를 견강부회하여 고질적 폐단을 이루게 되었다. 그리하여 되레 본래의 의미를 상실하고, 그것이 남을 해치는 일이 단지 양주(楊朱)[59]와 묵적(墨翟)[60]과 노자와 불교에 견줄 정도가 아니다.

至於葬地之禍福, 門閥之毀譽, 非無實據, 而後人傅會雜論, 轉成痼弊. 反失本意, 其所害人, 非特楊墨老佛之比也.

좋은 묘자리란 본래 다섯 가지 걱정거리[61]를 피하려고 백골을 안전하게 모시는 일일 뿐이다. 그런데 후대의 방술은 자손의 빈부, 곤궁과 영달, 장수와 요절, 융성과 쇠망을 선조의 묘자리 탓으로 돌려 없는 변고가 없다.[62] 심지어 "효도가 여기에 있다"라고 까지 말한다.

葬地, 本爲避五患安白骨而已. 後來方術, 以子孫貧富窮達壽夭盛衰, 責之於先世白

---

59 전국시대 魏 나라 사람으로 墨翟의 兼愛說과 대립하는 극단적 개인주의인 爲我說을 주장하였다. 맹자가 비판하였다.

60 전국시대 墨家의 창시자인 墨子. 널리 남을 사랑하라는 兼愛說을 주장하였고, 맹자가 비판하였다.

61 『近思錄』 第9卷, 「治法」: 卜其宅兆, 卜其地之美惡也. … 尤非孝子安措之用心也. 惟五患者, 不得不慎. 須使異日, 不爲道路, 不爲城郭, 不爲溝池, 不爲貴勢所奪, 不爲耕犁所及. 곧 五患은 묘자리로서 피해야 할 다섯 가지 사항인데, 장차 도로, 성곽, 도랑과 연못이 될 땅과 세력가에게 빼앗길 자리와 농지가 될 곳이다.

62 변고란 좋은 묘자리를 차지하기 위해 벌어지는 각종 기이한 일들. 그 가운데 하나가 묘자리와 연관된 송사인 듯싶다. 실제 조선 후기 관청의 송사 가운데 집안끼리 묘자리에 관련된 송사가 가장 많았다.

骨, 無變不有. 甚至謂孝在玆矣.

문벌이란 원래 예의와 검소함과 사람마다 닦은 학행이 가문 대대로
전해져서, 인접한 마을의 멀고 가까운 사람들이 모두 그 아름다움을
칭송해서 이루어진 것이다. 하지만 후대의 자손들63이 그것으로 남을
시험하고 다른 가문을 오만하게 깔보아 도리어 가문의 좋은 전통과
몸소 닦은 학행을 잃어버렸고, 그리하여 가문의 명성을 추락시켜 스스로
그 죄를 기른다.

門閥, 本爲家傳禮儉人修學行, 隣里遠近皆稱其美. 後來苗裔, 以此驗人, 傲視他族,
反失家之傳禮身之學行, 敗墜家聲, 自養己罪.

학문하는 사람은 더러운 시속을 벗어나지 않으면 앎이 잡박하고 행동이
고루할 것이니, 어떻게 공평한 경지에 나아가기를 바라겠는가?

學問之人, 如不脫去汙俗, 所得駁雜, 所行固陋, 何以望其進於公平也.

---

63 苗裔는 먼 후손 또는 후대의 자손. 『楚辭』, 「離騷」의 "帝高陽之苗裔兮, 朕皇考曰伯庸."
   에 보인다. 주희는 "苗裔, 遠孫也."라고 주석했다.

해 설

더러운 시속에 물든 사람들을 헤아렸다.

본문의 "익힘이 꾀와 함께 자란다"라는 말에서 꾀를 뜻하는 원문 智는 부정적 의미의 잔꾀, 꼼수의 뜻으로 쓰였다. 현대 한국 사회로 비유하면 부동산 투기와 자녀 대학입시를 위해 온갖 편법을 동원하는 일 따위를 당연하게 여기는 사회의 더러운 풍조와 같은 현상을 말한 내용이다. 또 묘자리와 관련된 풍수지리의 비판은 앞 세대 홍대용도 비판한 적이 있다.

사실 어떤 학문이나 예술을 평가할 때 해당 학자나 예술가가 어떤 시대에 살았는지 미리 알아보는 일은 꼭 필요하다. 그것을 알지 못한 채 작품이나 저작의 내용만 평가하는 일은 매우 공허하고 뜬구름 잡는 말이 된다. 더러운 시속에 저항했는지 영합했는지 또는 눈감고 살았는지 그의 삶을 반드시 따져봐야 한다.

저자의 이런 진술의 행간에는 조선 후기 문벌, 특히 세도 정권의 횡포와 풍수지리에 현혹된 민간의 풍습을 잘 보여주고 있다. 그 근원은 해당 사회에서 사람들의 정신을 이끄는 학문이나 종교에 종사하는 사람들이 더러운 시속과 영합한 탓이다. 현대도 그렇다.

11. 추구하는 방향의 바름과 바르지 못함
趨向正不正

추구하는 방향이 본래 바른 사람은 재주[64]가 비록 적더라도 쓸 만한 때가 있으나, 그것이 이미 바르지 못한 사람은 아무리 재주가 많아도 문란을 돕는 데 딱 알맞다.

趨向自正者, 才藝雖鮮, 有時可用, 趨向旣不正, 才藝雖多, 適足以助爲亂.

* * *

무릇 인재를 골라 쓸[65] 때에 재주 있는 사람을 찾는 일은 그가 사람들을 잘 다스릴 수 있기 때문이다. 비록 재주가 많지 않더라도 정직을 근본으로 삼은 사람은 그 재주로도 잘 다스릴 때가 있다. 하지만 재주가 아무리 많더라도 그가 추구하는 방향이 사특한 거짓을 벗어나지 않는다면, 남을 다스리는 일은 고사하고 도리어 문란하게 될 것이다.

凡選擧之求材藝者, 爲其可以理人也. 材藝雖未多, 以正直爲本者, 以其材有時能理也. 材藝雖有餘, 其所趨向, 未免邪僞, 則理人姑捨, 反致紊亂.

---

64 才藝 보통 재능과 같은 의미인데, 『列子』, 「周穆王」의 "萬物滋殖, *才藝*多方."에 보이며, 본문의 의미는 주로 과거시험에서 글재주에 한정해 쓰는 것으로 보임.
65 選擧는 훗날 『人政』에 인재를 헤아리고[測人門] 교육하고[敎人門] 선발하여[選人門] 등용하는[用人門] 중요한 관문 가운데 뒤의 두 관문에 해당하는 내용으로 발전한다. 오늘날 선거와 글자는 같지만 다른 개념이다.

그러므로 인재를 선발할 때는 먼저 추구하는 방향의 삿됨과 바름을
관찰하여야지, 단지 재주만을 취해서는 안 된다.

故擇人者, 先觀趨向之邪正, 不可只取其材藝也.

해 설

나라에서 인재를 골라 쓸 때 사람을 헤아리는 문제를 다루었다. 이 글에도 당시 시대상이 잘 반영되어 있다. 본문의 "남을 다스리는 일은 고사하고 도리어 문란하게 될 것이다"라는 말은 예상이 아니라, 실제로 그랬다는 완료형 문장으로 읽힌다. 이는 나름의 자기 검열 과정에서 나온 표현일 수밖에 없기 때문이다.

당시는 유명무실한 과거시험으로 합격자를 남발한 뒤 관직의 임용은 세도 정권의 입맛에 따라 매관매직을 일삼았고, 삼정(三政)의 문란 등으로 민란이라 일컬은 농민 항쟁을 유발하지 않았던가? 저자의 생존 때도 홍경래의 난으로 알려진 1811년의 평안도 지역의 농민 항쟁과 진주민란으로 알려진 1862년의 임술 농민 항쟁이 있었고, 작은 것까지 합하면 부지기수이다. 이 또한 저자가 관직에 나아가지 않았거나 못한 배경을 이룬다.

오늘날도 나라의 진보를 가로막은 원인 가운데 하나가 공무원이나 법관의 선발에서 인성보다는 시험 치는 재주만을 보기 때문이다. 특히 고위직에 진출하려는 정치 지망생이나 공무원 지원자의 추구하는 가치가 어디에 있는지가 중요하다. 사적인 욕망인지 공동체의 복지에 있는지가 관건이다. 비리를 저지른 일부 고위 공직자를 보면 사적인 욕망을 위해 공직을 이용한 것밖에 안 보인다.

12. 변화에 대응하여 도수를 고치다
應變改度

바둑[66]은 작은 기술이지만, 거기서도 낌새를 따라 상대의 수에 대처하고 그 변화에 대응하여 도수를 고침[67]을 알 수 있다.

夫奕小數也, 可見其隨機處事, 應變改度.

* * *

두 사람이 바둑판을 마주할 때 반드시 상대가 바둑알을 놓는 일을 기다려서 헤아려야, 나도 거기에 대응하는 전술[68]을 세운다. 상대의 바둑알 놓는 일이 나의 예측에 빗나갈 때면, 나는 마땅한 수를 다시 찾아서 거기에 대응한다.

兩人對棋局, 必須測人之下子, 我乃設其機變. 至若人之下子, 違我所測, 我乃更求其所當而應之.

---

66 奕은 弈과 같은 뜻. 『論語』, 「陽貨」의 "不有博弈者乎. 為之, 猶賢乎已."와 『孟子』, 「告子上」의 "弈秋, 通國之善弈者也."에 보인다.

67 定石대로 하지 않음을 말함.

68 機變는 기미나 변화에 따른 전술 또는 전략의 의미로 쓰였다. 『孟子』, 「盡心上」의 "恥之於人大矣, 為機變之巧者, 無所用恥焉."에 그 용례가 보인다.

해 설

기미와 변화에 대응해 처리하는 일을 바둑에 비유하였다. 기미와 변화에서 남을 잘 헤아려야 대처할 수 있다. 바둑이 세간의 관심을 끄는 이유 가운데 하나가 인생사에서 벌어지는 일을 압축해 상징적으로 잘 보여주고 있기 때문이다. 저자가 그것을 인용한 것도 그런 점에 착안했을 것이다.

13. 기질이 가림에 따라 헤아린 결과도 제각기 다르다
氣質之蔽所測各異

조급한 사람은 평안하고 여유 있게 차례를 따르는 일을 느리다고 여긴다. 얄팍한 사람은 오랫동안 도모하여 먼 훗날을 생각하는 일69을 물정을 모르는 일이라고 여긴다. 기이하고 교묘한 사람은 일상의 일을 천하다고 여긴다. 거짓된 일에 종사하는 사람은 참된 일을 촌스럽다고 여긴다.

急躁者, 以安閒循序爲緩. 淺近者, 以久圖遠慮爲迂. 奇巧者, 以庸常爲賤. 虛誕者, 以誠實爲野.

* * *

사람들이 담론을 취사하고 시비를 분석한 결과가 제각기 같지 않은 까닭은 각자가 숭상하는 대상과 소견에 차이가 있기 때문이다. 만약 스스로 돌이켜 살피는 도리를 갖고 있으면, 치우치고 가려진 것을 제거하는 방법이 거의 있을 것이다. 하지만 자기 내면을 살펴 자책하는70 방도가 없으면, 종신토록 병을 안고 사는 사람을 면치 못할 것이다.

取捨談論, 分析是非, 各有不同, 以其所尙所見有異也. 苟或有自反之道, 則庶有除却偏蔽之方. 若無內省自訟之道, 則終身不免抱病之人.

---

69 遠慮는 앞일을 멀리 내다보는 깊은 생각으로 『論語』, 「衛靈公」의 "人無遠慮, 必有近憂."에 등장하는 말.

70 自訟은 자기의 잘못에 대해 스스로 질책하는 일로서 『論語』, 「公冶長」의 "吾未見能見其過而內自訟者也."에 보인다. 원문은 이 內自訟에 省 자를 추가하였다.

해 설

사람의 기질에 따라 헤아린 결과가 제각기 다름을 말하였다.

여기서 제시한 사례를 보면 기질이란 타고난 성격 또는 성향을 뜻한다. 그 기질에 따라 숭상하는 대상과 소견의 차이가 생긴다고 보았다. 이러한 병폐를 극복하는 길은 스스로 자기 마음을 살펴 반성하는 방법이 있느냐 없느냐의 문제라고 보았다. 사실 반성할 줄 아는 능력, 이것이야말로 사람의 인격을 진보하게 만든다! 역으로 그 사람의 진보 가능성은 반성 능력이 있느냐 없느냐로 알 수 있다.

이 반성은 단순히 도덕적 행위의 그것을 훨씬 넘어서는 일로서, 앎을 추구하는 방식과 나의 앎이 타당하고 근거가 있는지 따지는 문제이다. 곧 무지나 종교나 이념이나 특정 세계관에 따라 편견이나 독단이 없는지 살피는 일이다. 현대인에게도 그런 방법이 있는지 되묻고 있다고 하겠다.

14. 시비와 우열
是非優劣

사람의 우열을 논함에 저절로 항상 통하는 도리라는 기준이 있으니, 저 사람이 옳고 이 사람이 그르거나 이 사람이 옳고 저 사람이 그르다는 데 무엇을 잃겠는가? 하지만 평생의 우열을 논하는 것도 있고, 또 한 가지 일의 우열을 논하는 것도 있어서, 대소와 경중을 참작하지 않을 수 없다.

論人優劣, 自有常道之準的, 有何奪於彼自是而此非, 此自是而彼非也. 然有以平生優劣論者, 又有一事優劣論者, 不可無大小輕重之參酌.

*　*　*

시비와 우열을 결정할 때 그 기준과 조사·증험이 없다면, 저 사람이 옳다고 하는 주장이 참으로 옳은지 어떻게 알겠는가? 또 이 사람이 그르다고 하는 주장이 참으로 그른지 어떻게 알 것인가? 만약 단지 내 마음에 맞는 쪽만 취하고서 옳거나 그르다고 한다면, 내 마음이 옳거나 그르다고 하는 판단이 참으로 옳거나 그른지 어떻게 알 것인가?

決定是非優劣, 旣無準的查驗, 則彼之所是, 何由知其實是也. 此之所非, 何由知其實非也. 若只取我心之所合, 而是之非之, 何由知我心之所是所非, 乃爲實是實非也.

반드시 내 마음의 항상 통하는 도리에서 조사하고 증험해서 해당하는 사람의 말과 침묵과 행동이 모두 항상 통하는 것에서 나왔다면 우수한 줄 알고, 항상 통하는 것에 벗어나는 때가 있다면 열등한 줄 알 것이다.

必須查驗於我心之常道, 其人之語默動靜, 皆出於常, 則知其人之優也, 有時外於常, 則知其人之劣也.

대개 항상 통하는 것은 장구하고71 원숙하여72 일정한 법칙73을 갖춘다. 마음은 밖으로부터 격려나 물드는 영향이 있으면 때에 따라 바뀐다. 그러므로 마음의 항상 통하는 도리를 시비와 우열을 결정하는 기준으로 삼으면 저절로 미혹되지 않을 길이 있을 것이다. 하지만 큰 열등으로 작은 우수를 대신하는 일은 끝내 열등으로 돌아감을 나는 안다. 반면 또 귀중한 우수로 작은 열등을 감당하는 일은 마침내 우수로 돌아감을 나는 안다.

蓋常則有久遠純熟, 一定軌轍. 心則有激勵染着, 隨時遷徙. 故以心之常道, 爲決定是非優劣之準的, 自有不惑之方. 然以劣之大者, 償優之小者, 吾知其終歸于劣也. 又以優之重者, 當劣之輕者, 吾知其終歸于優.

---

71 久遠은 장구하다는 뜻으로 『孟子』, 「萬章上」의 "舜禹益, 相去久遠."에 보임.

72 純熟은 熟練 또는 精通의 뜻이다. 『傳習錄』卷中-144의 "只要無間斷, 到得純熟後, 意思又自不同矣."에 보인다. 여기서는 잘 精鍊되었다는 뜻. (앞에 나옴)

73 軌轍은 바퀴 자국으로 규범이나 법칙의 뜻이다. 王充『論衡』, 「自紀」의 "何文之察, 與彼經藝殊軌轍也."에 보인다.

해 설

사람의 우열과 시비를 헤아리는 문제를 논하였다.

시비와 우열을 가릴 때는 기준과 판단할 근거자료가 있어야 하는데, 기준은 내 마음의 상도이며 판단의 자료는 해당한 인물의 말과 행위임을 밝혔다.

여기서 저자의 상도 개념이 등장한다. 주희 성리학에서는 상도를 대개 천리가 현실에 구현된 윤리 규범을 말하지만, 저자는 보편적 도리 또는 그 원리로 보아 형식적 규정만 하고 내용은 밝히지 않았다. 다만 그 기능적 측면에서 시비와 우열을 가리는 기준으로 삼았다.

15. 옛사람을 논하다
論古人

옛사람의 품격[74]을 살필 때는 반드시 일 처리와 행적을 가지고 해야지, 그 사람의 문인이나 함께 일했던 관리[75]가 작성한 시장[76]의 기리고 높이는 말로 판단해서는 안 된다.

觀古人之氣格, 必以處事行跡, 不可以門人故吏諡狀讚襃爲斷案.

* * *

역사책 가운데서 해당하는 사람의 실제 행위를 살펴보면, 순수한지 잡된지 세밀한지 거친지 사특한지 바른지 속임수인지 임기응변인지 숨기기가 어렵다.

從史策中, 觀其行事之實, 則純駁精粗, 邪正譎權, 難得廋焉.

바위굴에 행적을 감춘[77] 선비와 조정에서 정사를 보는 관리가 서로 처지

---

74 氣格은 주로 詩文의 氣韻과 風格을 말하는데 가령 『朱子語類』 139-17의 "人之文章, 也只是三十歲以前, 氣格都定, 但有精與未精耳."에 보인다. 때로는 사람의 인품이나 품격을 말하기도 한다.

75 故吏는 경력 많은 衙前의 뜻도 있으나 여기서는 예전 관리로서 그 사례는 『漢書』, 「昭帝紀」의 "冬, 發習戰射士詣朔方, 調故吏將屯田張掖郡."에 보인다.

76 諡狀은 나라에 諡號를 청할 때 당사자의 학문·덕행·행적 등을 구체적으로 기록해 올려 시호를 議定하는 자료로 삼게 하는 글이다.

77 韜光은 주로 韜光養晦 또는 養晦韜光의 형태로 쓰이며 행적과 재능을 감추고 때를 기다리며 숨어 사는 것. 전자는 나관중의 소설인 『三國志演義』에 등장한다고 알려져

를 바꾸어도 모두 그러한 것78은 대개 드무니, 그것은 그들이 항상 통하는 도리에 처하는 방법을 얻지 못했기 때문이다. 하지만 순임금이 스스로 농사짓는 일에서부터 황제가 되어서도 본래 가지고 있던 것처럼 한 일은 다름이 아니라 그가 부유할 때나 가난할 때나 귀한 신분이나 천한 신분에 처할 때든 항상 통하는 도리를 얻었기 때문이다.

巖穴韜光之士, 廊廟秉政之人, 易地皆然者, 蓋鮮矣, 以其不得乎處常之方也. 若舜之自處畎畝至於爲帝, 而若固有之者, 無他, 其處貴賤貧富, 得其常而已.

만약 기리고 높이는 말이 항상 통하는 도리에서 나와 지나치지 않는다면, 이 또한 신뢰받을 수 있다.79

若其讚襄, 出於常而無溢, 則亦可取信.

있고, 후자는 淸 王韜의 『淞濱瑣話』, 「羅浮幻跡」의 "苟能養晦韜光, 始許了卻前緣, 重聯仙侶."에 보인다. 鄧小平의 좌우명으로도 유명하다.

78 '그러하다'라는 말은 뒤에 나오는 순임금의 사례에 비추어 보아, 각자가 상도를 얻은 한결같은 태도를 말함.

79 取信은 신임을 받는다는 뜻. 『漢書』, 「劉向傳」의 "唯陛下深留聖思, 審固幾密, 覽往事之戒, 以折中取信."와 『朱子語類』 21-73의 "吳伯遊問道千乘之國三句, 反覆相因, 各有次第. 曰, 不敬於事, 沒理沒會, 雖有號令, 何以取信於人. 無信, 則朝儉暮奢, 焉能節用."에 보인다.

해 설

옛사람을 헤아리는 일을 말하였다.

옛사람은 행적을 알려면 역사를 보면 된다. 하지만 지난 역사도 어찌 보면 승자의 기록일 수 있고, 저자의 지적대로 시장(諡狀)이나 행장(行狀)도 문인이나 지인의 과장이 있을 수 있어 백 퍼센트 믿을 게 못 된다.

그래서 역사를 기록 그대로 믿는 행위는 초학자나 하는 일이다. 역사 기록을 재검토하여 해당 인물의 진면모를 파악하는 일은 역사가의 역할이며, 그에 따라 자신의 관점에서 해당 인물을 평가하는 일은 교양인의 몫이다. 하지만 어떤 경우라도 기준에 따라 달리 평가될 수밖에 없다. 그 기준은 사관(史觀), 종교적 신념, 정치적 이념, 지향하는 가치 등이겠지만, 저자는 그 인물을 평가하는 기준이 상도라고 하였다. 앞의 글에 따르면 상도란 인류의 보편적 도리라고나 할까?

16. 남을 깊이 헤아리면 남도 나를 헤아린다
測人深人亦測我

내가 남을 깊고 절실하게 헤아리면 남도 나를 헤아려 잊지 않고 생각해 준다.[80] 반면 내가 남을 헤아리는 일이 부족하면, 남이 나를 헤아릴 길이 없어 끝내 나를 생각해 주지 않는다.

我之測人深切, 人亦測我而思服. 我之測人, 有所未盡, 人無由測我而終不思服.

* * *

어떤 사람이 와서 시비를 다툴 때 내가 그 사람이 아직 생각하지 못한 점을 지적하여 깨우쳐 줄 경우, 나의 이 합당한[81] 깨우침을 그가 알 수 있으면 반드시 가슴에 품어 둔다.[82] 하지만 나의 깨우침을 알 수 없으면, 반드시 따르지 않을 것이다.

有人來訟是非, 我乃提擧其人未及測量, 而曉諭之, 其人能知我曉諭之劌切, 必服膺. 不能知我曉諭, 必不聽從.

---

80 思服은 잊지 않고 마음에 둔다는 뜻. 『詩經』, 「周南·關雎」의 "求之不得, 寤寐思服."에 보인다.

81 劌切은 합당하다 적절하다는 뜻으로 『新唐書』, 「儒學傳上·孔穎達」이 "後太子稍不法, 穎達爭不已, 乳夫人曰, 太子旣長, 不宜數面折之. 對曰, 蒙國厚恩, 雖死不恨, 劌切愈至."에 보인다.

82 服膺은 잊지 않고 가슴에 품어 둔다는 뜻으로 앞의 思服과 같은 뜻으로 쓰였다. 『中庸』의 "得一善, 則拳拳服膺而弗失之矣."에 보인다.

그러므로 남을 깨우치되 그를 기쁜 마음으로 복종하지 못하게 하고, 남의 말을 들어주되 그를 즐겁게 본받지 못하게 하는 까닭은 모두 추측의 도리가 부족하기 때문이다.

故諭人而不能使之悅服, 聽人而不能使之樂斆, 皆未盡乎推測之道.

해 설

남을 잘 헤아려 주는 일을 말하였다.

여기서 말하는 '헤아림'은 오늘날 말하는 배려의 뜻으로 쓰였다. 이로 보면 추측이 단지 인식의 문제에만 국한되지 않음을 알 수 있다. 사회적 관계에서 생기는 실천적 문제로 외연이 확장되고 있다.

17. 신분에는 같고 다름이 있다
貴賤有同異

천자에서 서민에 이르기까지 등급이 제각기 달라도 윗사람을 섬기고
아랫사람을 부리는 데에 저절로 미루어 베푸는 차등이 있다. 하지만
몸을 닦고 집안을 가지런히 하여 남에게 영향을 미치는 일에는 조금도
차이가 없다.

自天子至於庶人, 等級雖殊, 而事上御下, 自有推施. 然修身齊家以及於人者, 無少
異也.

* * *

선왕83이 예법을 제정함에 위로 천자에서 아래로 서민까지 제각기 차등
이 있으나 또 차등이 없는 일도 있다.

先王制禮, 上自天子下至庶人, 各有差等, 又有無所差等.

서민이면 서민에게 적용되는 언행이 있고, 사대부는 거기에 맞는 언행이
있으며, 천자84에게도 그렇지 않음이 없다. 그래서 윗사람을 섬기는

---

83 先王은 선대의 임금 또는 고대의 聖王으로 제도를 만든 이상적 통치자. 여기서는
   후자를 말하는데, 그 용례는 『周易』, 「比卦」의 "先王以建萬國, 親諸侯."에 보인다.
84 君師는 임금과 스승 또는 임금의 스승일 수 있으나, 여기서는 앞에 天子가 나와
   天子의 대신으로 쓰였다. 고대에 그렇게 사용했고 또 주희의 「大學章句序」의 "則天必
   命之以爲億兆之君師, 使之治而教之."에 그 용례가 보인다. (앞에 나옴)

도리를 미루어 아랫사람에게 베풀며, 아랫사람을 부리는 도리를 미루어 윗사람에게 베푸니,85 이에 제각기 차등이 있다.

爲庶人而有庶人之言行, 爲士大夫而有士大夫之言行, 至於君師而莫不皆然. 推事上之道, 施之於御下, 推御下之道, 施之於事上, 是乃各有差等也.

하지만 자기의 본성을 다하여 물건의 본성을 다하는 일86과 나의 몸을 닦아 남에게 미치는 일 등에는 차등을 둘 것이 없다.

若夫盡己性而盡物性, 修我身而及人身, 是乃無所差等也.

---

85 이 내용은 『大學章句』 傳10章의 朱熹 주석의 "如不欲上之無禮於我, 則必以此度下之心, 而亦不敢以此無禮使之. 不欲下之不忠於我, 則必以此度上之心, 而亦不敢以此不忠事之."에서 말하는 논리를 그대로 적용하였다.

86 『中庸章句』 第22章: 唯天下至誠, 爲能盡其性, 能盡其性則能盡人之性, 能盡人之性則能盡物之性, 能盡物之性則可以贊天地之化育, 可以贊天地之化育, 則可以與天地參矣. 저자는 其 자를 己 자로 바꾸었다.

해 설

신분에 따라 적용되는 예법과 일의 차별과 무차별을 말하였다.

과거 동아시아 예법은 오늘날 흔히 개인이 지켜야 할 예절과는 그 역사적 의미와 개념이 같지 않다. 그것은 법에 앞서 신분 사회의 질서를 유지하기 위한 각종 제도나 절차나 행위의 규범을 의미한다. 그래서 신분에 따라 적용되는 내용도 다르다. 다만 수양의 문제는 신분에 따른 차별이 없다. 유가 수양론은 원래 통치자 계급의 덕목이었으나 여기서는 그것을 보편화시켰음을 알 수 있다.

그런데 윗사람을 섬기거나 아랫사람을 부릴 때, 바로 추측의 문제가 등장한다. 곧 그냥 예법대로 밀어붙일 일이 아니라『대학』에 보이는 것처럼 신분에 따른 상대의 입장을 미루고 헤아려서 행동해야 한다는 뜻이다.

본문의 '미루어 베풀다'라는 추시(推施)는 바로 '미루어 헤아리다'라는 추측(推測)과 같은 의미로 실천적 측면에서 사용되었다. 곧 베푸는 행위 속에 남을 헤아린다는 의미가 포함되어 있다. 바로 앞의 글에서 헤아림이 배려의 뜻으로 쓰인 점에서도 알 수 있다.

18. 독서로 실제로 얻은 것
讀書實得

책을 읽어 실제로 얻은 게 있는 사람은 문자상의 뜻 외에 독자가 펼친 내용의 상세함과 간략함에서 마땅함을 얻는다. 마음을 다스려 항상 통하는 도리를 얻은 사람은 꿈속에서라도 허망과 거짓을 일으킨[87] 적이 없다.

讀書而有實得者, 文字之外, 演說之詳略, 得宜. 理心而得其常者, 夢寐之間, 未有妄誕之發作.

* * *

책을 읽는 사람이 문자상의 뜻만 훤하게 알았다고 해서, 어찌 그 사람에게 얻은 게 있다고 말할 수 있겠는가? 책을 읽은 뒤에 참으로 사물과 의리의 나뉨[88]에서 말을 펼쳐 남을 깨우침이 기회에 맞으며, 상세히 말해도 넘치지 않고 간단히 말해도 빠뜨리지 않아 모두 경전의 뜻을 벗어나지 않아야, 그 사람은 책을 읽고 실제로 얻은 게 있다고 말할 수 있다.

讀書之人, 豈可以曉達文義, 謂其人之有得. 苟於事物義理之分, 演說論人合於機會, 詳言之而無所羨, 略言之而無所漏, 皆不外於經訓, 可謂其人有實得也.

---

87 發作은 드러내다 또는 발생하다의 뜻으로 전자는 『禮記』, 「樂記」의 "四暢交於中, 而發作於外, 皆安其位而不相奪也."에 보이고, 후자는 『朱子語類』 69-85의 "始而亨時, 是乾之發作處."에 보인다. 妄誕은 虛妄과 怪誕의 압축어.

88 事物은 사실의 영역, 義理는 가치의 영역이라 할 수 있어 사실과 가치를 구분해서 다룬다는 뜻.

또 터득했다는 항상 통하는 도리가 익숙한지 서툰지 증험하려면 꿈에라
도 나아가서 일으키는 허망과 거짓이 예전과 같다면, 틀림없이 그 사람이
터득한 항상 통하는 도리란 아직 순수한데 도달하지 못했을 것이다.

且欲驗常道之生熟, 就夢寐時, 妄誕之發作如前, 必是其人所得之常道, 未到純一.

해 설

독서와 상도를 통해 사람을 헤아리는 방법을 논하였다.

본문의 독서를 통해 "실제로 얻은 게 있다"라는 말은 책의 내용을 완전히 소화하여 보편타당한 앎을 얻어 자기 말로 표현하는 사람을 일컫는다. 곧 행간까지도 잘 이해하여 자신의 일관된 철학으로 해석 또는 재해석하는 일이다. 학자들이 읽고 논문을 쓰거나 책을 번역할 때도 이래야 한다.

상도의 터득 여부는 해당하는 사람이 조금도 허망하거나 거짓을 드러내지 않는 데서 증험할 수 있다고 한다. '꿈속'이라는 말은 '아주 조금'이라는 뜻도 있지만, 보이지 않는 본인의 마음에도 해당한다. 각자의 마음에 거짓이 있다면 아직 상도를 터득하지 못했다는 뜻이다.

허망과 거짓의 반대는 성실이다. 이는 『중용』에서 말하는 진실하고 거짓이 없다는 성(誠)이며 유가 수양의 목표에 해당한다. 그러니까 저자의 '상도를 터득함'은 이 성실과 통한다.

19. 여러 학문 말류의 폐단
諸學流弊

외도와 이단[89]은 본래부터 거짓이므로, 그 말류의 폐단은 점점 참을 향해 견강부회한다. 심학[90]과 의리의 학문은 본래는 참이므로, 그 말류의 폐단은 점차 거짓을 향하여 달려든다. 이렇게 거짓을 향하거나 참을 향하지 않고 오랫동안[91] 유지되는 것은 오직 항상 통하는 도리이니, 이것을 지킬 수 있는 자가 몇 사람이 될까?

外道與異端本虛, 故末流之弊, 漸附會於實. 心學與義理本實, 故末流之弊, 漸趍入于虛. 夫無虛無實以終古者, 惟常道也, 能守此幾人.

* * *

본래 거짓되었던 곳에서 참됨을 요구하고, 본래 참되었던 곳에서 거짓을 필요로 한 일은 흘러온 세태이다. 외도와 이단의 폐단이 널리 퍼진 일이 이미 오래되어서 실효가 없음을 안다. 그러므로 마침내 세상을 다스리는

---

89 이단은 본래 같은 학문(종교)에서 정통에 벗어난 것, 외도는 그것과 다른 것을 의미한다. 저자는 이를 특별히 구별하지 않고 있으나 아마도 불교와 도교와 기독교 등에 한정한 것으로 보인다.

90 心學은 보통 陽明學 또는 불교를 지칭하는 말이었으나, 앞에서 이미 外道라는 말을 썼기에 여기서는 자연 사물을 내버려 두고 心性의 이치만을 탐구하는 性理學을 지칭할 때 주로 사용한다. 하지만 본문에서만은 뒤에 義理(學)가 나오므로 양명학일 가능성이 있다. 그래서 이 용어는 둘 다 포함된다.

91 終古는 여기서는 오랫동안의 뜻. 『楚辭』, 「離騷」의 "懷朕情而不發兮, 余焉能忍而與此終古."에 대한 朱熹의 주석은 "終古者, 古之所終, 謂來日之無窮也."라 하였다. (앞에 나옴)

방법에 그것들을 의지함은 구차한 견강부회이다. 심학과 의리 학문의 폐단에 있어서 수준이 낮은 사람은 세세한 사물에 분주하고,[92] 수준이 높은 사람은 이전의 법도[93]보다 뛰어나려고 힘써 변화를 좇아 그치지 않으나, 처음부터 끝까지 항상 통하는 도리를 지킬 수 있는 사람이 드물다.

虛處要實, 實處要虛, 流來時俗之態也. 外道異端之弊, 傳之已久, 知無實效. 故竟託於治世之道, 苟且附會. 心學義理之弊, 下者馳騖於事物之纖細, 高者務勝於已往之軌轍, 趨變不已, 能終始守其常者鮮矣.

---

92 馳騖는 馳驚와 같은 뜻으로 奔走함을 말함. 『史記』, 「李斯列傳」의 "今秦王欲呑天下, 稱帝而治, 此布衣馳騖之時而游說者之秋也."에 보임.

93 軌轍은 바퀴 자국으로 규범이나 법칙의 뜻이다. 王充 『論衡』, 「自紀」의 "何文之察, 與彼經藝殊軌轍也."에 보인다. (앞에 나옴)

해 설

학문과 종교에 있어서 말류의 폐단을 논하였다.

본문의 "본래 거짓되었던 곳에서 참됨을 요구하고 본래 참되었던 곳에서 거짓을 필요로 한 일은 흘러온 세태이다"라는 지적은 종교와 학문에서 신학과 이론의 구차한 수정 과정을 의미한다.

요즘에 와서 아직도 자기 종교가 과학적이라고 견강부회하여 떠들고, 자기 학문이 형이상학의 심오한 진리를 가지고 있다고 주장하는 일이 그것을 말해준다. 종교의 전제가 비합리적이면 어차피 후속되는 주장도 합리적일 수 없고, 학문의 기본 방향이 옳더라도 그 근거를 존재하지도 않는 어떤 절대적 형이상의 존재에 둔다면 그 또한 교조화의 잘못된 길로 빠진다. 본문은 저자 학문의 세계관에서 볼 때 지극히 타당한 평가이다.

20. 남을 관찰하는 기회
觀人機會

남을 관찰하는 사람은 어찌 겉모습과 말의 유무만 가지고 짐작하겠는가? 반드시 거기에 그가 처한 상황과 기회를 참여시켜야 거의 실수가 없을 것이다.

觀人者, 奚特以容儀語默, 有所斟酌. 必以所處與機會參之, 庶無失矣.

* * *

한나라 여강 사람 모의는 의로운 행실로 마을에 이름이 났다. 남양 사람 장봉은 그의 의로운 명성을 사모하여 찾아가 문안하였다. 막 좌정할 즈음 관청[94]에서 임명장[95]을 보내와 모의를 안양의 수령으로 임명하였다. 모의가 임명장을 받들고 관청에 들어가면서 얼굴에 희색이 만연하자, 장봉은 그를 천하게 여겼다. 뒷날 모의의 어머니가 죽자마자 벼슬을 내려 불러도[96] 모두 나아가지 않았다. 장봉이 이에 탄식하며 말하기를, "현자는 참으로 헤아릴 수 없구나! 지난날 기뻐했던 일은 어머니를 봉양하기 위해 몸을 굽혔구나!"라고 하였다.

---

94 府은 한 대의 고급 관원이나 지방 왕이 일을 보던 관청.

95 召書는 벼슬을 내려 부르는 글.

96 徵辟은 벼슬을 내려 초야에 묻힌 선비를 부른 일인데, 조정에서 부르는 것을 徵이라 하고, 삼공 이하가 부르는 일을 辟이라 불렀다. 『後漢書』, 「儒林傳下·蔡玄」에 "學通五經, 門徒常千人, 其著錄者萬六千人, 徵辟並不就."에 보인다.

漢廬江人毛義, 以行義稱於鄕里. 南陽張奉, 慕義名, 往候之. 坐定而府中之召書適
至, 以義守安陽令. 義奉召書而入, 喜動顏色, 奉心賤之. 後義母死, 徵辟皆不就.
奉乃歎曰, 賢者固不可測. 往日之喜, 乃爲母屈也.

대개 장봉이 모의를 헤아린 일은 앞에서 실수하고 또 뒤에서도 실수하였
다. 곧 모의가 임명장을 받들어 관청에 들어갈 때야말로 살필 만한 기회인
데도 당시에 자세히 살피지 못했으니, 이것은 앞서 실수한 일이다. 그리
고 뒤에 벼슬을 내릴 때 그가 나아가지 않은 일을 높이 평가하면서도
그 출처의 의리가 마땅한지 마땅하지 않은지 말하지 않았으니, 이것은
뒤에서 실수한 일이다.

蓋張奉之測毛義, 旣失於前, 而又失於後也. 當其奉書入者, 是乃可察之機, 不能詳
察於當時, 失於前也. 後以徵辟不就爲高致, 而不言其出處之義得與不得, 失於後也.

해 설

남을 헤아린 구체적 사례를 들었다.

등장하는 고사는 사마광(司馬光: 1019~1086년)의 『자치통감』에 나온다. 장봉이 모의를 칭찬한 일은 그가 어머니의 봉양을 위해 어쩔 수 없이 벼슬길에 나아갔다가, 어머니가 죽은 후 그럴 필요가 없었기에 물러나는 일이었다. 그러니까 장봉은 당시에 출사하지 않는 일을 좋게 본 것 같다.

사실 가난 때문에 부모와 처자의 봉양을 위해 어쩔 수 없이 미관말직이라도 맡는 일은 맹자의 가르침이다.[97] 하지만 유학의 원래 가르침은 벼슬 또한 가난 때문에 하는 일이 아니라 대의를 실천하기 위함이다. 벼슬에서 물러나 나아가지 않는 일만 능사가 아니다. 품은 대의를 펼칠 수 없을 때만 나아가지 않는 법이다.

그러니까 저자의 평가는 장봉의 앞선 실수는 모의를 제대로 살피지 못했기에 당연한 일이고, 뒤의 실수도 출처가 의리에 맞는지 맞지 않는지 따지지 않고 겉모습만 보고 칭송했다는 지적이다. 사람을 살필 때 처한 상황과 기회를 잘 보아야 한다는 주장이다.

---

97 『孟子』, 「萬章下」: 孟子曰, 仕非爲貧也, 而有時乎爲貧, 娶妻非爲養也, 而有時乎爲養. 爲貧者, 辭尊居卑, 辭富居貧. 辭尊居卑, 辭富居貧, 惡乎宜乎, 抱關擊柝.

21. 일의 본말을 헤아리다
料事本末

사람들은 늘 "일을 남에게 맡김98이 어렵지 않으나 일을 이룸이 참으로 어렵다"라고 말하는데, 이 말은 비록 옳아도 그 말단을 붙잡았다. 또 늘 말하기를, "일을 이룸이 어렵지 않으나 남에게 맡김이 참으로 어렵다"라고 하는데, 이 말은 실정에 어두운 것 같아도 그 근본을 붙잡았다.

人常說任人非難, 成事實難, 此言雖是, 而執其末也. 又常說成事非難, 任人實難, 此言似迂, 而執其本也.

* * *

말에는 근본과 말단이 있고 일에는 조리가 있다. 근본을 들면 조리는 쉽게 따르고, 말단을 들면 조리를 속속들이 알 방법이 없다. 그러므로 남의 말을 잘 알아듣는 사람은 먼저 깊고 얕은 근본과 말단을 살핀다.

言有本末, 事有條理. 擧其本, 則條理易循, 擧其末, 則無以通悉條理. 故善聽人言者, 先察淺深本末.

---

98 任人은 남에게 관직을 주어 일을 맡기는 말로, 『呂氏春秋』, 「知度」의 "人主之患, 必在任人而不能用之, 用之而與不知者議之也."이다.

해 설

남의 말을 들을 때 근본에 접근하고 있는지 살펴야 한다는 주장이다. 근본을 중시하는 까닭은 그것이 문제의 핵심과 가깝기 때문이다. 마치 질병의 치료에서 증상보다 그 원인을 제거하는 일이 더 중요한 점과 같다. 이렇게 근본을 중요시하는 발언은 일찍이 『대학』에 보인다.[99] 본문의 "일을 이룸이 어렵지 않으나 남에게 맡김이 참으로 어렵다"라는 말이 근본을 붙잡았다고 할 수 있는 까닭은 일의 성공이 결국 사람에게 달렸고, 그 적임자를 찾기가 쉽지 않기 때문이다. 아무에게나 맡긴다고 성공할 수 있는 일이 아니기 때문이다. 남에게 맡김이 쉬워 보이나 실상은 더 어려운 일이다. 예나 지금이나 현실에서 자주 통감(痛感)하는 탁월한 견해이다.

---

99 『大學』: 物有本末, 事有終始, 知所先後, 則近道矣. 주희는 여기서 "本始, 所先, 末終, 所後."라고 주석했다.

22. 말투로 남을 거스리다
辭氣忤人

겸양100에 힘쓰는 사람은 말투101가 남의 기분을 상하지 않도록 방지한다. 예절을 숭상하는 사람은 말투가 때에 어긋날까 두려워한다.

務謙讓者, 防辭氣之侵於人也. 尙禮節者, 恐辭氣之違於時也.

* * *

드러나는 말투는 반드시 남의 마음을 움직인다. 만약 남의 마음을 거슬려 침범하면, 내 말투가 비록 옳더라도 남을 감복할 수 없고 도리어 격노케 한다. 그러므로 겸양과 예절은 모두 말투가 이치를 따르는 데 근본을 둔다. 이것을 살피지 않고 단지 겸양과 예절만을 높인다면, 정도에 모자라는 사람은 아첨에 가깝고, 넘치는 자는 객기102를 제거하지 못해 대부분 남의 감정에 저촉한다.

辭氣之發, 必感動人心. 若侵逆于人, 則我之辭氣雖是, 不能感服人, 反起激怒. 故謙

---

100 謙讓은 謙虛退讓의 뜻으로 『史記』, 「淮陰侯列傳論」의 "假令韓信學道謙讓, 不伐己功, 不矜其能, 則庶幾哉."에 보인다.

101 辭氣는 보통 辭色, 語套, 語調, 語勢 따위를 함축하는 말이다. 그 용례는 『論語』, 「泰伯」의 "君子所貴乎道者三, 動容貌, 斯遠暴慢矣, 正顔色, 斯近信矣, 出辭氣, 斯遠鄙倍矣."에 보인다.

102 쓸데없고 성겁거나 만용을 부리거나 진정성에서 나오지 않은 언행의 기운. 『左傳』, 「定公八年」의 "公侵齊, 攻廩丘之郛 … 主人出, 師奔. 陽虎僞不見冉猛者, 曰, 猛在此, 必敗. 猛逐之, 顧而無繼, 僞顚. 虎曰, 盡客氣也."에 보인다.

讓禮節, 皆本於辭氣之順理. 不察於此, 而只慕謙讓禮節, 不及者, 近於諂侫, 過之者, 客氣未除, 而多所觸犯.

해 설

말투로서 남을 헤아리는 일을 말하였다.

그래서 말투로 남의 감정을 거스르지 않기 위해 겸양과 예절을 갖추어야 하는데, 이때에도 그것들이 이치에 맞아야 한다고 강조하였다.

본문의 "말투가 때에 어긋날까 두려워한다"라는 말은 현대식 표현으로 분위기를 파악과 관련되는데, 말투가 때와 상황에 맞지 않을까 봐 조심하는 일이다.

23. 친족을 사랑하고 현자를 높임[103]
親親尊賢

친근하게 사랑하는 일은 가장 가까운 사람부터 시작하고,[104] 우러러 사모하는 일은 도학자에 따라 깊어진다.

親愛, 自切近者始, 景慕, 從道學者深.

* * *

가정에는 위로 부모가 있고 아래로 자손이 있으며 곁으로는 형제가 있다. 나라에는 위로 임금과 관리[105]가 있고 아래로는 신분이 낮거나 어린 사람이 있으며 곁으로는 친구가 있다.

在家, 則上有父母, 下有子孫, 旁有昆弟. 在邦, 則上有君長, 下有卑幼, 旁有朋友.

어버이를 섬기는 효도를 임금을 섬기는 일에 옮기면 충성이 되고, 자손을 사랑하는 마음을 옮겨 신분이 낮거나 어린 사람에게 베풀면 긍휼(矜恤)이 되며, 형제와 우애하는 일을 옮겨 친구들과 사귀면 믿음이 된다.

---

103 尊賢은 『中庸』의 "義者宜也, 尊賢為大."와 『孟子』, 「萬章下」의 "用下敬上, 謂之貴貴, 用上敬下, 謂之尊賢."에 보인다.

104 親親의 뜻이다. 이 말은 『詩經』, 「小雅伐木序」의 "親親以睦友, 友賢不棄, 不遺故舊, 則民德歸厚矣."에 보이며, 親愛는 『大學』의 "人之其所親愛而辟焉."에 보인다.

105 君長은 『周禮』에 國君과 卿大夫, 『禮記』에는 天子와 諸侯를 가리킨 말이지만, 여기서는 임금과 관청의 장으로 쓰였음.

移事父之孝以事君, 則爲忠, 移子孫之愛, 施於卑幼, 則爲恤, 移昆弟之友, 以交朋友,
則爲信.

그러므로 친근하게 사랑하는 방법은 가까운 곳으로부터 먼 곳으로 미친
다.106 누구를 우러러 사모하는 마음은 상대의 빈부 또는 상대가 나와
멀고 가까운 이유 때문이 아니라, 단지 도학의 고명함과 광대함을 따라
나온다. 만약 사사로운 무엇이 있어 우러러 사모하는 정도가 늘어나거나
줄어드는 사람이라면, 그런 자와 어찌 함께 이야기하겠는가?

故親愛之道, 自近及遠也. 至於景慕之心, 不以貧富遠近, 而只從道學之高明廣大而
發. 若有所私而景慕有增減, 何足與言哉.

---

106 이 내용은 맹자 사상의 영향이다. 곧 『孟子』, 「梁惠王上」의 "老吾老, 以及人之老,
    幼吾幼, 以及人之幼, 天下可運於掌."과 같은 책, 「盡心上」의 "孟子曰, 君子之於物
    也, 愛之而弗仁, 於民也, 仁之而弗親, 親親而仁民, 仁民而愛物."의 논리이다.

해 설

추기측인의 논리를 사랑의 사회적 실천까지 적용하였다.

자기에게 가장 가까운 사람을 사랑하는 일에서 남에 해당하는 사회적인 윗사람과 아랫사람 그리고 친구에게까지 확대하는 일에 적용하였다. 이 내용은 실로 유학의 가르침을 재해석하면서 계승한 일이다. 곧 본문의 "친근하게 사랑하는 일은 가장 가까운 사람부터 시작한다"라고 하거나 "친근하게 사랑하는 방법은 가까운 곳으로부터 먼 곳으로 미친다"라는 논리를 구체적인 대상에 잘 적용하였다.

이 사상은 원래 맹자가 당시 유행했던 양주의 위아주의(爲我主義)나 묵자의 겸애설(兼愛說)에 대항하고, 공자의 인 사상을 계승하였다. 사실 이것은 사랑에 차별이 있을 수밖에 없다는 인간의 일반 정서에 기초한 주장이다. 훗날 가문 중심의 폐단이 없지는 않았지만, 원래의 가르침은 이 사랑이 가족에서 백성을 거쳐 만물까지 이르러야 한다는 주장이었다.

24. 지조를 지킴과 변절
守操變操

충성스럽고 곧은[107] 선비는 궁색하거나 영달했다고[108] 지조를 바꾸지 않고, 밝게 통달한 사람은 작록[109]을 얻으려고 그 지키는 지조가 흔들리지 않는다. 저 명성과 지위[110]와 왕의 은총[111]에 얽매어 특별히 충성을 다하려는 일은 참으로 보통 이하 사람이나 하는 짓이다.

忠正之士, 不以窮達易其操, 明達之人, 不以爵祿撓其守. 若夫名位寵遇之故, 而思得別般效忠者, 實是中等以下人之所爲也.

* * *

몸을 닦아 도리를 실천하는 일은 인간성[112]에 고유한 것이다. 저 작록과 은총이 남보다 특별하다고 해서 충성을 다하려는 뜻을 갖는 일은 만약

---

107 忠正은 忠誠과 正直으로 『漢書』, 「劉向傳」의 "竊聞故前將軍蕭望之等, 皆忠正無私, 欲致大治, 忤於貴戚尚書."에 보인다.

108 『墨子』, 「非儒下」: 窮達賞罰幸否有極, 人之知力, 不能爲焉.

109 爵祿은 官爵과 俸祿으로 『周禮』, 「夏官·司士」의 "凡邦國, 三歲則稽士任, 而進退其爵祿."에 보인다.

110 名位는 관직과 품위 또는 명예와 지위로 『左傳』, 「莊公十八年」의 "王命諸侯, 名位不同, 禮亦異數."에 보인다.

111 寵遇는 왕이 주는 은혜로운 대우로 『後漢書』, 「黃香傳」의 "在位多所薦達, 寵遇甚盛, 議者譏其過倖."에 보인다.

112 性分은 天性 또는 本性의 뜻으로 『後漢書』, 「逸民傳序」의 "然觀其甘心畎畝之中, 憔悴江海之上, 豈必親魚鳥樂林草哉, 亦云性分所至而已."에 보인다. 여기서는 인간이라면 당연히 가져야 하는 성품의 뜻. 생물적 본능과 사회 규범의 통일체인 저자의 본성으로 보아도 좋다.

작록과 은총이 남보다 못하면 그 다하려는 충성도 남보다 못할 것이니,
결코 수준 높은 사람이 할 일은 아니다.

修身行道, 性分之所固有也. 若以爵祿寵遇之特異於人, 有所加意效忠者, 使其爵祿
寵遇後於人, 則其所效忠, 亦後於人, 決非上等人之所爲也.

해 설

지조를 기준으로 남을 헤아리는 문제를 다루었다.

여기서 충성이란 본인 내면의 문제이지 외부의 작록과 명성 따위가 간여할 문제가 아니다. 공자가 "충과 신을 위주로 한다"[113]는 말이 그런 뜻이다. 그러니 지조는 자기가 믿는 가치나 원칙에 충실한 일이므로, 외부의 조건에 흔들리면 지조 없는 일이 되고 만다. 현대인들은 돈과 인기와 지위에 지조가 너무 쉽게 흔들린다. 그것을 위해 오물을 뒤집어쓰더라도 뻔뻔하기 짝이 없다. 그러니 지킬 만한 지조라도 있는지 모르겠다.

---

[113] 『論語』, 「學而」: 子曰, 君子不重則不威, 學則不固. 主忠信. 주희 주석에 "盡己之謂忠, 以實之謂信."으로 풀이했다.

25. 선악을 어쭙잖게 흉내 내다
善惡效嚬

착한 도리에 편안하여 잘 따르는 사람은 착하지 않음을 악취를 싫어하듯
미워하고,[114] 착한 도리를 이롭게 여겨 실천하는 사람은 착하지 않음이
끝내 해롭다는 것을 안다. 저 선악의 나뉨을 실제로 체득한 것이 없고,
한갓 아름다운 명성[115]만 부러워하여 어쭙잖게 흉내만 내는[116] 사람은
되레 요행으로 살아감을 면치 못할 것이다.[117]

安於善道而由之者, 惡不善如惡惡臭, 利其善道而行之者, 知不善之終爲害也. 若夫
無實得於善惡之分, 徒羨令名而效嚬者, 猶未免爲罔之生也.

* * *

선악의 나뉨은 털끝같이 작은 일에 달려 있지만, 그것이 밖으로 드러날
때는 서로 등져서 점점 멀어진다. 비록 기미를 잘 살피는 사람이라도
갑자기 판단할 일을 당하면 쉽게 착오를 일으킨다. 하물며 실제로 체득한
것이 없으면서 어쭙잖게 흉내만 내는 사람이야. 그래서 선을 악으로

---

114 『大學章句』 傳6章: 所謂誠其意者, 毋自欺也. 如惡惡臭, 如好好色, 此之謂自謙.
　　 故君子, 必愼其獨也.

115 令名은 『左傳』, 「襄公二十四年」의 "僑聞君子長國家者, 非無賄之患, 而無令名之難,"
　　 에 보인다.

116 效嚬은 效顰 또는 效矉과 같은 말로서 어쭙잖게 흉내 내는 일. 그 고사는 『莊子』,
　　 「天下」의 "西施病心而矉其里. 其里之醜人見之而美之, 歸亦捧心而矉其里. 其里之
　　 富人見之, 堅閉門而不出, 貧人見之, 挈妻子而去之走. 彼知矉美, 而不知矉之所以
　　 美."에 보인다.

117 『論語』, 「雍也」: 子曰, 人之生也直, 罔之生也, 幸而免.

판단하거나 악을 선으로 판단하기도 하니, 어찌 선악을 제대로 판단하지 못하면서 요행으로 산다는 비웃음을 면하겠는가?

善惡之分, 在於毫釐之微, 及其著也, 必背馳而漸遠. 雖明於幾微者, 猝當取捨, 易致差誤. 況無有實得而效嚬者. 或以善爲惡, 以惡爲善, 烏免周生之譏.

해 설

선악을 어쭙잖게 판단하는 사람을 헤아렸다.

『장자』에 등장하는 서시(西施)와 그 이웃 추녀의 고사를 통해, 남의 명성만 사모하여 겉모습만 따라 하는 향원(鄕原)118 같은 자들을 비판하였다.

이는 단순한 지적이 아니라 당시 사회에서 속유(俗儒)들의 행태를 꼬집은 강력한 사회 비판이다. 사실 선악은 성현의 말이나 경전의 문장 속에 있지 않다. 본서의 「서문」에서 저자가 주공과 공자의 몸가짐이나 거동이나 거처에 그들이 백세 스승으로 대우받는 까닭이 있지 않고, 그들이 하고자 한 일에 있다는 점을 분명히 밝힌 바 있다. 이처럼 성현의 자취를 흉내 내는 일은 선악과 거리가 멀다. 선악을 판단하는 문제는 그 시대 삶의 현장에서 찾아야 하는 일이어서 누구를 흉내 내서 판단할 수 있는 일이 아니기 때문이다.

---

118 『論語』, 「陽貨」: 子曰, 鄕原, 德之賊也.

26. 덕을 이룸과 덕을 해침
成德敗德

덕을 이룬 사람은 우둔한 것 같고, 덕을 해치는[119] 사람은 지혜와 능력을 자랑한다.

成德之人若魯鈍, 敗德之人誇智能.

* * *

총명한 사람이 덕을 이루게 되면, 말이 망령되지 않고 행동은 기필하지 않아, 여태 총명을 드러내 남에게 과시하지 않았으므로 어리석은 듯이 보인다. 하지만 조금 지혜가 있는 사람은 아직 큰 도리를 엿보아 헤아리지 못해, 덕을 이룬 사람을 보고 진심으로 따를 줄[120] 모르고, 무식하고 어리석은 사람을 보면 언제나 멸시하고 모욕한다. 그는 늙어 죽을 때까지도 자기 능력 자랑을 그치지 않으니, 이것이야말로 스스로 그 덕을 해치는 일이다.

人之有聰明者, 至成其德, 言不妄而行不必, 未嘗以聰明之發越加於人, 故若魯鈍也. 小有知慧之人, 未能窺測於大道, 見成德者, 而未能思服, 見昏愚者, 而每多蔑侮. 至於老死, 而誇能不已, 乃是自敗其德也.

---

119 成德은 『周易』 「乾卦」의 "君子以成德爲行."에, 敗德은 『書經』, 「大禹謨」의 "侮慢自賢, 反道敗德."에 보임.

120 思服은 잊지 않고 마음에 둔다는 뜻. 『詩經』, 「周南關雎」의 "求之不得, 寤寐思服"에 보인다. 여기서는 마음 깊이 따르거나 복종한다는 뜻으로 쓰임. (앞에 나옴)

해 설

덕이 있는 사람과 그것을 해치는 사람을 헤아렸다.

달리 말하면 군자와 소인의 모습이다. 군자는 매사에 겸손하여 마치 어리석은 사람 같다. 그래서 옛날 선비들은 이런 군자가 되려고 본인의 호(號)에 어리석다는 뜻의 우(愚) 자와 이와 비슷한 글자를 넣어 사용한 일이 많다. 반면 소인은 자기가 기준이 되어 매사를 판단한다. 딱 자기 수준에 맞는 사람을 좋아하고, 자기보다 못한 사람을 멸시하고 자기보다 나은 사람을 따르지 않는다.

본문의 이 내용 또한 일반적 모습이면서 동시에 저자가 살던 시대상을 잘 반영하고 있다. 또 덕을 이룬 사람은 저자 본인의 이야기일 수도 있다. 현대에 살아가는 현자들도 그렇게 살고 그렇게 느끼니까.

27. 반대로 시행하고 거꾸로 행하다
反行反爲

시행하지 말아야 할 일을 시행하는 사람은 반드시 시행해야 할 일을 시행하지 않고, 해서 안 될 일을 하는 사람은 반드시 해야 할 일을 하지 않는다.

行其不當行者, 必不行其所當行, 爲其不當爲者, 必不爲其所當爲.

* * *

세월에는 기한이 있고 사람 마음에는 한계가 있어서, 시행해야 할 일을 시행하고 해야 할 일을 하는 일도 충분치 못할까 두려운데, 어찌 다른 일을 할 수 있겠는가? 설사 함께 진행할 힘이 있더라도, 반드시 순수한 방도에 흠이 있을 것이다.

歲月有期, 人心有限, 行其所當行, 爲其所當爲, 猶恐其不可給, 何可及他. 設有幷行之力, 必欠於純一之道也.

하지만 이것은 시행하고 하는 일을 가리켜 한 말이다. 마음 써 생각하고 헤아리는 때에는 시행하거나 해서는 안 되는 일을 먼저 따져보고, 다음으로 실패하는 원인과 혹 생길지도 모르는 피해의 단서를 찾는다면, 저절로 시행하거나 할 만한 일이 생겨서 결함이 없을 것이다.

然此指其行之爲之而言也. 至於用心思量之際, 先求其不當行不當爲者, 次求其致
敗之由遇害之端, 則自有可行可爲之事, 而無有欠闕.

해 설

일을 거꾸로 행하는 사람을 헤아렸다.

정책 따위를 시행하거나 일반적인 일을 할 때는 그 일의 정당성을 먼저 살피고, 진행 과정에 등장하는 손실 또는 위험 요소를 따져보아야 한다는 주장이다.

구체적 일의 내용과 그 행위의 기준을 말하지는 않았지만, 이 또한 시대상의 반영으로 보인다.

28. 옳고 그름, 충성과 간사함을 반대로 본다
反是非忠邪

옳음을 그르다고 보는 사람은 반드시 그름을 옳게 보며, 충성을 간사하다고 보는 자는 반드시 간사함을 충성이라 본다.

以是爲非者, 必以非爲是, 以忠爲邪者, 必以邪爲忠.

* * *

전하는 말에 "여우를 살쾡이라고 말했다"라고 한 말은 여우를 모를 뿐 아니라, 살쾡이도 몰랐다.[121] 옳음과 그름, 충성과 간사함에서부터 선악과 피차[122]의 나뉨까지 모두 그렇지 않음이 없다.

傳曰, 謂狐爲狸, 非特不知狐, 又不知狸也. 自是非忠邪, 至於善惡物我之分, 無不皆然.

---

121 『資治通鑑後篇』 卷93: 傳曰, 謂狐爲狸, 非特不知狐, 又不知狸也.
122 物我는 피차 또는 대상과 나. 『列子』, 「楊朱」의 "君臣皆安, 物我兼利, 古之道也."에 보인다.

해 설

가치를 거꾸로 판단하는 사람을 말하였다.

흔히 "돼지 눈에는 돼지만 부처의 눈에는 부처로만 보인다"라는 말이
있다. 그래서 군자의 행위가 소인에게 환영받는 일은 아니다. 저자의
경험이 반영된 내용일 것이다.

29. 다름을 미루어 다름을 헤아리다
推異測異

남이 익힌 내용이 나와 같다면 헤아리기 쉽고, 나와 같지 않다면 헤아리기 어려우니, 그 같지 않은 내용을 잘 미루어 그를 헤아려야 한다.

人之所習, 與我同, 則測之易, 與我不同, 則測之難, 須推其不同者測之.

* * *

남과 나의 익힌 내용이 같다면 좋음과 나쁨도 같아서, 나의 좋음과 나쁨을 미루어 남의 좋음과 나쁨을 헤아린다. 그 사이에 설령 의견[123] 차이가 있더라도 절차탁마하는 방법에 방해되지 않는다. 그러므로 헤아림이 쉽다.

所習同, 則善惡亦同, 推我之善惡而測人之善惡. 其間縱有言論之差別, 不害於切磋之方. 故測之易也.

만약 익힌 내용이 나와 같지 않다면, 내가 익힌 내용을 미루어 저를 헤아리는 일이 마땅하지 않아서 되레 저에게 웃음거리가 될 것이다. 마땅히 그 부류를 미루어 그 마음을 헤아려야만, 저의 마음에 거의 감응이 있을 것이다.

---

123 여기서 말하는 言論은 談論이나 의견의 뜻이다. 『淮南子』, 「人間訓」의 "至乎以弗解解之者, 可與及言論矣."에 그런 뜻이 보인다. 또 『조선왕조실록』, 『세종실록』, 4년 丙申, 10월 12일 조에 "風儀落落乎難合, 言論堂堂而可師."에도 보인다.

若所習與我不同, 則不宜推我習而測之, 反貽笑于彼也. 宜推其類而測其心, 庶有感
於彼也.

해 설

추기측인의 요령을 말하였다.

본문의 "익힌 내용이 같으면 좋고 나쁨이 같다"라는 말의 의미는 대개 같은 교육 환경과 종교·문화에서 자란 사람들의 취향이 같다는 뜻이다. 그래서 상대의 마음을 파악하기 쉽다. 같은 점을 미루어 남을 파악하는 일은 주희도 일찍이 말한 바 있다.[124]

하지만 경험이 다르다면 그렇지 않다. 그래서 그 같지 않은 점이 있더라도 비슷한 점을 미루는 일이 바로 요령이다.

그래서 원문 첫 문장의 '須推其不同者'의 '不' 자는 전체 문맥상 잘못 들어간 것 같다. 그게 아니면 그 같지 않은 점을 잘 미루어야 한다는 뜻으로 쓰였다.

이처럼 과거 제국주의가 남의 나라를 침략하기 위해서, 또는 국가 간 무역을 통해 해당 나라에 물건을 팔아먹기 위해, 또 어떤 나라에서 무엇을 얻으려고 할 때 인류학이나 지역학을 동원하는 방법이 바로 저자가 말한 상대를 미루어 그들의 마음을 헤아리는 일이다. 외국을 공부하는 일이 이토록 중요하다.

저자의 주장은 오늘날은 마케팅이나 협상, 외교 등에서 남을 설득하는 요령으로 잘 활용하고 있다. 당시로서는 참으로 뛰어난 혜안이라 하겠다.

---

124 『大學章句集注』 傳10章: 以君子必當因其所同, 推以度物.

30. 조예를 따라 사람을 헤아리다
隨造詣測人

사람을 헤아리는 방법에서 자기의 한계[125]를 벗어나지 않는 사람은 굳게 막히어 남의 등급[126]을 미루어 그를 헤아릴 수 없다. 자기의 한계를 벗어난 사람은 미룬 내용이 없어 허튼짓[127]을 즐기고 오직 말[128]만 입에 올린다.

測人之方, 不離於自己分數者, 固滯而不能推其等倫以測之也. 離於自己分數者, 無所推而樂放誕, 惟騰辯說也.

* * *

조예와 한계에는 대략 상중하의 세 등급이 있다. 상등의 사람은 중등과 하등을 헤아릴 수 있고, 중등의 사람은 하등의 사람을 헤아릴 수 있으며, 또 자기를 미루어 헤아리면[129] 상등의 사람을 헤아릴 수 있지만, 하등의

---

125 分數는 여러 뜻이 있으나 여기서는 아래에 소개하는 세 등급과 混濁·高明에서 보면 지적인 측면과 부귀와 빈천 등을 보면 사람의 한계를 말함.

126 等倫은 同年輩 또는 同類로서 『漢書』, 「甘延壽傳」의 "少以良家子善騎射為羽林, 投石拔距絕於等倫."에 보인다. 그래서 경험이 같아서 같은 점이 많은 사람을 상징하는 말로 보아 "동년배조차도 헤아리지 못한다"라고 옮길 수 있으나, 뒤에서 상·중·하의 세 등급이 나오므로 等倫은 등급의 의미로 쓰인 것 같다.

127 放誕은 放曠과 虛誕. 放曠은 말과 행동에 구속받지 않음이고, 虛誕은 거짓되고 근거 없음이다. (앞에 나옴)

128 辯說은 원래 雄辯的인 遊說을 뜻한다. 『荀子』, 「非十二子」의 "辯說譬諭, 齊給便利, 而不順禮義, 謂之姦說."과 『韓非子』, 「外儲說左上」의 "今世之談也, 皆道辯說文辭 之言, 人主覽其文而忘有用."에 보인다.

129 絜矩는 推己測人과 같은 뜻으로 『大學章句』 傳의10章의 "所謂平天下, 在治其國者,

사람이 헤아리는 일은 항상 지나치거나 모자라는 병폐가 있다.

造詣分數, 略有上中下三等. 上等人, 能測中下矣, 中等人, 能測下等, 絜矩之, 可以測
上也, 下等人之測人, 常有過不及之患.

모자라는 사람은 자기의 한계에 굳게 막혀 어둡고 흐린 식견으로 높은
식견을 헤아리지만, 높은 식견을 미루어 높은 그것을 헤아리지 못한다.
또 빈천한 위치에서 부귀를 헤아리지만 부귀를 미루어 부귀를 헤아리지
못한다.

不及者, 固滯於自己分數, 以昏濁之見測高明, 不能推高明而測高明. 以貧賤之位測
富貴, 不能推富貴測富貴矣.

지나친 사람은 자기의 한계를 넘어서서 자기의 견해가 없으면서 확실한
소견130을 논하고, 들은 것이 있으면 문득 견강부회하니, 이것이 어찌
다만 말만 입에 올리는 것뿐이겠는가? 옳음을 그르다고 하고 그름을
옳다고 하거나, 또 자기는 잘한 게 없으면서 남을 나무라고, 자기에게
잘못이 있으면서 남을 비난하기도 한다.131

上老老而民, 興孝, 上長長而民, 興弟, 上恤孤而民, 不倍, 是以君子有絜矩之道也."
에 보인다. 주희는 그것을 "因其所同, 推以度物."이라고 주석했다.

130 有見은 확실한 소견으로『禮記』,「曲禮上」의 "寡婦之子, 非有見焉, 弗與爲友."에
보인다. 또 불교에서는 집착한 견해를 말하는데, 본문과 무관하다.

131『大學章句』傳9章: 君子, 有諸己而後, 求諸人, 無諸己而後, 非諸人. 주희의 주석에는
"有善於己, 然後可以責人之善, 無惡於己, 然後可以正人之惡, 皆推己以及人, 所謂
恕也."라고 되어 있다. 저자는『대학』의 논리에 맞지 않는 사례로서 말하였다.

過者踰越於自己分數, 以無見論有見, 以有聞輒傅會, 是奚特騰口舌而已. 或非其是 而是其非, 又或無諸我者責於人, 有諸己者非諸人.

해 설

남을 헤아리는 사람의 능력을 말하였다.

분수 곧 지적·신분적 한계에 얽매어서도 안 되지만, 그것을 초월해서도 안 된다는 뜻이 녹아 있다. 자신의 한계를 알고 사물을 판단하라는 뜻이지 지적인 한계를 극복하지 말리는 뜻으로 오해해서는 안 된다. 능력이 모자라는 사람이 능력자를 제대로 헤아리지 못하는 일은 이치상 당연하다. 설령 헤아린다고 해도 자기식대로 판단한다. 문제는 지적 능력이나 경험이 부족한 사람이 의견을 갖는 일이다. 그것이 지나치면 저자의 지적대로 결코 말로만 끝나는 문제가 아니다. 저술과 언론을 통해 대중의 인기에 편승하여 악영향을 끼친다. 특히 요즘처럼 기존 언론이나 유튜브를 통해 언제 어디든 전파된다. 그런 의견은 정제되지 않은 채 또 지적 능력이 부족한 사람들이 청취하면서 더 큰 문제의 불씨가 되고 있다. 물론 좋은 콘텐츠도 있지만, 그 또한 식견이 낮은 사람들은 잘 구별하지 못하거나 오해하여 싫어하기도 한다. 심각한 일이다.

31. 권하고 징계하는 일로서 남을 헤아리다
勸懲測人

한 몸이 선을 권하고 악을 징계하는 일은 나에게 있고, 정치와 교화가 선을 권하고 악을 징계하는 일은 남에게 있다. 나에게 있는 것은 안에서 지키고, 남에게 있는 것은 밖으로 드러낸다. 하지만 이것도 내 몸에 있는 권하고 징계하는 일을 미루어 남에게 있는 것을 헤아린다.

一身之勸懲在我, 政敎之勸懲在人. 在我者守於內, 在人者發於外. 然推身勸懲以測在人.

* * *

누가 악한 일로 처형당하면[132] 나머지 악이 모두 경계되니, 이것은 온 세상을 위해 사용할 만한 필요악이다. 악한 일을 저질렀는데도 처형당하지 않으면 여러 악이 모두 권장되니, 이것은 천하에 쓸모없는 악이다.

爲惡而蒙顯戮, 殘惡皆懲, 是爲天下可用之惡. 爲惡而未蒙顯戮, 諸惡皆勸, 是爲天下無用之惡.

선을 행하여 교훈이 후세에 전파되면 악한 사람을 교화하고 나약한 사람이 뜻을 세우게 하니, 이것은 온 세상을 위해 쓸 만한 선이다. 선을

---

132 顯戮은 죄를 밝혀 처형하여 시신을 대중에게 보이게 하는 일로서 『書經』, 「泰誓下」의 "功多有厚賞, 不迪有顯戮."에 보인다.

행하면서도 편견만을 굳게 지키면 마침내 남에게 해를 끼치니, 이것은
온 세상을 위한 사이비133 선이다.

爲善而敎及後世, 化惡立懦, 是爲天下可用之善. 爲善而膠守偏見, 害竟及於人, 是
爲天下似是之善.

선을 권하고 악을 징계하는 극치는 이것을 벗어나지 않는다. 그사이에
여기저기 적용하는 절차나 항목이 설령 많다고 해도, 그 요점을 말하면
나에게 있는 권하고 징계하는 일을 미루어 남에게 있는 그것을 헤아리는
일이다.

勸懲善惡之極致, 不外於此. 而其間疎節, 縱云頗多, 語其要, 則推在我之勸懲, 以測
在人之勸懲.

---

133 似是는 옳은 듯하지만 옳지 않다는 似而非의 뜻. 『孟子』, 「盡心下」의 "孔子曰,
　　惡似而非者, 惡莠, 恐其亂苗也, 惡佞, 恐其亂義也."에, 또 王充 『論衡』, 「死僞」의
　　"世多似是而非, 虛僞類眞, 故杜伯莊子義之語, 往往而存."에 보인다.

해 설

추기측인의 관점에서 선을 권장하고 악을 징계하는 일이 나에게든 남에게든 그 본질은 변하지 않는다는 주장이다.

본문의 '선을 행하면서도 편견만을 굳게 지키는 일'은 정작 본인은 선을 행한다고 굳게 믿고 있으나, 남이 볼 때는 편견을 지키는 일에 불과하다는 뜻인데, 가령 특정 이념에 얽매이거나 종교적 교리 또는 개인적 편견에서 행하는 선이다. 조선 후기 사회상을 잘 반영하고 있다. 본문의 "악한 일을 저질렀는데도 처형당하지 않으면 여러 악이 모두 권장되니, 이것은 천하에 쓸모없는 악이다"라는 말은 광복 후 지금까지 우리 현대사의 치부를 예언한 것 같아 그런 상황을 고치지 못한 채 그 시대를 살아온 한 사람으로서 부끄럽기 그지없다.

32. 식량
識量

추측의 결과인 견식이 넓고 두터운[134] 정도를 일컬어 식량[135]이라 한다. 식량의 크기와 넓이는 추측을 따라 점차 진보한다. 하지만 오직 무리에게 임하는 식량은 어둠을 써서 밝게 할 뿐이다.[136]【명이괘의 상을 해석한 말[137]이다. 밝음을 씀이 지나치면 너무 살피는 데서 손상되고, 어둠을 씀이 밝게 되는 방법이다.[138]】

推測所到, 見識含弘, 謂之識量. 識量之大小廣狹, 隨推測而漸進. 然惟莅衆之量, 用晦而明. 【明夷卦象辭. 明過則傷於太察, 用晦所以爲明也.】

* * *

대저 사람에게 두소[139] 같은 식량, 종정[140] 같은 식량, 강과 바다 같은

---

134 含弘은 포용이 넓고 두텁다는 뜻으로 『周易』, 「坤卦」의 "象曰至哉坤元, 萬物資生 … 含弘光大, 品物咸亨."에 보인다.

135 識量은 見識과 度量의 뜻으로 『晉書』, 「阮咸傳」의 "太原郭奕高爽有識量, 知名於時."에 보인다.

136 莅衆과 用晦而明은 『周易』, 「明夷卦」, 〈大象傳〉의 "明入地中, 明夷, 君子以, 莅衆, 用晦而明."에 보인다. 강조는 저자가 인용한 말.

137 보통 卦의 象을 해석한 말을 大象傳, 爻의 象을 해석한 말을 小象傳이라 부른다. 본문은 大象傳의 일부이다.

138 程頤의 『易傳』, 「明夷卦」의 "用明之過則傷於太察, … 用晦乃所以爲明也."를 약간 고쳤다. 강조는 삭제된 글자.

139 斗는 말인데 1말은 10되, 筲는 대나무 그릇으로 1말 2되의 들이. 斗筲는 작은 용기로서 식량이 작은 사람을 비유하는 말.

140 鐘鼎은 각각 고대의 큰 단위. 또 重任을 맡은 고관을 지칭할 때 많이 쓴다.

식량, 하늘과 땅 같은 식량의 분별은 있어도, 원래 정해진 한계가 없다. 그러니 그것은 오직 추측의 점진적 진보에 달려 있을 뿐이다.

夫人之斗筲之量, 釜斛之量, 鐘鼎之量, 河海之量, 天地之量, 雖有分別, 元無定限. 惟在推測漸進.

기른 도량이 넓고 두터워 온갖 물건[141]을 실어도 가득 차거나 넘침이 없고, 동서고금을 통달하여 앞에 끝[142]이 없는 이것이야말로 식량의 극치이다. 하지만 식량이 치우치고 굽은 사람은 정체되고 넓지 못하며, 자랑하기 좋아하는[143] 사람은 조금 아는 것에 만족하고, 경쟁심이 강해 이기기 좋아하는 사람은 잘못을 가리기 위해 꾸미는 일[144]에 안주하는데, 모두 진보할 수 없는 식량이다.

所養氣宇含弘, 載品物而無盈溢, 洞宇宙而無涯涘, 是乃識量之極致也. 偏曲者滯而不周, 自矜者足於少得, 好勝者安於飾非, 不能進就識量也.

오직 무리에게 임하는 식량은 너무 세밀하게 살피면, 넓고 두터운 도량이 없어서 남을 포용하여 무리와 화합할 수 없다. 그러므로 어둠을 쓰는 일이야말로 밝게 되는 것이다.

---

141 『周易』,「乾卦」: 雲行雨施, 品物流形.

142 涯涘는 『莊子』에서 '물가'의 뜻으로 쓰였지만, 여기서는 한계 또는 끝의 의미로 쓰였다. 『朱子全書』卷四의 "吾輩不用有忿世疾惡之意, 當常自體此心, 寬明無係累, 則日充日明豈可涯涘耶."에 그 용례가 보인다.

143 自矜은 여기서는 矜持의 의미보다 自負, 自誇의 뜻으로 『史記』,「太史公自序」의 "文侯慕義, 子夏師之, 惠王自矜, 齊秦攻之."에 보인다.

144 飾非는 『莊子』,「盜跖」의 "强足以拒敵, 辯足以飾非."에 보인다.

惟莅衆之量, 太察則無含弘之度, 不能容物和衆. 故用晦乃所以爲明也.

만약 그 식량이 어떤지 증험하려면, 모름지기 그가 기뻐하거나 화내는 감정을 따라 식량의 넓고 좁음을 분별하고, 꾸려나가고 결정하는 일을 따라 식량의 크기를 살펴야 한다. 하지만 억지로 노력하는 식량은 거의 극기에 가깝고, 실정을 가려 숨기는[145] 도량에서는 식견이 미치지 못함을 알 수 있다.

如欲驗其量之如何, 須從喜笑怒勃以辨恢狹, 營爲排布以察大小. 然勉强之量, 庶近於克己, 矯情之量, 可知其識見不逮耳.

---

145 矯情은 실제 모습을 가리고 숨기는 일로 董仲舒의 「士不遇賦」의 "雖矯情而獲百利兮, 復不如正心而歸一善."에 보임.

해 설

타인의 식량을 헤아리는 문제를 다루었다.

식량은 보통 식견과 도량을 말하는데, 추측을 사용하여 재정의하였다. 그래서 식량의 종류, 극치, 리더의 식량을 논하였는데, 리더의 그것은 본문의 '무리에게 임하는 식량'이다.

그 리더가 '어둠을 쓴다'라는 말은 지도자가 어둡고 어려운 때에 아랫사람이 하는 일을 좀스럽게 너무 세밀하게 살펴 따지지 말아야 한다는 뜻이다. 세밀하게 따짐은 두텁고 너그러우며 남을 포용하는 식량이 없다는 징표이다. 여기서 식량이 수양의 결과이기도 한데, 추측이 수양과도 연결되는 지점이다.

33. 간언의 용납
容諫

간언[146]을 받아들이는 방법은 오직 사리를 기준으로 삼아야지, 간하는 사람이 겸손한지 내 마음을 거슬리는지에 따라 받아줄지 말지를 결정하지 말아야 한다. 정말로 일에 보탬이 된다면, 비록 괴롭고 불편하더라도[147] 마음을 비우고 받아들여야[148] 한다. 하지만 참으로 일에 해롭다면, 받아주지 말아서 간언하는 의미가 손상되지 않도록 해야 한다.

容諫之方, 惟以事理爲準的, 勿以遜逆爲取捨. 苟益於事, 雖瞑眩當虛受. 苟有害於事, 不宜聽納, 而無傷陳諫之意.

*   *   *

간쟁의 조건에는 자연히 세 가지가 있다. 간언하는 사람이 하나요, 들어주는 사람이 하나요, 사리 가운데 원래 있는 옳고 그름과 이로움과 해로움이 그 하나이다.

諫諍之機, 自有三分. 諫之者一也, 聽之者一也, 事理之中, 元有是非利害一也.

---

146 諫은 윗사람에게 잘못이 있을 때 고치도록 하는 말로서『論語』,「里仁」의 "事父母幾諫, 見志不從, 又敬不違, 勞而不怨."에 보인다. (앞에 나옴)

147 瞑眩은 약 복용 후 나타나는 머리가 어지럽고 핑 도는 증상으로『書經』,「說命上」의 "若藥弗瞑眩, 厥疾弗瘳."에 보인다. 본문에서는 정신이 아찔한 불편하고 괴로운 사태를 말함.

148『周易』,「咸卦」: "山上有澤, 咸, 君子以虛受人."

간언하고 그것을 들어주는 일이 사리의 마땅함에 부합되면 세 가지
조건이 충족된다. 그리고 간언이 마땅해도 그것을 들어주지 않으면,
겨우 두 가지 조건만 충족될 뿐이다. 이것은 간쟁의 도리는 만족시켜도
들어주는 일이 마땅함을 잃은 것이다. 만약 간언이 마땅하지 않아 들어주
지 않는다면, 세 가지 조건은 분산된다. 이것은 간쟁의 도리는 잃었어도
들어주는 일만은 마땅함을 얻은 것이다.

諫之聽之, 得合於事理之宜, 則三分完備矣. 諫之合宜, 而不見聽施, 則纔得二分矣.
是得諫諍之道, 而失聽施之宜也. 若諫不合宜, 而不見聽施, 則三分離散矣. 是失諫
諍之道, 而得聽施之宜也.

그래서 간언을 받아들이는 사람은 오로지 사리를 기준으로 삼아야지,
마음에 든다고 해서 취하고 마음을 거스른다고 해서 버리지 말아야
한다. 하지만 간하지 않는 일은 쉬우나 간언은 어렵고, 간언은 쉬우나
들어주는 일은 더 어려우며, 들어주는 일은 쉬우나 들어주지 않기는
더욱 어렵다.

是以容諫者, 惟以事理爲準, 勿使遜志則取, 逆志則捨. 然不諫易而諫之難, 諫之易
而聽之難, 聽之易而不聽之亦難.

무릇 들어주어야 할 일을 들어주는 사람은 반드시 들어주어서는 안
되는 일은 들어주지 않는다. 하지만 들어주어서는 안 되는 일을 들어주는
사람은 반드시 들어주어야 할 일을 들어주지 않는다. 대개 들어주거나
들어주지 않는 일이 모두 마땅해야, 기준인 사리를 얻었다고 말할 수
있다. 만약 들어줄 수 없는 일일 경우에도 너그럽게 대해야,149 간쟁의

의도가 손상되는 일이 없고 또 기꺼이 말하는 뜻을 열어준다.

凡聽其可聽者, 必不聽其不可聽. 聽其不可聽者, 必不聽其可聽. 蓋聽與不聽, 俱得其宜, 可謂得準事理也. 至若不可聽者, 須示優容, 無傷諫諍之意, 以開樂告之意.

---

149 優容은 관용 또는 관대함으로 『漢書』, 「何武傳」의 "九江太守戴聖, 禮經號小戴者也. 行治多不法, 前刺史以其大儒, 優容之."에 보인다.

해 설

간쟁으로 남을 헤아리는 문제를 다루었다.

간쟁이란 아랫사람이 윗사람에게 충언하는 일이고, 그 말이 간언이다. 그것을 받아주느냐 마느냐는 세 가지 조건에 달려 있지만, 그 기준은 일의 이치이다. 곧 간하는 내용도 합리적이어야 하지만, 그 합리성을 분별하여 들어주거나 거부하는 일은 듣는 사람의 몫이다. 한쪽이라도 불합리하면 일은 어긋난다. 당시 윗사람의 역할을 강조하는 말이다. 지금도 통한다.

34. 친구로 인한 손해와 이익
朋友損益

친구의 눈과 귀는 곧 여기저기 흩어져 있는 나의 눈과 귀이고, 친구의 경험은 곧 앞서 겪은 나의 경험이다. 그 경험이 나에게 모일 때는 반드시 조용히 응대하여야 취사선택에 권장하고 경계하는 일이 있게 된다. 그러므로 일을 이루는 데는 친구가 있고, 덕을 해치는[150] 일에도 친구가 있다.

朋友之耳目, 卽我散處之耳目, 朋友之閱歷, 卽我先値之閱歷. 及其湊合於我也, 必藉酬酢之從容, 乃有取捨之勸懲. 故成事須友, 敗德亦須友.

* * *

스스로 옳다고 여기고[151] 스스로 성인이라고 여기는[152] 사람은 친구가 없어도 부리는 사람[153]은 있고, 하는 것과 일삼는 일이 없는 사람은 이름뿐인 친구는 있어도 참된 친구는 없다.

自是自聖者, 無朋友而有使令, 無爲無事者, 有朋友之名, 無朋友之實.

---

150 敗德은 『書經』, 「大禹謨」의 "侮慢自賢, 反道敗德."에 보임. (앞에 나옴)

151 『老子』 24章: 自見者不明, 自是者不彰.

152 『書經』, 「周書·冏命」: 僕臣正, 厥后克正, 僕臣諛, 厥后自聖, 后德, 惟臣, 不德, 惟臣. 『조선왕조실록』, 『중종실록』, 9년 甲戌, 4월 13일 조에 보면 "爲君而狎侮其臣, 不肯聽受, 謂之自聖."라는 정의가 보인다.

153 『孟子』, 「梁惠王上」: 便嬖不足使令於前與.

나아가 한 가지 재주 한 가지 기능의 아주 작은 일이라도 친구를 말미암아 성공하거나 실패하기도 한다. 오직 국가의 시급한 현안과 세상을 가르치는 일에 뜻을 둔 사람이야말로 친구의 눈과 귀가 경험한 내용을 자기의 눈과 귀의 경험으로 삼고, 또 농부와 상인과 장인의 눈과 귀의 경험까지도 자기의 눈과 귀의 경험으로 삼을 수 있지만, 그것들을 한곳에 모아 합칠 수 없으면 내 것이 아니다.

至於一技一能, 微細伎業, 無不須友而有成有敗. 惟有志于時務世敎者, 乃能以朋友之耳目閱歷, 爲己之耳目閱歷, 又及於農商工匠之耳目閱歷, 爲己之耳目閱歷, 而不能湊合, 則非我有也.

한곳에 모아 합치는 방법은 조용한 담론에 의지해야 한다. 그래서 추측에 흡족한 내용은 취하고, 추측에 의심되는 내용은 기록하고, 추측에 어긋나는 내용은 버려서, 권하고 경계하는 일로 여기면 나의 스승이 아님이 없고, 절차탁마로 여기면 나에게 이익되지 않음이 없다. 만약 취하고 버리는 일이 바르지 않고 친구와 사귀는 방법이 문란하면,154 친구로 인해 덕을 해칠 수도 있다.

湊合之方, 須藉從容之談論. 洽於推測者取之, 疑於推測者記之, 悖於推測者捨之, 以爲勸懲, 則無非我師也, 以爲琢磨, 則莫非我益也. 若取捨不正, 交道雜亂, 亦可須友而敗德.

---

154 雜亂은 섞여 혼란해서 질서나 조리가 없다는 뜻으로 『楚辭』, 「遠游」의 "騎膠葛以雜亂兮, 斑漫衍而方行,"에 보이는데, 본문에서는 紊亂의 뜻으로 쓰였다.

해 설

친구를 말미암아 생기는 이익과 손해를 논하였다.

친구로 옮긴 원문 붕우(朋友)는 일찍이 『시경』과 『주역』에 보인다.[155] 한 대 학자 공영달(孔穎達)은 '같은 문하에서 배우는 사람을 붕(朋)'이라 하고 '같은 뜻을 가진 사람을 우(友)'라고 주석하였다. 하지만 본문에서는 농부나 장인까지 거론하여 그보다 외연을 넓혔다.

"친구의 경험을 나의 경험으로 삼는다"라는 말은 경험을 중시하는 저자의 인식 이론에서 간접 경험의 한 사례이다. 여기서 그 경험 내용을 취사선택하는 데는 추측이 중요한 역할을 하며, 그래서 친구를 말미암아 하는 일의 성공과 실패도 추측에 달려 있다고 한다. 전체 내용은 저자 본인의 일과 관련됨을 행간에서 읽어낼 수 있다.

---

155 『詩經』, 「大雅抑」: 無言不讎, 無德不報, 惠于<u>朋友</u>, 庶民小子.;『周易』, 「兌卦」: 君子以, <u>朋友</u>講習.

35. 명성과 실력을 취하거나 버리다
名實取捨

명성 때문에 취하지만 그것을 실질에 증험해 보면, 그 명성에도 간혹 취하지 못할 게 있다. 옛것이어서 취하지만 그것을 오늘날에 증험해 보면 옛것에도 간혹 취하지 못할 게 있다.

以名取而驗之實, 名或有不取. 以古取而驗之今, 古或有不取.

* * *

이름은 실질에서 생기니 실질이 있으면 거기에 어울리는 이름이 있고, 실질이 없으면 해당하는 이름도 없다. 무릇 각자 이름을 가진 물건이 실질과 어긋나는 일이 매우 드문 까닭은 그 물건이 스스로 속여 꾸밀 수 없기 때문이다.

名生於實, 有其實則有其名, 無其實則無其名. 凡物之有其名者, 頗鮮爽實, 以其物不能自矯僞也.

오직 인간만은 교묘하고 간사한 가닥이 많아, 자기의 실력을 거짓으로 부풀려 스스로 명성을 낚시질하기도 하고, 또는 명성을 전하는 자가 사사로운 뜻으로 그것을 과장하기도 한다. 그러므로 명성으로 사람을 뽑는다고 반드시 모두 실력이 있다고 할 수는 없다. 모름지기 맡은 일에서 증험하고 시험하면, 그 명성을 취할지 버릴지 정할 수 있다.

惟人之巧邪多端, 或假其實而自釣其名, 或傳之者, 因私意而誇張其名. 故以名取人, 不必皆有其實. 須驗試於職任, 則名之取捨可定矣.

일상에서 하는 일은 옛사람이 모두 나에 앞서서 행하였고, 그 크고 작고 넓고 가느다란 대상에 모두 미루어 증험하는 단서가 있지 않음이 없어서, 지금의 숭상하는 일의 형세로 그것을 미루어 보면 간혹 맞지 않는 것이 있다.

日用事爲, 古人皆先我行之, 大小洪纖, 莫不有推驗之端, 以今時尙事勢推之, 或有 不合者.

해 설

명성과 실력에 따라 사람을 헤아리는 문제를 다루었다.

원문의 명(名)과 실(實)은 전통 철학에서 다루는 중요한 주제 가운데 하나로 보통 명실론(名實論)이라 부른다. 그것을 옮길 때 명칭과 실질로 옮기기도 하는데, 그것이 보이는 이른 시기 문헌 가운데에는 『관자(管子)』가 있다.156 공자도 명칭과 실질을 일치하려는 모습을 보이는데 그것이 그의 정명(正名) 사상이다.157

특히 이 명실론을 인사와 관련지어서는 명분과 실리 또는 명성과 실력 등으로 좁혀 말하기도 한다. 명성과 실력의 유사한 뜻으로 명예와 사공(事功)이 있는데 『맹자』에 보인다.158

그러니까 본문은 일반적 개념에서 명과 실을 사용하다가, 후반부에 인사의 문제로 좁혀 설명하였다. 곧 사물의 이름은 원래 그것의 실질에서 나오는 것이지만, 인사에서는 반드시 그렇지는 않다는 뜻이다. '자기의 실력을 거짓으로 부풀려 스스로 명성을 낚시질하는 일'을 보통 기세도명(欺世盜名)이라 부르는데, 산림으로 뽑혀 벼슬을 얻기 위해 흔히 하던 일을 비판한 말이다. 저자도 서울에 살지 말고 산림처사처럼 근교에 나가 잠깐 살면 벼슬을 주겠다는 당시의 재상 조인영(趙寅永, 1782~1850)의 제안을 거절한 적이 있다.

저자는 그런 허명을 가려내기 위해서는 증험하고 시험해 보아야 한다고 주장하였다. 또 일상생활에도 명성과 실질이 맞지 않는 일이 있다고

---

156 『管子』, 「九守」: 修名而督實, 按實而定名. 名實相生, 反相爲情.

157 『論語』, 「子路」: 子路曰, 衛君, 待子而爲政, 子將奚先. 子曰, 必也正名乎. … 名不正則言不順, 言不順則事不成.

158 『孟子』, 「告子下」: 先名實者, 爲人也, 後名實者, 自爲也. 集注에서 바로 "名, 聲譽也, 實, 事功也."라고 풀이하였다.

하여, 개혁의 여지를 남겼다. 모두 명실론의 재해석이다. 현대는 그런 일이 일상화되었다. 온갖 매체를 통해 앞다투어 명성만을 낚시질하는 사람들을 보라! 대중이 거기에 속을수록 돈이나 권력이 생기기 때문이다.

36. 도리와 의리를 밝힘
明道明義

밝힐 만한 도리를 밝힘은 인심이 도심159을 따르게 함이고, 바르게 할 만한 의리를 바르게 함은 인사가 의리에 부합하게 함이다. 만약 인심을 각자가 밝히고 인사를 각자가 바르게 하는160 경우라면, 그것은 밝힐 만한 도리와 바르게 할 만한 의리가 아니다.

明其可明之道者, 以人心循道心, 正其可正之義者, 以人事合義理. 若以人心自明人事自正, 非可明之道可正之義也.

*   *   *

옛날의 성현은 도리를 밝히고 의리를 바르게 하여 이미 그 대강161을 이루었다. 하지만 후세 사람이 이른바 밝히고 바르게 하는 방법은 시속(時俗)의 폐단을 없애는 일이 아니라면, 반드시 과장에 힘쓰는 습속이다.

古昔聖賢, 明道正義, 已盡其大致. 後世所謂明正之方, 如非捄流俗之弊, 必是務勝大之習也.

이보다 못한 사람은 눈앞의 공명과 이익162을 숭상하여 밝힌 게 있고,

---

159 『書經』, 「大禹謨」: 人心惟危, 道心惟微, 惟精惟一, 允執厥中. (앞에 나옴)

160 아랫글의 '各自明其心正其事'를 따라 옮겼다.

161 大致는 대체로, 대강의 뜻. 『後漢書』, 「袁術傳論」의 "天命符驗, 可得而見, 未可得而言也. 然大致受大福者, 歸於信順乎."에 보인다. (앞에 나옴)

한 가지 일에라도 나아가 오묘한 점을 알면, 모두 말과 글을 남겨 불후의 명성을 다투어 도모한다. 마치 시장바닥163에서 장사꾼이 사람들을 현혹하며 팔려고 복잡하게 다투는 일과 같다. 그 가운데 간혹 도움이 되는 사람도 있고, 풍속을 사납게 만드는 사람도 있다.

下於此者, 尚功利而有所發, 就一事而得其妙, 皆有言文, 爭圖不朽. 如市井之上, 眩鬻紛競. 這間或有輔益者, 或有屬俗者.

밝힐 수 없는 대상을 밝히는 일과 바르게 할 수 없는 대상을 바르게 하는 일에서 비록 밝히고 바르게 한 무엇이 있다고 하더라도, 사람들은 그 밝히고 바르게 한 무엇이 있는 줄 모른다. 또 밝히기에 마땅하지 않은 대상을 밝히면 밝힌 것도 밝지 못하고, 바르게 하기에 적당하지 않은 대상을 바르게 하면 바르게 한 것도 바르지 않다.

明其不可明, 正其不可正, 雖有所明所正, 人不知其有明有正. 明其不當明, 則所明亦不明, 正其不宜正, 則所正亦不正.

그러므로 밝힐 만한 도리는 인심이 도심을 따름으로써 혼란한 사람이 질서를 갖추고 산만한 사람이 한 곳으로 돌아와 인도를 이루게 한다. 참으로 여기에 밝힌 무엇이 있어야만, 이것을 일러 '밝힐 만하다'라고 한다. 또 바르게 할 수 있는 의리는 인사가 의리에 어긋남 없음으로써

162 『管子』, 「立政」: 有不合於令之所謂者, 雖有功利, 則謂之專制, 罪死不赦.; 『莊子』, 「天地」: 功利機巧, 必忘夫人之心.
163 市井은 고대 성읍 가운데 물건을 매매하는 장소로 『管子』, 「小匡」의 "處商必就市井." 에 보인다.

알맞음만 있고 그것을 넘어서는 일이 없도록 하니, 이것을 일러 '바르게
할 만하다'라고 한다.

故可明之道, 以人心率循道心, 使亂者就序, 散者歸一, 以成人道. 苟於此有所明之,
是謂可明也. 可正之義, 以人事不違義理, 使有適宜, 無所踰越, 是謂可正也.

만약 오로지 인심과 인사만을 가지고 밝히고 바르게 하면서, 도심과
의리를 기준으로 삼지 않는다면, 장차 어떻게 민심을 통합하고 나라의
제도164를 통일할 수 있겠는가? 제각기 스스로 자기 마음을 밝히고
자기 일을 바르게 함은 한 개인이 할 일이지만, 도심과 의리에 돌아오는
일은 온 세상에 통용되는 점을 함께 하는 일이다. 그러니 한 개인의
일을 미루어 온 세상이 함께 하는 도리를 헤아리고, 함께하는 도리를
미루어 한 개인이 밝히고 바르게 하는 일을 헤아리면, 서로 어긋나는
일이 거의 없을 것이다.

若只將人心人事而明之正之, 不以道心義理爲準的, 將何以統民志一王制也. 各自
明其心正其事, 乃一人之攸爲也, 歸一于道心義理者, 公天下之通用也. 推一身而測
公天下之道, 推公道而測一身之明正, 庶不背也.

---

164 王制는 왕조의 제도로 『荀子』, 「正論」의 "天下之大隆, 是非之封界, 分職名象之所起,
　　王制是也."에 보인다.

해 설

밝히고 바르게 하거나 그렇게 할 수 없는 도리와 의리를 가지고 사람을 헤아리는 문제를 다루었다. 나아가 개인의 도리와 의리를 보편적 그것과의 상관성을 추측으로 설명하였다.

언급한 도와 의와 인심과 도심, 인사와 의리는 유학에서 자주 다루는 대상이다. 특히 성리학에서는 도와 의의 근거를 형이상의 리에 두었지만, 저자는 그것을 따르지 않는다. 이 점은 앞서 『추측록』 권3의 「마음과 본성과 이치는 제각기 분별된다(心性理各有分)」 등에서 누차 다루었기 때문에 그에 대한 저자의 개념 규정은 생략하고, 형식적 논리만은 그대로 따랐다는 점만 지적한다. 그러니까 인심과 인사의 기준은 어디까지나 도심과 의리에 있다는 주장이다.

자, 이렇게 본다면 사람들이 제각기 생각하는 도리와 의리가 어떤 것이어야 하는지 명확해진다. 이 문제는 결국 무엇이 옳으며 선이냐 하는 문제로 나아가게 되어 있다. 뒷부분의 '온 세상이 함께 하는 도리'라는 말에서 보편성을 지향하고 있음을 알 수 있다. 그래서 서두에서 보편성이 없는 개인의 그것은 의미 없다고 단정하였다.

37. 화를 피하다
避禍

선을 행하는 사람은 피할 수 있는 화도 있고 또 피할 수 없는 화도 있다.
악을 행하는 사람은 피하지 않는 화가 없어서 스스로 더 큰 화를 빚는다.

爲善者, 有可避之禍, 又有不可避之禍. 爲惡者, 無不避之禍, 而自釀其大禍.

* * *

화에는 크기와 거리의 구별이 있고, 사람에게는 선을 좋게 여기고 악을
나쁘게 여기는 정서가 있다. 그래서 선을 행하는 사람은 남이 반드시
좋게 여기고, 악을 행하는 사람은 남이 반드시 나쁘게 여기니, 어떤
화가 사람마다 그를 나쁘게 여기는 것보다 크겠는가?

禍有大小遠近之別, 人有善善惡惡之情. 爲善者, 人必善之, 爲惡者, 人必惡之, 禍孰
大於人人惡之哉.

악을 행하는 사람은 일찍이 이런 사실을 모르고 오로지 눈앞의 작은
화만을 피해, 어긋난 말과 지나친 행실로 남에게 책임을 미루고,[165]
험하고 좁고 구부러진 길은 남에게 미뤄버리니,[166] 이는 오로지 작은

---

165 推委는 위임하다 또는 남에게 책임을 전가한다는 뜻이 있는데, 여기서는 후자에
　　해당함. 『宋書』, 「徐湛之傳」의 "令僕治務所寄, 不共求體當, 而互相推委, 糾之是也."
　　에 보인다.
166 排擯은 밀어내어 물리친다는 뜻으로 『史記』, 「平津侯主父列傳」의 "齊諸儒生相與排

화만 보고 더 큰 화를 보지 않는 일이다.

爲惡之人, 曾不識此, 惟避目前之小禍, 差言過行, 推委於人, 險蹊曲逕, 排擯諸人, 是惟見小禍, 而不見大禍也.

선을 행하는 사람은 피할 수 있는 큰 화를 평소에 알아서 부지런히 선을 행한다. 나아가 미세한 화에 대해서도 낌새에서 살피고 애초에 분별하여 그 해로움을 피한다. 혹시 피할 수 없는 화가 밖에서 이를 때는 구차하게 피하려고만 하면 선을 해치므로, 편안하고 침착하게 대처하여 마음에 혐의를 두지 않는다. 이것은 선악을 훤히 알아 피할 줄 아는 일이다.

爲善之人, 宿知大禍之可避, 孜孜爲善. 至於微細之害, 察之於幾, 辨之於初, 以避其害. 或有不可避之禍自外而至, 欲苟避則害於善, 故晏然處之, 無嫌於心. 是洞見善惡, 知所避也.

화복설167에 미혹된 사람은 선을 행하고도 화를 당하며 악을 행해도 복을 받는 일을 행운과 불운, 맞거나 맞지 않은 운수에 돌리니, 이것은 화를 피하거나 피하지 않는 도리를 모르는 일이다.

惑於禍福說者, 以爲善而遇禍, 爲惡而遇福, 歸之于幸不幸當不當, 是不識避不避之道也.

擯, 不容於齊."에 보인다. 여기서는 '작은 화'라는 말에 근거하여 보면 미룬다는 뜻으로 쓰였다.
167 화를 피하고 복을 받으려는 미신적 종교와 각종 술수의 주장을 통틀어 일컫는 저자 방식의 말.

해 설

선을 행하는 사람과 악을 행하는 사람이 각각 화에 대처하는 방식을 헤아렸다.

본문의 "혹시 피할 수 없는 화가 밖에서 이를 때는 구차하게 피하려고만 하면 선을 해치므로, 편안하고 침착하게 대처하여 마음에 혐의를 두지 않는다"라는 말은 『논어』 속 공자의 태도[168]와 비슷하다.

---

168 『論語』, 「里仁」: 子曰, 富與貴是人之所欲也, 不以其道得之, 不處也, <u>貧與賤是人之</u> <u>所惡也</u>, <u>不以其道得之</u>, <u>不去也</u>. 본문의 의미는 부당하게 돌아온 화라도 구차하게 피하려고 노력하지 않는다는 뜻에서 옮긴이가 강조한 부분과 유사한 태도이다.

38. 의와 이익
義利

이익에는 의롭고 의롭지 못함이 있으니, 의로운 이익은 취할 수 있고 의롭지 못한 이익을 취해서는 안 된다. 이욕에 이끌려 의를 빙자하여 취하는 것은 패자의 이익이고, 의를 위주로 하여 그 속에 이익이 있는 것은 왕자의 이익이다.[169]

利有義不義, 義之利可取, 不義之利不可取. 牽於利欲, 假義而取, 霸者之利, 主於義而利在其中, 王者之利.

* * *

패도를 물리치는 논의가 극성한 이후로 이익을 공격하는 일이 매우 심했다. 그러나 인과 의는 이익이 이로운 근거이니,[170] 아름다운 이익으로 온 세상을 이롭게 할 수 있는 이익에는 덮어 숨길 수 없는 무엇이 있다. 그러니 대개 이익 앞에서는 반드시 의로운지 불의인지 생각하여 취하거나 버려야 하는데, 불의한 이익은 아무리 많아도 취해서는 안 되고, 의로운 이익은 아무리 적어도 취하는 게 옳다.

---

169 『孟子』, 「公孫丑上」: 孟子曰, 以力假仁者, 霸, 霸必有大國. 以德行仁者, 王, 王不待大, 湯以七十里, 文王以百里. 여기서 저자는 맹자의 이 논리를 이용하여 王과 霸를 재규정하였다.

170 앞의 『추측록』 권3의 「仁義禮知」에서 본성은 생물적 본능과 사회 규범의 통일체라는 규정에서 볼 때, 인의는 생명과 삶의 보편적 이익과 관련된다. 아래 본문과 해설을 보라.

自黜霸之論熾盛, 攻利太甚. 然仁義所以利之利, 能以美利利天下之利, 有不可掩匿者. 則凡於利, 必思義不義而取捨之, 不義之利, 雖夥不可取, 義之利, 雖小可取.

대개 손해를 피하고 이익을 좇는 일은 인정의 보편적 현상이다. 그 이익을 좇는 마음을 가지고 보편적 이익에 나아가 취하면, 인과 의라는 이익에 나아갈 수 있고, 사소한 이익과 되레 해가 되는 이익은 거의 버릴 수 있을 것이다.

蓋避害趨利, 人情之大同也. 因其趨利之心, 進取利之大同, 則可進於仁義之利, 而些少之利, 反害之利, 庶可除矣.

의를 빙자하여 취하는 이익은 그래도 의롭지 않은 이익보다는 나으므로, 그 빙자하는 것을 미루어 참된 것을 헤아려 점차 거기에 나아감이 있으면, 의로운 이익에 도달할 수 있다. 그러므로 오직 이익을 좇는 일이 부진할지 걱정하지, 남이 이익을 좇는 일을 걱정하지 않는다.

假義之利, 猶勝於不義之利, 推假而測眞, 漸有所進, 可至於義之利也. 故惟患趨利之不進, 不患人之趨利也.

해 설

이익과 의로움의 문제 그리고 추측으로 의로운 이익에 나아가는 문제를 다루었다.

일찍이 공자와 맹자는 인의와 이익이 상반되는 개념으로 다루었다.[171] 물론 그들이 다룬 이익은 공익이 아니라 사익이겠지만, 문자상에서 보면 마치 이익을 멀리하는 것처럼 보인다.

저자는 이익이라는 언어가 갖는 개념을 분석하여 무엇에 이로운지를 더욱 분명하게 하였다. 곧 사적인 이익을 추구하는 일 그 자체는 보편적 현상이더라도 정당하고 도덕적이어야 하며, 거기서 더 인류 보편의 이익에 나아가면 그것이 바로 인과 의라고 주장하였다. 이것은 저자와 동시대에 살았던 심대윤(沈大允)이 대리(大利)와 공리(公利)를 주장한[172] 발언과 유사하며, 저자 윤리 사상의 지평이 공리주의(公利主義, 또는 共利主義)로 갈 수밖에 없음을 시사하는 발언이다.

그런데 여기서 주목해야 할 부분은 패자의 이익이다. 맹자의 지적대로 패도는 왕도와 달리 진정성 없이 숭상하는 가치를 이념이나 명분으로 내세운다. 저자는 이런 일이라 할지라도 그런 명분을 미루어 참됨을 헤아리면, 의로운 이익에 도달할 수 있다고 기대했다. 과연 이 논리대로 오늘날 환경보호와 사회적 가치와 윤리 경영을 명분으로 삼는 기업들도 그렇게 할 수 있을까? 게다가 정의와 공정을 내세우는 정치가들이 과연 그럴 수 있을지 의문이다. 우리가 너무 자주 속아온 탓일까?

---

171 『論語』,「里仁」: 子曰, 君子, 喩於義, 小人, 喩於利.; 『孟子』,「梁惠王上」: 王何必曰利, 亦有仁義而已矣.

172 『신기통』 권3,「善惡利害」의 해설 참조.

39. 알맞음을 들어 비추어 살피다
擧中照察

상등의 사람은 대상과 자기를 떼어내어 도리를 통합하고,173 중등의 사람은 대상과 자기를 참고하여 그 의미를 알지만, 하등의 사람은 자기만 있다는 것만 알고 대상을 모른다. 예부터 예법의 교화174를 설치하고 방편을 말한 일은 모두 알맞음을 기준으로 삼아 위와 아래를 밝게 살핀다.175

語其上則離物我而統其道, 語其中則參物我而得其義, 語其下則只有我而不知物. 自古設禮敎語方便, 皆以中爲準, 照察上下.

* * *

하등에서 중등까지는 물리를 거두어 모아 그것이 크든 작든 버리지 않는다. 중등에서 상등까지는 찌꺼기는 점차 버리고, 참으로 핵심만을 붙잡아176 세 등급의 사리를 통합한다. 중등의 사람은 사리에 통달하거나 못하기도 하지만, 하등은 사람은 통달한 것이 없다. 오직 상등의 사람만 가르침을 세워177 베풀 수 있다. 그러나 단지 상등이 아는 대상만

---

173 아래 내용을 참고하면 인식 대상의 표피적이고 중요하지 않은 내용을 제거하고 객관적 핵심 원리를 갖는 일.

174 여기서 禮敎는 뒤에 敎化라는 말이 있어 예법의 교화이다.

175 照察은 明察이나 照見의 뜻으로 王充『論衡』,「吉驗」의 "蓋天命當興, 聖王當出, 前後氣驗, 照察明著."에 보인다. (앞에 나옴)

176 允執綱要는『書經』,「大禹謨」의 "人心惟危, 道心惟微, 惟精惟一, 允執厥中."의 允執厥中의 뜻이다. 문맥상 綱要는 中과 같은 뜻으로 사용하였다.

말하면 하등은 시도하여 도달하기가 어렵고, 하등이 아는 대상만 말하면 중등은 이미 그 단계를 넘어서 버린다. 그러므로 그 알맞음을 들어서 상세히 설명하되, 그들이 나아가거나 물러나거나 굽어보거나 쳐다보게 하여야, 현명하거나 어리석은 사람 모두 교화 가운데 모여들고, 위와 아래 모두 밝게 살피는 방법을 얻을 것이다.

自下至中, 收聚物理, 巨細不捐. 自中至上, 漸棄渣滓, 允執綱要, 以統三等人之事理. 中等人之於事理, 或達或不達, 下等人, 則未有所達矣. 惟上等人, 可以立言設敎. 而只言上等, 在下之人, 難以企及, 只言下等, 居中之人, 已越其級. 故擧其中而詳說, 使之進退俯仰, 賢愚皆圍於敎化之中, 上下皆得其照察之方矣.

하지만 세 등급의 인품에서 그 기질을 말하면 자연히 타고난 기품이 있으나, 공부를 말하면 등급이라는 한계가 거의 없다. 그러므로 다만 조예의 깊이에 따라 그 등급을 분별하였으니, 상등의 사람이란 중등에서 한 단계를 더하여, 앎의 찌꺼기를 제거하고 정련된 정신[178]만 보존하고 가볍거나 무거운 대상은 버리고 저울을 잡은 사람이다. 하등의 사람이란 중등에 비교해 한 단계 미치지 못하고 날마다 쓰면서도 모르며[179] 늙을 때까지도[180] 뉘우침이 없는 자이다.

---

177 立言은 글이나 말로써 후세에 가르침을 나타낸 것. 『左傳』, 「襄公二十四年」의 "大上有立德, 其次有立功, 其次有立言, 雖久不廢, 此之謂不朽."에 보인다. (앞에 나옴)

178 精靈은 여기서는 渣滓와 반대되는 핵심인 精髓의 뜻으로 쓰였다.

179 『周易』, 「繫辭傳上」: 一陰一陽之謂道. … 仁者見之謂之仁, 知者見之謂之知, 百姓日用而不知. 故君子之道鮮矣.

180 『論語』, 「述而」: 發憤忘食, 樂以忘憂, 不知老之將至云爾.

然三等人品, 語氣質, 則自有天稟, 語功夫, 則庶無階限. 故特就造詣淺深, 分別其等, 而上等人, 乃是自中等加一層, 去渣滓而存精靈, 遺輕重而執權衡. 下等人, 乃是比中等不及一層, 日用不知, 老至無悔者也.

현명하게 통달한[181] 사람이 세상을 깨우치고 백성을 인도하는 뜻이 어찌 반드시 실현된다고 약속할 수 있겠는가? 되레 쉬지 않고 부지런히 힘써 교화하는 방법의 근원을 탐구하고 밝힌 앎을 가지고 있을 뿐이다.

賢達人, 悟世之志導民之意, 豈必其效. 猶孜孜不已, 究明敎方之原, 以有所得也.

---

181 賢達은 현명하게 통달한 사람. 또는 賢人과 達士를 아울러 일컫는 말. 漢의 王充의 『論衡』, 「效力」의 "文儒非必諸生也, 賢達用文則是矣."에 보임. 또 재덕과 명망이 있는 사람의 뜻으로는 『後漢書』, 「黃憲傳」의 "太守王龔在郡, 禮進賢達, 多所降致, 卒不能屈憲."과 또 『舊唐書』, 「文苑傳中·賀知章」의 "知章性放曠, 善談笑, 當時賢達 皆傾慕之."에 보이며 그리고 崔致遠의 『桂苑筆耕』 13卷, 「擧牒」의 "其後折節修身, 終爲賢達, 則古之豪俊, 今可規模."에도 보인다. (앞에 나옴)

해 설

상중하 세 등급의 사람이 아는 수준을 헤아려 현실의 예법의 교화를 설치하는 방법을 논했다.

전근대사회에서도 앎의 수준이 다양하지만, 그것을 토대로 일반 백성까지 적용할 때는 '예법으로 교화'하는 예교(禮敎)를 사용한다. 본문에 방편(方便)이라는 말도 고명한 사람이 아니면 진리의 본질에 도달하기 어려워서 등장한 말로서, 예교 또한 현실적 방편이다. 그러므로 예교는 절대불변의 그것이 아니라는 뉘앙스가 묻어있다. 그것을 절대시하는 일에 대한 이론적 비판이다.

그러한 예교와 방편은 그 기준이 '알맞음'이라고 한다. 원문은 그냥 중(中)인데, 굳이 이렇게 옮긴 데는 나름의 이유가 있다. 중에는 여러 의미가 있지만, 여기서는 중용을 지향한다. 그런데 중용이라고 옮기지 않고 그렇게 옮긴 까닭은 본문의 "상등이 아는 것만 말하면 하등은 시도하여 도달하기가 어렵고, 하등이 아는 것만 말하면 중등은 이미 그 단계를 넘어서 버린다"라는 말 때문이다. 중용이란 때와 상황에 넘치지도 않고 모자라지도 않는 상태인데, 바로 여기서 하등인 사람이 중용에 도달할 수 없는 현실적 고민이 등장한다. 그렇다고 중등인 사람이 중용을 실천할 수 있는가? 반드시 그렇다고 할 수도 없다. 어떻든 현실적으로 상등과 하등의 그것을 절충(折衷)해야 하는 문제가 생긴다. 그렇다고 중이란 중등의 사람에게만 해당하는 수학적 '중간'의 의미가 될 수 없고, 어디까지나 중용에 다가설 수밖에 없다. 예교란 바로 이런 절충의 결과로 그것이 중용이라기보다 중용의 방편으로서 현실적 적용일 수밖에 없다. 그래서 표면적으로 중용이라 말하기가 참 껄끄러운 일이어서 '알맞음'으로 옮겼다.

40. 사람과 동물을 가르치고 기르다
敎養人物

말을 길들이는 사람이 마음과 힘182을 쓰지 않고 오로지 채찍만 휘둘러서는 길들이기 어렵다. 아이들에게 글을 가르치는 사람이 마음과 힘을 쓰지 않고 구두만 게으르게 전하면 제대로 가르치기 어렵다. 백성을 기르는 사람이 마음과 힘을 쓰지 않고 오로지 규정과 명령183만 있으면 제대로 기를 수 없다.

調馬者, 不用心力, 只揮鞭策, 難得其調. 訓蒙者, 不用心力, 謾傳句讀, 難得其訓. 養民者, 不用心力, 只有例飭, 不得其養.

*   *   *

저들의 미달한 점을 헤아려 나의 정신을 내밀어 인도하고, 일이 미치지 못함을 헤아려 방편을 설치하고 이롭게 하니, 이것이야말로 사람을 가르치고 기르며 동물을 길들이고 다스리는 통례이다. 만약 이것을 모르고 오로지 채찍을 휘두르는 일을 말을 길들이는 방법으로 삼고, 또 구두를 전하는 일만 아이들을 가르치는 방법으로 삼고 그리고 때에 따라 내리는 규정과 명령을 백성 기르는 정사로 삼는다면, 어떻게 소기의 성과를 내겠는가?

---

182 心力은 마음과 힘(능력). 『左傳』, 「昭公十九年」의 "盡心力以事君."에 보인다.
183 例飭의 例는 규칙·典例·先例, 飭은 명령으로 『史記』, 「五帝本紀」의 "信飭百官, 衆功皆興."에 보인다.

測彼之未達, 挺我神而導之, 測事之不逮, 設方便而利之, 是乃敎養人物, 調御人物之通規也. 若不識此, 惟以揮鞭策, 爲調馬之法, 傳句讀, 爲訓蒙之法, 隨時例飭, 爲養民之政, 何以得其成效.

말을 길들이거나 아이들을 가르치는 일은 효과를 얻지 못해도 피해가 그리 크지 않은데, 그 까닭은 되레 다른 날 다른 사람의 길들임과 가르침을 기대할 수 있기 때문이다. 하지만 백성을 기르는 일이 효과를 얻지 못하면, 반드시 그 피해가 크다. 비록 후회막급하더라도 생각이 여기에 이르면, 여러 기술자를 타이르고 격려하며 상벌 규정을 닦아 밝히고, 살리는 방법을 쓰며 나의 정신을 내밀어 인도하고, 방도를 세워 이롭게 하되, 오로지 백성을 편안하게 하는 일을 위주로 하고, 능숙하지 못한 사람을 능숙하게 하고, 알지 못한 사람을 알게 하여 성실한 마음으로 구제하기를 찾는다면, 다스리는 효과를 거의 바라볼 것이다.

調馬訓蒙之不得其效, 害不至大. 而猶待異日他人之調訓. 至於養民而不得其效, 則必有大害. 雖悔莫及, 念到于此, 飭勵羣工, 修明賞罰, 須用活法, 挺神而導之, 設方而利之, 惟以安民爲主, 不能能之, 不得得之, 誠心求濟, 庶望治效矣.

만약 통치자가 도모하여 다스리는 방법이 사람에게 적용되지 않아서, 그의 육체적 욕망이 다른 곳에 전력하고 백성을 기르는 일이 단지 명목뿐이라면, 비록 조세를 감면해 준다는 명령을 내려도 백성에게는 실질적 혜택이 없을 것이다. 또 조금이라도 지시[184]가 전달되면 백성은 상처를

---

184 指揮에는 여러 뜻이 있으나 여기서는 명령을 내려 지시하는 일로서 『荀子』, 「議兵」의 "湯武之誅桀紂也, 拱挹指麾, 而强暴之國莫不趨使, 誅桀紂若誅獨夫."에 그 용례가 보인다. 指麾는 指揮와 같은 뜻.

입으니, 그를 사랑하던 사람도 마침내 미워하게 되고, 그를 이롭게 하던 사람도 그를 해치기에 딱 알맞게 된다.

若圖治之法, 不加於人, 耳目之欲, 有他專力, 養民之事, 只有名目, 雖發蠲減之令, 而民無實惠. 少有指揮之傳, 而民受觸傷, 愛之者, 終歸于惡之, 利之者, 適足以害之.

해 설

남을 가르치거나 전근대사회의 백성을 기르는 통치자가 사용하는 방법을 헤아렸다.

남을 가르치거나 말을 길들일 때도 상세한 기술이 필요한 것처럼, 나라를 통치하는 사람에게도 일상적 규정이나 명령 외에 더 필요한 점을 민본정치의 관점에서 설명하였다. 글의 끝부분에서는 그 사회 왕정의 폐단이 반영되어 있다.

41. 이치에는 보탬이 없고 남의 기능을 보태줌도 없다
無輔於理無益人巧

한평생[185] 드러낸 생각도 유행지리에 보탬이 없고, 종신토록 독실하게 실천한 일[186]도 남에게 기능을 주는 데 도움이 없다.

窮年發明, 無輔於流行之理, 終身篤行, 無益於與人巧也.

* * *

자연과 사람이 이미 나누어졌으므로, 자연에는 자연의 이치가 있고 사람에게는 사람의 이치[187]가 있다. 자연 이치의 대강[188]은 참으로 헤아리기 어렵다. 사람 이치의 추측은 시력이 미치는 대상으로 말하면, 낮에는 하늘에 쌓인 기를 올려다보며 밤에는 반짝이는 별을 바라보지만, 그것들이 그렇게 배열된 까닭을 알지 못한다. 또 귀로 듣는 대상으로 말하면, 지면에 가까운 곳의 바람 소리와 먼 곳의 번쩍이는 천둥소리인데, 그 소리가 나는 까닭도 알지 못한다. 소리와 모양이 있는 대상도 오히려

---

185 『莊子』, 「齊物論」: 和之以天倪, 因之以曼衍, 所以窮年也.; 『荀子』, 「解蔽」: 以可以知人之性, 求可以知物之理, 而無所疑止之, 沒世窮年, 不能遍也.

186 『中庸章句』第20章: 博學之, 審問之, 愼思之, 明辨之, 篤行之. (강조는 옮긴이)

187 人之理(人理)는 뒤에 이어지는 문맥을 고려하면 내 마음이 추측한 유행지리를 말함. 추측했으므로 추측지리이다. 『추측록』 권2의 「性理心理」에 "氣質成性, 天地流行之理也, 見聞閱歷, 人心推測之理也. 故主天理而言, 則性也, 主人理而言, 則心也."라는 말에도 보인다.

188 大致는 대체로, 대강의 뜻. 『後漢書』, 「袁術傳論」의 "天命符驗, 可得而見, 未可得而言也. 然大致受大福者, 歸於信順乎."에 보인다. (앞에 나옴)

이러한데, 하물며 그것이 없는 대상이야.

天人旣分, 天有天之理, 人有人之理. 天理之大致, 固難得以測也. 人理之推測, 以目力所到言之, 晝瞻積氣, 夜望星耀, 莫知其排布之所以然. 以耳竅所聽言之, 半空颷飀, 上界轟燁, 莫知其鼓動之所以然. 有聲色者尙如此, 況無聲色者乎.

자연을 논하는 사람이 그 확실한 것[189]이나 유사한 내용을 말하기도 하지만, 그것은 사람의 일을 미루어 자연의 원리를 헤아리고 물건의 모습을 미루어 천체를 헤아리며 낮과 밤을 미루어 우주의 열림과 닫힘[190]을 헤아리는 내용에 지나지 않는다. 횡설수설하는 여러 설명이 어려운 문제를 확실히 밝힌다 해도, 누가 그렇다고 믿을 것이며 누가 그렇지 않다고 믿겠는가? 비록 이런 설명이 없더라도 자연의 이치에는 줄어듦이 없고, 이런 설명이 있더라도 자연의 이치에는 늘어남도 없다.

論天之人, 或說其丁寧, 或言其倣似, 是不過推人事測天道, 推物形測天體, 推晝夜測開闔. 橫豎諸說, 斷斷辨難, 誰信其然, 誰信其不然. 雖無此說, 天理無所損, 雖有此說, 天理無所增.

그렇지만 사람의 행위는 자연의 이치를 따르는 일을 좋다 하고, 자연의 때에 맞추어 사는 일을 이롭게 보니, 인간 생활의 실용에서 어길 수 없는 대상은 이런 것뿐이다. 드러낸 생각이 사리에 합당하면 그것이 바로 내 마음이 추측한 유행지리이니, 잘 헤아림과 잘못 헤아림도 내

---

189 丁寧은 叮嚀과 같은 뜻으로 쓰였음.
190 開闔은 『老子』 10장의 "天門開闔, 能爲雌."에 보인다. 『周易』, 「繫辭上」에서는 乾坤의 翕闢으로 설명하였다.

마음에 달려 있다. 한평생 드러낸 생각이 설령 좋아서 '사람의 일을 돕는 게 있다'라고 말한다면 옳지만, '자연의 이치를 돕는 게 있다'라고 말하면 옳지 않다.

但人之行事, 以順天理爲善, 以乘天時爲利, 則其實用之不可違者, 如斯而已. 所發明者, 得其剴切, 乃吾心之推測流行理也, 善測與不善測, 亦在吾心矣. 窮年發明, 縱得其善, 謂之有輔人事則可, 有輔天理則不可也.

또 오랫동안 익혀서 기능을 획득한 사람은 남에게 그것을 보여줄 수는 있어도 남에게 줄 수는 없다. 그것은 대개 드러내고 독실하게 실천하는 일이 나에게 있다면, 도움과 보탬이 되는 일도 나에게 있기 때문이다. 또 드러내고 독실하게 실천하는 일이 나에게 없다면, 도움과 보탬이 되는 일 또한 나에게 있지 않기 때문이다. 자연이 어찌 일찍이 사람을 기다려 도움을 받았으며, 남이 어찌 나를 빌려 기능이 있게 되겠는가?

且久習而得巧者, 可以巧示人, 不可以巧與人也. 蓋發明篤行在我, 則輔益亦在我矣. 發明篤行不在我, 則輔益亦不在我矣. 天何嘗待人以爲輔, 人何可借我爲巧也.

해 설

천인유분(天人有分)의 관점에서 인간의 앎이 자연적 이치에 보탬이 되지 않으며, 기능은 남에게 직접 줄 수 없다는 점을 헤아렸다. 이 사상은 자연의 이치는 인간의 가치와 무관하다는 관점으로 일찍이 순자 사상에 보인다. 본문은 『추측록』 권2의 「하늘은 추측하기 어렵다(天難推測)」와 중복되는 내용이 많다. 그래서 사람들이 자신들의 생각을 말하지만, 그것이 자연의 이치에 아무런 영향을 끼칠 수도 없고, 또 그들이 자연에 대해 안 내용도 당시까지는 보잘것없고 한계가 있음을 말하였다.

그리고 사람이 익힌 기능이나 기술은 남에게 직접 줄 수 없다는 점도 말하였다. 그래서 인간이 자연의 이치에 아무런 영향을 미칠 수 없고, 본인이 스스로 익히지 않은 이상 남이 그 기능을 보태 줄 수도 없음을 말하였다. 이것은 인간이 하늘의 이치나 운행에 간여한다는 천인상감 또는 천인감응의 전통적 관점을 간접적으로 비판한 말이다.

42. 추측의 깊이
推測淺深

선천적 청각 장애인의 추측은 선천적 시각 장애인의 그것만 못하고, 선천적 시각 장애인의 추측은 평범한 비장애인의 그것만 못하다. 또 평범한 비장애인의 추측은 식견이 높은 사람의 그것만 못하고, 식견이 높은 사람의 추측은 추측을 잘하는 사람[191]의 그것만 못하다.

天聾之推測, 不及天盲之推測, 天盲之推測, 不及凡常之推測. 凡常之推測, 不及高明者推測, 高明者推測, 不及推測者推測.

* * *

지혜롭거나 어리석거나 잘났거나 못난 사람의 말과 행동에는 모두 미루고 헤아린 내용이 들어있다. 다만 밝혀서 내세운 추측이라는 이름이 없을 뿐이다. 그러므로 사람이 모두 추측을 말미암아도 그 요체를 아는 자는 드물고, 사람마다 가지고 있지만 그 오묘함을 살피지 않는다. 만약 드러나거나 숨겨진 명칭에 구애받지 않고 그 뜻과 숨겨진 내용을 탐구하면, 저절로 사람마다 같이하는 점이 있다.

智愚賢不肖之動止語默, 皆有所推而測之也. 特未有昭揭推測之名. 故人皆由之, 而鮮覺其要, 人皆有之, 而不察其妙耳. 若不以名之顯晦爲拘, 而究其義譚, 自有人人之所同.

---

191 推測者는 뒤의 내용을 보면 추측의 논리나 이론을 알아서 추측하는 사람을 말함.

선천적 청각 장애인은 들어서 아는 일이 몽땅 막혀 있어, 윤리192와
사물의 명칭과 특징193 및 문자194와 언어를 몽땅 알지 못한다. 오직
눈길이 닿는 곳에서 사람과 물건의 기색을 보아 주선하고 활동한다.
이는 오로지 모습만으로 미루어서 헤아림도 얕고 적다. 선천적 시각
장애인도 오로지 소리만으로 미루어서 헤아림이 치우친다. 평범한 비장
애인은 비록 눈으로 보고 귀로 들어서 하는 추측을 갖추고는 있지만,
미룬 내용을 미리 모아서 당면한 일의 헤아림을 맞이하지 못한다. 식견이
높은 사람은 견식이 보통 사람보다 뛰어나지만, 높은 경지에 오른 점을
과장하여 낮은 단계의 배움을 달갑지 않게 여긴다.

天生耳聾者, 凡於聞知之事, 一切蔽塞, 倫理名物文字言語, 都不譜之. 惟於目所及
處, 見人物之氣色, 乃有周旋運動. 是惟色推, 而測亦淺鮮. 天生眼盲者, 惟有聲推,
而測到偏僻. 凡常者, 雖具眼色耳聲之推測, 而不能豫聚所推, 以待當事之測. 高明
者, 見識超邁, 誇張上達, 不屑下學.

반면 추측하는 사람은 본성을 따라 미루고, 도를 닦아 헤아리는데,195
그의 견문 선택과 경험이 얻는 효과에는 모두 일정한 기준이 있어, 들뜨고

---

192 倫理는 인륜 도덕의 이치로서 『朱子語類』 72-60의 "須是於正倫理處篤恩義, 篤恩義
    而不失倫理, 方可." 등에 자주 보이며, 또 사물의 조리라는 뜻도 있다. 본문에는
    둘 다 통한다.
193 名物은 사물의 명칭과 특징. 『周禮』, 「天官·庖人」의 "掌共六畜六獸六禽, 辨其名物."
    에 보인다. 이와 관련하여 저자의 친구 李圭景은 백과전서와 같은 『五洲衍文長箋散
    稿』를 저술하였는데, 그 서문에서 그 학문을 名物度數의 學이라 불렀다. (앞에
    나옴)
194 문자를 모른다는 말은 『신기통』 권1, 「四海文字變通」의 "文字, 乃通言語之標識也."
    라는 정의에서 볼 때 문자의 발음이 소리와 연관되어 있기에 한 말이다.
195 『中庸章句』 第1章의 "天命之謂性, 率性之謂道, 脩道之謂教."에서 "率性而推, 脩道
    而測"의 논리로 전환함. 자세한 내용은 해설 참조.

많고 혼잡한[196] 내용은 버리고 실용적인 것을 취한다. 그리하여 그가 처음부터 끝까지 아래에서 위까지 통달하고 밟는 길이 탄탄하니,[197] 만사 만물이 그 미룸을 드러내고, 오직 정밀하고 오직 한결같이[198] 그 헤아림을 익숙하게 한다.

推測者, 率性而推, 修道而測, 聞見之擇取, 閱歷之得效, 皆有一定準的, 散浮雜聚實用. 自始至終, 徹下達上, 履道坦坦, 萬事萬物, 呈露其推, 惟精惟一, 習慣其測.

만약 추측이 쓸모없다면 장애인과 평범한 비장애인과 견식이 높은 사람 사이에 응당 우열이 없어야 하겠지만, 그들 사이에 이미 우열이 있으니, 추측의 실용에 대해서는 거의 밝힐 필요가 없다.

若使推測無用, 盲聾凡常高明, 應無優劣, 盲聾凡常高明, 旣有優劣, 推測之實用, 庶不待下明.

---

196 浮雜은 葛洪의 『抱樸子』, 「交際」의 "余以朋友之交, 不宜浮雜."에 보인다. (앞에 나옴)
197 『周易』, 「履卦」: 履道坦坦, 幽人貞吉.
198 『書經』, 「大禹謨」: 人心惟危, 道心惟微, 惟精惟一, 允執厥中.

해 설

장애인과 비장애인 그리고 식견이 뛰어난 사람에 대한 추측의 우열을 미루었다.

장애의 유무와 그 정도에 따라 추측이 다르다는 생각의 바탕에는 저자의 철학에서 추측이란 경험을 토대로 발전하는 능력이기 때문이다. 비록 인간이라면 그 잠재적 능력을 타고나지만,[199] 지능과 감각기관의 장애 유무와 경험의 차이에 따라 현실적으로 우열이 나눠질 수밖에 없다. 하지만 이것은 장애인의 추측이 항상 열등하다는 말이 아니라, 그것을 극복하기 위해서는 추측의 원리를 익혀서 인식하는 더 많은 힘과 노력이 요구된다는 점을 시사한다.

그런데 본문의 "추측하는 사람은 본성을 따라 미루고, 도를 닦아 헤아린다"라는 말이 선뜻 이해되지 않을 듯하다. 사실 이것은 『중용』의 내용을 추측으로 재해석한 말이며, 이미 『추측록』 서문에서 "하늘을 이어 이룬 것이 본성이요, 본성을 따라 익힌 일이 미룸이며, 미룸을 말미암아 재는 일이 헤아림이다"[200]라고 말한 것과 같은 맥락이다. 다시 말해 본문의 '본성을 따라 미룬다'라는 말은 '본성을 따라 익힌 일이 미룸이다'라고 한 것을 달리 한 말이고, '도를 닦아 헤아린다'라는 말은 '미룸을 말미암아 재는 일이 헤아림이다'라는 말의 다른 표현임을 알 수 있다.[201] 이는 『중용』에서 말하는 도(道)와 교(敎)에 추(推)와 측(測)을 대입해 재해석했음을 알 수 있다. 곧 미룸은 그 본성을 따라 익힌 인식 방법으로

---

199 『추측록』 권2, 「流行理推測理」: <u>人心自有推測之能</u>, 而測量其已然, 又能測量其未然, 是乃人心推測之理也. (강조는 옮긴이)

200 繼天而成之爲性, 率性而習之爲推, 因推而量之爲測.

201 더 자세한 것은 『추측록』 권4의 「推測生於性」을 볼 것.

서 그 도이며, 헤아림은 그 방법을 연마, 곧 수도한 일이라는 뜻이다.
『중용』의 이 논리를 추측으로도 설명함은 그의 독창적 사상이다.

43. 말에는 득실이 있다
言有得失

존귀한 사람의 말은 백성이 좋아함과 싫어함을 영광과 치욕으로 삼고,
비천한 사람의 말은 남의 칭찬과 비방을 은혜와 원수로 삼고, 유학자의
말은 이치에 맞음과 맞지 않음을 우열로 삼는다.

尊貴之言, 以民之好惡爲榮辱, 卑賤之言, 以人之毁譽爲恩讎, 儒者之言, 以理之得
失爲優劣.

* * *

군자가 집안에서 한 말이라도 선하면 천 리 밖에서도 호응하고, 선하지
않으면 천 리 밖에서도 그 말을 거스르니, 이것이야말로 영광과 치욕의
중추이다.[202]

君子居室, 出言善則千里之外應之, 不善則千里之外違之, 是乃榮辱之樞機也.

비천한 자가 말할 때는 남의 귀에 순하게 했는지 거스르게 했는지의
귀추를 생각하지 않은 채, 남이 비방하고 칭찬하는 말만 듣자마자 은혜나
원수로 여기는 마음을 갖는다. 설령 '비방과 칭찬이 남에게 달려 있다'라
고 말하더라도, 그 비방과 칭찬을 초래하는 까닭은 나에게 달려 있다.

---

202 이 문장은 『周易』, 「繫辭上」의 "子曰, 君子居其室, 出其言善, 則千里之外應之,
況其邇者乎. 居其室, 出其言不善, 則千里之外違之, 況其邇者乎. … 言行, 君子之樞
機, 樞機之發, 榮辱之主也."에서 가져온 말. 강조는 본서와 같은 글자.

그런 원인이 실제로 없는 비방과 칭찬이라면 남이 실수한 일이지만, 실제로 있는 경우라면 남이 정말 잘못한 일이 아니므로, 나는 마땅히 스스로 권장하고 징계해야 할 뿐, 어찌 은혜나 원수로 여기는 마음에 이르러야겠는가?

卑賤者之出言, 不念順逆之歸趣, 及聞人之毀譽, 乃有恩讎之心. 縱云毀譽之在人, 所以招毀譽在我. 無實之毀譽, 人或失之, 有實之毀譽, 人固不非, 我當爲勸懲而已, 何至於恩之讎之也.

유학자가 이치를 말할 때는 제각기 안 내용을 고수한다. 거기에는 자기를 위주로 하거나 대상을 위주로 하는 차이와 깊이와 적합성의 구분이 있다. 각자가 안 내용에 따라 마침내 문호가 이루어지면, 자기들이 안 내용과 같으면 맞다 여기고 다르면 틀린다고 하여, 맞고 틀림이 서로 섞여 버린다.[203] 만약 참으로 맞는지 틀리는지 알려면, 천지자연에 물어보고 성인의 가르침에서 바로잡고 마음의 자취에서 증험하여서 그 우열을 결정한다.

儒者之說理, 各守見得. 有主我主物之異, 有淺近迂遠之分. 遂成門戶, 同則爲得, 異則爲失, 得失相渾. 如欲見其眞得失, 叩之于天地, 質之于聖訓, 驗之于心蹟, 以定其優劣.

---

203 得失은 실용성 또는 적합성 여부에 적용되는 말이지만 여기서는 眞僞나 是非의 뜻으로 쓰였다.

해 설

세 종류의 사람의 말을 헤아리는 일을 다루었다.

군자와 비천한 사람의 말은 자기 수양과 관련 있고, 이치를 말하는 유학자의 그것은 인식의 객관성과 타당성 그리고 지식의 효용성과 관련된다.

44. 사람과 물건을 헤아리는 데는 다름이 있다
測人測物有異

무릇 사람의 호오와 시비가 어떤 대상을 좋아하거나 싫어하거나 옳다거나 그르다고 여기는 까닭은 단지 사람 마음이 따르는지 거스르는지를 헤아리기 때문인데, 마음이 따르거나 거스르는 정도에 크기의 차이가 있다. 또 그 물리상에서 이로움과 해로움을 헤아리기 때문인데, 이롭거나 해로운 정도에도 거리의 구분이 있다.

凡好惡是非之所以好之惡之是之非之, 只是測人心之順逆, 而順逆有多寡之分. 測物理之利害, 而利害有遠近之別.

* * *

사람 마음이 따르거나 거스르는 일은 호오가 되고, 물리상의 이로움과 해로움은 시비가 된다. 사람의 호오와 시비는 한결같지 않아서, 때로는 좋은 것을 싫다고 여기거나 옳은 일을 그른 일로 여기니, 모두 추측이 어떤지에 따라 말미암을 뿐이다.

人心之順逆爲好惡, 物理之利害爲是非. 人之好惡是非之不一, 或以好爲惡, 以是爲非, 皆由於推測之如何耳.

한 몸의 호오로서 좋아하고 싫어하는 사람이 있는가 하면, 수많은 백성의 호오로서 좋아하고 싫어하는 사람이 있는데, 공과 사의 나뉨이 여기서 판별된다. 또 가까이 있는 옳음만은 취하고 원대한 그름을 빚는 사람이 있는가 하면, 가까운 그름을 무릅써서라도 원대한 옳음을 이루는 사람이 있는데, 시비의 취사가 여기서 결정된다.

有以一身之好惡好惡之者, 有以兆民之好惡好惡之者, 公私之分, 於斯辨矣. 有取近是而釀遠大之非者, 有冒近非而成遠大之是者, 是非之取捨, 於斯定矣.

해 설

사람과 물건에서 호오와 시비를 헤아리는 문제를 다루었다.

앞의 『신기통』 권2, 「시비의 참과 거짓(是非誠僞)」과, 『추측록』 권1, 「선악에도 미룸이 있다(善惡有推)」 그리고 『추측록』 권3, 「칠정은 좋음과 싫음에서 나온다(七情出於好惡)」 등의 여러 곳에서 이 문제를 다루었다. 이 오호와 시비의 문제는 자연히 철학적으로 윤리 가치의 판단과 선악 문제로 연결된다. 그 내용을 종합하면, 윤리적 선과 악은 존재하는 어떤 실체가 아니라, 인간의 심리에서 기원하며 그 원초적 뿌리가 호오나 시비의 감정이고, 인간의 자연적 본성에는 선악이 없다는 관점과 연결된다.

이렇게 되면 결국 선악은 상대적이다. 그 극복의 방법은 근대 윤리학에서는 공리주의[204]로 진행할 수밖에 없었다. 선악 자체가 저자의 방식대로 각자의 이익이나 호오에 따라 판단되는 문제여서, 그런 선과 악의 이분법적 대결 구도에서 해결할 문제가 아니기 때문이다. 그래서 본문에서 "한 몸의 호오로서 좋아하고 싫어하는 사람이 있는가 하면, 수많은 백성의 호오로서 좋아하고 싫어하는 사람이 있는데, 공과 사의 나뉨이 여기서 판별된다"라는 말은 바로 공리주의로 향할 수밖에 없음을 시사하고 있다. 이런 공리적 관점은 훗날 『인정』에서 정치적 관점에도 적용된다.[205]

---

204 그 utilitarianism은 애초 功利主義로 옮겼는데, 저자의 윤리 지평은 公利主義 또는 共利主意로 향한다.

205 『人政』 卷1, 「測人爲萬事本原」: 善惡之分, 觀於衆人, 衆皆好之爲善, 衆皆惡之爲惡, 一人謂善, 一人謂惡, 非眞善惡也.; 같은 책, 卷15, 「選擧感通」: 一言喪邦, 非獨莫予違也, 民何知之, 尤有甚焉.

45. 스승과 벗의 언행
師友言行

말과 행동에서 내가 아직 미루지 못한 내용을 미루고, 내가 아직 헤아리지 못한 내용을 헤아린 사람은 나의 스승이다. 내가 추측한 내용을 추측한 사람은 나의 벗이지만, 내가 추측한 내용을 따르는 사람은 나의 문도이다.

言行之推我未推, 測我未測者, 我師也. 推測我所推測者, 我友也. 從我推測者, 我徒也.

남이 말할 때 나와 다르면 내게 절차탁마하는 노력이 있고, 나와 같으면 친밀한 교분이 있다. 행동할 때는 나와 같으면 내게 도움이 있지만 나와 다르면 해롭다.

言論時, 異我者有磨琢, 同我者有契好. 行事時, 同我者有輔益, 異我者有戕害.

* * *

추측의 우열과 같고 다름은 익힌 견문을 말미암는다. 나는 그 사람이 추측한 내용을 탐구하여 우열과 같고 다름을 분별해야지, 나의 그것과 같다고 옳게 보고 다르다고 해서 그릇되게 여겨서는 안 되니, 오직 자연의 이치[206]를 따르고 인간의 도리에 통달하는 것을 취사의 기준으로 삼아야 한다.

推測之有優劣異同, 由於所習見聞. 我當究其人之所推測, 以辨優劣異同, 不可以同

---

206 보편타당한 원리나 법칙의 의미로 쓰였다. 달리 유행지리이다.

我爲是, 異我爲非, 惟以順天理達人道, 爲取捨之權衡.

스승과 벗과 문도의 추측은 나의 추측에 간여하니, 모두 자연과 인간의 도리를 추측한 것이다. 말한 내용에서 같고 다름은 모두 내게 도움이 되지만, 행동한 결과에서 같고 다름의 이로움과 해로움은 같지 않다. 비록 매우 지혜로운 사람207이라도 자기 추측이 옳다고 스스로 믿어서는 안 되니, 그것은 인정과 일의 변화가 무궁하여 여기서 같았던 것이 저기서는 달라지고, 여기서 숨었던 것이 저기서 드러나기 때문이다.

師友徒衆之推測, 與我之推測, 皆是推測天人之道也. 言論處, 異同皆益, 行事處, 同異之利害不同. 雖上智之人, 不可自恃推測, 人情事變無窮, 同於此者異於彼, 隱於此者顯於彼.

말과 행동은 모름지기 남의 추측을 의지해야지, 어찌 그것이 남의 생각을 벗어나고자 해서야 끝내 무리와 화합함에 도움이 되겠는가? 하물며 어리석은 사람들이 제각기 한 모퉁이의 소견을 옳다고 정하여 '도란 다만 이와 같다'라고 여겨, 같으면 옳다 하고 다르면 그르다고 하여 치우친 고집을 붙잡아 변통이 없어, 함께 추측의 살아있는 방법을 논할 수 없는 일이라.

言論行事, 須賴人之推測, 豈要得其出人意表, 竟有益於協衆也. 況下愚之人, 各以一隅之見認定, 以爲道止如此, 同則是而異則非, 執偏拗而無變通, 不可與論於推測之活法也.

---

207 上智는 뒤에 나오는 下愚라는 말을 보면 上知와 같은 뜻으로 썼다. 上知와 下愚는 『論語』, 「陽貨」의 "子曰, 唯上知與下愚, 不移."에 나옴.

해 설

스승이나 친구 또는 자기를 따르는 무리가 될 만한 사람의 추측을 논하였다.

추측의 우열에 따라 스승이 되고 친구가 되며 자기를 따르는 무리가 됨을 말하였는데, 여기서 추측의 우열은 그 결과가 얼마나 보편타당하며 객관적이냐에 달려 있다고 한다. 달리 말하면 인식의 폭과 깊이라는 수준에 달린 문제이다. 결국 상대의 추측 수준에 따라 스승이든 친구든 문도든 결정된다. 그 과정에서 중요한 태도를 하나 발견할 수 있다. 남이 추측한 내용을 탐구하여 우열과 같고 다름을 찾아야 한다는 점이다. 내 생각만 옳다고 고집하지 말고 귀를 열어 겸허한 자세로 경청해야 한다는 사실이다.

이러한 지적은 사실상 사람이 대인관계에서 늘 겪는 문제이다. 단지 사람들이 의식하지 못할 뿐, 자기보다 우월한 사람과 동급인 사람과 자기보다 못한 사람으로 자연히 분류된다.

46. 없는 추측과 치우친 추측
無推測及偏推測

미혹된 사람은 추측한 내용이 없고, 한쪽 일이 몸에 배어 버릇을 이룬 사람은 추측도 치우친다.

迷惑之人, 無所推測, 成癖之人, 偏於推測.

* * *

세속에서 이른바 '귀신에게 홀렸다'라는 말은 마음이 미혹된 일이지, 귀신이 홀린 게 아니다. 어리석고 무식한 사람의 견해는 그 원인을 알아보지 않은 채 모든 의심스러운 단서를 곧장 밝히기 어려운 귀신에게 돌려버린다. 여색을 밝혀서 미혹된 사람을 '여색 귀신이 홀렸다'라고 말하고, 돈을 좋아하여 미혹된 사람을 '돈 귀신이 홀렸다'라고 말하고, 화를 내서 안 되는데 화를 내는 사람을 '성내는 귀신이 홀렸다'라고 말하고, 두려워해서는 안 되는데 두려워하는 사람을 '겁먹은 귀신이 홀렸다'라고 말한다.

世所謂鬼迷者, 乃心迷惑也, 非鬼迷也. 愚昏之見, 不究其所以然, 凡有疑端, 輒歸之于難明之鬼神. 好色而迷惑者, 謂之色鬼迷, 好貨而迷惑者, 謂之貨鬼迷, 不當怒而怒者, 謂之怒鬼迷, 不宜懼而懼者, 謂之懼鬼迷.

그 실상을 알아보면, 마음이 미혹되어 그 이로움과 해로움을 추측할 수 없어서, 오직 기질과 물욕을 제 마음대로 하여 남의 비웃음과 꾸짖음을 돌아보지 않았으니, 추측을 모르는 폐단이 어찌 돈과 여색과 분노와 두려움뿐이겠는가? 학문에도 이러한 병통이 있다.

究其實, 則心迷惑, 而不能推測利害, 惟肆氣欲, 不顧人之笑罵, 不識推測之弊, 豈獨
貨色怒懼哉. 至於學問, 亦有此病也.

만약 추측이 한 가지 일에만 치우치면, 거기에 저절로 적절한 견해가
있더라도 두루 알 수 없어서 침해를 초래하니, 그것을 일러 '이루어진
버릇'이라 부른다.

且有推測之偏於一事, 而自有劃切之見, 不能周通, 以致侵害, 謂之成癖.

혹시 여색을 밝히는 일에서 마땅함을 얻고, 재물을 좋아하는 일에서
이로움을 다하고, 과거시험으로 벼슬하는 일에서 지름길을 택하고, 진
귀한 물건을 좋아하는 일에서 사치를 다 부리더라도, 이것들은 참으로
기질의 치우침을 말미암은 일이다. 만약 이들을 본원으로 나아가게 하면,
광자(狂者)와 견자(狷者)208가 취할 수 있는 일에는 가까울 것이다.

或於好色上得其宜, 或於好貨上盡其利, 或於科宦上捷其徑, 或於玩好上窮其侈, 是
果由於氣質之偏也. 若使進步於本源之上, 庶幾于狂狷之可取.

---

208 『論語』, 「子路」: 子曰, 不得中行而與之, 必也狂狷乎. 狂者進取, 狷者有所不為也.
　　주희는 "狂者, 志極高而行不掩, 狷者, 知未及而守有餘."라고 주석했다. 보통 狂者는
　　너무 진취적이어서 행동이 정상에서 벗어나고, 狷者는 너무 소극적이어서 지나치
　　게 굳게 지킴을 뜻함.

해 설

어떤 대상에 미혹되어 추측이 없는 사람과 추측이 치우친 사람을 헤아렸다.

미혹은 쉽게 말해 홀린 것인데, 홀린다는 말을 국어사전에서 보면 '무엇의 유혹에 빠져 정신을 차리지 못하다.'라고 설명하고 있어서, 온통 그 대상에 마음이 쏠려서 다른 일을 생각할 수 없는 사태를 말한다. 당연히 추측이 있을 수 없다.

본문에서 귀신에 홀린 여러 사례를 거론하였는데, 오늘날에도 이와 비슷하게 말하는 사람이 더러 있다. 한때 개신교 어떤 대형교회 목사는 신앙에 방해되는 대상에는 온갖 마귀를 갖다 붙여 유행시킨 일이 있다. 가령 음란 마귀, 술 마귀, 욕심 마귀, 수면 마귀, 게으름 마귀 등이 그것이다. 그래서 그 마귀의 유혹에 빠져 신앙을 해친다고 설교했다. 이는 신학적 근거가 어떻든 결과적으로 주체적 마음 수양을 방해하는 역할을 할 뿐이다.

아무튼 사람이 무엇에 홀리는 일은 사실이지만, 그 홀리는 주체가 귀신이 아니라 자기 마음이 미혹된 일이라고 저자는 정확히 지적하였다. 불교식으로 말하면 마음이 만들어 낸 일일 뿐이다. 그리고 미혹되는 마음은 결국 자기 육체의 욕망에 이끌린 것이고.

47. 참되거나 꾸며서 화려한 말
誠實文華之言

참된 말은 실천해 본 뒤에 그 의미에 탄복하고, 꾸며 화려한 말은 읊조리면서 그 허상에는 시원하게 이른다.

誠實之言, 踐行而歎服其義, 文華之言, 諷詠而爽達其虛.

* * *

참된 말은 애초에 들을 때는 무미건조해도 실천한 뒤에는 도리어 나보다 앞선 의미에 탄복하고, 그런 다음 참된 말을 들으면 실천을 기다릴 것도 없이 그 말에 곧장 탄복한다.

誠實之言, 始看無味, 踐行之后, 方服其先我之義, 次聞誠實, 則不待踐行, 而卽服其言.

꾸며 화려한 말은 애초에 들을 때는 그 허상에 시원하게 이르지만, 한바탕 읊조린 뒤에는 취하여 쓸 내용이 없는데도, 서적으로 즐기며 지내는 사람은 이것을 가지고 세월을 소일하여 보내는 자료로 삼는다.

文華之辭, 始聞爽達其虛影, 一場諷詠, 無所取用, 以書籍遊戲之人, 將此爲消遣歲月之資.

해 설

참된 말과 꾸며 화려하게 한 말을 헤아렸다.

'참되다'라고 옮긴 성실은 저자가 자주 사용하는 용어인데, 앞서 설명했듯이 국어사전의 '정성스럽고 참되다'의 뜻을 넘어선 『중용』의 '성(誠)'에서 연원된 철학적 의미이다. 곧 주희의 해석대로 '진실하고 거짓이 없는' 태도나 상태를 말하며, 그 근거는 자연의 질서나 운행에 있다. 원문 문화(文華)는 말이나 문장을 화려하게 꾸미는 일 또는 그 결과이다. 보통 그런 학문을 사장학(詞章學)이라 하여 도학자들은 탐탁지 않게 여겼다. 그들은 문학적 수사나 기교보다 의리를 중요시하였기 때문이다. 저자 또한 실용적 가치나 사물을 과학적으로 탐구하는 태도를 중요하게 여겨서 문학에는 관심이 적어 이렇게 표현하였다. 저자의 저술에서 시와 같은 문학 작품을 찾아보기 어려운 점도 이런 태도와 관련된다.

48. 길도 하나 학문도 하나
道一學一

그 길이 하나여서 요순을 본받고, 그 다스림이 같지 않아서 문왕과 무왕의 법을 지키는 일209은 백 세 동안 바뀌지 않는 다스리는 길이다. 그 학문이 하나여서 주공과 공자를 스승으로 삼고, 그 앎이 같지 않아서 벗들과 강론하고 익힘210은 예부터 학문의 늘 그러한 보편적 모습이다.

其道則一, 故祖述堯舜, 其治不同, 故憲章文武, 百世治道之不易也. 其學則一, 故師尊周孔, 其得不同, 故講習朋友, 從古學問之經常.

＊　＊　＊

요임금과 순임금 문왕과 무왕에서 후세의 임금211에 이르기까지 모두 백성을 편안하게 다스리는 일을 위주로 하였으나 그 길은 하나이다. 다만 때에 따라 잘 다스리고 정령을 설치하고 시행하는 일에 저절로 같지 않음이 있을 뿐이다.

堯舜文武, 以及後世人主, 皆以治安爲主, 則其道一也. 但因時致治, 設施政令, 自有不同.

---

209 『中庸章句』第30章: 仲尼, 祖述堯舜, 憲章文武, 上律天時, 下襲水土. 주희의 주석에 "祖述者, 遠宗其道, 憲章者, 近守其法."라 되어 있다. 강조 부분은 보통 '본받거나 받들어 서술한다'라고 푸는데, 문맥에 따라 그렇게 볼 수 있다.

210 『周易』, 「兌卦」: 君子以, 朋友講習.

211 人主는 『老子』 30章의 "以道佐人主者, 不以兵強天下."에 보인다. 또 君主는 『韓非子』, 人君은 『左傳』에 보인다.

요순이 다스릴 때는 민속이 순박하여 정사와 교화가 좋고 아름다웠으나, 이때 이후부터는 임금 된 자가 세세토록 요순처럼 될 수 없어서, 민속이 점차 변하여 그 모습이212 각박한 데로 달려갔다. 바로 지금 시대를 설령 요순이 다스리게 하더라도, 후세의 요순은 될 수 있으나 상고의 요순이 될 수 없다. 이것이 문왕 무왕의 다스림이 비록 요순의 다스림은 아니지만, 그 실상은 문왕 무왕의 길이 곧 요순의 길인 까닭이다. 후세에 다스리는 방법을 강론하고 그것을 도모하는 사람은 현재 왕의 법제를 지키면서 요순의 길을 본받는 것이 실로 만세에 바뀌지 않는 법도이다.

堯舜之時, 民俗淳素, 政敎善美, 自玆以降, 爲人主者, 難得世世堯舜, 則民俗漸變, 氣象趨於澆薄. 方是時, 縱使堯舜當之, 可做後世堯舜, 不得爲上古堯舜. 此所以文武之治, 雖非堯舜之治, 其實則文武之道, 卽堯舜之道也. 後世之講治謨者, 憲章時王之制, 祖述堯舜之道, 實萬世不易之典.

주공과 공자로부터 후세에 도리를 배우는 벗들에까지 몸을 닦아 남을 다스리고 나라의 기강을 세워 떨치게 하는 일을 근본으로 삼지 않음이 없으니 그 학문은 하나이다. 다만 계기를 따라 거기에 들어가는 문에 획득한 조예가 제각기 같지 않을 뿐이다. 그래서 혹 근본에 힘써 말단에 미치는 사람도 있고, 혹 밖에서 안으로 거슬러 들어가는 사람도 있고, 혹 안팎을 꿰뚫고 근본과 말단으로 거슬러 가는 사람도 있지만, 성취하는 데 이르러는 모두 도리에 맞을 수 있다.

---

212 氣象은 여러 뜻이 있다. 경치·풍경·자취·氣局·氣槪 그리고 오늘날 사용하는 대기의 물리적 현상도 그것이다. 하지만 여기서는 사물의 정황·태세·상황·상태 따위. (앞에 나옴)

自周公孔子, 以至於後世學道之朋友, 莫不以修身治人立綱振紀爲本, 則其學一也.
但因機而入門, 所得之造詣, 各自不同. 或有務本而及末者, 或有由外而遡內者, 或
有洞內外遡本末者, 及其成就, 皆可以適道.

그러므로 강론하고 익힐 즈음에 내가 아직 보지 못한 것을 본 사람은
내가 본 것을 본 사람보다 낫고, 내가 아직 얻지 못하는 내용을 말하는
사람은 내가 이미 얻은 내용을 말하는 사람보다 낫다. 그러니 내가 본
내용과 다른 앎을 가진 사람은 조리가 분명하고 두루 알려는 나의 앎에
방해되지 않는다. 이것이 바로 예부터 학문의 늘 그러한 모습이다.

故講習之際, 見我所未見者, 勝於見我所見者, 說我所未得者, 勝於說我所已得者.
異於我所見者, 不害爲曲暢傍通. 此乃從古學問之經常也.

또 한 부류의 치우치고 막힌 사람들은 오로지 옛날과 지금이 마땅함을
달리하는[213] 점만 알고, 달리하는 가운데서 저절로 바뀌지 않는 도리가
있는 줄 모른다. 오로지 자기가 들어간 문만 알고 타인이 들어간 문을
비방하여, 팔방으로 통하는 큰 길이 모두 서울로 모임을 모른다.

一種偏滯之人, 惟知古今異宜, 而不知異宜之中, 自有不易之道. 惟知有自己之入門,
而非毀從他門入者, 不知八達大道, 皆可以朝京.

---

213 異宜는 마땅함을 제각기 달리한다는 의미로 『禮記』, 「王制」의 "民生其間者, 五味異
　　和, 器械異制, 衣服異宜."에 보인다.

해 설

정치와 학문의 목표가 시대를 넘어서 같다고 헤아렸다.

본문의 '그 길'과 '그 다스림' 그리고 '그 학문'은 모두 유학과 관련된다. 이 내용은 이 『기측체의』 서문에서 밝힌 내용의 연장이다. 시대에 따라 통치하는 방식은 달라도 지향하는 목표는 같다는 뜻이다. 학문 또한 경로는 다를 수 있어도 목적은 같다고 하였다.

여기서 바로 양극단을 지양하는 논리를 발견할 수 있다. 옛것을 고집스럽게 지키는 일도 문제지만, 바뀌는 것만 알아서는 안 된다는 주장이다. 그러니 아무리 바뀌어도 지향하는 가치나 이념이 있어야 한다. 유교 사회의 겉모습이 바뀔 수는 있어도 지향하는 가치를 버릴 수 없다는 생각이 들어있다. 이는 온갖 새로운 과학기술이 등장하고 새로운 문화가 창조되는 현대에도 적용되는 문제이다. 끝에 "팔방으로 통하는 큰 길이 모두 서울로 모인다"라는 말을 현대에 적용하면, 철학과 과학과 종교의 지향점도 결국 인간 복지 더 나아가 살아 있는 만물의 번성을 위한 것이어야 한다는 주장과 통한다. 존재에서 가치를 도출하거나 철학이 그것을 증명할 수 없어도, 인간의 가치의식에 따라 인류 보편의 그것을 유학의 전통에서 재발견할 수 있다는 저자의 강한 확신이다.

49. 상벌을 실정에 맞게 하다
賞罰稱實

백성을 다스리는 방법은 상과 벌이 실정에 맞게 하는 데 있다. 작은 착한 일에 반드시 상을 주어 큰 착한 일을 권장하고, 작은 나쁜 일에 반드시 벌을 주어 큰 나쁜 일을 경계하게[214] 한다. 상이 여러 착한 일을 권장할 수 없고, 벌이 여러 나쁜 일을 경계하지 못하는 경우는 상과 벌이 실정에 맞지 않기 때문이다. 상벌을 실상에 맞게 하는 일은 오직 성실에 달려 있다.

御民之道, 在賞罰之稱實. 小善必賞, 爲其勸大善, 小惡必罰, 爲其懲大惡. 賞不能勸衆善, 罰不能懲諸惡, 以其賞罰不稱其實也. 欲稱其實, 惟在於誠.

* * *

백성을 부림은 그들을 살리는 도리를 위함이요, 그들을 죽임도 그들을 살리는 도리를 위함이다.[215] 어진 사람을 진출시키고 못난 사람을 물리치는 것 또한 백성을 살리는 도리를 위한 데서 나온 일이다. 만약 윗사람이 백성을 부리거나 아랫사람이 윗사람을 섬길 때 모두 이 도리[216]를 잃지 않으면, 상과 벌이 실정에 맞아서 한 사람에게 상을 줘도 온 세상 사람들이 기뻐하고 한 사람을 죽여도 온 세상 사람들이 두려워하니,

---

214 懲은 여기서 懲戒의 의미보다 사전에 경계하여 예방〔止〕하게 하는 뜻.

215 生道는 백성을 살리는 도리로서 『孟子』, 「盡心上」의 "以生道殺民, 雖死, 不怨殺者." 에 보인다.

216 生民之道를 말함.

이는 실로 위에 있는 사람의 성실을 말미암았기 때문이다.

役民, 爲其生道也, 戮民, 亦爲其生道也. 進賢退不肖, 亦出於爲民生道也. 如使上之
御民下之事上, 俱不失此道, 則賞罰稱其實, 賞一人而天下喜, 誅一人而天下懼, 實
由於在上者之誠實.

그러니 임금이 좋아하고 싫어하는 색과 맛에서부터 드러내는 감정217에
이르기까지 모두 상벌의 작은 조짐이다. 크고 작은 착한 일과 크고 작은
나쁜 일을 미루어 나가, 해당하는 사람의 행위에 따라 상을 주고 벌을
주는 내 마음218이 대응하는데, 상을 주고 벌을 주어야 한다는 온 세상
사람들의 마음도 거기에 화답하여 응한다. 만약 착한 일과 나쁜 일이
작다고 해서 하찮게 여기고, 또 좋아하고 싫어하는 것과 드러내는 감정에
상벌의 정신을 적용하지 않으면,219 장차 어떻게 큰 착한 일을 권하고
큰 나쁜 일을 경계할 것인가? 또 만약 한갓 작은 착한 일과 악한 일만
너무 살핀 나머지 유독 큰 착한 일과 나쁜 일에서 상벌을 빠뜨리면,
끝내 백성을 사납게 만듦과 그들의 원망을 듣는 일을 면하기 어렵다.

自色臭之好惡, 以至嚬笑之發顯, 乃賞罰之微漸也. 推進於小善大善小惡大惡, 隨其
人之所爲, 而我心之賞罰應焉, 天下人心之賞罰, 亦和應焉. 若以善惡之小者爲瑣屑,
而不有好惡嚬笑之賞罰, 將何以勸大善而懲大惡也. 又若徒察察於善惡之小者, 而

---

217 嚬笑는 눈살을 찌푸리고 웃는다는 뜻으로 희로애락의 감정 유출을 의미함.『韓非子』,
　　「內儲說上」의 "吾聞明主之愛一嚬一笑 … 今夫褲豈特嚬笑哉. 褲之與嚬笑相去遠
　　矣."에 보인다. 그 주체는 통치자인 임금이다.
218 사물의 옳고 그름을 평가하는 임금의 是非之心이다.
219 상벌을 내리는 주체부터 자신의 태도를 엄격하게 경계하거나 반성해야 한다는
　　뜻. 상벌의 공정성을 내포하고 있다.

賞罰獨漏於善惡之大者, 終難免屬民取怨也.

그러므로 작은 착한 일과 나쁜 일에는 작은 상벌이 있고, 큰 것에는 큰 상벌이 있다. 그것은 해당하는 사람에게 달려 있지 상벌을 내리는 나에게 달려 있지 않으며, 성실에 달려 있지 법조문에만 달려 있지 않다.

故善惡之小者, 有賞罰之小, 善惡之大者, 有賞罰之大. 在於其人, 而不在於我, 在於誠實, 不獨在於法文.

해 설

상과 벌의 의의와 그것이 실정에 맞아야 한다고 헤아렸다.

전근대사회에서 상과 벌은 매우 중요한 통치 수단이면서 동시에 엄청난 영향력을 발휘하는 도구였다. 작은 상과 벌은 차치하더라도 공신과 역적이 상징하는 바와 같이 큰 상과 벌은 한 가문의 흥망성쇠가 걸린 일이 되기도 했다. 그러므로 그것을 신중하게 실정에 맞게 시행해야 함은 백번 말해도 마땅하다. 조선 후기로 올수록 정치적 갈등 양상에 따라 그것이 남발되어 그 피해가 결국 백성에게 돌아가는 일이 되고 말았다. 군주가 통치하는 체제에서는 군주 자신의 수양에 따른 판단력과 직결된 문제이기도 하다.

오늘날 민주사회에서 상의 문제는 그리 큰 영향력이 없지만, 벌의 문제는 아직도 문제가 있다. 유전무죄가 적용되는 일도 그렇지만, 바로 본문의 '실정'과 "성실에 달려 있지 법조문에만 달려 있는 일은 아니다"라는 말은 형사 재판에서 증인의 진술만이 아니라, 객관적 물증과 기소하는 검찰의 정직성으로 재해석할 수 있다. 주관적 진술에만 의존하거나 검사가 법과 양심에 따르지 않으면, 그것은 얼마든지 거짓 증거로 조작될 수 있기 때문이다. 인류 역사에 그런 일이 많았던 모양이다. 오죽하면 기독교 십계명 아홉 번째 계명이 '네 이웃에 대하여 거짓 증거하지 말라'라고 하지 않았던가? 우리 현대사에서 재판 결과가 신뢰를 잃은 일도 이와 무관하지 않을 것이다.

50. 인심의 이합
人心離合

한 사람이 여러 사람의 힘을 겸하면 열 사람의 짐을 당해낼 수 있으니, 하물며 여러 사람과 한마음으로 협력하는[220] 일이랴. 한 몸에 두 마음을 두면 착한 마음이 나쁘게 되고 이로운 마음이 해롭게도 되니, 하물며 물건에 따라 변하는 마음이야. 그러므로 도와주는 사람이 적은 사람은 스스로 그 몸을 해치며, 도와주는 사람이 많은[221] 땅에서는 같은 소리에 서로 응하여[222] 바람결에 화답한다.

一人兼數人之力, 可當十人之任, 況和協衆人乎. 一身有二心, 善爲惡而利爲害, 況隨物有變乎. 故寡助之人, 自害其身, 多助之地, 聲應風和.

* * *

백성의 마음은 윗사람이 따라주면 어버이처럼 따르고 그것을 거스르면 이반한다.

百姓之心, 順之則親, 逆之則反.

---

220 和協은 여러 뜻이 있는데, 여기서는 同心으로 협력한다는 뜻이다. (앞에 나옴)

221 寡助는 돕는 사람이 매우 적은 것, 多助는 그것이 많은 것으로 모두 『孟子』, 「公孫丑下」의 "得道者多助, 失道者寡助. 寡助之至, 親戚畔之, 多助之至, 天下順之."에 보인다.

222 聲應은 같은 소리에 서로 응한다는 同聲相應의 줄인 말로서 『周易』, 「乾卦」의 "同聲相應, 同氣相求."에 보인다.

백성을 친애하는223 방법이란 백성의 근심을 근심해 주면 백성도 윗사람의 근심을 근심하고, 백성의 즐거움을 즐거워하면 백성도 윗사람의 즐거움을 즐거워한다.224 좋아하고 싫어하는 일이 마음에 드러나면 백성은 아래에서 교화되고, 한 사람이 복종하여 따르면 만인이 화답하고, 형벌을 시행하지 않아도 백성이 두려워하며 상을 주지 않아도 백성은 권면된다.225

親民之道, 憂民之憂, 則民亦憂上之憂, 樂民之樂, 則民亦樂上之樂. 形於心而民化於下, 一人服之, 萬人和應, 罰未行而民畏, 賞未加而民勸矣.

백성이 이반하는 방법은 백성이 근심과 노고를 싫어하는데도 윗사람은 저만 편안하게 즐기고, 백성은 편안하게 살고 싶어도 관리를 임명하여 침해한다. 그리하여 형벌이 그들의 뜻을 두렵게 하지 못하고 도리어 무리의 원망을 초래하며, 살육이 그 마음을 복종시키지 못하고 도리어 무리의 분노를 유발한다.

民反之術, 民惡憂勞, 而上自佚樂, 民欲安存, 而任官侵害. 刑罰不足以畏其意, 反致羣怨, 殺戮不足以服其心, 反致衆怒.

이것이 백성이 윗사람을 어버이처럼 여기거나 이반하는 대략이다. 그

---

223 親民은 『大學』 3강령 가운데 하나.

224 『孟子』, 「梁惠王下」: 樂民之樂者, 民亦樂其樂, 憂民之憂者, 民亦憂其憂. 樂以天下, 憂以天下, 然而不王者, 未之有也. 강조는 본문과 같은 글자.

225 『管子』, 「牧民」: 一人服之, 萬人從之, 訓之所期也. 未之令而爲, 未之使而往, 上不加勉, 而民自盡竭, 俗之所期也. 好惡形于心, 百姓化于下, 罰未行而民畏恐, 賞未加而民勸勉, 誠信之所期也. 강조는 본문과 같은 글자.

근본을 말하면 좋아함과 싫어함, 근심과 즐거움이 자연스러운 이치에서 나오기도 하고 사욕에서 나오기도 한다. 사욕을 같게 펼치는 일226이 뭘 모르는 사람이 화답하여 응하는 데 간여하지 않는 것은 아니지만, 보편적인 자연스러운 이치야말로 가까운 데서 먼 곳까지의 평범한 보통 사람들이 한마음으로 협력하는 근거이다.

此乃觀反之大略也. 語其本, 則好惡憂樂, 有出於天理者, 有出於私欲者. 私欲之敷同, 非不參不識者之所和應, 天理之大同, 乃愚夫愚婦自近至遠者之所和協也.

---

226 敷同은 『書經』, 「益稷」의 "帝不時, <u>敷同</u>日奏罔功."에 보인다.

해 설

민심이 통치자의 그것에 화답하거나 이반하는 점을 헤아렸다.

앞의『추측록』권5의「인심을 화합함(和協人心)」에서는 인심의 그것을 다루었으나, 여기서는『맹자』와『관자』의 관점을 가져와 유가 이래의 민본 관점에서 민심의 향배를 다루었다.

이는 현대에도 정치가들이 귀담아들어야 할 말이다. 유권자의 마음을 얻지 못하면 정권을 잃거나 획득하지 못한다. 지도자가 사욕을 부리는데도 "뭘 모르는 사람이 화답하여 응한다"라는 지적은 역사의식과 시민의식과 주체성이 전혀 없는 현대 유권자들이 편향된 언론에 휘둘려 여전히 먹히는 말이다.

51. 집안이나 나라의 성패
家國成敗

몸을 닦거나 집안을 통제하거나 마을에 거처하거나 나라를 다스리는
데는 창업[227]과 수성[228]과 패망의 구분이 있다. 창업하는 자는 미룸을
넓혀 좋은 점을 택하고, 수성하는 자는 창업자의 규모[229]를 준수하고,
패망하는 자는 스스로 좁아져서 잃어버린다.

修身制家居鄕治國, 有創業守成敗亡之分. 創業者, 擴推而擇善, 守成者, 遵守其規
模, 敗亡者, 自狹而喪失.

* * *

창업과 수성과 패망의 조짐은 이미 마음씨[230]에서 판가름 나서 몸이나
집안이나 마을이나 나라의 일에 드러난다. 창업하는 사람은 남에게서
취하여 자기 몸을 닦거나, 남을 미루어 집안을 통제하거나, 마을 사람을
미루어 마을에 거처하거나, 나라 사람들을 미루어 나라를 다스린다.
수성하는 사람은 몸의 도리로 몸을 닦고, 집안의 도리로 집안을 통제하

---

227 나라나 조직을 처음 시작하는 일로서 『孟子』, 「梁惠王下」의 "君子創業垂統, 爲可繼
也."에 보인다.

228 앞 사람이 창업한 조직이나 업적을 잘 지켜 유지하는 일로서 『詩經』, 「大雅鳧鷖序」
의 "鳧鷖, 守成也. 太平之君子, 能持盈守成, 神祇祖考安樂之也."에 보인다.

229 規模에는 여러 뜻이 있는데, 여기서는 前例나 典例 또는 制度의 뜻에 해당하지만,
뒷글을 보면 규모(scale)의 뜻도 된다.

230 이 心術은 內心 또는 마음 쓰는 태도의 뜻이다. 『禮記』, 「樂記」의 "姦聲亂色不留聰明,
淫樂慝禮不接心術."에 보인다.

고, 마을의 도리로 마을에 거처하고, 나라의 도리로 나라를 다스린다.231 패망하는 사람은 나라를 쪼그라들게 하여 마을의 규모가 되게 하거나, 마을을 쪼그라들게 하여 집안처럼 작게 하거나, 집안을 한 몸의 규모로 쪼그라들게 만들어 끝내 자기 몸을 포기하는 데 이른다.

創業守成敗亡之漸, 已判於心術, 而著現於身家鄉國. 創業者, 取諸人而修身, 推諸人而制家, 推諸鄉以居鄉, 推諸國以治國. 守成者, 以身修身, 以家制家, 以鄉居鄉, 以國治國. 敗亡者, 縮國以爲鄉, 縮鄉以爲家, 縮家以爲身, 終至於棄其身.

이 세 가지는 모두 추측이 같지 않음에 따른 것이다. 타고난 그릇과 올라탄 때가 제각기 달라서, 추측이 경유하는 노선이 문득 갈림길을 이루었기 때문이다. 이치에 통달하는 그릇에 해당하는 사람이 큰일을 할 수 있는 때에 올라타면 도학의 창업을 이룰 수 있고, 중간 정도의 재능을 가진 사람이 성현이 남긴 가르침을 독실하게 믿으면 도학의 수성을 이룰 수 있다. 하지만 어리석은 자질을 가진 사람이 아래로 달려가는 추세를 익히면 저절로 패망을 만나니, 세상 사람들의 깊은 경계가 되기에 딱 알맞다.

三者皆由推測不同. 稟賦之器, 所乘之時各異, 而推測所由之路, 便成歧焉. 以通達之器, 乘可爲之時, 能做道學之創業, 以中等之材, 篤信遺訓, 可做道學之守成. 以下愚之質, 習趨下之勢, 自抵敗亡, 適足爲世人之深戒.

---

231 지켜서 현상 유지만 한다는 의미이다.

해 설

사람이 하는 일에 창업과 수성과 패망을 헤아렸는데, 모두 추측의 차이에 따른 것이라 평가하였다. 또 추측의 차이는 각자의 자질과 만난 때에 따라 갈린다고 한다.

『대학』의 수신에서 평천하의 내용을 수신에서 치국까지 다루고, 그사이에 거향(居鄕)을 넣었다. 우리 전통에서 역사나 조직의 흥망성쇠를 다룰 때 창업·수성·경장·패망을 자주 거론하는데, 저자는 이것을 도학에도 적용하였다.

52. 백성과 군사를 거느리다
統御民兵

백성과 군사의 수를 오(伍)232·십(什)233·백·천·만으로 헤아려, 두령과 거느리는 장수를 두어서 부리고, 효제234충신235으로 가르치고 인의예지로 인도한다.

民與兵, 數之以伍什百千萬, 而制之以首領統將, 敎之以孝弟忠信, 而導之以仁義禮智.

* * *

한 사람이 만 명을 거느리는 데는 자연히 끌어당겨 헤아리는 핵심 방법이 있고, 만 명을 단합시켜 한 사람을 받들게 하는 데는 자연히 인도하고 교화하는 경상의 법도가 있다. 예부터 지금까지 백성을 기르고 무리를 다스리는 방책은 이것들을 버리면 그렇게 할 수 없다. 수가 정해진 뒤에 처리할 수 있고, 가르침이 이루어진 뒤에 인도하고 교화할 수 있으니, 양쪽을 서로 기다려 함께 섞어 해결하는 것이지 한쪽을 버려서는 안 된다.

---

232 고대 군대의 최소 편성 단위로 5명. 또는 고대 民戶의 편성 단위로 5가구.

233 고대 군대의 편성 단위로 2伍가 1什으로 병사 10명이다.

234 『論語』, 「學而」: 其爲人也孝弟, 而好犯上者鮮矣.; 『孟子』, 「梁惠王上」: 謹庠序之教, 申之以孝悌之義.

235 『論語』, 「學而」: 主忠信.; 『周易』, 「乾卦」: 君子進德脩業, 忠信所以進德也.

以一統萬, 自有提挈之綱維, 協萬承一, 自有導化之經常. 從古迄今, 牧民御衆之策, 捨此而不可得也. 數定而后, 可以制置, 敎成而后, 可以導化, 相須而交濟, 不可偏廢.

후세에는 마을에 오(伍)의 제도[236]를 한갓 존치하기만 하고, 교화하고 인도하는 방법은 해이해져서, 두령과 통장은 아래 백성이 출세를 다투는 길이 되어버렸고, 인의예지는 서생이 입으로만 떠드는 말이 되어 버렸다.

後世部伍之制徒存, 而敎導之方解弛, 首領統長, 爲下民拔身之爭途, 仁義禮知, 爲書生口舌之辨論.

---

236 마을에서 5가구를 1伍로 하는 행정 단위로, 조선 시대의 5가구가 1統이 되는 五家作統法도 그런 사례이다. 또는 部隊의 隊伍이나 뒤에 統長이 등장하므로 전자의 뜻으로 보임.

해 설

백성과 군사의 수를 세어 이끌거나 가르치는 방법을 헤아렸다. 그 핵심은 수에 따라 조직하고, 가르쳐 인도하는 일이다. 효제충신과 인의예지라는 유학의 가르침에 기반을 두었다. 경세론의 하나이다.

53. 남과 함께 하는 일
與人共事

여러 착한 사람과 함께 하는 일이 쉬운 까닭은 그것이 사리를 따르고 거기에 사특한 거짓이 없기 때문이다. 무리를 부려 일을 해결하기 어려운 까닭은 그 형세가 고르지 않고 마음이 하나같지 않기 때문이다.

與諸善人共事易, 以其循事理而無邪僞也. 御衆人而濟事難, 以其勢不齊而心不一也.

* * *

책만 읽은 착한 사람은 혹시 친구들과 담론에서는 나을지 모르겠다. 하지만 백성을 다스리는 정치에는 서툰 까닭은 그가 착한 사람을 상대하는 방법으로 많은 백성을 상대하되, 그들의 마음이 고르지 않고 사특한 거짓이 여러 갈래여서, 자기 마음과 백성의 마음이 서로 배치됨을 모르기 때문이다. 그러므로 착한 사람을 상대하는 방법으로 착한 사람을 상대하면 일이 순조롭지만, 여러 사람을 상대하는 방법으로 착한 사람을 상대하면 일이 순조롭지 않으며, 여러 사람을 상대하는 방법으로 여러 사람을 상대하면 일이 해결된다.

讀書之善人, 或優於與朋友談論. 而劣於治民之政者, 以待善人之道待衆民, 而不知衆民之心不齊而邪僞多端, 以致我心與民心相背也. 故以待善人之道待善人, 則事順, 以待衆人之道待善人, 則事不順, 以待衆人之道待衆人, 則事濟矣.

여러 사람을 부릴 때 그들의 착함과 나쁨과 우수함과 열등함을 살펴서 성품에 따라 인도하는 일과 나쁜 사람을 변화시키고 간사한 사람을 막는 데는 자연히 방법이 있다. 하지만 간사함을 막는 위주로만 하면 민속이 점점 나빠지고, 착한 사람을 상대하는 방법 위주로만 하면 사악한 거짓을 막기 어렵다. 먼저 사리에 맞는 상벌 원칙을 가지고 그 자세한 내용을 깨닫도록 타일러 끝내 상벌에 대한 믿음을 잃지 않아야, 고르지 못한 마음을 고르게 하여 백성의 뜻을 가까스로 하나로 만들 수 있다.

夫御衆人, 察其善惡優劣, 順性而導之, 化惡防奸, 自有其術. 專以防奸爲主, 則民俗漸敗, 專以善道爲主, 則邪僞難遏. 先將事理之賞罰, 曉諭曲節, 終不失賞罰之信, 庶可齊不齊而民志一也.

해 설

여러 사람과 함께 일할 때 사람의 특성을 헤아려야 성공한다고 주장하였다.

세상에는 착한 사람과 나쁜 사람이 섞여 산다. 그래서 예악(禮樂)만이 아니라 형정(刑政)까지 다스림의 도구로 사용하는 일이 그런 점을 고려하였기 때문이다.

본문의 '책만 읽은 착한 사람' 이하는 책만 읽어서 과거시험으로 관리를 뽑았던, 당시의 인재 선발을 간접적으로 비판하는 말이다. 오늘날 공무원이나 법관 시험에도 적용될 수 있다. 어쩌면 책상머리에서 공부만 한 사람은 실무에 어두우면서도 자기가 배운 분야만으로 다 해결할 수 있다고 믿기 쉽다. 가령 법과 규정만으로 모든 일이 다 해결된다고 믿는 발상이 그런 종류이다. 세상에는 한 가지 방법으로 해결할 수 없는 일이 무수히 많은데도 말이다.

54. 존양과 식견
存養及識見

존양에 힘쓰는 사람은 붙잡아 지키는[237] 일을 여유 있게 잘하나 일을 경영하여 이루는 데는 부족하다. 식견에 힘쓰는 사람은 일을 경영하여 이루는 데는 조금 여유가 있지만 붙잡아 지키는 일에는 모자란다. 오직 이 추측만이 이미 견문을 미루어 자연스러운 이치를 따름을 헤아렸으니, 붙잡아 지키거나 일을 경영하여 이루는 데에 여유롭거나 모자라는 한계가 없을 것이다.

務存養者, 操守有餘, 而營濟不足. 務識見者, 營濟稍優, 而操守不及. 惟茲推測, 旣推聞見而測順天理, 則固無限於操守營濟之有餘不足.

* * *

존양이란 자연스러운 이치를 마음에 보존하여 기르고, 식견이란 자연스러운 이치를 아는 일이다. 그러니 식견과 존양은 원래부터 두 가지 일이 아니나 사람의 기량[238]에 자연히 깊이와 폭의 차이가 있어, 마음공부와 일을 해결하는 데에도 그것을 따라 여유와 부족함이 있다.

存養者, 存養天理, 識見者, 識見天理也. 識見存養, 元非二事, 而人之器局, 自有淺深周偏之異, 心地上功夫, 事物上周旋, 亦從而有餘不足焉.

---

237 성리학은 操守의 대상이 存養이라는 말에 함유된 본마음과 본성이지만, 본서에서는 형식적인 의미로 쓰였다.

238 器局은 氣量과 德量 또는 度量을 뜻함.

이 양자의 우열을 비교해 보면, 존양에 힘쓰는 사람은 자기의 식견만 존양하니 식견 밖에 다시 존양하는 대상이 있지 않다. 식견에 힘쓰는 사람은 사람들과 화합하여 협력하는 데 존양을 맡겨서 사리를 연구하여 해명하는 데서 한 방향으로 쏠리는 일만 넓힐 뿐이다. 양자에는 제각기 장단점이 있지만, 존양하는 사람에게는 날로 남음이 있고 식견에 힘쓰는 사람은 날마다 부족하다.[239]

以此兩者, 較其優劣, 務存養者, 存養其識見, 非識見之外, 更有所存養也. 務識見者, 寄存養於和協人物, 博趣味於究解事理耳. 兩者各有所長, 又各有所短, 然存養者, 日有餘矣, 識見者, 日不足矣.

오직 추측의 방법은 시종일관 식견과 존양을 통합하여 처음과 끝을 삼는다. 그리하여 작은 일과 전체를 막론하고, 시작은 널리 배우고 자세히 물으며 신중하게 생각하여 얻은 내용을 식견으로 삼고, 끝에 가서는 밝게 분별하고 독실하게 실천하는[240] 터전을 존양으로 삼는다. 그리하여 식견에는 식견의 추측이 있고 존양에는 존양의 추측이 있으며, 경영하여 이루는 일에는 그것의 추측이 있고 붙잡아 지키는 일에는 그에 따른 추측이 있다. 참으로 추측의 처음과 끝에 통달할 수 있으면, 어찌 여유와 부족의 차이가 있겠는가?

惟推測之道, 以識見存養, 合爲始終. 無論小事大體, 始以博學審問愼思之所得爲識見, 終以明辨篤行之根基爲存養. 而識見則有識見之推測, 存養則有存養之推測, 營

---

239 존양하는 자는 계속 쌓아 가는 내용이 있고, 식견에 힘쓰는 자는 활동에 치중하기 때문이다.

240 『中庸章句』第20章: 博學之, 審問之, 愼思之, 明辨之, 篤行之.

濟則有營濟之推測, 操守則有操守之推測. 苟能通達推測之始終, 有何有餘不足
之差.

해 설

존양과 식견에 힘쓰는 사람의 장단점을 비교하고, 추측으로 통합하였다. 존양과 식견의 뜻이 무엇이었든지 간에 저자는 그것을 자기 방식으로 재해석하였는데, 존양은 어떤 가치나 지식을 보존하여 지키는 일, 식견은 활동을 통해 지식을 밝히거나 아는 격물의 의미로 보인다.

사실 이 양자의 대립은 조선말 학자 심대윤이 주희를 비판하면서 제기한 문제였다. 곧 그는 "주씨는 항상 성(性)과 성경(誠敬)을 말하고, '마음이 만 리를 갖추고 있어서 그 덮어 가리는 것을 제거하면 저절로 족하다'라고 말했으면서, 지금 또 말하기를 '무릇 천하의 물건에 나아가 그 이치를 궁구한다'라고 하니, 또 얼마나 사리에 어긋난 것인가?"[241]라고 하여, 마음이 이미 많은 이치를 갖추고 있다면, 덮어 가리는 기질만 제거하면 되지, 천하의 물건에 나아가 일일이 리를 궁구한다는 발상 자체가 모순임을 찾아냈다.[242] 여기서 '갖춘 이치'는 존양의 대상이고 '이치를 궁구함'은 식견에 해당한다.

그런데 저자는 이 문제를 성리학적으로 접근하지 않고, 존양을 단순히 지식이나 가치를 붙잡아 지키는 일로, 격물을 식견으로 재해석하였다. 그리하여 양자의 단점을 지양하고 발전된 모습을 추측에 통합하여 변증법적 사고를 보여주고 있다. 처음에는 식견 위주로 끝에 가서는 존양의 방식을 적용하되, 『중용』의 내용으로 설명하였다.

앞에서도 저자의 글 속에 반영되거나 관련된 심대윤의 주장을 소개한 적 있는데, 우연이기에는 자주 등장하여 두 사람의 교유가 있지 않았을까

---

241 沈大允, 『沈大允全集』1, 『大學考正』, 2005, 5쪽: 朱氏有恒言, 曰性與誠敬, 萬理俱存, 去其蔽而自足, 今日卽凡天下之物, 而窮其理, 又何乖戾耶.

242 이종란, 『서양 문명의 도전과 기의 철학』, 130쪽.

조심스럽게 점쳐본다. 모두 같은 시대에 살면서 벼슬하지 않은 재야학자로서 서울과 그 주변에 살면서 성리학과 기독교를 비판하는 기철학자이기 때문이다.

55. 허를 좇아 근본을 세우다
從虛立本

공부의 들머리가 허를 좇아 근본을 세운 사람은 그 허를 찾아보고 길러서, 말이 시원하게 막힘이 없고 풍채243도 거리낌이 없다. 하지만 그에게 여러 일을 주어 직분을 맡기면, 들쭉날쭉 어긋나기 일쑤다. 개중에는 간혹 허를 좇았으나 진보를 그치지 않는 사람은 반드시 이전의 잘못을 뉘우치고 앞으로 다가올 일을 깨달아, 마침내 참된 것에 돌아오기도 한다.

功夫頭腦, 從虛立本者, 求見其虛, 求養其虛, 言論爽達, 風彩無礙. 及其加諸事任其職, 難免錯落也. 箇中或從虛, 而進就不已者, 必悔前非而覺來追, 竟歸于實.

* * *

허를 좇아 근본을 세운 사람은 그 갈래가 다 같지는 않으나, 모두 마음이 딱 맞음244을 얻지 못했기 때문이다. 어떤 이는 근원을 거슬러 탐구한 상태가 너무 깊어, 부질없이 남이 듣지 않고 보지 않는245 경지에서 사서 고생하고,246 어떤 이는 교묘하게 빛과 그림자를 농락하여247 문필

---

243 風彩는 風采와 같은 말로, 일반적으로 겉으로 드러난 행동거지의 의젓한 모양 또는 표정과 안색.

244 正中은 『周易』의 爻辭와 관련해서는 3번 등장하는데, 모두 九五爻와 관련해 한 말이며 '바르고 중을 얻었다'의 뜻으로, 中正과 같은 의미이다. 본서에는 마음이 바르고 중도를 얻는다는 뜻으로 쓰였다.

245 『中庸章句』 第1章: 是故, 君子, 戒愼乎其所不睹, 恐懼乎其所不聞.

246 自苦는 스스로 고뇌를 찾거나 고생한다는 뜻. 『書經』, 「盤庚中」의 "爾惟自鞠自苦."

(文筆)에서 메아리와 색깔을 찾거나 말에다 무늬를 더하고, 또 어떤 이는 말류에 빠져서 막혀 세속의 관습을 참된 견해로 삼거나 흠이 있는 폐단을 명백한 것으로 여긴다.

從虛立本者, 不一其端, 總由於心不得其正中. 或遡究源頭太深, 徒自苦於人所不聞不覩之地, 或幻弄光影, 尋響色於翰墨, 寓文彩於言論, 或泥滯於末流, 以俗習爲眞見, 以瑕弊爲明白.

무릇 이 세 종류도 마음에서 나왔으므로 만에 하나쯤은 취할 무엇이 없지는 않다. 하지만 위아래248를 헤아리고 겉으로 드러내어,249 육시하고【위에서 아래로 아래에서 위로 꿰뚫어 배우지 않고 행함】촬낭하는250【위에서 아래로 아래에서 위로 꿰뚫어 배웠으나 행하지 않음】데서 소일하니, 그것으로 어찌 딱 맞는 도리를 얻을 수 있었겠는가? 이런 자들은 일이 없을 때는 우열이 드러나지 않지만, 여러 일을 주어 직분을 맡기면 반드시 겉치레만 일삼아서, 성실한 인정으로 화합하지251 못한다. 이것이야말로 배움이 일 처리를 근본으로 삼지 않아, 배움 따로

에 보인다.

247 본질을 못 보면서 글로 남을 현혹한다는 뜻.

248 근원과 말단 또는 형이상과 형이하의 뜻으로 세상의 모든 이치를 말함.

249 表褻은 表暴과 같이 쓰며, 自炫 또는 暴露의 뜻이다. 본문은 후자로 쓰임.

250 肉視와 撮囊은 『太平御覽』卷607에 "人而不學, 謂之視肉, 學而不行, 命之撮囊."이 보인다. 그런데 원문 저자 주석의 '｜｜'은 『太平御覽』에는 없다. ｜은 위아래로 통한다는 뜻(『五洲衍文長箋散稿』, 「畵少音多字辨證說」). 肉視는 보통 '고깃덩어리로 본다'로, 撮囊은 '걸어두고 쓰지 않는 주머니'의 뜻으로 버려두고 쓰지 않음을 비유한 말. 앞의 '揣摩於上下'라는 말을 고려하면 『五洲衍文長箋散稿』의 뜻으로 봐야 할 것 같다.

251 和順은 원래 順應의 뜻으로 『周易』, 「說卦傳」의 "和順於道德, 而理於義, 窮理盡性, 以至於命."에 보임. 여기서는 화합의 뜻으로 쓰였음.

일 따로일 뿐이다. 만약 오랫동안 일을 처리하고 합당하게 조치할 수 있다면, 가까스로 그 근본으로 돌아갈 수 있을 것이다. 또 혹시나 허를 좇았으나 진보하기를 그치지 않는 자가 마음이 바뀌어 이전의 옳지 않은 일을 뉘우치기도 하는데, 그의 성실한 공부에 돌아온 상태가 반은 넘는다.

凡此三者, 亦出於心, 則不無萬一之攸取. 然揣摩於上下表裏, 優遊於肉視【｜｜不學而行】撮囊, 【｜｜學而不行】其何能有得於正中之道也. 無事時, 優劣無形, 及其加諸事任其職, 必從事於表裏, 而人情之誠實, 不能和順. 是乃學不以處事爲本, 而學自學事自事也. 若使久於處事, 而得措施之宜, 庶可以反其本矣. 且或從虛, 不已進就, 有遷, 悔前之不是, 而反實之功, 過半矣.

대저 성실한 딱 맞음은 지극히 요긴하고 현저한 것으로 근본을 세우기 쉽고 실행하기도 어렵지 않다. 나의 추측이 처음 생길 때부터 소멸할 때까지 그사이 수십 년의 일상 활동에서 그 미룸을 바르게 하고 그 헤아림이 딱 맞게252 할 따름이니, 그 허의 근원과 말류와 겉치레 또한 힘들이지 않고 바로잡을 것이다.

夫誠實之正中, 至要且顯, 立本易而措行不難. 自我推測之始生, 至我推測之將滅, 其間幾數十年日用常行, 正其推中其測而已, 則源頭末流表裏, 亦可不勞而修整也.

---

252 中은 두 가지로 나눠봐야 하는데, 하나는 인식이 정확해야 한다는 말이고, 또 하나는 사회적 실천이 中道에 맞게 해야 한다는 의미이다. 그 中道는 中庸과 같다.

해 설

허(虛)에 종사하는 사람을 헤아렸다.

허는 성실의 반대로 앞에도 여러 차례 나왔는데, 허는 보통 허무(虛無)와 같이 쓰이며 그것이 상징하는 대상은 넓은 의미와 좁은 의미가 있다. 넓게는 기에 근거하여 존재하는 대상을 다루지 않는 종교와 학문을 일컬으며, 좁게는 노자 사상과 노자에서 비롯한 도가와 도교를 말한다. 본문의 큰 맥락에서는 양자를 같이 사용하지만, 구체적 사례에는 후자를 가리킨다.

한마디로 그 학문에 종사하는 사람은 큰 담론을 좋아하고 호방해 보이지만, 일을 주어 맡기면 제대로 못 한다는 결론이다. 거기에도 세 부류로 나누었는데, 도가 사상, 도교의 신선(神仙)·청담(淸談)·문예(文藝) 그리고 방술(方術)·기도(祈禱) 등에 따라 나누었음을 알 수 있다.

여기서 저자가 그것과 상반되게 등장시킨 용어는 『주역』에 나오는 정중(正中)이다. 바르고 현실에 딱 맞는 중용의 태도이다. 곧 이 글에서 이론과 일이 일치하는 현실을 중요하게 여기는 저자의 실학적 태도가 돋보인다. 일상의 삶에서 그 정중을 가능하게 하는 일이 추측이다.

56. 개과천선
改過遷善

착한 일을 보면 거기로 옮겨가는 사람은 일찍이 자기가 고수하는 일이 스스로 착하다고 보지 않고, 다시 더욱 착하기를 찾는다. 그러므로 착한 일을 보면 거기로 옮겨 간다. 허물이 있으면 고치는 사람은 일찍이 자기 행동에 잘못이 없다고 보지 않고, 허물을 줄이려고 한다. 그러므로 그것을 깨닫자마자 고친다. 그래서 요·순은 스스로 선을 다하지 못했다고 여겼고, 걸·주는 스스로 선을 다했다고 여겼다.[253]

見善卽遷者, 未嘗以所執自善, 而更求愈善. 故見之卽遷. 有過卽改者, 未嘗以所行爲無過, 而求欲寡過. 故覺之卽改. 是以堯舜有未盡之善, 桀紂有自盡之善.

* * *

선악에는 정해진 이름이 있으나 확정된 위치는 없다. 일마다 선악이 있으나 일은 반드시 시간을 따라 생겨나고 생겨나 내 몸과 함께 끝나므로, 처음과 끝을 묶어 헤아려 선악이라는 이름이 정해진다.[254] 그 행위에 나아가 말하면, 선 위의 선이 무궁하고 악 아래의 악도 무궁하여, 선악에 정해진 위치가 없다.

---

253 아랫글의 부가 설명을 참고할 것. 그 논리는 『傳習錄』 卷下-294의 "我言舜是世間大不孝的子, 瞽是世間大慈的父. … 舜常自以爲大不孝, 所以能孝, 瞽瞍常自以爲大慈, 所以不能慈."에서 가져왔다. 瞽瞍와 孝에 각각 桀紂와 善을 대입하였다. 桀紂는 각각 폭군으로 알려진 하나라와 은나라의 마지막 왕.

254 인물에 대한 사후의 평가이다.

善惡有定名, 而無定位. 事事有善惡, 而事必隨年月生生, 與此身爲終關, 則統計始終, 而善惡之名定矣. 就其行事言之, 則善上善無窮, 惡下惡無窮, 而善惡無定位矣.

이러한 뜻을 아는 사람은 이미 실천한 선에 스스로 만족하지 않고 다시 선한 도리를 찾고, 또 이미 저지른 허물을 스스로 용납하지 않고 다시 허물이 없기를 찾는다. 반면 이러한 뜻을 모르는 사람은 비록 선을 실천할 뜻을 가졌더라도, 애초에 고수한 일을 스스로 선하다고 하므로 참된 선을 들어도 거기로 옮겨갈 줄 모르고, 또 사욕에 이끌려 잘못을 알고도 그대로 행하므로 그것을 고칠 수 없다.

知此義者, 不以踐行之善自足, 而更求善道, 又不以已發之過爲忍, 而更求無過. 不知此義者, 雖有爲善之志, 以初所執, 自謂之善, 故聞眞善, 而不能遷就, 又牽於私欲, 知其過而行之, 故不能改過.

걸주는 실로 선악에 어두웠으나 자기 행위에 대해서 선을 다했다고 믿었고, 요순은 선한 도리가 미진하다고 두려워하여 선행이 끝이 없었다. 도리를 찾으면서 아직 보지 못했다고 생각하는 사람의 경우 개과천선을 모른다면 그만이지만, 안다면 반드시 잘못을 고쳐 선으로 옮겨갈 것이다. 나아가 스스로 한계를 긋는 사람은 선을 찾는 정성이 보이지 않고, 자기 허물을 알아차리는 의지가 절실하지 않아서 날마다 더러운 함정으로 추락한다.

桀紂實昧善惡, 而行事則善已盡矣, 堯舜恐善道之未盡, 而善無窮焉. 若以望道而未之見爲心者, 改過遷善, 不知則已, 知則必遷改. 至於自畫者, 求善之誠不著, 知過之志不切, 日趨下於汙陷.

해 설

선행과 악행을 대하는 두 종류의 사람을 헤아렸다. 추기측인이란 논리에서 볼 때 선악에 대한 일반적 논의가 아니라, 인물에 대한 선악의 평가이다. 그렇지만 이 글에는 선악에 대한 기본 관점이 반영되어 있다. 곧 "선악에는 정해진 이름이 있으나 확정된 위치는 없다"는 진술 속에서 찾을 수 있다. 사실 동아시아 전통에서는 선악이 실체 개념이 아니라 '좋음'과 '나쁨' 또는 '잘함'과 '잘못함'이라는, 곧 대상에 대해 평가하는 주체의 가치 의식이다. 선악이라는 용어가 일찍이 보이는 문헌에는 전국시대의 『초사』가 있는데, 여기서도 선악은 좋음과 나쁨의 뜻으로 쓰였다.[255] 그래서 본문의 "일마다 선악이 있고, 일은 시간에 따라 생겨난다."라는 말을 선악의 실체 개념으로 보면, '일마다 선악이 있다'라는 말을 좀처럼 이해할 수 없게 된다. 대신 '일마다 좋고 나쁨이 있다'라는 말로 보면 너무나 쉽게 이해할 수 있다. 이러한 좋고 나쁨도 정도나 깊이가 달라서 확정된 위치가 없는 점은 너무나 당연하지 않은가? '조금 좋다'거나 '아주 좋다'거나 '조금 나쁘다'라거나 '매우 나쁘다'라는 등으로 그 정도는 얼마든지 다를 수밖에 없기 때문이다.

요순과 걸주의 비교는 선인과 악인의 행위와 생각을 잘 표현하였지만, 이를 뒤집어 생각해 보면, 사람은 자기 방식대로 선과 악을 규정한다는 점을 알 수 있다. 물론 동아시아 전통에서는 요순의 그것을 보편적인 가치로 규정했을지라도, 현상적으로 봐서 사람들의 좋음과 나쁨의 판단은 언제나 자기중심적이고, 설령 보편적 선악을 지향할지라도 그 판단의 기원은 다 거기서 시작된다.

---

255 『楚辭』, 「離騷」: 世幽昧以眩曜兮, 孰云察余之善惡.

57. 자연의 이치를 추측한 것이 좋다
推測天理是善

자기의 미룸이 반드시 다 좋다고 할 것 없고, 남이 미룬 내용을 미룸도 반드시 다 좋다고 할 것 없으니, 미룰 만한 이치를 미룬 일을 잘 미루었다고 말한다. 자기의 헤아림이 반드시 다 좋다고 할 것 없고 남이 헤아린 내용을 헤아림도 반드시 다 좋다고 할 것 없으니, 헤아릴 만한 이치를 헤아리는 일을 잘 헤아렸다고 말한다.

自推不必盡善, 推人之所推, 亦不必盡善, 推理之可推, 是謂善推. 自測不必盡善, 測人之所測, 亦不必盡善, 測理之可測, 是謂善測.

* * *

자기의 추측이 이치에 합당하거나 그렇지 않기도 하므로, 반드시 다 좋다고 할 것 없다. 남이 추측한 내용도 이치에 합당하거나 그러지 않기도 하므로 반드시 다 좋다고 할 것 없다. 그러므로 남이 추측한 내용을 추측한 것이 어찌 다 좋다고 말할 수 있겠는가? 자기와 남을 논할 필요 없이, 오직 이치에 맞는 추측이야말로 좋은 추측이다. 이른바 이치는 자기가 추측한 이치가 아니요, 또한 남이 추측한 이치도 아니니, 자연의 유행지리이다.256

---

256 추측한 이치는 推測之理일 뿐이라는 생각이 들어 있다. 저자는 流行之理와 天理를 같은 의미로 쓴다.

自己推測, 或有當理, 或有不當理, 故不必盡善. 人之所推測, 或有當理, 或有不當理, 不必盡善. 故推測人之所推測, 豈可皆謂之善也. 無論自己與人, 惟當理之推測, 乃善推測也. 夫所謂理者, 非自己推測之理, 亦非他人推測之理, 乃天地流行之理也.

해 설

추측 결과의 좋고 나쁨을 논하였다.

유행지리를 추측하는 일이 좋은 추측이라 결론 맺었다. 여기서 원문의 善惡을 선하거나 악하다고 옮기면 혼란을 일으킨다. 현대 언어의 습관에 젖어 윤리적으로 판단하는 경향이 많기 때문이다. 그래서 '추측이 선하다'라거나 '추측이 악하다'라고 옮길 수 없었다. 당연히 추측을 잘했거나 못했거나 좋거나 나쁘다는 판단으로 읽어야 한다.

요지는 나와 남의 추측만으로 반드시 좋은 추측이 될 수 없고, 이치에 맞는 추측이 좋다는 뜻이다. 여기서 추측의 결과로서 추측지리가 유행지리에 부합되면 천리이나, 부합되지 않으면 여전히 인간의 추측지리로 남는다.

58. 남을 헤아려 대우하다
測人隨遇

남의 현명함과 어리석음과 늙음과 젊음을 헤아려서, 내 마음을 미루어 남을 대우하는 사람은 현명한 이를 높이고 모자라는 사람을 불쌍히 여기며 노인을 공경하고 젊은이를 사랑한다. 남의 귀천과 조예를 헤아리지 않으면서, 내 마음만 미루어 오로지 대우하는 사람은 자기와 같으면 그렇다고 응대하고 다르면 비난한다.

測人之賢愚老少, 推我心而隨遇者, 尊賢矜不能, 敬老慈少. 不測人之貴賤造詣, 推我心而維遇者, 同則然諾, 異則非毁.

* * *

한갓 마음만으로는 소용이 없고 한갓 대상만으로도 일삼을 게 없으니, 반드시 마음을 기다려 물리를 연구하고 대상을 따라 일해야만, 가까스로 성취하는 무엇이 있다. 만약 물리를 살피지 않고 한갓 마음만을 좇아 일을 처리하려고 한다면, 이룬 덕이 나이 칠십이 되어 제 마음대로 해도 법도를 넘지 않는[257] 수준의 사람이 아니라면, 그가 어찌 남과 화합할 수 있겠는가?

徒心無所用, 徒物無所事, 必須心究物理, 隨物用事, 庶有攸濟. 若不參物理, 徒欲遂

---

257 不踰規는 『論語』, 「為政」의 "吾十有五而志於學, 三十而立, 四十而不惑, 五十而知天命, 六十而耳順, 七十而從心所欲不踰矩."의 不踰矩와 같은 뜻으로 쓰였음.

心處事, 如非成德不踰規者, 其何能和協乎.

남을 대우하는 방법은 남의 현명함과 어리석음과 늙음과 젊음과 귀천과 조예를 헤아려야만, 내가 그 의리의 분별에 따라 그를 존귀하게나 귀하게나 불쌍하게나 어여삐 여기는 일이 모두 마땅하게 된다. 만약 남에게 있는 점을 헤아리지 않고 단지 내 마음의 한 가지 사례를 미루어 대우한다면, 같으면 당을 만들고 다르면 공격하는258 습속을 참으로 면치 못한다. 그래서 때로는 자기보다 나은 사람을 싫어하면서도 자기보다 못한 사람을 모멸하기도 하고, 때로는 억지로 너그럽게 대하여259 현인과 어리석은 사람을 분간하지 못하는 등 많은 병통이 모두 남을 추측하지 못하는 데서 나온다. 여기서 현명한 이를 높이는 문제만 가지고 밝혀보면, 내가 높일 수 있는 근거는 저쪽에 있고 그를 상대하여 높이는 일은 나에게 있으니, 만약 높일 만한 의리를 헤아리지 못하면, 장차 무엇을 근거로 높이겠는가?

待人之方, 須測其人之賢愚老少貴賤造詣, 我乃隨別其義, 尊貴之矜憐之, 皆適其宜. 若不測其在人者, 只推我心一例待之, 黨同伐異之習, 勢固不免. 或厭勝己者, 而侮蔑不如己者, 或强勉優容, 清濁無分, 許多病痛, 皆由於不能推測人也. 只擧尊賢而明之, 可以尊者在彼, 對而尊之在我, 若不測可尊之義, 將何以尊之也.

---

258 黨同伐異는 『後漢書』, 「黨同傳」의 "自武帝以後, 崇尚儒學, 至有石渠分爭之論, 黨同伐異之說, 守文之徒, 盛於時矣."에 등장하는 말.

259 優容은 너그럽게 대하거나 관용이다. 『漢書』, 「何武傳」의 "九江太守戴聖, 禮經號小戴者也. 行治多不法, 前刺史以其大儒, 優容之."에 보인다.

해 설

남을 대우하는 문제도 대상을 객관적으로 잘 헤아려, 거기에 맞게 해야
함을 주장하였다.

그것은 남이 어떤지는 그 근거가 나에게 있지 않고 남에게 있기 때문이다.
본문의 '내 마음의 한 가지 사례'는 편견이나 이념 또는 선입견 따위를
의미한다. 마음에 편견이 있으면 사물을 제대로 보지 못한다는 철학자
프랜시스 베이컨의 우상론이 떠오른다.

59. 말에는 깊이가 있다
言有淺深

큰 도리에서 나온 말은 군더더기 없이 명료하지만260 별다른 맛261이 없고, 작은 도리에서 나온 말은 사리에 합당하여262 권하고 징계하는 내용이 있다. 또 심오한 이치에서 나온 말을 이해하지 못하는 사람은 의심하나 이해한 사람은 감복한다. 그리고 이치에 가까운 말을 데면데면 듣는 사람은 대수롭지 않게 여기고 경험자는 감탄하고 칭찬한다.

言出於大道, 純淡而無滋味, 言出於小道, 剴切而有勸懲. 言出於奧理, 未解者致疑, 究解者感服. 言出於近理, 泛看者尋常, 經驗者歎賞.

* * *

큰 도리의 말은 고금과 온 세상을 통틀어 익히 알고 익히 행한 일에서 나왔으니, 마치 겨울에는 춥고 여름은 덥고 낮에 활동하고 밤에 고요히 지내는 일과 윤리와 정교의 대강263과 같은 말이다. 그러므로 말이 군더

---

260 純淡은 순수하고 맑다는 의미로 純澹와 함께 원래 神氣를 표현할 때 자주 씀. 본서에 제목 포함 총 26회 등장함.

261 滋味는 일찍이 美味의 뜻으로 『呂氏春秋』, 「適音」의 "口之情欲滋味."에 보인다. 국어사전에 '재미'의 어원으로 표기되어 있고, 실제로 고전 번역서 등에서도 '재미'의 뜻으로 많이 옮김. 여기서는 특별한 맛의 뜻.

262 剴切은 합당하다 적절하다는 뜻으로 『新唐書』, 「儒學傳上·孔穎達」의 "後太子稍不法, 穎達爭不已, 乳夫人曰, 太子既長, 不宜數面折之. 對曰, 蒙國厚恩, 雖死不恨, 剴切愈至."에 보인다. (앞에 나옴)

263 大致는 대체로, 대강의 뜻. 『後漢書』, 「袁術傳論」의 "天命符驗, 可得而見, 未可得而言也. 然大致受大福者, 歸於信順乎."에 보인다. (앞에 나옴)

더기 없이 명료하여 별다른 맛이 없다. 하지만 큰 덕을 지닌 사람이 아니면 그런 말을 표현할[264] 수도 없고, 또 크게 본 사람이 아니면 맛없는 가운데 무한한 의미가 있는 말을 할 수도 없다.

大道之言, 出於亙古今達天下, 習知習行之事, 如冬寒夏暑, 晝動夜靜, 倫綱政敎之大致. 故純淡而無味. 然非大德, 不能發出, 又非大見, 不能於無味中, 有無限意味也.

작은 도리의 말은 큰 도리의 항목 가운데 구체적 내용을 상세하게 밝히고, 그 이로움과 병통을 분별하여 말하는 것으로, 사람들이 징계하거나 권장토록 한다.

小道之言, 就其大道之節目, 詳明其曲折, 辨論其利病, 要使人懲之勸之也.

심오한 이치에서 나온 말을 처음 볼 때는 난해하지만, 탐구를 계속하다 보면 의심스러운 단서가 되었다가, 그 들어가는 길이 점점 열리게 되면서부터 자기도 모르는 사이에 절로 뛰며 춤추는 일[265]이 있어, 끝내 감복하는 데 이른다. 뛰어난 기술자가 고심한 일도 의심을 버리고 명쾌하게 보므로 그 감복이 절절하고, 고달프게 탐구하여 얻었으므로 그 감복이 깊다. 하지만 남의 말을 많이 들어 아는[266] 일은 이렇게 스스로 알아 조리가 분명하고 두루 통하는 일에는 미치지 못한다.

---

264 發出은 드러나거나 표현된다는 뜻으로 『朱子語類』 68-129의 "仁皆從我發出, 故無物不在所愛."에 보임.

265 『禮記』, 「樂記」: 嗟歎之不足, 故不知手之舞之, 足之蹈之也.

266 洽聞는 多聞博識의 뜻으로 『史記』, 「儒林列傳」의 "其令禮官勸學, 講議洽聞興禮, 以爲天下先."에 보인다.

言出於蘊奧之理者, 始看難解, 窮之不已, 轉致疑端, 及其門路漸開, 自有蹈舞之不覺, 終至於感服. 良工之苦心, 去疑而快覩. 故其服切, 困究而有得, 故其感深. 洽聞人說而知之, 不及自得者之曲暢旁通也.

이치에 아주 가까운 말을 비록 데면데면 듣는 사람은 조금도 불안하거나 위태롭게 여기지 않고 오로지 대수롭지 않게 여길 뿐이지만, 이 이치를 경험한 사람은 그 말이 마음에 딱 들어맞아 감탄과 칭찬이 그치지 않는다.

言出於切近之理者, 雖泛看之人, 少無鱺脆之端, 而惟自尋常而已, 至於經驗此理之人, 乃有契合, 而歎賞不已.

대개 도리는 이치의 행함이고 이치는 도리의 근거여서, 본체와 작용으로 나눌 수 없다. 이치의 행함이 곧 도리이고, 도리의 근거가 곧 이치이니, 또한 깊이와 앞뒤의 순서도 없다.

蓋道是理之行也, 理是道之故也, 未可以體用分也. 理之行卽道, 道之故卽理, 亦未有淺深先後之別也.

해 설

네 종류의 말을 헤아렸다.

저자의 설명이 좋아서 이해가 어렵지 않다. 특이한 점은 심오한 이치에서 나온 말의 사례로 뛰어난 기술자의 그것을 들었는데, 기술을 심오하게 보는 그의 생각을 엿볼 수 있다.

마지막 문장은 도와 리의 관계를 진술한 내용인데, 도를 '이치의 행함'이라고 정의한 말은 천도와 인도의 두 가지 관점에서 해석할 수 있다. 하나는 앞에서 "기는 하나인데 그 유행을 도라 하고, 그 조리를 리라고 한다"라는 말에서 알 수 있듯이, 도는 유행하는 기의 조리로서 운행·운용된다는 의미이다. 곧 유행(운용)의 관점에서 말하면 도이고, 조리의 관점에서 말하면 리라는 뜻이다. 다른 하나는 리가 인간의 실천을 통해 구현된다는 의미이다. 그것이 인도이다. 또 '유행지리가 천도', '추측지리는 인도'라는 말에서 알 수 있듯이, 이치는 '도리의 근거'이기도 하다. 따라서 저자의 철학에서 이치는 단지 기가 운행하는 조리에 지나지 않으므로 도와 리를 본체와 작용, 선후로 나눌 수 없다는 설명은 타당하다.

60. 덜어냄을 미루어 보탬을 헤아리다
推損測益

학문의 진보에 뜻을 둔 사람이 반드시 겸양하고,[267] 교만을 억제하고 소유를 덜어냄은[268] 그 진보에 해로움이 없고 유익하기 때문이다. 물건을 가득 채울 수 있었던 사람은 겸양하고 억제하고 덜어낼 수 없으므로, 그 소유로서 큰 화를 빚을 수 있고, 그 안 것을 가지고 도리어 남에게 해를 끼친다. 그러므로 덜어냄을 미루어 보탬을 헤아리고, 보탬을 미루어 덜어냄을 헤아린다.

有志於進就者, 必謙讓抑損, 爲其進就之無害有益也. 有得盈物者, 不能謙讓抑損, 則以其所有, 釀得大禍, 以其所得, 反致人害. 故推損而測益, 推益而測損.

* * *

『주역』에 이르기를 "교만은 손해를 부르고 겸손은 이익을 드리운다"[269] 라고 하였는데, 이것을 미루어 덜어냄과 보탬의 뜻을 헤아려 본다. 모든 일 가운데 아침에 생겼다가 저녁에 없어지거나 짧은 순간에 성공하고 실패하는 따위는 논할 필요가 없겠으나, 오래 쌓인 것을 기다려 성공하는

---

267 謙讓은 謙虛退讓의 뜻으로 『史記』, 「淮陰侯列傳論」의 "假令韓信學道謙讓, 不伐己功, 不矜其能, 則庶幾哉."에 보인다. (앞에 나옴)
268 抑損은 抑挹으로 謙虛退讓의 뜻이다. 하지만 損抑과 같은 뜻으로 봐야 한다. 그 근거는 앞에 謙讓이 이미 나왔고, 程伊川의 『周易傳義』, 「損卦」에 "損, 減損也. 凡損抑其過, 以就義理, 皆損之道也."에서도 볼 수 있는데, 학문이나 덕의 진보라는 면에서 여기서 그 뜻을 취한 것 같다. 본서에서 損抑의 대상은 교만과 소유이다.
269 『書經』, 「大禹謨」. 본문의 『周易』은 『書經』의 착각으로 보임.

일은 반드시 정성이 그치지 않고 인정이 도와야 한다. 만약 한 터럭만큼이라도 교만하거나 넘치는 뜻이 있으면, 마음이 먼저 해이해지고 남도 반드시 시기하고 훼방한다. 그러므로 학문의 진보에 뜻을 둔 사람은 말과 행동에서 겸손하고 덜어내는데, 여기에는 편안히 실천하거나 이롭게 여겨서 실천하거나 힘들여 실천하는 구분이 있다.[270]

易曰, 滿招損謙受益, 推此而測損益之義. 凡事之朝暮起滅者, 頃刻成敗者, 不須論也, 待積累而成者, 必由心誠之不已人情之輔助. 而若有一毫驕溢之意, 則心先解弛, 人必猜毁. 故有志於學問之進就者, 言行謙損, 有安行利行勉行之分.

편안히 실천하는 사람은 타고난 바탕이 온화하며 윤택하고,[271] 품성과 행동이 화합하여[272] 저절로 겸손의 도리에 들어맞는다. 이롭게 여겨서 실천하는 사람은 성인의 가르침을 알면 일 처리에서 증험하여 그 이로움과 해로움을 그대로 본다. 힘들여 실천하는 사람은 그 근원과 말단을 반드시 알지는 못해도, 이전 사람의 교훈을 사모하며 본받고 거기에 이끌려 권장되고 징계받아 착한 사람의 무리가 되는 일에 벗어나지 않는다.

安行者, 資稟溫潤, 性行和順, 自中於謙道矣. 利行者, 得於聖訓, 驗於事爲, 眞覩其利害矣. 勉行者, 未必知其源委, 而慕效前訓, 誘被勸戒, 不失爲善人之徒也.

---

270 『中庸章句』第20章: 或生而知之, 或學而知之, 或困而知之, 及其知之, 一也. 或安而行之, 或利而行之, 或勉强而行之, 及其成功, 一也.

271 溫潤은 『禮記』, 「聘義」의 "夫昔者君子比德於玉焉, 溫潤而澤仁也."에 보인다.

272 和順은 원래 順應의 뜻으로 『周易』, 「說卦傳」의 "和順於道德, 而理於義, 窮理盡性, 以至於命."에 보임. 본문에서는 거기에 화합의 뜻이 더 첨가됨.

또 고·과·불곡을 왕이나 제후들이 자기들의 칭호로 쓰고,[273] 우의(愚意)[274]와 천견(淺見)[275]은 존귀한 현자가 스스로 칭한 것이니, 어찌 이것들이 모두 아름답지 못한 호칭임을 몰랐겠는가? 먼저 자신의 명칭에서부터 겸양을 드러내는 일이 자기들의 덕이 더욱 새롭고 지위가 더욱 높아지는 일이 되기 때문이다. 그러나 겸손한 덕을 가진 사람은 반드시 겸손한 호칭을 사용해도, 겸손한 호칭을 사용한다고 해서 반드시 겸손의 덕이 있다고 할 수는 없다.

且孤寡不穀, 王公以爲稱, 愚意淺見, 尊賢以爲稱, 豈不知此皆不美之稱也. 先自名稱, 以著謙抑, 爲其德愈新而位愈尊也. 然有謙德者, 必有謙稱, 有謙稱者, 未必有謙德也.

---

273 孤·寡·不穀은 고대 왕이나 제후들이 스스로 자기를 낮추어 겸손하게 부르던 호칭으로, 『老子』 39章의 "貴以賤爲本, 高以下爲基, 是以侯王自謂孤寡不穀."에 보인다.

274 어리석은 뜻이라는 자기 견해를 낮추어 부르던 말로, 『戰國策』, 「魏策二」의 "今臣願爲大王陳臣之愚意."와 『史記』, 「蒙恬列傳」의 "以臣愚意, 不若誅之." 등에 보인다.

275 천박한 견해라는 뜻으로 『史記』, 「五帝本紀論」의 "書缺有間矣, 其軼乃時時見於他說, 非好學深思, 心知其意, 固難爲淺見寡聞道也."에 보인다. 조선 초 權近도 자기 저술의 이름에 가령 『周易淺見錄』처럼 '淺見'이란 말을 붙였다.

해 설

덜어내는 일이 되레 이익임을 논하였다.

원문 損과 益은 보통 손해와 이익의 뜻이지만, 『주역』의 손괘(損卦)와 익괘(益卦)에서 덜어내고 보탠다는 동사의 의미로 사용하는데, 본문에서도 그 전통을 따랐다. 덜어낸다는 말은 자기의 잘못이나 허물을 줄이고, 자기 소유를 덜어내 남에게 보태는 것 즉 돕는 일을 말한다. 앎이든 소유든 가득 차서 넘치면 화를 부른다는 전통의 지혜가 들어 있다. 앎이 넘치면 교만이 되기 때문이다. 바로 여기서 역설의 교훈이 추론된다. 언행이 겸손하고 덜어내면 이익이 되고, 교만하고 보태기만 하면 손해가 된다는 사실을 추측한다는 주장이다.

본분의 "편안히 실천하고 이롭게 실천하고 고달프게 실천한다"라는 말 이하는 『중용』의 내용을 재해석한 내용이다. 주희는 그것을 각각 지(知)·인(仁)·용(勇)과 관계시켜서 해석하였지만,[276] 저자는 타고난 바탕과 태도 면에서만 다루었다.

---

276 『中庸章句集注』第20章: 以其等而言, 則生知安行者, 知也, 學知利行者, 仁也, 困知勉行者, 勇也.

61. 깊고 절실한 말과 비유하는 말
深切言引諭言

깊고 절실한277 말은 정상적인 도리에 어긋나는 듯하나 실제로는 그 정상적인 도리를 밝히고, 예를 들어 비유하는278 말은 이것279과 다른 듯하나 이치상 증험한 것이 있다.

深切之言, 若反於正, 而實明其正也, 引諭之言, 若異於此, 而理有所證也.

* * *

사람이 말하는 실마리는 평상시의 일을 따라 그 이치를 밝힌 내용에 지나지 않고, 옛날부터 지금까지 늘 하는 사람의 일에는 많이 늘거나 줄어든 게 별로 없다. 글이나 말로 이리저리 표현하는 일이 사람마다 능숙하고 일마다 남김이 없다면, 어찌 귀를 떠들썩하게 하고 눈을 번거롭게 하는 일을 근심하겠는가? 오직 마땅함을 가려내어 취하고 버림에 달려 있을 뿐이다. 무릇 말을 가려내는 방법은 착한 말을 가려내고 나쁜 말을 징계하되, 이래도 되고 저래도 되는 말에 대해서는 착한 점을 숨기고

---

277 深切은 깊고 절실한 뜻 외에 엄격하다·간절하다·진지하다·심각하다 등이 있고, 현대 중국어에서는 따뜻하고 정이 깊다는 뜻이 있다. 인용한 『老子』의 말을 고려하면 깊고 절실한 말로 보인다.

278 引諭는 引喩와 같은 말로 비유하는 것. 『三國志』, 「蜀志諸葛亮傳」의 "不宜妄自菲薄, 引喩失義, 以塞忠諫之路也."와 『續資治通鑑』, 「宋徽宗崇寧四年」의 "言者論其引喩失當, 特責之."에 보인다.

279 원문 此는 비유 자체가 아닌 비유하고자 하는 원래 대상을 말함. 이하 2번 등장하는 '此'도 그런 뜻임.

나쁜 점을 들추어낼 필요가 없고, 또 사람 때문에280 그 말까지 버려서는
안 된다.

人生所言之端, 不過因常行之事以明其理, 而自古及今, 人事常行, 別無許多增減.
文辭橫竪, 人人皆能, 事事無遺, 則何患於聒耳而煩眼也. 惟在擇宜而取捨耳. 凡擇
言之道, 勸其善懲其惡, 而不必於可東可西之言, 隱其善揚其惡, 又不可以人廢言耳.

깊고 절실한 말은 이전 사람의 산뜻하고 깨끗한281 말을 좇아 한층 깊이
탐구하여, 숨은 것을 미루어 드러난 것을 밝히고 등을 미루어 배를 말한
것이다. 가령 『노자』의 "어려운 일은 쉬운 데서 도모하고, 큰 것은 작은
데서 실천한다"282라거나 "가벼운 승낙은 반드시 믿음이 적고, 너무
쉬우면 반드시 어려움이 많다"283라는 종류가 그것이다. 비록 그것이
정상적인 도리에 어긋나는 듯하나 실제로는 정상적인 도리를 밝히고
있다.

深切之言, 因前人平淡之語, 深究一節, 推隱而明其著, 推背而言其腹. 如老子圖難
於其易, 爲大於其細, 輕諾必寡信, 多易必多難之類. 雖若反於正, 而其實明正道也.

비유하는 말은 이해한 내용을 끌어다가 이해하지 못한 부분을 깨우치는

---

280 『論語』, 「衛靈公」: 子曰, 君子, 不以言擧人, 不以人廢言. '人廢言'이란 말하는 사람의
　　　빈부귀천과 노소와 남녀 등에 따른 편견을 말함. 小人의 말이라도 좋다면 버려서는
　　　안 된다는 뜻.
281 平淡은 平澹과 같이 쓰며 일찍이 인정이 두텁고 淡泊한 사람의 품성을 뜻하였는데,
　　　劉劭의 『人物志』, 「九徵」의 "是故觀人察質, 必先察其平淡, 而後求其聰明."에 보인
　　　다. 본문에는 말이 산뜻하고 깨끗하다는 의미.
282 『老子』 63章.
283 같은 책.

것이니, 끌어오는 일이 비록 이것과 다르더라도 최종의 귀추는 이것과
응한다.

引論之言, 引其所達, 以論所未達, 則所引之事, 縱與此不同, 畢竟歸趣, 有應於此.

해 설

두 종류의 말을 헤아렸다.

하나는 심절(深切)로 표현되는 말로서, 그 내용을 종합하면 깊이가 있고 삶에 절실하다는 의미이다. 너무 깊이가 있어 상리(常理)에 벗어나는 듯이 보여도 그것을 드러낸다고 하였다. 또 하나 비유하는 말은 비유하고자 하는 원래의 대상과 비유의 대상이 달라 보여도 궁극적으로는 통한다고 한다. 사실 비유는 이해를 돕기 위해서 사용하지만, 잘못 이해하면 달을 보지 못하고 손가락만 보는 단점은 지적하지 않았다. 원문 평담(平淡)은 예술 작품을 산뜻하고 맑게 평가하는 용어로도 사용되기도 하였다. 본문 『노자』의 인용을 고려하면 대교약졸(大巧若拙)과도 통한다.

62. 노자와 불교의 추측
老佛學推測

노자의 무리는 조금만 개념을 분별해도 곧장 도가 아니라고 말한다.[284]
불교의 무리는 생각으로 얻은 내용[285]을 그릇된 견해[286]로 여긴다. 그래
서 '하는 일이 없으면서도 한 일이 있다'[287]라거나 마음에는 '본래 하나의
물건도 없다'[288]라는 말이 곧 그들의 도이니, 그들이 무엇을 얻거나 보았
다고 말하는가?

老氏之徒, 纔有分別, 便不是道. 禪學之類, 意思所得, 以爲妄見. 則無爲而有爲也,
本來無一物, 卽其道也, 云何有得, 云何有見.

* * *

무릇 조리를 찾을 수 있는 단계와 사람마다 실천할 수 있는 사물이 있는
것이야말로 참된 도리이고 큰 도리이다. 이것은 남에게 얻어서 마음에
딱 들어맞는 게 있고, 남에게 전하여 남의 마음에도 부합한다. 그 도리가
드러나지 않으면 그만일지언정 드러나면 없어지지 않고, 사람이 없으면

---

284 『老子』 1章의 "道可道非常道."를 달리 표현한 말. 본문에서 分別을 개념 규정의
    의미로 사용하였다.
285 意思는 意根이 法과 관계하여 만든 思라는 불교 용어.
286 妄見은 저자가 본 『楞嚴經』에 자주 등장하며, 진리를 깨달은 본래의 견해가 아닌
    허망한 견해라는 뜻.
287 『老子』의 無爲而無不爲는 하는 게 없다는 뜻이 아니라, 억지로 하지 않아도 하지
    않음이 없다는 뜻이다.
288 禪宗 6祖인 惠能의 偈인 "菩提本無樹, 明鏡亦非台. 本來無一物, 何處惹塵埃."에
    등장한다.

그만일지언정 사람이 있으면 서로 전한다.

凡有條理可尋之階梯, 人人可行之事物, 是眞道也大道也. 得之于人, 而有契於心, 傳之于人, 而亦合於心. 不顯則已矣, 顯則不滅矣, 無人則已矣, 有人則相傳矣.

노자의 학문은 억지로 함이 없음을 종지로 삼고, 불교는 한층 더하여 만물의 실체가 없음[289]을 종지로 삼았다. 그 종지를 가지고 이른바 이룬 도를 탐구해 보면, '무위'를 얻고 '무물'을 본 것이 바로 그들이 이룬 도이다. 만약 총명하고 지혜로운 자가 그 도를 찾더라도, 결국은 억지로 하는 것이 없으면서 스스로 그러한 것을 본받음[290]과 만물의 실체가 없음과 아울러 생각 없음이 그 얻은 도일 것이다.

夫老學以無爲爲宗, 而禪學加一層, 以無物爲宗. 以其宗旨, 究其所謂成道, 得其無爲者, 見其無物者, 卽其成道也. 如使聰慧者, 求見其道, 畢竟無爲而法自然矣, 無物而幷無意思, 爲得道也.

대개 이렇게 알기는 매우 쉬우나 이렇게 실천할 수는 없다. 이미 내 몸이 있으니 실제로 몸이 없는 것이 아니니, 어찌 있는 것으로 없는 것을 실천할 수 있으며, 또한 없지 않은 대상이 없는 것이 될 수 있겠는가? 그러므로 저들은 개념의 분별을 도가 아니라 하고, 생각으로 얻은 내용을 그릇된 견해로 여겨서, 사람을 혼란스럽고[291] 모호한 곳에 몰아넣으려

---

289 無物은 空의 다른 표현으로 보이는데, 크게 두 가지 면에서 살필 수 있다. 하나는 一切의 法은 因緣의 소산으로 自性 곧 실체가 없고 인연에 따른 假合으로 보는 것이요. 다른 하나는 그와 관련하여 사람의 마음도 원래 거울처럼 텅 비어 아무것도 없다는 뜻이다.

290 『老子』 25章: 人法地, 地法天, 天法道, 道法自然.

고 한다. 그 도를 즐기면서 돌아올 줄 모르는 자들과 어찌 추측의 방법을 논할 수 있겠는가?

蓋見得若是至易, 行得若是不可得也. 旣有吾身, 實非無身, 豈可以有行無, 亦豈可非無而爲無. 故以分別爲非道, 意思爲妄見, 欲驅人於渾淪模糊之域. 樂其道而不知反者, 烏可論推測之方.

추측의 방법은 있는 대상은 있다고 하고 없는 대상은 없다고 여겨, 있는 대상에는 그 몸이 있고 없는 대상에는 그 몸이 없다. 몸이란 내 몸만을 말하는 것이 아니라, 과거와 미래의 모든 사람의 그것이다. 그리하여 몸이 있으면 반드시 추측이 있고, 몸이 없으면 추측도 없다.

夫推測之道, 以有爲有, 以無爲無, 有者有其身也, 無者無其身也. 身非獨謂吾身, 凡前後在世之人, 皆是身也. 有身則必有推測, 無身則亦無推測.

---

291 渾淪는 원래 만물 발생 전의 섞여 있는 혼돈의 상태를 가리킨다. 『列子』, 「天瑞」의 "太初者, 氣之始也. 太始者, 形之始也. 太素者, 質之始也. 氣形質具而未相離, 故曰渾淪. 渾淪者, 言萬物相渾淪而未相離也."에 보인다. 본문에서는 혼란의 뜻.

해 설

추측과 노자·불교의 종지와 차이를 헤아렸다.

그 차이는 세계관과 사물 인식의 차이에서 나온다. 노자와 불교는 유사한 데가 있다. 유가와 달리 인간이 살아가는 인문적 현실을 진리로 확정하지 않는 인식에 공통점이 있다. 노자에게는 스스로 그러한 자연 상태는 인간이 규정한 개념과 무관하기 때문이고, 시간을 무한대에 놓거나 무시하고 인식하는 불교의 관점에서 보면, 삼라만상이 연기에 따라 형성된 실체가 없는 순간의 가합(假合)일 뿐만 아니라, 인식되는 일체법은 인간의 마음이 간여하여 만들기 때문이다. 그래서 불교를 출세간법이라 부른다.

여기서 저자는 노자와 불교의 핵심을 잘 꿰뚫고 있다. 이전 유학자들이 인륜의 관점에서 많이 비판했지만, 저자는 세계관과 인식과 실천에서 자신의 추측과 다르다고 여겼다. 특히 없다는 무를 현실에 실천하는 어려움을 지적하였다. 저자는 몸 또는 구체적 몸체를 긍정하고 그 범위 안에서만 추측한다고 하여, 매우 구체적 현실을 다룬다. 한마디로 압축하면 몸의 철학이다.

하지만 본문의 "몸이 있으면 반드시 추측이 있고, 몸이 없으면 추측도 없다"라는 논리에서 보면, 노자와 불교도 사실 몸을 통해 그들의 종지를 추측했다고 말할 수밖에 없다. 몸이 없으면 생각할 수도 없기 때문이다. 그 점은 행간에 묻어두었다. 저자의 논리에서 보면 노자의 무(虛)는 문자 그대로 무(虛)가 아니고, 불교의 공도 문자 그대로 공이 될 수 없다. 다른 글에서 무나 공을 기로 보면 통한다고 하였기 때문이다.

63. 추측을 논하여 바로잡다
論正推測

추측을 모르는[292] 사람의 행위를 추측을 아는 사람에게 바로 잡게 하면 되지만, 추측을 아는 사람의 행위를 추측할 줄 모르는 사람에게 바로 잡게 하면 안 된다. 하지만 추측할 줄 아는 사람은 적고 모르는 사람은 많으니, 많고 적음을 가지고 바름을 정할 수 없고, 오직 이치를 따른 것을 가지고 바로잡는 일로 본다.

不得於推測者之所爲, 使得於推測者, 正之可, 得於推測者之所爲, 使不得於推測者, 正之不可. 然得於推測者少, 不得於推測者多, 未可以多少歸正, 惟以順理歸正.

* * *

설령 현명한 사람이 도모한 일을 못난 사람에게 그것을 바로잡게 하고, 또 지혜로운 사람이 생각한 일을 어리석은 사람에게 논하게 하더라도, 그것이 어찌 성립할 수 있겠는가? 추측의 학문이 비록 누구에나 똑같이 적용되더라도, 그것을 아느냐 모르느냐가 곧 현명함과 못남, 지혜로움과 어리석음이다. 하물며 추측을 학문으로 삼지 않고 또 추측이 무엇하는 일인지 모르는 사람임에야.

---

292 원문 得於推測은 뒤의 推測之得과 같은 말로서 推測之得은 得於推測의 도치이다. 이 말은 뒤의 '天下之不知推測者多, 知之者少.'에 근거하여 '추측을 알다'로 옮긴다. 그것은 전체 내용을 고려하면 단순한 추측이 아니라 추측의 이론을 알고 하는 추측이다. 단순한 추측은 『추측록』에서 '동물도 추측한다'라는 주제로 논의한 내용이 있고, 또 '人心自有推測之能'라는 말도 있기 때문이다.

縱使賢者謀之, 而與不肖者規之, 又使智者慮之, 而與愚者論之, 其何能有成立乎.
推測之學, 雖同, 得與不得, 卽賢不肖也, 知與愚也. 況不以推測爲學者, 及不知推測
之爲何事者乎.

추측을 아는 데에는 저절로 깊이와 우열의 차이가 있다. 깊이가 있는 사람은 깊은 내용을 알아도 얕은 사람은 깊은 내용을 알지 못하고, 우수한 사람은 우수한 내용을 알아도 열등한 사람은 우수한 내용을 모른다. 그래서 만약 얕고 열등한 사람에게 깊고 우수한 사람의 행위를 논하여 바로잡게 한다면, 사리를 저지하고 희롱할 뿐 아니라 깊고 우수한 사람을 배격할 것이다. 만약 추측 활동이 깊고 우수한 사람에게 얕고 열등한 사람의 행위를 바로잡게 한다면, 문란함을 꺾어 해결할 뿐만 아니라 또 얕고 열등한 사람이 거의 부끄러움을 알고 바르게 되도록293 만들 것이다.

推測之得, 自有淺深優劣. 深者能知深, 而淺者不知深, 優者知優, 而劣者不知優.
如使淺劣者, 論正深優者之所爲, 不惟沮戲事理, 並與深優者排擊. 若使深優者, 規
整淺劣者之所爲, 不惟挫解紊亂, 又使淺劣者, 庶有恥格.

하지만 세상에는 추측을 모르는 사람은 많고 아는 사람이 적으니, 다가서서 화합하는 사람에게는 항상 도와서 구해주어야 할 모르는 사람이 많다. 어찌 많고 적음을 가지고 옳고 그름을 결정할 수 있는가? 자연스러운 이치와 인간의 욕망이 관계하는 곳에서는 자연스러운 이치를 따르는 일을 기준으로 삼고, 사리와 인정이 서로 방해하는 곳에서는 사리를

---

293 恥格은 『論語』, 「爲政」의 "道之以德, 齊之以禮, 有恥且格."에 나오는 말.

판단의 근거로 삼는다.

然天下之不知推測者多, 知之者少, 則從而和之者, 常多不知之援救. 豈可以多少決
定是非哉. 天理人欲關係處, 以順天理爲準, 事理人情防礙處, 以事理爲斷.

해 설

추측할 줄 아는 사람과 모르는 사람을 헤아렸다.

『추측록』 전체 내용을 고려하면 누구나 심지어 동물도 추측은 할 수 있지만, 이 글에서는 추측의 원리를 알아 제대로 추측할 줄 아는 사람이 적다는 주장이다. 그래서 행위의 옳고 그름을 알아 바로 잡을 수 있는 사람은 추측을 잘할 줄 아는 사람이어야 한다고 주장하였다. 그래서 이치와 욕망 또는 그것과 인정이 갈등하는 상황에서는 이치를 따라야 한다고 보았다. 이치를 따른다는 점에서는 전통의 계승이다.

이 글 전체 분위기는 저자 자신을 포함하여 추측을 잘하는 사람을 대우할 줄 모르는 사회의 풍조를 반영하고 있다. 지금도 그렇듯이 항상 현자가 나라를 통치하기를 바란다. 국가와 사회와 역사에 대한 인식능력이 떨어진 사람이 조직을 책임졌을 때 생기는 파행은 옛날이나 지금이나 겪은 일이다. 사람 수의 많고 적음이 시비 판단의 기준이 되어서는 안 된다는 지적은 오늘날도 통한다. 나아가 그것이 대의 민주정치의 한계이기도 하다. 다수결의 원칙이 다 좋을 수만은 없다.

64. 내장의 상태는 외면에도 응한다
內臟應外面

운용하고[294] 주선하는 일은 몸에서 생겨나는데, 몸은 제각기 다르고 운용도 제각기 다르다. 내장의 상태가 외면에 응하므로 외면을 미루어 내장을 헤아릴 수 있다. 그러나 잘 추측하는 사람은 몸을 따라 변통은 있어도, 몸에 이끌려 제압당하지 않는다.

動用周旋, 生於形體, 形體各異, 動用亦異. 內臟應於外面, 推外面而可測其內臟. 然善推測者, 因形體而有變通, 不爲形體所牽制.

* * *

폐는 코에, 심장은 혀에, 비장은 입에, 위장은 이와 잇몸에, 간은 눈에, 신장은 인후와 귀에 응하므로[295] 그 바깥에 드러난 모습으로서 내장의 상태를 헤아린다.

肺應鼻, 心應舌, 脾應口, 胃應牙齦, 肝應目, 腎應喉耳, 以其顯於外面者, 測其在內之臟.

---

294 動用은 사용의 뜻으로 『書經』, 「盤庚上」의 "予敢動用非罰, 世選爾勞, 予不掩爾善." 에 보인다. 여기서는 몸을 운용하는 의미로 쓰였음. (앞에 나옴)

295 이 내용은 대체로 『黃帝內經·靈樞經』, 「五閱五使」의 "黃帝曰, 願聞五官. 岐伯曰, 鼻者, 肺之官也, 目者, 肝之官也, 口脣者, 脾之官也, 舌者, 心之官也, 耳者, 腎之官 也."의 내용을 따랐다.

새가슴에 목 아래가 쑥 들어간 사람은 폐가 높이 위치하고, 겨드랑이가 맞붙고 옆구리가 벌어진 사람은 폐가 아래로 처지고, 어깨가 좋고 등이 두터운 사람은 폐가 튼튼하다.296 명치뼈가【'갈우'라 읽고, 가슴 앞쪽 명치뼈이다.】없는 사람의 심장은 높게 자리 잡고, 그것이 짧고 조금 들려 있는 사람의 심장은 처져 있고, 그것이 긴 사람의 심장은 낮은 위치에서 튼튼하고, 그것이 약하고 작고 얇은 사람의 심장은 약하고, 그것이 곧게 내려와서 들려 있지 않은 사람의 심장은 곧고 바르며, 그것이 한쪽으로 기울어져 있는 사람의 심장은 치우쳐 기울어져 있다.297 들려 있는 입술을 가진 사람의 비장은 높이 자리 잡고, 아래로 처진 사람의 비장은 아래로 처져 있다.298 가슴이 넓고 갈빗대가【'고'라고 읽고, 가까이 개의 어금니처럼 들쑥날쑥한299 곳】뒤로 쳐진 사람은 간의 위치가 높고, 합쳐진 갈빗대가 안으로 우묵한 사람은 간이 아래로 처치고,300 귀가 높은 사람은 신장의 위치가 높다.301

反胷陷喉者肺高, 合腋張脅者肺下, 好肩背者肺堅. 無髑骬【音曷于, 胷前缺盆骨.】者心高, 短小擧者心下, 長者心下堅, 弱小而薄者心脆, 直下不擧者心端正, 倚一方者偏傾也. 揭骨者脾高, 脣下縱者脾下. 廣胷反骹【音敲, 近牙交處】者肝高, 合脅免

---

296 같은 책, 『靈樞經』, 「本藏」: 巨肩反膺<u>陷喉者肺高</u>, <u>合腋張脅者肺下</u>, <u>好肩背厚者肺堅</u>. 강조는 본서와 같은 글자.

297 같은 책: <u>無髑骬者心高</u>, 髑骬<u>小短擧者心下</u>, 髑骬<u>長者心下堅</u>, 髑骬<u>弱小以薄者心脆</u>, 髑骬<u>直下不擧者心端正</u>, 髑骬<u>倚一方者心偏傾也</u>. 강조는 본서와 같은 글자.

298 같은 책: <u>揭脣者脾高</u>, <u>脣下縱者脾下</u>. 강조는 본서와 같은 글자.

299 牙交는 경계선이 개의 이빨처럼 들쑥날쑥하다는 犬牙交錯 또는 犬牙相錯에서 가져온 말.

300 『黃帝內經靈樞經』, 「本藏」: <u>廣胸反骹者肝高</u>, <u>合脅免骹者肝下</u>. 강조는 본서와 같은 글자.

301 같은 책: <u>高耳者腎高</u>. 강조는 본서와 같은 글자.

骹者肝下, 高耳者腎高也.

폐는 피부에 응하고 피부가 두꺼운 사람은 대장이 두꺼우며,[302] 심장은
맥에 응하고 소장이 거기에 응한다.[303] 비장은 살에 응하니 살이 군살로
단단하고 크면 위가 두텁다.[304] 간은 손톱에 응하니, 손톱이 두껍고
누런색이면 쓸개가 두껍고, 검은색에 무늬가 많으면 쓸개에 결석이 있
다.[305] 신장은 뼈에 응하니, 치밀한 살결과 두꺼운 피부를 가진 사람[306]
은 삼초[307]와 방광이 두껍고, 피부가 팽팽하고 솜털이 없는 사람은 삼초
와 방광이 팽팽하다. 이것이 곧 안팎이 서로 응하는 내용인데, 그 대략이
이와 같다.

肺應皮, 皮厚者大腸厚, 心應脈, 小腸應之矣. 脾應肉, 肉䐃堅大者胃厚. 肝應爪,
爪厚色黃者膽厚, 色黑多紋者膽結也. 腎應骨, 密理厚皮者, 三焦膀胱厚, 皮急無毫
毛者, 三焦膀胱急. 是乃內外相應, 其槩如此.

그리고 식욕이 있는 사람은 위하수가 있고 혀가 입 밖으로 늘어져 나오지
만, 식욕이 없는 사람은 복부가 막혀 더부룩하고 혀가 붓고 맛을 모른다.
성욕이 왕성한 자는 신장의 기운이 왕성하고, 늙어서 성욕이 감퇴하는

---

302 같은 책: <u>肺應皮</u>, <u>皮厚者大腸厚</u>. 강조는 본서와 같은 글자.

303 같은 책: <u>心應脈</u>, 皮厚者, 脈厚, 脈厚者<u>小腸厚</u>. 강조는 본서와 같은 글자.

304 같은 책: <u>脾應肉</u>, <u>肉䐃堅大者胃厚</u>. 강조는 본서와 같은 글자.

305 같은 책: <u>肝應爪</u>, <u>爪厚色黃者膽厚</u>, 爪薄色紅者膽薄, 爪堅色靑者膽急, 爪濡色赤者膽
    緩. 爪直色白無約者膽直, 爪惡<u>色黑多紋者膽結也</u>. 강조는 본서와 같은 글자.

306 같은 책: <u>腎應骨</u>, <u>密理厚皮者</u>, <u>三焦膀胱厚</u>, 麤理薄皮者, 三焦膀胱薄. 疏腠理者,
    三焦膀胱緩, <u>皮急而無毫毛者</u>, <u>三焦膀胱急</u>. 毫毛美而麤者, 三焦膀胱直, 稀毫毛者,
    三焦膀胱結也. 강조는 본서와 같은 글자.

307 六腑의 하나로 목구멍에서부터 요도·항문까지의 부위. 上焦·中焦·下焦로 나눔.

사람은 신장이 약해졌기 때문이다. 화를 잘 내는 사람은 간에 사기(邪氣)가 있어서요, 일을 함부로 하는 사람은 담형(膽衡)308이 생긴다. 입을 열기 어려워하는 사람은 심장이 안으로 폐 가운데에 숨겨져 있고, 남의 말을 쉽게 두려워하는 사람은 심장이 처치고 밖으로 돌출되어 있고, 평소의 행동309이 한결같지 않은 사람은 심장이 치우쳐 있다.310

而欲味者胃緩而舌縱也, 不欲食者胃滿塞而舌痺也. 欲色者腎氣隆也, 老而減好色者腎微也. 善怒者肝邪也, 敢事而橫作者膽衡也. 難開以言者心內隱于肺中也, 易恐以言者心下而外出也, 操守不一者心偏傾也.

의술가들이 논한 내용은 『영추경』311 이후부터 모두 이 학설을 높였는데, 그것이 자못 이치에 가깝기 때문이다. 죽을 때까지 치료하기 어려운 여러 질병과 여기저기서 치우치는 칠정은 반드시 오장의 잘못된 상태에서 생긴 것이다. 하지만 마음이 몸에서 주인 노릇을 하고, 추측의 변통이 있으면, 몸의 부림을 당하지 않는다.

醫家所論, 自靈樞以後, 皆尊此說, 以其頗近理也. 諸病之終身難療, 七情之隨處有偏, 必由於五臟之過也. 然心主於形, 而有推測之變通, 不爲形體所役.

---

308 크게 놀라 氣가 結하고 膽이 들리게 되어 옆으로 눕는 병증.
309 操守는 지조나 정조를 굳게 지키거나 품행과 지조를 말하나, 여기서는 일반적 행동을 뜻함.
310 方以智, 『物理小識』 卷3, 「人身類·身中類表」: 欲味者胃緩而舌縱也, 不欲食者胃滿塞而舌痺也. 欲色者腎氣隆也, 老而好色衰者腎微也. 善怒者肝邪也, 敢事而橫作者膽衡也. 難開以言者心內隱於肺中也, 易恐以言者心下而外出也, 操守不一無守司者心偏傾也. 강조는 본서와 같은 글자.
311 『黃帝內經靈樞經』이라고도 함. 『黃帝內經』의 전반 9권은 『素問』, 후반 9권은 『靈樞』로 구분된다.

해 설

내부 장기와 겉모습의 연관성을 옛 의서를 통해 소개하였다. 하지만 사람에게는 추측하는 기능이 있어서, 그것을 잘하게 되면 선천적인 몸의 조건에 구속받지 않고, 건강을 지켜나갈 수 있다고 주장하였다. 참고한 의서와 책은 『영추경』과 『물리소지』이다.

65. 서양 종교의 변천
西教沿革

서쪽 지역312의 종교는 불교에서 변하여 이슬람교가 되었고, 이슬람교에서 변하여 기독교가 되었다. 신이 세상을 주재한다는 교설로 불교를 물리친 일은 잘 변한 것이지만, 천신(天神)313의 설로 무리를 미혹하는 일은 잘못 변한 것이다. 또 그 잘못 변한 것을 좋게 변화시키면, 항상 통하는 도리에 이를 수 있다.

西域教術, 自佛教而變爲回回教, 自回回教而變爲西洋教. 以主宰之說辟佛, 是善變也, 以靈怪之說惑衆, 是不善變也. 又將其不善變而善變之, 則可至於常道.

* * *

삼강오륜의 질서와 수기치인의 방도와 일용음식의 절도와 하늘의 때314와 땅 기운의 변화는 모두 변할 수 없는 항상 통하는 길이다. 식견이 높고 밝은 사람은 이것을 가지고 그 이치를 탐구해 밝히고, 어리석은 사람은 날마다 쓰면서도 그 이치를 모른다. 모두 항상 통하는 길 가운데서 떠나지 않아서 바꾸고 싶어도 할 수 없고, 늘이거나 줄이고 싶어도 할

---

312 西域은 원래 중국 서쪽에 있는 나라의 총칭으로 넓게는 소아시아를 거쳐 이집트까지, 좁게는 지금의 신강성 天山南路 지방을 일컬음. 여기서는 서양과 중동을 포함한 지역.

313 靈怪는 신령과 요괴 또는 신비하고 기이한 것으로 唐 玄奘의 『大唐西域記』, 「跋祿迦國」의 "龍魚雜處, 靈怪間起, 所以往來行旅, 禱以祈福." 등에 보인다. 여기서는 기독교에서 천사나 하느님 또는 그의 독생자인 예수를 의미함.

314 밤낮과 계절·절기와 같은 때.

수 없다. 이것을 벗어나면 모두 이단이다. 예부터 지금까지 이단이 대대
로 있었는데, 어떤 이단은 일어나자마자 사라지고, 어떤 이단은 변천하
면서 바뀌기도 하였다. 여기에서 그들이 항상 통하는 길이 아님을 볼
수 있다.

三綱五倫之秩, 修己治人之方, 日用飲食之節, 天時地氣之化, 皆是不可變之常道也.
高明者, 將此而究闡其理, 昏愚者, 日用而不識其理. 總不離於常道之中, 欲變易而
不可得, 欲增減而又不可得也. 外於此, 則皆異端. 自古及今, 代有異端, 或因起而旋
滅, 或沿革而變改. 於此可見其非常道也.

아라비아【지금 페르시아라 부르며 옛 로마제국의 동쪽에 있다.】사람들
은 부처를 삼가 섬기고 또 역법을 잘 다루었으나, 불교의 4대주(四大
州)315와 여러 하늘316에 대해서는 옳지 않다고 보고, "하늘에는 주재가
있어서 그림자도 형체도 없으니, 인간 세상에 내려와 태어난 사람317이
주인이 되는 것은 옳지 않다"라고 말하였다. 그 설이 바른 도리에 가까우
니 좋게 변한 것이라 말할 수 있다. 하지만 여전히 불교에서 세운 절하고
염불하는318 법도를 유지했다.

回回國人,【今稱包社, 在古大秦國東.】事佛惟謹, 又能從事曆法, 至於佛說之四大州
及諸天說, 見其不是, 謂以天有主宰, 無影無形, 不宜以降生之人爲主. 其說近正,
是可謂善變. 然猶有其所立拜念之規耳.

---

315 불교에서 수미산 사방의 바다 가운데 있다는 네 대륙.
316 불교에서 말하는 色界·無色界·欲界의 여러 하늘.
317 석가모니불의 八相 중 두 번째인 毘藍降生相에 나오는 말로, 석가모니불이 도솔천에
    서 내려와 어머니 마야부인의 몸을 빌려 왔다는 데서 유래함.
318 拜念는 불교 경전에 자주 나오는 말로서 禮拜念佛의 준말.

그 후 유럽에서는 또 이슬람 역법을 깊이 연구하였으므로, 자체로 교전[319]을 세우고 예수를 교주로 받들어 이슬람교와 구별하였다. 하지만 이른바 삼위일체와 하늘의 신 가운데서 인간 세상에 내려와 태어났다는 설[320]은 도리어 불교보다 심하니, 이것은 잘못 변한 것이라 말할 수 있다. 대개 역법의 이치는 하늘과 사람의 큰 근본이고, 거기에는 자연히 옛날과 지금의 엉성하고 정밀한 차이가 있으니, 사람이 하는 도리와 제도·기술[321]에서도 그 엉성하고 정밀한 것을 따라 고치거나 새롭게 밝혀낸다. 잘못 변한 서양 종교가 또 한 번 좋게 변한다면, 항상 통하는 도리에 이를 수 있다.

厥後歐邏巴, 又於回曆研精, 故自立敎典, 奉耶蘇爲敎主, 以別於回回. 然所稱一體三身, 降生諸靈怪, 反又甚於佛敎, 是可謂不善變也. 蓋曆理, 爲天人之大本, 而自有古今疎密, 則人爲之道與法術, 亦可從其疎密, 而變改修明. 西敎之不善變者, 又至一變之善, 可至於常道也.

몸을 닦고 하늘을 섬기는 길은 여기에 더 보탤 일이 없다. 하필 7일마다 한 번씩 예배[322]를 올려 되레 번거로움을 일삼을 것인가? 마음의 이치[323]를 탐구하고 밝혀 기의 쓰임에 이른 것이 갖추지 않음이 없거늘,[324]

---

319 敎典은 종교의 경전이나 교리 또는 법식을 일컫는 말.

320 기독교에서 예수가 하느님과 천사들 가운데서 독생자로 있다가 이 땅에 탄생했다는 설명.

321 法術에는 여러 뜻이 있으나 여기서는 제도나 기술 따위를 말함.

322 齋는 불교에서 명복을 비는 불공, 또는 도교의 제사. 여기서는 기독교의 미사 또는 예배를 말함.

323 心理는 용어사전을 볼 것. 여기서 말하는 심리를 밝힘은 인식 이론 등의 인간 영혼에 대한 학설.

324 당시 서학의 장점인 과학을 말함. 氣用은 과학을 상징하는 말.

하필 천신의 설로서 사람들을 놀라게 하여 따르도록 하는가? 하지만 이미 그 책과 행적을 보지 않고서도 중국의 이전 선비들이 공격하고 배척하는 책에서 요점을 뽑았으니, 이것을 성안의 유치한 견해325로서 논할 수는 없다.

修身事天之道, 無以尙矣. 何必七日一齋, 反事煩瀆. 究明心理, 以達氣用, 無所不賅, 何必擧靈怪之說, 以駭人聽. 然旣不見其書蹟, 探要語於中華諸先儒攻斥之篇, 是不可以城內乳論之.

그러니 어쩔 수 없이 상선을 타고 와 무엇을 얻고자 하는 사람들이 그 하느님을 섬기는 설을 보태 설명하고, 추원보본326하는 모든 제사를 버리며, 사람에게 의식(意識)의 신령함이 있음을 알고서는 밝히기 어려운 괴이한 거짓을 말하였다. 또 그들이 도착한 해안가 지역에서 이것을 가지고 우매한 사람들을 유혹하니, 접촉하여 구제하고 찾아 방문하는327 일이 그 계책에서 나왔겠는가?328 하지만 그 가르침을 근원부터 미루면

---

325 城內乳는 『신기통』 권1의 「天下敎法就天人而質正」의 城內之乳와 같은 말로 쓰였다. 같은 성안에서 일어난 흔한 또는 유치한 일을 표현한 말로 보임. 그 용례로 李匡師(1705~1777)의 『圓嶠集』 卷10, 「書訣」의 "今所傳義獻法書, 縱有佳者, 屢經鑱摹, 去本色遠, 不啻城內之乳, 指下之妙, 孰料至何境."에 보인다.

326 먼 조상을 생각하며 자기 근본에 은혜를 갚는다는 뜻으로 제사를 정성스럽게 지내며 조상에게 감사한 마음을 전하는 의미이다. 追遠은 『論語』, 「學而」의 "愼終追遠."에 보이며, 報本은 報本反始의 준말인데 『禮記』, 「郊特牲」의 "唯社, 丘乘共粢盛, 所以報本反始也."에 보인다.

327 營求는 尋訪의 뜻으로 『書經』, 「說命序」의 "高宗夢得說, 使百工營求諸野, 得諸傅巖."에 보인다.

328 이 단락과 관련된 내용은 이규경의 『五洲衍文長箋散稿』의 「斥邪敎辨證說」에서도 보이는데, 충청도와 전라도 해안가를 중심으로 당시 전파된 천주교 상황과 尹持忠이 조상의 신주를 불태운 진산사건 등을 상징하고 있다.

어찌 이와 같겠으며 끝내 바른 데로 돌아감이 없겠는가?

則無奈商舶有求之人, 附演其事天之說, 而拚棄追報之諸祀, 因人有知覺之靈, 而說道難明之怪誕. 所到海澨, 將此而誘惑愚迷, 接濟營求, 出於其計耶. 原其教術, 豈其若是而終無歸正也.

서양의 각국에는 재주와 지혜 있는 사람들이 대대로 나와서 제도·기술이 점차 밝아졌음을 생각하면, 종국에는 일상의 보편적 대도를 아는 사람이 있어서 십자가와 소상도329와 천신설과 미사330를 처음에는 종신토록 일삼지 않다가 나중에는 백성들이 그릇되지 않도록 금하는데 이를 것이다.

念西洋各國, 才智世進, 法術漸明, 畢竟有見得經常之大道者, 以十字架塑像圖靈怪說瞻禮會, 始則終身不事, 至於禁民爲非.

---

329 주로 천주교의 그리스도와 성모와 관련된 塑像과 畫像을 말함. 이규경의 앞의 책, 「斥邪敎辨證說」를 보면 예수와 성모의 상을 자세히 묘사하고 있고, 또 마테오 리치가 天主圖와 天主母圖를 조정에 바쳤다고 기술하고 있다.
330 瞻禮會는 천주교의 미사. 중국에서는 또 米撒로 음역하였다.

해 설

기독교의 연원과 내용 그리고 천주교 전파에 대해 간단히 헤아렸다. 그 내용 가운데 불교와 이슬람교와 기독교의 연관 관계는 현재 우리가 알고 있는 내용과 다르다. 저자의 친구가 지은 『오주연문장전산고』의 「척사교변증설」에도 본서의 내용과 일부 겹치는 부분이 있고, 글자 하나 틀리지 않고 똑같은 내용도 등장한다.[331] 두 사람이 같은 자료를 보았거나 저자가 이규경이 정리한 내용을 참고했거나 그 반대일 수도 있다.

이 내용은 이규경이 청의 매문정(梅文鼎)이 쓴 『역학의문보(曆學疑問補)』에서 말했다고 밝히고 있다.[332] 그것을 저자도 본분에서 "이미 그 책과 행적을 보지 않고서도 중국의 이전 선비들이 공격하고 배척하는 책에서 요점을 뽑았다"라는 말에 그 점을 반영하고 있음을 보면, 저자가 이 책을 보았다는 데 무게가 실린다. 동시에 또 이 말은 당시 일련의 천주교 박해와 관련한 자기 검열에서 나온 방호책의 표현이다. 앞서 보았듯이 기독교 관련 책을 심도 있게 보지 않고서는 그의 철학이 성립할 수 없기 때문이다.

---

331 『五洲衍文長箋散稿』,「斥邪教辨證說」: 西洋人精於算, 復從回曆加精. 故又別立耶蘇之教, 以別回回.【觀今天教中七日一齋等事, 竝略同回教, 其曆法中小輪心等算法, 亦出于回曆.】蓋回國以曆法測驗, 疑佛說之非. 故謂天有主宰, 無影形, 不宜以降生之人爲主, 其說近正.【所異於古聖人者, 其所立拜念之規耳.】厥後歐羅巴人, 又於回曆研精. 故又自立教典, 奉耶蘇爲天主, 以別於回回. 然一體三身降生諸靈怪, 反又近於佛教, 而大聲闢佛. 강조는 본서와 같은 글자.

332 같은 책: 梅文鼎, 字定九, 宣城人, 淸康熙時, 貢生, 所撰曆學疑問補. 참고로 이규경의 서학에 대한 태도는 西學中國源流說로 정리되는데(이종란, 『서양 문명의 도전과 기의 철학』, 290-292쪽), 이것은 西學中源說을 말하는 매문정의 관점(陳敏皓, 「初探『曆學疑問』·『曆學疑問補』」, 『第七回科學史研討會彙刊』, 臺北: 中央研究員 科學史委員會, 2007, 79)이기도 하다.

다만 이규경의 기독교 설명은 아주 구체적이고 방대한 자료에 토대를 두고 있고, 더 나아가 기독교를 배척한 조선과 중국의 역사를 소개하고 있어서, 자기 방호가 필요 없었다. 하지만 저자의 기독교 비판은 일반적이어서 구체적 사건이나 사실의 언급이 드물고, 또 겉으로는 기독교를 비판해도 사상 내부적으로는 중세 기독교철학 일부와 과학사상을 수용하고 있어서 이규경과는 달랐다. 이 글에서도 '마음의 이치'와 '기의 쓰임'이라는 언급을 통해 그 점이 분명히 보인다. 그래서 본서의 "삼강오륜의 질서와 수기치인의 방도와 일용음식의 절도와 하늘의 때와 땅기운의 변화는 모두 변할 수 없는 항상 통하는 길이다"라는 말도 그런 방어막이면서 동시에 자기 전통문화를 애착하는 표현이었다.

그래도 저자는 기독교가 좋게 변할 것이라는 희망을 버리지 않았다. 곧 "서양의 각국에는 재주와 지혜 있는 사람들이 대대로 나와서 제도·기술이 점차 밝아졌다"라는 표현에서 알 수 있듯이 변화의 관점에서 보면 기독교도 예외가 될 수 없다고 보기 때문이다. 현재 유럽 상황을 보면, 저자 나름의 혜안이 돋보인다.

저자가 기독교를 늘 비판하는 논리의 지평은 오늘날 일부 신학자들 중심의 기독교 내부의 이런 신화적이고 비합리적인 문제 처리의 고민 속에 녹아 있다. 사실 그것은 모든 종교 속의 신화적 행적과 가르침을 어떻게 해석해서 21세기 현실에 적용할 것인가 고민하는 모든 신학자들에게 맡겨져 있다. 신학도 학문인 이상 합리적으로 설명해야지, 믿고 따르기만 하는 일은 학문의 영역이 아니기 때문이다.

66. 바른 가르침으로 사람을 감화한다
正敎和人

무겁고 큰 물체를 옮길 때는 역예학(力藝學)333에서 다루는 정밀한 기구가 아니면, 그 물건을 옮길 방법이 없다. 천하의 가르침을 올바르게 밝히는 일도 인심을 감화하지 않으면, 어떻게 그 가르침을 확장해 가겠는가?

動運重大之物者, 非力藝精器, 無以致其物. 明正天下之敎者, 非感和人心, 何以廣其敎.

* * *

백 근의 힘을 가진 사람이 일만 근의 무게를 들려는 일이 만약 마음속에서 무게를 계산하고 형체를 측량하는 일과 나전334의 기술과 바퀴와 지렛대의 정밀하고 예리한 기구 사용에 있지 않으면, 어떻게 들 수 있겠는가? 그 움직임의 여부는 눈앞에서 밝혀지니, 실로 의혹이나 비방이 막을 수 있는 일이 아니다. 총명하고 슬기로운 사람은 기쁨이 끝이 없고, 우매한 사람도 칭송을 한량없이 할 것이니, 어떻게 하면 학술이 확실하고 마땅하고 어긋남이 없이 이처럼 흡족할 것인가?

---

333 力藝는 力藝學을 줄인 말. 이것은 힘을 다루는 기술로 역학(力學: 조선 말에는 重學으로 옮겼다)과 관련이 된다. 그의 『氣學』에도 등장하는 용어이다. (앞에 나옴)

334 螺纏은 螺絲轉과 같으며 나선형의 축바퀴이다. 저자의 『心器圖說』의 「引重第一圖」와 「引重第二圖」 및 그 설명에 등장한다.

人有百斤之力, 而欲擧萬斤之重, 如非在心之計算輕重測量形體, 在器之螺纏奇巧輪楗精利, 何以克擧. 其所運動與否, 辨於眼前, 實非疑惑訾毀所可沮也. 靈悟者悅樂無窮, 愚迷者稱誦難量, 何以則使學術確當而無差, 若此之洽也.

무릇 온 세계의 교학335은 여러 갈래여서, 이것이 옳으면 저것이 그르고 저것이 옳으면 이것이 그르다고 한다. 그 옳거나 그르다고 하는 주장이 만약 한쪽 지역의 동떨어진 나라의 습속이나 때를 따라 고쳐 바꾼 것336이나 치우치고 막힌 기질에서 나왔다면, 모두 바른 논의가 아니다. 만약 온 세상 공통의 도리와 현명하고 어리석은 사람이 같이 즐거워하는 것과 드러나고 숨은 대상의 틈이 없는337 데에서 나왔다면 실로 바른 도리이다.

凡天下之敎術多端, 此是而彼非, 彼是而此非. 其所是之非之, 若出於偏邦之習俗, 隨時之矯革, 氣質之偏滯, 俱非正論也. 若出於天下之通誼, 賢愚之同樂, 顯微之無間, 是實正道也.

사교에 미혹되는 일은 얄팍하고 쉽다. 그러므로 잽싸게 나갔다가 잽싸게 물러나며 먼저는 옳다고 하다가 나중에는 그르다고 하고, 먼저는 그르다고 하다가 나중에 옳다고 하여 일정한 기준이 없는데, 그 까닭은 인욕을

---

335 敎術은 전통의 敎學과 같은 의미로 쓰였다.

336 矯革은 矯正改變 곧 바르게 고쳐 바꿈의 뜻이다. 『後漢書』, 「徐防傳」의 "五經各取上第六人, 論語不宜射策. 雖所失或久, 差可矯革."에 보인다.

337 『朱子語類』 67-36: 至微者, 理也, 至著者, 象也. 體用一原, 顯微無間.; 같은 책, 67-37: 體用一源, 體雖無跡, 中已有用. 顯微無間者, 顯中便具微. 天地未有, 萬物已具, 此是體中有用, 天地旣立, 此理亦存, 此是顯中有微. 여기서는 주희 학설을 따랐다기보다 그 논리를 빌려 옴.

따르면서 어두워 알기 어려운 하늘의 이치에 돌려 핑계 대기 때문이다.

邪教之沈惑淺而易. 故銳進而銳退, 前是而後非, 前非而後是, 未有一定準的, 以其由於人欲而歸託於天理之晦昧也.

바른 도리의 감화는 본래 사람의 말을 기다리지 않고도 저절로 자연의 길이라는 큰 감화가 있다. 사람 가운데 이 도리를 밝히기를 주관하는 사람은 하늘을 대신하여 말하고 사람에 따라 설법하면, 자기의 공을 차지하지 않고도 자연히 말하는 공이 있고, 감화를 기대하지 않아도 저절로 열어 인도하는 화합이 있다. 그러므로 임무가 무거워도 멀리 갈 수 있다.338

正道之感和, 固不待人言, 而自有天道之大化. 人有主明斯道者, 代天發言, 因人說法, 不有己功, 而自有發言之功, 不期感和, 而自有啓導之和. 故能任重致遠.

---

338 원문 任重致遠은 『墨子』「親士」의 "良馬難乘, 然可以任重致遠."에 보임. (앞에 나옴)

해 설

보편적인 바른 가르침으로 사람들을 감화하게 하는 일을 무거운 물건을 들어올리는 기술에 비유해서 논하였다. 감화란 감동시켜 화합하게 하는 일이다.

등장하는 교술(敎術)은 앞서 등장한 교법(敎法) 또는 교학(敎學)과 같은 의미로 종교와 교육, 때로는 거기에 학술이 통합된 개념이다. 근대 이전의 우리 전통에서는 서구식 개념인 종교(宗敎: religion)라는 말 자체가 없었고, 또 백성 전체를 상대로 한 교화와 교육이 분리되지도 않았다. 참고로 기독교를 염두에 둔 과거 서양식 종교 개념으로는 세계의 모든 종교를 설명할 수 없다.

본문에서 '한쪽 지역의 동떨어진 나라의 습속'이라는 지적은 눈여겨보아야 할 대목인데, 당시 조선의 교학만으로는 보편적일 수 없다는 선언이다. 또 "인욕을 따르면서 어두워 알기 어려운 하늘의 이치에 돌려 핑계 댄다"라는 말도 인간의 욕망과 결탁한 현대 일부 종교에 경종을 울리는 발언이다. 저자의 기준에서 보면 그런 종교는 사교(邪敎)에 지나지 않는다.

67. 견문의 많고 적음, 그 거짓과 바름
見聞多少邪正

자기 집 안의 견문만 가진 사람을 온 세계의 견문을 가진 사람에게 비교하면, 마치 청각·시각 장애인이 총명한 사람을 상대하는 모습과 같다. 세속의 너저분한 일에 빠져 미혹된 사람을 일상의 바른 도리를 갖춘 사람에게 비교하면, 마치 술에 취해 꿈꾸는 사람[339]이 깨어있는 사람을 상대하는 것과 같다.

以堂屋見聞之人, 比天下見聞之人, 如聾瞽之對聰明. 以浸惑俗累之人, 比經常得正之人, 如醉夢之對醒覺.

* * *

근래에 중국과 서양이 서로 통하여 서적 가운데는 영화서원(英華書院)[340]과 견화서원(堅夏書院)[341]에서 번역한 것들이 있고, 학예 가운데

---

339 醉夢은 취하거나 꿈꾸듯이 흐리멍덩하다는 뜻으로 唐 李涉의 시 「題鶴林寺僧舍」의 "終日昏昏醉夢間, 忽聞春盡強登山."에 보인다. 또 같은 뜻의 醉生夢死의 준말로도 쓰이는데, 『濂洛關閩書』의 "邪誕妖異之說競起, 塗生民之耳目, 溺天下於汙濁, 雖高才明智, 膠於見聞, 醉生夢死, 不自覺也."에 보이는 程子의 말이다. 아랫글을 참고하면 저자는 술에 취해 꾸는 꿈을 보았다. 여기는 그런 사람.

340 영화서원(Anglo-Chinese College)은 스코틀랜드 개신교 선교사 모리슨(Robert Morrison, 馬禮遜, 1782~1834)이 1818년에 말라카에 설립한 교회학교이다. 여기서 華僑 교육과 아시아 선교의 인재 양성과 英中·中英 사전을 편찬하고, 성서와 중요 서적의 번역 사업을 추진했다(야규 마코토 저, 『최한기 기학 연구』, 경인문화사, 2008. 95쪽 참조). 여기에는 영국인으로서 한문을 학습하던 곳이기도 하였다.

341 견화서원(American-Chinese College)은 싱가포르에 설립된 미국인이 한문을

는 실용적인 역산과 기계도 있다. 그래서 견문이 온 세계에 깊이 통하고,342 사업은 인간 사회에서 크게 같게 되었다. 먼저 온 세상의 예법과 다스리는 계책 및 교서(敎書)와 백성의 산업에서부터 이것을 가지고 저것을 비교하고 저것을 들어 이것을 증험하면, 자연히 취하고 버리는 게 있고, 그 취하고 버리는 가운데 또 우열이 있을 것이다. 모든 사물은 비교한 뒤에 우열이 저절로 생기니, 비교가 없으면 우열이 있는지도 모른다.

挽近中西相通, 書籍有英華堅夏兩書院之飜譯, 學藝有麻算器械之實用. 於是聞見幽通於天下, 事業大同於人間. 先自禮法治謨敎文産業, 將此較彼, 擧彼驗此, 自有取捨, 而取捨之中, 又有優劣. 凡事物, 待比較而優劣自生, 無所比較, 則不知有優劣.

한 집안이나 한 나라를 벗어나지 못하는 견문만으로는 우열을 알 수 없다. 한가하게 일도 없이 지낼 때라면, 견문이 치우치고 정체되어도 큰 잘못이 조금도 없다. 하지만 천하라는 넓은 집에 거처하고 천하의 바른 자리에 서며 천하의 큰 도리를 실천할343 때는 견문이 통달한 자라야 가능하다.

見聞之不離於一家一國者, 便是無優劣之見聞也. 閒居無事, 則見聞偏滯, 差無大過. 至於居其廣居立其正位行其大道, 則見聞通達者, 所可能也.

학습하던 곳. 구성원 가운데는 중국어로 세계에 관해서 저술하기도 하였다.

342 幽通은 원래는 신령과 서로 만난다는 의미로『漢書』,「敍傳上」의 "有子曰固, 弱冠而孤, 作幽通之賦, 以致命遂志."에 보인다. (앞에 나옴)

343『孟子』,「滕文公」: 居天下之廣居, 立天下之正位, 行天下之大道, 得志, 與民由之, 不得志, 獨行其道, 富貴不能淫, 貧賤不能移, 威武不能屈, 此之謂大丈夫. 본문의 其는『孟子』속의 天下를 받는 대명사. 강조는 본서와 같은 글자.

견문에 장애가 있으면 언제나 대부분 치우치고 막혀 몸의 장애보다 더 심하고, 술에 취해 꿈꾸는 듯한 견문은 반드시 원망과 질책344을 유발하니, 실제로 술에 취해 꾸는 꿈보다 더 심하다. 만약 이런 병통을 치료하려면, 견문을 미루고 넓혀 약으로 삼고, 헛된 내용을 버리고 참된 내용을 취하여 섭생으로 삼아야 한다.

見聞之聾瞽, 每多偏滯, 有甚於形質之聾瞽, 見聞之醉夢, 必致怨尤, 有甚於飮酒之
醉夢. 如欲治療此病, 以推擴見聞爲藥餌, 捨虛取實爲攝養.

우아한 뜻을 가진 선비는 몸은 비록 교통수단의 한계에 매여 있더라도, 온 세계의 귀를 거두어 듣는 일로 삼고, 온 세계의 눈을 붙들어 보는 일로 삼을 것이다. 그리하여 서로의 풍속을 참작하여 교화를 넓히기도 하고, 혹은 성현의 서적을 연역하여 강학하는 스승과 벗을 돕기도 하고, 혹은 바다와 육지에 마땅한 산물을 익혀서 서로에게 있는 것과 없는 물건을 유통하기도 하고, 혹은 기구의 편리를 찾아서 날마다 쓰는 일을 돕기도 하고, 혹은 선을 밝히고 참됨을 세워 사악한 거짓과 알맹이 없이 겉만 화려한 것345을 제거하기도 하고, 혹은 기이하고 수려한 곳을 탐방하여 회포를 풍부하게 하고 신통한 지혜를 열어줄 것이니, 평생의 능통한 사업이 여기에서 벗어나지 않는다.

夫士抱雅志, 身雖縻於舟車攸限, 收天下之耳以爲聞, 傳天下之目以爲見. 或參酌彼

---

344 怨尤는 『呂氏春秋』, 「誣徒」의 "人之情, 惡異於己者, 此師徒相與造怨尤也."에 보인다.
345 虛華는 浮華不實로 王充 『論衡』, 「變虛」의 "出虛華之三言, 謂星卻而禍除, 增壽延年, 享長久之福, 誤矣."에 보인다.

此風俗, 以宏敎化, 或抽繹聖賢書籍, 以資師友, 或講水陸宜産, 以通有無, 或搜器具
便利, 以濟日用, 或明善樹實, 以袪邪僞以除虛華, 或探奇覽秀, 以富襟懷以開神智,
平生能事, 不外於此.

하지만 세운 마음이 바르면, 많이 듣고 많이 본 것346이 이익 아님이
없으나, 세운 마음이 바르지 않으면, 많이 듣고 많이 본 것은 도리어
재앙이 될 것이다.

然立心正, 則多聞多見, 無非利益, 立心不正, 多聞多見, 返爲禍害.

---

346 『論語』, 「爲政」: 子曰, 多聞闕疑, 愼言其餘則寡尤, 多見闕殆, 愼行其餘則寡悔.
   言寡尤, 行寡悔, 祿在其中矣.

해 설

시대에 맞는 선비상을 헤아렸다.

19세기 전반 당시 조선의 대외 교류는 극히 제한되어 있었지만, 저자는 서적을 통하여 동서가 서로 통하고 있음을 알고 있었다. 그래서 견문 곧 정보의 양과 질을 논하였다. 그렇게 봤을 때 한곳의 치우치고 막힌 정보만 믿을 수는 없다는 생각이 묻어 나온다.

그래서 우열에 따라 동서의 정보를 취하거나 버려야 한다는 생각을 드러내었다. 사실 이 관점은 『추측록』 권6의 「동서 문물의 취사(東西取捨)」와 같지만, 여기서는 간단히 언급하는 선에서 끝냈다. 옮긴이는 다른 저술에서 저자의 서학 수용의 태도를 '동서취사론'이라 규정한 바 있다.[347] 자세한 내용은 「동서취사」의 해설에서 더 다루겠다.

자연히 그런 일에 앞장서야 할 사람을 선비로 보았다. 그래서 이 글의 후반부는 선비가 견문을 넓혀 할 수 있는 일을 대강 논하였다. 비록 한계는 있어도 서로의 풍습을 참작한 교화, 고전의 재해석, 윤리적이고 실용적 지식, 경제와 관련된 상업, 기술 그리고 탐험 등이다. 이는 제국주의가 과학기술로 무장하여 다른 세계의 정보를 획득하고 이득을 얻기 위해 종교와 탐험과 인류학 등을 활용한 모습에 대한 일종의 대응책이다.

---

347 이종란, 『서양 문명의 도전과 기의 철학』, 298-302쪽.

68. 사람을 부리고 백성을 다스리다
使人制民

가르쳐 인도하여 사람을 부리면 사람들은 대부분 쓸모가 있고, 윗사람이 백성의 실정을 체험하여 그들을 다스리면, 백성은 대부분 그를 잊지 못하고 아낀다.348

教導而使人, 人多爲用, 體情而制民, 民多顧惜.

* * *

사람들에게는 혹 식견이 미치지 못한 곳, 혹 들은 내용이 사실이 아닌 곳, 혹 역량이 모자란 곳, 혹 마음 속으로 생각했던 일이 괴로웠던 곳, 혹 정신이 소홀했던 곳, 혹은 변변치 못한 뜻이 있었던 곳이 있다. 이들을 참으로 마땅하게 가르쳐 인도하되, 막힌 것을 열어주고 일의 형세와 이치를 일깨워 그 각각의 경우를 따라 사람을 부리면, 쓸모없는 사람이 제법 적을 것이고 즐거이 일하는 길을 거의 열어줄 것이다.

人或識見有不到處, 或聽聞有未眞處, 或力量有不及處, 或心事有所苦處, 或精神有所忽處, 或微意有所在處. 固宜教導, 開其窒礙諭其勢理, 隨處使人, 頗鮮無用之人, 庶開樂爲之路.

---

348 顧惜은 끝에 등장하는 顧戀愛惜의 준말로 쓰였다. 顧戀은 마음에 맺혀 잊지 못함의 뜻으로 『後漢書』, 「公孫瓚傳」의 "今將軍將士, 莫不懷瓦解之心, 所以猶能相守者, 顧戀其老小, 而恃將軍爲主故耳."에 보인다.

만약 사람들에게 완벽하기만을 요구해서,349 어리석은 사람에게 현자의 일을 하게 하고, 솜씨가 졸렬한 사람에게 뛰어난 장인의 작업을 하게 하면, 세간에는 쓸 수 있는 사람이 적고 또 쓰이기를 바라는 사람도 없을 것이다.

若責備於人, 而使愚者行賢者事, 俾拙者做巧者業, 世間少可用之人, 亦無願爲用之人矣.

또 백성은 윗사람을 잊지 못하고 아끼는 상태에 이르지 못하면, 솥에 삶아 죽이는 형벌350을 시행하더라도 그들을 위협할 수 없고, 소진(蘇秦)과 장의(張儀)351의 변설(辯舌)로도 그들을 설득할 수 없다. 위에 있는 사람이 이 뜻을 알고서 그들의 체통352을 길러주고 그들의 실정과 생각을 체험하여 그 백성을 다스리면,353 백성은 그를 잊지 못하고 사랑하며 아깝게 여겨서, 마침내 그 명을 받들어 어김이 없을 것이다.

且民到於無所顧惜, 則鼎鑊之刑, 不能使之威, 蘇張之舌, 不能使之論. 居上之人, 須知此意, 養其體統, 體其情思, 而制御其民, 則民有顧戀愛惜, 竟至于承奉無違.

---

349 責備는 남이 완벽하기만을 요구하는 일로서 『淮南子』, 「氾論訓」의 "是故君子不責備於一人."에 보인다.
350 鼎鑊은 전국시대 사람을 삶아 죽인 형구로서 솥과 가마이다.
351 둘 다 전국시대 遊說客. 蘇秦은 秦에 맞서 連橫策으로, 張儀는 그것에 대응해 合從策을 제창하였다.
352 體統에는 여러 뜻이 있으나 여기서는 신분에 맞는 체면을 뜻으로 쓰였다.
353 御는 제목의 制 자와 함께 어울려 制御의 형태로 쓰이며 다스린다는 뜻이다. 『史記』, 「秦始皇本紀」의 "凡所爲貴有天下者, 得肆意極欲, 主重明法, 下不敢爲非, 以制御海內矣."에 보인다.

해 설

나라를 다스리는 윗사람의 역할을 헤아렸다.

백성을 부리거나 다스리는 조건 두 가지를 제시하였다. 하나는 가르쳐야 한다는 점이고, 또 하나는 그들의 실정을 체험한 뒤 거기에 맞게 다스려야 한다는 점이다. 이는 모두 유학의 계승이다. 여기서는 다만 그 가르침의 대상이 어떤 내용이 아니라, 각자의 처지에 따른 구체적 상황으로 나열하였다.

현대의 리더십이나 교육활동에도 적용할 수 있는 주장이다.

69. 자기를 아는 일과 남을 아는 일
自知及知人

자기를 아는 깊이와 넓이는 남을 아는 깊이와 넓이로서 그 우열을 헤아려야 한다.354 남을 깊이 아는 사람은 반드시 자기도 깊이 알며, 남을 얕게 아는 사람은 반드시 자기도 얕게 알고, 그 앎의 넓이에서도 이와 같다.

自知之淺深周偏, 當以知人之淺深周偏, 占其優劣. 知人深者, 必自知也深, 知人淺者, 必自知也淺, 至於周偏, 亦猶乎此.

* * *

'자기를 안다'라는 말이 어찌 자기 사정355만 알고 남의 사정을 모르는 일이겠는가? 자기를 다하고 남을 다한356 뒤에야 자기를 안다고 말할 수 있다. 만약 남을 아는 방법을 다하지 않으면서, 문득 자기를 밝게 안다고 말하는 사람은 반드시 앎이 얕고 치우친다. 남을 아는 방법을 다할 수 있는 사람은 혹시나 자기를 아는 일에 완벽하지 못할까 두려워하

---

354 自知는 자기를 아는 것, 知人은 남을 아는 일로서 『老子』 33章의 "知人者智, 自知者明."에 보인다.

355 情事는 여기서 남녀 간의 그것이 아니라 사실 또는 정황의 뜻으로 『莊子』, 「天地」의 "畢見其情事, 而行其所爲."에 보인다.

356 『中庸章句』 第22章: 唯天下至誠, 爲能盡其性, 能盡其性則能盡人之性, 能盡人之性則能盡物之性, 能盡物之性則可以贊天地之化育, 可以贊天地之化育, 則可以與天地參矣. 盡其의 其는 본문의 己와 같으며, 또 본문 중간에 盡人의 과정이 생략되어 있고, 盡物의 物은 남의 뜻으로 쓰였다. 주희는 盡에 대한 의미를 "能盡之者, 謂知之無不明而處之無不當也."라고 하여 자기 앎을 완벽하게 밝혀 남과 사물의 본성을 잘 이루도록 처신을 마땅하게 하는 일로 풀이하였다.

고, 또 혹시나 자기를 아는 일이 비록 완벽하더라도 남을 아는 일이 완벽하지 못할지 늘 우려하여, 양쪽을 참고해서 동반해 드러내니, 이것이야말로 추측의 방법이다. 하물며 자기를 아는 일과 남을 아는 일에 원래 일정한 기준이 없고, 늘 때에 따라 알맞음을 얻는357 데 있음에야.

自知云者, 豈是獨知自己情事, 而未知人之情事哉. 盡己而盡物, 然後方可謂自知. 若不能盡知人之道, 輒稱自知明者, 必淺且偏也. 能盡知人之道者, 恐或有自知未盡, 又或自知雖盡, 常慮知人未盡, 參互將發, 乃是推測之道也. 況自知與知人, 元無一定之準的, 常有隨時之得中乎.

대체로 보아 자기를 아는 어려움은 기질의 병통에 달려 있고, 남을 아는 어려움은 때에 따른 변화에 달려 있다. 그러므로 이미 기질의 병통을 알았다면 또 때에 따른 변화를 안 뒤에야 자기를 알고 남을 알 수 있다.

凡自知之難, 在於氣質之病, 知人之難, 在於隨時之變. 故旣知氣質之病, 而又知隨時之變, 然後可以自知而知人也.

---

357 得中은 『주역』의 爻가 가운데 자리를 얻었다는 뜻으로 「同人卦」의 "柔得位得中, 而應乎乾, 曰同人."에 보인다. 여기서는 알맞음을 얻었다는 말로 곧 정확하게 안다는 뜻. (앞에 나옴)

해 설

자기를 알고 남을 아는 문제를 헤아렸다.

이 문제는 『중용』의 논리를 가지고 와서 재해석하였다. 『중용』의 내용처럼 '자기를 다하고 남을 다한' 뒤에야 자기를 알 수 있다고 주장했다. 저자는 '다한다'라는 말을 '아는 방법을 다한다'라는 의미로 풀었다. 그런데 주희는 남과 나의 본성 곧 인간의 본성이 보편적이라는 전제에서 나의 본성만 완벽하게 알고 구현하면 타인의 그것도 다할 수 있다는 주장을 펼쳤다. 그의 철학의 성격상 그렇게 보는 점은 당연하다. 물론 조선 후기에 오면 인간과 물건의 성이 같은지 다른지의 토론이 벌어지기는 하지만, 주희가 말하는 본연지성의 측면에서는 인물의 본성이 다르지 않다.

이에 반해 저자는 남을 모르면 자기도 모른다고 하여 되레 남을 통해서 자기를 더 알 수 있다고 주장하였다. 이는 자기를 완전히 무시하고 남을 먼저 알아야 한다는 주장으로 오해할 수 있으나, 본문의 "양쪽을 참고해서 동반해 드러낸다"라는 말에서 보면, 그렇지 않음을 알 수 있다. 그래서 자연히 주희의 학설을 간접적으로 비판한 형국이다. 저자 철학의 방향에서 볼 때 주희식으로 접근할 문제가 아니기 때문이다. 사실 이것은 사물에 대한 객관적·보편적 인식 원리는 대상에 구애받지 않으며, 남을 객관적으로 보는 태도와 원리가 자기에게도 그대로 적용되어야 한다는 관점이다. 그래서 그것이 바로 추측의 방법이라고 단언하였다. 현대 심리학이나 행동과학에서 대상으로서 남에 해당하는 인간 탐구의 결과가 그대로 자기에게도 적용된다. 인간을 객관적으로 이해하는 일이 바로 자기를 제대로 이해하는 일도 되기 때문이다. 물론 이것은 인간의 보편적 특성으로서 심리나 행동의 관점에서 볼 때 그렇다. 바로

거기서 저자의 추측이 성립되고, 추기측인의 논리가 적용된다. 여기서
는 다만 그 역으로 추인측기(推人測己)로 사용하였다.

70. 스승의 도리를 미루어 임금의 도리를 헤아리다
推師道測君道

온 세상에서 늘 실천하는 법도를 밝힌 사람은 온 세상의 스승이고, 한 나라에서 시행할 만한 예법을 제정한 사람은 한 나라의 스승이며, 한 고장에 마땅한 풍속을 정한 사람은 한 고장의 스승이다. 스승 도리의 크기는 소견이 넓게 적용되느냐 가까운 곳에만 적용되는 것이냐에 말미암으니, 실로 임금이 되는 도리358의 크기도 관할하는 지역의 넓고 좁음을 말미암는다는 점과 같다.

明天下常行之法者, 天下之師也, 制一國可行之禮者, 一國之師也, 定一鄉攸宜之俗者, 一鄉之師也. 師道之大小, 由於所見之遠近, 實猶君道之大小, 由於管轄之廣狹.

* * *

스승이란 지위가 없어도 교화를 실천하는 사람이다. 일상에 통하는 보편적 도리로서 교화하면 당장은 비록 멀리 미치지 못하더라도 끝내 온 세상의 스승이 될 수 있지만, 치우치고 거짓된 도리로 어리석은 백성을 교화하는 것은 설령 한때 불꽃처럼 왕성하게 늘어나더라도 얼마 지나지 않아 소멸한다. 하지만 물든 습속은 변하기 어려워 반드시 백 년을 기다려야만 바뀌고, 끼치는 말류의 폐단은 세대의 기한을 지나야 깊어지니, 스승의 도리가 때에 맞게359 나아가 바로잡을360 수 있다.

---

358 君道는 『周易』, 「復卦」의 "象曰, 迷復之凶, 反君道也."에 보인다. 師道는 스승이 되는 도리 또는 그 가르침이다. 『漢書』, 「匡衡傳」에 보임.

師者, 無位而行教化者也. 以經常之道教化, 則今雖不得迄遠, 而畢竟爲天下師, 以
偏僑之道, 教化愚民者, 縱得一時之熾延, 非久消滅. 然習染之難變, 必待百年之期
而遷移焉, 末流之貽弊, 須從歷世之限而轉深焉, 師之道, 可隨時而就正矣.

대체로 보아 세계의 종교361에는 네 가지가 있다. 중부·남부·동부의
세 인도로부터 미얀마와 태국과 티베트와 칭하이362와 대사막의 남북
지역363과 북쪽의 몽골이 모두 불교이다. 서인도로부터의 페르시아364
와 아라비아반도365와 서쪽의 아프리카366와 동쪽의 파미르고원367
좌우와 카자흐368와 키르키스369의 여러 유목 지역, 텐산남로370의 여러

---

359 隨時는 때와 형세에 순응하거나 시의에 적합함을 말함. 『周易』, 「隨卦」의 "大亨貞,
　　無咎, 而天下隨時, 隨時之義大矣哉."에 보인다.

360 就正은 '~에 나아가 바로잡는다'의 뜻으로 『論語』, 「學而」의 "君子食無求飽, 居無求
　　安, 敏於事而慎於言, 就有道而正焉, 可謂好學也已."에 보인다.

361 저자 당시에는 종교라는 개념이 없었다. 그냥 가르침인 '敎'만 있었다. 그래서
　　개화기 때 서양의 종교 개념이 도입되면서 大倧敎·天道敎·天主敎·圓佛敎 방식으
　　로 덧붙였다. 더 자세한 것은 이종란·김현우·이철승 지음, 『민의 철학과 민족종교』,
　　학고방, 2020, 24-35쪽을 참고할 것. 본서에서는 독자의 이해를 돕기 위해 종교로
　　옮김.

362 靑海는 지금의 중국 북서부에 있는 성 이름이면서 그 동부에 있는 鹽湖이다.
　　「곤여만국전도」에도 보인다.

363 漠南은 몽골고원 대사막 이남 지역. 漠南과 漠北은 한대부터 사용되었고, 漠南은
　　청대부터는 내몽골만 가리키는 말이 되었음

364 「곤여만국전도」에서는 이란 서북지역을 波斯로 되어 있는데 발음상 包社와 같은
　　것으로 보았음. 또 뒤에 巴杜도 같은 음역으로 보임.

365 阿丹은 아라비아반도 예멘공화국의 수도 아덴이다. 「곤여만국전도」에는 亞等國으
　　로 되어 있는데, 발음이 유사하다. 또는 지금의 아라비아반도.

366 利未亞는 아프리카의 옛 이름. 艾儒略의 『職方外紀』와 「곤여만국전도」를 따름.

367 蔥嶺은 「곤연만국전도」에 大蔥嶺로 되어 있는데, 지금의 파미르고원이다.

368 哈薩克은 하사크의 음역으로 카자흐(Kazahk)족의 옛 이름으로 중국 북방에 살던
　　민족. 본문은 그들이 살던 지역.

369 布魯特은 Burut의 음역으로 중앙아시아에 사는 Kirghit족으로 淸代에 부르던
　　이름.

성곽도시가 모두 이슬람교이다.371 대서양372의 유럽 각국에서 대서양 밖의 아메리카373 각국이 모두 기독교374이다. 그리고 중국과 베트남 조선과 일본은 유교이다. 종교가 거쳐온 햇수를 계산하면 모두 삼천 년을 넘지 않는다.

凡天下之教有四. 自中南東三印度, 而緬甸暹羅, 而西藏, 而青海漠南北蒙古, 皆佛教. 自西印度之包社阿丹, 而西之利未亞洲, 而東之蔥嶺左右哈薩克布魯特諸游牧, 而天山南路諸城郭, 皆天方教. 自大西洋之歐邏巴各國, 外大西洋之彌利堅各國, 皆天主教. 與中國安南朝鮮日本之儒教. 計其歷年, 則總不過數三千年之久.

그리고 유교를 제외한 세 종교는 제각기 자체로 서로 분열하여 같은 가운데서도 다른 이론을 세워 드디어 지파의 문호를 열었다.【불교는 셋으로 갈라졌다. 하나는 묵나교 곧 인도의 구교로 또 힌두교라고 한다.375 하나는 대라마교로 곧 티베트의 황교376이다. 그리고 하나는

---

370 天山山脈을 따라 만들어진 고대 동서 간 육상 교통 간선의 하나.

371 天方이란 말은 이슬람교 발원지인 메카를 가리키는 말로 후에 아라비아를 가리키는 말로 변함. 『明史』, 「西域傳四·天方」의 "天方, 古筠沖地, 一名天堂, 又曰默伽."에 보이며 默伽는 메카이다.

372 대서양은 「곤여만국전도」에 小西洋·大東洋·小東洋처럼 바다 이름. 이베리아반도 근처에 표기되어 있다.

373 「곤여만국전도」에서는 아메리카를 亞墨利加로 표기되어 있고, 또 彌利堅 외에 美理哥, 亞美里加, 美利堅, 彌利堅, 米利堅 등으로 표기하였고, 미국만을 말할 때도 그렇게 썼다.

374 원문 天主教는 여기서는 구교인 가톨릭을 말함이 아니라 기독교를 뜻한다. 저자가 인용한 청 魏源의 『海國圖志』의 그것을 따른 것인데, 魏源이 천주교를 기독교의 총칭으로 사용한 결과이다. 아래 인용된 각주의 『海國圖志』 내용을 볼 것.

375 興杜는 힌두의 음역. 인도의 종교는 브라만교에서 불교와 힌두교와 자이나교가 갈라져 나왔다.

376 라마교의 신교인 개혁적 일파. 일명 게룩(겔룩)파. 계율이 엄격하고 누른 옷과

묵로혁교로 티베트의 홍교377로서 또 묵저란교라고도 부른다. 이슬람교도 셋으로 갈라졌다. 하나는 유대교로 곧 기독교378의 구교이다. 또 하나는 마호메트교379로 곧 무함마드가 아라비아반도에서 창립하고 활동한 종교이다. 마지막 하나는 비알리교380니 그 형의 아들이 전하여 페르시아와 투르크381에서 행하였다. 기독교의 총칭은 그리스도교로서 또한 셋으로 갈라졌다. 하나는 가톨릭교로서 이탈리아에서 행한 기독교 구교이고, 또 하나는 성공회,382 마지막 하나는 개신교이니 여러 나라에서 나중에 일어났다.383】 하나가 쇠퇴하면 다른 하나가 잇달아 흥기하여 문득 호월의 다툼384을 이루니, 어떻게 온 세계를 꿰뚫어 하나로 교화하겠는가?

누른 모자를 써서 黃帽派 또는 新派라 부르며 달라이라마를 배출한 문파.

377 라마교의 구교인 보수적 일파. 일명 카규파. 불교와 티베트 고유신앙과 합쳐서 이루어진 것으로, 붉은 가사와 모자를 쓴 데서 홍모파 닝마(Nyingma)파라고도 함.

378 婆羅門은 아래의 波羅特士頓(protestant)의 축약어임. 기독교와 개신교를 혼동해 말했다.

379 馬哈墨은 마호메트의 음역.

380 청대 文廷式(1856~1904)의 『純常子枝語』에 따르면 阿里恤脈이며, 동쪽에 전파된 이슬람 교파로 알려져 있다.

381 都魯機은 투르크(Turk)의 음역.

382 額利는 Angli와 발음이 유사하여 영국 성공회(The Anglican Church)의 음역임. 魏源의 『海國圖志』 卷71의 「南洋西洋各國教門表」에서 "世傳西洋, 惟英吉利一國獨闢天主教, 不知英夷所闢者, 加特力教爾."와 또 청 夏燮의 『中西紀事』 가운데 "英人自路德改立耶穌教, 於是禁行天主教."라는 글이 보인다. 路德는 루터의 음역.

383 이 부분은 『海國圖志』 卷71의 「南洋西洋各國教門表」의 "天主教總名為剋力斯頓教, 亦分三. 一加特力教, 意大里亞所行天主舊教, 一額利教, 一波羅特士頓教, 則諸國所後起. 大都有不供他神而尚供天主偶像畫像, 及禮拜前賢生日者, 有一切不供, 惟敬天者, 有供十字者, 有不供十字者."에 보인다. 이 책은 1842년에 출간되었으니, 본서가 1836년이 아닌 그 이후에 출판되었으므로 보았을 가능성이 크다. 강조는 본서와 같은 글자.

384 胡는 중국의 북방, 越은 남방, 곧 먼 지역의 오랑캐끼리 싸운다는 말.

而三教中自相分裂, 同中立異, 遂開支派之門戶. 【佛教分爲三. 一墨那教, 卽印度國舊教, 又名興杜教. 一大剌麻教, 卽西藏之黃教, 一墨魯赫教, 卽西藏之紅教, 又名墨低蘭教. 天方回教分爲三. 一由斯教, 卽婆羅門舊教. 一馬哈墨教, 卽穆罕默德所創行于阿丹者. 一比阿厘教, 則其兄子所傳行于巴杜都魯機者. 天主教總名爲克力斯頓教, 亦分三. 一加特力教, 乃意大里亞所行天主舊教, 一額利教, 一波羅特士頓教, 則諸國所後起者.】因衰迭興, 便成胡越之干戈, 何以洞天下而一教化哉.

세계 각 지역의 풍토와 맞는 물산과 추위와 더위가 빠르고 늦는 시기는 제각기 다르고, 언어와 복식과 풍속도 따라서 같지 않다. 이런 것은 끝내 하나로 돌아가기는 어렵다. 하지만 윤리·도덕과 정치·교육과 사농공상의 직업에서는 일용 평상의 도리와 성실하고 밝은 이치를 들어서 밝히면, 세계의 스승으로서 교화를 하나로 할 수 있다.

天下之土宜物產, 寒暑之早晚各異, 而言語服飾風俗, 亦從而不同. 是則竟難歸一也. 至於倫綱政敎, 士農商工, 日用常行之道, 誠實光明之理, 舉而明之, 可以師天下而一敎化也.

이 네 종교가 모두 높이 섬기는 대상이 있는데, 유교의 상제와 불교의 천상계의 모든 부처와 이슬람의 알라신과 서양의 하느님이 그것으로[385] 이름은 비록 달라도 그 실상은 모두 하늘이다. 사리에 통달하지 못한 후학들은 그 이름을 붙인 의미로 인해서 탐구한 내용이 같지 않고, 소견이 제각기 다르고 달려가는 방향이 점차 갈라져서 그 높고 넓음[386]을 알기

---

385 事天과 神天은 저자가 다른 곳에서도 일컫는 이슬람교와 기독교의 신 이름이다. 불교의 諸天은 여러 뜻이 있으나 최고신으로 받든다는 의미로서 천상계의 부처로 옮김. 上帝는 유교 경전에 보이는 고대의 불렀던 신의 이름.

386 巍蕩은 巍巍蕩蕩의 준말로, 『論語』, 「泰伯」의 "大哉堯之爲君也. 巍巍乎. 唯天爲大,

어려웠다. 인간 세상의 일을 미루어 모습을 본뜨거나, 신이하고 괴이한 것으로 근거 없이 설명하니,387 어찌 이것이 하늘의 도리를 좇고 받들어 잇는 것뿐이겠는가?

若夫四敎皆有尊事, 儒之上帝, 佛之諸天, 回之事天, 洋之神天, 名雖殊, 而其實皆天也. 後學之不能達觀者, 因其命名之義, 而所究不同, 因其所見之各異, 而趨向漸歧, 巍蕩難知. 或推人事而倣像, 或以神怪而杜撰, 豈是順天之道, 奉承而已哉.

차츰 해를 지나 오래되면 없어지는 것은 바른 종교가 아니고, 오래 지나도 사라지지 않는 것이 바른 종교이다. 있어도 그만 없어도 그만인 것은 바른 종교가 아니요, 비록 잠깐이라도 없어서는 안 될 것이 바른 종교이다. 다만 온 세상의 종교만이 아니라 비록 한 집안 한 고을의 가르침을 세우는 데에도 항구적으로 오래 가느냐 그렇지 못하느냐의 이치를 가지고 우열을 점칠 수 있다.

稍俟幾年之久遠而息滅者, 非正敎也, 雖久遠, 而不息滅者正敎也. 有之可無之可者非正敎也. 雖須史不可無者正敎也. 非特天下之敎道, 雖一家一鄕之立敎, 以其常久與不常久之理, 可占優劣耳.

임금의 도리와 스승의 도리가 한 시기나 한 나라의 낡아빠진 법도에 얽매인다면, 스스로 한계는 긋는 일388을 면치 못한다. 임금의 도리를

唯堯則之. 蕩蕩乎. 民無能名焉."에 보인다.

387 杜撰은 원래 典據가 불확실하거나 격식에 맞지 않는 시문을 가리키는 말. (앞에 나옴)

388 自畫는 스스로 자기를 제한하여 단념하는 自劃과 같은 뜻으로 쓰였음. 自劃은 坐地自劃으로도 쓰임.

창건하는 사람은 일상적이고 보편적 스승의 도리를 생각하여 온 세상 만세에 실천할 만한 법도389를 세우고, 스승의 도리를 맡은 사람은 임금의 도리가 관할하는 내용을 통합하여 세계의 항구적인 도리를 밝힌다면, 어떤 풍성한 덕과 큰 사업390이 이보다 낫겠는가?

君道師道, 拘於一時一國之弊規, 則未免自畫. 刱君道者, 念師道之經常, 而立天下萬世可行之程章, 任師道者, 統君道之管轄, 而明四海常久之道理, 盛德大業, 孰過於此.

---

389 程章은 章程과 같은 의미로 쓰였으며, 법도·규정·제도 등의 뜻으로 쓰였다.
390 『周易』, 「繫辭上」: 富有之謂大業, 日新之謂盛德.

해 설

임금과 스승의 도리를 종교와 관련하여 헤아렸다.

이 글을 읽는 현대인들은 두 가지 관점에서 약간 어리둥절하겠다. 하나는 다소 부정확한 정보인데, 앞의 「서양 종교의 변천(西敎沿革)」에서 보았듯이 불교에서 이슬람교를 거쳐 기독교로 영향을 끼쳤다는 관점의 연장선에서 설명하고 있기 때문이다. 이는 청말 중국인의 세계 종교에 대한 이해를 저자가 받아들이면서 생긴 문제이다. 19세기 중반까지도 조선에서 세계 사정에 대한 지식은 매우 한정되어 있었기 때문이다. 그래서 소개하는 각 종교의 일부 종파는 생소할 수밖에 없다. 게다가 일부 용어는 지금처럼 학계에서 보편적으로 사용하는 용어도 아니고, 또 당시 정확한지 부정확한지 알 수도 없는 용어를 대부분 한자로 음역하여서 정확한 명칭이 무엇인지 알기도 어렵다. 심지어 같은 명칭을 다른 한자로 음역한 사례도 많다.

다음으로 혼란스럽게 느껴지는 원인은 저자가 사용하는 개념이 오늘날 그것과 일치하지 않은 데 있다. 그 대표적 사례 가운데 하나가 전통적인 성인의 가르침인 '교(敎)'와 '종교(religion)'의 개념이다. 앞의 글에서 잠시 언급했다시피 당시 조선에는 서양식 종교 개념이 아직 확립되지 않아서, 전통의 교와 종교 개념을 분리하여 설명하지 않았다. '스승의 도리'라는 말로 종합해서 말하는 점을 보면, 유학의 관점으로 해석했지, 저자의 머릿속에는 현대의 서양식 종교 개념이 아직 없었다. 어쨌듯 이 글에서 '교'는 대부분 오늘날 종교를 분류하는 의미로 쓰였는데, 원문의 '삼교(三敎)'와 '유교', '천주교', '불교'니 하는 용어가 그것이다. 그런데 이것은 전통의 가르침을 따르면서 서양식 종교 개념과 결합한 용어인데, 이는 저자가 참고한 책을 쓴 청말 중국인이 번역·사용한

언어에서 유래했다. 이후 우리나라에서도 천도교·대종교·원불교라는
이름에 '교' 자를 붙인 점이 바로 이런 언어 전통에서 나왔다.

아무튼 저자는 종교를 성인 또는 스승의 가르침 정도로 이해했으므로,
"세계의 스승으로서 세계를 하나로 교화할 수 있다"라는 말을 할 수
있었다. 이는 또 보편적 가르침을 세워 종교를 하나로 통합할 수 있다는
생각이다. 이는 과거 서구인들이 자기들의 정치 형태를 보편적 민주주
의, 자기들의 종교를 보편 종교로 이해하고 그것을 세계에 건립할 수
있다고 생각했던 일과 같은 맥락이다. 지금까지 인류의 모습을 보면
종교 통일은 지구의 역사가 사라지는 날까지도 어려워 보인다.

하지만 다양한 종교 속에서도 그 본질을 추구한다는 측면에서 현대의
여러 종교의 신학자들이 고민하는 문제이기도 하다. 어쩌면 저자의
머릿속에는 종래의 신이라는 우상을 숭배할 것이 아니라, 인간 자신이
만물과 하나된 존재로서 만물과 신이 하나로 이루어져 있다[391]는 점을
자각하고, 거기에 걸맞은 실천에 구원이 있다는 가르침이 아닐지 모르겠
다. 이는 물론 과거처럼 타자만 바뀌어야 한다는 생각[392]만이 아니라,
자기도 변해야 한다는 관점을 내포하고 있다.

이런 점에서 끝부분 임금의 도리는 정치원리, 스승의 도리는 종교의
도리로서 보편적 원리나 도리를 지향해야 한다는 점으로 해석할 수
있다. 여기서는 정치와 종교가 분리될 수 없다. 이 말은 정치에서는
종교의 이념을 구현해야 하고, 종교에서는 정치가 지향하는 이념을
생산해야 한다고 해석할 수 있다. 이는 현대와 같은 정교분리에서 있을

---

391 저자 기철학에서 연역할 수 있다. 기란 生氣이며, 神이란 기의 神이고, 만물은
   神氣가 깃든 존재이기 때문이다.

392 이는 기독교를 앞세운 제국주의도 그렇지만, 그에 저항하는 조선의 衛正斥邪를
   주장하는 사람들의 사상적 지평은 그와 반대로 서양 오랑캐의 풍속이나 생각을
   성현의 그것으로 바꾸어야 한다는 관념.

수 없는 발언이나, 정교일치의 유교적 전통에서 나온 말이다.

71. 추측이 다르게 작동되다
推測異用

한 가지 대상을 강구해도 두 사람의 추측은 제각기 다르다. 만약 그것이 조만간 증험이 되는 대상이라면 저절로 우열이 드러나니, 이것을 일러 추측의 우열이라고 한다. 만약 그것이 끝내 증험이 어려운 대상이라면 제각기 자기의 견해가 옳다고 여길 것이니, 이것을 일러 자기의 추측이 남이 가진 추측에 간여함을 모른다는 것이다. 어느 겨를에 유행지리를 논하겠는가?

就一物而講究, 兩人之推測各異. 若其早晚有驗之物, 自有優劣之呈露, 是謂推測之優劣也. 若以畢竟難驗之物, 各是己見, 是謂不識自己之推測, 與人之有推測也. 何暇論流行之理乎.

* * *

유행지리에는 저절로 이 세상393에 두루 통하여 적용되고 때에 따라 정해진 법칙이 있다. 어제의 이치가 오늘의 이치와 다르고, 오늘의 이치가 내일의 이치와 다르며, 또 만사와 만물에는 정해져서 바뀌지 않는 변화가 있으니, 사람의 본성이 소나 말의 본성이 아니고, 소나 말의 본성이 풀과 나무의 본성이 아니다.

---

393 宇宙는 space나 the universe가 아니라, 宇는 天地四方으로서 無限空間을, 宙는 古往今來로서 無限時間을 가리켜 곧 宇宙는 시공간을 통합한 말인데, 여기서는 이 세계라는 뜻으로 보임. (앞에 나옴)

流行之理, 自有窮宙達宇, 隨時有定之則. 昨日之理, 異於今日之理, 今日之理, 異於
明日之理, 又有萬事萬物, 攸定不易之化, 人之性, 非牛馬之性, 牛馬之性, 非草木之
性.

만약 한 사물을 처리하는394 방식을 논함에 전날의 경험을 미루어 뒷날의
증험을 헤아리면, 설령 사람마다 제각기 다르고 그 나뉨이 오로지 우열과
깊이에 달려 있다고 하더라도, 모두 추측이라고 말할 수 있다. 그러나
현란한395 말과 글, 허황하고 거짓된 일과 행위로서 제각기 자기의 견해
를 붙잡는 일 따위는 시간 경과396에 따른 이둔과 오랜 뒤의 성공 여부를
증험할 자취가 없다. 단지 현란함의 깊이와 허황과 거짓의 우열을 구별할
수 있는 나뉨만 있을 뿐이어서 추측이 아니다. 어찌 유행지리 가운데서
추측지리를 미루어 내어, 추측지리가 유행지리에 어긋남이 없게 할 수
있겠는가?

若就一物而論其區處之方, 推前日之閱歷, 測後日之證驗, 縱有人人之各異, 其分惟
在於優劣淺深, 而皆可謂之推測也. 若以言文之光影, 事爲之虛誕, 各執己見, 是無
時月之利鈍, 久遠之成否, 可驗之蹟. 只有光影之淺深, 虛誕之優劣, 可別之分而已,
是不識推測也. 烏能於流行理中, 推出推測之理, 以推測之理, 無違於流行理乎.

그렇지만 유행지리의 대강397과 본원은 상세하게 알기 어려우므로, 사

---

394 區處는 변통하여 처리하다의 뜻으로 『漢書』, 「循吏傳·黃霸」의 "鰥寡孤獨有死無以
　　葬者, 鄕部書言, 霸具爲區處."에 보인다. (앞에 나옴)
395 光影이 光輝의 의미로 쓰인 곳은 『列子』, 「周穆王」의 "光影所照, 王目眩不能得視."
　　에 보인다. 곧 본문은 현란한 문학적 수사의 뜻으로 쓰였다.
396 時月은 사시와 달의 크고 작음인데 『書經』, 「舜典」의 "協時月正日, 同律度量衡."에
　　보인다. 여기서는 시간의 의미로 쓰였다.

람의 노력은 다만 지류와 작은 말단을 좇아 앞엣것을 미루어 뒤엣것을
헤아릴 뿐이다. 그 대강만 논하면 그 형세가 혼란스럽지398 않을 수
없어 추측의 기능을 발휘할 수 없고, 실제적 이치를 버리면 모두 현란함과
허황과 거짓 가운데 들어가 추측의 효과를 드러낼 수 없다.

然流行理之大致本原, 難得其詳, 則人之用功, 只可從其支流杪葉, 推前測後耳. 論
其大致, 則勢不得不渾淪, 推測無所措其能. 捨其實理, 則盡入于光影虛誕之中, 推
測無以顯其功.

---

397 大致는 대체로, 대강·대략의 뜻. 『後漢書』, 「袁術傳論」의 "天命符驗, 可得而見,
　　未可得而言也. 然大致受大福者, 歸於信順乎."에 보인다. (앞에 나옴)

398 渾淪는 원래 만물 발생 전의 섞여 있는 혼돈의 상태를 가리킨다. 『列子』, 「天瑞」의
　　"太初者, 氣之始也. 太始者, 形之始也. 太素者, 質之始也. 氣形質具而未相離, 故曰
　　渾淪. 渾淪者, 言萬物相渾淪而未相離也."에 보인다. (앞에 나옴)

해 설

추기측인의 마지막 글로서 저자의 학문이 문학이나 종교와 다름을 드러내었다. 그것을 뒷받침하는 논리가 추측과 유행지리이다.

우선 본문에서 문학이나 종교를 은유와 상징으로 드러내었는데, 원문의 광영(光影)과 허탄(虛誕)이 그것이다. 저자의 평소 어법에서 볼 때 광영은 문학, 허탄은 허망(虛妄)과 괴탄(怪誕)의 줄인 말로서 종교의 상징으로 쓰였다. 저자뿐만 아니라 성리학자들도 문학을 사장학(詞章學)이라 일컬으며 등한시했고, 불교와 도교 같은 종교를 허황하고 거짓된 외도로 배척했다. 저자 추측의 학문이 이들보다 우월하다는 생각이 행간에 보인다.

그런데 본문의 "어제의 이치가 오늘의 이치와 다르고, 오늘의 이치가 내일의 이치와 다르며, 또 만사와 만물에는 정해져 바뀌지 않는 변화가 있다"라는 말을 선뜻 이해하기 어려울 듯하다. 여기에는 사물 현상에서 '바뀜'과 '바뀌지 않음'이라는 개념이 동시에 적용되어서 서로 모순처럼 보이기 때문이다. 각각 변화의 시점을 미분해서 볼 때 특히 인사에서 상황에 따라 일의 이치가 다르다는 뜻일 수도 있다. 하지만 그보다 더 분명한 사례는 사람이나 동식물의 성장 또는 계절의 변화처럼 마치 작년에 수확한 감자가 올해 수확한 감자와 다르지 않듯, 변하기는 하지만 변하는 방식과 내용이 바뀌지 않는다는 뜻이다. 변화와 불변은 사물이 갖는 두 측면이기 때문이다.

또 본문에서 "유행지리의 대강만 논하면 혼란스럽다"라는 말도 이해하기 어려운데, 그 말의 의미는 바로 앞의 "유행지리의 대강과 본원은 상세하게 알기 어려우므로, 사람의 노력은 다만 지류와 작은 말단을 좇아 앞엣것을 미루고 뒤엣것을 헤아릴 뿐이다"에서 찾아야 한다. 대강이란 여러 대상이나 현상을 종합해서 일반적으로 논하는 일이어서, 구체적 사물의 법칙을 낱낱이 알기 전에는 말하기 어려운 부분이다. 이는 저자의 인식 방법이 귀납적 경험 위주이기 때문이다. 곧 자연과학이 귀납법에 의존하고, 그 귀납적 사실을 종합하여 세계의 본질을 추구하는 방향과 같은 점을 보여주고 있기 때문이다.

『추측록』 권5 끝. 推測錄 卷五 終.

추측록
推測錄
권6

추물측사

推物測事

1. 사물의 취사
取捨事物

백성의 삶은 사물을 의지하지 않음이 없다. 역대 이래로 온 세상의 사물이 있고, 어려서부터 늙을 때까지 한 사람의 사물이 있다. 한 사람의 수명 동안에 온 세상의 사물을 연구하려면, 하나를 미루어 만 가지를 헤아려야 하니, 거기에는 저절로 방법이 있다. 반면 온 세상의 사물을 시행하려면, 반드시 다 감당할 겨를이 없으니, 마땅히 그 사이에서 취하거나 버려야 한다.

民之有生, 莫不藉賴事物. 歷代以來, 有天下之事物, 自幼至老, 有一人之事物. 以一人之壽, 欲窮天下之事物, 推一測萬, 自有其方. 欲行天下之事物, 必不暇給, 宜有取捨於其間.

* * *

백성의 생김[1]은 오래되었고 또 사는 곳도 넓다. 그래서 나타나지 않은 물건은 없고, 갖추지 않은 일도 없으며, 또 서로 이루어 주고 바뀌어 가니, 이것들을 다 연구할 수는 없다. 어떤 것은 세태를 따라 일어났다가 사라지기도 하고, 혹은 처지에 따라 있거나 없기도 하고, 혹은 허상을 희롱하여 끝내 더듬어 찾지 못하기도 하고, 혹은 무익한 일을 하다가 덕을 해치기도 한다.

---

1 蒸民은 백성의 뜻. 『孟子』, 「告子上」의 "詩曰, 天生蒸民, 有物有則."에 보인다. 詩는 『詩經』, 「大雅烝民」이고, 毛傳과 朱熹도 '物은 事이다'라고 주석하였다. 본서의 事物은 여기서 근거하고 있다.

蒸民之生, 久且廣矣. 無物不顯, 無事不備, 又有交濟變易, 殆不可窮矣. 或隨時俗而起滅, 或隨處地而有無, 或弄虛影而終不摸着, 或作無益而至於敗德.

정말로 그 근원과 말단을 능히 탐구하여 시행하려고 한다면, 마땅히 그 사이에서 취하거나 버려야 한다. 버려야 할 대상은 그 옳지 못함을 미루고 밝혀서 후세 사람들이 미혹될 소지를 끊어버리는 것이다. 버려도 되고 버리지 않아도 되는 대상은 그 근본과 말단을 미루어 시대의 가치[2]를 기다리는 것이다.

苟能究其原委而欲行之, 宜有取捨於其間. 可捨之者, 推明其不可, 以絶後人之惑. 捨之可不捨之可者, 推其本末, 以待時尚.

버릴 수 없는 대상은 항상 오래 가는 도리이다. 상세히 설명하고자 하면 이승에서의 삶이 되레 부족하고, 몸소 실행하려고 하면 일이 있는 그날이 모두 실행하는 때이다. 그래서 백 년의 수명을 가진 사람은 백 년의 사물이 있고, 60세[3]를 사는 사람은 60년의 사물이 있다.

若夫不可捨者, 是乃常久之道也. 欲詳說之, 則此生猶不足, 欲體行之, 則當日皆有其時. 壽百年者, 有百年事物, 壽一甲者, 有一甲事物.

---

2 時尚은 해당하는 시대가 숭상하는 가치나 취향.
3 一甲은 一甲子의 줄인 말로 쓰였음.

해 설

'추물측사'의 첫 번째 글로서 취하거나 버려야 할 물건이나 일을 설명하였다. 현대인의 언어습관에서 볼 때 물건과 일은 엄격히 분리된다. 물건은 보통 '일정한 형체를 갖춘 모든 물질적 대상'의 의미이다. 일이란 여러 뜻이 있지만 보통 사람이 하는 활동을 가리킨다.

그런데 우리 전통에서 한자 物과 事를 사용할 때는 그리 단순하지 않다. 事는 보통 직무와 관련된 일, 직업, 사정, 사업, 변고 등으로 인사와 관련하여 쓰였다. 物을 철학에서 다룰 때는 보통 만물, 동식물을 포함한 생물, 나와 상대되는 대상이나 인물, 구체적이고 개별적인 물품, 심지어 일의 뜻으로도 쓰였다. 특히 주희가 『대학』의 격물치지(格物致知)를 해석하면서 '物은 事와 같다'라고 주석한 이후부터 주요 격물의 대상이 물리적 자연이 아니라 인사가 됨으로써, 유학은 윤리적 당위를 비롯한 인사 중심의 학문이 되어 자연히 자연과학과 멀어지게 되었다. 그 영향으로 특히 조선에서 자연 탐구나 기술 분야는 훗날 실학이 등장하여 그 중요성을 말했어도, 여전히 하급 관리나 중인 계층의 기술직이 맡았다.

바로 여기서 '물건을 미루어 일을 헤아린다'라는 저자 '추물측사'의 논리가 일과 물건이 오늘날처럼 구분되어, 물건을 미룬 자연과학적 탐구의 결과가 헤아린 일에 적용되는지, 이후의 글에서 살펴보아야 할 핵심 내용이다. 물에 관심을 돌린다면 과학적 탐구와 연결되기 때문이다. 본문에서도 약간 구별하고 있으나 엄격하지 않아서 이후 더 면밀하게 살펴야 할 것 같다.

만약 그런 관점에서 일과 물건을 구분하지 않는다면, 또 각각 어떻게 개념을 부여하고 있는지 주의 깊게 살펴보아야 할 사항이기도 하다.

2. 성인의 경전은 자연의 경전에 근본을 둔다
聖經本於天經

자연은 큰 덕을 가지고 있고[4] 말이 없으나, 운행과 일을 경전으로 삼는다. 인간에겐 성인의 덕이 있어 가르침을 세웠으니, 윤리·도덕을 경전으로 삼는다. 그 말 없는 점을 잘 표현한 것이 자연의 길이고, 물리의 합당함을 명백하게 한 것이 인간의 길이다. 자연과 인간이 함께하는 경전이란 곧 바뀌지 않는 일상의 경전이다. 나아가 세속에서 선을 권하고 악을 징계하며 또 사기에서 분별하는 것은 변화에 따른 일상의 경전이다.

天有大德而無言, 以行與事爲經. 人有聖德而立言, 以倫常爲經. 善形容其無言者天道也, 著物理之剴切者人道也. 天人之經, 卽不易之常經也. 至若就時俗而勸懲, 在事機而辨別, 乃隨變之常經也.

후세에 경전을 읽는 사람은 말이 없는 자연의 경전을 미루어 가르침을 세운 성인의 경전을 헤아리고, 일상의 경전을 미루어 변화에 따른 경전을 헤아려야만, 앎의 다름과 옛날과 지금이 마땅함을 달리함을 알 수 있다.

後之讀經者, 推無言之經, 以測立言之經, 推庸常之經, 以測隨變之經, 可以知所得之不同, 古今之異宜.

* * *

---

4 『周易』, 「繫辭上」: 天地之大德曰生.

일상의 도리5에 대한 논의는 사람의 견문과 경험의 크기와 범위에 따라, 저절로 엉성하거나 면밀하거나 깊거나 얕은 차이가 있다. 복희씨가 앞 시대에 먼저 일상의 도리를 창도했어도 거쳐온 경험은 요순이 점차 많았고, 견문은 주공과 공자의 그것이 더욱 넓었다. 이때 와서 예악을 제정하고 『시경』과 『서경』 등을 다듬어 정리하였다.6

經常之論, 隨人見聞閱歷之大小遠近, 而自有疎密淺深之分. 伏羲唱之於先, 而閱歷則堯舜漸多, 見聞則周公孔子益廣. 於是制作禮樂, 刪定詩書.

그 성인의 지혜를 말하면 비록 '처지를 바꾸어도 모두 그럴 것이다'라고 말하겠지만, 그 경험을 논하면 완전히 앞과 뒤가 같지 않다. 만약 주공과 공자가 4~5천 년 뒤에 태어났다면, 마땅히 그 후세의 경험을 가지고 다듬어 정리한 내용이 응당 많아, 이전 것에 보태고 채운7 내용도 적지 않을 것이다.

語其聖智, 縱云易地皆然, 論其經驗, 完有先後之不同. 若使周公孔子, 生於四五千載之後, 宜將後世之經驗, 刪定應多, 而增補亦不鮮.

대개 옛날에 밝히지 못하다가 후대에 점차 밝힌 것은 역법의 이치8와

---

5 經常은 앞의 常經과 같은 뜻으로 쓰였으며 常道와 같은 의미. 용어사전을 볼 것.

6 禮樂의 制作은 周公이 한 일, 詩書刪定은 孔子의 업적이다.

7 增補는 내용을 증가하여 보충한다는 의미로 『後漢書』, 「胡廣傳」의 "其九箴亡闕, 後涿郡崔駰及子瑗又臨邑侯劉騊駼增補十六篇."에 보임.

8 歷理는 曆理의 의미로 쓰였다. 저자의 『人政』 卷8, 「曆」의 "太陽運轉, 則勢將以地靜立算, 地球運轉, 則勢將以太陽靜立算, 此所以歷法有二也. … 畧具於儀象理數星氣運化, 是乃歷代以來, 漸致詳密之歷理歷法也."의 문맥을 고려하면, 歷理와 歷法이 모두 曆理

물리이고, 옛날에 이미 밝혔으나 후대에 도리어 어두워진 것은 항상 통하는 도리와 중정(中正)의 도리이다.9 후대에 점차 밝힌 내용을 가지고 옛날 중정의 도리와 항상 통하는 도리에 되돌려 자연과 인간의 경전10이 서로 참고·증험하여 밝히면, 지금의 그것이 옛것을 말미암아 밝혀지는 것이 있을 뿐만 아니라, 또한 옛것도 지금 것을 말미암아 더욱 밝아질 것이다.

蓋古之未明, 在後代而漸明者, 歷理物理也, 古之已明, 後來反晦者, 常道中道也. 以後代之漸明, 反古道之中常, 天地人物之經, 參證互發, 非特今由古而有明, 抑亦 古由今而益明.

후세에 경전을 탐구하는 사람은 먼저 주공과 공자의 마음을 체득하여, 미리 옳다고 하거나 미리 옳지 않다는 편견 없이 의를 따르며,11 옛날과 지금에 구애되지 않고 잘한 것만을 취하고, 말 없는 경전12을 미루어 성인이 가르침을 세운 뜻을 증험하며, 일상의 경전을 미루어 변화를 따르는 경전에 도달해야, 크거나 작거나 얕거나 깊은 일이 제각기 합당할 것이다. 그리하여 지금의 혼란은 옛 견문을 가지고 구별하고, 옛날의 간략함은 지금의 경험을 가지고 상세히 설명할 것이니, 어찌 이것이 옛 경전이 만세에 기대하는 뜻이 아니겠는가?

와 曆法의 뜻으로 쓰였다.

9 常道는 동어 반복을 피하려고 經常의 의미로 쓰였다. 中道는 『맹자』, 「盡心下」에 나오며, 中正의 道이다. 때로는 中庸 또는 時中의 의미도 쓰인다. 中正은 용어사전을 볼 것.

10 天地人物之經에서 天地之經은 天經, 人物之經은 聖經의 뜻으로 쓰였다.

11 『論語』, 「里仁」: 子曰, 君子之於天下也, 無適也, 無莫也, 義之與比.

12 天經을 뜻함.

後之究經者, 先體周公孔子之心, 無適莫而義與比, 忘古今而善是取, 推無言之經而
驗立言之旨, 推庸常而達之于隨變, 大小淺深, 各有攸當. 駭于今者, 將古聞見而區
別之, 昧于古者, 將今閱歷而詳說之, 豈非古經有所待于萬世耶.

사용하는 데 이르러서는 맞닥뜨린 자연의 경전과 물리가 먼저 살필
만한 계기가 되고, 성인 경전의 글을 당겨 인용하는 일은 오직 증거의
의의로서 하되, 그 경전의 뜻과 사리가 부합되지 않는 곳은 경전의 뜻에
빠진 게 있는 것이니, 어찌 사리를 없애서 구분이 없게 할 수 있겠는가?

及其須用, 所値之天經物理, 先爲可察之機, 經文援引, 惟是證據之義, 而經義與事
理不合處, 乃經義之有闕也, 豈可泯事理而無區劃哉.

오직 말이 없는 이 경전은 갖추지 않은 일과 물건이 없고, 세월과 세대를
책의 권질(卷帙)로, 소리와 모양을 문장의 조리로 삼는다. 밤낮으로 늘
읽은 내용과 활동하거나 쉬는 동안에 연구하고13 경험한 내용을 서로
비교·참작하면,14 증거를 대는 데 저절로 족할 것이다.

惟此無言之經, 無事不備, 無物不具, 以歲代爲卷帙, 以聲色爲文理. 日夜之所常讀,
動靜之所玩閱, 前後參互, 自足援證.

성인의 경전 또한 이 자연의 경전 가운데서 실마리를 찾아 풀어 책을
이룬 것이므로, 실마리를 찾아 푼 책15에서 상고할 내용이 없는 것은

---

13 『周易』, 「繫辭上」: 是故君子居則觀其象而玩其辭, 動則觀其變而玩其占.
14 參互는 서로 비교하여 參酌하거나 參證함. 『周禮』, 「天官·司會」의 "以參互攷日成."에
   보인다.

자연의 경전 전부에서 고증해야 한다. 혹 자연의 경전과 성인의 경전 모두에 보이나 일치하지 않는 내용은 사람의 추측이 어긋나 달라진 것이다. 만약 사람의 추측에 잘못이 없다면, 오직 이 유일한 자연 경전의 전부에서 어디를 가든 상고할 것이 없겠는가? 농부가 이 자연의 경전을 잘 읽으면 뛰어난 농부가 될 것이고, 장인이 자연의 경전을 알 수 있다면 뛰어난 기술자가 될 것이다. 그러므로 똑같은 유자(儒子)라도 자연의 경전을 아는 자가 성인의 경전을 체인할 수 있다.

聖經亦自斯經中抽繹成篇, 則無所稽於抽繹之篇者, 須考證於天經之全部. 或俱見于兩經, 而有所不同者, 人之推測差異也. 如使人之推測無差誤, 惟一全部, 何往無稽哉. 農夫善讀天經爲上農, 工匠能識天經爲良工. 故均是儒也, 有得于天經者, 可以體認聖經.

---

15 聖經을 말함.

해 설

'추물측사'의 논리에서 볼 때, 자연적 대상으로서 '물건'과 인사인 '일'의 관계 설정을 천경(天經)과 성경(聖經)의 관계로서 설명하였다.

설명하기 전에 먼저 용어 문제를 살펴보자. 천경이든 성경이든 그 차이가 자연에 있느냐 인간에 있느냐 하는 것일 뿐 그 핵심은 '경(經)'에 있다. 경이란 직물을 짤 때 세로줄에 해당하는 날실이다. 후에 뜻이 변하여 경상(經常)이나 상도(常道)의 의미로서, 중요한 일상의 원리나 도리의 의미로 쓰였다.

천경은 일찍이 『좌전』과 『효경』 등에 보인다.16 성경은 『주자어류』에 10회나 등장할 정도로 성인이 지은 경전을 줄여서 한 말이지만,17 보통 유교 경전의 의미로 자주 사용하였다. 훗날 기독교가 들어오면서 자기들의 'Bible'을 성경이라 번역하고, 유교가 사회적인 영향력을 잃으면서 마치 기독교의 그것이 진짜 성경인 양 착시현상을 만들었다. 저자 주장의 요지는 자연의 질서나 원리는 자연의 경전이고, 인도를 밝힌 것이 성인의 경전인데, 전자는 후대로 올수록 더욱 밝혀졌고, 후자는 소략하여 빠뜨린 게 있을 수 있어서, 양자가 서로 보완해야 한다는 관점이다.

사실 성인이 경전을 지을 때만 해도 당시의 과학적 수준을 반영했다. 『주역』「계사전」에 보면 천지가 바로 역의 모델이었다.18 그래서 저자는

---

16 『左傳』, 「昭公二十五年」: 夫禮, <u>天之經也</u>, 地之義也.; 『孝經』, 「三才」: 夫孝, <u>天之經也</u>, 地之義也.; 班固, 『典引』: 躬奉<u>天經</u>, 惇睦辨章之化洽.

17 『朱子語類』 83-128: 今之做春秋義, 都是一般巧說, 專是計較利害, 將<u>聖人之經</u>做一箇權謀機變之書. 如此, 不是<u>聖經</u>, 卻成一箇百將傳. 朱熹 한 세대 전의 인물인 王安石도 聖經이란 말을 썼는데, 그의 시 「兼倂」의 "禮義日已偸, <u>聖經久堙埃</u>."에 보인다.

18 『周易』, 「繫辭上」: 易與天地準, 故能彌綸天地之道. 仰以觀於天文, 俯以察於地理,

경전의 권위를 존중하지만, 자연을 인식하는 문제는 윤리 문제가 아니라 과학의 일이어서 후대로 올수록 더 잘 안다고 전제하고 있다. 당시 전파된 서양 과학의 영향 때문이다.

그래서 '추물측사'가 자연의 과학적 탐구를 통해 인간의 일을 헤아린다는 논리로 전환됨을 알 수 있다. 곧 "말 없는 경전을 미루어 성인이 가르침을 세운 뜻을 증험한다"라는 말도 성인의 경전이라도 과학에 맞아야 한다는 생각이며, 이전 유자들처럼 무조건 묵수(墨守)만 하는 태도가 아니다. 그리하여 천경과 성경이 서로 보완해야 한다는 생각을 가졌다.

여기에는 크게 두 가지 의의가 있다. 오늘날의 관점에서 보면 경전 내용을 포함한 어떤 진술이라도 과학적 사실에 맞아야 함은 너무나 당연한 말이어서, 경전을 절대시하던 당시 풍토에서 저자가 그렇게 말한 중요성을 놓칠 수 있다. 지금도 한국의 보수 기독교인들은 성서의 말이 한 점 한 획도 틀리지 않는 하느님의 말이라고 믿고 있을 정도니까. 주희가 주석한 경전의 조선 후기의 권위를 생각한다면 이해가 어렵지 않다. 게다가 지금도 전통 철학을 공부한 사람 가운데는 그 권위를 아직도 굳게 신봉하는 이들도 있다. 또 하나의 관점은 과거의 경전이 과학이 발달하지 않은 시대의 산물이었어도 인사의 측면에서 볼 때는 인류 보편적 지혜가 들어 있어서, 여전히 유효하다는 생각이다. 인류의 보편 가치를 말해주기 때문이다.

끝 문장 "똑같은 유자라도 자연의 경전을 아는 자가 성인의 경전을 체인할 수 있다"라는 말은 의미심장하다. 곧 과학에 맞지 않는데도 경전의 내용만 금과옥조로 신봉하는 당대의 고루한 유자들을 비판하면서, 동시에 과학적 지식을 아는 자기 자신에 대한 자부심이 우러나오기

是故知幽明之故.

때문이다. 저자 철학 내에서 결국 이 문제는 유행지리와 추측지리의
관계 문제이다.

3. 성인의 경전을 전하며 주석하다
傳注聖經

성인의 경전을 해석하는[19] 일이란 자연의 이치를 미루어 다스리는 방법
을 헤아리거나 사기를 미루어 하는 일을 헤아리면 되지만, 사사로운
생각을 미루어 성인의 뜻을 헤아리거나 지금의 습속을 미루어 옛날
일을 헤아려서는 안 된다.

傳注聖經, 可以推天理而測治道, 推事機而測有爲, 不可推私意而測聖旨, 推今俗而
測古事.

* * *

성인의 경전이야말로 세상을 다스리는 신통한 처방이다. 그것은 자연의
이치를 좇아 인사를 마름질하고 인사를 따라 기강을 세웠으니, 거기에는
도리를 통틀어 말한 내용도 있고 일에 나아가 조목별로 구별한 내용도
있다.

聖經, 乃治世之神方也. 因天理而制人事, 因人事而立紀綱, 有統論道理者, 有就事
條別者.

후학 가운데 이런 의미를 아는 사람이라야 성인의 경전을 해석하고,

---

19 傳注의 傳은 성인의 말을 전하는 일이고, 注는 註解하는 것을 말함. 또는 六書
　　가운데 하나. 여기서는 해석하는 뜻으로 쓰였음.

성인의 미진한 말을 부연해 설명하며, 후학이 이해하지 못한 뜻을 열어 인도할 수 있다. 하지만 예부터 경전의 해석에는 같고 다름의 논의와 반복하는[20] 학설이 파다해서 모두 이 뜻에 통달했다고 말할 수 없다.

後學之認得斯義者, 可以傳注聖經, 演說聖人未盡之言, 開導後學不解之旨也. 從古傳注, 頗多異同之論反覆之說, 未可謂皆達斯義也.

천하의 보편적인 뜻은 한 사람의 사사로운 뜻으로 해설할 수 없고, 만세에 통용되는 경전은 한때의 소견을 따라 견강부회할[21] 수 없다. 또 글자의 뜻에 천착하는 일은 구두의 통달보다 못하고, 구두의 통달은 근본을 드러내는 큰 요지보다 못하고, 근본을 드러내는 큰 요지는 자기가 실천하는 일보다 못하고, 자기만 실천하는 일은 사람마다 도달하는 것보다 못하다. 글자의 뜻과 구두에서부터 큰 요지에 이르기까지 모두 사람마다 몸소 실천하는 일을 기준으로 삼아, 옛사람의 해석과 경전의 가르침 가운데 고금에서 마땅함을 달리하는 점을 취하거나 버린다.

天下公共之意, 不可以一人私意解說, 萬世通行之典, 不可因一時所見牽合矣. 字義之穿鑿, 不及句讀之通暢, 句讀之通暢, 不及大旨之擧本, 大旨之擧本, 不及體行於身, 體行於一身, 不及達之於人人. 自字義句讀, 至於大旨, 皆以人人體行爲準的, 取捨古人之傳注, 及經訓之古今異宜.

---

20 反覆은 反復의 뜻으로 『孟子』, 「萬章下」의 "君有大過則諫, 反覆之而不聽, 則易位."에 보임.

21 牽合은 牽合附會의 준말로 牽强附會와 같은 말.

해 설

성인이 쓴 경전의 의의와 그 해석 태도와 목표를 논하였다.

여기서 우리는 경전에 대한 저자의 생각을 알 수 있다. 우선 경전이란 "세상을 다스리는 신통한 처방으로 자연의 이치를 좇아 인사를 마름질했다"라는 말에서 보이듯, 이는 두 가지 측면에서 살펴보아야 하는데, 하나는 경전이 수기치인(修己治人)의 정신을 구현하고 있다는 생각이다. 곧 수기(修己)를 전제하지 않으면 치인(治人)이 되지 않으므로, 내성외왕(內聖外王)이라는 말이 잘 보여주고 있다. 또 하나 '자연의 이치를 마름질했다'라는 철학적 담론은 대체로 송대 이후 예법을 설명하는 성리학의 관점이지만, 그 철학적 근거는 『주역』, 「계사전」이 단연코 으뜸이다. 다만 그 이후 천리를 어떻게 보느냐에 따라 학파가 갈린다. 여기서 우리는 천리가 '추물측사'의 '물'에 해당한다면 인사는 '사'에 해당함을 금방 알 수 있다.

다음으로 경전은 '만세에 통용된다'라는 말에서 보편적인 가르침으로 이해하고 있다. 경전을 포함한 고전이 지금도 읽히는 이유가 바로 오늘날에도 의미가 있는 보편적 내용을 다루기 때문이다. 물론 앞의 글에서도 밝혔듯이 경험의 차이로 경전에 미진한 부분이 있을 수는 있겠지만, 성인의 지혜는 보편적이라는 생각이다.

또 경전을 '사사로운 뜻'이나 '한때의 소견'으로 해석해서는 안 된다는 생각이다. 이는 저자 이전의 학자들 특히 주희에 대한 간접적 비판으로 보이지만, 지금에도 통용된다. 곧 경전이 형성될 때의 시대적 배경을 무시하고, 자기가 신봉하거나 세운 철학적 원칙 또는 하나의 특수한 관점을 따라 경전을 억지로 꿰맞추어 해석하는 방식이 그것이다. 해석자의 철학은 될지언정 경전의 본의를 얼마나 되살렸는지는 미지수이기 때문이다.

끝으로 경전을 읽는 목적이 글을 잘 이해하여 개인이 실천하는 일을 넘어서서 사람마다 실천하는 상태로 나아가야 한다고 밝혔다. 곧 수기치인에서 치인의 영역이다. 치인의 현대적 의미는 리더로서 영향력을 미쳐 남도 그렇게 실천하게 하는 일이다. 굳이 정치적 리더만이 아니더라도, 가정이나 크고 작은 공식·비공식 조직에서 누구나 리더가 될 수 있기 때문이다.

4. 역대의 경전 주석
歷代注經

경전의 가르침을 서술하고 짓는 일22은 공자의 문하로부터 비롯하였다. 공자 이전의 경전은 공자에 이르러서 전해지게 되었고, 공자 이후의 경전은 공자를 기준으로 삼아 원칙을 취하였다.

經訓述作, 肇自孔門. 先孔子者, 至孔子而得傳, 後孔子者, 師孔子而取則.

그러나 운명23을 다한 나라는 망하고 새로운 나라가 번갈아 일어나 풍속도 바뀌니, 그 바뀜을 미루어 시행·조치하는 사람은 공자의 본뜻을 어기지 않는 일을 위주로 하였고, 해석하고 부연해 설명하는 사람은 당시 사람들의 몽매함을 열어 깨우쳐 주는 일을 자기의 임무로 여겨 제각기 그 시대에 맞게 하였다. 그 시대의 관점에서 보면 모두 마땅하지만, 현재로서 옛것을 볼 때는 당연히 참작하는 내용이 있어야 한다.

然厤運迭作, 風移俗遷, 推移施措者, 以不違孔子之本旨爲主, 解釋演說者, 以開發時人之蒙蔽爲務, 各適其時. 以其時觀之, 皆有攸當, 以今觀古, 宜有參酌.

* * *

---

22 述作의 述은 傳承이고 作은 創新의 뜻인데,『禮記』,「樂記」의 "作者之謂聖, 述者之謂明. 明聖者, 述作之謂也."에 보이고, 또『論語』,「述而」에 "述而不作, 信而好古."라고 하였는데,『集注』에서는 "述, 傳舊而已, 作, 則創始也."라고 하였다. 그런데 공자는 스스로 '述而不作'이라고 말했지만, 저자는 '述'과 함께 '作'도 했다고 보고 있다.

23 厤運은 歷運과 같음. 天象의 運行이 보여주는 왕조의 氣數나 運命.『漢書』,「哀帝紀」의 "漢家歷運中衰, 當再受命, 宜改元易號."에 보인다.

성인 문하[24]의 저술은 보통 보편적 도리를 말하거나 시대의 폐단을 경계
하여 바로잡는[25] 내용이다. 보편적 도리를 말한 내용은 고금에 차이가
없어도 시대 폐단의 갈래는 고금에 차이가 있다. 그것은 대개 나라마다
전장(典章)과 제도[26]가 달라서 생긴 폐단도 다르기 때문이다. 그래서
폐단이 이미 다르면 바로잡는 일도 다르다. 옛날에 경계하고 바로잡는
일이 혹 지금에 맞지 않는 게 있겠으나, 백성을 구제하고 다스리는 뜻은
옛날과 지금이 다르지 않다. 이것이 정치를 담당하거나 경전의 가르침을
실천하는 사람에게 바뀌지 않는 원칙이다.

聖門著述, 或凡論經常, 或規切時弊. 經常之論, 無古無今, 時弊之端, 有古有今.
蓋由於國典之不同, 而生弊亦異. 弊旣有異, 其所矯捄亦異. 古之規切, 或有不合於
今者, 然濟民捄治之義, 在古今無異也. 是乃執政行經者, 不易之規也.

경전의 가르침을 주석하는 일도 그 시대의 차이에 따라 주석자가 취하고
버리는 게 있다. 한나라 유학자들의 주해는 고대와 시간이 많이 떨어지지
않아서 전해 들은 내용을 모으거나 본 것을 기록하여, 평상[27]의 중요한
도리를 이미 해석하였다. 서한·동한 때부터 송나라[28] 초기까지는 보필

---

24 聖門은 앞의 孔門의 의미로 쓰였음.

25 規切은 경계하고 諫하여 바로잡는다는 뜻으로, 『新唐書』, 「田弘正傳」의 "季安侈汰,
   銳殺罰, 弘正從容規切, 軍中賴之, 翕然歸重."에 보인다.

26 國典은 『國語』, 「魯語上」의 "夫祀, 國之大節也, 而節, 政之所成也. 故愼制祀, 以為國
   典."와 『三國演義』第107回의 "今大將軍曹爽, 背棄顧命, 敗亂國典."에 보인다.

27 『中庸章句』의 주석에서 주희는 "庸, 平常也."라 하고 또 "子程子曰, 不偏之謂中,
   不易之謂庸. 中者, 天下之正道, 庸者, 天下之定理."라고 하여, 庸常은 일상으로서
   庸常之道를 함축한 말. 본문에서는 흔들리지 않는 일상의 떳떳한 도리의 의미.
   (앞에 나옴)

28 趙宋는 趙光胤이 宋 나라를 세웠기 때문에 부른 말.

하는 어진 신하와 이름난 선비들이 모두 한나라 때 저술한 주석서를 가지고 습독하여, 그들이 쓴 글과 상소장의 전거(典據)를 여기에서 많이 취하였고, 조리가 분명하고 두루 통하는 것도 여기서 발판으로 삼았다.

至於注釋經訓, 亦因其時之不同, 又有其人之取捨. 漢儒注解, 去古未遠, 或拾其傳聞, 或記其所見, 而庸常之大體, 已解釋矣. 自兩漢至于趙宋之初, 碩輔名賢, 皆將此習讀, 記述疏章, 多取於斯, 曲暢傍通, 亦梯於此.

자기가 사용하는 내용은 고금을 참작하여 그 시대에 맞게 해야 한다. 하지만 가르침을 베풀어 우매한 사람들을 일깨우는 일은 지금 본 내용을 좇아 옛사람이 보지 못한 뜻을 증험하고, 지금 들은 내용을 따라 옛사람이 듣지 못한 뜻을 증험하지 않을 수 없다. 그러므로 경전의 가르침을 부연해 설명하는 일이 모두 그 당시에는 적합했다.

自己須用, 參酌于上下, 要適其時. 然若夫設敎而開發昏愚, 則不可不因今所見, 而證古昔所未見之義, 因今所聞, 而證古昔所未聞之義. 故演說經訓, 皆有當時所適.

후세에 경전을 해석하는 사람은 앞 사람의 해석을 의지하여 미루어 밝혔고, 또 현행 정치와 습속을 고치려고 격려하고 경계하여 바로잡는 내용도 두었다. 그러니 이는 이전 사람의 해석이 질박하고 간략하다고 천시하여 버리거나 후세의 그것이 상세하고 정밀하다고 과장한 일이 아니요, 또 이전보다 더 나은 것을 찾아 후세에 새로 만든 것도 아니다.

後來釋經者, 旣藉前人釋經, 而有所推明, 又以時政俗習之矯枉, 而有所激勵規切耳. 非賤棄前人釋經之質畧, 而誇後之詳密也, 又非求勝于前, 而有作于後也.

전례29의 근원과 말단에 뜻을 둔 사람은 지금을 기준으로 옛것을 버려서
는 안 되고, 옛것을 취하느라 지금 것을 버려서도 안 되며, 삿되고 바르지
못한 것을 버리고 일상적인 것을 취하며, 쓸모없는 것을 버리고 쓸모
있는 것을 취한다.

有志于典禮之原委者, 不可以今廢古, 亦不可取古遺今, 捨邪曲而取平常, 捨無用而
取有用.

---

29 여러 뜻이 있으나 여기서는 『周易』, 「繫辭上」의 "聖人有以見天下之動, 而觀其會通,
   以行其典禮."에 따라 제도와 예의 등을 뜻함.

해 설

경전 주석의 역사를 간단히 언급하고, 저자의 의견을 덧붙였다. 곧 '추물측사'의 논리를 경전 해석의 문제에 돌렸다. 그 해석이란 보편적 지혜로서 경상을 말하거나 시대의 과제로서 시대의 폐단을 경계하여 바로잡는 내용으로 분류하였다.

본문은 북송 이후 주희의 해석을 비롯한 주석의 역사를 언급하지 않았는데, 조선 후기 학문적 풍토에서 언급하기 곤란한 뜨거운 감자였기에 그 의미만 행간에 묻어두었다. 곧 특정 시대의 주석을 절대시하지 않았는데, 그것은 경전 내용의 보편적 가르침은 일단 제외하고, 시대의 폐단을 바로잡는 문제의식에서 해석한 내용이 시대마다 다르다는 점에서 엿볼 수 있다. 그래서 "그 시대의 관점에서 보면 모두 마땅하지만, 현재로서 옛것을 볼 때는 당연히 참작하는 내용이 있어야 한다"라는 말은 본 『기측체의』 서문에 들어 있는 개혁 또는 변통의 정신이기도 하다. 사실 근대 이전의 동아시아 역사에서 제도나 법도의 다수 준거는 경전에 있었다. 그러니 경전의 비중은 참으로 컸고, 경전을 주해한 사람의 권위가 클수록 그러했으므로, 특히 조선에서 누가 감히 드러내 놓고 창의적으로 경전을 새로이 해석할 수 없었다. 인조반정 이후 사문난적(斯文亂賊)이라는 말이 우연히 나올 수 있는 일이 아니었다. 그래서 이 글에서는 상당히 절제된 자기 검열이 드러나는데, 그런 배경에서 읽으면 좋다. 경전에 대한 저자의 태도는 마지막 단락에 보인다.

5. 살피고 신중해야 하는 역사 논평
論史審愼

사서는 후세의 경전30으로 서적31이 방대하고 체제32가 통일되어 있지 않다. 기(紀)와 전(傳)과 표(表)와 지(志)33의 기록은 비록 사실을 망라한 좋은 방법이지만, 시대의 추세34를 참작하는 데는 연대를 날실로 사건을 씨실로 하는35 요령보다 못하다. 후세에 사서를 읽는 사람은 기전체 사서에서 넓은 지식을 캐내어 편년체 사서에서 요점을 파악하면, 거의 널리 배우고 예로서 요약하는36 공부에 잘못이 없을 것이다.

史者, 後世之經也, 載籍浩瀚, 體例不一. 紀傳表志, 雖爲網羅事實之良法, 參酌時勢, 不如年經事緯之要領. 後之讀史者, 採博于紀傳表志, 守約于年經事緯, 庶無博約之 欠闕.

---

30 역사책이 후세의 경전이란 말은 이전의 경전 곧 고대의 경전을 염두에 두고 한 말이다. 뒤에 자세함.

31 載籍은 典籍 또는 書籍의 뜻으로 『史記』, 「伯夷列傳」의 "夫學者載籍極博, 猶考信於六 藝."에 보인다.

32 體例는 저작이나 문장의 조직 형식 또는 체제로 『宋書』, 「傳隆傳」의 "漢興, 始徵召故 老, 搜集殘文, 其體例紕繆, 首尾脫落, 難可詳論."에 보인다.

33 司馬遷이 『사기』에서 처음 시작한 紀傳體의 서술 방식으로 紀(本紀)는 제왕의 행적을 編年體로, 傳(列傳)은 각 시대에 저명한 인물에 대한 기록, 表(書)는 제도와 문물에 대한 연혁과 변천을, 志는 각 시대의 역사 흐름을 연표로 나타낸 것. ( ) 안의 용어는 『사기』에서 표기한 것.

34 時勢는 때와 형세 또는 시대의 형세라는 뜻이 있는데, 여기서는 후자의 뜻. 『莊子』, 「秋水」의 "當堯舜而天下無窮人, 非知得也, 當桀紂而天下無通人, 非知失也, 時勢適 然."에 보인다.

35 編年體를 말함. 『春秋』에서 시작되었고, 『조선왕조실록』도 이 형식임.

36 『孟子』, 「公孫丑上」: 夫二子之勇, 未知其孰賢, 然而孟施舍守約也.; 『論語』, 「雍也」: 子曰, 君子博學於文, 約之以禮, 亦可以弗畔矣夫.

역사적 사건을 보고 권하고 징계하거나 사건을 논평하는 일은 겨우 조금이라도 알 수 있는 사람이라면 할 수 있다. 하지만 역사적 인물의 그릇됨과 올바름을 판단하고 일의 득실을 분별하는 경우야말로 해당하는 시대의 전장 제도와 임금과 신하의 마음을 통찰하고, 또 이것을 들어 저것에 저촉하는지 피해를 제거하다가 근심을 키우는지를 고려하는 사람이라야 가능한 일이다. 어찌 옛날 사람이 지금에 와서 반론하거나 변호하지 못한다고 해서 경솔하게 말할 수 있겠는가? 그리하여 한나라 역사책을 읽으면 내 몸이 한나라 황제의 조정에 서 있는 듯하고, 당나라 역사책을 읽으면 내 몸이 당나라 황제의 조정에 서 있는 듯할 것이다.

若夫遇事勸懲, 擧事論評, 苟可一得者, 所可能也. 至於斷人邪正, 辨事得失, 乃是洞悉其時朝章國典, 君心臣意, 而又慮擧此而觸彼, 除害而養患者之所可能也. 豈可謂古昔之人今無報答辨白, 而有所輕說哉. 讀漢史, 則如身立漢帝之廷, 讀唐書, 則如身入唐帝之朝.

*   *   *

옛날의 사서를 경전이라고 말한다면, 후세의 사서는 곧 옛 경전이 남긴 유산이다. 예의와 관직 등을 기록한 지(志)는 『의례』와 『주례』37의 유산이고, 조령38과 악장39은 『서경』과 『시경』의 유산인데도, 후세의 사관

---

37 13경에 포함된 『儀禮』와 『周禮』는 『禮記』와 함께 三禮로 일컬어진다.

38 왕실에서 내려지는 글 문체의 총칭. 왕의 글을 詔, 왕후나 태자의 글을 令이라 하였음.

39 국가의 제향이나 연향 때에 쓰이는 시가. 『禮記』, 「曲禮下」의 "居喪, 未葬讀喪禮, 旣葬讀祭禮, 喪復常, 讀樂章."에 보인다.

은 사실을 기재하는 일에만 힘썼으나 경전의 간략·엄격함과 실제에 적합함에는 미치지 못했다.

古之史謂之經, 則後世之史, 卽古經之遺制也. 禮儀官職之志, 乃儀禮周禮之制, 詔令樂章, 乃尚書詩傳之制, 而後之史官, 務載事實, 不及經典之簡嚴切實.

그리하여 후학이 그 요령을 통일하기가 어려웠으므로, 편년체와 기사본말체40의 기록 방식이 서로 이어서 등장하였다. 그 의도가 어찌 모든 사서를 폐기하고 그것만으로 자족하려고 했겠는가? 그 요점은 사람들이 핵심을 붙잡아 모아 두서를 찾아 푸는 일은 여기서 간편함을 취하고, 전체의 자질구레한 쓰임은 저기서 자세함을 취하게 하였다.

後學難統其要, 故編年之書本末之記, 相繼而作. 其意豈欲棄全史, 而以此自足也. 要使人執綱會要, 尋繹頭緒, 取簡便於此, 而至於全體瑣用, 取詳悉於彼也.

그러니 여러 사서에서 답습하거나 덜어내고 보탠 내용을 살피려는 사람은 먼저 그 지(志)에서 전례의 규모와 국가의 형세와 강약과 민간 습속의 노고와 안일을 살핀 뒤에 그 나머지를 논할 수 있으니, 이른바 '널리 배움'에 저절로 맥락이 있을 것이다. 때를 좇아 기미를 살피고 중요한 것41을 다시 익히는42 일은 편년체나 기사본말체가 무시될 수 없는 근거

---

40 역사를 사건의 처음과 끝을 중심으로 기전체와 편년체의 단점을 보완하는 기록 방식으로 南宋의 袁樞가 司馬光의 『資治通鑑』을 텍스트로 삼아 『通鑑紀事本末』을 쓰면서 시작되었다.

41 肯綮는 뼈와 근육이 결합하는 곳으로 『莊子』, 「養生主」의 "技經肯綮之未嘗, 而況大軱乎."에 보인다. 여기서는 핵심 또는 중요한 곳을 비유한 말.

42 『朱子語類』 24-41: 問, 溫故知新. 曰, 道理卽這一箇道理. 論孟所載是這一箇道理,

이고, 이른바 '요약하는 예'에도 저절로 그 방법이 있을 것이다.

則欲觀諸史之因襲損益者, 先從其志, 典禮規模, 國勢强弱, 民習勞逸, 而後可論其餘, 而所謂博者自有脈絡矣. 循時察機, 溫習肯綮, 編年本末之所以不可闕也, 而所謂約者自有其方.

일을 따라 권하고 징계하는 일은 숙달하게 익히는 실제적 노력이고, 언사(言辭)를 논평하는 것은 강구의 비결이다. 하지만 잘못을 들추어내어 해당하는 인물의 평생 잘잘못을 판단하는 일이나 한 사건의 실패만을 보고 그 인물의 현명함과 어리석음을 결단하는 일은 아마도 살펴 묻고 신중히 생각하는[43] 도리가 아니라서 좁은 시야[44]의 편견을 초래하기 쉽다.

隨事勸懲, 媚習之實功, 就辭論評, 講究之要訣. 至於摘其差失, 而斷其人平生邪正, 見一事之債敗, 而決其人之賢愚, 恐非審愼之道, 易致管窺之偏.

안타깝다! 지금 조정에 서 있으면서도 임금에게 아뢰어 의논하는 일이 없는 신하가 이전 역사를 논할 때는 거리낌 없고, 지금의 재상을 대하면서도 경계하여 바로잡으려는[45] 일이 없는 관료가 옛 기록[46]을 논할 때는

　　六經所載也是這箇道理. 但理會得了, 時時溫習, 覺滋味深長, 自有新得. 복습의 뜻.
43 『中庸章句』第20章: 博學之, 審問之, 愼思之, 明辨之, 篤行之.
44 管窺는 대롱으로 사물을 보는 좁은 시야를 비유한 말로 『後漢書』,「章帝紀」의 "朕在弱冠, 未知稼穡之艱難, 區區管窺, 豈能照一隅哉."에 보인다.
45 規切은 경계하고 諫하여 바로잡는다는 뜻으로, 『新唐書』,「田弘正傳」의 "季安侈汰, 銳殺罰, 弘正從容規切, 軍中賴之, 翕然歸重."에 보인다. (앞에 나옴)
46 古傳은 바로 앞의 前史의 뜻으로 동어 반복을 피하려고 썼음. 다른 글에서는 史傳로

현실에 맞지 않는 어려운 일을 실행했어야 한다고 권고하니,47 이것이야
말로 눈앞에서는 따르다가 뒤돌아서서는 뒷담화하는48 일이다.

噫. 立今日之朝廷, 而無所奏議者, 至論前史, 則肆無忌憚, 對今日之宰相, 而無所規
切者, 至論古傳, 則責難情外, 是乃相對面從, 而退有後言者之事也.

사서를 잘 보는 사람은 정치와 교화를 논할 때는 마치 자기 몸이 조정에
서서 옳은 것은 올리고 그른 것은 바꾸게 하면서49 계책을 건의하듯이
하고, 인사를 논할 때는 마치 해당하는 사람을 마주 대하여 간절하고
상세히 힘써50 옳은 도리로서 간하듯이51 한다.

善觀史者, 其論政敎也, 如身立其朝而獻替納謨, 其論人事也, 如對其人而切偲規諫.

표현함.

47 責難은 남에게 어려운 일을 하도록 권고하는 것. 『孟子』, 「離婁上」의 "責難於君謂之
恭, 陳善閉邪謂之敬, 吾君不能謂之賊."에 보인다.

48 『書經』, 「益稷」: 予違汝弼, 汝無面從, 退有後言."

49 獻替는 獻可替否 또는 獻替可否의 준말.

50 切偲는 切切偲偲의 준말로 『論語』, 「子路」의 "子路問曰, 何如, 斯可謂之士矣. 子曰,
切切偲偲, 怡怡如也, 可謂士矣. 朋友切切偲偲, 兄弟怡怡."에 보인다. 『集注』에 "胡氏
曰, 切切, 懇到也, 偲偲, 詳勉也."라고 주석했다.

51 規諫은 바른 도리로서 권하고 경계하여 간하는 것으로 『墨子』, 「非命中」의 "故上有以
規諫其君長, 下有以敎順其百姓."에 보인다.

해 설

일을 헤아린다는 측면에서 물건에 해당하는 역사 기록의 종류와 내력 그리고 사서를 제대로 읽고 일에 해당하는 인물이나 사건을 평가하는 태도를 설명하였다.

학교 다닐 때 교양으로 배웠던, 기전체와 편년체 그리고 기사본말체의 역사 기록 방식을 소개하였다. 제각기 장단점이 있어서 한 가지 방식만이 절대적일 수 없음도 행간에 보인다. 그리고 동아시아에서 이른바 역사 기록의 전범으로 평가하는 사마천의 『사기』가 등장하기 전에는 경전이 그것을 대신했다고 밝혔다.

이 글에서는 역사를 서술하는 사관(史觀)의 문제나 역사가 결국 무엇인지 다루지 않았지만, 사서를 읽는 사람이 역사를 평가하는 문제에 대해서는 신중하게 접근해야 한다고 주장하였다. 역사를 피상적으로 보고 경솔하게 평가할 일이 아니라, 적어도 사건이 발생하거나 인물이 살았던 시대의 배경과 상황 및 제도와 문물, 더 나아가 당시 현장에서 인물 사이에 상호작용하는 심리까지도 이해해야 제대로 평가할 수 있다는 지적이 그것이다. 특히 역사에서 교훈을 배워 현실에 적용해야 하는데도, 입으로만 역사를 들먹이는 일을 비판하였다. 이는 역사를 공부한 목적을 잊고 있음을 비판한 말이다.

오늘날 유튜브를 비롯한 매체의 발달로 역사를 소개하고 평가하는 데가 꽤 많다. 더러는 전문적이고 균형 있는 시각, 또 강단 사학계에서 다루지 않는 질 좋은 내용도 있지만, 저자의 지적대로 좁은 식견과 치우친 이념과 편견으로 경솔하게 역사를 판단하는 것, 조회수만을 늘이기 위해 왜곡하고 자극적인 내용도 적지 않아 보인다. 역사 왜곡이 도를 넘었다. 역사를 제대로 아는 사람들은 거기에 말려들지 않겠지만,

어린 학생들이나 청소년들 그리고 역사를 잘 모르는 사람에게 악영향을
미칠 것은 확실해 보인다.

6. 경전에는 일상의 도리, 사서에는 다스리는 도리가 있다
經有常史有治

경전이 비록 많아도 하나의 상(常)이라는 글자를 미루어 실천의 마땅함을 헤아리고, 사서52가 비록 번다해도 하나의 치(治)라는 글자를 미루어 권하고 징계하는 방법을 헤아린다.

經傳雖多, 推一常字, 測措行之宜, 史傳雖煩, 推一治字, 測勸懲之方.

* * *

책을 읽는 요령은 옛사람들이 많이 말했다. 말을 잘하려는53 사람은 내용을 기억하여 암송하는 일을 숭상하고, 풀이를 잘하려는 사람은 글의 핵심 요지에 통달하기를 힘쓰며, 고증하는 사람은 내용의 같음과 다름을 비교하고, 문학54 하는 사람은 문장의 화려함을 기뻐한다.

讀書之要, 古人言之多矣. 談論者尙其記誦, 究解者務達宗旨, 考證者參其同異, 辭章者悅其文華.

이것들을 모두 없애서는 안 되지만, 오직 항상 통하는 도리와 다스리는

---

52 史傳은 역사책 또는 역사를 말함. 『晉書』, 「鄭方傳」의 "博涉史傳"에 보인다.

53 談論은 談說談話와 議論의 뜻으로 『韓非子』, 「說難」의 "故諫說談論之士, 不可不察愛憎之主而後說焉."에 보인다. (앞에 나옴)

54 辭章은 詞章과 같은 말로서, 文章과 詩賦를 통칭하는 보통 문학적 글쓰기의 의미로 사용함.

도리는 경전과 사서의 관건[55]이다. 관건을 얻지 못하면 취하고 버리는 일도 되레 어려운데, 어찌 실천의 마땅함과 마땅치 못함까지 논할 수 있겠는가?

此皆不可廢者, 然惟常與治, 乃經史之管鍵也. 管鍵不得, 取捨猶難, 何可論體行之宜不宜也.

---

55 管鍵은 關鍵과 같은 말로 사물의 중요한 부분. 『周禮』, 「地官·司門」의 "掌授管鍵, 以啓閉國門."에 보인다.

해 설

일을 헤아린다는 면에서 경전과 사서의 주안점의 차이와 독서법을 설명하였다.

경전의 주안점은 상도를 밝히는 데 있고, 사서의 그것은 치 곧 치도를 후세에 알리는 데 있다고 하였다. 전자가 보편적 도리를 밝히는 일이라면, 후자는 치도의 구체적 사례를 살펴 잘 다스리는 데 있다.

이 글의 중반부에는 저자의 독서법이 보인다. 곧 목적에 따른 독서 방법을 논하였다.

7. 경전은 마음을 다스리는 기물이다
經傳理心之器

쟁기는 논밭을 가는 기물이고, 솥은 음식물을 삶아 익히는 기물이며, 경전은 마음을 다스리는 기물이다. 경전을 읽고도 마음을 다스리지 못하면, 이는 쟁기를 잡고서도 논밭을 갈지 못하고, 솥에 불을 때면서도 음식물을 익히지 못하는 일과 유사하니, 장차 어디에 쓰겠는가?

耒耜所以墾土之器, 釜鼎所以飪食之器, 經傳所以理心之器也. 讀經傳而不能理心, 則是類擧耒耜而不能墾土, 爨釜鼎而不能飪食, 將焉用哉.

* * *

기물이 있으면 반드시 해당하는 용도가 있다. 용도가 있다면 비록 옛사람이 만들지 않은 물건이라도, 훗날 반드시 거기에 맞는 기물을 제작하는 사람이 있을 것이다.

有器則必有其用矣. 有用則雖無古人之已制, 後必有作其器者.

경전의 가르침과 사서의 전승 내용은 이미 한 사람이나 한 시기에 저술한 것이 아니므로, 반드시 제각기 해당하는 시기에는 적합한 것이었고 또 소용이 있었을 것이다. 후세에 그 책을 읽은 사람들 대부분 관심이 밖으로만 내달려서 자기 마음을 다스릴 수 있는 사람이 드물다.

經訓史傳, 旣非一人一時之制述, 則必也各適其時, 又有所用. 後之讀其書者, 率多
外馳, 鮮能理此心也.

예법에 관한 글을 읽으면 슬퍼하고 공경하는 마음이 드러나고, 음악에
관한 서적을 읽으면 화평한 마음이 솟아나고, 형벌과 정치56에 관한
글을 읽으면 규모57가 정해지며, 역사책을 읽으면 지략이 생겨난다.
보통 읽은 내용이 있으면 언제나 내 마음의 절차탁마가 있어서 광명정대
한 경지에 나아가게 된다. 마치 열이 나거나 차가운 몸의 증상에 따라
보약(補藥)을 쓰거나 사약(瀉藥)을 써서58 혈맥과 기와 몸이 고루 알맞은
상태에 이르도록 하는 일과 같으니, 이것을 일러 마음을 다스린다고 한다.

讀禮書而哀敬之心著焉, 讀樂書而和平之心暢焉, 讀刑政而規模定, 讀史策而智畧
生. 凡有所讀, 輒有此心之切磋琢磨, 以進於光明正大之域. 如藥餌之溫涼補瀉, 要
臻於血脈氣體之均適, 是謂理心也.

설령 자기 마음을 다스리는 일을 알 수 있더라도 또 잘하느냐 그렇지
못하느냐의 차이가 있으니, 이것은 마치 쟁기질의 익숙함과 서투름,
음식이 잘 익었는지 설익었는지의 차이와 같아서, 그 사람이 스스로
체득하는 일에 달려 있다.

縱能知其理心, 又有善否, 如墾土之有生熟, 飪食之有美惡, 是在其人之自得.

---

56 禮書와 樂書와 함께 禮樂刑政에 관한 경전의 내용.
57 規模에는 여러 뜻이 있는데, 여기서는 본보기가 될 만한 틀.
58 補瀉는 한의학의 치료에서 정기가 虛한 증상인 虛證에는 補하고, 實證에는 瀉하는
　　방법을 쓰는데, 이 두 가지를 아울러 이르는 말. (앞에 나옴)

해 설

경전이 마음을 다스리는 도구라고 보았다.

추물측사의 논리에서 보면 경전은 '물'이요, 마음을 다스리는 일은 '사'이다. 그러니까 기본적으로 수신의 관점에서 경전과 사서의 도구적 의미를 밝혔다. 유가 경전이 대개 제왕학으로서 치자의 논리를 다루고, 그 핵심이 수기에 있기 때문이다. 통치자로서 사서를 대하는 일 또한 과거의 일을 거울삼으므로 이와 다르지 않다.

본문에도 지적했듯이 읽기만 한다고 마음공부가 저절로 완벽해지는 일은 아니다. 자득이란 끊임없는 의문과 그에 따른 깨달음을 통하여 이루어지기 때문이다.

8. 예제는 하나의 계통이다
禮制一統

성왕이 제정한 예법은 천자로부터 서민까지 등급과 절차의 한도를 두어 위아래가 하나의 계통인 제도를 이루었다. 후학의 예론이 자질구레하며 천착하게 된 원인은 예법의 핵심과 정해진 정신에 소홀하고 또 더러운 세태와 사사로운 정에 이끌려, 겉치레59와 자질구레한 절차60에 이르러 더욱 예법 본래의 뜻과 점점 멀어졌기 때문이다.

聖王制禮, 自天子達庶人, 有等級節數, 以成上下一統之制. 後學禮說, 所以繁瑣穿鑿者, 旣忽於大體定義, 又爲汙俗私情所牽制, 以及于末節細行, 愈與本義漸遠.

* * *

하나의 계통인 예제는 늘 주제넘고 사치하는 데서61 무너지므로, 일이 커지기 전에 방비하는62 성인의 뜻이 참으로 이것 때문이리라! 분수를 몰라 주제넘고 사치하는 예법은 항목과 등급을 뛰어넘는 데서 유래되었으니, 항목과 등급을 뛰어넘는 예법은 비록 그것을 시행하면서 절차상

---

59 末節은 겉으로만 꾸미는 細節과 같은 뜻으로 『禮記』, 「樂記」의 "鋪筵席, 陳尊俎, 列籩豆, 以升降爲禮者, 禮之末節也, 故有司掌之."에 보인다.

60 細行은 『書經』, 「旅獒」의 "不矜細行, 終累大德."에 보인다.

61 僭侈는 분수에 뛰어넘는 사치의 뜻으로 僭越과 같은 뜻으로 쓰였다. 가령 『논어』에 보이는 천자만 할 수 있는 八佾舞를 대부가 자기 뜰에서 추게 하는 일 따위가 그런 사례이다.

62 防微杜漸는 잘못의 싹이 자라기 전에 미리 자른다는 뜻으로 『宋書』, 「吳喜傳」의 "且欲防微杜漸, 憂在未萌."에 보인다.

흠결이 없다고 해도, 스스로 예법을 어그러뜨리는 죄를 더할 뿐이다.[63]

一統禮制, 每以僭侈致壞, 則聖人防微杜漸之意, 亶由於斯乎. 僭侈之由, 在於踰節躐等, 而踰節躐等之禮, 行之雖無欠闕, 只自益悖禮之罪.

그러므로 예법을 시행하는 사람은 등급의 규정[64]을 지켜서 그것을 넘어서지 않은 뒤에 예법 정신의 득실을 논할 수 있다. 그러니 번거로운 예의[65]와 자질구레한 겉치레만을 논쟁하면서, 예법의 큰 뜻과 예를 맞게 시행함으로써 선의 상태에 머무는[66] 일을 살피지 않는 사람이라면, 그 옳음을 어찌 알겠는가?

故行禮者, 守其品制, 不越而後, 可論其義得失矣. 至於辨爭其繁文瑣節, 不察其大義止善, 烏知其可也.

---

63 예법의 절차가 맞았는지 틀렸는지의 문제가 아니라, 자기 신분과 역할에 맞지 않는 예법을 실행하는 그 자체가 죄가 된다는 뜻.

64 品制는 『後漢書』, 「何敞傳」의 "明君賜賚, 宜有品制."에 보인다.

65 繁文은 여기서는 번거로운 문장이 아니라 繁瑣한 禮儀로서 『淮南子』, 「道應訓」의 "繁文滋禮, 以弇其質."에 그 용례가 보인다.

66 止善은 止於至善의 축약어로 보거나 '남이 선을 행하지 못하도록 막는 일(『呂氏春秋』, 「樂成」의 "中主以之呴呴也止善, 賢主以之呴呴也立功."에 보임)로 볼 수 있는데, 문맥을 고려하여 전자의 의미로 취함.

해 설

예법을 '물'로 보고 그 정신과 그 말류를 헤아렸다.

예법이란 단순한 예절로서 에티켓(etiquette)이나 매너(manner)가 아니다. 동아시아 전근대사회의 국가 질서 유지를 위한 하나로 통일된 제도이자 규범이었다.

예법이란 이렇게 각자의 신분과 지위에 맞는 복식·주거·탈것·행위 그리고 관혼상제와 같은 중요 행사 등에 관한 제반 규정이다. 이렇듯 고대의 『주례(周禮)』는 통치 체제를 담은 일종의 실정법과 같은 것이고, 『의례(儀禮)』는 일상생활 의식의 관행을 담은 것이다. 그렇기는 해도 예는 인정(人情)에 바탕을 두고[67] 도덕과 인격 함양 및 가르치고 풍속을 바르게 하는[68] 역할을 했다. 특히 공자에게 있어서는 행위의 준칙이었다.[69] 흔히 문물을 말할 때는 예악(禮樂)이라 하고, 다스리는 도구를 말할 때는 예악형정(禮樂刑政)을 거론하는데, 예를 맨 앞에 두는 까닭을 여기서 이해할 수 있다.

예의 이런 역할과 정신을 망각하고 자질구레한 절차와 겉치레에 천착한다는 지적은 아마도 저자의 이전 시대에 있었던 조선 후기 예송논쟁과 속유(俗儒)들의 세태에 영합한 모습을 비판한 말로 보인다. 특히 전자는 민생과 예법 존재의 본질을 망각한 정권 다툼의 도구로 예법을 이용한 사례이다.

---

67 『禮記』, 「問喪」: 此孝子之志也, 人情之實也, 禮義之經也, 非從天降也, 非從地出也, 人情而已矣.

68 같은 책, 「曲禮上」: 道德仁義, 非禮不成, 教訓正俗, 非禮不備.

69 『論語』, 「顔淵」: 子曰, 非禮勿視, 非禮勿聽, 非禮勿言, 非禮勿動.

9. 예법과 그 정신을 참작한 조화
禮義參和

만약 하나의 계통인 예제를 살펴서 신분에 맞는 행위를 잃지 않고, 또 예법 본래 정신의 마땅한 점을 탐구하여 시대가 숭상하는 풍속을 참작하여 조화할 수 있다면, 예법에 거의 가깝다고 할 것이다.

苟能察其一統之制, 而不失所當位之行, 又能究其本義攸當, 而參和於時尙之俗, 於禮其庶幾乎.

* * *

'나라에는 계통을 둘로 하지 않음'과 '집안에는 어른을 둘로 하지 않음'[70] 과 '주인을 둘로 하지 않음'[71]과 '참최(斬衰)를 두 번 입지 않음'[72]의 원칙이 모두 하나의 계통에서 나온다. 집안으로서는 가문의 적통(嫡統)이 있고, 나라로서는 나라의 왕통(王統)이 있으니, 대부가 되어서는 대부의

---

70 이 내용은 李滉의 『退溪文集』卷7의 「擬上追崇德興君議」의 "盖天無二日, 物無二本, 家無二尊, 國不二統. 是以先王制爲禮法, 使爲人後者爲之子, 服所後父母斬齊三年, 而於本生則反以不杖期當之. 此非偏厚於義而故薄於恩也."에도 보인다.

71 『儀禮』, 「旣夕禮」: 尸在室, 有君命, 衆主人不出.; 같은 책, 「士喪禮」: 君使人弔. 徹帷. 主人迎于寢門外, 見賓不哭, 先入門右, 北面. 그 의미는 시신이 室에 있으면 군주의 명이 있어도 주인만 나가고 衆主人(大功 이상의 친족)은 나가지 않는다는 뜻.

72 『儀禮』, 「喪服」: 傳日, 爲父何以期也. 婦人不貳斬也. 婦人不貳斬者何也. 婦人有三從之義, 無專用之道, 故未嫁從父, 旣嫁從夫, 夫死從子. 故父者子之天也, 夫者妻之天也. 婦人不貳斬者, 猶曰不貳天也, 婦人不能貳尊也. 斬은 斬衰로 斬衰·齋衰·小功·緦麻·大功의 五服 가운데, 가장 중한 상복으로 3년간 입음.

예법을 행하고 사대부가 되어서는 사대부의 예법을 행하는데, 이것을 일러 신분에 맞는 행위를 잃지 않는다고 한다.

不二統不二尊不二主不二斬之義, 皆出於一統. 家而有家之一統, 國而有國之一統, 則爲大夫而行大夫禮, 爲士而行士禮, 是謂不失當位之行也.

또 풍속이 시대에 따라 변해서 간혹 풍속과 예법을 병행할 수 없는 때도 있으니, 반드시 예법의 정신을 찾아 풍속을 참작하도록 해야 하지만, 차라리 풍속을 잃을지언정 그 정신을 잃지 않아야만 거의 예법에 가까울 것이다.

且俗以時變, 或有俗與禮不可幷行者, 必求其義而參酌于俗, 寧失於俗, 無失其義, 庶幾乎禮也.

해 설

바로 앞 글에 이어서 예법의 의리와 풍속을 참작한 조화를 헤아렸다. 예법이란 하나로 통일된 것으로 전통문화를 형성하는 핵심 요소였다. '하나의 계통'은 적장자를 중심으로 왕통이나 가통을 질서 있게 이어서 혼란을 방지하는 일과 관계있다. 그래서 각자의 신분과 지위에 맞는 예법이 정해져 있다.

요지는 풍속을 고려해서 예법이 그것과 함께 그 정신과 조화를 이루어야 한다는 발언으로, 실행하는 예법과 그 정신의 조화, 논리적으로는 형식과 내용의 조화를 추구했다.

예법이란 구시대의 문화적 산물이어서 현대는 옛 예법을 허례허식이나 관습으로 여겨, 가정의례는 각자의 선택에 맡겨져 있다. 그래서 서양식과 혼합되기도 하고, 일부 예식은 뿌리도 없고 형식도 제각각인 이벤트로 이루어지기도 한다.

10. 음악의 조화
音律協均

음악73은 정치와 통하는74 길로서, 그 성률75의 조화76를 들어 민심의 화합을 깨우친다. 여러 악기가 각자의 소리를 이루는 모습은 마치 보통의 남자들과 여자들이 제각기 그 즐거움을 행하는77 일과 같다. 여러 음을 내는 모든 악기가 응하는 조성78의 소리79는 모두 관현악80에서 합하므로, 하나의 음률만으로도 부족하지 않고 여러 소리를 갖춘다고 넉넉하지도 않다. 이는 마치 억조창생이 모두 교화를 입으면, 모여 살아도 소란하지 않고 혼자 살아도 의지할 거처를 잃지 않는 일과 같다.

聲音之道, 與政通者, 擧其聲律之協均, 以諭民心之脗和也. 衆樂之器, 各自成聲, 如匹夫匹婦之各行其樂也. 諸音之器, 所應宮調聲字, 皆協於絲竹, 當一律而不見不足,

---

73 聲音에서 원래 聲은 일반적 소리이고 音은 소리가 질서를 이룬 음악으로 『禮記』, 「樂記」에 "聲成文謂之音." 또 같은 책에 "人心之動, 物使之然也. 感於物而動, 故形於聲. 聲相應, 故生變, 變成方, 謂之音."에 보임. 聲音은 일차적으로 음악과 관련되는데, 같은 책에 "樂必發於聲音, 形於動靜, 人之道也."라는 말에 보인다.

74 『禮記』, 「樂記」: 聲音之道, 與政通矣.

75 聲律은 음악의 律呂로 5聲과 12律을 말함. 다음 글 「五聲十二律」을 볼 것.

76 協均은 균을 어울리게 한다는 뜻으로 均은 중국 7음계의 주음, 그 주음과 한 옥타브 주음 사이가 1균이다. 여기서는 음의 조화를 말함.

77 『孟子』, 「梁惠王下」: 樂民之樂者, 民亦樂其樂. 또 『大學』의 "君子, 賢其賢而親其親, 小人, 樂其樂而利其利."에 보인다. 본문은 樂 자를 行 자로 바꾸었으나 뜻은 같다.

78 宮調는 宮이 으뜸음이 되는 調로서 宮音에서 시작하여 宮音으로 끝나는 음계. 여기서는 일반적인 조성의 뜻으로 쓰였음.

79 聲字의 聲은 宮·商·角·徵·變徵·羽·變宮을 말하고, 字는 工·凡·六·五·乙·上·尺을 말하는 전문 용어. 여기서는 소리인 音을 뜻함.

80 絲竹은 원료로 구분하는 현악기와 관악기, 또는 악기의 통칭을 상징하거나 관현악을 의미함. 앞의 諸音之器는 뒤에 나오는 衆音之器의 뜻으로 쓰였다.

備衆聲而不見有餘. 如億兆民生, 咸被教化, 羣居而不見其囂亂, 獨處而不見其失所.

* * *

팔음81의 음악은 대개 사람에서 생겨서 악기에서 소리를 이룬다. 그러므로 사람이 화합하면 음악도 조화를 이룬다. 그 조화의 방법은 먼저 악기의 특성을 잘 알아야만 그 뒤에 도수를 올리거나 내려서82 맑거나 탁하거나 높거나 낮거나 길거나 짧은 음악의 절조를 이루게 하는데, 정치와 교화를 따라 태평한 세상을 이루는 일도 참으로 이와 유사하다. 이제 악기와 율려83로 음악이 정취를 이루는 것을 가지고 임금이 덕으로서 교화하여84 잘 다스려진 방법을 비유하면, 화합하면 성공하지만 나눠지면 실패한다.85

八音之樂, 蓋生於人, 而成聲於樂器. 故人和則樂和. 其和之之道, 先須通悉氣質, 而後可損益氣數, 以成淸濁長短之節, 因政敎而致太平, 實猶乎此. 今以樂器律呂成均, 以諭聲敎致治之方, 成於一而敗於二.

---

81 八音은 악기 제작에 쓰이는 8가지 재료인 금속·돌·실·대나무·바가지·흙·가죽·나무를 말한다. 『書經』, 「舜典」의 "三載, 四海遏密八音."과 『周禮』, 「春官·大師」의 "皆播之以八音, 金石土革絲木匏竹."에 보인다. (앞에 나옴)

82 氣數는 여러 의미가 있지만, 여기서는 소리의 높낮이와 음량을 결정하는 악기의 길이·폭·두께 등의 도수이고, 損益은 그 도수를 올리거나 내려서 조절하는 일.

83 律呂는 보통 12律의 陽律인 6律과 陰律인 6呂을 말하지만, 여기서는 음악을 이루는 음계의 의미로 쓰였고, 뒤에서는 각각 음을 따로 가리킬 때 1律과 1呂의 방식으로 사용했음.

84 聲敎는 임금이 덕으로 교화하는 것. 聲敎章은 『용비어천가』의 제56장의 이름이다.

85 成於一而敗於二는 여러 악기로 연주하는 관현악이 조화를 이루느냐 못하느냐의 문제로 비유한 말.

금속과 돌로 된 악기에는 두께와 무게의 차이가 있고, 바가지와 대나무를
사용하는 악기에는 부피와 길이의 구별이 있다.[86] 실을 사용하는 악기는
현 주위의 공기를 진동시켜 성조[87]를 나누며, 흙으로 빚고 구어 만든
악기는 공기를 수용하는 부피로서 소리의 도수와 나뉨이 비교되며, 가죽
과 나무로 된 악기는 비록 한 가지 소리만 내지만,[88] 이 또한 모두 소리가
생겨나는 원리가 있다. 요약하면 율려와 오음의 배율과 반율[89]이 음을
올리고 내리는 기준이 되게 하지 않음이 없다.[90]

金石有厚薄輕重之差, 匏竹有容氣短長之別. 絲音振絃傍之氣, 以分聲調, 土樂則中
氣容積, 以較度分, 革木雖止一聲, 亦皆有所由起. 要之莫不以律呂五音之倍半, 準
其損益.

대개 실과 금속과 돌로 만든 악기가 같은 종류가 되니 사람의 힘으로
소리를 내고,[91] 대나무와 바가지와 흙으로 만든 악기도 같은 종류가
되니 사람의 호흡으로 소리를 내며,[92] 가죽과 나무로 만든 악기가 또

---

86 『五禮通考』 卷74, 「吉禮·宗廟制度」: 金石有厚薄重輕之差, 匏竹有空竅短長之別.
　　강조는 본서와 같은 글자.
87 여기서 聲調는 낱말의 뜻을 분별하는 음성학의 그것이 아니라, 현의 길이나 굵기에
　　따라 달라지는 음높이인 pitch를 말함.
88 박과 북과 장구처럼 멜로디를 낼 수 없는 타악기이기 때문이다.
89 倍半은 倍律과 半律. 倍律은 正律보다 한 옥타브 낮은 소리, 半律은 正律보다
　　한 옥타브 높은 소리를 말함.
90 『五禮通考』, 앞의 책: 土樂則中空容積, 以較度分, 革木雖止一聲, 亦皆有所由起.
　　要之莫不以律呂五音之倍半, 準其損益. 강조는 본서와 같은 글자.
91 같은 책: 蓋絲與金石為一類, 假人力以生聲者也. 거문고와 같은 현악기는 줄을 손으로
　　팅기거나 뜯어서 내는데 絃鳴樂器로 분류되고, 편종과 편경 같은 타악기는 몸체를
　　때려서 소리를 내므로 體鳴樂器라 분류된다. 저자는 둘을 합쳐 팔의 힘을 사용하는
　　것으로 분류했다.

같은 종류이니 음악의 규칙적 흐름[93]을 위한 것이다.[94]

蓋絲與金石爲一類, 假人力以生聲者也, 竹與匏土爲一類, 假人氣以生聲者也, 革與木爲一類, 所以爲樂之節奏者也.

하지만 팔음 가운데 율려 음양[95]의 몸체를 갖추고 조성과 소리 전체를 조화하는 악기는 오직 실로 된 악기와 대나무로 이루어진 악기가 가장 중요하다.[96] 대나무로 된 악기의 음은 공기가 들어가는 관의 부피가 크면 낮고 작으면 높은데,[97] 관의 부피는 지름과 둘레와 길이에 따라 결정된다. 실로 된 악기의 음은 공기를 진동하는 현의 굵기에 달려 있고, 굵은 현의 음은 낮고 가는 현의 음은 높은데, 현의 굵기는 그것을 꼬는 크고 작은 실오라기[98]의 양에 따라 결정된다.[99] 높이가 다른 여러 음[100]

---

92 같은 책: 竹與匏土為一類, 假人氣以生聲者也. 호흡을 이용한 피리나 대금, 笙簧과 塤등은 共鳴樂器로 분류된다.

93 節奏는 음악의 강약·장단 및 속도 따위의 규칙적 흐름을 말하는데『禮記』, 「樂記」의 "樂者, 心之動也, 聲者, 樂之象也, 文采節奏, 聲之飾也."에 보인다.

94 『五禮通考』, 앞의 책: 革與木為一類, 所以為樂之節奏者也. 장구나 북처럼 가죽과 나무를 이용한 악기는 皮鳴樂器로 분류된다.

95 12律의 陽律인 6律과 陰律인 6呂. 12律은 一律과 一呂가 순차적으로 배열된다.

96 『五禮通考』, 앞의 책: 然八音之中, 備律呂陰陽之體, 叶宮調聲字之全, 惟絲竹為最要, 何也. 실은 현악기 대나무는 관악기로, 이들 악기는 다른 악기에 비해 음역이 넓어서 다양한 소리의 표현을 감당한다는 뜻. 강조는 본서와 같은 글자.

97 清濁은 단순히 소리가 맑고 탁하다는 의미만이 아니라, 원 음역인 中聲에서 한 옥타브 이상 높은 소리는 清聲이라 하고, 한 옥타브 이상 낮으면 濁聲으로 분류하는 전문 용어.

98 絲綸의 絲는 가는 실오라기 綸은 굵은 실. 『禮記』, 「緇衣」의 "王言如絲, 其出如綸."에 보인다.

99 『五禮通考』, 앞의 책: 竹之聲在虛, 虛之多者聲濁, 少者聲清, 而多少之數, 定於中空之圍徑短長. 絲之聲在實, 實之多者聲濁, 少者聲清, 而多少之數, 定於絲綸之巨細分度. 강조는 본서와 같은 글자. 저자는 인용한 글보다 더 물리학적 정확성에 바탕을

을 낼 수 있는 악기가 응하는 조성과 소리는 반드시 모두 실이나 대나무로 만든 악기의 음과 조화를 이루게 한101 뒤에야 모든 음악의 큰 근본을 논할 수 있다.102

然八音之中, 備律呂陰陽之體, 叶宮調聲字之全, 惟絲竹爲最要. 竹聲在容氣, 氣之多者聲濁, 少者聲淸, 而多少之數, 定於中容之圍徑短長. 絲之聲在振氣, 絃之巨細, 巨者聲濁, 細者聲淸, 巨細之數, 定於絲綸之多少. 必使衆音之器, 所應宮調聲字, 皆叶於絲竹之音, 然後諸樂之大本, 可得以論焉.

여러 악기의 기수와 형체와 구멍의 지름과 도수의 나뉨이 약간 다른 것은 옛날과 지금에 약간 바뀐 게 있다. 그것은 대개 옛날의 악기는 하나의 율이나 하나의 여103로 제각기 하나의 소리만 내었는데, 후세에는 하나의 악기에 여러 소리104를 갖추었기 때문이다. 하나의 율이 하나의 소리에 해당시키면 7율의 합이 1균105이 되어 그 나머지는 보이지

두어 글자를 바꾸었음을 알 수 있다.

100 衆音은 한 악기가 내는 여러 높이의 음. 『弘齋全書』61卷의 「樂通」에 "三古之器, 一器獨限一音而已, 後世以一器而備衆音."에 보인다.

101 타악기는 예외지만 가령 洋琴처럼 높이가 다른 여러 음을 내는 멜로디 악기는 관악기와 현악기의 음높이에 조율이 되어야 한다는 뜻.

102 『五禮通考』, 앞의 책: 衆音之器所, 應宮調聲字, 又皆協於絲竹之音, 然後諸樂之大本, 可得而論焉.

103 律은 陽, 呂는 陰에 속한 음으로 모두 六律과 六呂가 있는데, 一律一呂는 뒤의 '하나의 소리'를 참고하면 각각 하나의 주음을 기준(서양음악의 경우 하나의 조성)으로만 이루어진 음악이라는 뜻.

104 衆聲은 앞의 衆音의 뜻으로 보인다. '소리'는 가락의 총칭으로 '하나의 악기에 여러 소리'란 하나의 악기가 여러 음을 주음으로 하는 각각의 가락, 곧 서양음악의 피아노처럼 한 악기에서 여러 조의 음악을 낸다는 뜻.

105 均은 중국 7음계(궁·상·각·변치·치·우·변궁)의 주음, 그 주음과 한 옥타브 주음 사이가 1균이다. 또는 우리나라 『악학궤범』 권1에서 향악 궁·상·각·치·우의 다섯

않는다. 하지만 여러 소리를 내는 하나의 악기의 경우는 한 악기가 제각기 1균이 되고, 또 1균으로 하면 여러 조를 겸하게 해도 부족함이 없다. 옛날과 지금이 비록 다르더라도 악기는 같고, 악기가 같지 않더라도 그 이치는 같다.106

諸樂器數形體, 孔徑度分, 古今稍有變更者. 蓋緣古者, 一律一呂, 各爲一聲, 後世備衆聲於一器. 當其一律爲一聲, 則合七律爲一均, 而不見有餘. 及乎備衆聲於一器, 則一器各爲一均, 且或一均而該衆調, 而不見不足. 古今雖殊, 其器一也, 器則不同, 其理一也.

기본음을 가리키나 여기서는 전자의 7음계를 말함. '7율의 합'이란 이론상 1율이 12聲이므로 7×12=84聲으로 곧 1균은 84聲이다. 『악학궤범』의 경우는 12×6=60 聲이다.

106 『五禮通考』, 앞의 책: 至於諸樂之器數形體, 孔徑度分, 古今稍有更變者, **蓋緣古者一律一呂, 各爲一聲, 而後世備衆聲於一器. 當其一律爲一聲, 則合七律爲一均, 而不見有餘. 及乎備衆聲於一器, 則一器各爲一均, 且或一均而該衆調, 而不見不足. 今古雖殊, 其器一也, 器即不同, 其理一也.** 강조의 今古의 글자 순서와 即 자를 則 자로 바꾼 것만 본서와 다르다.

해 설

음악으로서 정치와 교화를 헤아렸다.

정확히 말하면 우리 전통의 악과 서양의 음악은 그 목적과 구성 및 연주 방식 등에서 다른 점이 많다. 어쩔 수 없이 악을 음악이라는 말로 옮겼지만 오해가 없으면 좋겠다.

음악의 목적에서 말하면 예악이라는 말이 상징하듯 그것은 하나의 통치 수단의 성격이 강했다. 저자가 제각기 다른 악기의 음이 조화를 이루어야 아름다운 음악을 이루듯 민심의 화합도 교화를 통하여 그렇게 되어야 한다고 헤아렸다. 물론 자연적으로 발생한 민속악의 경우는 이와 다르다.

본서에서 인용하거나 참고한 문헌은 청대 진혜전(秦蕙田, 1702~1764)의 『오례통고(五禮通考)』이다. 일부는 그대로 인용하고 일부는 글자를 바꾸어 인용했다. 바꾼 내용은 악기에서 소리 나는 방식을 보다 물리적 사실에 가깝게 표현한 것들이다. 당시 제한된 정보를 그대로 받아들일 수밖에 없었으나, 그것을 자기의 주체적 관점에서 수용·변용한 점에 주목해야 한다.

11. 오성과 12율
五聲十二律

음악에 관한 학문은 다만 음의 장단과 높이[107]로 분별하여 실제로 사용하는 것뿐이니, 어찌 다시 오성과 12율의 명칭과 의미를 의심하여 견강부회하겠는가?

音律之學, 只是短長淸濁, 分別致用而已, 更何疑於五聲十二律之名義附會也.

* * *

서양인 페레이라(Andreas Pereira)[108]는 음악에 정통하였는데, 그 악법(樂法)은 오로지 현의 음이 높고 낮음[109]의 2균[110]이 번갈아 조화하는 소리를 근본으로 삼았다.[111]

---

107 淸濁은 악기 고유의 음색을 말한다고 생각할 수 있으나 실제로는 中聲을 기준으로 음높이를 말할 때 쓰는 전문 용어이다. 가령 中聲에서 한 옥타브 위의 음은 해당하는 음 앞에 淸 자를 붙여 淸黃鍾, 두 옥타브 위는 重淸黃鍾의 방식으로, 또 한 옥타브 아래 음에는 濁을, 두 옥타브 아래는 倍濁 붙여 말하는 데서 알 수 있다.

108 徐日昇은 중국식 이름. 포르투갈 출신 예수회 선교사로 중국에서 1672~1708년 활동했으며, 카시니의 관측치와 케플러의 타원궤도설을 도입하여 선교사 쾨글러(Ignatius Kögler, 戴進賢)와 함께 『曆象考成後篇』의 편찬에도 간여하고 이탈리아 선교사 페드리니(Pedrini, 德禮格 또는 德格里)와 함께 『律呂正義』를 지었다.

109 淸濁은 뒤의 2均이란 말 때문에 음의 높고 낮음의 뜻으로 쓰였다.

110 均은 중국 7음계의 주음이고, 1均은 주음과 한 옥타브 위의 주음 사이의 범위이므로 7聲, 2均은 14聲이다.

111 『律呂精義續編』, 「續編總說」: 西洋波爾都哈兒國人徐日昇者, 精於音樂, 其法專以弦音淸濁二均, 遞轉和聲爲本.

西洋人徐日昇, 精於音樂, 其法專以弦音淸濁二均, 遞轉和聲爲本.

그 책[112]의 대강의 요지는 두 가지이다. 하나는 관율과 현도[113]가 소리를 발생하는 유래와 음이[114] 서로 맞고 안 맞는 까닭을 논했다. 다른 하나는 음이 도수에 맞는 규칙을 정하여 살피고, 강함과 부드러움의 두 표식을 【구부러진 형태로 만든 두 가지 표식】[115] 사용하여 음과 양의 두 음조의 차이를 구별했고,[116] 음의 길이와 빠르기 등의 기호를【구부러진 형태로 제각기 표식됨】[117] 사용하여 음의 나뉨을 조절했다. 【『율려정의』에 상세하게 보임.】이 방법을 따라 입문하면 실로 간단하고 빠르다.[118]

---

112 뒤의 저자 주석에서 소개하는 『律呂正義』를 말함.

113 管律은 각각의 소리를 내는 관의 비율로서, 그 비율에 해당하는 소리를 내는 관이 律管이다. 12律에서는 12개의 律管이 필요하며, 그 律管은 三分損益法으로 구한다. 弦度는 현의 굵기와 길이와 조임 상태에 따라 나는 음높이의 비율이다. 같은 굵기와 조임 상태의 현에서는 三分損益法이 그대로 적용된다.

114 『律呂正義』에서는 聲字를 해당 음계를 이루는 음의 뜻을 사용하였다. 곧 "凡度曲之 聲字, 不過七音, 至第八而仍合於首音(「五線界聲」)."에 보인다. 首音은 으뜸음이다.

115 원문 紀 자는 『律呂正義』에서는 記 자로 되어 있는데, 뒤의 標識에 따르면 표기법이다.

116 『律呂正義續編』의 "凡樂不出剛柔二端, 故用剛柔二記, 以紀淸濁互易爲用之號. 蓋 柔樂者濁聲, 而紀以此 ♭記, 取其流動圓容之象也. 剛樂者淸聲, 而紀以此♯記, 取其 稜角剛方之象也. 若夫純用剛音而不間柔音, 或純用柔音而不問以剛音, 則不以此 二記紀焉(「二記紀音」)."의 설명을 보면, 높은 소리〔淸聲〕와 낮은 소리〔濁聲〕가 서로 바뀌는 데 쓰이는 기호〔互易爲用之號〕로 보이며, ♭와 ♯은 현재 서양음악의 ♭와 ♯의 임시표와 조표의 기호로 보인다. 『律呂正義』에서도 오선지에 그렇게 그려져 있다. 또 본문의 陰陽은 이 설명에서 보면 바로 『律呂正義續編』의 剛柔에 해당하는 것임을 알 수 있다.

117 서양음악 음표의 종류이다. 같은 책, 「樂音長短之度」에 상세함.

118 『律呂精義續編』, 「續編總說」: 其書之大要有二. 一則論管律弦度生聲之由, 聲字相 合不相合之故. 一則定審音合度之規, 用剛柔二記, 以辨陰陽二調之異, 用長短遲速 等號, 以節聲字之分. 從此法入門, 實爲簡徑.

其書之大要有二. 一則論管律弦度生聲之由, 聲字相合不相合之故. 一則定審音合
度之規, 用剛柔二紀,【以屈曲, 作二標識】以辨陰陽二調之異, 用長短遲速等號,【以
屈曲, 各爲標識】以節聲字之分.【詳見律呂正義.】從此法入門, 實爲簡徑.

이것을 경전과 사서에 실려 있는 내용을 조사하여 따져보니 율려와
궁조[119]가 실로 서로 표리를 이루어, 이치를 말하는 사람에게 실제적
증거가 있게 하고, 입문하여 사용하는 사람에게도 지키고 따르게 하였
다.[120] 어찌 궁성(宮聲)이 임금이 되고 상성(商聲)이 신하가 되는 것[121]
들과 황종(黃鍾)과 대려(大呂)[122]의 이름과 의미에 무슨 의심이 있는가?

覈之經史所載, 律呂宮調, 實相表裏, 使談理者有實據, 而入用者亦有所持循矣. 何
疑乎宮爲君商爲臣之類, 黃鐘大呂之名義也.

---

119 宮調는 宮이 으뜸음이 되는 調로서 宮音에서 시작하여 宮音으로 끝나는 음계.
　　여기서는 일반적인 조성의 뜻으로 쓰였음. (앞에 나옴)
120 『律呂精義續編』, 「續編總說」: 覈之經史所載, 律呂宮調, 實相表裏. 故取其條例形號,
　　分配於陰陽二均高低字譜編集成圖, 使談理者有實據, 而入用者亦所持循云. (강조
　　는 같은 글자)
121 『禮記』, 「樂記」: 宮爲君, 商爲臣, 角爲民, 徵爲事, 羽爲物. 五者不亂, 則無怗懘之音
　　矣. 소리를 임금과 신하와 백성과 관련시키는 점에서 음악으로 교화하거나 하나가
　　되는 이론적 근거가 된다.
122 宮과 商은 각각 五聲 가운데 하나, 黃鍾과 大呂는 각각 12律 가운데 하나.

해 설

바로 앞의 글에 이어서 서양음악과 함께 전통음악을 헤아렸다.

이 글은 대부분『율려정의』속의 내용을 인용하였다. 이규경『오주연문
장전산고』의「성음위악변증설(聲音爲樂辨證說)」에도 이 내용이 조금
더 상세하게 수록되어 있다. 요지는 모두『율려정의』의「속편총설」에
실려 있다.

저자가 서양인이 소개한 음악 이론을 거론한 의도는 그렇게 장황하게
설명해도 결국 전통음악 이론을 벗어나지 않을 뿐 아니라, 음악의 의의는
"음의 장단과 높이로 분별하여 실제로 사용하는 것에 있다"라는 점을
밝히는 것이었다.

하지만 굳이 실용성만 따지자면 서양에서 바흐(J.S. Bach)가 시작하여
18세기부터 유럽에서 널리 사용하고, 19세기 중엽에 세계적으로 사용한
평균율(平均率)이 있다. 이것은 종래의 순정률(純正律)을 버리고 근사치
의 음정을 채택하여, 한 옥타브를 12개의 음으로 여러 등분한 것이다.
그런데 전통음악의 악서를 보면 순정률을 사용해서 이론적으로 조율이
복잡하다. 곧 정수의 비를 이용하여 음계 이론을 구축하는 삼분손익법
(三分損益法)으로 5성이나 12율을 구하는데, 이는 실용성보다 자연적
원리를 그대로 따르는[123] 천인합일을 중시했기 때문이다. 동서 모두

123『禮記』,「樂記」: 禮樂刑政, 四達而不悖, 則王道備矣. 樂者爲同, 禮者爲異. 同則相親,
異則相敬. … 大樂與天地同和, 大禮與天地同節. 和故百物不失. 節故祀天祭地. …
樂者, 天地之和也. 禮者, 天地之序也. 和故百物皆化. 序, 故羣物皆別. 樂由天作,
禮以地制, 過制則亂, 過作則暴. 明於天地, 然後能興禮樂也.; 렴정권 번역,『악학궤
범』(여강출판사, 1991), 27쪽: 노래는 말을 길게 하며 율(律)에 맞게 하는 것이며
춤은 팔풍(八風)을 행해서 그 절주를 이루게 하는 것이니 이는 모두 자연에서
법 받은 것이고 사람의 사사로운 지혜를 가지고 만들어 낸 것이 아닙니다. 자연의
조화성에 부합되면 정당하여 옳게 맞을 수 있고 그 조화성을 잃어버리면 바르지

같은 12개의 음을 사용해도 자연성과 실용성 가운데 무엇을 중시하느냐
에 따라 그 방법이 달랐다.

___

못한 생각에 치우쳐 삐뚤어진 데로 달려갈 것입니다.

12. 형벌
刑罰

형벌이란 백성을 교화의 상태에 몰아넣는 채찍이고, 상을 주는 일124은 교화로 인도하는 비용이다. 형벌과 상이 잘 이루어진 교화 상태의 기대를 목표로 삼지 않고, 애증이나 권세나 관례에 따라 시행하는 것을 기준으로 삼는 것으로서는 그 본래의 정신을 잃는다는 점에서 모두 같다.

刑罰者, 驅入敎化之鞭策, 賞賜者, 導進敎化之資費也. 刑罰賞賜, 不以期致敎化之 域爲準, 或以愛憎, 或以權勢, 或以循例, 其失本義一也.

*　*　*

애증과 권세가 정치를 좀먹고 해치는 사례는 더 찾을 필요가 없다. 나아가 형벌과 상을 관례만 따라 시행하는 일은 비록 해로움이 없는 듯해도, 끝내 사람들의 권하고 징계하는 마음을 일으키지 못해 교화가 침체하고 부패할 것이다.

愛憎與權勢之蠹害政事, 不暇究言. 至於刑罰賞賜之循例施行, 雖若無害, 終不可以 起人勸懲之心, 而敎化浸腐.

하지만 상벌이 교화를 근본으로 삼는 경우라면 상벌이 미치기도 전에 백성은 권하고 징계하는 일을 먼저 알고, 이미 상벌이 시행된 뒤에는

---

124 賞賜는 『周禮』, 「春官·小宗伯」의 "掌衣服車旗宮室之賞賜."에 보인다.

나머지 백성[125]도 모두 은혜와 위엄을 안다.

若以敎化爲本者, 未及賞罰, 而民先知勸懲, 已在賞罰之後, 而餘民皆知恩威.

---

125 餘民은 원래 망국의 백성으로 『書經』, 「康誥」의 "成王旣伐管叔蔡叔, 以殷餘民封康
　　叔."에 보이지만, 여기서는 상벌에서 제외된 나머지 백성의 뜻으로 쓰였다.

해 설

상벌을 가지고 교화를 헤아렸다.

상벌의 목적이 교화를 이루는 데 있지, 통치자의 애증이나 권세나 관행에 따라 시행되어서는 안 된다는 점을 강조하였다. 그런 전근대사회의 상을 오늘날처럼 상징이나 명예 정도로만 이해한다면 그 의미를 잘 이해할 수 없다. 그 상은 크기에 따라 벼슬, 신분 변동, 집, 전답, 노비, 세금 면제, 물품 수여, 정문(旌門) 세우기 등으로 큰 영향력을 끼친다. 형벌도 마찬가지이다.

저자의 이런 발언에서 당시의 상과 형벌이 본래의 취지를 잃고 남발되었음을 읽어낼 수 있다. 그래서 관리들은 부패하고 민심은 흉흉하여 민란이 끊이지 않았다.

13. 정치의 조절과 학문의 변천
政損益學沿革

역대 이래로 정치에는 일을 더하거나 빼는 조절이 있고 학문에는 변천이 있었다. 여기에는 반드시 그 바탕을 동반해서 꾸밈을 이루고, 근원을 따라 말류를 준설(濬渫)해야 한다. 어찌 개작을 좋아하는 일만이 시대의 폐단을 바로잡겠는가?

歷代以來, 政有損益, 學有沿革. 必將其質而茸其文, 因其源而濬其流. 豈是樂於改作, 爲其矯捄時弊也.

* * *

나라의 정치와 사람의 학문은 때를 따라 고치고 바로잡아서, 해이해져 못 쓰게 되는 상태에 이르지 않게 하는 점에서는 같다.

國之政事, 人之學問, 隨時修整, 不至弛廢, 則一也.

하은주 삼대의 충직과 공경과 꾸밈[126]은 오래됨에 따라 폐단이 생겼고,

---

126 원문 忠敬文은 『論語』, 「爲政」, "子曰, 殷因於夏禮, 所損益, 可知也. 周因於殷禮, 所損益, 可知也. 其或繼周者, 雖百世, 可知也."의 『集注』에서 "馬氏曰, 所因, 謂三綱五常, 所損益, 謂文質三通. 愚按三綱, 謂君爲臣綱, 父爲子綱, 夫爲妻綱, 五常, 謂仁義禮智信, 文質, 謂夏尙忠, 商尙質, 周尙文."에 의하여 忠質文로 보아야 한다고 생각하기 쉽다. 만약 忠敬文의 敬이 잘못 들어간 글자가 아니라고 보고, 『禮記』, 「表記」의 "子曰, 虞夏之質, 殷周之文, 至矣. 虞夏之文不勝其質, 殷周之質不勝其文."과 같은 책, "夏道尊命, 事鬼敬神而遠之, 近人而忠焉. 先祿而後威, 先賞而後罰, 親而不尊. 其民之敝, 惷而愚, 喬而野, 朴而不文. 殷人尊神, 率民以事神, 先鬼而後

폐단이 있어서 자연스럽게 바로잡는 방법으로서 계승하였다. 그리하여 윤리와 기강을 붙들어 세우는 일은 모두 같았다. 하지만 후세에 잘못 바로잡는 일은 대부분 억측과 사사로운 생각으로 한 것이어서, 점차 다듬는 일이 없고 곧장 폐단을 박멸하려다가 도리어 윤리와 기강을 붙들어 세우는 일마저 그르치게 되었다.

三代之忠敬文, 由久而有弊, 有弊而自有矯捄之方以承之. 其所以倫常紀綱之扶植皆同. 後世之不善矯捄者, 多以臆度私說, 無所漸磋, 而卽欲扑滅流弊, 反失倫常紀綱之扶植.

학문 또한 시대에 따라 변천하였는데, 꾸밈으로써 질박함을 계승하거나 질박함으로써 꾸밈을 계승하거나, 혹은 외물에 치닫는 관심을 경계하여 마음에서 찾기도 하고, 또는 기질을 덮고 가릴까 봐 두려워하여 사물을 상세히 고찰하기도 하였는데, 이는 모두 폐단을 물려받았으나 시대를 바로잡는 사람의 일이다.

學問亦隨時有遷, 或承質以文, 或承文以質, 或戒馳騖外物而求之于心, 或恐蔽遮氣質而稽之于物, 是皆承流弊而矯時者之事也.

禮, 先罰而後賞, 尊而不親. 其民之敝, 蕩而不靜, 勝而無恥. 周人尊禮尙施, 事鬼敬神而遠之, 近人而忠焉. 其賞罰用爵列, 親而不尊. 其民之敝, 利而巧, 文而不慙, 賊而蔽."을 보면, 주희의 忠質文이 夏殷周에 그대로 일치하지 않는다. 오히려 夏 나라의 특징이 더 질박하고, 殷 나라는 질박함보다는 귀신을 恭敬하되 멀리하기는커녕 되레 尊崇하였기 때문에 質 대신에 敬을 넣은 것으로 보인다. 따라서 『論語』와 『禮記』의 내용을 종합해 보면, 저자는 주희의 忠質文을 忠敬文으로 의도적으로 바꾸었다고 판단된다. 옮긴이는 명확하고 결정적 오타가 아니라면 원문을 살리는 것이 옳다고 본다. (강조는 옮긴이)

이것을 이어 담론하고 변별하는 학문이 있으니, 의리를 주장하는 사람은 옳고 그름을 결단하는 일을 높이 평가하고, 고증에 힘쓰는 사람은 차이를 살펴 고찰하는 일을 해박하다고 여긴다. 이로부터 그 이후에 또 양쪽을 통틀어 탐구하는 사람이 있어 의리와 고증을 비교·참작하고,[127] 또 시비의 옳고 그름과 차이의 어긋남과 다름을 두기도 한다. 그리하여 거짓되게 다툼을 좋아하는[128] 일이 점차 번성하고 혼란[129]이 극심하여, 인재를 해치고[130] 세상을 가르치는 데 도움이 없으니, 시대에 따라 닦아 밝혀 폐단을 좇아 바로잡는 뜻이 어디에 있는가?

繼此而有談論辨別之學, 主義理者, 以斷決是非爲高致, 務考證者, 以參考差異爲該博. 自玆以降, 又有通訪之者, 參互其義理考證, 而又有是非之是非, 差異之差異. 嚚訟漸繁, 悖亂已極, 敗壞人才, 無補世敎, 隨時修明, 隨弊矯捄之意何在.

---

127 參互는 서로 비교하여 參酌하거나 參證함. 『周禮』, 「天官·司會」의 "以參互攷日成." 에 보인다.

128 嚚訟은 『書經』, 「堯典」의 "吁, 嚚訟, 可乎."의 보이는데 唐의 孔穎達은 "言不忠信爲嚚, 又好爭訟可乎."라고 주석했다.

129 悖亂은 惑亂 또는 昏亂의 뜻으로 『荀子』, 「性惡」의 "無師法則偏險而不正, 無禮義則悖亂而不治."에 보인다. (앞에 나옴)

130 敗壞는 損害 또는 破壞의 뜻으로 『史記』, 「酷吏列傳」의 "乃以縱爲右內史, 王溫舒爲中尉. 溫舒至惡, 其所爲不先言縱, 縱必以氣凌之, 敗壞其功."에 보인다.

해 설

옛날의 정치와 학문을 미루어 그 후대의 실태를 헤아렸다.

세상의 모든 일이 변한다는 게 기철학의 기본전제이다. 그 변화에 제도나 학문도 조응해야 하는데, 그러지 못하면 폐단이 생긴다. 삼대가 문물을 손익하거나 학문이 변천한 일도 그 때문이라는 생각이 들어 있다. 문제는 폐단을 고치려다가 도리어 개악하는 일이다. 그래서 정치에서는 윤리와 도덕이 훼손되었고, 학문에서는 다투고 혼란만 일으켰다고 한다. 특히 학문의 변천에서 의리지학(義理之學)이니 고증학(考證學)의 언급과 심학(心學)과 격물학(格物學)의 뜻으로 보이는 것도 있는데, 모두 이전의 폐단을 바로잡으려는 의도에서 나왔다고 평가하였다. 하지만 후대로 올수록 거짓과 혼란이 번성하여, 당대에 불필요한 논쟁을 일삼는 학풍을 간접적으로 비판하고 있다.

현대의 우리나라 정치판과 학문의 폐단도 결국 카르텔을 형성한 집단의 기득권을 옹호하는 과정에서 나온다. 그래서 온갖 거짓과 날조와 사실 왜곡으로 참과 거짓이 뒤섞이고, 따라서 그것은 곧이곧대로 믿는 대중의 윤리 감각도 무디어진다. 학문에 종사하는 사람들은 그 참됨을 탐구하고 밝혀, 진리의 파수꾼이 되어야 함에도 자본과 권력의 노예가 되어 곡학아세하는 일부 학자들이 스스로 일을 망치면서 역사를 두려워하기는커녕 반성조차 모르니 딱할 노릇이다.

14. 학문에는 참과 허위가 있다
學有誠僞

학자는 먼저 참과 거짓을 분별하여 참을 취하면 거짓은 저절로 그치고, 거짓을 제거하면 참은 저절로 드러난다. 비록 참을 취하더라도 거짓을 말끔히 제거하지 못하면, 가졌던 참마저도 순수하지[131] 못하게 된다.

學者, 先辨誠僞虛實, 取誠實, 則虛僞自息, 去虛僞, 則誠實自著. 雖取其誠實, 而未能頓除虛僞, 則所有之誠實, 未到純一.

* * *

오직 따를 만한 참만 알고, 따라서는 안 되는 사특한 거짓을 몰라도 괜찮을 것 같지만, 어두워 모르는 가운데 저절로 어긋나고 잡스러운 것이 섞이게 된다. 그러므로 따를 만하고 따라서는 안 되는 대상을 모두 알아야만, 악을 변화시켜 선으로 옮겨 가는 온전한 덕을 이룬다.

惟知誠實之可從, 不知邪僞之不可從, 雖若無妨, 然暗昧之中, 自有駁雜. 故俱知其可從不可從, 爲化惡遷善之全德.

사악한 거짓을 따라서는 안 된다는 점을 알면, 참 바깥에 달리 따를 만한 대상이 없음을 더욱 알게 된다. 그리하여 자기가 선에 나아가는 일에는 용기가 있고, 남의 사특한 악행을 변화시키는 일에는 방법이

---

131 純一은 純粹不雜 또는 純粹無僞의 뜻. (앞에 나옴)

있을 것이다.

知邪僞之不可從, 則益知誠實之外, 無他可從. 自己之進善有勇, 化人之邪惡有方.

해 설

앞의 글을 이어 학문의 참과 거짓을 헤아렸다.

학문 탐구의 결과를 흔히 진리라 부른다. 그것은 말 그대로 참된 이치이다. 참된 이치는 학문 방법에 절대적으로 의존한다. 그래서 현대 학문은 방법론을 매우 중시한다. 자연과학이야 그렇다 치더라도, 인문학도 방법론이 적절치 못하면 거짓이 될 수도 있고, 공허하기 일쑤이다. 본문의 성실은 참, 허위는 거짓의 뜻으로 쓰였다.

학문이 거짓이 되는 동기는 예전에는 명성이나 권력을 얻기 위해서였다. 오늘날은 돈까지 가세하였다. 그래서 가장 추악한 학자는 자본과 권력의 시녀 노릇을 하는 자이다. 돈과 명성을 낚시질하기 위해 영혼을 팔아가며 대중에게 영합하는 학자는 꼴불견이지만 그나마 봐 넘길 수도 있다. 하지만 거기에 눈이 멀면 무리하게 되고, 무리수를 두면 거짓에 떨어질 일은 시간문제이다. 참된 학자라면 경계할 일이다. 그래서 『대학』에서 자기의 뜻을 성실하게 하는 사람은 자기를 속이는 일이 없어야 한다고 했다.[132] 일단 자기를 속이게 되면 못 할 일이 없기 때문이다. 적어도 학자라면 자신을 속이면서까지 권력에 아부하거나 시장에 구애(求愛)하지 않아야 한다.

---

132 『大學』: 所謂誠其意者, 毋自欺也.

15. 간지와 화복의 허망
干支禍福虛妄

육십갑자[133]는 본래 날과 달이 지나가고 다가오는 시간의 멀고 가까움을 표지하기 위하여 명칭을 붙인[134] 것이다. 해를 표시할 때는 가령 지난해·올해·내년의 종류이고, 사시를 표시할 때는 가령 봄·여름·가을·겨울의 종류이고, 하루의 이름과 늦음을 표시할 때는 새벽·아침·저녁나절[135]·저녁의 종류가 있을 뿐이다.

六十甲子, 本爲識日月往來之遠近而標名之也. 記年則如昨年今年明年之類, 記時則如春夏秋冬之類, 記日之早晚, 如晨朝脯夕之類而已.

후세의 술가[136]들이 간지를 오행의 생극설[137]에 배치하여 사람의 수명을 논하고 귀천을 판단하며 때와 날을 골라 길흉을 점쳤으나, 이는 매우 근거할 곳이 없다. 만약 그 허황하고 망령됨을 밝히면, 모두 간지의 화복에 단연코 구애될 일이 없을 것이다.

後世術家, 以干支配五行生克, 論人命而斷貴賤, 涓時日而占吉凶, 甚無攸據. 苟燭

---

133 天干과 地支를 조합하여 만든 60개의 干支. 시간과 날짜와 연대 등을 표기하는 데 사용하였다. 甲과 子에서 시작하므로 붙여진 이름이다.

134 標名은 題名 또는 顯名의 뜻으로 『後漢書』, 「儒林傳序」의 "若師資所承, 宜標名為證者, 乃著之云."에 보인다.

135 脯는 晡의 뜻으로 쓰였다.

136 고대의 천문과 역법을 잘하는 사람에서부터 권모술수와 특이한 기술과 방술과 술수에 능한 사람을 아울러 가리키는 말. 여기서는 방술과 술수의 뜻.

137 相生說과 相剋說.

其虛妄, 則凡於干支之禍福, 斷無拘礙.

* * *

복희가 육십갑자 책력138을 앞에서 창안하였고, 황제가 대요139에 명하여 뒤이어 상세히 하였다. 전(傳)에 이르기를, "이것으로 해를 기록하니 해가 혼란하지 않고 달을 기록하니 달이 문란하지 않았다"140라고 하니 이것이 그것을 처음 만든 본래의 뜻이다.

伏羲之作甲歷, 創之于前, 黃帝之命大撓, 詳之于後. 傳曰, 以是記年而年不亂, 記月而月不紊, 此其創設之本意也.

대개 만물이 생겨나고 이루고 거두고 감추는141 이치를 가지고 처음부터 끝까지의 도수를 밝혀, 열 가지로 나누면 그것을 일러 '십간'이라 하고, 열두 가지로 나누면 '십이지'라 불렀다. 십간을 십이지와 짝을 지워 그

---

138 甲歷은 甲曆과 같은 말. 저자는 歷과 曆을 자주 섞어 씀.

139 전설적 임금인 황제의 史官으로 처음으로 甲子를 지었다고 전해짐. 『呂氏春秋』, 「尊師」에서 "黃帝師大撓."라 하였고, 후한 高誘의 注에서는 "大撓作甲子."라고 하였다.

140 傳이 무슨 문헌인지 확실하지 않다. 경전과 『사고전서』 등에서 찾아보았으나 이런 표현은 등장하지 않는다. 청 강희제 때 吳乘權과 그의 친구들이 지은 『綱鑑易知錄』에 "太昊伏羲氏命昊英, 作甲曆, 定四時, 起於甲寅, 支乾相配於十二辰, 六甲而天道週矣. 歲以是紀而年不亂, 月以是紀而時不易, 晝夜以是紀而人知度, 東西南北以是紀而方不惑矣."라는 말이 본문의 내용과 일치한다. 저자가 당시 많은 도서를 구매하고 소장해서 이 책을 보았는지 모르겠다.

141 生成收藏은 春夏秋冬에 따라 만물이 生長收藏하는 모습을 저자 방식의 표현으로 보임. 어떤 문헌에서도 生成收藏으로 쓴 곳은 아직 보지 못했음. 저자가 長 자를 成 자로 바꾼 데는 분명 의도가 있을 것이다.

해와 달과 날을 표시한 것이 지금까지 전해졌다. 그 해와 달과 날의 이름을 취한 시초를 탐구하면, 지적해 증거로 삼을 만한 것이 없고, 다만 이전 사람들이 시행한 규칙을 따라 순서를 계승하고 그대로 좇아 해와 달과 날의 이름을 삼았을 뿐이다.

蓋以生成收藏之理, 明其始終之數, 而分之於十, 則謂之十干, 分之於十二, 則謂之十二支. 以干配支, 表其年月日而傳之于今. 究其年月日起號之始, 則無所指的之可證, 而只循前人所行之軌, 繼序因襲, 以爲年月日之號而已.

방술가가 처음에 사람의 일과 행위를 견강부회하고, 이것을 뒤따른 사람들이 거기에 스며들어 미혹하는 설로 그것을 천지가 스스로 그러한 이치와 바뀌지 않는 법칙으로 간주하여, 일거수일투족이 모두 여기에 얽매였다. 심지어 그 이름이 생겨난 시초를 밝히려고 하여 그 자취를 실증하려고 하였다. 이에 상원[142] 천십오만여 년의 쌓임을 거슬러 올라가 '역원(曆元)이 되는 해의 동지'[143]라고 말한다. 역원이 되는 동지란 해와 달과 날이 모두 갑자(甲子)로서, 해와 달이 같이 뜨고 오성이 구슬이 꿰어진 것처럼 연결되어 모두 정북 방향에 모인 때[144]로서 갑자의 시작이라고 말한다.

---

142 上元은 여러 뜻이 있다. 그 가운데 60년이 一甲子인데 음양오행을 다루는 사람들이 3개의 甲子를 합쳐 180년을 주기로 삼아, 맨 앞을 上元, 가운데를 中元, 끝을 下元이라 부르기도 한다. 하지만 여기서는 제1 甲子가 시작하는 뜻으로 쓰였다.

143 天正冬至의 설명은 뒤에 자세히 등장함. 보통 동지를 正初로 삼았던 관례에 따라, 역법에서 시작하고자 하는 해의 동지를 말함.

144 『漢書』, 「律曆志上」: 日月如合璧, 五星如聯珠. 唐 顔師古의 注에서는 孟康을 인용하여 "謂太初上元甲子夜半朔旦冬至時, 七曜皆會聚斗牽牛分度, 夜盡如合璧連珠."라는 말이 보이는데, 바로 본문의 내용과 일치한다. 여기서 合璧은 해와 달이 동시에 뜨는 것을 말함.

方術之家, 始以附會人之事爲, 後此者浸惑之說, 看作天地自然之理不易之典, 一動一靜皆拘於此. 甚至於欲明其起號之始, 以實其迹. 乃溯考上元一千零一十五萬餘歲之積, 謂之天正冬至. 天正冬至者, 年月日皆值甲子, 而日月如合璧, 五星如聯珠, 具會子方之時, 乃爲甲子之源頭.

안타깝다! 책력은 본래 정해진 법이 없고, 다만 때를 따라 추측하여 하늘에 부합되기를 구하여 그 수를 가감해서 때에 적합하게 할 수 있을 뿐이다. 희씨와 화씨[145]가 역법을 말한 이래로 4천 년에 지나지 않는데, 역법을 손본 일이 한두 번이 아니었고, 해와 달과 별이 하늘을 도는 도수의 증감에도 때가 있고, 세차[146]의 법도 옛날에는 없다가 지금은 있다. 어찌 천십오만여 년의 오랜 기간을 후대의 한때의 역법으로 거슬러 올라가 미루어 맞게 할 수 있겠는가?

噫. 歷本無定法, 只可隨時推測, 求合於天, 加減其數, 以適於時矣. 自義和說歷以來, 不過四千餘年之間, 歷法之損益, 不啻一再, 周天之度, 增減有時, 歲差之法, 古無而今有. 豈可以一千零一十五萬歲之久遠, 將後代一時之歷法, 溯推而得膠合哉.

23사[147]에 실려 있는 역지(歷志)에서 상세히 조사하고 증험해 보면 하나

---

145 『書經』, 「堯典」: 乃命羲和, 欽若昊天, 厤象日月星辰敬授人時. 羲和는 羲仲과 羲叔, 和仲과 和叔의 형제들.

146 천구상의 춘분점과 추분점이 황도를 따라 角度 50.26초씩 서쪽으로 이동함으로써 조금씩 앞당겨지는 현상. 이것은 지구 자전축이 달과 태양의 중력에 의하여 이동하는 현상. 달리 말하면 항성년과 태양년의 길이 차이. 저자의 지적은 고대에는 그것을 사용하지 않다가 이후에 사용했다는 뜻.

147 23사는 『史記』, 『漢書』, 『後漢書』, 『三國志』, 『晉書』, 『宋書』, 『南齊書』, 『梁書』, 『陳書』, 『魏書』, 『北齊書』, 『周書』, 『南史』, 『北史』, 『隋書』, 『舊唐書』, 『新唐書』, 『五代史』, 『宋史』, 『遼史』, 『金史』, 『元史』, 『明史』이다.

도 증거될 만한 것이 없으니, 갑자를 만든 시초는 이것148을 근원으로 삼을 수 없음이 명백하다. 어찌하여 후인의 지모(智謀)149가 처음 만든 사람의 본래의 뜻에서 지나친단 말인가? 빠져 고착됨이 여기에 이르러 이미 이치를 살피는 데 큰 방해가 되었으니, 하물며 충합150과 생극과 왕상151과 고허152의 종류를 다시 논하여 화복과 재앙과 상서로움의 원인으로 삼는 일이겠는가?

廿三史所載歷志, 詳查考驗, 無一可證, 則作甲子之初, 不以此爲源明矣. 何後人之智術, 過於創始者之本意耶. 泥着至此, 已爲察理之大妨, 況復論沖合生克旺相孤虛之類, 以作禍福災祥之由耶.

옛 성현이 세상을 가르치는 일을 붙들어 세우고 천명함은 옳은 듯하나 그른 대상에 대해서는 매양 그 불가한 단서만 밝혔지, 허황하고 망령된 것을 본받고 실천하는 일에 대해서는 말하지 않음이 많았다. 지금 밝히는 이 글도 비록 비루하고 자잘하나, 세상이 돌아가는 도리에 폐단이 많아 그 전모를 진술하여 나열하지 않을 수 없다. 이 글 이후 여러 글은 이런

---

148 앞의 天正冬至.

149 智術은 처음에는 임금이 신하를 통제하고 부릴 줄 아는 책략이나 수단의 뜻으로 쓰였다. 『韓非子』, 「孤憤」의 "智術之士, 必遠見而明察, 不明察, 不能燭私."에 보인다. 여기서는 智謀의 뜻.

150 相沖과 相合. 相沖은 地支七沖의 관계가 되며 방위·일진·시 등이 서로 맞지 않는 것, 相合은 地支六合이 되는 것.

151 五行의 氣 消長을 旺·相·死·囚·休라 하는데, 그 왕성한 것을 旺相이라 함. 그 반대를 休囚라고 함.

152 天干 10개와 地支 12개를 배합할 때 2개가 남는 地支를 孤라 하였고, 孤와 상대되는 것을 虛라 하였다. 길흉과 화복의 성패를 추산하는 데 썼다. 『史記』, 「龜策列傳」의 "日辰不全, 故有孤虛."에 보이는데, 이 孤虛를 후대에 장황하게 설명하였다.

뜻에서 나온 것이다.

古聖賢之扶世敎而闡明, 每因似是而非者, 明其不可之端, 至於本虛妄而行虛妄者, 多所不言. 今此發明, 雖若鄙屑, 乃因世道之致弊, 而不可不陳列終始. 下端數條, 亦出於此意也.

해 설

간지의 원래 의미를 헤아렸다.

천간(天干)과 지지(地支)를 길흉화복과 결부시키면서 원래의 의미를 잃고 거짓된 술수가 되었다고 평가하였다.

이런 술수를 통틀어 세간에서는 '동양철학'이라 일컫고, 그 일부를 따로 명리학 등으로 부르는데, 옮긴이가 참여하는 동양철학 학계에서는 아직 다루지 않고 있다. 학문으로 인정받으려면, 거기에서 합리적인 요소를 발견하여 검증하고 이론화·체계화하여 관련 학계로부터 공신력을 얻어야 한다.

사실 길흉화복도 선악이나 행복·불행처럼 실체가 있지 않다. 인간의 마음이 만들어 낸 관념 또는 느낌일 뿐이다. 똑같은 상황에서 어떤 사람은 행복으로 어떤 사람은 불행으로 여기지 않겠는가? 재산이 많고 권력을 가진 일이 복이고 행복이라 여길 수 있겠으나, 보기에 따라서는 화의 씨앗이요 불행의 원천이 될 수 있지 않은가? 점을 치기 위한 『주역』에 이미 그런 관점이 보인다. 그래서 역을 잘 아는 사람은 점치지 않는다고 한다. 천지 만물과 세상사의 이치를 알면 그렇다는 뜻이다. 그러니 길흉화복을 객관적으로 말할 수 있는가? 결국 가치관과 세태를 반영한 것일 뿐이리라.

아무튼 이런 술수는 종교가 그런 것처럼 소멸할 것 같지는 않다. 모든 인간이 언제나 합리적이지도 않을뿐더러, 강한 마음을 지닌 사람도 많지 않기 때문이다. 사람들이 위안을 찾고 희망을 발견하려는 한 필요로 하기 때문이다.

16. 별 이름에 재앙과 복을 연결한 잘못
星名災祥之非

황도·적도·경도·위도와 별과 별자리[153]의 이름은 천체의 궤도와 위치[154]를 가리켜 나타내기 위한 표식 장치이다. 하지만 지구 대기가 그것을 막고 가려서 그 모습을 맑게 할 수 없다. 비록 대대로 그 업무를 정밀하게 전수하고 기구를 갖추어 누차 증험한 사람이 한 일도 쌓인 기[155]를 손익하거나 천체 운행 도수의 차이를 미루어 밝힌 것에 지나지 않는다.

黃赤經緯, 星宿名號, 爲其躔離指點而表識者也. 然蒙氣遮隔, 不能瀏澈其形. 雖傳精世業, 備器累驗者, 不過推明積氣之損益, 躔度之差移也.

옛것에 빠지고 술수를 숭상하는 사람은 늘 재앙과 복을 천문과 연결하여 거짓으로 세운 명목을 따라 풍년과 흉년을 점치고, 누적된 연한을 미루어 치세와 난세를 판단한다. 그러므로 오래 공부하여 증험을 쌓은 사람은 재앙과 복에 대해 말한 게 없어서, 나는 그가 참됨을 알았다고 안다. 반면 옛것에 빠지고 술수의 말을 숭상하는 사람은 재앙과 복에 대해서 말한 게 많아서, 나는 그가 거짓에서 잘못되었음을 안다.

泥古尚術之人, 每以災祥爲天文, 因假設之名目而占豐荒, 推積累之數限而決治亂.

---

153 星宿는 28수 별자리와 그 별들. 또는 별의 위치를 나타내기 위한 천구상의 구분.
154 躔離는 日躔月離의 준말로 천구상의 태양과 달의 운동이다. 여기서는 천체의 궤도와 위치의 의미로 쓰였다.
155 몽기 곧 대기를 말함.

故積功累驗者之無言于災祥, 吾知其得於實也. 泥古尙說者之多言于災祥, 吾知其
失於虛也.

* * *

항성의 이름은 『춘추』에 보이고, 사중월(四仲月)156의 중성157과 두·견우·직녀·삼·묘·기·필·대화·농상·용미·조노·천사·천원 등의 별은 『상서』와 『주역』과 『시경』과 『좌전』과 『국어』에 흩어져 보이며 『주례』의 「춘관」에 "풍상씨가 28성의 위치를 관장한다"158라고 하였고, 『예기』, 「월령」과 『대대례기』, 「하소정」에서는 모든 별이 보이고 숨는 정도를 조금 갖추고 있다.159

恒星之名, 見於春秋, 而四仲中星, 及斗牽牛織女參昴箕畢大火農祥龍尾鳥帑天駟天黿之屬, 散見於尙書易詩左傳國語, 至周禮春官馮相氏, 掌二十八星之位, 而禮記月令大戴禮夏小正, 稍具諸星見伏之節.

대개 옛날에 하늘을 공경하고 백성을 위해 부지런히 일하되160 때에

---

156 음력 12달 가운데 仲春·仲夏·仲秋·仲冬으로, 2·5·8·11월을 가리킴.

157 해당 시기에 남중하는 별. 『書經』, 「堯典」 "曆象日月星辰"의 『孔傳』의 "星, 四方中星."에 대해 孔穎達의 疏에서는 "星, 四方中星者, 二十八宿布在四方, 隨天轉運, 更互在南方, 每月各有中者."에 보인다.

158 『周禮』, 「春官宗伯」: 馮相氏, 掌十有二歲十有二月十有二辰十日二十有八星之位, 辨其叙事以會天位. 冬夏致日春秋致月以辨四時之叙.

159 『禮記』, 「月令」: 季春之月, 日在胃, 昏七星中, 旦牽牛中.; 『大戴禮記』, 「夏小正」: 三月. 參則伏. 伏者, 非亡之辭也, 星無時而不見, 我有不見之時, 故曰伏云. 이것은 본문에서 언급하는 일부 사례임.

160 敬天勤民은 南宋 蔡沈의 『書經集傳』의 "聖人之敬天勤民, 其謹如是. 是以, 術不違天而政不失時也."에 보인다.

맞게 정사를 시행하는 일은 모두 별을 가지고 기록하였다.[161] 지금 천문
학자[162]들이 전하는 별의 이름은 모두 감덕(甘德)과 석신부(石申夫)[163]
에서 시작되었다. 가령 낭장과 우림[164]과【삼대 이후의 관직】좌편과
우편[165]과【삼대 이후의 작위】왕량과 조보[166]와【삼대 이후의 사람】
파촉과 하간[167]은【삼대 이후의 나라 이름】모두 춘추시대의 이름이
아니다.

蓋古者敬天勤民因時出政, 皆以星爲記. 今天官家所傳星名, 皆起於甘石. 如郞將羽
林,【三代以下之官】左更右更,【三代以下之爵】王良造父,【三代以下之人】巴蜀河
間,【三代以下國名】皆非春秋時之名也.

별을 관측하는 사람이 맨눈으로 구별할 수 있는 것으로서, 그 가까운

---

161 별의 위치가 계절과 시기를 알려주기 때문이다.

162 天官은 여러 뜻이 있으나 여기서는 天文이나 天象을 말하며 『史記』, 「太史公自序」에
   "太史公學天官於唐都."에 보이며, 그 일에 종사하는 사람을 天官家로 불렀고 천문
   을 관측하여 역법을 연구하는 사람이다.

163 齊 나라의 甘公과 魏 나라의 石申夫. 石申夫는 石申父나 石申甫로 알려진 기원전
   4세기 중기 전국시대 인물로서 천문을 담당한 관리로 천문학에 능했고 『天文』
   8권을 남겼음. 甘公은 『史記』, 「天官書」에서 甘德이라 일컬은 인물로 전국시대
   齊 나라 사람이며, 『天文星占』 8권과 『歲星經』 등을 남겼는데, 훗날 이 두 사람의
   저술을 결합하여 『甘石星經』이라 불렀다.

164 郞將은 秦·漢 때 宿衛, 兵車와 騎馬를 맡았던 武官名. 羽林은 漢代 이후의 禁衛軍.

165 左更 右更은 秦漢 시대의 20등급의 관작 가운데 左更은 12등급, 右更은 14등급
   관작.

166 춘추시대 사람들로 말을 잘 부렸으며 『荀子』, 「王霸」의 "王良造父者,善服馭者也."와
   『孟子』, 「滕文公下」의 "昔者, 趙簡子使王良, 與嬖奚乘, 終日而不獲一禽. 嬖奚反命
   曰, 天下之賤工也. 或以告王良, 良曰, 請復之, 彊而後可, 一朝而獲十禽. 嬖奚反命
   曰, 天下之良工也."에도 보인다.

167 巴蜀은 쓰촨 지방의 옛 나라 이름. 河間은 허베이성 지역에 있었던 나라로 옛
   지명 瀛州로 불린 곳이다.

곳을 따라 구역별로 나누어 배치하고 이름을 지었는데, 후세 사람들이 그 이름을 따라 재앙과 복을 점쳤으니, 그 이전 사람들이 기록한 이름이 실제로는 천체의 궤도와 위치를 표시하기 위하여 설치한 것임을 어찌 알았겠는가? 하지만 또 대기가 덮고 있어서 작고 아득하고 어두운 별은 대부분 고찰할 수 없다.

觀星者, 以目之所能辨, 因其附近, 排撰區別而命之名, 後之人, 因其名而占災祥, 安知其前人所記之名, 實爲標指躔離而設也. 然且蒙氣所蔽, 微茫昏暗者, 多不可考.

서양 사람들이 큰 망원경을 가지고 별을 정밀하게 살펴 「남북극항성도」168를 그려냈다. 그 대략을 말하기를 "하늘을 도는 별의 모습에는 예부터 지금까지 별이 숨고 나타나는 현상이 이미 한결같지 않다. 가령 옛날에는 다 보이다가 지금은 일부는 보이지 않고, 또 옛날에는 보이지 않다가 지금 반만 보이며 빛의 크기도 같지 않다. 이 이치는 비록 천문을 익히 아는 사람도 분명하게 알기 어렵다. 이런 종류의 별 모습은 대략 은하수 안에서 숨고 나타나는 것으로서 모여 있는 무수한 작은 별들은 다 기록할 수 없다"라고 하였다.169

西人以大千里鏡, 窺得精察, 繪出南北極恒星圖. 其畧曰, 週天星形, 自古迄今, 稍有隱見不一. 假如舊見而今偏隱, 又有舊隱而今反見, 光之大小, 亦不相等. 此理雖習

---

168 정확히 말하면 천구상의 적도 남쪽과 북쪽에 있는 항성의 도표이다. 『新法算書』 卷61에 보면 「恒星圖說」이 있고, 적도의 북쪽과 남쪽, 황도의 북쪽과 남쪽의 별자리 도표가 있다. 또 『儀象考成』 卷1에 「赤道北恒星圖」와 「赤道南恒星圖」가 있다.
169 '其畧曰' 이하의 말은 여기서 끝난 것으로 봐야 한다. 뒤의 태양과 달 등은 항성이 아니어서 「항성도」에는 오성에 대한 설명이 없기 때문이다.

知天文者, 亦難明徹. 此類星形, 大約隱見於天漢之內, 聚集無數小星, 莫可紀極.

태양의 표면에는 작고 검은 그림자가 있고 그 또한 늘 일정하지는 않으며 28일 만에 한 바퀴 운행한다.[170] 달의 표면은 태양광이 똑바로 비추면 밝은 모습을 드러내고, 비스듬히 비추면 검은 모습을 드러낸다.【사람이 바라볼 때 앞과 뒤와 절반과 옆이 있는 것이니 달 자체에 둥글고 이지러지는 일은 없다.】

太陽之面, 有小黑影, 亦常無定, 運行二十八日滿一週. 太陰之面, 以太陽之光, 正照顯明影, 偏照顯黑影.【人望之, 有正背偏側之見, 非月體有盈虧.】

토성은 달걀 모습과 비슷하고 또 바뀐다.[171] 적도에서 멀면 그 별이 운동하는 궤도[172]가 매우 넓고, 적도에 가까우면 그 궤도가 서로 가까워 매우 좁다. 토성의 바깥에 작은 별 5개가 있고 토성 주위를 돈다.【첫 번째 별은 대략 2일 정도 운행하고, 두 번째 별은 3일 정도 운행하고, 세 번째 별은 4일 반 넘게 운행하고, 네 번째 별은 대략 167일을 운행하고, 다섯 번째 별은 80일을 운행하여, 모두 토성을 한 바퀴 도는데, 망원경이 아니면 그 운행을 못 본다.】 목성의 표면은 항상 고르게 운행하여 어두운 그림자 바깥에 4개의 작은 별이 있어 목성을 돈다.【첫 번째 별은 1일

---

170 태양의 흑점과 자전을 말함.

171 토성은 항성이 아니므로 태양 빛의 반사를 통해 보이는데, 지구에서 관측할 때 태양과 토성과 지구의 각도에 따라 빛의 크기가 달라지기 때문이다.

172 星圈은 별이 운동하는 궤도이다. 『曆象考成』 上篇 卷9의 「五星總論」을 보면 도표와 함께 싣고 지구를 우주의 중심으로 보고, 천체가 도는 궤도를 성권이라 불렀다. 그리고 오성 가운데 토성과 목성의 성권이 가장 크다고 하였는데, 물론 이 도표와 설명은 티코 브라헤의 수정천동설을 따랐다.

73각 운행하고, 두 번째 별은 3일 53각 운행하고, 세 번째 별은 7일 16각 운행하고, 네 번째 별은 16일 72각 운행하여, 모두 목성을 한 바퀴 돈다.】화성의 표면은 그 안에 일정하지 않은 검은 그림자가 있고, 금성과 수성은 모두 태양 빛을 반사하는 달과 비슷하여 그믐과 초하루와 상·하현과 보름에 따라 그 빛을 드러낸다.[173]

土星之體, 彷彿卵形, 亦有變更. 遠於赤道, 其星圈所宮甚寬, 近於赤道, 其星圈相逼甚窄. 外有小星五點, 旋週土星.【第一星大約行二日約, 第二星行三日弱, 第三星行四日半強, 第四星大暑行十六日, 第五星行八十日, 俱旋行土星一週, 非大千里鏡, 不視其旋行.】木星之面, 常相平行, 暗影外有小星四點, 旋行木星.【一星行一日七十三刻, 二星行三日五十三刻, 三星行七日十六刻, 四星行十六日七十二刻, 俱旋行木星一週.】火星之面, 內有無定之黑影, 金水星, 俱借太陽之光, 如月體相似, 按合朔弦望, 以顯其光.

대저 이 이치는 실로 큰 망원경을 통해 밝혔는데, 이는 기계의 정밀함이 사람의 제작을 통하여 예리하게 된 것이다. 사람의 식견도 어떤 경우에는 기계를 통하여 더욱 넓어지게 된다. 앞 사람이 밝혀내지 못한 내용을 뒤좇아 밝힌 일이 한두 가지만은 아니건만, 별자리의 재앙과 복에 대해서는 일찍이 일언반구의 언급도 없으니, 저것에 비교해 보면 아는 내용의 참과 거짓을 알 수 있다.【서양의 별 이름을 붙인 모양에는 48가지가 있는데, 중국의 그것과 같은 이름을 가진 것은 없다.】

大抵此理, 實自大千里鏡而發, 則器械之精, 由人制作而利. 人之識見, 或因器械而

---

173 이 내용은 『신법산서』나 『역상고성』과 그 후편에 보이지 않는 내용으로 당시에 접한 최신 내용으로 보인다. 특히 토성과 목성의 위성 언급이 그렇다.

益廣. 前人之所未發, 追發者非特一二, 而至於災祥, 曾無片言半辭之及, 則校之于彼, 所得之虛實可知.【西法星名, 有四十八像, 無與中法同名者.】

해 설

별과 별자리를 미루어 미신 행위를 헤아렸다.

별자리를 가지고 인사의 길흉을 판단하는 점성술은 동서 모두 그랬다. 특히 동아시아에서는 재이설(災異說)과 연결하여 왕권을 견제하는 역할도 수행했다. 『조선왕조실록』에도 평시와 다른 별의 이동은 일·월식과 함께 자주 등장한다. 그걸 정말로 믿어서 그랬는지 미신인 줄 알면서 왕권 견제를 위해 그랬는지 그 속마음은 해당 문건을 분석하면 알 수 있을까?

그런 점성술 가운데는 일찍이 중국에서 생긴 분야설(分野說)이 있다. 하늘의 별자리를 땅과 연결해 보는 관점이다. 원래 분야설은 고대 중국 천원지방의 우주관에서 별의 이동과 네모진 땅의 일을 연결하되, 둥근 하늘과 맞지 않는 네모진 땅의 네 귀퉁이를 사이(四夷)로 보아 하늘과 땅을 연결하는 점성술의 기초이론 가운데 하나였다. 홍대용의 『의산문답』에서는 이렇게 천원지방의 우주관과 분야설이 결합한 미신을 비판하고 있다. "오직 역(曆)을 추산하고 천체의 운행을 관측하는 일은 별자리에 힘입는데, 별에 이름을 둔 것은 천문학자들이 편의상 정한 것이다. 그런데 그것을 부풀리고 견강부회하게 끌어다 붙이고 세상의 일을 관여시켜 술가들의 무기로 둔갑시켜 버렸는데, 지리하고 어긋나고 거짓된 것은 분야설에서 극에 달하였다"라고 하였다.[174] 사실 이 내용도 저자의 생각과 일치하는 점이기는 하지만, 저자가 본 내용은 『의산문답』에 소개한 과학 지식보다 더 진전된 내용이다.

이러한 비판 모두 서양 과학의 영향으로 가능했다. 저자의 표현을 빌리면

---

174 이종란, 『의산문답』, 197-202쪽.

망원경이 그런 역할을 한 셈이다. 갈릴레이가 종교재판을 받은 까닭도 지동설을 믿고, 망원경을 통해 1610년 목성의 위성, 토성의 띠, 달 표면의 요철, 태양의 흑점 등을 발견하고, 천상계는 순수하며 변화가 없는 에테르라는 제5원소로 가득 차고 영구적인 원운동을 한다는 아리스토텔레스의 말대로 일치하지 않는다는 사실을 밝혀내고, 중세 천체관에 타격을 입혔기 때문이다. 당시 독실한 기독교인들은 개신교와 구교를 막론하고 망원경 자체를 신뢰하지 않았다.

따라서 이러한 결과가 이 글에는 반영되어 있고, 저자가 별자리에 따른 길흉화복을 믿지 않는 일은 근대적이다.

17. 하도와 낙서는 방술이다
河洛爲方術

성현의 말은 계기를 따라 드러냈는데, 그 가운데 간혹 다른 서책에서 상고하거나 질정이 없는 한두 가지 명목은 그것을 뒤따르는 사람들이 반드시 그로 인해 견강부회하여, 자기의 견해를 제멋대로 늘어놓았는데, 하도[175]와 낙서[176]의 종류가 이런 것이다.

聖賢之言, 因機有發, 或及一二名目, 而無考質於他書者, 後之人, 必因此附會, 以肆己見, 河圖洛書之類是也.

* * *

『주역』「계사전」에서 말하기를 "하수(河水)가 그림을 내었고, 낙수(洛水)가 글을 내었다"[177]라고 하고, 『서경』「고명편」에서는 "하도는 동서에 있다"[178]라고 하였고, 『논어』에서는 "하수에서 그림을 내지 않는다"[179]라고 하였으니, 하도와 낙서라는 이름의 유래가 오래되었다.

易繫辭曰, 河出圖洛出書, 尙書顧命篇曰, 河圖在東序, 論語曰, 河不出圖, 圖書之名,

---

175 伏羲가 다스릴 때 황하에 龍馬가 등에 지고 나왔다는 그림.
176 夏 나라 禹王이 홍수를 다스릴 때 洛水에서 나온 거북의 등에 쓰여 있었다는 글.
177 『周易』, 「繫辭傳上」: 河出圖, 洛出書, 聖人則之.
178 『書經』, 「顧命篇」: 大玉夷玉天球河圖在東序. 東序는 동쪽에 있는 곁채. 같은 책의 "西序, 東向 … 東序, 西向."의 孔穎達의 傳에 "東西廂謂之序."라고 하였다.
179 『論語』, 「子罕」: 子曰, 鳳鳥不至, 河不出圖, 吾已矣夫.

其來久矣.

정현(鄭玄)[180]이 "하수에서 그림을 내고 낙수에서 글을 내었다"라는 말을 주석하면서 "하도에는 9편, 낙서에는 6편이 있다"라고 하였으니, 이는 곧바로 그것이 간책[181]임을 가리킨 것이다. 이 말은 고대에 가까워 의거할 수 있을 것 같다.[182] 아마도 하도는 그림[183]이고 낙서는 간책이니, 생각건대 전적의 종류일 것이다. 하지만 그것이 무엇을 가리키는지 어디에 소용되는지 모르겠다.

鄭康成注河出圖洛出書云, 河圖有九篇, 洛書有六篇, 則直指爲簡冊之物. 此乃近古, 似乎可案者. 蓋圖爲規畫, 書爲簡冊, 則想是典籍之類. 然未聞其何所指而何所用.

그러므로 한 대 역학자 시수(施讎)·맹희(孟喜)·양구(梁邱)·경방(京房)·초연수(焦延壽)·비직(費直)·조빈(趙璸)에서부터 마융(馬融)·정현(鄭玄)·우번(虞翻)·순상(荀爽)·하안(何晏)·육적(陸績)·간보(干寶)[184]·왕숙(王肅)에 이르기까지 그리고 공영달(孔穎達)·육덕명(陸德明) 등의 여러 학자에 미쳐서 제각기 논저는 있어도 하도 낙서가 될 만한 내용은 모두

---

180 後漢의 儒學者. 字는 康成. 경서 해석의 대가로『周易』,『毛詩』,『禮記』,『論語』,『孝經』 등을 주석하였다.
181 簡策으로도 쓰며 종이가 없던 시절 대나무를 엮어서 만든 책.
182 案은 문맥상 按와 같은 말로 쓰여 依據, 按照의 뜻으로 쓰였다.『荀子』,「不苟」의 "國亂而治之者, 非案亂而治之之謂也."에 그 용례가 보인다.
183 規畫은 단순한 그림이 아니라 무엇을 하려고 의도된 그림이다. 의도된 계획의 뜻으로는『三國志』,「蜀志·楊儀傳」의 "亮數出軍, 儀常規畫分部, 籌度糧穀."에 그 용례가 보인다.
184 원문 于寶는 干寶의 誤記로 보인다. 干寶(?~336)는 東晉의 학자로『周易注』와『春秋左子義外傳』 등의 저술이 있다.

없다고 말하였다.

故漢代說易家, 由施孟梁邱京焦費趙, 以至馬鄭虞苟何晏陸績于寶王肅, 及乎孔穎達陸德明諸家, 各有論著, 而其爲圖書, 則皆云無有.

송 대에 이르러 화산의 도사 진단[185]이 하도 낙서와 아울러 선천도(先天圖)[186]와 고역[187]을 문인인 충방과 이개에게 전하였으니, 세상에서 삼보라 일컬었다.

至趙宋, 有華山道士陳摶, 以河圖洛書幷先天圖及古易, 傳其門人种放李漑, 世稱三寶.

그 이후로 서로 옮겨가며 보태 설명하되, 방이니 원[188]이니 복희(伏義)

---

185 陳摶(872~989)을 '진박'으로도 읽음. 북송 초기 華山處士로 알려진 인물이며, 숨어 살며 仙術을 익혔다고 함. 賜號는 希夷先生이며 여러 저술이 있다.

186 「先天圖」는 邵雍(1011~1077)의 『주역』 「先天圖」로 보임. 宋史에는 陳摶은 「先天圖」를 种放(956~1016)에게 전수했고, 种放은 穆修(972~1032)에게, 穆修는 李之才(980~1045)에게, 李之才는 邵雍에게 전수했다고 한다. 반면 种放, 穆修는 「太極圖」를 周敦頤(1017~1073)에게 전수했다고 한다(『성리대전』에 보임). 陳摶 -种放-穆修-周敦頤의 계보는 「太極圖」와 관련하여 본서의 아랫글에서도 언급한다.

187 『주역』의 편집 형태에 따라 古易과 今易으로 나누는데, 전자는 經文 뒤에 공자가 지었다는 十翼을 별도의 책으로 편집한 것이고, 후자는 費直과 王弼 등이 공자의 단전과 상전 등을 해당하는 괘와 효의 뒤에 붙여 편집하여, 현재 많이 읽는 형태로 만든 것.

188 네모와 원이다. 그것은 天圓地方이라는 세계관에 근거하고 있으며 象數學과 연결하여, 주희는 "홀수는 양에 속하며 원을 상징하고, 짝수는 음에 속하며 네모를 상징한다(奇者屬陽而象圓, 偶者屬陰而象方. 『周易傳義大全』, 「繫辭上」 第9章)"라고 하였다. 또 邵雍은 「方圓合一圖」를 지었는데, 하늘을 상징하는 원으로 된 도상을 河圖의 수로 삼아 歷의 數가 나오는 것으로 여겼고, 땅을 상징하는 네모로 된 도상을 낙서의 글로 여겨 九州의 수의 근본으로 여겼다. 실제로는 천지의 축소판이었다.

니 하우(夏禹)189니 괘190니 범191이니 하는 등 아득히 정해진 기준이 없다. 참위192의 학술과 방술가가 이것에 근거하지 않음이 없다.【『폭서정집』193에서 말하기를, "송나라 유염이 『서경』「고명편」의 '홍벽과 완염은 서서에 있고, 대옥과 이옥과 천구와 하도는 동서에 있다'194라고 한 것을 보아, 하도는 천구와 나란히 진열하였으니 하도도 구슬로서 무늬가 있는 구슬이다. 곤륜산에서 옥이 생산되고 하수의 근원이 곤륜산에서 시작되므로 하수에 옥이 있었을 것이다. 낙수에는 지금도 흰 돌이 있으니 낙서도 아마 흰 무늬가 있는 돌일 것이다"라고 하였으니, 이는 역학자들의 특이한 소문이다.】

自玆以降, 轉相附演, 或方或圓, 或義或禹, 或卦或範, 茫無定準. 讖緯之學, 方術之家, 莫不以此爲依據.【曝暑亭集云, 宋兪琰以尚書顧命文, 弘璧琬琰在西序, 大玉夷

---

189 伏羲는 8괘를 그렸다고 알려진 인물이고, 夏禹氏는 夏 나라의 시조인 우임금인데, 三易 가운데 連山易이 伏羲로부터 夏 왕조까지 사용되었다는 설 때문에 거론하였다.
190 『周易』의 8卦 또는 64卦. 여기서는 괘 그 자체를 말함이 아니라 괘가 상징하는 내용의 외연을 견강부회하게 설명하는 것으로 보임.
191 範은 洛書를 보고 지었다는 洪範의 축약어 또는 『주역』「繫辭上」에 나오는 範圍의 줄인 말로 보임. 곧 "範圍天地之化而不過."에서 보이듯이 그것은 易이 천지의 化育을 틀로 삼아 본받았다는 뜻이다. 그 말 자체는 문제되지 않지만, 후세 사람들이 『주역』의 이런 말에 근거하여 자연과 인사를 象數學에 기계적으로 대입하여 견강부회하게 설명하는 것을 지적한 말로 보임.
192 미래의 길흉화복 따위를 예언하는 행위나 그러한 술수. 『後漢書』, 「方術傳上·廖扶」의 "專精經典, 尤明天文讖緯風角推步之術."에 보인다.
193 淸代 초기의 학자 朱彝尊(1629~1709)의 저술로 詩詞와 金石考證學에 능했다고 전해짐.
194 『書經』, 「顧命篇」: 越玉五重, 陳寶, 赤刀大訓弘璧琬琰在西序. 大玉夷玉天球河圖在東序. 弘璧과 琬琰은 구슬 이름, 大玉은 華山에서 나오는 美玉, 夷玉은 東夷의 美玉, 天球는 鄭玄의 주석에 따르면 하늘색을 띤 雍州에서 바친 구슬이라 하며 일설에는 고대의 악기인 鳴球라고 함. 東序와 西序는 동쪽과 서쪽의 곁채.

玉天球河圖在東序, 河圖與天球幷列, 則河圖亦玉也, 玉之有文者爾. 崑崙產玉, 河源出崑崙, 故河有玉. 洛水至今有白石, 洛書蓋石而白有文者, 此易家之異聞也.】

해 설

하도와 낙서를 변증하여 헤아렸다.

사실 하도와 낙서는 특별하다. 이는 주희가 『주역』을 해석하면서 한대 상수학(象數學)의 요소를 받아들임으로써 그 영향력과 중요성이 널리 퍼졌고, 훗날 민간에서 그것을 방술과 결합해서 동아시아 미신의 근거 가운데 하나가 되기도 하였다. 특히 『주역』「계사전」에 1에서 10까지 자연수와 대연지수(大衍之水) 등이 등장하지만, 구체적인 하도 낙서의 내용은 없다. 저자의 설명대로 송대에 이르러 하도와 낙서의 내용이 구체적으로 등장한다.

저자는 고증학적 방식을 활용하여 그것이 근거 없음을 논증하였다. 그는 앞에서 본 바와 같이 이런 식의 글쓰기는 자주 하지 않았는데, 여기서는 그 근거를 따져서 비판해야 하기에 그의 친구 이규경이 자주 사용하는 방식인 '변증설'의 글쓰기를 활용하였다. 하도 낙서의 근거를 부정하는 일은 주희 성리학의 근거부터 인정하지 않는 일이다. 알고 보면 강력한 비판이다.

저자처럼 서양 과학의 영향으로 담헌 홍대용도 하도와 낙서를 비판하고 있다. 곧 "오행의 수는 원래 정해진 이론이 아니다. 그런데도 술가들이 근본으로 삼아 하도와 낙서로 억지로 꿰맞추었고 『주역』의 상수로 천착하였으며, 생극설과 비복(飛伏)설[195]로 지리하게 얽고 장황하게 많은 재주를 부리나 끝내 그런 이치가 없다[196]"라고 하였고, 그도 저자처

---

195 한나라 때의 역학 용어. 괘로 나타나는 것을 飛라 하고, 괘로 나타나지 않는 것을 伏이라 불렀다.

196 洪大容, 『醫山問答』: 古人隨時立言, 以作萬物之總名, 非謂不可加一, 不可減一, 天地萬物, 適有此數也. 故五行之數, 原非定論. 術家祖之, 河洛以傅會之, 易象以穿鑿之, 生克飛伏, 支離繚繞, 張皇衆技, 卒無其理.

럼 하도 낙서와 아울러 음양의 실체마저도 부정하였다.

현재 하도와 낙서는 『주역』을 해석하는 사람들만이 아니라, 술수에 종사하는 사람들도 활용하고 있다. 그것이 의미하는 사실보다는 사유체계를 이해하는 데는 도움이 된다.

18. 형체가 없는 대상은 그릴 수 없다
無形不可圖

형체를 이루고 있는 모든 물건은 그 모습을 그림과 형상으로 나타내 이치와 기를 탐구하는 단계가 될 수 있다. 하지만 형질이 없는 대상은 그림과 형상으로 나타낼 수 없다. 설령 나타낼 수 있다고 하더라도 단지 이치를 탐구하는 데 방해만 조장하고 또 시빗거리가 될 뿐이다.

凡物成形者, 可圖像其形, 而以爲求索理氣之階級. 至於無形質者, 不可圖像. 縱能圖像, 只助究理之防礙, 又爲後學之紛闃.

* * *

별자리표와 지도와 인물과 기물과 사물의 많고 적음을 나열하는 등의 형상은 모두 그림으로 나타낼 수 있어, 형상을 모방하고 의미를 헤아리는 데 일조한다. 하지만 형질이 없는 대상은 옳은지 그른지 자세한 사항[197]을 알 수 없다.

星圖地圖及人物器皿, 數目排列等像, 皆可圖列, 以爲傚象擬意之一助. 至於無形質者, 難形容其曲直方圓.

예전에 진단의 학문은 마의에게서 배웠는데,【곧 승려 수애[198]임】그는

---

197 曲直은 일찍이 是非와 能·不能의 뜻으로 쓰였는데,『荀子』,「王霸」의 "不卹是非, 不治曲直."과 같은 책,「非相」의 "知行淺薄, 曲直有以相縣矣."에 보인다. 여기서는 方圓과 함께 뜻이 결합하여 자세한 모습과 내용의 뜻으로 쓰였다.

위백양의 참동계199 가운데 「수화광곽도」 와 「삼오지정도」 를 몰래 취하고 합하여 하나로 만든 것이 곧 「태극도」 이다.200 그것이 충방에게 전해졌고 충방은 목수에게 목수는 주돈이201에게 전해서 그 학설이 있게 이르렀다. 장식(張栻)202이 말하기를 "태극은 그림으로 그릴 수 없다"라고 하고, 임률(林栗)203이 말하기를 "태극은 형체가 없는데 그림에 무엇이 있겠는가?"라고 하였다.

昔陳摶之學師麻衣,【卽僧壽涯也】竊取魏伯陽參同契中, 水火匡廓與三五至精兩圖而合爲一, 卽太極圖也. 傳于种放, 放傳于穆修, 修傳于周濂溪, 至有說焉. 張南軒曰, 太極不可爲圖也, 林黃中曰, 太極無形, 圖于何有.

이것이 모두 없는 모양과 형상을 그림으로써 나타낼 수 없음을 밝힌 것이니, 비단 「태극도」204 하나만은 아니다. 심성과 이기 등의 그림도

---

198 壽涯는 鶴林寺의 승려로 周敦頤에게도 영향을 끼쳤다고 알려져 있다.

199 魏伯陽은 후한 때의 도교 이론가이자 도교 祖師이다. 伯陽은 자이고 이름은 翔 또는 翶인데, 『周易參同契』를 지었다. 이 책은 『易經』의 형식을 빌려 저술했으며 內丹과 外丹, 또 坎·離·水·火·龍·虎 등을 빌려 연단 양생을 설명하여 신선이 되는 도교 이론을 펼쳤다. 조선에도 큰 영향을 끼쳤다. 『五洲衍文長箋散稿』, 「太極圖源流授受辨證說」에 따르면, "故謂之無極圖, 乃方士修煉之術爾, 相傳, 摶受之呂嵒, 嵒受之鍾離權, 權得其說于伯陽, 伯陽聞其旨于河上公, 在道家, 未嘗詡爲千聖不傳之祕也."라고 하여, 그 계보가 陳摶-(壽涯), 呂嵒-鍾離權-魏伯陽-河上公으로 거슬러 올라간다.

200 周敦頤 「太極圖」의 체계가 태극-음양-오행의 순서로 진행하는데, 저자의 주장이 사실이라면 주돈이 이전에 이미 태극-음양-오행의 체계가 확립되었음을 뜻한다.

201 濂溪는 周敦頤(1017~1073)의 호.

202 1133~1180. 남송 대의 유학자. 南軒은 호. 주희의 친구이며 서로 영향을 주고받았다. 『四書大全』 등에서 南軒張氏로 자주 언급되는 인물이다.

203 남송 때의 학자로 생몰연대 미상. 黃中은 자. 주희와 『周易』 이해를 달리한 인물.

204 太極은 원문에 大極으로 되어 있다. 바로잡았다.

모두 이것으로 미룰 수 있다.

此皆明其不可以圖形像也, 非但太極一圖也. 心性理氣等圖, 皆可以此推之.

해 설

무형의 대상을 그림으로 나타낼 수 없음을 헤아렸다.

송대 성리학의 영향력이 커지면서 당대나 후대에 그 학문의 근간이 되는 「태극도」가 유학의 정통이 아니라 노불(老佛)에 관계된다고 의심하는 학자들이 등장하였다. 이에 대해서 후대 학자들의 논의도 있었고, 최근까지 연구자들의 연구 주제 가운데 하나이기도 했다. 그 내용은 크게 두 가지 방면에서 생각해 볼 수 있는데, 하나는 성리학이 완전 유가의 정통이라기보다 유불도 사상의 혼합이라는 면과 또 하나는 태극-음양-오행-만물의 관계가 송대 이전에 이미 확립되었을 것이라는 주장이 그것이다. 다만 성리학은 도교 철학에서 태극을 원기로 보는 관점에서 리로 보는 이학으로 전환하였다고 할 수 있다.

여기서는 그것을 다 다룰 수는 없고, 다만 저자는 성리학에 대한 이런 학문적 의혹의 역사를 익히 알고 있었고 또 평소 이학의 관점에 동의하지 않아서, 그것을 간접적으로 비판한 것 같다. 동시대의 이규경도 그러한 의혹은 인정했다. 그렇더라도 태극의 이치를 부정할 수 없다고 단언하였다.[205]

사실 도상(圖像)은 사상의 개념을 설명하기 편하다. 저자의 비판은 이런 점을 간과한 듯이 보이지만, 실상은 이전에 수없이 그렸던 도상이 무형의 태극이나 리를 최고 범주로 삼은 성리학의 그것이라는 데 있다.

---

205 『五洲衍文長箋散稿』, 「太極圖源流授受辨證說」: 其說紛紛, 而竝未有受授之可據, 則適足爲千古之傳疑者, 而太極爲一本萬殊之理, 故終歸於萬殊一本, 而特有諸家之分殊. 然究竟則要不出太極之一理而已. 其曰無極者, 卽太極之理, 循環不斷, 無有終極之謂. 若以有極言之, 則天地太極之理息矣. 이규경도 기를 세계의 시원으로, 리를 기의 조리로 보아 기철학자라 할 수 있지만, 저자와 달리 그 이치상에서 자연과 인간을 구분하지 않으므로 태극을 인정할 수밖에 없었다. 자세한 내용은 이종란, 『서양 문명의 도전과 기의 철학』, 101-114쪽을 볼 것.

곧 도상이란 별자리나 동물 해부도처럼 실제 사실에 부합해야 한다는
생각의 발로였다. 이는 저자의 마음 가운데 형이상의 태극이나 리를
인정하지 않아서 나온 발언이다. 이렇게 성리학을 극복하는 데는 앞의
하도·낙서와 아울러 「태극도」까지 언급한 일을 보면, 그 배경과 이론을
깊이 공부했음을 알 수 있다.

19. 물건을 버리면 일을 헤아리는 데 매개가 없다
遺物測事無階

물건을 버리고 일을 헤아리면 일은 멀리 있고 매개가 없으나, 물건을 따라 일을 헤아리면 일은 가까이 있어서 조리가 있다.

遺物而測事, 則事在遠而無階, 因物而測事, 則事在邇而有條.

* * *

물건이란 자연이 생성한 것이고, 백성이 날마다 쓰고 시행하는 대상이다. 물건을 버리면 시행할 일이 없어서 그 헤아리는 것에 법칙[206]도 없게 된다. 옆에서 듣는 사람도 시비를 분별할 길이 없다.

物者, 天地之生成者, 而民之所日用常行者也. 遺物則事無所施, 而其所測量, 亦無柯則矣. 在傍聽之者, 亦無由辨別是非.

나아가 물건을 말미암아서 일을 헤아릴 적에는 저절로 물건의 본말과 일의 앞뒤가 있어서, 조리와 증험을 멀리서 찾을 필요가 없다.

至於因物測事, 自有物之本末, 事之先後, 而條理證驗, 不必遠求.

---

206 柯則의 법칙 또는 기준의 의미로『中庸章句』제13장의 "詩云, 伐柯伐柯, 其則不遠. 執柯以伐柯, 睨而視之, 猶以爲遠. 故君子, 以人治人, 改而止."에 보인다.

해 설

물건을 미루어 일을 헤아리는 추물측사 논리의 타당성을 논증하였다. 저자는 여기서 물건과 일의 정의와 이 둘의 관계를 명확히 밝혔다. 사용한 논리의 근거는 『중용』에 등장하는 도낏자루를 물건에 비유하여, 일을 처리하는 법칙 또는 기준이 가까이 있음을 밝혔다.

결국 일이란 물건을 통해서 이루어진다. 가령 추상적 사회 정의나 자유를 위해 싸운다고 할 때, 얼핏 보면 물건과 무관한 것처럼 보인다. 하지만 추상적으로 보이는 정의나 자유를 위해 싸운다고 할지라도 어떤 대상이 없으면 의미가 없다. 그 근저에는 인간 욕망의 대상인 돈이나 재물 또는 자원의 분배가 있다. 인간의 삶과 욕망이 간여하는 한 물건이 배제되지 않기 때문이다.

우리가 정치적 행위나 그 갈등을 추상적으로만 볼 것이 아니라, 그 이면에는 이렇게 분배의 문제가 있다는 점을 이해한다면, 물건과 일의 본말과 선후를 알고 조리와 증험을 찾을 수 있다는 저자의 생각은 대단히 타당한 지적이다. 이 글은 논리상 추물측사의 앞부분에 배치했으면 좋을 듯하다.

20. 화복은 부부에서 시작된다
禍福造端乎夫婦

자손[207]의 성쇠와 빈부는 부부로부터 시작되고,[208] 평생의 화복과 길흉은 각자의 언행으로 인하여 불러들이는 것이니, 이것이야말로 인사의 확실한 곳[209]이고 자연 이치의 당연한 결과이다. 하지만 늘 제멋대로 욕심을 부리는 사람은 부적과 정화수[210]로 재앙을 물리치는 좁은 길을 찾으니, 대부분 헤아린 내용이 없음을 보인다.

子姓之盛衰貧富, 自夫婦而造端, 平生禍福吉凶, 自言行而招致, 乃人事之切實, 天理之攸宜也. 每生肆欲者, 遷求之于符水辟禳, 多見其無所裁也.

* * *

부부의 역할이란 서로 평생 잘 지내서[211] 순하고 아름다운 가정의 도리를 이루는 일만은 아니다. 자손의 다과와 빈부와 수명과 질병이 모두 부부

---

207 子姓은 자손의 뜻. 『禮記』, 「喪大記」의 "旣正尸, 子坐于東方, 卿大夫父兄子姓立于東方."의 鄭玄의 注에서 "子姓, 謂衆子孫也."라고 하였다.

208 造端은 시작되다, 비롯한다는 뜻으로 『中庸章句』 제12장의 "君子之道, 造端乎夫婦, 及其至也, 察乎天地."에 보인다.

209 切實은 실제에 딱 맞는 것으로 『朱子語類』 74-167의 "禮卑是須就切實處行."에 보인다.

210 符水는 도교에서 부적과 정화수 또는 주문을 외고 부적을 태운 물로 병을 치료하는 등의 술법. 『後漢書』, 「皇甫嵩傳」의 "初, 鉅鹿張角自稱大賢良師, 奉事黃老道, 畜養弟子, 跪拜首過, 符水咒說以療病, 病者頗愈, 百姓信向之."에 보인다.

211 和唱은 夫唱婦和 또는 夫唱婦隨의 뜻으로 남편이 앞장서 부르면 아내가 뒤따르며 화답한다는 의미.

두 사람 기운의 화합을 말미암는다.

夫婦者, 非特一生和唱, 以致家道之順美而已. 子姓之多寡貧富壽夭疾病, 皆由二氣
之和合矣.

언행이란 일과 물건이 서로 만나 어울려 이루는 매개로서, 남을 기쁘게
할 수 있으면 화가 바뀌어 복이 되고, 그렇지 못하면 복이 되돌아 화가
된다. 그래서 이것을 아는 사람은 몸을 닦는 일에 노력하고 예법을 중시하
지만, 이것을 모르는 사람은 운수에 돌리고 방술에서 찾는다.

言行者, 接濟事物之媒蘖, 能悅樂於人, 則轉禍爲福, 不然則福反爲禍. 是以知此者,
勉修身而重其禮, 不知此者, 歸之於命數, 求之于方術.

심하구나! 사람들이 스스로 길을 선택함이! 어찌하여 참과 거짓의 분별
이 없는가? 예부터 지금까지 방술로 인생을 망친 사람이 없는 시대가
없는데도, 끝내 딱 끊지 못하는 점은 어쩌면 또한 참과 거짓이 서로
짝이 되는 이치 때문인가?

甚矣. 人之自擇於道也. 何無分於眞實虛妄耶. 自古及今, 以方術致敗者, 無代無之,
而終未頓絶者, 抑亦虛實相對之理歟.

해 설

부부와 언행을 미루어 화복과 길흉을 헤아렸다.

모든 일에는 인과 관계가 있어서 자손의 수명과 질병은 부부에게 달렸다는 주장은 결코 지나친 말은 아니다. 부모가 물려준 유전자만이 아니라, 잉태될 당시 부부의 건강 상태가 태아에게 미치는 영향이 그의 평생을 좌우한다. 자식의 빈부도 거기에 달렸다는 말은 언뜻 이해하기 어렵겠지만, 요즘 말하는 금수저·흙수저와도 관계되고, 부모 가치관과 교육의 영향도 생각해 볼 수 있다.

또 화복은 언행에 달렸고, 언행은 알고 보면 마음에 달렸다. 결국 화복이란 마음에 달린 일인데, 철학적으로 두 가지 의미가 있다. 첫째는 덕을 쌓는 문제이고, 둘째는 보다 더 근원적인 문제로 화복이란 정해진 실체가 없으니, 결국은 마음이 느끼는 문제이다. 수양의 수준에 따라 화를 복으로 복을 화로 느낄 수도 있다는 뜻이다.

원문의 '虛實相對'를 '서로 맞서다'가 아닌 '서로 짝이 된다'로 옮긴 데는 까닭이 있다. 참과 거짓을 실체화하면 전자로 옮길 수 있다. 하지만 그것은 『노자』 2장의 지적대로 한쪽이 있으므로 다른 한쪽이 있게 되는 상대적 개념이다. 저자는 미신이나 방술이 근절되지 않는 일을 이처럼 철학적 근원에까지 거슬러 올라가 한탄했다고 하겠다. 비록 참과 거짓이 공존할 수 없는 이치가 있더라도, 각각의 개념을 성립시키기 위해서는 근원적으로 서로 필요로 하는 이치가 있기 때문이다. 그래서 참이 있기에 거짓이 없어지지 않는다는 뜻이다.

오늘날도 여전히 타락한 기복 종교나 미신이 존속하는 까닭은 탐욕과 무지 그에 따른 불안 때문이 아닐지 다시 생각해 본다.

21. 인간의 일로서 하늘의 길을 받든다
以人事承天道

하늘의 길은 이제껏 인간의 일을 위해서 바꾼 적이 없다. 인간의 일이란 다만 하늘의 길을 받들어 시종일관하는 것뿐이다. 그러므로 하늘의 길을 인간의 일로 삼으면 되지만, 인간의 일을 하늘의 길로 삼으면 안 된다.

天道未嘗爲人事而變改矣. 人事只是承天道而始終者也. 故以天道爲人事則可, 以人事爲天道, 則不可.

* * *

하늘의 길을 받들어 인간의 일을 닦으면, 자연히 어길 수 없는 준칙이 있고 또 때에 맞는 변통이 있다. 만약 먼저 인간의 일을 가지고 하늘의 길에 물어 바로잡으려고 하면, 자연히 천착이 많아져 자기를 옳다고 여기는[212] 폐단을 면하기 어렵다.

承天道而修人事, 則自有不違之準則, 又有隨時之通變. 若先將人事而欲叩質于天道, 則自多穿鑿而難免自是之弊.

---

[212] 『老子』 24章: 自見者不明, 自是者不彰. (앞에 나옴)

해 설

천도를 추물의 '물', 인사를 측사의 '사'라는 범주로 두고 설명하였다.
천도란 자연의 길로서 자연 원리 또는 법칙이다. 그래서 천도를 미루어
인사를 헤아리는 것은 되지만, 그 역은 안 된다는 주장이다. 자연은
인사와 무관해도 인간이 그것을 따라야 하는 노자 방식의 이해이다.
이 내용은 천도와 인도 곧 유행지리와 추측지리의 구분이다. 후기 사상인
운화 승순의 싹이 보이는 초기 사상이며, 인간의 일을 자연의 태극이나
리로 보는 주희 성리학에 대한 비판이다. 천도를 받드는 형식적 진술은
같아도 내용은 그것과 다르다. 앞에서 설명하였다.

22. 미룸과 헤아림은 서로 기다린다
推測相須

해당하는 일을 헤아리려면 반드시 미룰 만한 물건이 있어야 한다. 세상에는 미룸이 없으면서 헤아릴 수 있는 대상은 없고, 또 미룸만 있으면서 헤아림이 없는 대상도 없다. 그러므로 물건을 미루어 물건을 헤아리기도 하고, 일을 미루어서 일을 헤아리기도 한다.

欲測其事, 必有可推之物. 天下無無推而能測者, 又無有推而無測者. 故或推物而測物, 或推事而測事.

* * *

육지[213]가 출척사[214]에 대해서 다음과 같이 말하였다.

陸贄說黜陟使曰.

다섯 가지 방법으로 풍속을 살핀다. 백성의 노래를 들어 그 슬픔과 즐거움을 살피고, 시장의 물가[215]를 수집하여 백성이 좋아하고 싫어하는 물건을 관찰하고, 문서를 점검하여 재판의 결과를 따져보고, 수레와 의복을

---

213 754~805. 당나라 때의 관료이자 학자로 재상을 지냄. 저서로 『陸氏集驗方』 50권과 『詩文別集』 15권 등이 있다.

214 관직 이름. 주로 지방관의 치적을 살피어 관직을 올리거나 관직에서 쫓아내는 일을 맡아봄.

215 市賈는 시장의 가격. 『孟子』, 「滕文公上」의 "從許子之道, 則市賈不貳, 國中無偽, 雖使五尺之童適市, 莫之或欺."에 보인다.

보고 사치와 검소를 구별하고, 종사하는 일을 살펴서 좇고 피하는 일을
관찰한다.

以五術省風俗. 聽謠誦審其哀樂, 納市賈觀其好惡, 訊簿書考其爭訟, 覽車服等其儉
奢, 省作業察其趣舍.

여덟 가지 계책으로 관리들의 치적을 밝힌다. 호구 수의 많고 적음을
보아 백성을 어루만져 잘 기르는지216 조사하고, 개간한 밭217의 늘어남
과 줄어듦을 보고 농업과 상업218을 헤아리고, 부세와 요역의 강도를
보고 청렴과 탐욕을 살피고, 공문서의 번잡함과 간소함을 보고 판결219
을 헤아리고, 감옥에 구금220된 사람의 수를 보고 재판의 진행 속도를
헤아리고, 간사한 도적의 유무를 보고 관청에서 금지하고 막는 실태를
헤아리고, 뽑아 천거한 관리의 숫자를 보고 풍속이 숭상하는 습속221을
헤아리고, 학교의 왕성과 쇠퇴를 보고 교육 실태를 헤아린다.

---

216 撫字는 撫養의 뜻이다. 『後漢書』, 「列女傳陳文矩妻」의 "四子以母非所生, 憎毀日積,
　　而穆姜慈愛溫仁, 撫字益隆, 衣食資供皆兼倍所生."에 보인다.
217 墾田은 이미 開墾한 田地로 『後漢書』, 「光武帝紀下」의 "詔下州郡檢覈墾田頃畝及戶
　　口年紀."에 보인다.
218 本末은 농업과 상업의 뜻으로 『史記』, 「孝文本紀」의 "今勤身從事而有租稅之賦,
　　是為本末者毋以異, 其于勸農之道未備."와 『後漢書』, 「王符傳」의 "本末不足相供,
　　則民安得不飢寒."에 보인다.
219 聽斷은 재판에서 진술을 듣고 판단하는 것으로 『荀子』, 「榮辱」의 "政令法, 舉措時,
　　聽斷公."에 보인다.
220 囚繫은 拘禁 또는 구금된 사람의 뜻. 『史記』, 「蒙恬列傳」의 "今臣將兵三十餘萬,
　　身雖囚繫, 其勢足以倍畔."에 보임.
221 風化는 風氣 또는 風教와 같은 의미로 『詩經』, 「豳風七月序」의 "周公遭變, 故陳后稷
　　先公風化之所由."와 『後漢書』, 「第五倫傳」의 "光武承王莽之餘, 頗以嚴猛為政, 後
　　代因之, 遂成風化." 보인다.

以八計聽吏治. 視戶口豐耗, 以稽撫字, 視墾田嬴縮, 以計本末, 視賦役薄厚, 以稽廉冒, 視案牘煩簡, 以稽聽斷, 視囚繫盈虛, 以稽決滯, 視姦盜有無, 以稽禁禦, 視選擧衆寡, 以稽風化, 視學校興廢, 以稽敎導.

네 가지 부세(賦稅)를 가지고 재물222을 다스린다. 농작물을 조사하여 세액을 정하고, 산물을 헤아려 차등으로 징수하고,223 장정을 헤아려 부역을 계산하고, 상인들224을 점검하여 이익이 고르게 돌아가도록 한다.225

以四賦經財實. 閱稼以奠稅, 度產以衰征, 料丁壯以計庸, 占商賈以均利.

오직 이 다섯 가지 방법과 여덟 가지 계책과 네 가지 부세는 비록 간단해 보여도, 관리의 치적을 살피는 포괄적 요점 및 대강은 여기서 벗어나지 않는다. 만약 추측을 통해 안 게 아니라면, 이렇게 상세하게 갖추고 조목별로 나열하여 언급할 방법이 없었을 것이다. 듣는 사람도 추측을 통해 아는 게 없으면 이 말을 따라 시행할 길도 없을 것이다.

惟此五術八計四賦, 雖若簡畧, 括要大致, 不外于此. 如非得於推測, 無以提及此條例之詳備. 聽之者, 如未得于推測, 亦無由追用此言.

---

222 財實은 재물의 뜻. 그 출저가 지금 인용하는 『新唐書』 卷157, 「陸贄列傳」의 "贄說使者, 請以五術省風俗, 八計聽吏治, 三科登俊乂, 四賦經財實, 六德保罷癃, 五要簡官事."이다.

223 衰征은 토지 상태에 따라 차등으로 징수하는 것으로 『荀子』, 「王制」의 "相地而衰政, 理道之遠近而致貢."에 보인다. 衰征은 衰政과 같은 뜻.

224 商賈는 『周禮』, 「天官·太宰」의 "六曰商賈, 阜通貨賄."에 보이며, 鄭玄의 注에 商은 行商, 賈는 머물러 가게에서 파는 사람의 뜻이다.

225 물가를 통제하여 폭리를 취하지 못하게 한다는 뜻. 여기까지가 陸贄의 말이다.

해 설

추물측사의 논리를 추물측물(推物測物), 추사측사(推事測事)로 확장하여 그 사례를 들었다.

제목 가운데 '서로 기다린다'의 相須의 의미는 서로 의존하거나 배합한다는 뜻인데, 그 문제를 직접 다루지 않고, 내용 속에 묻어두었다.

인용한 사례는 『신당서』 권157의 「육지열전(陸贄列傳)」 속의 일부 내용을 그대로 옮겨 적었다. 육지는 당의 관료이자 학자로서 재상까지 오른 인물로, 이 내용은 덕종(德宗)이 11명을 출척사(黜陟使)로 보낼 때 그가 한 말이다.226 본서에서는 그 일부만 소개하였다.

요지는 일의 핵심을 파악하거나 그것을 듣고 시행하는 일에는 추측이 꼭 필요하다는 주장이다. 추측이 경험을 미루어 판단하는 일이기 때문이다.

---

226 『新唐書』 卷157, 「陸贄列傳」: 德宗立, 遣黜陟使庾何等十一人行天下. 贄說使者, 請以五術省風俗, 八計聽吏治, 三科登俊乂, 四賦經財實, 六德保罷癃, 五要簡官事. 본서에는 三科(茂異, 賢良, 幹蠱)와 六德(敬老, 慈幼, 救疾, 卹孤, 賑貧窮, 任失業)과 五要(廢兵之蠹食, 鐲法之橈人, 省官之不急, 去物之無用, 罷事之非要)는 생략했음.

23. 옛 법도와 지금의 풍속
古法今俗

옛 법도는 본래의 의미를 숭상하나 지금의 풍속에는 흘러온 폐단이 많다. 그러므로 옛것에 빠진 사람은 지금의 일에 소홀하고, 풍속에 물든 사람은 옛날의 법도에 어둡다. 만약 본래의 의미를 사용하여 흘러온 폐단을 막을 수 있으면, 바로잡는데 조리가 있을 뿐 아니라, 고금의 통하는 옳음에도 어긋나지 않을 것이다.

古法尙本旨, 今俗多流弊. 故泥於古者, 忽於今之務, 染於俗者, 昧于古之道. 苟能擧本旨而防流弊, 非但矯捄之有條也, 不違於古今之通誼.

* * *

옛 성인이 가르침을 베풀고 법도를 세운 일은 모두 인의와 충신과 도리와 덕과 예양227에 근본을 두었고, 후세에 무너진 기강을 붙들고 흘러온 폐단을 고치는 일은 시대의 병폐를 바로잡으려고 하지 않음이 없다. 하지만 제각기 자기의 소견을 가지고 해서, 거칠게 소략하거나 자질구레하게 꾸미고228 깊거나 얕은 구별이 없지 않다. 그리하여 옛사람의 다스리는 방도를 읽은 사람도 제각기 자기의 소견으로 취사선택하여 마침내 부합되기 어려웠다.

---

227 『論語』, 「學而」: 主忠信.; 『禮記』, 「曲禮上」: 道德仁義, 非禮不成, 敎訓正俗, 非禮不備.; 『論語』, 「里仁」: 能以禮讓爲國乎. 何有. 不能以禮讓爲國, 如禮何. 道德은 道와 德, 禮讓은 禮로서 辭讓하는 일. 모두 유가의 가치 덕목.

228 『論語』, 「雍也」: 子曰, 質勝文則野, 文勝質則史, 文質彬彬然後, 君子.

古聖設敎立法, 皆本於仁義忠信道德禮讓, 而後來扶頹綱救流弊, 莫非要治時病. 而 各有自己所見, 不無野史深淺之別. 然讀古人之治謨者, 亦各以自己所見取捨之, 竟 難得以脗合.

또 군주의 유약한 통치에 피해를 본 사람은 위엄있고 용감한 통치를 사모하여, 위엄있고 용감한 군주의 태도를 고치라고 간하는 옛사람의 상소를 보면 쉽게 비방한다. 나아가 어둡거나 밝은 군주의 태도에 대해서도 모두 그렇지 않음이 없다. 이같이 시대의 폐단을 바로잡는 일이란 가령 굽은 물건을 바로 잡으면 그쳐야 하는 점을 일찍이 고려하지 않아, 치우치면 곧음을 지나쳐 버리고,[229] 질질 끌면 바로잡히지 않고, 오래되면 그 바로잡는 일로 말미암아 또 폐단이 생긴다.

且傷於柔弱之治者, 思得威猛之治, 而見古人諫威猛之疏, 輒誹謗之. 至於昏暗明察, 莫不皆然. 曾不思捄時之弊, 如矯枉而止, 偏則過, 施則不矯, 久則因其捄而又生弊.

그러므로 폐단을 바로잡는 방법은 오랜 세월 동안의 언제나 한결같은 규칙은 없고, 일시적인 치료의 이로움은 있으니, 본래의 의미에 어긋나지 않고 윤리를 붙드는 일을 업무로 삼아 그때그때 고쳐 바로잡는 것이다.

故捄弊之方, 無千載一定之規, 有一時療治之利, 以不違本旨扶植倫綱爲務, 隨時修 正.

---

229 바로잡는 일이 치우쳐 곧음을 지나친다는 말은 矯枉過直으로『後漢書』,「仲長統傳」 의 "光武皇帝懲數世之失權, 忿彊臣之竊命, 矯枉過直, 政不任下, 雖置三公, 事歸臺 閣."등에 보인다.

해 설

옛 법도와 지금의 풍속을 두고 하거나 해야 할 일을 헤아렸다.
요지는 옛것에 집착해서도 지금의 풍속만을 따라서도 안 되며, 해당하는
때에 맞게 폐단을 바로잡되 고금의 보편적 가치를 살려야 한다는
주장이다.
이 내용은 저자의 변통 사상의 다른 표현이다. 변하는 환경에 끊임없이
개혁하는 일이야말로 『대학』의 '날로 새롭고, 또 날로 새롭게 하는'
일이다. 특히 변화가 가속화되는 산업 혁명의 시기에 사는 현대가 더욱
그렇다. 하지만 변화 속에서도 보편적 삶의 지혜를 망각하면, 무엇을
위한 변화인지 의심하지 않을 수 없다.

24. 일이 같아도 일치하지 않는다
事同不合

옛날과 지금의 일이 아무리 같아도, 오늘날 본받아 그대로 시행하면 일치하지 않은 점이 많은 까닭은 관련된 때와 지위와 능력과 처지가 다르기 때문이다.

事雖有古今相同者, 今日效倣行之, 而多不合者, 以其時也位也才也處也之不同.

* * *

민생의 일에는 저절로 정해진 한도가 있더라도, 옛사람이 한 일을 지금 사람이 하지 않는 것은 아니다. 하지만 같지 않은 점도 있어서, 지금이 옛날보다 못하거나 옛날이 지금보다 못한 까닭은 관련된 때와 지위와 능력과 처지가 제각기 같지 않고, 판단하여 처리하는 일의 종류도 천만 가지나 되기 때문이다.

民生事爲, 自有定限, 古人行之者, 今人非不行之. 有所不同, 或今不如古, 或古不如今, 以其時位才處, 各自不齊, 事之裁決, 至於千萬.

하지만 마음으로 체득한 것이 항상 통하는 도리에 편안할 수 있는 사람은 모두 처지를 바꾸어도 거의 같을 것이다.

然心之所得, 能安常道者, 庶幾易地皆然.

해 설

바로 앞의 글을 이어 고금의 일 처리가 다르다는 점을 헤아렸다. 그 까닭은 근원적으로 만물이 변한다는 기철학의 세계관에 근거하고 있다. 만물이 변한다는 관점은 또 『주역』의 세계관이기도 하다. 그래서 원문의 時·位·才·處는 『주역』의 괘와 효의 상황을 설명하면서 자주 등장하는 말이지만, 그것을 해석하면서 인사에 적용하여 말하기도 한다.

그런데 끝부분의 언급은 매우 의미심장하다. 바로 지금 우리의 일이기도 하기 때문이다. 현대는 모든 게 너무 빨리 변한다. 농업혁명의 영향은 수천 년, 산업 혁명은 300년 지속되었고, 정보혁명은 30여 년에 지나지 않았다고 한다. 이 말은 신기술과 신사고에 적응하지 못하는 구세대가 사회로부터 신세대에게 밀려나는 일이 더욱 가속화되고 있다. 이렇듯 빠른 기술 진보에 따른 가상현실의 상용화와 인공지능의 보편화 등이 진행되면서, 우리의 삶은 예전에 상상하지 못한 상태로 떠밀려 간다. 그래서 바로 마지막 문장에서 언급한 저자의 발언에 주목해 재해석할 필요가 있다. 아무리 기술이 발전하고 삶이 바뀌어도 인간인 이상 변할 수 없는 게 있다. 삶도 바뀌고 심지어 도덕과 윤리가 바뀔 수 있어도, 인간인 이상 '마음으로 체득한 편안한 삶' 자체를 포기할 수 없다는 점이다. 기술이 극도로 발달해도 마음까지도 편안한 삶, 자아까지도 녹여 망각하게 하는 절대 자유 그 자체를 보장해 주지 못하기 때문이다. 그 역할을 철학 같은 인문학이 해야 하지 않을까?

25. 남의 물건을 취함
取人之物

남의 물건을 취할 때도 인심을 따르면 잘한 일로 삼지만, 인심을 거스르면 나쁘게 본다.

取人之物者, 以順人心爲善, 以逆人心爲惡.

* * *

인심이 기뻐하고 사양하게 하여230 내가 원하는 대상을 찾아서 내게 와서 주도록 하는 일이 최상이다. 평소 남에게 충성과 신뢰를 쌓아 자기가 원하는 뜻을 조금 보이면, 남이 도리어 거기에 미치지 못할지 걱정하게 하는 것이 그다음이다. 남의 고통과 원통과 원수로 여기는 마음을 고려하지 않고, 차마 약탈231을 감행하는 일은 최악이다. 이 세 가지가 물건을 취하는 일에서는 공통점이 있지만, 인심을 따르느냐 거스르느냐는 점에서는 같지 않다.

使人心悅服推讓, 求我所欲而來遺, 上也. 素積忠信於人, 畧示所欲, 使人猶恐不及, 次也. 不顧人之痛冤仇讎, 忍行攘竊, 下也. 三者之取物雖同, 其所順逆人心, 則不同.

---

230 推讓은 물러나며 사양하는 것으로 『莊子』, 「刻意」의 "語仁義忠信, 恭儉推讓, 爲修而已矣."에 보인다. (앞에 나옴)

231 攘竊은 몰래 훔친다는 뜻도 있으나 여기서는 약탈 또는 강탈에 해당한다. 『書經』, 「微子」의 "今殷民乃攘竊神祇之犧牷牲, 用以容, 將食無災."에 보인다.

그래서 제왕이 천하를 다스릴 때 물건을 주고받는 큰일에서는 제왕이 민심을 따라 물건을 취하면, 자손은 대대로 지위를 유지하고232 신하와 백성이 은덕을 마음에 품는다.233 저 한때의 위세를 믿고 지위와 명호를 찬탈하면, 재앙과 실패234가 잇따를 것이니, 빠르면 자기 몸에 미치고 늦어도 자식의 대를 넘지 않는다. 사대부의 관작과 녹봉이나 서민의 곡식과 포목 등의 모든 물건도 모두 그렇지 않음이 없다.

是以帝王之有天下, 授受之大事也, 順民心而得之, 則子孫世祿, 臣民懷德. 若夫承一時之威勢, 簒奪位號, 則禍敗旋至, 速及其身, 緩不踰子. 至於士大夫之爵祿, 庶人之布穀諸物, 莫不皆然.

---

232 子孫世祿은 왕이나 신하 모두에게 해당하지만, 여기서는 문맥상 전자에 해당하며, 그때의 祿이란 지위이다. 그 용례는 『論語』, 「季氏」의 "孔子曰, 祿之去公室, 五世矣. 政逮於大夫, 四世矣. 故三桓之子孫, 微矣."에 보인다.

233 懷德은 은혜와 덕을 감격하여 마음에 품는 것으로 『書書』, 「洛誥」의 "王伻殷乃承敘萬年, 其永觀朕子懷德."에 보인다.

234 禍敗는 『左傳』, 「襄公九年」의 "商人閱其禍敗之釁, 必始於火."에 보임.

해 설

추물측사의 논리를 재화를 두고, 지배층의 공정과 착취의 형태로 나눠 헤아렸다.

'제왕이 천하를 다스릴 때 물건을 주고받는 큰일'이라는 말이 모든 정치와 학문에 적용된다. 그것은 곧 재화인 물건이 인간 욕망의 대상이기 때문이다. 오늘날의 정치와 다수 학문도 자원을 어떻게 생산하여 공정하게 분배하는가, 또 그에 대한 인간 욕망의 처리를 어떻게 해야 하는지에 관련된다.

본문의 내용은 전근대사회의 보편적 상황을 말하기도 하지만, 특히 조선 말기 사회상을 알면 쉽게 이해될 듯하다. 하지만 현대에도 국가의 자원을 일부 계층에서 독점하고, 국가 예산을 일부 특권층에서 짬짜미하기 위해 권력을 남용한다면, 그 사회가 얼마나 지속되겠는가? 저자의 경고가 새롭다.

26. 독서와 저술
讀書著述

옛글을 반복해 익히는[235] 일에서는 내 마음을 갈고 닦음을 최대의 공부로 삼고, 책을 저술하는 일[236]에서는 백성을 편안하게 하고 그들의 일을 이뤄주는 것[237]을 제일로 삼는다.

溫習古書, 以切磋我心爲極功, 記述諸篇, 以康濟民事爲第一.

* * *

사람들이 많이 듣고 많이 아는 일을 귀하게 여기는 까닭은 그로써 마음을 갈고 닦거나 권하고 징계하는 일이 적지 않기 때문이지, 단지 이전의 말과 행적을 많이 알 수 있어서만은 아니다. 저 펼친 일의 순함과 거스름을 논하거나 문체와 격조의 순수하거나 질박함을 평가하는 따위는 이미 독서의 이차적인 의미로 추락한다.

人之所以貴多聞博識者, 爲其切磋勸懲不尠也, 非爲其但能多識前言往行也. 若夫論舒事之順逆, 評體格之淳模, 已落第二義也.

---

235 『朱子語類』 24-41: 問, 溫故知新. 曰, 道理卽這一箇道理. 論孟所載是這一箇道理, 六經所載也是這箇道理. 但理會得了, 時時溫習, 覺滋味深長, 自有新得. (앞에 나옴)

236 記述諸篇에서 記述은 저술, 諸篇은 서적의 여러 편으로 곧 책을 저술한다는 의미.

237 康濟는 安撫救助의 뜻으로 『書經』, 「蔡仲之命」의 "康濟小民, 率自中."에 보인다.

저술의 핵심은 백성을 편안하게 하고 일을 이뤄주는 데 있다. 거기서 리와 기를 말한다면 사람들이 개발하는 일이 있어야 하고, 도와 덕을 말한다면 사람들이 법도를 생각하여 영향받도록[238] 해야 한다.

記述之要, 在於民事之康濟. 言理氣, 則要使人有所開發, 言道德, 則要使人想儀薰染.

---

238 薰染은 영향을 받는다는 뜻으로 『朱子語類』 95-55의 "人性本善而已, 才墮入氣質中, 便薰染得不好了. 雖薰染得不好, 然本性卻依舊在."에 보인다.

해 설

독서와 저술을 미루어 그 근본 목적을 헤아렸다.

독서와 저술의 근본 목적이 자기를 수양하고 백성의 삶을 위하는 데 있다는 뜻이다. 유학 수기치인의 전통을 따르지만, 보편화하면 결국 인간의 복지를 위한 일에 있다고 하겠다.

특히 독서를 통해 책의 내용을 평가하는 일은 부차적이고, 일차적으로 본인에게 도움이 되어야 한다는 주장이다. 이는 율곡 이이가 『격몽요결』 「독서장」에서 "만약 입으로만 읽고 마음으로 체득하지 않고 몸소 실천하지 않으면, 책은 책대로 나는 나대로여서 무슨 보탬이 있겠는가?"라는 말도 그런 뜻이다.

저술 또한 인간에게 실용적이어야 하며, 그 내용이 이론적이든 도덕적이든 사람을 직접 개발하고 그에게 영향을 미쳐야 한다는 주장이다. 민생과 거리가 있는 당시의 이론적 독서와 저술에 비판적인 시각이 엿보인다. 공리공담을 경계한 지적이다.

27. 소멸에는 기한이 있다
消滅有限

물건이 이미 형질을 이루면 거기에는 자연히 소멸하는 기한이 있다. 기한이 차기 이전에 아무리 부러뜨려 없애려고 하여도 그 자취를 가리기는 어렵다.

物旣成質, 自有消釋之期限. 若在期限之前, 雖欲摧滅, 難掩其跡.

* * *

단사239는 갈아버릴 수는 있어도 그 색깔만은 탈색시킬 수 없고, 난초는 불태울 수는 있어도 그 향기만은 없앨 수 없으며, 옥은 부숴버릴 수 있어도 그 흰 빛만은 바꾸게 할 수 없고, 사람은 죽일 수 있어도 그 이름만은 없앨 수 없다.240

丹可磨而不可奪其色, 蘭可燔而不可滅其馨, 玉可碎而不可改其白, 人可殺而不可泯其名耳.

---

239 丹砂는 朱砂라도 불리는 유화수은이라는 광물. 붉은색을 띠므로 염료로 쓰인다.

240 『劉子』卷7, 「大質」: 丹可磨而不可奪其色, 蘭可燔而不可滅其馨, 玉可碎而不可改其白, 金可銷而不可易其剛. 『劉子』는 『新論』, 『劉子新論』, 『流子』, 『德言』으로도 알려져 있고, 10卷 55篇으로 되어 있다. 저자에 대해서는 정론이 없어 梁의 劉勰나 劉峻, 北齊의 劉晝 또는 漢의 劉歆, 唐의 袁孝政 등의 설이 있다. 『사고전서』본에는 北齊의 劉晝의 撰으로 되어 있다. 이런 표현의 출발은 이미 『呂氏春秋』, 「誠廉」의 "石可破也, 而不可奪堅, 丹可磨也, 而不可奪赤."에 보인다. 강조는 본서와 같은 글자.

해 설

물건의 소멸 기한을 헤아렸다.

물건이 흔적 없이 사라지는 데는 기한이 있다. 가령 나무나 유리병 조각이나 플라스틱이 사라지는 기한을 비교해 보라. 하지만 소멸이라는 말 자체는 그 물건의 형태에 한정한 것이지, 물질 자체는 소멸하지 않는다. 기의 취산(聚散)이기에 분자 이하 상태로 흩어질 뿐이다. 뒷부분의 시처럼 잘 정돈된 내용은 저자가 인용한 글인데, 마지막의 "사람은 죽여 없앨 수 있어도 그 이름만은 없앨 수 없다"라는 내용만은 저자의 말이다. 앞의 세 구절은 그것을 말하고자 동원된 인용이다. 선인이든 악인이든 그 이름만은 인류 역사가 존속하는 한 계속 남는다. 위정자나 권력자를 향한 간접적 경고이기도 하다. 오늘날도 여전히 통한다.

28. 일을 헤아리는 우열
度事優劣

사물을 헤아린 일이 이미 합당하지 못했다면, 요행히 부끄러움을 면해도[241] 우월한 일이라 할 수 없다. 만약 그것이 합당했다면, 불행하게 실패했더라도 열등하다고 할 수는 없다.

裁度事物, 旣不得其適當, 則不可以幸而免恥爲優. 如得其適當, 則不可以不幸而致敗爲劣.

* * *

헤아리는 데는 본래 정해진 규칙이 없으나 물건을 따라 헤아림이 생긴다. 그리하여 낌새를 따라 변화에 대응하는 사람은 일정한 규칙으로 논평할 수 없다.

裁度本無定規, 因物生測. 隨機應變者, 不可以一定之規論評之也.

나아가 헤아림이 정밀하지 못할 경우라도 요행히 부끄러움을 면하기도 하고, 헤아림이 정밀해도 불행을 면치 못하기도 하니, 어찌 면하느냐 면하지 못했느냐에 따라 그 우열을 판단하겠는가?

---

241 『論語』, 「雍也」: 子曰, 人之生也直, 罔之生也, <u>幸而免</u>.

至於裁度不精, 而或幸免焉, 裁度雖得精, 而或不幸不免焉, 豈可以免與不免, 斷其優劣哉.

해 설

사물을 헤아린 일의 우열은 행·불행과 무관한 일이라고 한다. 곧 세속적 득실로 헤아림의 우열을 결정할 수 없다는 생각이다.

그런데 사물을 헤아리는 데 이론적 논리가 왜 없겠는가? 저자의 의도는 그것마저도 대상의 성격에서 규정된다는 철학의 원칙에서 말한 것뿐이다. 먼저 헤아리는 대상이 확정되어야 하고, 또 만물은 변하고 인사는 더욱 그러하기 때문이다.

그래서 어제의 성공한 비법이 오늘의 성공을 보장하지 못한다. 그런데도 그것에 집착하다가 망한 개인과 조직을 자주 본다. 이론은 일반적 규칙이고 상황에 따른 해법은 수시로 변하는 게 인사가 아니던가?

29. 사건의 심리로서 들추어내 밝힘
讞獄拔摘

감춰 은닉한 것을 적발하는 일이 비록 군자의 일은 아니지만, 사건을 심리하여 판결하는 일에서 자백을 받아내고, 또 실제의 흔적과 감추기 어려운 증거를 찾아내며 그리고 쟁송242이 없기를 기대하기 위해서도 그것은 백성에게 임하여 직무를 받드는 업무이다.

拔摘掩匿, 雖非君子事也, 至於讞獄斷訟, 或爲其自服, 而搜得實然之跡, 難掩之證, 期臻於使無訟者, 亦莅民奉職之所務也.

* * *

간사하고 거짓된 습속이 날로 번성한 이래로 도탑고 곧은 기풍이 점점 사라졌다. 그리하여 백성은 지혜243가 없으면 간사한 거짓에 물든다. 비록 도피할 수 없는 죄를 짓고도 한마디 말로 속여서 해당하는 법의 심판을 면하려고만 하니, 이는 교화로 감화를 이룰 수 없고 또 깨우쳐 송사가 없게 할 수도 없다.

自邪僞之習日熾, 淳直之風漸消. 民或未有知巧, 而染於邪僞. 雖作難逃之辜, 欲以

---

242 엄밀히 말해 訟事와 獄事는 구별된다. 전자는 민사, 후자는 형사 관련이다. 본문은 재판의 의미로 쓰였다.

243 知巧는 智慧와 技巧로 『管子』, 「五輔」, "古之良工, 不勞其知巧以爲玩好."에 보이고, 또 智謀와 巧詐의 의미로 『商君書』, 「去強」의 "國無力而行知巧者, 必亡."에 보인다. 여기서는 지혜의 뜻으로 쓰였음.

一辭欺罔, 免其當律, 則是不可以敎化致化, 又不可以開諭無訟也.

형사 재판을 담당한 사람은 이미 저지른 일의 흔적을 찾아내어 시비[244]를 판결하여야 하되 그 규칙이 똑같지는 않다. 간혹 지극한 인정의 발동에 따라 기만[245]을 굴복시키기도 한다.【영천[246]에 부자가 있었는데 형제가 같이 살았다. 형제의 두 부인이 모두 임신하였는데, 형의 부인이 낙태하고 그 사실을 숨기고서 동생의 부인이 아들을 낳았는데 밤에 아이를 훔쳤다. 재판으로 3년 동안 다투었는데, 승상 황패[247]가 동헌에 나와 앉아 포졸을 시켜 아이를 안다 두 부인 사이 각각 열 걸음 위치에 두게 하였다. 그가 부인들을 꾸짖으며 말하기를 "각자 먼저 가서 데려가라!"라고 하자, 형의 부인이 매우 급하게 마구 붙잡아 아이가 크게 울었다. 동생의 부인은 아이가 다칠까 두려워하여 그대로 둔 채 매우 슬퍼하였으나, 형의 부인은 매우 기뻐하였다. 왕패가 말하기를, "이 아이는 동생의 아들이다"라고 하고, 따져 심문하니 마침내 자복하였다.[248] 이것은 사람에게 자애하는 천륜이 있는 점을 헤아려 그 실정을 안 것이다. 이것을 미루어 시행한다면, 지극한 인정에서 발동하는 일이 어찌 이 한 가지

---

244 曲直은 일찍이 是非와 能·不能의 뜻으로 쓰였는데, 『荀子』, 「王霸」의 "不卹是非, 不治曲直."과 같은 책, 「非相」의 "知行淺薄, 曲直有以相縣矣."에 보인다. 여기서는 유죄와 무죄. (앞에 나옴)

245 誣罔은 欺騙 또는 欺瞞과 欺罔의 뜻으로 『漢書』, 「王莽傳上」의 "有丹書著石, 文曰告安漢公莽爲皇帝. 符命之說, 自此始矣. 莽使群公以白太后, 太后曰, 此誣罔天下, 不可施行."에 보인다.

246 기원전 230년 秦 나라에서 설치한 郡名. 지금의 河南省 禹州市.

247 자는 次公, 한 나라 때의 재상을 지냈고 建成侯에 봉해졌다. 이때 그는 영천 태수로 부임해 왔다.

248 여기까지가 인용문이고 이하는 저자의 생각. 원 출전은 『漢書』 89, 「循吏傳」이나 저자는 明 陳耀文의 『天中記』 券27, 「智察」에서 뒤의 다른 고사와 함께 인용하였다.

사례뿐이겠는가?】

聽其獄者, 當搜發已然之跡, 以決曲直, 而其規不一. 或因至情所發, 以詰誣罔.【潁川
有富室, 兄弟同居. 兩婦皆懷娠, 長婦胎傷閉匿, 弟婦生男, 夜盜取之. 爭訟三年,
丞相黃霸, 出坐閤前, 令卒抱兒, 置兩婦間各十步. 叱婦曰, 自往取之, 長婦抱持甚急,
兒大啼. 弟婦恐傷害之, 因放止甚悽愴, 長婦甚好. 霸曰, 此弟子也, 責問乃服. 是則測
人慈愛有倫, 而得其情也. 推此而行, 發於至情者, 豈特此一事哉.】

또는 의심스러운 일을 설정하여 죄를 지은 사람이 스스로 드러내게
하였다.【한나라 주우249는 한비250의 법술을 좋아하였고, 일찍이 소릉
후상이 되었을 때 관청의 어떤 아전251은 주우가 엄격하고 사리에 밝은
점을 꺼려서 그의 위신을 꺾어 놓으려고 하였다. 그래서 그가 새벽에
시체를 가져다 팔과 다리를 잘라 관아의 문 앞에 세워 두었다. 주우가
그것을 듣고 곧장 시체 가까이 가서 마치 시체와 대화하듯이 하면서,
입과 눈에 지푸라기가 있는 사실을 몰래 살펴 알았다. 이에 은밀하게
문지기에게 묻기를, "짚252을 싣고 성에 들어온 사람을 모두 조사했느
냐?"라고 하자, 문지기가 "오직 아전뿐입니다"라고 하였다. 뒷날 또 묻기
를 "내가 시체와 이야기하는 것을 꽤 의심하는 사람이 있던가?"라고
하자, "아전이 의심했습니다"라고 하였다. 이에 아전을 체포하여 조사하
여 심문하니253 모두 자백하였다.254 이와 같은 일은 전기에 기록된

---

249 ?~97. 자는 文通, 東漢 때의 관리.
250 기원전 280?~기원전 233. 법가사상을 집대성한 전국시대 말기의 사상가인 韓非子.
251 廷掾은 『後漢書』에 "續漢志, 每郡有五官, 掾縣爲廷掾也"라고 하여 하급 관리 곧
    아전을 말함.
252 槀는 전대 또는 자루의 뜻인데, 『後漢書』의 원문에는 짚〔藁〕으로 되어 있다.
253 考問은 考查하여 정황을 듣는다는 뜻이다. 『漢書』, 「董仲舒傳」의 "臣願陛下興太學,

게 꽤 많으나, 속임수255로 세세하고도 가혹하게 살핀다256는 비웃음을
면하기 어렵다.】

或設可疑之事, 使負辜者自顯. 【漢周紆, 好韓非之術, 嘗爲召陵侯相, 廷掾憚紆嚴明,
欲損其威. 乃晨取死人, 斷手足立寺門. 紆聞, 便至死人邊, 若與死人共語狀, 陰察口
眼有稻芒. 乃密問守門人, 曰悉詰載囊入城者, 門人對唯有廷掾耳. 後日又問頗有疑
令與死人語者, 對曰廷掾疑君. 乃收廷掾, 考問俱服. 此等事, 載傳記者頗多, 而難免
詭遇苟察之譏.】

또는 인장과 서명의 어긋남을 가지고 간교한 속임수를 찾아냈다.【왕의
각257이 서경258의 책임자로 재직하고 있을 때 장수현에서 나무를 매매
한 대금 수백 천을 받아달라고 소송하였다. 왕의각은 그 문서를 보고
그 사람을 빨리 뒤쫓아 체포하게 하여 아전에게 넘겼다. 아전이 그 까닭을
묻자 그가 말하기를, "대개 공문은 모두 먼저 서명한 뒤 도장을 찍으므로
도장이 서명 위에 있게 된다. 이제 이 문서에는 먼저 도장을 찍고 서명했
으니 반드시 간계가 있을 것이다"라고 하였다. 그를 국문하니 과연 그랬
다.】259

置明師, 以養天下之士, 數考問以盡其材, 則英俊宜可得矣."에 보인다.
254 이 고사는 원래 『後漢書』 卷107, 「周紆傳」에 보인다. 이하는 저자의 말.
255 詭遇은 원래 법도를 무시하고 부정한 방법으로 짐승을 만나 사냥하는 얕은 술수로
    이득을 취하는 뜻으로 『孟子』, 「滕文公下」의 "吾爲之範我馳驅, 終日不獲一, 爲之詭
    遇, 一朝而獲十."에 보인다.
256 苟察은 『莊子』, 「天下」의 "君子不爲苟察."에 보인다.
257 북송 때의 대신인 王拱辰(1012~1085)의 시호이다.
258 북송 때는 洛陽을 西京이라 불렀다.
259 이 내용은 元 陶宗儀가 撰한 『説郛』 卷43, 「續明道雜志」에 보인다.

或因印押之差錯, 察其奸僞.【王懿恪, 留西京日, 長水縣, 請買木錢數百千. 懿恪視其
狀, 亟令追械其人以屬吏. 吏請其故, 懿恪曰, 凡公文皆先書押而後印, 故印在書上,
今此狀乃先印後書, 必有奸也. 鞫之果然.】

또는 절도가 그치지 않을 때는 반드시 도난당할 물건에 표시한 미끼로
그 자취를 추적하여 찾는다.【북제의 팽성왕 유[260]가 정주 자사가 되었을
때 백성 가운데 채소 3묘[261]를 심었는데 자주 도난을 당하였다. 유는
이에 그 사람에게 몰래 가서 채소 잎에 글자를 써넣게 하였다. 다음날
시장에서 글자 있는 채소 잎을 보고 드디어 도둑을 붙잡았다.】[262]

或因偸竊不已, 必表識於將竊之物以餌之, 追訪其跡.【北齊王淯, 爲定州刺史, 看人
種菜三畒, 數被偸. 淯乃令人密往書菜葉爲字. 明日市中, 看菜葉有書字, 遂獲偸者.】

또는 가축이[263] 습관적으로 아는 점을 따라 그 주인을 분별한다.【북주
(北周)의 우중문[264]은 안고[265]태수가 되었을 때 두씨와 임씨 두 집에서

---

260 『北齊書』, 「高淯傳」에 따르면 字는 子深이며 神武帝의 5째 아들로 이름은 淯.
 훗날 彭城에 봉해졌으므로 彭城王이라 부름. 본문의 '北齊王淯'는 원문의 '彭城王淯'
 에서 '彭城' 대신에 '北齊'를 넣으면서 王 자를 王子의 뜻으로 본 것 같다. 『天中記』에
 도 '彭城王淯字子深爲定州刺史'로 되어 있다. 또 '看人種菜三畒'의 人은 '老母'로
 되어 있다.

261 畒는 토지의 면적 단위.

262 이 내용도 明 陳耀文의 『天中記』 卷27, 「智察」에 들어 있다.

263 畜産은 집에서 기르는 가축이다. 『墨子』, 「號令」의 "小城不自守通者, 盡葆其老弱粟
 米畜産."과 『史記』, 「韓長孺列傳」의 "匈奴虜略千餘人及畜産而去."에 보인다.

264 545~613. 자는 次武로 선비족으로 西魏에서 隋에 이르기까지 명장. 그러나 고구려
 를 침략하여 을지문덕에게 패한 적이 있다. 관련 내용은 원래『隋史』 卷23, 「列傳」
 卷11에 보이는데 于仲文을 본문에서 왜 '齊于仲文'라 했는지 모르겠다. 齊는 周의
 착오로 보인다. 수나라는 北周를 이었고 于仲文은 安固太守를 北周 때 지냈기
 때문이다.

각각 소를 잃었다. 뒤에 한 마리만 찾았는데, 두 집에서 모두 자기 소라고 알아보았다. 중문은 곧장 두 집에 명하여 제각기 소 떼를 몰아가게 하니 그 소는 마침내 임씨의 소무리로 향했다. 또 사람을 시켜 그 소에 조그만 상처를 내게 하였더니, 임씨는 탄식했으나 두씨는 태연하였다. 중문은 마침내 두씨에게 벌을 주었다.】266

或因畜産之所瞀知, 以辨其主人.【齊于仲文, 爲安固太守, 有杜任兩家各失牛. 後得一牛, 兩家俱認. 仲文乃令二家, 各驅牛羣去, 牛遂向任氏羣中. 又使人微傷其牛, 任氏嗟惋, 杜氏自若. 仲文遂訶責杜氏.】

또는 사용한 약물의 흔적을 살펴서 구타한 상처를 구별한다.【이남공267 이 장사현의 현령(縣令)268으로 있을 때 싸운 사람이 있었다. 갑은 강하고 을은 약했는데, 제각기 몸에 푸르고 붉은 자국이 있다. 남공은 손가락으로 자국을 문질러 보고 말하기를, "을의 자국이 진짜고 갑의 것은 가짜이다"라고 하고, 심문하니 과연 그러하였다. 대개 남방에 거류라는 나무가 있는데, 잎을 찧어 피부에 바르면 푸르스름하고 붉은색이 마치 타박상 같고, 그 껍질을 벗겨 살갖 위에 놓고 다림질하면269 몽둥이에 맞은 상처 같아 물로 씻어도 벗겨지지 않는다. 다만 구타한 상처는 피가 모여 딱딱하지만, 가짜는 딱딱하지 않다.】270

---

265 지금의 浙江省 瑞安의 옛 지명.
266 이 내용도 원래는 『隋史』 卷23, 「列傳」 11에 있지만, 앞의 다른 사례와 같이 『天中記』 卷27, 「智察」에 실려 있다.
267 자는 楚老, 북송 때의 대신.
268 송나라 때 縣의 책임자. 知縣使 또는 縣令이라 부름.
269 원문 慰는 『天中記』에는 熨로 되어 있다.
270 이 내용도 『天中記』 卷27, 「智察」에 실려 있는데, 『宋史』, 「列傳」 114에 친자확인

或施藥察痕, 以辨毆傷.【李南公, 知長沙縣日, 有鬪者. 甲强乙弱, 各有靑赤痕. 南公以指捏之曰, 乙眞甲僞, 訊之果然. 蓋南方有欅柳, 以葉塗肌, 則靑赤如毆傷者, 剝其皮置膚上, 以火慰之, 則如棒傷, 水洗不下. 但毆傷者, 血聚則硬, 僞者不硬耳.】

또는 남긴 흔적을 조사하여 그 장물을 밝힌다.【위나라의 이혜271는 옹주자사로 전직되었을 때 소금을 진 사람과 땔나무를 진 사람이 모두 무거운 짐을 잠시 내려놓고 나무 그늘에서 쉬면서, 양가죽 하나를 가지고 다투고 있었다. 이혜는 사람을 시켜 양가죽을 자리 위에 놓고 막대기로 두들겨 보라고 하였다. 미세한 소금 가루가 보이자, "실상을 알겠다"라고 말하고 다투는 사람에게 보게 하였더니, 땔나무를 짊어졌던 자가 마침내 죄를 실토하였다.】272

或搜遺痕, 以明其贓.【魏李惠, 轉雍州刺史, 人有負鹽者負薪者, 同釋重擔息樹陰, 爭一羊皮. 惠令人置羊皮於席上, 以杖擊之. 見少鹽屑曰, 得其實矣, 使爭者視之, 負薪者乃伏罪.】

또는 동물을 죽여 비교하여 인명의 피해를 실증한다.【오273의 장거274는 구장275의 현령이었을 때 남편을 살해한 아내가 있었다. 그는 집에 불이 나서 남편이 불에 타 죽었다고 꾸며댔는데, 관아에 와서도 죄를

해결은 보이지만 이 사례는 보이지 않고, 司馬光의 『涑水紀聞』에 보임. 또 明의 張景이 撰한 『疑獄集』 卷8의 「李公驗欅」에도 보인다.

271 ?~478. 後魏 사람으로 벼슬은 征南大將軍, 靑州刺史를 지냈고 文明太后의 시기로 무고로 피살됨. 『魏書』 83, 「李惠列傳」에 보임.

272 이 내용도 『天中記』 卷27, 「智察」에 실려 있음.

273 옛 지명. 지금의 江蘇省 일대.

274 삼국시대 오나라 사람.

275 옛 지명으로 지금 寧波市 慈城鎭.

인정하지 않았다. 장거는 돼지 두 마리를 가져오게 하여 한 마리는 죽여서 다른 한 마리는 산 채로 땔나무를 쌓아 그 위에 놓고 불을 질렀다. 죽은 돼지 입안에서는 재가 없어서, 살해당한 남편에 입 안에 재가 없는 점을 참으로 증명하자, 그 아내는 죄를 자복하였다.】276

或殺物取譬, 以證人命之被害.【吳張擧, 爲句章令, 有妻殺夫. 因燒舍, 詐稱火燒夫死, 詣官妻不承. 擧取猪二口, 一殺一活, 積薪燒之. 殺者口中無灰, 固驗夫口中無灰, 妻服其罪.】

대체로 보아 이와 같은 종류는 모두 낌새에 임하여 증거를 취하는 방법인데 그 규칙이 똑같지는 않다. 해당하는 사람의 아내와 자식을 불러들여 심문하기도 하고, 해당하는 때와 날짜를 참고하고, 심지어 말과 행동에서도 참작하지 않는 것이 없다. 하지만 여기서는 몇 가지 조항을 대략 들어서 사용하는 규모를 넓혀 보았다.

凡若此類, 皆是臨機取證, 其規不一. 或招問其妻孥, 或參考其時日, 至於言辭容貌, 無不參酌. 然畧擧數條, 以擴須用之規.

---

276 이 내용도 『天中記』 卷27, 「智察」에 실려 있고, 또 明의 張景이 撰한 『疑獄集』에도 실려 있다.

해 설

증거로서 사실을 헤아리는 일을 설명하였다.

주로 형사 사건에서 사건의 실태를 파악하는 문제를 다루었다. 삼권분립이 되지 않았던 전근대사회에서는 행정과 사법에 관련된 일을 지방관이 모두 처리하였다. 이는 유교 경전만 읽어서는 해결할 수 없는 문제이다. 그래서 수사와 재판에 관련된 사례집이 관리들 사이에 요구되었을 것이라는 짐작은 어렵지 않다. 다산 정약용의 『흠흠신서』나 『목민심서』에도 본문의 내용과 겹치는 사례가 보이는데, 중국의 사서나 관련 사례집에서 널리 알려진 것들이다. 다산과 저자의 실학 정신이 돋보인다.

30. 천한 일도 봉직한다
賤事奉職

참으로 세상을 돕는 방법에 유익하다면, 비록 천한 일이라도 반드시 사양하지 않는다. 그러므로 관리로서 봉직할 때는 만나는 일마다 마음을 다해야[277] 한다.

苟有益於扶世之道, 雖賤事必不辭焉. 故爲官奉職, 隨其所遇而當盡心焉.

* * *

아랫사람은 반드시 윗사람의 신임을 받고자 한다.[278] 그러므로 평소 부귀하면 부귀하게 행동하고, 평소 빈천하면 빈천하게 행동하여 스스로 그 도리를 닦아서 윗사람을 기다린다.

在下者必欲獲乎上. 故素富貴行乎富貴, 素貧賤行乎貧賤, 自修其道, 而以待乎上.

윗사람은 반드시 아랫사람으로부터 버림받음[279]이 없기를 생각한다.

---

277 盡心은 盡心竭力, 또는 竭盡心力의 뜻. 『書經』, 「康誥」의 "往盡乃心, 無康好逸豫, 乃其乂民."과 『孟子』, 「梁惠王上」의 "寡人之於國也, 盡心焉耳矣."에 보임.

278 『孟子』, 「離婁上」: 居下位而不獲乎上, 民不可得而治也. 獲於上有道, 不信於友, 弗獲於上矣.; 「中庸」: 在下位, 不獲乎上, 民不可得而治矣. 『孟子集註』에서는 "獲於上, 得其上之信任也."라고 풀이하였다. 본문의 在下者는 노비와 같은 하인이 아니라 경전에 보이는 것처럼 下位者로서 상대적으로 下位에 종사하는 사람이다. 재상이라도 임금에게는 하위가 되고, 미관말직은 고관에게는 하위가 되므로 본문에 富貴와 貧賤이라는 말이 성립한다.

279 遺乎下는 앞의 獲乎上과 대구로 쓰인 말로서, 윗사람의 신임 반대어로 아랫사람으로

요직에 있으면서 다스리는 도리를 맡은 사람은 경영하여 이루는 사항이 모두 아래 백성을 위한 일이고, 조치하는 것도 백성을 위한 일이다.

在上者必思無遺乎下. 故當路而任世道者, 營濟皆是爲下民之事, 措施亦是爲下民之事.

아래 백성의 일에는 비천하지 않은 게 없으니, 백성의 위에 있는 사람이 어찌 스스로 고귀하다고 자처하여 비천한 일을 피하려고 도모할 수 있겠는가? 우임금280의 치수 사업과 후직281이 곡식의 씨를 뿌리는 데서 그 의의를 볼 수 있다.

下民之事無非鄙賤, 則居民上者, 豈可以高貴自處, 圖避鄙賤之事哉. 夏禹之治水, 后稷之播種, 可見其義也.

　　부터 버림받는 일.
280 夏禹는 하나라의 시조인 우임금. 치수 사업을 잘해서 舜으로부터 왕위를 물려받았다.
281 전설상의 周 왕조의 건설자. 농경의 신으로 받들었다.

해 설

지위가 높은 사람도 백성을 위해서는 천한 일도 한다고 헤아렸다. 이 글은 평범해 보여도 유학의 관점에서 말하고 있다. 고대에 백성을 다스리는 지위를 얻으려면 왕인 윗사람의 신임을 받아야 한다. 그러기 위해서는 역량 향상과 수양이 필수적이다.

저자는 거기서 더 나아가 윗사람도 아랫사람으로부터 버림받지 않기를 바란다고 생각했다. 물론 수양이 잘된 윗사람이라면 그런 생각이야 늘 하겠지만, 저자는 당시의 민란을 경험한 일도 작용했을 것이다. 그래서 백성을 위한 일이라면 천한 일도 마다하지 않는다는 사례를 들었다. 또 이는 조선 후기 양반도 모두 노동하여야 한다는 실학자들의 생각과도 통하는 점이다. 특히 '아랫사람으로부터 버림받지 않기를 바란다'라는 말은 현대 민주사회에서도 절실히 통하는 말이다. 일찍이 레임덕을 맞이하는 지도자들이 걱정해야 할 일이다.

31. 동식물은 하는 일을 달리한다
動植異事

대체로 보아 동물과 식물이 삶을 도모하는[282] 모습이 제각기 다르다. 그러므로 일삼는 것도 같지 않다.

凡動植諸物, 營生各異. 故所事亦不同.

* * *

만물의 삶은 제각기 기질을 따르니, 삶을 도모하는 것도 다르다. 삶을 도모하는 일이 이미 다르니 일삼는 것도 같지 않다.

萬物之生, 各因氣質, 營生亦異. 營生旣異, 所事又不同.

깃털이 있는 새와 털이 있는 짐승은 누에처럼 실을 뽑아 집을 짓는 일을 모르고, 굴을 파서 집으로 사용하는 발 있는 벌레나 발 없는 벌레는 집이나 방이 있는 줄 모르며, 비와 이슬을 마시고 사는 동물은 물고기나 고기가 있는 줄 모르고, 발톱으로 사냥할 수 있는 동물은 경작을 모른다. 저것이 잘할 수 있는 일을 이것이 못할 수도 있고, 이것이 잘할 수 있는 일을 저것이 못할 수도 있다.

---

282 營生은 삶을 圖謀, 營爲한다는 뜻으로 『抱樸子』, 「崇敎」의 "貧賤者汲汲於營生, 富貴者沈淪於逸樂."에 보인다.

羽毛禽獸, 不知有蠶織, 巢穴蟲豸, 不知有宮室, 飲雨露者, 不知有魚肉, 能攫驚者, 不知有耕稼. 彼所能者, 此或不能, 此所能者, 彼或不能.

어찌 부류가 다른 대상만 그러하겠는가? 같은 인간끼리도 제각기 사는 곳에 따라 익힌 제반 일도 다르다. 하지만 추위와 더위와 배고픔과 배부름을 알고, 삶을 좋아하고 죽음을 싫어하며 이익을 보면 달려가고 손해를 피하는 일은 사람과 동물이 모두 같다.

奚但異類卽然. 同是人也, 各因所處, 而所習諸事亦異. 然知寒暖識饑飽, 好生惡死, 趨利避害, 人與物皆同.

해 설

동물의 생태에서 차이점과 같은 점을 헤아렸다.

제목과 달리 식물의 생태는 생략하고, 다만 동물의 그것만 언급하여, 독자가 알아서 추측하라는 여지를 남겼다. 동식물의 개별적 일을 미루어 생물의 보편적 모습을 헤아렸는데, 전형적인 귀납법의 모습이다. 동물의 공통점은 결국 인간의 본성 개념으로 연결된다. 곧 모든 생물은 몸의 항상성 유지라는 목표를 위해 살아가며, 느낌과 의식의 출현은 그 일을 효과적으로 이루기 위한 수단이며, 나아가 인간의 본성도 이와 무관하지 않다는 점을 추론하기 어렵지 않다.

중요한 점은 다양한 동물의 생태에서 다양한 인간의 삶을 헤아렸다. 곧 각자가 잘할 수 있는 일이 사는 곳과 익힌 것에 따라 다를 수 있다는 지적은 사농공상에 따른 직업의 귀천을 극복하는 근거가 되는 근대적 발상으로 사민평등 사상과 이어진다.

32. 세 가지 병에서 찾는 의사
三病求醫

병에는 세 가지가 있다. 선천적 병은 고칠 수 없고, 마음씨[283]에 생긴 병은 인의와 도와 덕의 문 안에서 의사를 찾고, 추위와 더위 그리고 음식에 따라 생긴 질병은 음식을 조리하고 섭생하는 길에서 의사를 찾는다.

病有三焉. 資稟之病, 不可改治, 心術之病, 訪醫於仁義道德之門, 寒暑飲食之病, 求醫於調理攝養之路.

* * *

선천적 병이란 사람이 타고나는 시초에 몸의 강하고 약하고 치우치고 장애가 되는 특징이 조화를 이루지 못해서[284] 생긴 현상을 말한다. 가령 장인들이 제각기 칼을 만들 때 원료인 쇠와 가열하는 화로와 망치로 두드리는 횟수와 담금질하는 물이 같다고 하자. 하지만 제작한 칼에 우열이 있는 까닭은 물과 불의 기운이 서로 충돌하면서[285] 조화를 이루면 칼이 정밀하고 날카롭지만, 조화를 잃을수록 점점 열등해지기 때문이다.

---

283 이 心術은 內心 또는 마음 쓰는 태도의 뜻이다. 『禮記』,「樂記」의 "姦聲亂色不留聰明, 淫樂慝禮不接心術."에 보인다. (앞에 나옴)

284 中和는 『中庸』 中과 和에서 온 말이지만, 몸에 해당하므로 각 기관과 기능이 알맞게 조화를 이룬 상태를 말함.

285 相薄은 서로 묶이거나﹝迫近﹞ 또는 相搏 곧 搏擊으로도 쓰이는데, 여기서는 후자의 뜻임. 『周易』,「說卦傳」의 "天地定位, 山澤通氣, 雷風相薄."에 보임. (앞에 나옴)

하물며 원료인 철과 화로와 연단과 담금질하는 물이 제각기 다르다면야.
나아가 음식물을 삶고 익혀 간을 맞추거나 찰흙을 치대서 질그릇을
만드는 일도 그렇지 않음이 없어서, 알맞은 기운을 얻은 물건은 대부분
드물다. 사람이 타고난 질병도 참으로 이와 유사하여, 한 차례 기질을
이루면 고칠 수 없다.

資稟之病, 謂其強弱偏廢, 不得中和於稟賦之初也. 如工匠各鑄劍, 其鐵同其鑪同,
其鍛鍊之數又同, 其所淬之水亦同也. 然劍有優劣者, 得於水火相薄之和, 則其劍精
利, 失之則稍劣. 況鐵鑪鍛水之各有異乎. 至於調和烹飪, 塼埴陶瓦, 莫不皆然, 得其
適和之氣者蓋鮮. 而人之資稟受病, 實猶乎此, 一次成質, 不可變改.

마음씨의 병에는 두 가지가 있다. 선천적 병이 원인이 되거나 습관에
따라 생기는데, 모두 인의와 도와 덕으로서 고칠 수 있다. 하지만 일시적
인 치료로 평생 병이 없기를 자신해서는 안 된다.

心術之病有二. 由於資稟之病而發者, 有因所習而生者, 皆可以仁義道德治之. 然不
可以一時料治, 自信平生無病.

추위와 더위와 음식에 따라 생긴 질병의 경우는 사람이 섭생하지 않는
때가 없어서, 비록 십 년 섭생한 사람도 자기의 섭생을 자신하여 소홀하면
질병이 곧장 생긴다. 그러므로 『중용』의 "도는 잠시라도 몸을 떠날 수
없다"[286]라는 말이 이것이다.

---

286 『中庸章句』第1章: 道也者, 不可須臾離也. 본문의 斯須는 須臾와 같은 말로 『禮記』,
「祭義」의 "禮樂不可斯須去身."의 鄭玄 注에서 "斯須, 猶須臾也."로 풀이하였다.
저자는 이 『禮記』의 방식으로 『中庸』을 인용하였고, 여기서 그가 말한 도는 攝養의

如寒暑飮食之病, 無時不攝養, 雖十年攝養者, 自信其攝養而有所忽, 則病旋作矣. 故中庸曰, 不可斯須去身者此也.

도이다.

해 설

발병의 원인과 그 치료법을 헤아렸다.

"의사를 찾는다"라는 말은 비유로서 치료법을 말한다. 이 내용은 『신기통』 권3의 「질병은 변통하기 어렵다(疾病難得變通)」에서도 다루었다. 선천적 병은 몸의 체질이나 잉태할 때의 부모의 건강 상태 등 신체의 특성에서 오는데, 당시는 의학 수준이 오늘날보다 낮아서 치료할 수 없는 난치병으로 여겼을 것이다. 또 마음의 병은 오늘날 정신병보다 외연이 다소 넓은 도덕적으로 건강하지 못한 병리 현상까지도 포함하고 있다. 수양으로 자가 치유를 설정한 점을 보면 알 수 있다. 정신적 병리 현상 가운데는 당연히 약물치료가 필요한 것도 있겠지만, 저자의 방식에 해당하는 것도 있을 수 있다.

특히 『중용』의 '몸에서 잠시라도 떨어져서는 안 된다'라는 도의 외연을 몸의 수양에서 더 넓혀 치료와 섭생까지 확장하였다. 추상적이고 공허한 도가 아니라 구체적이고 실용적으로 전환한 사례이다. 그런 점에서 실학적이고 근대적이다.

33. 본성의 도리와 의식
性道衣食

인간 세상 평상시의 일이란 단지 본성의 도리를 따르고 입고 먹을 것을 갖추는 두 가지뿐이다. 그 나머지 여러 재주[287]는 모두 여기저기 흩어져서 사귀고 노는[288] 사람들이 하는 소일거리이다.

人世庸常, 只是循性道供衣食二事而已. 其餘諸技, 儘是散遊者消遣.

* * *

본성의 도리를 따르는 일이란 자연과 인간 모두에 합당한 상태에 순응하고 전례[289]에서 살펴, 아버지와 자식, 임금과 신하, 부부, 친구의 윤리[290]에서 그 도리를 잃지 않는 것이다.

循性道者, 順天人之宜, 而考之于典禮, 父子君臣夫婦朋友之倫, 勿失其道也.

입고 먹을 것을 갖추는 일이란 능력[291]의 알맞음을 따라 제각기 일용의

---

287 技는 才能·技巧·工匠·歌舞를 포함하는 말이지만, 여기서는 본성을 따르고 생산적인 일을 제외한 모든 기술이나 재주.

288 散遊는 散游와 같은 뜻으로 『史記』, 「儒林列傳序」의 "自孔子卒後, 七十子之徒散遊諸侯, 大者爲師傅卿相, 小者友教士大夫, 或隱而不見."에 보인다.

289 여러 뜻이 있으나 여기서는 『周易』, 「繫辭上」의 "聖人有以見天下之動, 而觀其會通, 以行其典禮."에 따라 제도와 예의 등을 뜻함. (앞에 나옴)

290 오륜으로 옮겨야 하지만, 長幼가 빠져 있다.

291 材局은 才局과 같이 쓰였다. 재주와 도량으로 능력이다.

모든 물건을 익히니, 벼슬하고 농사짓고 물건 만들고 상업하는 업무와 작은 시중292과 남을 부리는293 직분 모두 충분히 분업294으로서 하는 일이다.

供衣食者, 順材局之宜, 而各習日用諸物, 仕農工商之業, 灑掃使令之職, 皆足以通功易事矣.

그 나머지 이 두 가지 일과 관련이 없는 여러 재주는 모두 마음 써 하는 일295이 없는 사람들의 세월을 허송하는 소일거리이다.

其他諸技之不關於此二事者, 皆是無所用心者, 消遣歲月之資.

---

292 灑掃는 灑掃應對의 준말이 아니라 집의 잡일이나 몸을 거드는 灑掃巾櫛의 준말이다.

293 使令에는 잔심부름의 뜻으로 『孟子』,「梁惠王上」의 "便嬖不足使令於前與."에도 보이지만, 여기서는 灑掃와 반대되는 상황에서 설정된 어휘이다.

294 通功易事는 『孟子』,「滕文公下」에 "子不通功易事. 以羨補不足, 則農有餘粟, 女有餘布, 子如通之, 則梓匠輪輿皆得食於子."에 보이는데, 『集注』에서는 '通人之功而交易其事'로 풀이하여, 오늘날 分業의 의미로 사용하였다.

295 『論語』,「陽貨」: 飽食終日, 無所用心, 難矣哉.

해 설

인간의 삶에서 가장 중요한 두 가지 일을 헤아렸다.

그 두 가지 일이란 본성의 도리와 경제적 문제이다. 먼저 원문 '性道'는 전통 철학에서 본성과 도리라는 의미로 분리해서 사용하는 말이지만, 한 단어로는 거의 쓰이지 않는다. 그런데 본문에서는 그 개념을 정의하고 있어서 한 단어로 보아야 한다.

그래서 그것을 '본성의 도리'라고 옮겼는데, 본성의 요소로서 도리가 포함된다는 의미이다. 본문의 개념설명에서도 분명히 자연과 인간에 있어서 마땅한 요소와 함께 오륜 가운데 네 가지를 포함하고 있기 때문이다. '자연과 인간 모두에 있어서 마땅한'의 천인지의(天人之宜)를 따르면 본성을 이루게 된다. 그러니까 인간의 본성에 자연적 요소와 인간의 규범적 요소가 들어 있다는 의미이므로, '본성과 도리'로는 옮겨서는 안 된다. 이것은 이미 앞에서 저자가 말한 인간의 본성을 다룰 때, 옮긴이가 그의 본성이란 인간의 자연적 본능과 사회 규범의 통일체라고 해석한 것과 같은 맥락이다.

여기서 원문 '仕農工商'을 士農工商이라 하지 않음에 주의해야 한다. 신분상의 구분이 아니라 직능적 구분 곧 사회적 분업으로 보았다는 점이다. 이어지는 글도 그렇다. 저자의 신분 의식과 직업관이 보이는 부분이다. '작은 시중과 남을 부리는 일'은 주인과 하인의 일로만 오해하지 않았으면 좋겠다. 오늘날에도 있지 않은가?

다만 현대는 저자가 소일거리로 여긴 일의 중요성이 커졌다. 다시 말하면 도덕과 경제만으로 인간의 마음을 건전하게 하고 삶을 풍요롭게 만들지 못한다. 바로 휴식과 여가 및 문화생활의 비중이 커진 점도 그런 까닭이다. 이는 비록 하는 일 없이 놀고먹는 당시의 지배층을 비판한 말이지만,

오늘날은 모두에게 필요한 일이 되었다.

34. 나라의 병을 치료한다
醫國醫家

뛰어난 의원이 약을 짓더라도 다만 작은 질병에는 가능하지만, 끝나가는 목숨을 연장할 수는 없다. 그러나 나라[296]의 질병을 치료하는 데는 사람의 질병을 치료하는 일과는 다르다. 만약 뛰어난 솜씨를 지닌 사람에게 임무를 대신 맡겨 치료할 수 있으면, 나라의 좋은 운수와 복록을 무궁하게 전할 수 있다.

良醫制藥, 只可少病, 不可添續漸盡之命. 至於醫國醫家, 異於治人之病. 苟能代任良手, 得其治療, 可使家運邦祿, 傳至無窮.

* * *

인간 질병의 치료는 먼저 병의 근원이 되는 추위와 더위와 풍담을 진찰하여 여러 따뜻하거나 찬 성질의 약, 보약(補藥)이나 사약(瀉藥)[297] 등을 쓰는데, 그것이 알맞으면 병증을 조금씩 줄일 수 있으나 마땅치 않으면 도리어 해가 된다. 더구나 인간의 수명에는 한계가 있어 비록 편작[298]이라도 끊어진 목숨을 잇거나 다하여 부족한 것[299]을 충족시킬 수는 없다.

---

296 家國은 고대의 정치 단위로 가는 대부, 국은 제후가 다스리는 나라로서 국가의 뜻. 가문(가정)과 나라로 볼 수 있으나 전체 문맥을 고려하여 나라로 통일해서 옮김.
297 補瀉는 한의학의 치료에서 정기가 虛한 증상인 虛證에는 補하고, 實證에는 瀉하는 방법을 쓰는데, 이 두 가지를 아울러 이르는 말. (앞에 나옴)
298 전국시대의 名醫로 알려진 인물.
299 不給은 없어져서 다한 것으로 『孟子』, 「告子下」의 "春省耕而補不足, 秋省斂而助<u>不</u>

治人之病, 先察病原之寒熱風痰, 以試諸藥之溫凉補瀉, 得其宜, 則差可少病, 失其
宜, 則反有害焉. 至於命壽之有分, 雖扁鵲不得續其斷, 而足其不給.

간혹 방술에 빠져 미혹된 사람은 오장육부를 오행에 배속해 약을 사용하
되, 상생과 상극설로서 부족한 기를 보충하고 넉넉한 기를 억제하여
항상 오장육부의 조화와 균형을 도모하고, 심지어 수명을 연장하여 오래
산다고300 한다. 이것은 도리어 신농씨301가 버린 의술로 후세에 의혹을
일으킨 일이니, 어찌 치료하는 질병의 근원을 정밀하게 살폈겠는가?

或有沈惑於方術者, 乃以臟腑分屬五行, 乃用藥而使相生克, 補不足而抑有餘, 常使
臟腑和均, 至於延齡益壽. 是反使神農餘術, 貽疑於後世, 烏得精察於療病之原也.

나라의 병통을 치료하는 방법은 효제와 충신을 보약으로 삼고, 형벌과
유배(流配)를 사약으로 삼으며, 예악과 교화를 따뜻한 처방으로, 엄숙한
위엄과 명확한 판결302을 차가운 처방으로 삼는다. 그리하여 뛰어난
의사에게 임무를 대신 맡겨 조화를 얻게 하면, 나라의 수명을 무한하게
전할 수 있다.

醫國醫家之道, 以孝悌忠信爲補劑, 刑罰竄配爲瀉劑, 禮樂敎化爲溫劑, 嚴威明斷爲

給."에 보인다.

300 延齡益壽는 延年益壽와 같은 말로 『史記』, 「商君列傳」의 "君之危若朝露, 尚將欲延
年益壽乎."에 보인다.

301 전설상의 제왕으로 백성에게 농사와 의료와 교역을 가르쳤다고 전함.

302 明斷은 명확한 판단으로 『後漢書』, 「孔奮傳」의 "爲政明斷, 甄善疾非, 見有美德,
愛之如親."에 보이지만, 본문에서는 禮樂敎化와 반대되는 상황인 죄인을 심판하는
일임.

涼劑. 代任于良醫, 而使得調和, 家國之壽, 可傳無疆.

하지만 뛰어난 의사가 없는 시대가 없고 약재가 없는 때도 없으며 병통이 없는 나라도 없지만, 뛰어난 솜씨를 지닌 사람을 등용하는 일이 대체로 적을 뿐이다. 그러므로 혼란한 날이 늘 많은 까닭은 이것 때문이다.

然無代無良醫, 無時無藥料, 無家國無病弊, 良手之得用蓋鮮矣. 故亂日常多者以此也.

해 설

나라의 운명을 인간의 질병에 비유하여 헤아렸다.

믿을 수 없는 비합리적 의술을 비판하면서 저자가 말하고자 하는 핵심은 공동체의 운명을 인간의 질병에 비유하여 그것을 연장하는 방법을 제시한 데 있다. 조선 말 수명을 다해가는 조국의 운명을 예감한 듯한 글이다. 그것을 연장할 양의(良醫)에 저자 자신도 포함한다는 뉘앙스가 행간에서 묻어 나온다.

짧은 글이지만 그의 기철학적 세계관이 녹아 있다. 곧 전통 의학에서 말하는 건강한 유기체 내의 기의 조화가 사회공동체에도 적용되고 있다는 점이다. 그래서 사회를 병든 것으로 묘사했는데, 다만 그것은 개인의 수명과 달리 연장할 수 있다고 주장하였다.

이렇게 사회의 질병을 치료한다는 사상은 훗날 증산교를 창시한 강일순(姜一淳, 1871~1909)의 사상에서도 보인다. 곧 세상의 부조리는 사람들의 원한이 쌓여 세상이 병들어서 생긴다고 보고, 그 병을 치료하기 위해서는 원한을 풀어야 하는데, 그 행위가 천지공사(天地公事)이다.[303] 물론 이것은 종교적 상징으로 이루어진 주장이어서 저자의 그것과는 다르지만, 세계가 기로 이루어졌다는 점과 공동체를 질병처럼 치료해야 한다는 관점에는 공통점이 있다.

저자의 이 발언은 지금도 통한다. 정치가가 훌륭하면 모든 국민이 잘살 수 있고, 나라의 운명도 번창하기 때문이다. 하지만 훌륭한 지도자가 등장하지 못하는 까닭은 국민의 무지, 또는 그런 지도자를 기르지 못하는 교육과 정치문화 그리고 외세와 기득권층의 방해 공작 때문이다.

---

303 이종란, "증산 사상의 철학적 특징 — 민중의 입장이 반영된 이상세계 건립과 관련하여,"「인문학연구」제54집(2017), 211쪽.

35. 옳고 그름의 본원
是非本原

자연과 인간의 조화304에서 체득한 사람은 '옳다' '그르다'라고 말하는 데에 모두 정해진 원칙이 있다. 하지만 자연과 인간 모두에 합당한 상태에 대해 치우치고 막힌 사람은 옳거나 그르다고 여기는 데에 이미 기준이 없으니, 둘 다 그름을 어찌 분별할 것이며 또 둘 다 옳음을 어찌 알겠는가?

得於天人之和者, 曰是曰非, 皆有定則. 其或偏滯于天人之宜者, 所是所非, 旣無準的, 何能辨其俱非也, 又焉知其兩是也.

* * *

남이 옳거나 그른 점을 말하기 좋아하는 사람은 문득 "한쪽이 옳으면 다른 쪽이 그르고, 한쪽이 그르면 다른 쪽이 옳다"라고 말한다. 이렇게 둘 다 옳다는 사람이 없어, 비록 각자에게 나름의 합당한 설명이 있어도, 반드시 한쪽은 그른 데로 돌려버린다. 그래서 오로지 옳고 그름이 상반된다는 점만 알 뿐, 옳고 그름의 본원은 알지 못한다.

好說人之是非者, 輒曰一是則一非, 一非則一是. 無有兩是者, 雖有各自當之說, 必使一歸于非. 乃是惟知是與非之相反, 而不知其是非之本原也.

---

304 天人之和는 뒤의 天人之道와 함께 문맥상 동어 반복을 피하려고 天人之宜의 의미로 쓰였다. 여기서 和의 의미는 宜와 동의어로서 서로 잘 어우러진다는 의미로 곧 자연의 원리와 인간의 규범이 잘 어우러진 상태.

자연과 인간 모두에 합당한 상태에 맞으면 옳고, 그것에 맞지 않으면 그르다. 하지만 사람의 발언은 제각기 익힌 내용과 소견을 따르므로, 말이 비록 같지 않아도 모두 자연과 인간의 마땅한 상태에 맞는 사람도 있고, 또 자연과 인간의 도리305에 모두 어긋난 사람도 있다. 이것이 이른바 양시론과 양비론이다. 하지만 그 가운데는 저절로 얕거나 깊거나 서툴거나 익숙한 차이의 구별이 있다.

合於天人之宜者是是也, 不合天人之宜者是非也. 然人言之發, 各因所習與所見, 則言雖不同, 而俱合於天人之宜者, 又有俱違於天人之道者. 是所謂兩是兩非也. 其中自有淺深生熟之別.

---

305 天人之道도 天人之宜와 같은 의미로 쓰였다. 동어 반복을 피하려고 宜를 道로 바꾸어 표현함.

해 설

옳고 그름의 근원을 헤아렸다.

옳고 그름이란 선과 악처럼 실체가 없다. 노자의 지적대로 옳음이 있으니 그름이 있고, 그름이 있어서 옳음이 있게 되는, 자기 개념이 성립하기 위해 반드시 상대가 있어야 하는 관계이다. 다시 말해 사실의 문제가 아니라 인간의 가치 의식의 소산이기 때문이다.

옳고 그름도 선악처럼 가치의 문제이니 반드시 기준이 있어야 한다. 저자는 그것을 '자연과 인간 모두에 합당함'에 부합하는 일이라 말했는데, 그것은 후기 철학에서 말하는 '운화의 승순'과 같다.

일반적으로 그 기준은 사람이나 철학에 따라 다를 수 있다. 저자의 의도는 '하나가 옳으면 하나는 그르다'라는 점을 부정하는 말이 아니라, 둘 다 옳거나 그를 수도 있다는 상황도 인정해야 한다는 주장이다. 이 논의를 양시론과 양비론이라 하는데, 조선 선조 때 율곡 이이가 붕당이 발생할 당시 심의겸(沈義謙, 1535~1587)과 김효원(金孝元, 1532~1590)의 장점과 미숙한 점을 들어 상소를 올렸을 때, 그를 비판하는 사람들이 사용했던 용어이다.

그 요점은 심의겸이 과거 왕족이자 척신으로 명종의 두터운 신임을 받았던 이량(李樑, 1519~1563)으로부터 당시의 나이 든 선비들을 보호해 준 선행이 있어 그들로부터 신망받고, 김효원은 비록 젊었을 때 척신 윤원형의 집에 드나든 잘못이 있지만, 명망이 있어 젊은 선비들이 알아주는 사람이라고 두 사람의 장점을 말했는데 이것이 양시론이다. 이것은 붕당의 한쪽을 편드는 것이 아니라 양쪽의 좋은 점을 들어 조정해 보자는 생각이었다. 이 점은 나중에 동인들로부터 둘 다 옳다는 '양시론'이라 비판받는 부분이다.

그리고 붕당이 일어나게 된 두 사람의 잘못을 지적하고 있다. 심의겸은 김효원의 젊을 때의 일로 이조전랑에 오르는 일을 방해했고, 김효원도 심의겸의 잘못을 들어 비난했는데, 둘 다 나쁜 감정 때문이 아니라 심의겸은 변통할 줄 모르고 김효원은 사적인 감정이 아니라 그의 의견이 그랬기 때문이라고 하고, 그 틈을 타 불평하는 사람들이 양쪽으로 얽어매 붕당의 조짐이 생겼다고 주장한다. 이 점은 붕당이 더 확대되는 것을 우려해 과격하지 않게 에둘러 그들의 단점을 지적한 말이지만, 사실상 둘 다 그르다는 '양비론'의 논리이다. 이 또한 이 상소를 쓰기 전에도 그가 선조에게 했던 말이기도 하다.[306]

이런 양시론과 양비론은 그 후 조선 사회에 후세까지 회자하였고 저자도 익히 알았을 것이다. 그래서 그에 대한 기준을 명확히 하고자 하였다.

---

306 이이/이종란 역해, 『율곡의 상소문 — 개혁하지 않으면 나라가 망한다』, (율곡연구원, 2018), 115쪽.

36. 유연한 방법으로 마음을 닦는다
活法修心

마음을 닦고 일을 처리할 때는 마땅히 유연한 방법[307]으로 해야 하는데, 그릇이 작은 사람은 국량이 미치지 못하고, 소견이 얕은 사람은 생각도 이르지 못한다.

修心處事, 當以活法, 器小者量不逮焉, 見淺者思不及焉.

* * *

마음을 닦고 일을 처리하는 사람이 처음에는 선각자의 가르침을 따르거나 선현[308]의 행위를 본받는다. 그러다가 점차 진보하면 일의 가부를 헤아리는 데에 저절로 원칙[309]이 생길 수 있다. 성취한 단계에서는 일의 기틀을 따라 변통하고, 조치하는 일에 고정된 방식이 없으며 가르치는 대상에 제한을 두지 않으니,[310] 종신토록 사용하는 것이 완전하다.

修心處事者, 始則或從先覺之敎, 或效前修之行. 及其漸進, 乃能裁度可否, 自有規模. 至於成就, 乃能隨機通變, 措施無方, 敎誨無類, 終身須用, 得完且全.

---

307 活法은 여러 뜻이 있으나 여기서는 뒤의 '措施無方, 敎誨無類'의 문맥을 보면 한 가지 방법에 얽매이지 않는 유연한 대처법을 말함.
308 前修는 前賢 또는 先賢의 뜻으로 『楚辭』, 「離騷」의 "謇吾法夫前修兮, 非世俗之所服"에 보인다.
309 規模에는 여러 뜻이 있는데, 여기서는 원칙이나 기준의 의미로 쓰였음.
310 『論語』, 「衛靈公」: 子曰, 有敎, 無類.

하지만 사람의 국량에는 자연히 크고 작음이 있어서, 생각 또한 본인의
국량을 넘어서지 못한다. "보통 사람 이하 사람에게는 그 위엣것을 말해
줄 수 없다"[311]라는 말이 이것이다.

然人之局量, 自有大小, 思慮亦不超其局量. 中人以下, 不可以語上者, 此也.

---

311 같은 책, 「雍也」: 子曰, 中人以上, 可以語上也, 中人以下, 不可以語上也.

해 설

마음을 닦고 일 처리하는 수준을 헤아렸다.

공부와 일 처리의 능력은 당연히 수준 차이가 있다. 처음에는 본받거나 모방하다가 점차 소견이 생기고 끝에 가서는 어떤 사태나 대상이든 모두 유연하게 대처하는 능력이 생긴다는 주장이다. 하지만 그것도 각자의 능력에 달린 일이라고 한다.

본문의 '위엣것'에 해당하는 원문 '上者'는 하학(下學)하여 상달(上達)했을 때의 대상으로, 보통 형체가 있는 대상에 상대한 형체가 없는 개념이나 원리나 법칙 등을 뜻한다. 주희는 그것을 형이상학적 천리로 보았는데[312] 그 또한 그의 철학에서는 일관성이 있다.

---

312 『論語集註大全』, 「憲問」: 學者, 學夫人事, 形而下者也, 而其事之理, 則固天之理也, 形而上者也.

37. 견문과 경험
見聞閱歷

견문이 넓은 사람은 조치하는 일이 의혹의 실마리를 끊어버리고, 경험이
많은 자에게는 온 세상에 웃음거리가 될 일이 없다.

聞見博者, 措施絶疑惑之端, 閱歷多者, 天下無供笑之事.

* * *

참으로 견문이 해박한 사람은 따져 이해할 수 있는 의혹에 대해서는
반드시 따져 이해하고, 반면 기준이 없어 끝내 따져 이해할 수 없는
의혹에 대해서는 그 불가능을 알아 일찌감치 끊어버린다. 그러므로 평생
일을 두고 시행할 때는 자연히 의혹의 혐의가 없다.

實有聞見之該博者, 疑惑之可究解處, 必止於究解, 其無準的而終不可究解處, 知其
不可而早絶之. 故平生措事設施, 自無挾於疑惑也.

경험이 많은 사람의 그것은 몸소 실천하고 눈으로 본 내용만을 가리키는
것은 아니다. 반드시 사부의 서적과 이전 저술313에서 본 내용을 모두
자기의 경험으로 만들어, 온 세상 일의 변화가 자기 마음에 익숙하여
마침내 보통의 일처럼 되니, 어떤 웃음거리가 있겠는가?

---

313 四部는 고대의 도서 분류의 명칭으로서 도서를 經·史·子·集 또는 甲·乙·丙·丁으로
나눈 것이고, 遺書은 이전 사람의 저술이나 저작으로 『書經』序에 "春秋左氏傳曰,
楚左史倚相, 能讀三墳五典八索九丘, 即謂上世帝王遺書也."에 보인다. (앞에 나옴)

閱歷多者, 非獨指躬踐而目格也. 必於四部及遺書, 皆作己所經歷, 天下之事變, 慣
熟于心, 終歸於尋常, 有何供笑之資.

무릇 사람들은 처음 듣는 일은 비웃거나 희롱하다가도 여러 번 듣게
되면 그것이 점차 사라진다. 어찌 희롱과 비웃음뿐이겠는가? 기쁨과
분노 또한 그렇다.

凡人有初聞之事, 或笑或嬉, 及其累次聞之, 嬉笑漸消. 奚特嬉笑而已, 喜怒亦然.

해 설

견문과 경험 많은 사람이 하는 일을 헤아렸다.

견문이 많은 사람의 일 처리는 남의 의혹을 사지 않으며, 경험이 많은 사람의 그것은 웃음거리가 되지 않는다는 주장이다.

그 발언의 의도가 행간에 보인다. 좁은 세계에 갇혀 견문이 좁은 사람들에게는 많이 아는 사람의 발언이나 일이 의혹이나 웃음거리가 될 수 있다. 저자에게 그런 경험이 있었을 것이고, 사람들이 각자 스스로 많이 안다고 자부하는 요즘에도 경험 많은 사람이 여전히 자주 겪는 일이다. 한 발 앞서가면 선각자라는 말을 듣지만 두 발 앞서가면 미치광이로 취급하기 일쑤이다.

38. 하나의 근본, 예법으로 요약함
一本約禮

만물이 제각기 다른 점[314]에서 크게 같은 하나의 근본[315]을 얻으면, 그 근본에 흠이 없다. 문물을 널리 배워서 예법으로 요약하는[316] 데 이르면, 그 예법이 어긋나지 않는다.

從萬殊而得一本, 則其本無欠. 自博文而得約禮, 則其禮不愆.

* * *

나와 남에게 다른 점이 있고, 사람과 물건에도 다른 점이 있으니, 이것을 일러 '만물이 나뉘어 달라짐'이라고 한다. 나와 남에게 같은 점이 있고, 사람과 물건에도 같은 점이 있으니, 이것을 일러 '크게 같은 본원'이라고 한다.

我與人有所異, 人與物又有所異, 是謂萬物分殊也. 我與人有所同, 人與物亦有所同, 是謂大同本原也.

---

314 萬殊는 제각기 같지 않은 현상이나 사물로 『淮南子』, 「本經訓」의 "包裹風俗, 斟酌萬殊."에 보인다. 여기서는 개별자라고 할 수 있다. 본문은 뒤의 '萬物分殊'의 줄임말로 썼다.

315 一本은 같은 근본으로 일찍이 보이는 문헌에는 『孟子』, 「滕文公上」의 "且天之生物也, 使之一本."이다. 여기서는 공통점이 추상화된 보편성이라 일컬을 수 있다. 여기서는 아래의 '大同本原'의 줄임말로 썼다.

316 『論語』, 「雍也」: 子曰, 君子博學於文, 約之以禮, 亦可以弗畔矣夫.

그 다른 점을 미루어 같은 점을 얻으면, 그 근본이 다르지 않다. 만약 누군가 거론하는 본령이 이것과 매우 다르다면, 참으로 미진함이 있지 않겠는가?

推其所異而得其所同, 則其本不二矣. 或有人之所擧本領, 與此殺異者, 果非有未盡耶.

예부터 지금까지 대국과 소국의 전례에도 같은 점이 있고 또 다른 점도 있다. 만약 고금에 널리 통용하는 데서 불변하는 점을 들 수 있다면, 그것은 예법으로 요약하는 것이다. 그러니 한 변두리 지역이나 한 고을에서 비루한 풍속을 따라 그 근본을 잃은 예법이 어찌 어긋난 예설(禮說)을 면할 수 있겠는가?

自古及今, 大國小邦之典禮, 亦有所同, 又有所不同. 若能博通古今, 擧其所不變, 是禮之約也. 至於一隅一鄕, 隨鄙俗而失其本者, 烏可免愿禮之說.

해 설

제각기 다른 개별사물에서 공통점을 찾아 보편성을 지향하는 내용이다. 이 글은 짧아도 철학적으로 매우 중요한 논리를 지적하고 있다. 곧 사물의 특수와 보편, 개별과 일반의 개념이 그것이다. 그 방식은 보편자가 먼저 있어서 개별사물에서 연역적으로 파악하는 일이 아니라, 개별사물에서 특수성의 귀납을 통하여 보편성에 이르는 과정이다.

등장하는 만수(萬殊)와 일본(一本)의 관계는 주희 성리학에서도 다룬다. 거기서는 만수가 일본이고, 일본이 만수라고 선언한다.317 얼핏 이상하게 들리겠지만, 이 진술은 너무나 당연하다. 주희는 '리는 하나지만 본분의 나뉨에 따라 달라진다'라는 이일분수(理一分殊)의 논리에 따라, 존재와 당위의 근거로서 태극 곧 하나의 형이상의 리를 전제하고, 만물에 존재한다고 연역하기 때문이다.318

저자의 귀납적 논리는 바로 이런 주희 성리학에 대한 반론의 성격을 갖는다. 리로서 보편자가 미리 있는 것이 아니라, 개별자의 공통점을 귀납하여 보편이 성립한다는 관점이다. 곧 특수에서 보편이 나온다는 설명이다. 서양철학에서 말하는 플라톤 이후의 보편적 이데아나 형상이 실재한다는 설도 당연히 비판되는 지점이다. 그것은 저자가 기 외에 아무것도 존재의 근거로서 설정하지 않았기 때문이다.

그런 방법에서 나라나 고장의 전례(典禮)도 보편적이어야 한다고 주장하였다. 특히 뒷부분의 '한 변두리 지역의 어긋난 예설'은 앞 시대의

---

317 『朱子語類』 27-40: 萬殊便是這一本, 一本便是那萬殊.

318 같은 책, 27-41: 聖人未嘗言理一, 多只言分殊. 蓋能於分殊中事事物物, 頭頭項項, 理會得其當然, 然後方知理本一貫. 不知萬殊各有一理, 而徒言理一, 不知理一在何處.

예송논쟁을 시사하는 발언으로 보이기도 하고, 또는 그 연장선에서 당시까지 화이론(華夷論)의 배경을 이룬 중화주의가 하나의 지역 문화의 우월성 강조라는 비판일 수 있다.

하지만 전례는 문화나 제도와 관계된다. 오늘날 문화의 다양성을 인정하는 관점에서 보면, 거기까지 보편성을 추구한다는 점은 지나치게 보편성을 남용한다는 지적이 따를 수 있다. 그래서 이 글은 작성될 당시의 시대적 배경을 이해하고 읽으면 좋겠다.

39. 본성과 정서를 해치는 일
戕害性情

말을 부리는 사람이 말의 본성을 따르지 않으면 반드시 말에게 차이고 물리는 걱정이 있다. 하물며 뭔가 큰일을 하는 사람이 인간의 본성을 해치고 인간의 정서를 위반하는 일이랴.

御馬者, 不順其性, 必致踶嚙之患. 況有爲者, 戕人性而違人情乎.

* * *

비록 좋은 말이 있어도 반드시 그 본성을 따라 길들여야, 그것이 달리고 뛰며 오르고 내리는 여러 동작은 사람이 가리키고 부리는 대로 되어, 빠르고 느린 속도가 알맞게 된다. 만약 그 본성을 거스르고 단지 다그쳐 몰며 채찍질만 한다면, 비록 가거나 멈추게 할 수는 있어도, 때로는 길에서 넘어지고 밟고 차서 사람을 다치게 하는 일이 있다. 백성을 다스리거나 무리를 거느리는 방법은 이보다 더욱 엄중하다.

雖有良馬, 必順其性而馴致之, 凡馳驚升降之節, 隨人指使, 疾徐得中. 若逆其性, 而但令驅迫鞭策, 雖能行住, 有時衘蹶蹋踶, 至傷害人. 牧民御衆之道, 尤有甚於此矣.

해 설

말을 부리는 일을 통해 사람을 다스리는 일을 헤아렸다.

물건으로 말하면 그것의 특성을 잘 알아야 제대로 활용할 수 있다.

사람을 다스리거나 거느리는 방법도 그러하다고 하였다. 인간성과

정서와 심리 파악이 우선 되어야 한다는 주장이다. 이것은 일종의 리더십

에 속하는 내용으로 고금에 통용되는 원리이다. 그래서 오늘날도 조직

구성원이나 국민 정서를 무시한 조직이나 정권은 오래 못 간다.

40. 물건과 나를 번갈아 보다
物我互觀

하늘과 땅의 범위에서 보면 나는 큰 바다의 작은 거품이고, 만물 가운데서 보면 나는 평지의 한 점 모래이다.

自天地觀我, 則大洋之泡沫, 自萬物觀我, 則平地之點沙.

하지만 추측을 통해 하늘과 땅을 살피면, '시작이 없는 것'보다 앞서고 '끝이 없는 것'보다 뒤에 있으며, 천지자연[319]을 포용하고 '변두리 없는 것'[320]을 머금는다.[321] 또 추측으로 만물을 보면 가느다란 털도 나누어 쪼개고 쇠와 돌에도 뚫고 들어간다.

然自推測觀天地, 則先無始而後無終, 容大塊而涵無際. 自推測視萬物, 則分析毫髮, 透入金石.

* * *

---

319 大塊는 天地 또는 大自然의 의미로『莊子』, 「齊物論」의 "夫大塊噫氣, 其名為風."에 보인다. 저자는 지구에 한정해『추측록』권1, 「地體蒙氣」에서 "氣之濁滓爲蒙, 蒙之濁滓爲水, 水之濁滓爲泥, 泥之凝堅爲土石, 土石之大塊爲地."라고 말한 바 있다. 여기서는 전자의 뜻으로 쓰임.

320 無際는 사물의 끝이나 변두리의 뜻으로『列子』, 「力命」의 "窈然無際, 天道自會."에 보인다.

321 인간의 사유는 시간과 공간을 초월한다는 뜻. 곧 우주는 태초라는 시작과 종말이라는 끝이 없어도 그 전후를 상상할 수 있고, 눈에 보이는 대자연만이 아니라 끝이 없는 우주라도 생각할 수 있다는 표현.

만물을 포용하는 것이 하늘이지만 마음이 그것을 추측할 수 있다. 만물을 거느리는 것이 쌓인 기이지만 마음이 그것을 추측할 수 있다.

容萬物者天也, 而心能推測之. 閱萬物者積氣也, 而心能推測之.

하늘이 쌓인 기에 대한 관계는 마음이 추측의 그것과 같아서, 하늘이 쌓인 기의 총체적 이름이라면 마음도 추측의 총체적 이름이다. 내 마음을 가지고 하늘에 비교하면 범위가 서로 같고, 추측으로서 쌓인 기에 비교하면 규모가 서로 비슷하다.322 그러므로 크게는 마음과 추측이 하늘과 땅과 만물을 포용하고, 정밀하게는 쇠와 돌과 털도 뚫어 통과한다.

天之於積氣, 猶心之於推測也, 天者積氣之統名, 心者推測之總名. 以我心比乎天, 則範圍相準, 以推測比于積氣, 則規模相倣. 是故大而容天地萬物, 密而透金石毫髮.

---

322 하늘-마음, 기-추측의 類比를 통해 하늘에서 기의 운행 질서와 범위와 한계는 마음속에서 추측이 이루어지는 그것과 유사하다는 견해.

해 설

하늘과 땅을 비유로 마음을 헤아렸다. 천지자연과 만물의 크기에서 보자면 인간은 보잘것없지만, 만물이 존재하는 시공을 초월하여 추측할 수 있다는 내용이다.

서두의 천지자연과 만물의 크기로 인간의 왜소함을 거론한 것은 추측의 위대성을 강조하기 위한 문학적 장치이다. 천지자연과 인간의 추측은 어디까지나 인간이 보는 일이다. 이와 함께 뒤에 등장할『추측록』권6의 「사물을 관찰하는 방법에는 다섯 가지가 있다(觀物有五)」에서 '물건을 가지고 나를 보는' 이물관아(以物觀我)도 결국 보는 주체는 인간이지 물건이 아니다. 이는 인식의 객관성을 확보하는 방법이다. 거기까지이다. 여기서 더 나아가면 심외무물(心外無物)이나 일체유심조(一切唯心造)가 되어 버린다.

41. 같은 부류가 아닌 대상을 미룸
所推非類

그 기질이 매우 유사한 대상을 미루어 헤아리는 일도 오히려 때와 처한
위치가 같지 않음을 걱정하는데, 하물며 같은 부류가 아닌 대상을 미루는
일이랴.

推其氣質酷類者測之, 尙患時位之不齊, 況所推非其類乎.

* * *

손가락으로 손가락을 설명하는 일과 말로 말을 설명하는 일323도 되레
노소와 강약과 귀천과 타고난 바탕의 차이가 있는데, 하물며 물로서
불을 설명하고 쇠로서 나무를 설명하는 일이랴.

以指諭指, 以馬諭馬, 猶有老少疆弱貴賤資稟之不齊, 況以水諭火, 以金諭木乎.

---

323 『莊子』, 「齊物論」: 以指喩指之非指,不若以非指喩指之非指也, 以馬喩馬之非馬,不
若以非馬喩馬之非馬也. 天地一指也,萬物一馬也. 可乎可, 不可乎不可. 강조 부분의
원래 의미는 "실제의 손가락으로 일반(개념)적 손가락을 설명하는 일"과 "실제의
말로 일반(개념)적 말을 설명하는 일"이다.

해설

서로 다른 부류의 사물을 미루는 일이 쉽지 않음을 헤아렸다. 같은 사물을 설명하는 내용은 『장자』에서 가져왔다. 본서에 『장자』 관련 내용이 자주 등장하고, 홍대용의 『의산문답』에서도 『장자』가 자주 인용된다. 여러 이유가 있겠으나 특히 후자의 경우 사물을 상대적으로 보는 관점을 가지고 서양 과학을 수용하기 위한 장치였다. 하늘에서 둥근 지구를 보면 세계의 중심이 없어서 중국이 세계의 중심이라는 중화주의 등을 비판하는 관점이 그것이다.[324] 그래서 담헌은 "중국이나 오랑캐나 매한가지다!"라는 화이일야(華夷一也)를 말할 수 있었다.[325] 이는 화이론(華夷論)이나 중화주의의 거부를 뜻한다.

뒷부분 '물로서 불을 설명하고 쇠로서 나무를 설명하는 일'은 오행의 상생·상극설에 대한 비판이다. 그것이 전통문화 전반에 침투하여 사람들의 사고를 지배하기도 했기 때문이다. 그래서 후기 저술에서 서양의 4원소와 함께 둘 다 근거 없음을 비판하였다.[326]

---

324 이종란, 『의산문답』, 83-91쪽 참조.

325 같은 책, 31쪽.

326 『運化測驗』 卷2, 「五行四行」: 至於金土水火土行, 用之節制和之方, 皆有經驗而勸懲取捨, 摠不外於一氣之順逆違合. 而見氣未易, 究索大深, 傅會多端, 至有相生相剋制化之說. 天地運化分排之論, 作俑者, 縱無顧憚, 經驗者, 豈無訾毀也. … 日用常行, 何獨五行, 萬物運化, 豈分四行. 中國五行說之害, 到今爲難醫之疾, 西國四行說之傳, 縱爲氣之發端, 猶有所未盡. (강조는 옮긴이)

42. 미룸이 없는 내용은 모두 허구이다
無推皆虛

눈·귀·코·혀·몸은 모두 미룬 내용을 갖고 있고 헤아림은 마음에 있다.[327] 미룸이 있는 헤아림은 모두 참이나 미룸이 없는 헤아림은 모두 허구이다.[328]

眼耳鼻舌身, 皆有所推, 而測在乎心. 有推之測皆實, 無推之測皆虛.

또 헤아릴 수 없는 것을 헤아리거나 사람이 파악할 수 있는 이치 이외의 대상을 헤아린 내용을 헤아리는 일은 모두 미룸이 없는 것들이다.

或測其所不可測, 或測人之理外所測, 儘是無所推也.

* * *

눈은 기의 색깔을 미루고, 귀는 소리나 음을 미루며, 코는 향기나 누린내를 미루고, 혀는 달거나 쓴맛을 미루며, 몸은 부딪치거나 닿는 것을 미루어 그 좋고 나쁨과 우열을 헤아리는데, 거기서 무엇을 붙들어 세우거나 억제하거나 권하거나 징계하는 주체는 마음이다.

---

327 眼耳鼻舌身이라는 말은 불교의 五根 가운데 하나. 여기서 意와 유사한 心(推測)을 포함하면 형식적으로는 六根이 되지만, 이는 각 감각기관을 통하여 경험한 내용을 바탕으로 미룸이 있다는 뜻으로 저자 방식의 재해석으로 보인다. 평소 자주 쓰는 耳目口鼻身이라 하지 않음에 그 의도가 보인다.

328 존재하는 사물에 대한 경험을 바탕으로 하는 미룸이 없이 헤아리는 내용은 일종의 상상이나 종교적 신념으로 산출한 허구라는 뜻.

眼推氣色, 耳推聲音, 鼻推薰蕕, 舌推甘苦, 身推抵觸, 而測其善惡優劣, 以爲扶抑勸
懲者心也.

그 미루는 대상은 다만 현재의 그것만 말함이 아니라, 예전에 미룬 것과 옛사람이 미룬 내용을 따라 헤아리니 모두 참이다. 반면 미룰 만한 단서가 없는데도 미혹된 것을 생각하여 헤아리는 내용은 모두 허구이다.

其所推, 非特以現在言, 或因前日所推, 及古人所推, 而測之, 皆實也. 若無可推之緒,
而以思慮疑惑測之, 皆是虛妄也.

하지만 자기가 이미 허구에 빠져 있음을 자각하지 못하고, 기필코 옛사람의 허구적 내용과 미룸이 없는 말을 따라 증거로 삼는다면, 장차 어디에 쓰겠는가? 그 가운데 혹 글을 아름답게 꾸미는 일에 좋거나 말을 잘하는 재치가329 되는 내용이 있어도, 그 또한 일시적 담소의 자료에 지나지 않을 뿐이다.

然不自覺其已陷虛妄, 而必因古人虛妄無推之說, 以證之, 將焉用哉. 簡中或有文飾
之善口給之佞, 不過一時談笑之資耳.

---

329 口給은 민첩한 말솜씨로 『論語』, 「公冶長」의 "禦人以口給, 屢憎於人."에 보인다.

해 설

미룸이 있는 헤아림은 모두 참되다는 주장이다.

'미룸이 있다'는 의미는 미룸의 대상에 경험적 근거가 있다는 뜻이다. 그런 경험적 근거가 없는 미룸은 허구라고 말한 배경에는 경험을 중시하는 귀납법적 탐구법이 있다.

추측 이론에 있어서 추와 측은 전제와 판단으로 규정할 수 있는데, 본문을 형식 논리의 관점에서 보면 전제가 거짓이면 판단도 당연히 거짓이라는 점을 말하고 있다.

따라서 미룰 존재의 기반이 없는 내용은 비록 허구이더라도, 문학이나 예술의 대상은 될 수 있다고 저자도 인정하였다. 하지만 그 가치를 높게 평가하지 않았다. 그래서 기존 종교를 인정하는 내용 또는 문학이나 예술의 비중이 적은 점은 또 저자 학문의 특징이기도 하다.

43. 자연과 인간의 분리
天人隔窒

윤리·도덕과 날마다 사용하는 행위는 인간의 일이고, 태어나고 성장하고 거두고 감추는 일330은 자연의 이치이다.

倫常日用人事也, 生成收藏天理也.

본성을 따른다331는 관점에서 말하면 인간의 일이 곧 자연의 이치이지만, 따르지 않는다는 관점에서 말하면 자연의 이치와 인간의 일은 곧장 분리된다. 후자의 경우 설령 추측한 내용이 있더라도 반드시 바르지 않고, 헤아린 내용도 단지 사사로울 뿐이다.

* * *

自其率性者言之, 人事卽天理也, 自其不循者言之, 天理人事, 便成隔窒. 縱有所推測, 必是所推非正, 所測只私也.

자연의 이치를 따라 사람의 일을 만들면, 사람의 일이 곧장 자연 이치의 운용이다. 그래서 자연의 이치를 미룸의 대상으로 삼아 사람의 일을 헤아림의 대상으로 삼는 일이야말로 본성을 따르는 사람의 일이다.

---

330 生成收藏은 春夏秋冬에 따라 만물이 生長收藏하는 모습을 저자 방식의 표현으로 보임. (앞에 나옴)

331 『中庸』: 天命之謂性, 率性之謂道.

因天理而生人事, 則人事卽天理之運用也. 以天理爲推人事爲測, 乃率性者之事也.

다만 자기의 욕심을 제멋대로 부려 자연의 이치가 있음을 모르거나 혹은 자연의 이치가 있는 줄 알면서도 자기의 사욕을 이기지 못하면, 이미 미룬 내용이 잘못되어 헤아린 내용 또한 그릇될 것이다. 그래서 반드시 자기와 비슷한 대상을 미루어 헤아리니, 도리어 제대로 추측한 사람을 훼방할 것이다.

惟肆己欲, 不知有天理, 或知有天理, 而不克己私, 則已失其所推, 而所測亦非也. 必推其類己者測之, 反毁其推測得宜者.

해 설

자연의 이치와 인간의 일을 분리해서는 안 된다고 주장하였다.

얼핏 보면 이 내용은 '자연(自然)'과 '당연(當然)'을 유행지리와 추측지리로 분리하여, 인간의 가치와 자연의 이치가 다른 차원이라는 저자의 평소 생각과 모순되어, 도리어 주희 성리학과 일치되는 주장처럼 보인다. 그래서 천리와 인사의 일치를 강조하는 면에서 저자가 성리학을 따른다는 논거로 사용될 수 있다.

하지만 글머리에서 그 분리를 전제하여 그 오해를 불식시켰다. 비록 『중용』과 성리학에서 말하는 형식상의 논리를 따르고는 있어도, 저자가 『중용』을 재해석하면서 한 말이어서 성리학과 전혀 다르다. 우선 천리의 개념 자체가 달라서 거기에 도덕적 내용이 들어 있지 않다. 그래서 본성 개념도 주희의 그것과 다르다. 앞의 글에서 누차 설명했듯이 저자의 본성 개념은 자연 본능과 보편적 규범의 통일체이다. 그러므로 본성 속에 이미 자연의 이치가 내재하여 있을 뿐만 아니라 인사인 규범도 들어 있다. 본성을 따른다는 말에는 이미 자연의 이치와 사회의 보편적 규범을 따른다는 말이 전제되어 있다. 본문은 그 가운데 자연성에 초점을 맞추고 있다.

그러므로 그 본성을 따른다는 점에서 인간의 욕망을 지나치게 억제하는 금욕적 규범과 또 일반 규범을 위반하는 지나친 욕망 모두 비판되고 있다. 전자가 인간의 자연성을 훼손한다면 후자는 사회 규범을 어기기 때문이다. 대단한 혜안이다. 현대의 윤리학이나 도덕철학도 결국 인간성에 내재한 자연성의 오남용과 사회 규범 사이의 갈등 문제를 다룬다.

44. 궁리는 추측만 못 하다
窮理不如推測

오로지 궁리만 말하면 추측과 유행에서 이치의 구별이 없어, 이치를 한곳에 모으고 견주어 헤아리는 데에 궁리가 끝이 없다. 반면 추측을 드러내 밝히면 미룸에는 추측과 유행의 구별이 있고, 헤아림에도 맞음을 권하고 틀림을 징계하는 데에 증험이 있다.

惟言窮理, 則理無分於推測流行, 窮無際於湊泊比擬. 發明推測, 則推有分於推測流行, 測有驗于勸懲可否.

궁리의 학문에는 하나로 고정된332 본원333이 있어 나의 앎이 미진함을 궁구하는 것334이고, 추측의 학문은 찾을 만한 조리가 있어 취사하는 유연한 방법을 증험한다.

窮理之學, 有一定之本元, 而究吾知之未盡, 推測之學, 有條理之可尋, 而驗取捨之活法.

* * *

---

332 一定은 성리학의 관점에서 보면 고정불변의 뜻으로 일찍이 『淮南子』, 「原道訓」의 "故士有一定之論, 女有不易之行."에 그 용례가 보인다.

333 本元은 고대로부터 元氣의 뜻으로 자주 쓰였으나, 여기서는 근본 또는 근원의 뜻으로 쓰였음. 성리학에서는 그것을 만물과 내 마음에 갖춰진 태극 또는 리라고 봄.

334 『大學章句集註』 傳5章: 蓋人心之靈, 莫不有知, 而天下之物, 莫不有理, 惟於理有未窮, 故其知有不盡也.

유행지리는 태양이 빛을 방출하여 만물을 두루 비추는 일과 같고, 추측지
리는 대야에 담긴 물에서 반사되는 빛이 오직 대야에 의존해 있는 현상과
같다. 이렇게 이치가 구별됨을 나누지 않으면, 태양 빛과 대야의 빛이
갈팡질팡 빛나 분별이 없어, 마침내 태양 빛을 대야의 빛이라 하거나
대야의 빛을 태양 빛으로 여길 것이므로, 어떻게 대야의 빛이 태양 빛이
아니며 태양 빛이 대야의 빛이 아님을 알겠는가? 또 어찌 대야의 빛이란
태양 빛을 반사한 것이고, 태양 빛이 대야의 빛을 생기게 한 사실을
알겠는가? 이것은 참으로 이치를 탐구하는 관건이다.

流行之理, 如太陽放暉, 萬物徧照, 推測之理, 如盤水飜光, 惟在於盤. 若無分於理有
此別, 則陽暉盤光, 眩煌無分, 遂以陽暉爲盤光, 或以盤光爲陽暉, 安知盤光非陽暉,
陽暉非盤光也. 又烏知盤光飜陽輝, 陽輝生盤光也. 是實究理之關鍵也.

궁리에 힘쓰는 사람은 만 가지 이치가 모두 내 마음에 갖추어져 있다고
여겨서,335 되레 그것을 내가 다 궁구하지 못할까 염려한다. 반면 추측에
힘쓰는 사람은 자기가 이전에 보고 듣고 냄새 맡고 맛보고 접촉한 기를
미루어 맞는지 틀리는지 헤아린다. 여기서 맞으면 그것으로 그치고,
틀리면 그 미룸을 변통하여 헤아림이 맞기를 기약한다.

務窮理者, 以爲萬理皆具於我心, 猶患我究之未盡. 務推測者, 推其前日見聞臭味觸
之氣, 而測其可否. 於此可則止之, 否則變通其推, 期測其可.

---

335 보통 心具萬理라 부르며 주희 성리학의 주요 전제. 가령 『孟子集註』, 「告子下」의
　　"言道不難知. 若歸而求之事親敬長之間, 則性分之內, <u>萬理皆備</u>, 隨處發見, 無不可
　　師, 不必留此而受業也."와 또 같은 책, 「盡心上」의 "蓋聖人之心, 至虛至明, 渾然之
　　中, <u>萬理畢具</u>." 등과 『朱子語類』에 자주 보인다. (앞에 나옴)

대개 궁리란 천지 만물의 이치를 '하나의 이치'[336]로 삼는다. 그러므로 내 마음을 궁구하는 일이 지극한 데 이르면,[337] 여러 이치를 갖출 수 있다.[338] 반면 추측에는 본성과 자연이 구분되고 대상과 내가 구별되어, 이것을 미루어 저것을 증험하나 헤아리는 것은 하나이다.[339]

蓋窮理者, 以天地萬物之理爲一理. 故究我心窮至, 則可賅諸理. 推測者, 性與天有分, 物與我有別, 推此驗彼, 而測之者一也.

궁리와 추측의 제목이 이미 다르기에 입문하는 일도 달라서 궁리를 훼방할 필요는 없지만, 궁리의 폐단을 살펴보면 오로지 나를 위주로 한다. 『대학』에서 격물을 말할 때 궁리를 말하지 않는 것에서 본래의 의의를 알 수 있다.

窮理推測之題目旣異, 入門亦異, 不必毁窮理, 而察窮理之弊, 專主乎我. 大學說格物, 而不言窮理者, 可見其義.

---

336 一理는 달리 太極이라 부름.

337 『大學章句集註』 傳5章: 蓋人心之靈, 莫不有知, 而天下之物, 莫不有理, … 凡天下之物, 莫不因其已知之理而益窮之, 以求至乎其極, 至於用力之久, 而一旦豁然貫通焉, 則衆物之表裏精粗, 無不到而吾心之全體大用, 無不明矣.

338 理一分殊 또는 一本萬殊 또는 各具一太極의 논리에서 내 마음의 이치를 궁리하거나 반대로 사물의 이치를 궁리해도 그 이치는 같다는 주장이다.

339 하나의 개별적 대상을 두고 미루고 헤아린다는 뜻. 곧 미루고 증험하여 헤아리는 대상이 같다는 뜻.

해 설

주희 성리학에서 말하는 탐구 방법인 궁리와 저자의 추측을 비교하였다. 이 글은 저자의 철학과 주희 성리학의 차이를 설명하는 중요한 내용으로 연구자들이 자주 인용한다. 인식론상의 방법 문제이기는 해도 세계관의 차이가 뚜렷이 드러난다.

먼저 주희 성리학에서 수양과 공부를 아울러 말할 때 거경궁리(居敬窮理)라는 말로 압축한다.[340] 그런데 궁리라는 말은 주희 자신도 말했다시피 『대학』의 격물설에서는 나오지 않고,[341] 『주역』에 나오며[342] 이치를 탐구하여 밝히는 일이다. 그런데 이것을 주희 성리학에서는 내 마음에 갖춰진 이치를 탐구하는 데 일차적 의미로 사용하였다. 이 마음에 갖춰진 이치는 성인이 아니면 알 수 없으므로, 그 이하의 사람은 사물을 궁리한 결과를 통해 내 마음의 이치를 밝혀 본성을 회복하여야 한다고 주장하였다. 그 근거로서 사물이나 인간이나 본래 하나의 이치를 갖추고 있다고 여겼기 때문이다. 그런 점에서 자연과 인간은 구분되지 않는다.

여기서 사물의 개별적 이치는 주희 성리학의 주요 관심 대상이 아니다. 만약 그랬다면 과학으로 진행할 수 있었고, 저자의 추측과 달라질 이유가 없다. 그래서 본문에서 "궁리의 폐단을 살펴보면 오로지 나를 위주로 한다"라고 지적하였다. 사실 이것은 존재론상에서 태극 또는 일리(一理)와 같은 형이상의 보편자가 인간을 포함만 만물에 들어 있다고 전제하여 주장한 학설이다. 그마저도 내용상에서는 도리(道理)라고 보았다.

---

340 『朱子語類』 9-18: <u>學者工夫, 唯在居敬窮理二事.</u> 此二事互相發. 能窮理, 則居敬工夫日益進, 能居敬, 則窮理工夫日益密.; 같은 책, 9-20: <u>主敬窮理</u>, 雖二端, 其實一本. (강조는 옮긴이)

341 『大學章句大全』 第5章: 大學不說窮理, 而謂之格物.

342 『周易』, 「說卦傳」: 和順於道德, 而理於義, <u>窮理盡性</u>, 以至於命.

저자가 이 문제에 대해서 크게 존재론과 인식론 차원에서 대응했는데, 전자는 유행(또는 유행지리) 추측(또는 추측지리)의 구분이다. 기의 유행은 인간이 간여할 수 없는 자연의 일이지만, 추측은 인간의 영역이다. 그런 점에서 '태양 빛과 대야의 빛'의 비유를 통해 인간과 자연을 구분해야 한다고 주장한다. 후자는 형이상학적 이치를 믿지 않기에 특수한 개별적 사물을 경험하고 추측하여 이치를 탐구하는 방식이다. 그 이치가 언제나 참이라고 보장할 수 없기에 변통을 통한 수정이 가능한 유연한 추측법을 사용한다고 주장한다. 이 경우 모든 이치는 개별적이며, 그 개별의 종합을 통해 보편성을 확보할 수는 있다. 하지만 이것은 어디까지나 귀납의 결과일 뿐, 귀납 자체가 언제 어디서나 참을 보장할 수 없는 한계를 지닌다.

이것은 인간 인식의 한계에 따른 과학의 운명이기도 하고, 과학의 역사가 보여준 길이기도 하다. 저자의 이런 주장은 전근대성을 극복하는 철학의 치밀한 논리이다. 앞의 글에서도 언급했지만, 거기에는 동아시아의 전근대성만이 아니라, 서양 중세 신학과 철학 그리고 종교를 극복하는 일까지 포함한다. 서양인들이 중세 형이상학을 극복하는 사유 과정이 저자를 통해서도 재현되고 있다.

45. 사물에 익숙함
事物慣熟

사물에는 먼 것과 가까운 것이 있고, 추측에는 먼저 하고 나중에 하는 것이 있다. 사물을 버리면 추측할 대상이 없고, 사물을 마주하면 추측이 바야흐로 생긴다. 가까운 대상을 먼저 미루면 나중에 먼 대상을 미루는 데에 자연히 규칙이 생기며, 추측에 익숙해지면 추측을 기다리지 않고도 저절로 법도에 들어맞는다.343

事物有遠近, 推測有先後. 遺事物, 則推測無所, 對事物, 則推測方生. 先推其近者, 則後推其遠者, 自有其例, 慣熟於推測, 則不待於推測, 而自有中度.

* * *

물건을 말미암아 일이 있고, 일을 말미암아 헤아림이 있다. 매우 가까운 물건부터 말하면, 몸이 갖춘 귀·눈·입·코·사지의 작용이 있으므로, 봄과 들음과 냄새와 맛과 동작의 미룸이 있다.

因物而有事, 因事而有測. 自其切近者言之, 身之所具, 有耳目口鼻四肢之用, 故有視聽臭味動作之推.

다음으로 몸이 접한 대상에는 아비와 아들, 임금과 신하, 남편과 아내, 어른과 아이, 친구의 오륜이 있으므로, 효도와 의리와 분별과 순서와

---

343 中度는 법도에 맞는 것으로 『禮記』, 「王制」의 "用器不中度, 不粥於市."에 보인다.

믿음의 미룸이 있다.

次及於身之所接, 有父子君臣夫婦長幼朋友之倫, 故有孝義別序信之推.

또 다음으로 몸이 사용하는 대상에는 갖춘 곡식과 옷감과 초목과 쇠와 돌과 집과 기물이 있으므로, 일용과 음식의 미룸이 있다.

又次及於身之所須, 有穀粟布帛草木金石宮室器用之備, 故有日用飮食之推.

또 다음에는 몸이 세상에서 살아가는 데에는 정해진 정교와 법률이 있으므로, 덜어내거나 보태고 닦아 밝히는 미룸이 있고 그것을 헤아리는 마음은 같다.

又次及於身之處世, 有政敎法律之定, 故有損益修明之推, 而測之者一也.

미룬 내용이 정밀하지 못하면 헤아린 내용도 거칠며, 미루는 과정이 익숙하지 못하면 헤아리는 과정도 둔하다. 대개 미룸의 대상은 가까이 있고 헤아림의 대상은 멀리 있으며, 미룸의 대상은 드러나 있고 헤아림의 그것은 숨어 있으며, 미룸은 헤아림에 진행하는 단계이고 헤아림은 미룸을 판단한 결과이다.

所推不精, 則所測亦麤, 所推不慣, 則所測亦鈍. 蓋推在近而測在遠, 推在顯而測在隱, 推爲測之階梯, 測爲推之裁度.

그러므로 사물을 버리고 추측할 수 있는 것은 없다. 하지만 멀거나 가깝거나 먼저 하고 나중에 하는 구별이 있으니, 가까운 대상을 먼저 헤아리고 이것을 미루어 먼 것까지 미쳐 익숙하게 되면, 추측의 규모가 자연히 유연한 방법을 이루어, 거의 탐구하지 않아도 알며 생각하지 않아도 드러날 것이다.

故未有遺事物而能推測者. 然自有遠近先後之別, 先測近者, 推此及遠, 至於慣熟, 推測規模, 自成活法, 庶可不究而得, 不思而著.

해 설

추측의 대상에 따른 순서와 그 둘 사이의 관계를 설명하였다.
『추측록』 권1, 「익숙한 추측(慣熟推測)」에 이 글과 비슷한 내용이 있지만, 의미가 중복되는 부분은 겨우 추측이 익숙한 뒤의 모습뿐이다. 그와 달리 여기에는 논리적으로 인간이 사물을 인식하는 순서와 발달 과정이 들어 있다. 곧 인간의 앎이란 현재의 가까운 대상을 오감으로 경험한 내용을 기초로 사고가 발달하여 추상적이거나 이론적 인식으로 나아가는데, 그 대상은 시공간적으로 가까운 데서 먼 데로 나아간다. 이런 원리에서 제도 교육에서 학생들의 공부 내용인 교육과정도 그들의 발달 과정에 따른 순서로 구성한다. 저자의 이 진술은 그만큼 교육학적 의미를 지니고 있다.

또 이 내용이 특별한 의미를 지닌 까닭은 추와 측의 관계이다. '추기측리' 나 '추동측성' 등에 함유된 추측의 대상에서 그 성격을 추론할 수 있지만, 여기서는 직접 거론하고 있기 때문이다. 본문의 "대개 미룸의 대상은 가까이 있고 헤아림의 대상은 멀리 있으며, 미룸의 대상은 드러나 있고 헤아림의 그것은 숨어 있으며, 미룸은 헤아림으로 진행하는 단계이고 헤아림은 미룸을 판단한 결과이다"라는 말이 잘 보여주고 있다. 다시 말하면 미룸의 대상은 경험 내용이므로 '가까이 있고 드러나 있고', 헤아림의 대상은 감각적으로 경험할 수 없는 추상적 원리나 멀리 있는 대상이므로 '멀리 있고 감추어져 있다'라고 말했다.

이렇게 그 대상의 성격이 다르다. 그래서 그것에 따라 미룸이란 헤아림에 나아가는 단계나 과정이고, 헤아림은 미룸의 내용을 종합하여 판단한 결론에 해당한다. 이 또한 사물을 귀납적으로 인식해 가는 특징이다. 물론 이 말은 연역적 방법이 추측의 과정에 이용되지 않는다는 말이 아니라, 전체 방향이 그렇다는 뜻이다.

아니라, 전체 방향이 그렇다는 뜻이다.

46. 물욕과 망상
物欲妄想

물욕을 미루어 그 이로움과 해로움을 헤아리면 물욕을 제거할 수 있고,
망상344을 미루어 얻음과 잃음을 헤아리면 망상을 제거할 수 있다.

推物欲而測其利害, 物欲可祛, 推妄想而測其得失, 妄想可除.

* * *

욕심이 물건에 이끌려 몸에 해로운 것이 물욕이다. 만약 물욕의 이로움과
해로움을 안다면, 제거하기를 기약하지 않아도 자연히 제거될 것이다.
마음이 혼탁한 사람이 물욕에 빠져 젖어 있으나 되돌아올 줄 모르는
까닭은 그것을 막 부려서 얻은 이익보다 물욕의 피해가 더 크다는 사실을
생각하지 못하기 때문이다.

欲之牽於物而害於身者, 爲物欲. 若知其利害, 則不期祛而自祛矣. 昏濁之人, 沈染
物欲而不知反者, 曾不思物欲之害, 有過於肆物欲而所得之利也.

거짓되고 참이 없는 생각이 망상이다. 그 일을 말하면 반드시 얻을 만한
단계가 없고, 그 마음을 말하면 거짓의 잘못을 면하기 어렵다. 오로지
마음의 이치를 주장하는 사람은 고질병이 이로부터 시작하였어도, 매양

---

344 妄想은 원래 불교 용어로 망령되이 분별하여 실체가 없는 생각이다. 『楞嚴經』,
　　"一切衆生, 從無始來, 生死相續, 皆由不知常住眞心性淨明體, 用諸妄想, 此想不眞,
　　故有輪轉."에 보인다. 저자의 定義는 아래에 보임.

우월한 지위345에서 남을 업신여기는 일346을 기약하지만, 그 행적을 따져보면 얻음은 없고 잃음만 있다. 생각이 여기에 이른다면 자기의 망상을 제거할 뿐 아니라 남의 망상도 미워할 수 있다.

放誕無實之想, 爲妄想也. 言其事, 則必無可得之階, 論其心, 則難免妄誕之失. 專主 於心理者, 病痼自是而每期出類加人之業, 考其蹟, 則無得而有失. 若念到于此, 非 特祛自己之妄想, 亦能憎人之妄想.

---

345 出類는 같은 무리에서 뛰어나다는 『맹자』에 '出類拔萃'의 형태로, 또 『顔氏家訓』, 「勉學」의 "必有天才, 拔群出類."에 보임. 出衆과 같은 말.
346 加人은 남이 원치 않는 일을 하는 것으로 곧 능욕하는 일. 『論語』, 「公冶長」의 "子貢曰, 我不欲人之加諸我也, 吾亦欲無加諸人."에 보인다.

해 설

물욕과 거짓된 생각을 헤아렸다.

본문의 "마음이 혼탁한 사람이 물욕에 빠져 젖어 있으나 되돌아올 줄 모르는 까닭은 그것을 막 부려서 얻은 이익보다 물욕의 피해가 더 크다는 사실을 생각하지 못하기 때문이다."라는 말은 만고의 명언이다. 특히 감옥에 갈 일이 뻔히 보이는데도, 되돌릴 줄 모르는 범죄자들이 밟는 전철이다. 얻는 이익보다 당하는 징벌이 훨씬 크다면 범죄도 줄어들 것이다. 현대 한국 사회 부조리가 넘쳐나는 까닭도 이것과 반대 상황에 놓여 있기 때문이다. 돈만 있다면 법 기술을 이용해 지은 죄에 비해 가벼운 징벌을 당하기 때문이다. 그래서 '유전무죄'라는 말도 생겼다. 또 '오로지 마음의 이치를 주장하는 사람'도 객관적 사실에 기반을 두지 않는 학문을 비판한 말로 보인다. 동서를 막론하고 철학에서 존재에 대한 망상이 심했던 일을 지적한 것 같다. 당시 사회풍토의 비판이다.

47. 귀와 눈의 기능을 돕다
佐耳佐目

귀·눈·입·코는 추측의 창문이요 이치와 기가 통하는 구멍이다. 이 구멍이 받아들인 대상에 따라 미루어 가서 헤아려 낸 내용이 있다. 하지만 그 가운데서도 귀와 눈이 오직 귀한데, 만약 보고 듣는 데 보탬이 있으려면 그 쓰임을 극진하게 하지 않은 것이 없다. 그래서 귀와 눈의 기능을 돕는 방법은 참으로 공교하고 오묘하다.347

耳目口鼻, 推測之戶牖, 理氣之通竅. 隨此竅之所入而有所推移測量. 然耳目惟貴, 苟有益焉, 靡不庸極. 佐耳佐目之法, 誠巧且妙.

* * *

멀거나 가까이 있는 사물의 모습은 눈을 통해 들어오고, 좋거나 나쁜 말은 귀를 통해 들어오며, 입의 맛 코의 냄새 또한 그렇게 들어온다.

遠近形色, 從目而入, 善惡言論, 從耳而入, 口味鼻臭, 亦有所入.

소년에서 장년까지 그것을 통해 들어온 것이 넓고도 많은데, 그 기억을 따라 지금 막 다가오는 변통이 있고, 그 경험을 따라 지나간 본래 모습348

---

347 『新法算書』 卷23, 『遠鏡說』, 題: 其巧妙誠有可得而言者, 無可得而言者. (강조는 같은 글자)

348 固然은 여러 뜻이 있으나 여기서는 사물의 자연 상태를 가리킨다. 『莊子』, 「養生主」의 "依乎天理, 批大郤, 導大窾, 因其固然."에 보인다.

을 증험한다. 이 과정에서 분별하는 조리가 생겨나고 점차 쌓아349 규모를 이룬다.350

自少至壯, 所入浩汗, 從其記憶而有方來之變通, 從其閱歷而驗已往之固然. 於是有分開條理, 積漸而成規.

그 당사자를 살펴보면 잉태되었을 때로부터 성장할 때까지 십수 년의 기억과 경험이 있어서 약간의 이치를 얻는다. 이는 결단코 기억과 경험도 없이 일찍이 듣지도 보지도 않은 채, 짧은 시간351에 이 이치를 이미 갖추고 있었던 것은 아니다.352 그러므로 사람은 저마다의 환경과 학습이 있어서 보고 들은 내용도 다르며, 얻은 이치도 제각기 차이가 있다.

自其人視之, 則已從胞胎時, 至于成壯, 有十數年之記憶閱歷, 而得理致之多少矣. 果非一朝一夕無記憶無閱歷, 不曾聞不曾見, 而已具此理也. 故人各有所處所習, 而所見所聞亦不同, 所得理致, 又各有差別.

또 천부적 마음353은 몸에 국한되므로, 청각 장애인은 귀로 들은 내용을

---

349 積漸은 점차 쌓여 형성된다는 뜻으로 일찍이 보이는 문헌은 『管子』, 「明法解」의 "姦臣之敗主也, 積漸積微使王迷惑而不自知也."이다. (앞에 나옴)

350 成規는 원(원만함)을 이룬다는 뜻으로 『莊子』, 「田子方」의 "昔之見我者, 進退一成規, 一成矩, 從容一若龍, 一若虎."에 보인다. 여기서는 더 나아가 어떤 규모를 이룬다는 뜻으로 쓰였다.

351 一朝一夕은 『周易』, 「坤卦」의 "臣弑其君, 子弑其父, 非一朝一夕之故, 其所由來者漸矣."에 보인다.

352 성리학의 心具衆理를 비판하는 말이다.

353 明德은 『大學』의 "大學之道, 在明明德, 在新民, 在止於至善."에 보임. 주희는 "明德者, 人之所得乎天, 而虛靈不昧, 以具衆理而應萬事者也."라고 주석했는데, 저자는 '具衆理'를 인정하지 않음. 明德이 理이냐 氣이냐 리와 기를 합한 것이냐에 따라

미루는 일이 없고, 시각 장애인은 눈으로 본 내용을 미루는 일이 없다. 나아가 기가 맑으면 마음도 맑고 기가 탁하면 마음도 탁한데, 닦으면 더욱 밝아지고 닦지 않으면 점차 어두워지니, 옛 성인의 가르침에 다 있다.

且天賦之明德, 局於氣質, 聾無耳之推, 瞽無目之推. 至於氣淸而明德亦淸, 氣濁而明德亦濁, 修之益明, 不修漸昏, 古聖之訓, 無所不備矣.

사람 몸의 다섯 가지 일을 맡은 기관 가운데서 귀와 눈이 오직 귀하다.354 귀가 소리를 기다려 듣고 눈은 모양을 기다리지 않고도 보니, 듣는 일은 늘 뒤처지고 보는 일은 늘 앞서며 듣는 내용은 늘 유사하나 보는 내용은 늘 정확하다.355 귀가 아니면 고금의 사물을 들을 수 없고, 눈이 아니면 듣고 본 내용의 실제 자취를 증험할 방법이 없다. 혹자는 눈이 귀보다 귀하다거나 귀가 눈보다 귀하다고 말하는데, 모두 근거하는 주장356이 있다.

조선 후기 논쟁이 자자했음.

354 『新法算書』 卷23, 앞의 책: 人身五司, 耳目為貴, 無疑也. 五司는 5가지 감각기관이 맡은 일.

355 같은 책: 耳之於聲也有待, 目之於形也無待, 聞每後見每先, 聞每似見每眞. (강조는 같은 글자)

356 같은 책: 耳與目, 又孰為貴乎. 昔亞利斯多, 稱耳司為百學之母, 謂凡授受以耳, 學問所以彌精彌廣也. 若目司, 則巴拉多稱為理學之師, 何者. 蓋當其陡與物, 遇見其然, 即索其所以然, 由粗入細, 由有形入無形, 理學始終, 總目為牖矣而不寧. 惟是明光色光, 較形聲臭味, 獨居上分, 不既屬於目乎. 觀夫亞尼瑪, 以目為居止. … 物體有大小方圓邪正動靜, 數有多寡, 位有遠近, 疇非於目辨者乎. 誠若是, 則目之貴於耳也, 明矣. 이상이 본문에서 말하는 '근거하는 주장'이다.

人身五司, 耳目惟貴. 耳之於聲有待, 目之於形無待, 聞每後見每先, 聞每似見每眞. 非耳不得聞古今事物, 非目無以驗所聞觀實蹟. 或謂目貴於耳, 或謂耳貴於目, 皆有所據.

다만 귀를 돕는 것은 힘쓰는 일이 간단한데, 관을 사용하면 멀리까지 들리고 소라 모양의 관을 사용하면 맑게 들린다.357 소리를 잘 못 듣는358 노인의 귀에 다른 사람이 관을 대고 말하게 하면 자못 자세하게 듣는다.

第佐耳者, 用力省, 以管則遠, 以螺則清. 有一老人重聽者, 使人持管, 向耳而語, 聞之稱詳.

눈을 돕는 방법에 힘쓰는 일은 번거로운데, 관을 눈자위로 삼고 렌즈를 눈동자로 삼으니359 곧 망원경이다. 망원경의 제작은 빈 관 네 층을 차례로 덮어 씌어 폈다 오므렸다 하게 만들고, 양 끝에 모두 수정으로 만든 렌즈를 붙인다. 망원경의 앞 렌즈 모양은 중앙이 높은 볼록렌즈로 물체의 모양을 줄여서 거둘 수 있고, 뒤 렌즈의 모양은 중앙이 우묵한 오목렌즈로 물체의 모양을 널리 흩을 수 있어, 층마다 빛을 옮기며 취하여 먼 물체를 비추어 가까이 만드니, 천문360을 엿볼 수 있다. 또 수십 리 밖에 있는 물체의 모양도 끌어당길 수 있다.

---

357 『新法算書』卷23, 앞의 책: 第佐耳者, 用力省, 以管則遠, 以螺則清.

358 重聽은 귀가 어두워 소리를 잘 못 듣는 증세. 耳重聽과 같은 말.

359 『新法算書』卷23, 앞의 책: 佐目者, 用力煩, 管以為眶, 鏡以為睛. (강조는 같은 글자)

360 『周易』,「繫辭上」: 天垂象, 見吉凶, 聖人象之.;『書經』,「胤征」: 羲和尸厥官, 罔聞知, 昏迷于天象, 以干先王之誅. (앞에 나옴)

佐目之法, 用力煩, 管以爲眶, 鏡以爲睛, 卽遠鏡也. 遠鏡之制, 虛管四層, 次第套冒, 使之伸縮, 兩端俱貼水晶鏡. 前鏡形中高類球鏡, 能斂聚物象, 後鏡形中窪類釜鏡, 能廣散物象, 層層轉取, 照遠使近, 可以窺天象. 且能攝數十里外物也.

무릇 오목렌즈를 눈 가까이에 대면 작은 영상을 확대할 수 있고, 볼록렌즈를 눈 가까이에 대면 큰 영상을 작게 거두어들일 수 있다.361

凡鏡以窪者近目, 能拓影之小爲大, 以中高者近目, 能收影之大爲小.

---

361 이 내용은 오목렌즈가 허초점을 중심으로 빛을 퍼지게 하고, 볼록렌즈가 빛을 초점에 모으는 일반적 성질을 표현한 말.

해 설

귀와 눈의 기능을 돕는 기구를 소개하면서 감각기관의 기능과 추측을 논하였다.

요약하면 감각기관을 통하여 받아들인 경험 내용을 기억하여 추측에 활용하는데, 이러한 기억과 경험에 따라 이치를 얻으며, 그것들은 환경〔所處〕과 학습〔所習〕에 따라 개인차가 있다고 한다. 그러니까 여기서 말하는 리는 선험적이고 보편적인 그것이 아니라 개별적이고 경험적이다.

본문의 서두가 길었지만 말하고자 하는 핵심은 눈과 귀의 기능을 돕는 기구의 소개이다. 인용하고 참고한 자료는 모두『신법산서』속에 있는 아담 샬(Adam Schall von Bell, 湯若望, 1591~1666)의『원경설(遠鏡說)』에 나오는 내용이다.

사실 이런 종류의 글은 일종의 박물적 관심에서 소개하는 일이 일반적이나, 저자는 이 내용을 감각적 인식의 연장선에 배치하여, 철저하게 철학의 맥락 속에서 설명하였다. 이 점이 바로 저자가 사물을 철학적으로 사유하고 있음을 보여주는 근거 가운데 한 대목이라 하겠다.

48. 이롭게 쓰는 물건
利用之物

무릇 이롭게 쓰는 물건 가운데 자연적으로 이루어진 것은 그 신묘함을 참으로 다 알아서 말할 수 없으나, 인공적인 물건의 교묘함은 실로 미루어 알 수 있다.362

凡利用之物, 出於天成, 其神妙自無可得而言者, 出於人造, 其巧妙誠有可推而得者.

*　*　*

자연의 조화(造化)가 만든 만물은 아득하여 끝이 없어서,363 오직 그것을 생성한 신묘한 공덕만 알 뿐 그 신묘함을 탐구할 수 없다.

大均播物, 块圠無垠, 惟知生成之神功而已, 其妙不可究矣.

하지만 인간이 만든 기물은 비록 교묘하여 헤아리기 어렵더라도 반드시 미룰 만한 매개가 있다. 그래서 앞 사람이 만든 물건을 따라 더욱 편리하게 만들거나 혹은 기의 운동을 보고 본받아 기물을 만드니, 물을 끌어 올리거나364 불을 발생시키는365 류가 그것이다. 혹은 또 천문을 모방하

---

362 『新法算書』 卷23, 앞의 책: <u>利物出於天成, 其巧妙自無可得而言</u>. 佐目者, 用力煩, 管以為眠, 鏡以為睛. <u>利物出於人力, 其巧妙誠有可得而言者</u>, 無可得而言者. 강조는 본문과 같은 글자로 비교하면 저자가 추측 이론에 맞게 글자를 배치했음을 알 수 있다.

363 『文選』, 「賈誼·鵩鳥賦」의 "雲蒸雨降兮, 糾錯相紛, <u>大鈞播物</u>兮, <u>块圠無垠</u>."에서 인용한 말. 大均은 大鈞의 뜻으로 쓰였으며 천지자연을 말함. (강조는 같은 글자)

여 의기를 제작하였는데, 그 까닭을 알지 못하면 신통해 보여도, 그것을 탐구하면 자연히 미룰 만한 방법과 사용할 수 있는 길과 제작할 수 있는 기술이 있을 것이다.

至於人之所造器用, 雖巧妙難測, 必有可推之階梯. 或因前人所造, 添得便利之制, 或見氣之運動, 效則造器, 挈水生火之類是也. 或倣天象而制儀器, 不見其由, 則雖若神通, 苟究其故, 則自有可推之方可用之道可制之術.

---

364 挈水는 挈水의 뜻으로 灌漑를 위해 물을 끌어 올리는 일로서, 저자의 『陸海法』에서 그것에 해당하는 각종 기구가 등장함.

365 불을 발생시키는 기구는 『運化測驗』 卷2, 「人備火」에 상세하다.

해 설

인간이 만든 물건은 헤아릴 수 있다는 주장이다.

이 글은 바로 앞 글의 연장선에서 쓴 것으로, 예수회 선교사 아담 샬의 『원경설』에 대한 독후감의 성격이 짙다. 서양에서 가져온 물건을 그저 진기한 호기심의 대상으로만 본 것이 아니라, 탐구하여 밝힐 수 있다는 서학 수용의 자신감이 묻어 나온다. 바로 앞의 글에서 설명한 망원경의 원리가 그것을 말해준다. 그의 철학 정신의 바탕을 이루는 과학적 태도가 돋보인다.

49. 의를 취하고 이익을 버리다
取義捨利

작은 이익을 버리고 큰 덕을 취하는 사람은 느림과 빠름과 수고와 편안을 계산하지 않는다. 꼭 옳다는 긍정도, 꼭 안 된다는 부정도 없이 의만 따르는366 사람은 견문의 앞뒤와 빈도(頻度)를 고려하지 않는다.

捨小利而取大德者, 不計遲速勞逸. 無適莫而義與比者, 不顧先後疎數.

사람들의 병통은 항상 느리거나 힘든 일은 피하고 빠르고 편한 일만 취하는 데 있다. 그러니 설령 무엇을 이루었다고 해도 작은 이익에 지나지 않는다.

人之患, 常在於捨遲取速, 捨勞取逸. 縱有所成, 不過小利也.

* * *

하지만 큰 덕에 힘쓰는 사람은 자기의 평생을 총체적으로 볼 뿐 아니라, 자기가 죽은 뒤의 일도 미루어 이를 수 있다. 그래서 바뀌지 않고 시종일관 흠이 없는 일상의 보편적 도리를 취하여 성취하려고 하니, 어느 겨를에 느림과 빠름과 수고와 편함을 논하겠는가?

務大德者, 非特統觀平生, 又能推及於身歿之後. 取其經常不易終始無欠之道, 以要

---

366 『論語』, 「里仁」: 子曰, 君子之於天下也, 無適也, 無莫也, 義之與比.

成就, 何暇論遲速勞逸耳.

또 사람들의 병폐는 선입견에 단단히 막혀서, 한쪽을 소홀히 하는 경향이 있다. 만약 선입견이 좋다면 착한 사람이 되는 일에 해가 되지 않지만, 선입견이 좋지 않으면 끝내 착하지 않은 사람이 되는 일을 면하기 어렵다.

且人之患, 固滯於先入聞見, 有所偏廢. 若其先入善, 則不害爲善人, 若先入不善, 則終未免爲不善人.

오직 딱 알맞고 올바른 도리라야 꼭 옳다 하고 온전히 따르는 일도 없고 꼭 안 된다는 부정도 없이, 다만 지극히 선한 상태367의 의만을 취하여 견문의 앞뒤와 빈도에 구애되지 않는다.

惟中正之道, 無適而專從, 無莫而不肯, 只取至善之義, 不拘見聞之先後疎數.

---

367 『대학』 3강령 가운데 止於至善의 至善.

해 설

이익과 의의 대비를 통하여 견문과 덕성을 논하였다.

제목의 취의사리(取義捨利)만 보면, 맹자의 논리처럼 이익과 의가 서로 대립하는[368] 듯이 보인다. 하지만 본서의 전반적 흐름은 도덕을 손상하지 않는 이익은 권장하여, 되레『논어』의 견리사의(見利思義)[369]처럼 보인다.

사실 경험을 강조하다 보면 견문에 집중하여 덕성을 소홀히 할 수 있다. 저자의 철학이 경험을 강조하다 보니 덕성을 소홀히 한다는 비판의 소지가 있다. 저자도 그것을 통찰한 것 같다. 그렇지 않다는 점을 앞선 글에서 본성과 수양의 문제를 추측과 관련지어 자주 다룬 일도 이와 관련이 있고, 이 글도 다시 한번 되짚어 주고 있다.

그래서 본문에서 사람들의 병폐를 지적하여, 남보다 빨리 편하게 자주 하거나 막힌 선입견은 대체로 이익과 견문의 범주에 속한 일이다. 덕성을 추구하는 일은 이런 병폐와 선입견에 얽매이지 않는다. 물론 덕성은 견문과 대립하지 않아서 조급하지 않고 폭넓은 견문을 전제하고 있다. 저자 철학의 맥락에서 보면 견문을 배제한 덕성이야말로 옹졸할 수밖에 없어, 견문을 무시해도 된다는 뜻은 아니다.

다만 가치의 우위를 따질 때 덕성이야말로 더 큰 이익이라는 결론에 도달한다. 이것은 이용(利用)·후생(厚生)만이 아니라 정덕(正德)도 고려하는, 곧 이익만이 아니라 덕성이 근본이 되어야 한다는 실학적 전통을 잇는 태도이다.

오늘날 대다수 사람은 덕성보다 견문에 홀랑 빠져 있다. 그것이 경제적

---

368 『孟子』,「梁惠王上」: 王何必曰利, 亦有仁義而已矣.
369 『論語』,「憲問」: 見利思義, 見危授命.

이익을 가져오기 때문이다. 그래서 경제적 효율성만 중시한다. 그 효율성의 결과가 누구를, 무엇을 위한 것인지 따지지 않고. 하지만 그것만으로 우리의 삶을 아름답게 만들지 못한다. 덕성 없는 견문 추구는 이익 추구를 위한 전제에 지나지 않아, 우리의 문화를 더욱 황폐하게 만들기 때문이다.

50. 고금의 사기
古今事機

경서(經書)와 사서(史書)와 제자(諸子)와 문집(文集)370은 나의 추측을
위해 앞서 있는 거울이다. 문자371를 사용한 이후로 기록한 일과 논한
이치는 책 속에서 전하는 잠잠한 말을 조용히 들어야 하지만,372 그
당시의 그 기틀을 아직 볼 수는 없다.

經史子集, 爲我推測之先鑑. 自書契以後, 記事論理, 須從卷裏竊聽默言, 未能當其
時觀其機.

하지만 일은 시대의 풍조에 따라 차이가 있고, 이치는 사람들의 견해에
따라 다르니, 어떻게 똑같이 볼 것인가? 그 시대의 풍조를 미루어 당시
사람들의 견해를 헤아린다.

然事隨時尙而有異, 理隨人見而不同, 何以齊之. 推其時尙, 測其人見.

* * *

4부로 분류된 모든 서적에서 일상의 보편적 도리의 논의는 비록 고금과

---

370 『隋書·經籍志』에서 분류한 經部·史部·子部·集部의 4部 도서 분류법.
371 書契의 일차적 의미는 文字이다. 『周易』, 「繫辭下」의 "上古結繩而治, 後世聖人易之
以書契."에 보인다.
372 竊聽의 원뜻은 엿듣는 것으로 『史記』, 「范雎蔡澤列傳」의 "然左右多竊聽者, 范雎恐,
未敢言內, 先言外事, 以觀秦王之俯仰."에 보인다. 여기서는 조용히 듣는다는 뜻.

지역의 차이가 없지만, 기틀을 따라 일을 논하고 견해를 따라 가르침을
세운 내용에 대해서는 그 글의 의미를 미루어 지은이의 추측을 헤아려야
지, 나의 추측으로 글 쓴 사람의 추측을 증험해서는 안 되고, 또 글의
근원과 말단을 탐구하여 취사를 결정할 수 있으나 언론의 차이 때문에
서둘러 배척해서는 안 된다.

四部諸書, 經常之論, 雖無古今遠近之異, 至於隨機論事, 隨見立言, 推其文義而測
其人之推測, 不可將我推測, 以驗其人之推測, 究其原委而取捨可定, 不可以言論差
異, 遽加非斥.

그런데 그 책에서 내가 아직 미루지 못한 내용을 미루었다면 도움373이
될 수 있고, 내가 아직 헤아리지 못한 내용을 헤아렸다면 본받을 수
있다. 하지만 옛사람의 추측에서 그 경험의 시간과 거리를 말하면 후세
사람보다 못하고, 그들이 전력하여 새로 시작한 것을 말하면 후세 사람보
다 낫다. 그러니 후세 사람의 경험으로 옛사람이 새로 시작한 내용을
동반하면, 추측이 넉넉지 않음을 어찌 걱정하겠는가? 모름지기 기를
미룬 헤아림은 온 세상이 모두 같으나, 풍속을 미룬 헤아림은 지역마다
같지 않음을 알아야 한다.

推我未推, 則可以資益, 測我未測, 則可以效法. 然古人推測, 語其閱歷久遠, 則不及
後人, 語其專力開刱, 則過於後人. 以後人之閱歷, 將古人之開刱, 何患推測之不贍.
須知推氣之測, 天下皆同, 推俗之測, 隨地不同.

---

373 資益은 이익의 뜻으로 『魏書』, 「食貨志」의 "河東郡有鹽池, 舊立官司以收稅利,
　　是時罷之, 而民有富強者專擅其用, 貧弱者不得資益."에 보인다. 여기서는 도움의
　　뜻.

해 설

옛 서적을 읽고 추측하는 문제를 다루었다.

이 글에서 저자의 독서법을 말하고 있다. 일차적으로는 책의 내용에 충실해야 하고, 잘 알 수도 없고 똑같지 않은 일의 기틀을 섣불리 말해서는 안 되지만, 결국은 추측으로 알 수 있다는 생각이다. 여기서 기틀이란 일의 가장 중요한 계기나 조건이다.

그 방법은 일단 자기의 주관성을 배제하고 지은이의 의도를 중시하며, 또 내가 아직 추측하지 못한 점을 배우지만, 후세의 누적된 경험과 옛날에 처음 시작한 일을 종합하여 추측하되, 공통점과 차이점에 유의해야 한다고 한다. 공통점이란 기를 헤아린 과학과 기술에 관한 것이요, 차이점이란 풍속이나 풍조 따위이다.

여기서 또 하나 보편성의 대전제로 말한 4부 서적 속의 '경상의 논의'는 동아시아 전통의 윤리 또는 이념으로 보았다. 저자는 그것을 인의예지나 오륜 등으로 본다.

이렇듯 저자의 주장과 달리 오늘날 우리는 학문의 도움으로 해당하는 일의 기틀마저 비교적 자세히 알게 되었다. "그 당시의 기틀을 아직 볼 수는 없다"라는 말의 전제는 시대의 한계에 따른 발언이다. 학문이 발달하면 미래에는 더 정확히 알 것이다. 학문이란 어떤 면에서 경험의 누적에 따른 추측의 산물이기 때문이다.

51. 순서대로 나아가다
次序進就

글자의 뜻을 미루어 구두를 헤아리고, 구두를 미루어 문리374를 헤아리고, 문리를 미루어 저자의 추측을 헤아려서 나의 추측을 넓히고, 나의 추측을 미루어 남의 추측을 드러내니, 순서와 조리를 뛰어넘어서는 안된다.

推字義而測句讀, 推句讀而測文理, 推文理而測其人之推測, 以擴我之推測, 推我之推測, 以發人之推測, 次序條理, 不可驀越.

서책과 인물은 추측의 여러 장비이고, 우열과 득실의 파악은 추측의 유연한 방법이다.

書冊人物, 推測之諸具, 優劣得失, 推測之活法.

* * *

익힌 내용을 미루는 일은 사람마다 모두 잘하나 거기에는 저절로 우열이 있고, 그로 인해 그것을 헤아린 내용은 제각기 익숙한 상태를 따라서 우열이 현격히 다르다. 하물며 미룸이 없는 경우랴. 특히 미룰 만한 단서를 따라 비슷한 종류로서 탐구하고 찾아서 미룬 결과가 합당하더라도, 되레 헤아림이 완벽하지 못할지 걱정되는데, 미룬 결과가 합당하지

---

374 문장의 조리 또는 의미. (앞에 나옴)

않은 경우는 헤아림의 우열을 논할 필요도 없다.

習之所推, 人人皆能, 而自有優劣, 因而測之, 各從所慣, 而優劣懸殊. 況於無推之地, 別因可推之端, 以類究索而所推得宜, 猶恐測之未盡, 若所推失宜, 測之優劣, 不須論也.

그런데 미룬 내용이 두세 가지여도 가장 정확한 것을 선택하기도 하고, 여러 갈래여서 끝내 요점을 파악하지 못하기도 한다. 그러므로 미룬 갈래는 원래 하나로 정해진 법이 없다. 하지만 미룸의 순서에는 자연히 넘지 못하는 이치가 있으니, 추측의 여러 장비 가운데 순서를 좇아야만 얻는 것이 있다. 그리하여 여러 문을 거쳐 높은 집에 오르고375 고기와 뼈를 삶아 맛있는 음식을 이루듯, 탐색하는 고생을 번거롭게 하지 않아도 여러 가지 추측이 지혜를 따라 생긴다.

或所推二三, 而擇其襯切, 或所推多端, 而竟未得要. 故所推之端, 元無一定之法. 所推之次序, 自有不越之理, 須從諸具中循序有得. 歷重門而升高堂, 煮筋骨而成和味, 不煩搜索之勞, 諸般推測, 從慧而生.

---

375 升(高)堂은 『論語』, 「先秦」의 "子曰, 由也, 升堂矣, 未入於室也."에 나오는데, 『集注』에서 "升堂入室, 喩入道之次第."라고 풀이했다. 저자는 그 앞에 歷重門를 추가하면서 入室은 말하지 않았다.

해 설

독서 활동 등의 추측에서 순서를 따라야 함을 밝혔다.

본문의 "미룬 갈래는 원래 하나로 정해진 법이 없다"라는 말은 이 순서를 제외하고 한 말이다. 여기서 '미룸'을 구체적으로 밝히지는 않아 아쉬움이 있지만, 독서에 한정해 살펴보면 글자, 구두, 문리, 저자의 추측 내용의 순서 곧 지금의 방식으로 보면 단어, 구와 절, 내용의 의미, 저자의 의도나 사상 등의 순으로 진행한다.

이렇게 미룸이나 추측에 순서가 있어야 한다는 주장은 개별적 현상이나 사실에서 일반적 원리를 찾아내는 귀납추리가 갖는 특징으로, 저자 철학이 갖는 논리적 귀결이다.

52. 상황에 따라 마땅함을 둔다
隨處有宜

많이 듣고[376] 널리 아는[377] 일은 미룸을 위함이요, 조용히 있을 때의 존양과 활동할 때의 성찰[378]은 헤아림을 위함이다.

多聞博識, 爲其推也, 靜存動察, 爲其測也.

일을 당하여 미룸이 없으면 막힌 것이고,[379] 미룸이 있으나 헤아림이 충분치 못하면 의혹 된 것이며, 미룸이 많으나 아직 헤아림을 결정하지 못했으면 문란한 것이다. 막힌 곳에서 미룰 만한 대상을 찾고, 의혹 된 곳에서 그 헤아림을 변통하며, 문란한 곳에서 적절한 헤아림을 선택한다.

當事而無所推, 是窒塞也, 有推而未盡測, 是疑惑也, 多推而未定測, 是紊亂也. 窒塞處求其可推, 疑惑處變通其測, 紊亂處擇其切測.

*　*　*

---

376 『論語』, 「爲政」: 子曰, 多聞闕疑.

377 博識은 博學多識의 준말로 博學은 『中庸』에, 多識은 『論語』, 「陽貨」에 보인다.

378 靜存動察은 『朱子語類』 62-148의 "存養是靜工夫. 靜時是中, 以其無過不及, 無所偏倚也. 省察是動工夫. 動時是和. 才有思爲, 便是動. 發而中節無所乖戾, 乃和也." 등에 보인다. 다만 성리학의 존양과 성찰의 대상은 본심이나 본성 또는 리이지만, 저자의 그것은 뒤의 내용을 보면 추측에서 미룬 내용이다.

379 窒塞은 『朱子語類』 33-38의 "且如讀書, 每思索不通處, 則翻來覆去, 倒橫直豎, 處處窒塞." 등에 보임.

미룸과 헤아림은 서로 뿌리와 가지가 된다. 조용히 있을 때의 존양은 그때 그 미룸을 존양하여 중용의 도리에 두루 젖도록 하는 것이요, 활동할 때의 성찰은 그때 그 미룸을 성찰하여 일에 맞도록 하는 것이다.

推與測, 互爲根枝. 靜存者, 靜時存其推, 俾浹于中, 動察者, 動時察其推, 俾合于事也.

많이 듣고 보아서 모두 갖춘 내용을 추측하는 사람은 거두어 모아서 그 식량380을 넓히니, 미룰 것이 없는 것은 쓸어 버려서 그 식량에 피해를 주지 않게 해야 한다. 비록 크거나 작은 것을 버리지 않으려고 하더라도, 참과 거짓을 함께 취한다면 어찌 제대로 되겠는가?

多聞見而推測俱賅者, 收聚以博其識量, 無推者抃棄, 毋害其識量. 雖欲鉅細不捐, 虛實幷取, 豈可得也.

대개 미룸도 헤아림도 없는 견문은 없애기를 기대하지 않아도 저절로 없어지고, 미룸은 있으나 헤아림이 없는 견문은 기억하기 어려워 잊기는 쉽고, 미룸과 헤아림이 있는 것은 자연히 식량과 합쳐지나 되레 오래되면 없어질까 염려된다. 그러므로 조용히 있거나 활동하는 동안에 존양하고 성찰하여 그381 뿌리를 북돋우어야 한다.

---

380 識量은 見識과 度量의 뜻으로 『晉書』, 「阮咸傳」의 "太原郭奕高爽有識量, 知名於時."에 보인다. 앞에서 저자가 그것을 재정의한 바 있다. 『추측록』 권5, 「識量」을 볼 것.
381 앞의 문맥에서 보면 測이다.

蓋見聞之無推無測者, 不期祛而自祛, 有推而無測者, 難記憶易遺忘, 有推有測者, 自然協量, 而猶恐久泯. 故須存察於動靜之間, 以培其根.

하지만 일을 당해 막히는 까닭은 마음의 번민이나 기질의 가림에 정신을 빼앗겨 미룸을 잊었기 때문이니, 의당 마음이 안정되고 기운이 화창하기를 기다려 미룸을 찾아야 한다.

然當事而窒塞者, 或奪於心煩, 或奪於氣蔽, 忘其所推, 宜待心定氣暢, 以求其推.

또 일을 당해 의혹 된 까닭은 처음에는 미루었다가 중간에 그 실마리를 잃어 정신이 흐릿하여 기준이 없어졌기 때문이니, 응당 사물을 참작하여 그 헤아림을 반복하여 변통을 구해야 한다.

疑惑者, 始得其推, 中失其緖, 茫無準的, 宜參酌事物, 反覆其測, 以求變通.

그리고 문란한 까닭은 미루나 헤아리지 못해서 미룸은 많고, 많이 미루나 취사를 결정하지 못했기에 문란해졌으니, 의당 미룬 내용 가운데 있는 가장 적절한 헤아림을 선택해야 한다.

紊亂者, 推而未測, 故多推矣, 多推而未定取捨, 故紊亂, 宜於所推之中, 擇其有測最切者.

해 설

추측이 막히거나 의혹 되고 문란한 상황에 따른 원인과 그 해결책을 제시하였다.

그 과정에서 『추측록』 권4의 '추동측정'에서 많이 다룬 동정을 비롯한 유학의 개념을 추측으로 재해석하였다. 먼저 『논어』와 『중용』에 등장하는 박학의 문제를 미룸을 위한 일로 재해석하였다. 주희 성리학에서는 박학이 궁리를 위한 것인데, 저자는 그 궁리를 추측으로 대체하면서 박학의 대상을 고스란히 미룸의 대상으로 옮겼다고 할 수 있다. 이는 경험 내용이 미룸의 대상이 된다는 저자의 철학 방향과 정확히 일치한다. 다음으로 존양·성찰과 동정의 문제이다. 존양이란 원래 『맹자』가 본심을 '보존하고' 본성을 '기른다'라는 뜻으로 한 말인데, 성리학에서 주로 천리를 그렇게 하는 수양 방법으로 발전시킨 것이다. 이것은 대체로 희로애락이 아직 발동하지 않은 미발일 때의 공부로 삼았다. 반면 성찰은 그것이 발동한 이후에 되돌려 살피는 공부이다. 그러니까 미발의 때가 정, 이발일 때가 동에 해당한다. 하지만 주희 성리학에서 동정이란 이렇게 간단하지 않아 정 가운데 동이 있고 동 가운데 정이 있으니 복합적이다.[382]

바로 저자는 이렇게 존양하고 성찰한 내용을 헤아림을 위한 대상으로 보았다. 다만 주희 성리학에서 존양과 성찰의 대상은 확정된 천리로서 본성이지만, 저자의 그것은 확정된 결과가 아니라 헤아림의 대상이라는 점에서 차이가 있다. 곧 헤아린 내용은 추측지리일 뿐, 그것을 증험해야

---

382 『朱子語類』 62-148: 其靜時, 思慮未萌, 知覺不昧, 乃復所謂見天地之心, 靜中之動也. 其動時, 發皆中節, 止於其則, 乃民之不獲其身不見其人, 動中之靜也. 窮理讀書, 皆是動中工夫.

유행지리인지 확정할 수 있기 때문이다. 그래서 그는 이학에서 말하는
리를 추측지리라고 규정했다.

53. 성과 경
誠敬

성실을 미루어 사특한 거짓을 헤아리면 성실이 더욱 돈독하게 되고,
경을 미루어 나태를 헤아리면 그 나태를 제거할 수 있다.

推誠實而測邪僞, 誠實益篤, 推敬而測怠, 可祛其怠.

* * *

진실383을 미루어 진실을 헤아리면 비록 해로움이 없을 것 같아도, 사특
한 거짓의 침해를 알아야만 사특하고 거짓된 대상을 변화시킬 수 있을
뿐만 아니라, 그 진실도 더욱 돈독한 곳으로 나아간다.

推眞實而測眞實, 雖若無害, 須知邪僞之侵害, 則非特邪僞之可化, 其所眞實, 益進
乎敦篤.

마음을 한 군데 집중하는384 일을 미루어 한 군데 집중하는 일을 헤아리
면 비록 흠이 없는 것 같아도, 제멋대로 나태한 잘못의 근원을 알아야만
나태를 몰아내고 정신을 가다듬어 추측에 온전히 집중할 수 있다.

---

383 眞實은 주희 誠의 주석인 '眞實無妄'을 따라 誠實의 의미로 쓰였다.

384 敬의 정의인 主一無適의 줄인 말. 主一無適은 『二程粹言』卷上의 "或問敬子曰,
　　主一之謂敬, 何謂一. 子曰, 無適之謂一."과 『論語』, 「學而」의 "敬事而信"의 『集注』
　　에서 "敬者, 主一無適之謂."에 보인다.

推主一而測主一, 雖若無欠, 須知肆怠之病源, 可以黜怠, 而聚精會神, 專一於推測.

대개 성과 경의 논의가 충분치 못한 것은 아니지만, 경을 유지할 수 있으면 성실하여 밝아지는 데 나아갈 수 있고, 성실하여 밝아지면 추측으로 남에게 영향을 미칠 수 있다.

蓋誠敬之論, 無攸不備, 然能敬則可進於誠明, 誠明則推測可以及人.

해 설

추측으로 성과 경의 논리를 보완하였다. 추측이 성과 경의 관계에서 상호 침투하여 상승작용을 한다.

성은 보통 성실로 옮기며 『중용』의 핵심 사상 가운데 하나이다. 주희는 그것을 '진실하고 거짓이 없는 것'으로 풀었고, 천지자연이 그렇듯 유학에서는 인간이 최종적으로 지향해야 할 덕성으로서 수양의 목표이다. 경은 우리말로 옮기기 어려운 말인데 보통 '마음을 잡도리하는 것'으로 보며, 주희는 그것이 마음을 '한 곳에 집중해서 다른 데로 가지 않는 것'이라고 풀이하였는데, 달리 말하면 『맹자』의 '놓아버린 마음을 찾아오는 것'인 구방심(求放心)과 같은 수양의 과정이다.

저자는 추측을 통해 성실이 더욱 돈독하게 되고, 경을 유지하면 추측에 온전히 집중할 수 있다고 하여, 추측이 사물을 인식하는 이론만이 아니라 수양의 일도 됨을 밝히고 있다.

마지막 단락은 경과 성과 추측의 관계이다. 이는 『중용』385의 재해석과 관련된다. 곧 '自誠明'의 주희 해석을 따라 '성실을 말미암아 밝아지는' 것으로 본다면, 원문의 '誠明'은 천도인 성인의 일만 다루게 된다. 하지만 마지막 문장은 경을 잘하게 되면 누구나 그렇게 된다는 발언이다. 이는 주희 성리학의 전통을 뒤집는 주장이다. 곧 저자는 '성실을 말미암아 밝아진다'라는 진술을 주희의 해석을 따라 성인이나 천도에 해당시키지 않고, 보편적인 일로 해석하는 일이 되기 때문이다.

---

385 『中庸章句』第21章: 自誠明, 謂之性, 自明誠, 謂之敎. 誠則明矣, 明則誠矣. 『集注』에서는 "自, 由也. 德無不實而明無不照者, 聖人之德, 所性而有者也, 天道也. 先明乎善而後能實其善者, 賢人之學, 由敎而入者也, 人道也. 誠則無不明矣, 明則可以至於誠矣."라고 풀이했다.

만약 '自誠明'으로 보지 않고 원문 그대로 '誠明'으로 주어+술어 구조로 '성실이 밝아진다'로만 읽는다면, 얼핏 밝음을 따라 성실이 드러난다는 '自明誠'의 뜻이 되어 주희의 말대로 인도가 될 수도 있다. 이 관점의 근거는 저자가 '誠明'으로 표현하여 自 자를 삭제했으니, '自誠明'의 뜻으로 글을 쓰지 않았다는 점이다. 그래서 그냥 '성실이 밝아져 추측으로 남에게 영향을 미칠 수 있다'라고 할 수도 있다.

그런데 이러한 '성실이 밝아진다'라는 진술은 어색하다. 『중용』의 전통에 따르면 성실의 주체는 하늘이나 사람이다. 따라서 이 문장은 성실이 주어가 아니라 사람이나 학문 등이 주어여야 한다. 이 또한 저자가 본서에서 미신과 종교와 형이상학을 비판하면서 허무의 학문이나 허망·괴탄(怪誕)의 반대어로서 '성실'과 '성실의 학문'을 무척 강조한 점을 상기한다면, 성실한 태도나 자세가 밝음을 가져오는 일이어서, 결국 '경이란 성실하여 밝아지는 과정에 필요한 일이고, 성실하여 밝아진 결과 추측으로 남에게 영향을 미친다'라는 주장과 일치한다.

물론 성실 그 자체는 천도이고 성실하고자 하는 일이 인도가 지향하는 것이라는 『중용』의 말을 모르지는 않았겠지만, '自明誠'의 밝음을 통해 최종적으로 성실에 이르는 일보다 처음부터 성실한 학문의 관점에서 성실한 태도로 공부해야 밝음에 나아갈 수 있다는 저자의 관점은 본서에서 시종일관하고 있다.

이는 '自誠明'이 성인의 위치에서 밝음을 드러낸다는 주희의 해석을 따르지 않고, 성실한 태도나 학문으로서 추측을 통해 밝아지는 보편적 인간의 일로 해석한 것으로 보인다. 곧 『중용』의 '성실하면 밝아진다'라는 논리를 '밝으면 성실해진다'라는 것보다 더 중시했음을 알 수 있다. 이는 그가 밝음을 향해 가는 인식론을 그토록 중시하면서도 그 인식의 가능성과 정당성을 확보하기 위해 성실을 선행 조건으로 내걸었던 맥락과 같다. 수양의 최종 목표로 멀리 있는 성실보다, 당장 필요한 성실을 공부에 요청하였고, 경이 있는데 굳이 성실을 강조한 일은 경은 인간 마음 자세에만 해당하지만, 성실은 공부 방법과 대상으로서의 학문과 종교 등에 포섭되는 개념이기 때문이다.

이렇게 수양의 최종 목표도 진실해야 하지만, 그보다 먼저 학문부터 진실해야 한다는 점은 동서의 전근대적 학문에 대한 거부이며 주희 성리학과의 결별이자, 학문이 형이상학과 종교적 미신에서 벗어나, 기라는 참된 존재를 근거로 건립되어야 한다는 선언으로 비로소 근대 과학과 손잡을 수 있게 되었다.

사실 조선 후기 유학 풍토에서 이런 해석은 있을 수 없는 일이다. 저자가 당시 선비 사회 안에 영향력이 없어 주목받지 못했고, 또 주희 성리학의 지배력이 이전보다 줄어든 19세기 전반기 학자 관료가 아닌 세도 정권의 담당자가 권력을 지녔던 까닭에 이런 글을 쓸 수 있었다.

그의 이런 철학은 유학의 재해석을 통해 창의적으로 이론을 시대의 과제와 상황과 어울리게 전개한 한 부분이다.

54. 지식을 재고 덕량을 달아본다
度知識稱德量

자는 물건의 길이를 재는 데만 쓰이는 것이 아니라 지식의 짧음과 심원함도 미루어 잴 수 있다. 저울이 어찌 물건의 무게를 다는 데만 쓰이겠는가? 덕량386의 크기를 미루어 잴 수 있다.

尺寸, 非獨用之於物形長短, 可推度於知識遠近. 權衡, 豈特用之於擧物輕重. 可推稱於德量大小.

* * *

자를 가지고 물건의 길이를 재고, 저울을 들어서 물건의 무게를 달아 물건의 진실을 알아볼 수 있는 데는 자연히 의혹이 없다. 이것이 평범한 사람의 자와 저울이다.

將尺寸而度物之長短, 提權衡而稱物之輕重, 見得眞實, 自無疑惑. 是乃凡夫之尺寸權衡也.

추측에서 체득한 사람은 처음에는 자를 버리고 물건의 길이를 헤아리며, 저울을 버려두고 물건의 무게를 달다가, 마침내 형용하기 어려운 앎을 미루어 재고 형체가 없는 덕량을 미루어 저울질하는 데 이른다.

---

386 덕을 가진 정도. 율곡의 『성학집요』에 '恢德量'이라는 용어도 있다.

有得於推測者, 始則捨尺寸而度物之長短, 置權衡而稱物之輕重, 終至於推度難形
之知, 推稱無形之量.

사람의 지식에는 심원함과 짧음, 참과 거짓의 차이가 있고, 덕량에는
대소와 치우침과 온전함의 구별이 있어서, 자로 재거나 저울로 달 수
있는 대상이 아니다. 하지만 지식에 이미 짧음과 심원함이 있으니, 짧은
것으로 심원한 지식에 비교해 그 단점을 헤아리고, 심원한 지식으로
짧은 그것에 비교하여 그 장점을 헤아릴 수 있다.

夫人之知識, 有遠近虛實之異, 德量有大小偏全之別, 非尺寸之可度, 權衡之可稱.
然知識旣有遠近, 則可以近較遠而度其短, 以遠較近而度其長.

또 지식에는 진위가 있으니 참된 것으로 거짓 지식에 비교하여 그 장점을
헤아리고, 거짓 지식으로 참된 것에 비교하여 그 단점을 헤아린다. 덕량
의 대소와 치우침과 온전함도 이것과 유사하여, 푼호387나 치수388의
차이도 거의 비교하여 알 수 있다.

又有虛實, 則以實較虛而度其長, 以虛較實而度其短. 德量之大小偏全, 亦類乎此,
分毫之差錙銖之異, 庶可比較而得.

387 分毫의 分은 길이의 단위로는 한 푼이 한 치의 10분의 1로, 약 0.3cm에 해당하며,
  무게의 단위로는 한 푼은 한 돈의 10분의 1로, 약 0.375그램에 해당한다. 毫는
  길이의 단위로는 1호는 1釐의 10분의 1로 약 0.303mm에 해당하며 무게의 단위로
  1호는 1리의 10분의 1로 3.75mg에 해당한다. 여기서는 모두 아주 짧은 길이의
  단위로 쓰였다.
388 무게의 단위로 기장 백 알의 무게가 1銖요 24수가 1兩이며 8兩이 1錙라 함.

대개 길이나 무게는 본래 형체가 없는데 오로지 길거나 짧거나 가볍거나 무거운 방식으로 형체가 있는 기물에서 드러냈으니, 변통과 변해가는389 방식에 어찌 형체가 있는 기물을 가지고 형체가 없는 대상에 사용하는 일이 없겠는가?

蓋尺寸權衡, 本來無形, 而惟以長短輕重之式, 著顯於有形之器, 則變通之術推移之方, 豈無將其有形之器, 而用之於無形之地乎.

---

389 推移는 變化 또는 移動·發展의 뜻. 『禮記』, 「王制」의 "中國戎夷, 五方之民, 皆有性也, 不可推移."

해 설

자와 저울이 길이와 무게를 재듯 진전된 추측으로 지식과 덕량을 잴 수 있음을 헤아렸다.

오늘날 사람들의 지식을 헤아리기 위해 가장 보편적으로 사용하는 일은 시험이다. 하지만 덕량을 헤아리는 일은 쉽지 않다. 가령 초등학교에서 도덕 시험을 치를 때 타 교과처럼 시험지로 평가하는 일은 도덕성 발달 수준을 알아보는 정도로 매우 제한적이어야 한다. 더구나 초등학생의 경우 도덕성이 발달하는 과정에 있으므로 평가 결과를 점수로 환산하기 어렵고, 발달 수준을 언어로 기술할 수밖에 없다. 그것은 도덕적 행위와 그에 관한 지식 또는 판단이 반드시 일치한다고 볼 수 없기 때문이다. 우리는 무엇이 옳은지 그른지 알면서도 양심을 속여 가며 돈이나 지위 쟁취를 위해 그것을 무시한 인사들을 수없이 봐왔지 않는가?

저자는 도덕성이랄까 덕량의 평가 방법으로 추측을 제시했는데, 구체적인 절차와 방법 가운데는 비교법을 사용했다. 곧 상식적으로 생각해 보면 추측에서 체득한 사람이라면, 노련한 교사가 학생들을 간단히 시험하고 관찰해 평가하듯, 얼마 동안 해당 인물과 같이 일하거나 생활해 보아 탁월한 사람의 덕량과 비교하면, 그의 덕량을 직관적으로 금방 알 수 있다. 이것은 마치 교사가 평가 기준을 세워 놓고 관찰하듯이 덕량이 크거나 온전한 사람의 그것으로 기준을 세워 평가하는 방법일 수 있다.

55. 중단해서는 안 된다
不宜間斷

일을 행할 때는[390] 처음부터 끝까지 추측을 중단해서는 안 되니, 여러 종류의 침해가 어떤 기회를 따라 발생하거나 생각지도 않게 나타나기 때문이다. 그래서 나에게는 나쁜 생각을 막고, 남에게는 방해가 없게 한다.

行事始終, 不宜間斷推測, 以其侵害多端, 隨機而發, 不虞而至. 在我閑邪思, 在人無妨礙.

* * *

피차[391]의 이익과 손해는 일을 행할 때의 긴장과 해이와 마음 부림[392]의 선택 결과이다.

物我利害, 行事之弛張, 心術之取捨也.

대개 일을 하는 사람은 이익과 손해를 헤아린다. 이때 이익은 작고 손해가 크다면 해서는 안 되고, 손해가 작고 이익이 크다면 해 나갈 수 있다.

---

390 行事는 여러 뜻이 있으나 여기서는 아래 做事의 뜻으로 보아 일을 하는 것을 말함.

391 物我는 피차 또는 대상과 나. 『列子』, 「楊朱」의 "君臣皆安, 物我兼利, 古之道也."에 보인다. (앞에 나옴)

392 心術은 內心 또는 마음 씀을 말함. 『禮記』, 「樂記」의 "姦聲亂色不留聰明, 淫樂慝禮不接心術."에 보인다. (앞에 나옴)

하지만 그러는 사이에 자연히 이룬 일의 이익과 손해가 있고, 또 부닥친 일의 이익과 손해가 있다. 이룬 일의 이익과 손해는 일의 성패와 관련이 있고, 부닥친 일의 이익과 손해는 일을 비록 이루었으나 부수적으로 부닥친 이익과 손해이다.

凡做事者, 忖度利害. 利小害多, 不可爲也, 害小利大, 可以做去. 而其間自有成事之利害, 又有觸事之利害. 成事利害, 係於事之成敗, 觸事利害, 事雖成而有傍觸之利害.

처음부터 끝까지 이익과 손해가 없는 곳과 없는 때가 없으니, 어찌 추측을 중단할 수 있겠는가? 손해를 이익으로 전환하거나 이익 때문에 손해가 발생하는 일은 참으로 기회를 따르는 데 달려 있으니, 처음에만 신중하다고 해서 저절로 기대할 수 있는 일은 아니다. 온전히 이익이 되는 일만 하려면 온 세상에 할 만한 일이 없고, 손해를 고려하지 않으면 인간 세상에 할 수 없는 일도 없을 것이다.

自始至終, 無處無利害, 無時無利害, 豈可間斷推測哉. 轉害爲利, 因利生害, 亶在隨機, 未可以愼始自期也. 欲做全利之事, 天下無可做, 不顧攸害, 人間無不可爲也.

해 설

이익을 늘이고 손해를 최소화하려면 끊임없이 추측해야 한다는 주장이다.

일이란 진행 과정에 수정하기도 하고 돌발 변수가 생겨 변하기 마련이어서 한순간도 긴장을 놓칠 수 없기 때문이다.

마지막 문장은 투자하거나 사업하는 사람에게 꼭 필요한 말이다. 위험성 없는 사업은 없으니 그 관리를 잘해야 한다. 이를 철학적 지혜로 바꾸면 세상에는 다 좋기만 하거나 다 나쁘기만 한 일은 없다는 뜻이다. 이익과 손해, 좋은 점과 나쁜 점이 섞여 있으니, 늘 긴장해서 관리해야 한다는 뜻이다. 그것이 저자의 표현으로 추측을 중단해서는 안 된다는 말이다.

56. 바야흐로 생기는 추측
方生推測

아직 듣고 보지 못한 일을 처음 당했을 때는 몽매하다가 두 번 당하면 미루고 세 번 당하면 헤아리는데, 유형별로 비교하고 비슷한 것을 참조하여393 추측이 이루어진다. 일찍이 익숙하게 익힌 대상도 그 근원을 거슬러 탐구해 보면, 모두 그렇지 않은 것이 없다.

未嘗聞觀之事, 始當蒙昧, 再當而推, 三當而測, 比類傍照, 推測成焉. 曾所熟習者, 遡究其源, 莫不皆然.

* * *

사람들이 이미 익숙하게 익힌 대상에서 말미암아 알게 된 단서를 탐구하지 않으면서, 아직 알지도 못하는 실마리를 탐내서 찾는다면, 어느 겨를에 추측의 묘한 작용을 논하겠는가? 바야흐로 생기는 추측을 가지고 이미 지나간 추측을 증험하면, 모두 그런 것임을 알 수 있다.

人於旣往之熟習, 不究所由知之端, 貪求所未知之緒, 何暇論推測之妙用. 擧其方生之推測, 以驗已往之推測, 可知皆然.

---

393 傍照는 꼭 필요한 법문이 없을 때 그와 비슷한 다른 법문을 참조하는 것. 여기서는 비교·참조의 뜻.

해 설

추측이 생기는 과정을 설명하였다.

추측은 인간의 사유 능력인데, 여기서는 그 능력이 발휘되는 과정과 그 근원을 탐구하는 방식을 설명하였다.

본문은 짧은 글이지만 의미심장한 발언이다. 흔히 서양철학과 달리 동아시아 전통 철학에는 인식론이 없다고 말하는 사람이 있는데, 저자의 학문만 알았더라도 그렇게 말할 수 있는지 의문이 든다. 더구나 『대학』의 '격물치지'가 있은 뒤로 앎의 문제를 본격적으로 다루지 않음이 없었다. 물론 그 대상과 방법과 내용이 다를 수 있고, 그 목적이 어디에 있는지의 문제는 서로 차이가 있을 수 있다.

사실 서양에서 근대적 인식론의 등장은 플라톤 전통과 중세 신학에서 형이상학적 사물의 본질이 정해져 있어서 그것을 파악하는 일을 중시했던 전통을 부정하면서이다. 객관적 사물에 대한 지식 자체를 문제 삼는 '앎의 방식과 그 과정의 반성적 연구'인 인식론은 근대의 출발과 함께 이루어졌다.

저자가 본문에서 말한 '말미암아 알게 된 단서의 탐구'는 바로 그런 인식의 문제이며, 형이상학과 신학을 극복하는 서양 근대와 같은 인식론은 조선 철학사에서 저자가 최초로 등장시켰다. 이는 서양철학의 영향만도 아니고 전통 철학의 바탕 위에서 저자 자신이 서양 중세 신학과 주희 성리학을 비판·극복하면서 나왔다. 19세기 중엽 본서를 출판할 때까지만 해도 저자는 서양 근대철학을 접할 수 없었고, 그마저 예수회 선교사들이 전한 중세철학과 신학과 대부분 그것에 기초한 과학이 거의 전부였기 때문이다.

여기서 중요한 현대적 의의는 서두에서 말한 경험에 따른 추측의 전개

과정이 우리 뇌가 사물을 인식하는 방식과 방향이 일치한다는 점이다. 곧 뇌가 외부 사물을 직접 인식하지 않고 전기 자극을 통해 파악하므로, 그것이 인식하는 방식은 이전의 경험과 유사한 점을 끊임없이 추측하여 현재의 대상을 파악하기 때문이다. 물론 그에 따른 추측의 오류도 생길 수 있다.

57. 추측에는 방법이 있다
推測有方

가와 국394과 천하에서는 가까운 것을 미루어 먼 것을 헤아리고, 대부와 사와 서민395에서는 비천함을 미루어 존귀함을 헤아리며, 왼쪽과 오른쪽과 앞과 뒤에서는 대면한 쪽을 미루어 방향을 헤아리고, 직각삼각형과 삼각형에서는 작은 것을 미루어 큰 것을 헤아리고,396 태어나고 성장하고 거두고 감추는 일397에서는 처음을 미루어 끝을 헤아리며, 대문과 뜰과 집과 방에서는 얕음을 미루어 깊음을 헤아린다.

家國天下, 推近測遠, 大夫士庶, 推賤測貴, 左右前後, 推面測方, 句股三角, 推小測大, 生成收藏, 推始測終, 門庭堂室, 推淺測深.

* * *

사물이 비록 무궁하나 추측하는 데에는 자연히 방법이 있다. 가까움·비천함·대면함·작음·시작·얕음은 사람이 익히 듣고 보는 대상이고, 멈·존귀함·방향·큼·끝·깊음은 그윽하게 숨겨져398 밝게 보고 듣기 어려

---

394 家와 國과 天下는 고대의 정치 단위로 家는 大夫, 國은 諸侯, 天下는 天子가 다스리는 나라.

395 天子-大夫-士-庶民으로 이어지는 고대 신분 계급.

396 각각 닮음과 닮음비를 이용하면 작은 삼각형을 미루어 큰 삼각형을 헤아릴 수 있다.

397 生成收藏은 春夏秋冬에 따라 만물이 生長收藏하는 모습을 저자 방식의 표현으로 보임. (앞에 나옴)

398 幽隱은 隱蔽되어 알기 어려운 것을 뜻하며 『荀子』, 「非十二子」의 "甚僻違而無類, 幽隱而無說, 閉約而無解."에 보인다. (앞에 나옴)

운 대상이다. 아는 내용을 가지고 두루 통하고 확충하면, 앎이 더욱 넓어지며 견해가 더욱 깊어진다. 그 일이 높은 경지에 이르면 성인도 잘할 수 없는 것이 있다.399

事物雖無窮, 推測自有方. 近也賤也面也小也始也淺也, 人所熟聞習見, 遠也貴也方也大也終也深也, 聞見之幽隱難澈者也. 擧其所知, 而傍通擴充, 知益廣見益深. 及其至也, 聖人有所不能耳.

---

399 『中庸章句』 第12章: 夫婦之愚, 可以與知焉, 及其至也, 雖聖人, 亦有所不知焉.

해 설

추측의 방법을 구체적으로 제시하였다.

『추측록』에서 이미 그 방법에 따라 큰 항목으로 나눈 바 있다. 여기서는 더 세밀하게 방법을 제시하였는데, 그 성격은 익히 경험한 내용을 미루어 경험하기 어려운 대상을 헤아리는 일로 설명하였다. 본서 목차의 큰 항목과 논리상 일치한다. 곧 추측의 대상은 이와 같은 방식을 통해 얼마든지 확장할 수 있다는 행간의 의도가 보인다. 철학적으로 추측의 방법을 충분히 제시했다고 하겠다. 여기서는 대상에 따른 추측 방법의 분류이다.

마지막 문장의 논리는 『중용』에서 가져왔다.

58. 마땅히 있어야 할 미룸
宜有推

처음 보고 듣는 사물에 미룸과 헤아림이 있는 사람은 환하게 아는[400] 상태요, 미루고 헤아리는 일이 없는 사람은 끝내 허황한 거짓으로 돌아간다. 마땅히 추측이 있어야 하지만 아직 추측에 이르지 못한 사람은 그 미룸을 연구하여 부합하기를 기다려야 한다.

事物之初聞初見, 有推有測者, 豁然開悟, 無推無測者, 終歸虛誕. 宜有推測, 而未及推測者, 研究其推, 期達符合.

* * *

추측에 뜻을 둔 사람은 처음 보고 듣는 사물을 비록 아직 재빠르게 미루지 못하더라도, 마땅히 있어야 할 미룸과 있지 않아야 할 미룸을 문득 짐작할 수 있으니, 이것이야말로 추측이 먼저 드러나는 빛[401]이다.

有志於推測者, 於初見聞之事物, 雖未遽然得推, 其所宜有推與不宜有推, 便可斟酌, 是乃推測先發之光影也.

---

400 開悟는 깨닫다, 이해하다의 뜻으로 『史記』, 「商君列傳」의 "吾說公以帝道, 其志不開悟矣."에 보인다. (앞에 나옴)

401 光影은 빛과 그림자의 뜻도 가지나 여기서는 햇빛의 의미로 빛이다. 『列子』, 「周穆王」의 "光影所照, 王目眩不能得視."에 보인다. (앞에 나옴) 추측을 빛으로 비유한 점은 영혼의 능동 지성(作明悟)을 빛으로 비유한 아리스토텔레스의 철학과 유사하다.

마땅히 있지 않아야 할 미룸은 일의 면모가 드러나지 않고 모양이 막혀 있어서, 말하거나 탐구할 것도 없이 자연히 그만둘 수 있다. 마땅히 있어야 하는 미룸은 아직 단계를 밟지 않아도 기미가 먼저 통하는데, 단지 하나의 장해물에 막혀 있으나 머리와 꼬리가 서로 응한다.

不宜有推者, 事面不覩, 氣色隔絶, 不待言論究索, 而自可撼罷矣. 宜有推者, 未踐階梯, 而機微先通, 只隔一障, 而首尾相應.

그 마땅히 있어야 하는 미룸을 서둘러 말하면 지적할 수 없지만, 맥락을 침잠하여 찾으면 그것이 있음을 증명402할 수 있다. 이 미룸을 시작할 때는 알려고 하나 뭐라 형용하지 못해 말투가 답답하고,403 말의 실마리가 얽혀 빙빙 돈다.404 맨 처음에는 천착을 그치지 않다가 그다음에는 잠시 버려두고 조용한 때를 기다리거나 또 따로 실마리를 찾거나 또 다른 사물을 만나 견해를 세우기도 한다. 그리하여 활동하고 쉬고 말하고 침묵하는 동안 그 일이 오래되고 더욱 견고해지면, 마침내 그 미룸을 깨달을 수 있다. 그리하여 불안하고 위태로운 내용을 쓸어버리고 온당하고 편안한 데로 돌아가니, 고생해서 얻은 깨달음이 어찌 기쁘지 않을 수 있겠는가?

趣言其推, 不可指的, 潛求脈絡, 可質其有. 辭氣憤悱, 心緒縈紆. 始則鑽鑿不已,

---

402 質은 對質의 뜻이다. 『禮記』, 「曲禮上」의 "夫人之諱, 雖質君之前, 臣不諱也."의 鄭玄의 주석에서 "質, 猶對也."라 풀이하였다. 여기서는 증명의 뜻으로 쓰였다.

403 『論語』, 「述而」: 不憤不啟, 不悱不發." 憤와 悱를 『集注』에서 "憤者, 心求通而未得之意, 悱者, 口欲言而未能之貌."라 풀이하였다.

404 縈紆는 漢 班固의 「西都賦」 "步甬道以縈紆, 又杳篠而不見陽."에 보인다.

次或抛棄俟靜, 又或別求耑緒, 又或遇物起見. 動靜語默, 久而彌堅, 畢竟悟得其推. 掃除黖脆, 歸宿妥帖, 辛苦開悟, 寧能不喜.

무릇 옛사람이 깨닫기 어려운 대상을 깨달은 일은 모두 마땅히 있어야 할 미룸을 찾아 안 것이지, 마땅히 있지 않아야 할 미룸을 찾아 안 일은 아니다. 만약 있어야 할 미룸과 있지 않아야 할 미룸에 대한 구분 없이, 있지 않아야 할 미룸을 탐색하면서 옛 논설을 나열하고 속견을 끌어다 합치는 사람은 어찌 추측의 도리를 말할 수 있겠는가?

凡古人之悟其難悟者, 儘是求得宜有之推, 不是求得不宜有之推也. 若無分於宜有推與不宜有推, 而求索其不宜有之推, 餖飣古說, 牽合俗見者, 烏可論推測之道哉.

해 설

있어야 할 미룸과 있지 않아야 할 미룸을 헤아렸다.

이 글은 인식할 수 있는 대상과 그럴 수 없는 대상의 분류를 미룸의 관점에서 말한 내용이다. 이 둘을 구분하는 일은 저자가 종교나 미신 그리고 철학에서 말하는 신이나 형이상학적 존재를 부정하는 기본 틀이기도 하다.

이 글에서 주목되는 부분은 처음 보는 대상을 미루는 주체의 심리 과정이 자세히 묘사된 내용이다. 과학자들이 사물을 관찰하여 가설을 세우거나 예술가나 문학가들이 작품을 착상할 때의 고달픈 심리를 잘 표현하였다. 실제로 옮긴이가 작품을 쓸 때 겪는 일이기도 하다. 그러니까 추측이 단순히 공허한 논리가 아니라, 철학적 논리이면서 동시에 사물을 이해하거나 탐구하는 구체적 과정임을 심리와 상황 묘사로 설명하였다.

59. 외면만의 미룸
外面推

일용사물은 장차 미룸의 근본 대상이 된다. 하지만 이미 근본에서 출발했어도 외면만 본 사람은 헤아린 곳마다 외면을 벗어나지 않는다. 그러므로 평생 추측의 얕음과 깊음과 정밀함과 거침은 일용사물을 보는 얕음과 깊음과 정밀함과 거침에서 발원한다.

日用事物, 爲將推之根本. 已自根本, 只見外面者, 到處所測, 不離外面. 故平生推測之淺深精麤, 發源於日用事物之淺深精麤.

* * *

평생 사용하는 일은 오직 일용사물에 있을 뿐이고, 하늘과 땅의 큰 원리도 일용사물에서 볼 수 있으며, 경영하여 이루는 사업[405]도 일용사물을 벗어나지 않는다.

平生須用, 惟在於日用事物, 天地大道, 可見於日用事物, 營濟功業, 不離於日用事物.

대저 사람은 처음 만나는 일용사물에서 미룸을 터득하여 근본 방식으로 삼고, 뒤따르는 일용사물에 헤아림을 사용하여 좇아 실행하는 규칙[406]

---

405 여기서 말하는 功業은 공훈이 있는 큰 사업의 뜻이 아니라 일상의 사업을 뜻함. 『呂氏春秋』, 「上農」의 "是故天子親率諸侯, 耕帝籍田, 士大夫皆有功業."에 보인다.
406 則例는 성문화된 규칙과 관례. 또는 청대의 종합 법전인 『淸會典』의 운용상의

으로 삼는다. 그런데 그 방식이 상세하고 분명해도 오히려 규칙이 끼치는
폐단이 염려되는데, 하물며 본래부터 상세하고 분명하지 않은 방식이랴.

夫人得推於初值之日用事物, 以爲根本法式, 庸測於後來之日用事物, 以爲遵行則
例. 法式詳明, 猶恐則例之貽弊, 況法式本不詳明乎.

조금이라도 총명이 뛰어난 사람은 간혹 일용사물은 평범하게 여기고
소홀하여, 거기에 마음 두는 일을 달갑지 않게 여겨서 문득 깊고 오묘
한[407] 길에서 돈오[408]를 바라니, 이는 미룸이 없이 한갓 헤아리는 일이다.
또 자질이 둔하고 낮은 사람은 간혹 날로 쓰면서도 모르니, 이는 미룸은
있으나 미룸을 모르며 헤아림을 당해도 헤아림을 모른다.

稍有聰明之發越者, 或以日用事物, 爲平常而忽畧之, 不屑留心, 輒希頓悟於要妙之
途, 是無推而徒測也. 又有資質鹵下者, 或日用而不知, 是有推而不知推, 當測而不
知測也.

그 사이에 간혹 일용사물을 미룸의 대상으로 삼을 수 있어도, 거기에도
얕거나 깊거나 정밀하거나 거친 구별이 있다. 그래서 터득한 미룸이
얕은 사람은 탐구하고 취사하는 일이 단지 외면에 있을 뿐이어서 시종일
관 유유범범하여[409] 헤아림 또한 적절하지 않다. 반면 터득한 미룸이

則例. 여기서는 규정화된 규칙의 의미.
407 要妙는 『老子』 27章의 "不貴其師, 不愛其資, 雖智大迷, 是謂要妙."에 보인다.
408 단번에 깨달음을 일컫는 불교의 용어로 漸修와 대비된다. (앞에 나옴)
409 悠泛은 悠悠泛泛의 줄인 말. 국어사전에서 '무슨 일을 꼼꼼하게 하지 아니하고
    느리며 조심성이 없다'라고 풀이하고 있다.

깊은 사람은 사물에 나아가 근원과 말단을 탐구하여 밝히되 사물을 만나 서로 참고하여 변통하며, 대부분 말이 합당하고[410] 행동에 여유가 있다.

其間或能以日用事物爲推, 而亦有淺深精麤之別. 得推淺者, 究索取捨, 只在於外面, 終始悠泛, 測亦不覰. 得推深者, 就事物而究明源委, 遇事物而參互變通, 言多剴切, 行有餘裕.

또 터득한 미룸이 정밀한 사람은 말과 행동이 순수할 뿐 아니라 조예도 미묘하여, 시초를 들어도 끝을 헤아리며 하나만 가지고 만 가지를 아우를 수 있다. 반면 터득한 미룸이 거친 사람은 설령 성품과 행동이 남다르다고 말하더라도, 또한 익힌 내용이 들뜨고 혼잡하여서 끌어 근거 대는 내용이 거짓이고 가벼우며, 흠모하여 본받는 일이 현실과 거리가 멀다.[411]

得推精者, 非特言行純一, 亦能造詣微妙, 聞始測終, 擧一攝萬. 得推麤者, 縱云性行雖殊, 亦由所習浮雜, 引據誕率, 慕效迂遠.

대체로 보아 이 네 사람의 사례는 일용사물 가운데 젖어 포함되어 있지만, 터득한 미룸에 저절로 우열이 있으니, 거기서 사용하는 헤아림에서도 갈라지는 우열이 있다. 이러한 우열에 생각이 미칠 수 있는 사람이 그 추측의 단서에 거슬러 올라가 탐구하고, 또 미룸을 터득한 근원에 거슬러 올라가면, 이에 공부의 절반은 지난 상태이다.

---

410 剴切은 합당하다 적절하다는 뜻으로 『新唐書』, 「儒學傳上·孔穎達」이 "後太子稍不 法, 穎達爭不已, 乳夫人曰, 太子旣長, 不宜數面折之. 對曰, 蒙國厚恩, 雖死不恨, 剴切愈至."에 보인다. (앞에 나옴)

411 迂遠은 『史記』, 「孟子荀卿列傳」의 "適梁, 梁惠王不果所言, 則見以爲迂遠而闊於事 情."에 보인다.

凡此四者, 涵囿於日用事物之中, 而得推自有優劣, 則及其庸測, 亦有歧路之優劣.
有能念到於優劣者, 遡究其推測之端, 又遡其得推之源, 斯過半矣.

해 설

일용사물이 미룸의 근본이며, 거기에도 수준 차이가 있다고 자세히 설명하였다.

일용사물을 강조했다는 점에서 실학 정신의 발로로만 보면 안 된다. 사실 일용사물이 미룸의 근본이라는 말은 경험 내용을 근거로 추측한다는 저자의 논리와 통한다. 곧 사람이 태어나면서부터 만나는 일상의 사물은 인간 사고 범주를 구성하며, 그것이 추상화되면서 철학의 범주로 전환된다. 가령 도(道)라는 말은 원래 평상시 다니는 길이지만, 그것을 추상화하면서 원리나 법칙 또는 윤리의 범주 개념으로 바뀐 것뿐이다. 그러니까 그런 일용사물을 어떻게 보느냐에 따라 추측의 수준도 달라져, 겉모습만 보거나 심도 있게 보면 추측도 그렇다는 뜻이다. 그래서 본문의 '미룸이 없는 한갓 헤아림'이란 이런 일용사물에 근거를 두지 않은 초월자와 같은 추상적 관념이나 존재를 말한다. 역으로 어떠한 심오한 이론이나 관념이라 할지라도 그 뿌리는 일용사물에 있어야 한다는 주장이다. 마치 과학 법칙이 아무리 복잡하고 심오해도 그 뿌리는 물질에 있다는 사실과 같다.

60. 전례와 형률
典禮刑律

전례란 교화의 증험이니, 인정과 의리와 민속으로써 그것을 따르거나
바꾸는 전례의 근거로 삼는다. 형률이란 백성을 다스리는 약속된 조항이
니, 잘 다스려지는 시대와 보통의 평범한 시대와 혼란한 시대[412]를 가볍
거나 무겁게 적용하는 근거로 삼는다.

典禮者, 敎化之徵驗, 以情義俗爲沿革. 刑律者, 御民之約條. 以治平亂爲輕重.

* * *

전례는 인정에 근원하고 있지만, 인정은 끝이 없어 의리로서 결단하여
백성의 뜻이 일정하게 하고, 나라의 제도를 통일한다. 하지만 나라의
제도에 폐단이 생겨 백성의 뜻이 다른 데로 흘러 떠나가면, 이에 시속의
물듦이 있게 된다. 그래서 교화가 그것을 말미암아 느슨하거나 조이기도
하고, 전례 또한 그것을 따라 예전 것을 따르거나 새로 바뀌기도 한다.

典禮源於人情, 而情有無窮, 斷之以義, 定民志統國制矣. 國制生弊, 民志流遷, 乃有
時俗之習染. 敎化因之而弛張, 典禮亦隨而沿革.

삼대 이래로『주례』[413]와『통전』[414]과『개원례』[415]와『정화례』[416]와

---

412 治世는 잘 다스린 太平世. 平世는 治世에 버금가는 昇平世로 보는데, 여기서는
   보통의 평범한 시대임. 亂世는 혼란한 세상. 이 세 가지는 전통적으로 역사의
   진행 또는 단계를 말할 때 사용되었다.

『효자록』417과 지금의『회전』418은 모두 그 큰 줄기를 보존하고 세부 항목을 덜어내고 보탠 것인데, 옛것을 미루어 지금을 헤아리지 않음이 없다. 하지만 교화가 잘 시행되면 전례는 볼 만하지만, 교화가 잘 시행되지 않으면 전례는 단지 실속 없는 겉치레 조항419일 뿐이다.

自三代以來, 周禮通典開元禮政和禮孝慈錄及今會典, 皆存其大綱, 損益節文, 無非推古測今也. 然敎化行, 則典禮可觀, 敎化不行, 則典禮只是文具耳.

형률은 백성의 잘못됨을 막는 데서 나와 그들에게 널리 알린 약속된 조항인데, 공정해야지 사사롭게 적용하면 안 된다. 하지만 그것을 가볍거나 무겁게 다루는 방법은 오로지 악인을 교화하는 데 목적을 둔 것이어서, 잘 다스려지는 시대에는 가벼운 법을 적용하고, 평범한 시대에는 중간 정도로 적용하며, 혼란한 시대에는 무거운 법을 적용한다.

刑律出於禁民爲非, 而誓衆之約條, 宜公不宜私. 然輕之重之, 惟以化惡爲期, 則治世用輕典, 平世用中典, 亂世用重典.

대개 전례와 형률은 천자가 제정하여 온 세상 사람들이 공유하는 것이다.

---

413 『儀禮』와『禮記』와 함께 三禮의 하나로 周나라와 전국시대 각국의 제도를 기록한 책.
414 당나라의 재상 杜佑(735~812)가 고대부터 당나라까지 전례를 편찬한 책.
415 당나라 현종 연간(713~741)에 蕭嵩 등이 칙명을 받아 편찬한 전례서.
416 북송의 徽宗 때 鄭居中 等이 편찬한『政和五禮新儀』.
417 1374년 명대 朱元璋의 명으로 宋濂이 찬한 상례에 관한 책.
418 明淸 때에 編纂된 綜合 法典.
419 文具는 빈 條文이란 뜻으로『史記』,「張釋之馮唐列傳」의 "且秦以任刀筆之吏, 吏爭以亟疾苛察相高, 然其敝徒文具耳, 無惻隱之實."에 보인다.

전례의 조문은 의리로서 따르거나 어길지 정해야 하고, 형률의 조항은
한 사람의 견해로 무리의 뜻을 어겨서는 안 된다.

蓋禮律者, 天子之所定制, 寰宇之所共公也. 禮之明文, 可以義定從違, 律之正條,
不可以獨見違衆.

해 설

나라의 제도와 형법의 근본정신을 헤아렸다.

전례와 형률은 나라를 다스리는 예악형정 가운데 두 가지 요소이다.

전례의 핵심은 예법이고, 형률은 오늘날의 형법과 같다.

중요한 점은 그것들이 제각기 의리와 공정에 바탕을 두지만, 고정불변한
것이 아니고 시대의 변천에 따라 조절하여 실효성이 있어야 한다는
점이다. 특히 형법의 적용은 시대 상황에 따라 경중을 달리 적용해야
한다고 밝혔다. 마치 평상시와 전시에 법 적용이 다르듯이, 변통 사상이
녹아있다. 특히 예법을 천리의 절문(節文)으로 보아 고정적으로 보는
관점과 차이가 있다.

오늘날 우리의 법 제도는 빠르게 변하는 시대의 흐름에 제대로 부응하지
못하고 있다. 아마도 기득권을 놓고 싶지 않은 계층의 이익을 대변하고
있거나 입법부나 행정부가 일을 제대로 못 하기 때문이리라.

61. 선으로 옮겨감과 허물의 고침
遷善改過

선으로 옮겨감을 미루어 허물의 고침을 헤아리고, 허물의 고침을 미루어 선으로 옮겨감을 헤아리는 데는 자연히 서로 키워주는 이로움이 있다. 하지만 선으로 옮겨감을 위주로 하지 않고 오로지 허물만 고치려고 한다면, 붙드는[420] 방법은 없고 고집하고 인색한[421] 잘못만 있다. 또 허물 고침을 선으로 옮겨가는 노력으로 삼지 않으면, 자기의 허물을 알지 못할 뿐만 아니라, '되돌아옴이 미혹된 흉함'[422]을 면하기 어렵다. 【『주역』 복괘 상육 소상전의 말.】

推遷善而測改過, 推改過而測遷善, 自有互發之益. 不以遷善爲主, 惟欲改過, 則無扶將之道, 有固吝之非. 又不以改過爲遷善之功, 則非獨自過不知, 難免迷復之凶. 【復卦上六象辭.】

* * *

허물이란 선으로 옮겨감의 잘못[423]이요, 선이란 잘못을 적게 하는 일의

---

420 扶將은 扶持와 같은 뜻. 『漢書』, 「外戚傳上·孝景王皇后」의 "家人驚恐, 女逃匿, 扶將出拜."에 보인다. (앞에 나옴)

421 固吝은 『論語大全』, 「子張」의 "子貢曰, 君子之過也, 如日月之食焉. 過也, 人皆見之, 更也, 人皆仰之."에 대한 新安陳氏의 "若小人, 則諱過而掩匿, 不改過而固吝, 益重其過而愈暗愈甚矣."에서 가져온 말이다.

422 『周易』, 「復卦」: 象曰, 迷復之凶, 反君道也.

423 差誤는 錯誤와 같은 뜻. 『韓非子』, 「制分」의 "是以賞罰擾亂, 邦道差誤, 刑賞之不分白也."에 보인다. 여기서는 잘못의 뜻. '선으로 옮겨감의 잘못'은 선으로 옮겨가는 차체가 잘못이라는 뜻이 아니라, 제대로 遷善하지 못한 잘못이라는 뜻.

명칭이다. 허물이 없는 상태 외에 어찌 다른 선한 길이 있겠는가? 마땅히 나아가야 함에도 나아가지 않음이 허물이요, 마땅히 그만두어야 함에도 그만두지 않음이 허물이다. 그러므로 선으로 옮겨감이 곧 허물을 고침이요, 허물을 고침이 곧 선으로 옮겨가는 일이다.

過者遷善之差誤也, 善者寡差誤之稱也. 無過之外, 豈有他善道哉. 當進而不進是過也, 當止而不止亦過也. 故遷善卽改過, 改過卽遷善也.

만약 선한 길로 나아가는 일을 위주로 하지 않고 단지 허물을 고치려고만 한다면, 허물은 반드시 고치기 어렵고, 자기 허물을 드러내는 일을 부끄러워하여 아닌 것처럼 조작하고[424] 허물이 있으면 반드시 변명으로 꾸며대는[425] 일에 이르니, 이것이 진짜 허물이다.

若不以進就善道爲主, 而只欲改過, 則過必難改, 至於恥過作非, 有過必文, 是眞過矣.

만약 선한 데로 옮겨감에 뜻을 둔다면, 조그만 잘못이라도 비록 참아 넘기려고 할 때는 반드시 겸연쩍어 스스로 편안하지 못하므로,[426] 그 허물 고치기를 힘써서 선한 일에 피해가 없게 한다. 안회(顔回)[427]의 "자기에게 불선이 있으면 알지 못한 적이 없었고, 알았으면 두 번 다시

---

424 『書經』, 「說命中」: 無啓寵納侮, 無恥過作非.
425 『論語』, 「子張」: 子夏曰, 小人之過也, 必文.
426 『周易傳義大全』, 「復卦」 六二 소상전의 "雖或小有所差, 而其慊然不自安之意, 已萌於中."이라는 雙峯饒氏의 말에게 가져왔다. (강조는 같은 글자)
427 공자 제자. 顔子는 그를 높여 부른 말.

잘못을 되풀이하지 않았다"[428]라는 말은 단지 선을 행하는 뜻이 깊고 절실한 의미이지, 허물을 고치는 일뿐이라는 뜻은 아니다.

若以遷善立志, 則小有差誤, 雖欲忍之, 必慊然不自安, 務改其過, 俾無害於善也. 顔子之有不善, 未嘗不知, 知之未嘗復行者, 只是爲善之志深切, 非爲其過改之而已.

---

428 이 말은 『論語』, 「雍也」의 "哀公問, 弟子孰爲好學. 孔子對曰, 有顔回者好學, 不遷怒, 不貳過, 不幸短命死矣, 今也則亡, 未聞好學者也."에 대한 『集注』에서 "程子曰, 顔子之怒, 在物不在己. 故不遷, 有不善, 未嘗不知, 知之未嘗復行."이라는 말을 인용한 것. (강조는 같은 글자)

해 설

글자 순서만 바꾼 같은 제목의 두 번째 글이다. 제목은 같아도 다루는 초점은 다르다. 여기서는 개과와 천선의 사이를 추측이 매개하여 그 의미와 실천의 방법을 밝혔다.

그래서 개과와 천선의 일이 두 가지가 아니라 "선으로 옮겨감이 곧 허물을 고침이요, 허물을 고침이 곧 선으로 옮겨가는 일이다"라고 정리했다.

여기서 허물을 달리 불선의 결과로 바꾸어 말할 수 있다. 그렇다면 위의 진술에 따라서 보면 선과 불선은 이분법적으로 정해진 실체가 아니다. 불선이란 단지 선하지 않은 상태일 뿐, 그것을 고치면 선의 상태가 된다. 그래서 "선으로 옮겨감이 곧 허물을 고침이요, 허물을 고침이 곧 선으로 옮겨가는 일이다"라고 말하였다. 다만 여기에 주의 사항이 있는데, 그 허물을 고치려고만 해서는 안 되고 선을 지향하는 의지가 있어야 한다고 주장하였다.

『추측록』 권5의 「개과천선(改過遷善)」의 해설에서 선악의 문제를 다루었기에 여기서는 생략하겠다.

62. 하늘 섬김과 땅 섬김
事天事地

아버지 섬김을 미루어 하늘 섬김을 헤아리고, 어머니 섬김을 미루어 땅 섬김을 헤아리며, 관장(官長)429 섬김을 미루어 임금 섬김을 헤아리고, 친구와 사귐을 미루어 스승 섬김을 헤아린다.

推事父而測事天, 推事母而測事地, 推事官而測事君, 推交友而測事師.

* * *

사(事)라는 말은 받들어 섬긴다430는 뜻이다. 보통 보답할 일이 있으면 마땅하게 받들어 섬기는데, 곧 인간의 도리이다. 부모가 자식을 양육하느라431 고생한432 은혜는 가깝고도 간절하고, 하늘과 땅이 만물을 마름질하고 거느려서 낳아 이루어 준 은덕은 멀고도 크다.

事者, 奉事之也. 凡有所報, 隨宜奉事, 卽人之道也. 父母之顧復劬勞, 近且切, 天地之裁御生成, 遠且大.

---

429 시골 백성이 고을 수령을 높여 일컫던 말.

430 奉事은 侍奉의 뜻으로 『戰國策』의 「秦策四」의 "薛公入魏而出齊女 … 齊女入魏而怨薛公, 終以齊奉事王矣."에 보이고, 또 信奉의 의미로 『後漢書』, 「皇甫嵩傳」의 "鉅鹿張角自稱大賢良師, 奉事黃老道."에 보인다. 여기서는 전자의 뜻.

431 顧復은 『詩經』, 「小雅·蓼莪」의 "父兮生我, 母兮鞠我, 拊我畜我, 長我育我, 顧我復我, 出入腹我."에 보이며 당 孔穎達이 "覆育我, 顧視我, 反覆我, 其出入門戶之時常愛厚我, 是生我劬勞也."로 풀이하면서 부모의 양육으로 일컫게 됨.

432 劬勞도 같은 책: "哀哀父母, 生我劬勞."에 보임. 勞苦의 뜻.

가깝고 간절한 부모님의 은혜에는 추울 때 따뜻하게 해드리고 더울 때 시원하게 해드리며 저녁에는 잠자리를 정해드리고 새벽에는 문안하여 살피는[433] 일과 정성껏 봉양하고[434] 친애하며 공경하는[435] 일에는 저절로 그 헤아림이 있다. 이것은 사람의 정으로 사람의 정에 보답하는 것이다.

近而切者, 溫淸定省, 忠養愛敬, 自有其測. 是以人情報人情也.

멀고 큰 하늘과 땅의 은덕에는 세세하게 섬기는 노력으로 받들 수 없고, 마땅히 그 받은 것을 이루고 성취할 수 있으니, 거기에 어긋나지 않도록 해야 한다. 하늘과 땅은 이미 나에게 마음과 본성을 주었고, 내가 몸을 관할하고 일의 이치를 추측함은 마음을 보존하고 본성을 기르는 것이니, 그것이 하늘과 땅을 섬기는 방식이다.[436] 이것은 인간의 큰 교화[437]로서 자연의 큰 화육[438]에 보답하는 일이다. 그러니 부모는 가깝고도 간절한 하늘과 땅이고, 하늘과 땅은 멀고도 큰 부모이다.

---

433 『禮記』, 「曲禮上」: 凡爲人子之禮, 冬溫而夏淸, 昏定而晨省.

434 같은 책, 「內則」: 孝子之養老也, 樂其心不違其志, 樂其耳目, 安其寢處, 以其飮食忠養之.

435 『孝經』, 「天下」: 愛敬盡於事親, 而德敎加於百姓.

436 『孟子』, 「盡心上」: 存其心, 養其性, 所以事天也. 본문의 '그것'은 이 存其心과 養其性을 말함.

437 이 大化는 앞의 문맥을 고려하면 넓고도 깊은 인간의 내면과 행위의 변화로 보인다. 곧 『書經』에서 "肆予大化誘我友邦君"라고 하여 넓고 멀고 깊이 도달한 교화의 뜻으로 쓰였다.

438 이 大化는 자연이 만물을 化育하는 일로서 『荀子』, 「天論」의 "列星隨旋, 日月遞炤, 四時代御, 陰陽大化."에 보인다.

遠而大者, 不可以區區事功奉承, 當遂其所受而克就, 不使違越也. 天地旣與我以心性, 管轄軀殼, 推測事理, 則存心而養性, 乃所以事天事地. 是以大化報大化也. 然則父母乃切近之天地, 天地乃遠大之父母也.

관장이 은덕을 베풀려는 뜻[439]을 펼쳐서 인민을 교화하고 기름은 바로 임금의 명령을 받듦이니, 관장을 섬김이 곧 임금을 섬기는 도리이다. 친구들이 서로 강습하며,[440] 서로 간절히 권면하며[441] 감화하는 교육[442]은 바로 스승이 전해주어 익히는[443] 일이니, 친구와 사귐이 곧 스승 섬김의 출발[444]이다.

官長之宣布德意, 敎養人民, 乃奉承君令, 則事官長, 卽事君之道也. 朋友之麗澤講磨, 切偲薰陶, 乃師長之傳習, 則交朋友, 卽事師之漸也.

사람이 받들어 섬기는 대상에 힘과 마음을 쓰는 일은 앎의 정도에 따른다. 그래서 여러 해 동안 끌어 말해도 잘하지 못하기도 하고, 몸의 봉양은 알아도 부모를 공경하는 심성은 모르기도 하고,[445] 임금이 있음은 알아

---

439 德意는 『周禮』, 「秋官·掌交」의 "道王之德意志慮, 使咸知王之好惡."에 보인다.

440 『周易』, 「兌卦」: 麗澤兌, 君子以朋友講習. 본문은 講習을 講磨로 바꾸었음. (강조는 같은 글자)

441 切偲는 切切偲偲의 준말로 『論語』, 「子路」의 "朋友切切偲偲, 兄弟怡怡."에 보이며 『集注』에서는 "胡氏曰, 切切, 懇到也, 偲偲, 詳勉也."라고 풀이했다.

442 薰陶는 불에 물건을 굽고 흙으로 그릇을 만드는 비유로 감화를 주는 교육을 말함. 『宋史』, 「道學傳一·程頤」의 "今夫人民善敎其子弟者, 亦必延名德之士, 使與之處, 以薰陶成性."

443 『論語』, 「學而」: 曾子曰, 吾日三省吾身, 爲人謀而不忠乎. 與朋友交而不信乎. 傳不習乎. 王守仁 『傳習錄』의 이름도 여기서 따 왔다.

444 漸에는 여러 뜻이 있으나 여기서는 시작 또는 출발의 뜻이다. "『新唐書』, 「王綝傳贊」의 "及建言不斥太子名, 以動群臣, 示中興之漸, 所謂人難言者, 於方慶難乎哉."

도 관장이 있음을 모르기도 하고, 친구가 있음을 알아도 스승이 있음을 모르기도 하고, 혹은 실지에 맞지 않는 헛된 명분을 빌려서 알맹이가 없다. 오직 마음과 본성의 추측을 알 수 있는 사람이야말로 섬기는 일에 가까울 것이다.

人於奉事者, 用力用心, 隨知覺之分數. 或提論積年而不能, 或知有口體而不知心性, 或知有君而不知有官長, 或知有友而不知有師, 或假虛名而無其實. 惟能知心性之推測者, 庶幾於所事也.

하지만 하늘과 땅, 부모, 임금과 관장은 모두 지위가 정해져 있지만, 스승과 친구는 고정해 지적하는 규정이 없어서 서로 도와 이로우면446 친구로 삼고, 나를 계발해 주면 스승으로 삼는다.

然天地父母及人主官長, 皆有定焉, 至於師友, 無一定之指的, 以輔益爲友, 啓發爲師.

---

445 『論語』, 「爲政」: 子游, 問孝. 子曰, 今之孝者, 是謂能養, 至於犬馬, 皆能有養, 不敬, 何以別乎. 본문은 공자의 이 가르침에 따라 기술하였다.

446 같은 책, 「學而」 "無友不如己者."의 『集注』에 "友, 所以輔仁, 不如己, 則無益而有損." 와 같은 책, 「顏淵」의 "曾子曰, 君子, 以文會友, 以友輔仁."에서 輔와 益을 취했다.

해 설

가까이 있는 대상의 섬김을 추측하여 멀리 있는 대상의 섬김을 설명하였다.

섬길 만한 사람을 섬기는 일은 예나 지금이나 변함이 없다. 하늘과 땅을 섬긴다는 말은 종교적 냄새가 나지만, 실은 『맹자』에 '하늘 섬김'이 등장한다. 곧 자신의 본심을 보존하고 착한 본성을 기르는 일이 곧 하늘을 섬기는 방식이라는 말이 그것이다. 하지만 그것은 저절로 되는 일이 아니고 성인과 같은 큰 스승의 교화를 말미암는다. 여기서 하늘을 섬긴다는 점에서 고대 종교의 흔적이기도 하지만, 그것을 내면의 수양으로 전환하였고, 송대 성리학자들은 그것을 철학적으로 심화시켰다. 물론 저자가 맹자를 계승한 방식은 주희 성리학과는 다르다.[447]

저자의 하늘 섬김의 문제는 서양 종교를 비판한 『추측록』 권5의 「서양 종교의 변천(西敎沿革)」에서 다루었는데, 거기서도 '몸을 닦는 일은 하늘을 섬기는 길'이라고 분명히 하였다. 그런데 여기서는 땅을 섬긴다는 말을 추가하였다. 이는 앞서 섬기는 대상으로서 부모를 말하여 그것을 미루어 헤아려야 하기에, 어머니에 대한 추측의 대상으로서 땅을 등장시켰기 때문이다. 사실 천지가 부모라는 생각은 이미 『서경』에 보인다.[448]

이는 훗날 동학의 2대 교주 최시형이 '천지 부모'라는 말을 사용하여 남성 중심의 기독교의 '하느님 아버지'와 달리 시천주(侍天主)의 대상을 아버지를 상징하는 하늘과 어머니를 상징하는 땅을 합하여 천지로

---

447 곧 주희 철학과 달리 저자는 存心의 대상인 本心은 神氣와 推測이며, 養性의 대상인 本性은 본능과 규범의 통일체로서 재해석한 점이 그것이다.

448 『書經』, 「泰誓上」: 惟天地萬物父母, 惟人萬物之靈.

확장한 것449처럼, 저자 또한 섬긴다는 관점에서 기독교의 신관도 의식
하고 있었는지 모르겠다.

---

449 이종란, 『서양 문명의 도전과 기의 철학』, 213쪽.

63. 학문하고 정치하는 일
爲學爲政

학문을 하면서도 추측에 통달하지 않으면, 그것은 반드시 문장을 꾸미고 외는[450] 말단이다. 정치를 하면서도 추측에 밝지 않으면, 계통[451]을 붙들어 세우는 방법에 곤란을 겪을 것이다.

爲學而不達推測, 必是詞章記誦之末. 爲政而不明推測, 難于體統扶植之方.

* * *

문장을 꾸미고 외는 공부는 그 재능[452]을 자랑하여 과거시험에 합격하려는 사람이 익히는 일이다. 이것은 그 일을 그만두는 것보다는 낫겠지만, 그런 사람은 평생의 정력을 한갓 이런 일에 허비하여 학문에 나아가는 방법을 모른다. 비록 그것이 타고난 재질의 깊이와 높이에 따른 것이기는 하더라도, 실상은 학문의 올바른 길을 몰랐기 때문이다. 만약 문장을 꾸미는 깊은 뜻을 가지고 공허한 문장을 버리고 실용을 취하며, 몸에서 미루고 물건에서 헤아려 그 요령을 얻고, 고금의 사물에 질정하여 의혹이 없고 어긋나지 않아야만, 참으로 학문하는 방법이다.

---

450 詞章은 지금의 문학처럼 아름다운 글을 꾸미는 일, 記誦은 외거나 암송하는 일.

451 體統은 지금 사용하는 체면의 뜻이 아니라 체제 또는 체계의 뜻이다. 그 용례로 『朱子語類』 94-87의 "若以體統論之, 仁卻是體, 義卻是用."에 보인다. 저자는 뒤의 풀이에서 大本綱領이라 규정한 점을 보면 거기에 보태 법통·계통의 뜻으로 쓰였다.

452 技能는 재주와 재능이다. 『管子』, 「形勢解」의 "明主猶造父也, 善治其民, 度量其力, 審其技能, 故立功而民不困傷."에 보인다.

詞章記誦, 乃誇伐技能, 要捷試取者之所習. 是則猶賢乎已也, 平生精力, 徒費於此, 不知有進學之方. 雖緣於才稟之淺深高卑, 以其未得軌轍之所由也. 如將詞章之旨義, 捨虛文取實用, 推諸身測諸物, 得其要領, 質諸古今事物, 不惑不忒, 乃眞爲學之方也.

아주 잘하는453 공허한 담론으로 앞 사람을 이기려고 기대하는 사람, 자기의 견해를 치우쳐 고집하여 그것과 같으면 당을 만들고 다르면 공격하는454 사람 따위는 명분은 비록 학문한다고 하나, 일에서는 이루기 어렵고 남을 부릴 때는 남이 복종하기 어려우니, 이 또한 추측과 증험의 실제 근거를 연구하지 않은 데서 나왔다.

若夫馳騁空談, 期勝前人者, 偏執己見, 黨同伐異者, 名雖爲學, 在事則難濟, 御人則難服, 亦出於不講推證之實據也.

계통이란 백성을 지탱하고 만사를 거느리는455 큰 근본과 강령으로, 이전의 성왕이 창제하고 법통을 세워 만세까지 바뀌지 않음을 열어준 것이다. 그리하여 천자와 제후와 대부와 사와 서인이 자연히 서로 계통을 가져서 곧장 한 몸을 이루었다. 마치 몸에는 팔과 다리가 있고, 여러 별이 북극성을 중심으로 도는 현상456과 같아서, 예법의 등급이 분명하고457 교화와 명령이 흘러 통한다.

---

453 馳騁은 여러 뜻이 있으나 여기서는 재능 따위를 충분히 발휘한다는 뜻으로 『漢書』, 「司馬遷傳贊」의 "亦其涉獵者廣博, 貫穿經傳, 馳騁古今, 上下數千載間, 斯以勤矣."에 보인다.

454 黨同伐異는 『後漢書』, 「黨同傳」의 "自武帝以後, 崇尚儒學, 至有石渠分爭之論, 黨同伐異之說, 守文之徒, 盛於時矣."에 등장하는 말. (앞에 나옴)

455 提挈은 통솔, 지배한다는 의미로 『淮南子』, 「俶眞訓」의 "提挈天地而委萬物, 以鴻濛爲景柱, 而浮揚乎無畛崖之際."에 보인다.

456 『論語』, 「爲政」: 子曰, 爲政以德, 譬如北辰, 居其所, 而衆星共之.

體統者, 維持百姓, 提挈萬事之大本綱領, 先聖王所以創制立統, 開萬世之不易也. 天子諸侯大夫士庶人, 自相有統, 便成一體. 如身有手足, 星拱辰極, 禮級皦如, 敎令流通.

만약 신분의 상하를 추측하지 않고 한갓 정치만 일삼는다면, 장부와 회계[458]와 규례와 글을 아름답게 꾸미는 말단일 뿐이니, 어찌 계통을 붙들어 세우는 일을 논할 수 있겠는가?

若不推測上下, 徒事爲政, 則簿書期會規例文飾之末而已, 烏可論扶植體統.

---

457 皦如는 같은 책, 「八佾」의 "樂其可知也. 始作, 翕如也, 從之, 純如也, 皦如也, 繹如也, 以成."에 보인다.
458 여기서 期會는 꼼꼼한 규정 내에서만 처리하는 일로서 대부분 관청의 재물 출입을 뜻하는 말로, 『新唐書』, 「狄仁杰傳」의 "人君惟生殺柄不以假人, 至簿書期會, 宜責有司."에 보인다.

해 설

학문과 정치에 추측이 필요함을 말하였다.

여기서 추측은 학문과 정치의 근본정신까지 미루어 헤아리는 일이다. 앞의 글에서도 나왔지만, 저자의 학문은 합리성과 객관성과 실효성을 중시한다. 그러기에 문장을 아름답게 꾸며서 과거시험이나 준비하는 사장(詞章)과 기송(記誦)을 일삼는 학문은 평가 절하의 대상이다. 해서 저자는 문학이나 예술이나 종교적 내용은 비판 이외에는 거의 다루지 않는다.

전근대사회 정치의 사회적 배경과 방법은 오늘날의 그것과 다르지만, 그 이념과 내용에서 리더가 모든 사람이 잘 살게 통치한다는 점에서 크게 다르지 않다. 그래서 정치의 영역에서는 체통으로 표현되는 큰 줄기를 중심으로 이루어야지, 세세하게 문서를 다루거나 규정에 얽매이는 일을 말단으로 취급하였다. 모두 근본에서 추측이 미진한 탓이다. 오늘날 학문이 밥벌이만을 위하거나 학문을 위한 학문이 되어 버리고, 정치는 특정 집단의 이익을 대변하거나 사욕을 채우면서, 정보에 어두운 민중의 인기에 영합하여 정치생명을 유지하려는 일이 되어 버린 감이 없지 않다. 학문과 정치가 왜 있는지 제대로 추측했으면 좋겠다.

64. 좋아함과 싫어함을 참되게 하다
眞好惡

좋아할 만한 사람을 좋아함은 그가 일에 도움이 되기 때문이니, 좋아하지 않으면서 진출시키면[459] 반드시 일을 해친다. 싫어할 만한 사람을 싫어함은 그가 일에 해롭기 때문이니, 싫어하지 않으면서 퇴출하면 반드시 일을 해친다.

好其可好, 以其益於事者, 不好之而進用, 則必害事. 惡其可惡, 以其害於事者, 不惡之而退黜, 則必害事.

지위가 있는 사람은 직무상 맡은 일을 일삼고, 지위가 없는 선비는 도학을 일삼고, 보통의 백성은 농업과 공업과 상업을 일삼는다. 나아가 일용에서 늘 하는 일이나 남을 기다려 일을 이루는 경우는 귀천과 노소에 관계없이 모두 일하니, 일을 따라 좋아함과 싫어함에는 자연히 어떤 규칙이 있다.

有位者, 以職任爲事, 無位之士, 以道學爲事, 凡民以農工商爲事. 至於日用常行及須人有濟, 無貴賤無老少, 而皆從事焉, 隨事好惡, 自有其則.

* * *

---

459 進用은 선발하여 임용하는 뜻으로 『韓非子』, 「人主」의 "今則不然, 其當途之臣得勢擅事以環其私, 左右近習朋黨比周以制疏遠, 則法術之士奚時得進用, 人主奚時得論裁."에 보인다.

사람의 좋아함과 싫어함은 제각기 같지 않다. 참을 숭상하는 사람은 참을 좋아하나 거짓을 싫어하고, 거짓에 힘쓰는 사람은 거짓을 좋아하나 참을 싫어한다. 또 선을 행하는 사람은 선을 좋아하나 악을 싫어하고, 불선을 행하는 사람은 불선을 좋아하나 선을 싫어하니, 이렇게 좋아할 만한 대상을 좋아하고 싫어할 만한 대상을 싫어하는 것, 이것이 좋아함과 싫어함을 참되게 하는 일이다.

人之好惡, 各有不同. 尚實者, 好實而惡虛, 務虛者, 好虛而惡實. 爲善者, 好善而惡惡, 爲不善者, 好不善而惡善, 則好其可好, 惡其可惡, 是眞好惡也.

사람에게는 반드시 일이 있으므로 일에 도움이 되는 것이 좋아할 만한 대상이고, 일에 해로운 것이 싫어할 만한 대상이다. 하지만 좋아함과 싫어함을 알 수 있으면서도, 좋아함과 싫어함을 실행할 수 없는 사람은 하는 일이 이로운지 해로운지 참된 앎이 없기 때문이다. 만약 참된 앎을 가졌다면, 어찌 좋아하고 싫어하는 일에 적절한 방법이 없음을 걱정하겠는가?

人必有事, 則益於事者, 是可好也, 害於事者, 是可惡也. 能知好惡, 而不克行好之惡之者, 其於事爲利害, 未有眞知也. 若有眞知, 則何患好之惡之, 不得其道也.

하지만 매우 좋아해서 생긴 피해는 얕으나 매우 싫어해서 생긴 피해는 깊으니, 좋아함과 싫어함에 지나침과 모자람이 없는 상태가 중용의 도리에 맞다. 일의 좋고 싫음은 지위와 업무에 따라 그 상태가 제각기 다르고, 마음의 좋고 싫음은 지위나 사람 수에 상관없이 순한 대상을 좋아하고

거스르는 대상을 싫어함은 누구나 같다.

然好之甚者其害淺, 惡之甚者其害深, 好之惡之, 無過不及, 是爲得中也. 事之好惡, 隨位隨業, 所好所惡, 各有不同, 心之好惡, 無貴賤無衆寡, 好順惡逆, 無不同也.

해 설

좋아함과 싫어함의 문제인 호오를 헤아렸다.

호오는 저자 철학에서 선악 판단의 심리적 기초가 됨을 앞의 『추측록』 권1의 「선악에도 미룸이 있다(善惡有推)」와 같은 책 권3의 「추측은 본성에서 나온다(推測生於性)」 등에서 살펴본 적이 있다. 바로 본문의 마지막 단락에서도 호오가 심리적 순역과 관련되어 있다는 지적도 그런 뜻이다. 이는 선악 자체가 존재하는 실체 개념이 아니기 때문이다. 선에 대응하는 용어를 '악'보다는 '불선'이라는 말을 자주 쓰는 점을 보면 금방 알 수 있다.

이 글에서 호오는 크게 두 가지 방면에 적용하였다. 일의 이익과 손해, 가치의 참과 거짓이 그것으로, 이익과 참을 좋아하고 손해와 거짓을 싫어하는 일이 진정한 호오라는 생각이다. 문제는 무엇이 이익인지 해로움인지 아는 일이다. 본문에서 추측을 직접 거론하지는 않았지만, 그것을 해결하는 일이 추측임이 행간에서 묻어 나온다.

65. 스스로 터득하다
自得

입고 먹는 즐거움은 근심을 잊는 일을 즐거움으로 삼고, 학문의 즐거움은 스스로 터득함을 즐거움으로 삼는다. 그러므로 신체는 의복과 음식으로서 성장하고, 마음과 본성의 문제는 스스로 터득해서 나아간다.

衣食之樂, 以忘憂爲樂, 學問之樂, 以自得爲樂. 故身體以衣食而成長, 心性以自得而進就.

* * *

사람에게 입고 먹는 일이란 죽을 때까지 근심거리로서 그것을 잠시라도 잊지 않으면 하루라도 견디기 어렵다. 그래서 생을 마감할 때까지 부지런히 움직여 곡식과 옷감으로 창고를 채우는데, 그 과정에서 은연중에 즐거움이 있다. 이는 다름이 아니라 한 해 동안 입고 먹을 근심을 잊기 때문이다.[460]

人於衣食, 有終身之憂, 非忘憂, 則雖一日難堪也. 終歲勤作, 穀帛盈庫, 隱然有樂. 是無他, 乃忘一歲衣食之憂也.

사람에게 학문이란 죽을 때까지 일거리로서 스스로 터득하는 일이 아니

---

[460] 농업을 기준으로 말하면, 衣食의 풍족함과 부족함이 1년 단위 농사의 凶豐에 좌우되어, 풍년일 경우 그렇다는 뜻이다. 옷감의 재료(무명·삼·모시·뽕나무)도 결국 농사의 산물이고 옷감 자체도 화폐이기 때문이다.

면 작은 일에도 근거가 없다. 그래서 해를 거듭하여 탐구하는 이치가 밝고 분명해지면 즐거움이 그득히 있다. 이는 다름이 아니라 스스로 터득한 내용이 있어서 평생 존양의 밑천이 되기 때문이다.

人於學問, 有終身之業, 非自得, 雖微事無據也. 積年究索, 理致昭著, 充然有樂. 是無他, 乃有自得, 而資平生之存養也.

그래서 입고 먹는 일에 근심 없애는 점을 미루어 스스로 터득하는 학문을 헤아린다. 입고 먹는 일에 근심이 있으면 신체가 성장할 길이 없음은 사람이 쉽게 안다. 그러므로 죽을 힘을 다해 그것을 찾으니 얼어 죽거나 굶어 죽는 사람이 몹시 드물다.

推衣食之無憂, 測學問之自得. 衣食有憂, 則身體無以成長, 人所易見. 故求之用死力, 凍餒者頗鮮.

하지만 학문을 하면서 스스로 터득한 내용이 없으면, 마음과 본성의 문제에 나아가는 방법이 없음을 사람들이 알기 어렵다. 그러므로 스스로 터득하는 데 힘쓰지 않아 종신토록 어리석음을 벗어나지 못하는 사람 또한 많다. 만약 스스로 터득하기를 입고 먹는 일에 근심을 없애는 일처럼 한다면, 스스로 터득하는 방법이 거의 생길 것이다.

學問而無自得, 無以進就心性, 人所難知. 故求之不用力, 終身不免昏愚者亦多. 若求其自得, 如衣食之求無憂, 則庶有自得之方.

한 가지 일만 스스로 터득하면 겨우 탐구하는 재미만 알 것이지만, 여러 가지 일을 스스로 터득하면 점점 추측의 길이 열릴 것이다. 그리하여 작은 일을 스스로 터득하여 그것을 확충하면 큰일을 스스로 터득할 수 있어서 그 요령과 기준461을 터득하는 데 이르면, 온갖 대상이 스스로 터득하는 일이 아님이 없어서 그 즐거움이 넓고도 클 것이다.

一事自得, 纔通求索之滋味, 數事自得, 漸開推測之門路. 小事自得而充擴之, 大事可以自得, 至於自得要領權衡, 則上下四方, 無非自得, 其樂廣大.

---

461 權衡은 저울추와 저울대로 이루어진 저울이 일차적 뜻이지만, 여기서는 『韓非子』, 「守道」의 "明於尊位必賞, 故能使人盡力於權衡, 死節於官職."의 용례처럼 法度 또는 표준(기준)의 의미이다.

해 설

학문에서 자득의 중요성과 그것이 추측의 바탕임을 헤아렸다.
저자에게 자득이란 크게 두 가지 의미가 있다. 하나는 경험을 의미하는 뜻으로 『신기통』 권1의 「앎과 추측은 모두 스스로 얻었다(知覺推測皆自得)」에서 말한 바와 같이 인식 내용이 외부의 대상에서 비롯한다는 뜻을 인식주체의 관점에서 말한 것이 그 하나이다.
또 하나는 체득의 의미로 스스로 충분히 이해 또는 터득한다는 뜻이다. 이는 교육학적으로 매우 중요한 관점인데, 논리적으로 보면 교사는 학생이 아는 데 도움을 줄 수 있어도 학생이 아는 작용에 직접 간여하지 못한다. 결국 앎을 이루는 일은 배우는 학생 스스로 어떤 대상을 이해하거나 깨달아야 한다는 사실이다. 이는 물가에 말을 끌고 가서 물을 마시게 하는 일로 자주 비유된다. 마시는 당사자는 말이기 때문이다.
전통적으로 잘 이해한다는 표현을 '깨우친다'라는 말로 자주 사용해 왔는데, 바로 몽매함을 깨트리고 스스로 이해하는 체득이라는 자득의 문제로 사물의 본질을 있는 그대로 잘 이해했다는 뜻이다. 본문의 자득은 바로 후자의 경우이다. 학문이란 직접적인 감각 내용을 넘어서서 그것을 추론하여 어떤 이치나 원리를 찾는 과정이다. 그렇게 하려면 자득에서 출발하여 여러 사태나 내용을 더욱 잘 이해해야 하고, 그 과정에 추측이 활발하게 이루어지면서 그 방법과 기준을 자득하게 된다는 주장이다. 특히 마음과 본성은 이러한 자득을 밑바탕으로 한 추측이 아니면 설명하기 어렵다. 마치 철학과 종교의 그 많은 이론과 가르침도 충분한 이해와 깨달음이 없으면 뭔 소린지 도무지 알 수 없는 이치와 같다.

66. 사물을 관찰하는 방법에는 다섯 가지가 있다
觀物有五

내가 나를 관찰하는 것은 반관[462]이요, 사물의 관점에서 사물을 관찰하는 것은 무아[463]요, 내가 사물을 관찰하는 것은 궁리요, 사물의 관점에서 나를 관찰하는 것은 증험이요, 나만 있고 사물이 없는 것은 미발이다. 이 다섯 가지를 갖추어 추측이 완성된다.

以我觀我反觀也, 以物觀物無我也, 以我觀物窮理也, 以物觀我證驗也, 有我無物未發也. 五者備而推測成矣.

* * *

추측 작용은 도달하지 않는 곳이 없고 때에 따라 변한다. 그래서 앎에는 앎의 추측이 있고, 행위에는 행위의 추측이 있고, 결정에는 결정의 추측이 있고, 획득에는 획득의 추측이 있다. 하지만 추측을 사용하는 방법을 말하면, 사물과 내가 분리되고 합하는 데서 자연히 다섯 가지 규칙이 있다.

---

462 反觀은 邵雍의 『觀物編』 第2卷, 「觀物內篇下」의 "聖人之所以能一萬物之情者, 謂其聖人之能反觀也. 所以謂之反觀者, 不以我觀物也. 不以我觀物者, 以物觀物之謂也. 旣能以物觀物, 又安有我于其間哉. 是知我亦人也, 人亦我也, 我與人皆物也."에 나오는 말로서 그 의미는 以物觀物로 사물을 객관적으로 본다는 의미이다. 하지만 저자는 따로 以物觀物의 항목을 두었고, 또 아래의 '推我心測我行, 省舊愆察來效'을 보면 反觀은 자기를 들여다보는 반성이나 성찰의 의미로 썼다. (강조는 옮긴이)

463 無我는 나의 주관적 견해가 없는 상태로, 전체 문맥을 고려하며 객관적이고 보편적이라는 의미.

推測之用, 無處不達, 隨時有變. 知有知之推測, 行有行之推測, 定有定之推測, 得有
得之推測. 然語其須用之方, 物我離合, 自有五則.

먼저 내 마음을 미루어 나의 행위를 헤아리는 것인데, 옛 허물을 살펴
다가올 효과를 살피는 일을 일러서 '내가 나를 관찰한다'라고 한다. 다음
으로 온 세상 사람들의 눈을 미루어 내가 보는 일로 삼고, 온 세상 사람들
의 귀를 미루어 내가 듣는 일로 삼고, 앞의 사물을 미루어서 뒤의 사물을
헤아리고, 왼쪽 사물을 미루어 오른쪽 사물을 헤아리니, 이것을 일러
'사물의 관점에서 사물을 관찰한다'라고 한다.464 또 내가 이전에 안
이치를 미루어 고금의 물리를 헤아리니, 이것을 일러 '내가 사물을 관찰
한다'라고 한다. 또한 이미 헤아린 내용이 있으면 물리를 불러와 합하는
지 증험하니, 이것을 일러 '사물의 관점에서 나를 관찰한다'라고 한다.
그리고 보지도 듣지도 않아 사물과 접촉이 없어서 본마음을 보존하고
본성을 기를 때 희로애락이 아직 발동하지 않으니, 이것을 일러 '나만
있고 사물이 없다'라고 한다.

推我心測我行, 省舊愆察來效, 是謂以我觀我也. 推天下之目以爲見, 推天下之耳以
爲聽, 推前物測後物, 推左物測右物, 是謂以物觀物也. 推我前日所得之理, 以測古
今物理, 是謂以我觀物也. 旣有所測, 驗物理之來合, 是謂以物觀我也. 不覩不聞,
未與物接, 存心養性, 喜怒未發, 是謂有我無物也.

이 다섯 가지는 억지로 나누고 꾸며서 나열한 것이 아니라, 거기에는

---

464 이 내용은 邵雍의 『觀物編』第2卷, 「觀物內篇下」의 "旣能<u>以物觀物</u>, 又安有我于其間
哉. 是知我亦人也, 人亦我也, 我與人皆物也. 此所以能<u>用天下之目爲己之目</u>, 其目無
所不觀矣. <u>用天下之耳爲己之耳</u>, 其耳無所不聽矣."의 내용을 변용한 것이다. 곧 '用~
爲~' 구문을 저자가 '推~以爲~'의 논리로 변용했음을 알 수 있다. (강조는 옮긴이)

자연히 바뀌지 않는 조리가 있다.

此五者非强分矯列, 自有不易之條理.

해 설

사물을 관찰하는 5가지 방식의 인식 논리를 추측에 적용하여 설명하였다. 이 방식의 원형은 북송 때의 소옹(邵雍, 1011~1077)이 지은 『관물편(觀物編)』의 내용 가운데 이물관물(以物觀物)과 이물관아(以我觀物)의 두 가지가 등장한다. 여기서 저자가 物과 我를 사용하여 4가지로 조합하고 하나를 더 보태 다섯 가지 논리로 확장하였다. 이 다섯 가지의 논리를 함께 사용한 문헌은 아직 보지 못했는데, 저자의 독창적인 견해로 보인다. 어쩌다 한두 가지가 다른 영역에, 이를테면 성(性)과 정(情) 등에 적용되어 산발적으로 보이기는 하지만, 모두 소옹의 그것과 관련이 있다.

더구나 저자는 소옹의 글에서 논리의 형식만 취하였고 내용은 다르다. 가령 소옹은 이물관물(以物觀物)을 반관(反觀)이라고 규정했지만, 저자는 그것을 무아(無我)라 규정하였고, 대신 이아관아(以我觀我)를 반관이라 재규정하였다. 그러니까 양자가 반관의 의미를 다르게 쓰고 있으며, 저자가 소옹의 저술 속에서 그가 말한 반관의 정의를 분명히 보았을 테지만, 일부러 취하지 않고 달리 보았음을 알 수 있다.

바로 여기서 우리는 저자의 글쓰기 방식을 재확인할 수 있는데, 글의 내용이나 논리를 다른 저술에서 가져와 자기 관점에 맞으면 그대로 쓰기도 하고, 몇 글자 바꾸어 그 의미를 자기 철학의 맥락으로 바꾸기도 하며, 논리를 변용하여 확장하고, 또 논리만 취하고 자기 내용으로 바꾸며, 용어의 의미를 재규정하는 등의 방식을 사용한다는 점이다. 이제껏 살펴본 내용에 따르면 그렇다는 말이다. 이 작업은 자기 철학이 어느 정도 완성되어야 가능한 일이다. 그러니 엉터리 학위논문처럼 남의 글을 짜깁기만 해서는 절대로 자기 글이 되지 않는다.

67. 색깔을 미루어 사물을 관찰하다
推色觀物

동식물을 교배하여 생산한 후손은 마치 오색이 서로 섞여 중간색465을 띠는 것과 같다. 사람의 얼굴빛466이 상황에 따라 달라지는 모습은 구름이 흐르면서 햇빛을 받아 여러 색깔로 변하는 현상과 같다.

物之騙交所産, 如五色參互而成間色. 人之色態隨異, 如雲氣流注變諸色.

* * *

나귀와 말이 교배하여 노새를 낳고, 버드나무와 살구나무를 접목하여 유행467이 되는 일은 마치 오색이 서로 섞여 여러 색을 만드는 현상과 같다.

驢與馬, 相交而産騾, 柳與杏, 相騙而爲柳杏, 如五色相交而諸色生.

시험 삼아 밀폐된 방에 창문을 이중으로 닫아 어둡게 만들고, 하나의 작은 틈을 내어 햇빛이 통하게 한다. 그리고 틈 안쪽에 여러 색깔의 유리를 설치하고 깨끗한 흰 종이를 대면, 비치는 색깔이 제작기 다르다.

---

465 間色은 전통색 개념에서 오방색 중 두 색을 섞었을 때 나오는 색을 말한다. 雜色이라고도 부름. 중간색과 혼용하기도 함.
466 色態는 글 전체의 맥락을 보면 얼굴의 선천적 피부색과 후천적 감정이 결합한 통일체로서 낯빛으로 보임. 국어사전에서 낯빛은 얼굴의 빛깔이나 기색으로 풀이함.
467 살구의 한 종류.

노란 유리와 붉은 유리를 겹쳐서 비치게 하면 종이 위에는 황금색이 나타나고, 노란 유리와 푸른 유리를 겹치면 녹색이 나타나고, 붉은 유리와 푸른 유리를 겹치면 자주색이 나타나고, 노란 유리와 검은 유리를 겹치면 황갈색이 나타나고, 푸른 유리와 검은 유리를 겹치면 짙은 푸른색이 나타나는데, 물감을 서로 섞는 일도 이와 유사하다. 대체로 보아 인간이 보고 들은 내용을 기억하는 일도 이와 유사하나.

試於密室中, 戶牖重閉, 務令幽暗, 微開一隙, 以通日光. 隙內置各色玻璃, 用潔白紙對之, 所映之色各異. 黃玻璃紅玻璃重映, 則紙上現黃金色, 一黃一靑, 則紙上現綠色, 一紅一靑現紫色, 一黃一黑現沈香色, 一靑一黑現深靑色, 至於彩色參用, 亦類于此. 凡人之聞見習染, 亦類于此.

사람의 얼굴빛은 타고난 기와 혈468을 따라 결정되지만, 기와 혈은 또 기쁨과 분노 등의 감정의 심한 정도에 따라 얼굴빛의 차이를 드러낸다. 이는 마치 구름이 햇빛을 받으면 환상(幻像)469인 색깔을 보이는 것처럼, 그 색깔은 혹 공기 질의 두꺼움과 얇음, 혹은 햇빛의 직진과 반사, 혹은 공중의 형세를 말미암아 달라지는470 일과 같다.

且人之色態, 隨稟賦之氣血而有定, 然氣血又因喜怒紓慘, 其色有異. 如雲受日照, 有幻妄之色, 或有氣質之厚薄, 或由光輝之進退, 或由空際之異勢.

---

468 전통 의학 용어인 기와 혈로 둘은 다르게 작용하거나 서로 의존하여 장기와 조직에 영향을 제공하여 생명 활동을 유지함. 葛洪의 『抱樸子』, 「勤求」의 "夫人生先受精神於天地, 後稟氣血於父母."에 보인다. 여기서는 몸의 요소.

469 幻妄은 허황하고 망령되다는 비현실적인 모습.

470 이 부분은 『空際格致』 卷2, 「空際異色」의 "其色之異品, 或由氣質厚薄, 或由輝光進退, 或由空際之異勢, 或由目視之强弱."에서 가져왔다. (강조는 같은 글자)

대체로 보아 빛이 비치는 공중의 물체471가 두꺼우면, 그것이 만든 색깔은 반드시 깊고 어둡다. 그 물체가 차츰 얇아지고 축축하게 되면, 색깔은 반드시 푸르게 된다. 만약 또 조금 더 얇아지면 색은 반드시 붉게 보인다. 그 몸체가 또 얇아지면 색은 청록이다. 만약 몸체가 깨끗하면서 차츰 두터우면 황색이 된다.472 또 땅 기운의 비춤473이 있어 여러 별이 다른 색깔을 띠고, 연기가 피어오름에 따라 불꽃의 색깔도 달라진다.

凡光照空際之體厚, 則其色必深黑. 若體稍薄而濕, 則其色必靑. 若又稍薄, 則其色必紅. 若體甚薄, 則其色靑綠. 若體精而稍厚色黃. 又有地氣映射, 諸曜異色, 烟氣熏灼, 火焰異色.

대개 색깔을 논할 때 진짜와 환상의 구분이 있는데, 진짜는 물체 그 자체에서 나오고, 환상은 빛이 물체를 비출 때 빛이 반사하는 형세에서 생긴다. 환상을 진짜라 여기지 말고 진짜를 환상으로 헤아리지 않아야 여러 색깔을 분별할 수 있다.

蓋論色, 有眞實幻妄之分, 眞實者, 生於體質, 幻妄者, 生於光照物體, 退返之勢. 勿以幻爲眞, 勿以眞擬幻, 可以分別諸色.

---

471 여기서는 구름의 경우.

472 『空際格致』, 앞의 책: 凡光照空際之體甚厚, 其所生色, 必深而黑. 其體稍薄而濕, 色必靑. 若又略薄, 則色見紅. 其體又薄, 則色靑綠. 體又精而稍帶厚, 則色爲黃. (강조는 같은 글자)

473 앞의 다른 곳에서는 蒙氣로 인한 빛의 굴절을 가리킴. 蒙氣란 지기가 만든 지구의 대기를 말함. (앞에 나옴)

해 설

사물의 색깔을 헤아렸다.

본문 설명에는 정확한 사실도 있고 부정확한 것도 있다. 동물 교배의 경우 가령 흰 쥐와 검은 쥐를 교배했을 때 회색의 쥐가 나오지 않고, 잡종 1대에는 우성 유전자가 발현되는 한 가지 색, 잡종 2대에는 3:1로 두 색이 나타나는 현상이 유전의 우열 법칙이다. 하지만 우성 유전자가 확실하지 않은 중간 유전의 경우 본문의 설명처럼 흰색과 붉은색 꽃 사이의 분홍색 꽃도 나온다고 한다. 또 식물의 접붙이기는 원줄기의 특성이 아니라, 가져와 접붙인 줄기에 해당하는 식물의 특징이 드러난다. 빛의 혼합은 본문에서 말하는 벽틈으로 유리를 대는 실험 대신에 오늘날 학교나 공연장에서 전등에 색 셀로판지를 붙여 대신할 수 있는데, 빛은 섞으면 밝아지고 물감은 반대로 색이 어두워진다. 물론 중간색의 성격도 더 밝아지거나 어두워지는 점에서는 둘이 다르다.

사실 멘델(Mendel, Gregor Johann, 1822~1884)의 유전법칙은 수도원의 정원에서 완두콩의 교배 실험을 통해 1865년에 유전의 모든 법칙을 명확하게 밝혔어도 당시에는 인정받지 못했다. 저자의 이런 언급은 부정확한 점이 있어도 그보다 앞선 것이어서, 과학사에서 의미는 있다. 사람의 얼굴빛과 과학의 그것은 반드시 일치하지 않는다. 그래서 감정의 영향을 받는다고 지적하였다.

공중의 색깔은『공제격치』의 내용을 인용하였는데, 부정확한 내용도 들어 있다. 근대 과학이 등장하기 이전에 설명한 내용이기 때문이다.

68. 만물이 낳고 기르는 방법을 취하다
取物生養

생존하고[474] 번식하는 작은 벌레들[475]도 본성과 목숨을 보전하여 자손을 전할 수 있다. 만약 한 가지라도 기능하지 못하면 빨리 죽거나 자손이 끊어진다. 그러므로 새와 쥐가 같은 굴에 살고[476] 낭과 패가 서로 의지하니,[477] 성인의 지혜를 가진 사람이 이런 사물에서 방법을 취하여 사람들의 앎을 열어 일을 이루게 하고,[478] 시대에 맞게 새로 법도를 제정하여[479] 사물에 부합하게 하였다.

蠢動之物, 有需養生息者, 可以全性命傳子孫. 如有偏廢, 天命絶嗣. 故鳥鼠同穴,

---

474 需養의 需 자에 이미 공급하여 供養하는 의미가 들어 있다. 『周易』, 「序卦傳」의 "物稚不可不養也, 故受之以需, 需者飲食之道也."에 보인다. 여기서는 먹이활동을 통해 생존한다는 뜻.

475 蠢動은 일찍이 본성에서 나온 자연적 행동이란 뜻으로 『莊子』, 「天地」의 "至德之世, 不尚賢, 不使能, 上如標枝, 民如野鹿, 端正而不知以爲義, 相愛而不知以爲仁, 實而不知以爲忠, 當而不知以爲信, 蠢動而相使, 不以爲賜. 是故行而無跡, 事而無傳."에 보인다. 여기서는 꿈틀거리는 작은 벌레의 뜻.

476 『爾雅』, 「釋鳥」: 鳥鼠同穴, 其鳥爲鵌, 其鼠爲鼵.

477 狼狽相須는 倚狼狽相倚의 뜻으로 쓰임. 狼과 狽는 전설적 동물로 狼은 앞다리가 길고 뒷다리가 짧고 狽는 앞다리가 짧고 뒷다리가 길어 서로 의지하여 걷다가 서로 떨어지면 넘어지게 되므로 곤란에 빠진 낭패의 뜻으로 쓰였다. 이 설명은 唐 段成式의 『酉陽雜俎』, 「毛篇」의 "或言狼狽是兩物, 狽前足絶短, 每行常駕兩狼, 失狼則不能動, 故世言事乖者稱狼狽."에도 보인다.

478 開務는 開物成務의 준말. 開物成務는 『周易』, 「繫辭上」의 "子曰, 夫易何爲者也. 夫易開物成務, 冒天下之道, 如斯而已者也. 是故聖人以通天下之志, 以定天下之業, 以斷天下之疑."에 나오는 말.

479 義起는 예법 등에는 없지만 당시의 의리에 비추어 새로 법도나 일을 제정하는 일. 『禮記』, 「禮運」의 "禮也者, 義之實也. 恊諸義而恊, 則禮雖先王未之有, 可以義起."에 보인다.

狼狽相須, 則聖智之人, 有取法於物而開務焉, 有所義起而與物符合焉.

* * *

어미의 태에서 태어나는 동물, 알에서 나는 동물, 자연적으로 생겨나는 동물,480 식물의 네 가지 생물이 생존과 번식의 방도를 얻지 못하여 없어져 사라지는 것은 이루 다 기록할 수 없다. 그러니 사람도 이런 동물과 조금도 다르지 않다.

胎卵化植, 四生之物, 不得其需養之道生息之方, 而滅絶者, 不可勝記. 人與物少無殊焉.

생존의 방법은 몸의 특징과 사는 곳과 습성에 따라 제각기 다르다. 기를 빨아들이는 것, 이슬을 먹는 것, 부리로 쪼아 먹이를 구하는 것, 발로 먹이를 포획하는 것, 깃으로 치는 것, 꼬리로 묶는 것 등 모두 몸의 이로운 특징을 따라 생존한다.

需養之道, 隨其形質處習而不同. 吸氣者飮露者嘴啄者足攫者羽擊者尾縛者, 皆因

---

480 원문의 化는 氣化의 준말로, 이것을 生殖에 따라 태어나는 形化에 대응하여 부른 것. 이 氣化와 形化는 『二程遺書』 卷5에 "萬物之始, 皆氣化, 旣形然後, 以形相禪, 有形化, 形化長則氣化漸消."에 보이고, 또 『周易傳義大全』, 「繫辭下」 5장의 "天地絪縕, 言氣化也, 男女構精, 言形化也."의 朱熹 주석에서도 보이며, 또 그의 「太極圖說解」의 "陽而健者成男, 則父之道也, 陰而順者成女, 則母之道也. 是以物之始, 以氣化而生者也. 氣聚成形, 則形交氣感, 遂以形化, 而人物生生變化無窮矣."에서도 보인다. 이 氣化와 形化에 대한 조선에서의 기철학적 담론은 홍대용의 『醫山問答』에 보인다(이종란, 『의산문답』, 한설연, 2017, 299-344쪽 참조). 본문의 기화는 생물의 분류에서 곤충과 같은 작은 벌레는 저절로 생긴다고 보는 고대의 관점에 따라 말한 것이다.

形質之利而需養也.

거미가 거미줄을 치고 승냥이 떼가 사냥감을 포위하는 행태는 기밀한 계산에서 먹잇감을 마련하는 것이요, 공공이 궐을 등에 지고481 비익조가 몸을 합치는 일482 따위는 그 기능을 합쳐 먹이활동을 하는 일이다.

蜘蛛之結網, 犲獸之圍陣, 設機計以爲食者也, 蛩蛩負蹷, 比翼幷體, 通其功以爲食者也.

나아가 습성483이 서로 견제하는 관계나 강한 자와 약한 자가 대적하지 않는 등 무한한 조목별 구별이 있으나 번식하는 방법도 생존의 득실에 의존한다. 새와 쥐가 비록 다른 종류지만 환경484을 따라 같은 굴에 동거하고, 낭과 패가 비록 각기 두 다리를 못 쓰지만 자기의 온전한 두 다리로 상대의 온전치 못한 두 다리를 보완하여 함께 다닐 수 있다.

至於氣味之相制, 剛弱之不敵, 又有無限條別, 而生息之方, 亦由於需養之得失. 鳥鼠雖異類, 可因風氣而同穴, 狼狽雖偏體, 可通有無而幷行.

---

481 蛩蛩은『山海經』등장하는 말처럼 생긴 동물. 蛩蛩巨虛라고도 함. 蹷은 앞발이 쥐 뒷발이 토끼 모양의 짐승이다. 蛩蛩負蹷은 漢 劉向의『說苑』,「復恩」의 "孔子曰, 北方有獸, 其名曰蹷, 前足鼠, 後足兔. 是獸也, 甚矣其愛蛩蛩巨虛也, 食得甘草, 必齧以遺蛩蛩巨虛. 蛩蛩巨虛見人將來, 必負蹷以走. 蹷非性之愛蛩蛩巨虛也, 爲其假足之故也, 二獸者亦非性之愛蹷也, 爲其得甘草而遺之故也."와 葛洪『抱樸子』,「博喩」에 "蛩蛩之負蹷, 雖寄命而不得爲仁義."에도 보인다.
482 比翼鳥는 암수 각각 눈과 날개가 하나여서 짝을 짓지 않으면 날지 못한다는 전설 속 새의 모습을 말한 것.『爾雅』,「釋地」의 "南方有比翼鳥焉, 不比不飛, 其名謂之鶼鶼."에 보인다.
483 氣味는 보통 냄새와 맛으로 쓰이는데 여기서는 동물의 특성이나 습성.
484 風氣는 기후·풍습·풍속 따위를 통틀어 일컫는 말인데, 여기서는 환경의 뜻.

그러니 성인의 지혜를 가진 사람이 물건을 관찰하여 방법을 취한 일이 어찌 단지 한 가지 물건에 나아가 한 가지 일만 열어주는 일이 마치 물 위에 뜬 나뭇잎을 보고 배만 만들고 거미줄을 뽑는 거미를 보고 그물만 만들 듯이 하겠는가? 조용히 거처할 때 수양하는 일은 마치 용과 이무기가 신비로움을 보존하는 일485과 같고, 때를 기다려 일을 일으킴은 마치 기린과 봉황이 출현하는 것486과 같고, 힘을 합치고 무리와 협력하는 일은 마치 꿀벌 집의 군신과 개미집의 장졸과 같아서, 온 세상 사람의 보고 들은 내용을 전달받아 견문으로 삼고, 온 세상 사람들의 경험을 합쳐 나487의 경험으로 삼는다.

則聖智之人, 觀物取法, 豈特就一物而開一務, 如見漂葉而造舟, 看蛛絲而結網哉. 靜居修養, 如龍蛇存神, 待時興作, 如麟鳳出現, 幷力協衆, 如蜂衙君臣, 蟻營將卒, 傳天下之耳目, 以爲聞見, 合天下之閱歷, 以爲經驗.

그리하여 만국 풍속의 공통점, 해양과 대륙의 생산물 교역, 동물이 잘하는 짓, 사람이 잘하는 일에는 모두 취할 만한 것이 있다. 간혹 아직 듣고 알지 못하여 내가 시대에 맞게 새로 만드는 법도는 반드시 물리와 인사가 나에게 앞서거나 뒤서거나 하여 부합되는 일이 있을 것이다.

萬國之風俗大同, 海陸之物産交濟, 物之所能, 人之所能, 皆有可取焉. 或有未及聞

---

485 『周易』, 「繫辭下」: 尺蠖之屈以求信也, 龍蛇之蟄以存身也, 精義入神以致用也, 利用安身以崇德也. 본문은 龍蛇存身을 바꾸어 龍蛇存神으로 썼다.
486 『禮記』, 「禮運」의 "何謂四靈. 麟鳳龜龍謂之四靈."의 전통에 따라 기린과 봉황은 상서로운 동물로 여겼다.
487 앞에서 말한 성인의 지혜를 가진 사람. 뒤의 我도 같이 적용됨.

知, 而自我義起者, 必有物理人事之先後於我而符合焉.

대개 사람과 동물이 잘하는 일에는 저절로 방도를 따르는 법칙[488]이 있고 모두 이치와 기를 계승하고 있다. 설령 몸의 특징과 사는 곳과 습성의 차이가 있더라도, 생존과 번식의 양태는 그리 멀지 않다. 그러니 하나로 녹여 모아 관통하고, 만물의 활동에 참여해서 한 몸이 되고, 세계에 두루 미쳐 한 마음을 쓴다.

蓋人物之所能, 自有循道之軌轍, 共承之理氣. 縱有形質處習之差異, 其所需養生息, 不甚相遠. 融會貫通, 參萬物而爲一體, 環四海而費一心.

---

488 軌轍은 바퀴 자국으로 규범이나 법칙의 뜻이다. 王充 『論衡』, 「自紀」의 "何文之察, 與彼經藝殊軌轍也."에 보인다. (앞에 나옴)

해 설

동물과 인간의 생존과 번식이 같음을 논하였다.

동물이 몸의 특징과 사는 곳에 따라 습성의 차이와 다양한 생존방식이 있지만, 먹이활동을 위한 사냥과 협력과 공생을 통한 생존과 번식이 사람과 다르지 않음을 말하였고, 성인의 지혜를 지닌 사람이 거기서 인간에게 필요한 법도를 취하였다고 하였다.

이는 홍대용의 『의산문답』에서도 "임금과 신하의 예의는 대개 벌에서 취하였고, 군사의 진법(陣法)은 개미에서 취하였으며, 예절의 제도는 다람쥐에서 취하였고, 그물을 설치하는 법은 대체로 거미에게서 취하였다. 그러므로 '성인은 만물을 본받는다'"[489]라고 언급하고 있다.

그런데 진술의 사실 여부를 일단 제쳐두고, 이런 사고는 어디서 왔을까? 『의산문답』의 그것은 『관윤자(關尹子)』, 「삼극(三極)」에 보인다.[490] 『관윤자』는 도가 계열의 책으로 주나라 관령(關令) 윤희(尹喜)란 사람의 저작이라고 하나, 당 말의 도사 두광정(杜光庭, 850~933)의 위작으로 본다. 그 내용이 불교와도 관련되기 때문이다.[491]

사실 이보다 더 근원적인 사상은 『주역』에 보인다. 곧 가까이는 몸에서 멀리는 물건에서 인간에게 필요한 방도를 취했다[492]는 일이 그것이다. 물론 여기서는 취한 내용이 주역의 괘를 그리기 위한 것이지만, 괘가

---

489 『醫山問答』: 君臣之儀, 盖取諸蜂, 兵陣之法, 盖取諸蟻, 禮節之制, 盖取諸拱鼠, 網罟之設, 盖取諸蜘蛛. 故曰聖人師萬物.

490 『關尹子』, 「三極」: 聖人師蜂立君臣, 師蜘蛛立網罟, 師拱鼠制禮, 師戰蟻置兵. 衆人師賢人, 賢人師聖人, 聖人師萬物, 惟聖人同物, 所以無我.

491 이종란, 『의산문답』, 100쪽.

492 『周易』, 「繫辭下」: 古者包犧氏之王天下也, 仰則觀象於天, 俯則觀法於地, 觀鳥獸之文與地之宜, <u>近取諸身遠取諸物</u>, 於是始作八卦, 以通神明之德, 以類萬物之情.

있기 전에 상(象)이 있었기에 만물에서 상을 취하여 기물을 만들었다는 이어지는 「계사하」의 설명이 그것을 잘 말해준다.

사실 저자 사상은 비록 성리학을 따르지 않았지만, 유가 전통의 인문적 성격이 강하여 기철학으로 유학을 재해석했다고 하겠다. 하지만 그렇게만 본다면 저자의 사상을 온전히 설명하기 어렵다. 바로 본문에서 비록 인간이 동물로부터 살아가는 법을 취하기는 했지만, 생존하고 번식하는 본질은 다르지 않다는 점이 그것이다. 이는 『장자』에 보이는 '만물이 모두 같다'라는 사상과 통한다. 물론 이것은 홍대용의 그것보다 덜하기는 하지만, 본서의 문맥에서 보면 사물에서 법을 취한 점을 넘어서서, 만물이 자연을 따르고 기와 이치를 갖고 생존하고 번식하는 양태가 같다는 점에서 그렇다. 홍대용도 그렇지만 저자의 글에서 유독 『장자』에 나오는 단어가 자주 등장하는 것은 결코 우연은 아닐 것이다.

이는 저자의 사상이 기의 사상을 중심으로, 기존 유학은 물론 조선에서 유학의 정통으로 인정받지 못한 양명학, 외도 이단으로 취급된 도가와 서학 등의 사상이 융합되어 있음을 말해준다. 시대가 19세기인 만큼 시대의 과제를 두고 이전 사상의 장점을 융합하는 일은 어쩌면 당연한 일이다.

69. 자주 늘 사용하는 여러 도구
習用諸具

백성이 늘 사용하는 것 가운데 빠뜨릴 수 없는 대상은 전례와 정교와
서수와 재용과 의식과 궁실과 기명뿐이다.[493]

生民習用, 不可闕者, 典禮政敎書數財用衣食宮室器皿耳.

천지 만물은 늘 사용하는 바탕이고, 삼강과 오상은 그[494] 준칙이고,
경전의 뜻풀이와 역사 기록은 그 경험이고, 입으로 가르쳐주고 마음으로
전한 일[495]은 그 오묘한 방법이고, 도와 덕과 인과 의는 그 크게 얻은
것이고, 기를 미루어 리를 헤아리는 일은 그 요령이고, 이것을 미루어
저것을 헤아리는 일은 그것의 예를 들어 견주어 봄이다.

天地萬物, 習用之質, 三綱五常, 習用之準, 經訓史策, 習用之經驗, 口傳心授, 習用之
妙方, 道德仁義, 習用之大得, 推氣測理, 習用之要領, 推此測彼, 習用之比例.

＊ ＊ ＊

전례의 전(典)이란 이(吏)·호(戶)·예(禮)·병(兵)·형(刑)·공(工)의 여섯

---

493 등장하는 여러 용어는 뒤에서 저자가 풀이하므로 여기서 따로 설명하지 않음.

494 문장을 줄이기 위해 習用을 가리키는 말로 사용함. 이하 똑같이 적용함.

495 口傳心授는 明 解縉(1369~1415)의 『春雨雜述·評書』의 "學書之法, 非口傳心授,
不得其精."에 보이지만, 이에 앞서 『孟子集註大全』의 「序說」에서 주희가 "其間相望
有或數百年者, 非得口傳耳授, 密相付屬也."라고 한 말의 '입으로 전하고 귀에 들려
준다'라는 말에 보인다.

법전496으로 다스림을 정한 직임이고, 예(禮)란 길례·흉례·군례·빈례·가례의 오례497인데 일을 처리하는 의례와 절차이다. 정교의 정(政)이란 조정에서 시행하는 명령이며, 교(敎)란 나라에서 타일러 가르치는 것이다. 서수의 서(書)란 글씨쓰기를 익혀 돌려가며 베끼고 말을 기록하는 것이고, 수(數)란 더하고 빼고 곱하고 나누어 많고 적음을 계산하고 비교하는 것이다. 재용이란 금전과 재물의 출납이고, 의식이란 몸을 가리고 배를 채우는 것이고, 궁실이란 사람들의 거처498이고, 기명이란 사용하는 여러 가지 기물이다.

典者, 吏戶禮兵刑工六典, 所以定治之職任, 禮者, 吉凶軍賓嘉五禮, 所以處事之儀節. 政者, 朝廷之施令, 敎者, 家國之戒訓. 書者, 習字傳寫, 記錄言語, 數者, 加減乘除, 計較多少. 財用者, 錢貨之出納, 衣食者, 身腹之充蔽, 宮室者, 人物之庇藏, 器皿者, 須用之諸具也.

무릇 이 일곱 가지499는 늘 사용해서 빠뜨려서는 안 되는 사물이니, 거기에는 바탕과 준칙과 경험과 묘한 방법이 있고, 또 얻은 칭호500도 있다. 하지만 추측의 요령과 예를 들어 견주어 봄은 실로 늘 사용하는

---

496 『周禮』, 「天官·大宰」의 보이는 六典은 治·禮·敎·政·刑·事이며, 조선은 『經國大典』에서 吏·戶·禮·兵·刑·工의 六典으로 되었고, 중앙의 정부 조직을 6조, 지방 조직을 6방으로 편성하였다.

497 『周禮』, 「春官·小宗伯」: 掌五禮之禁令與其用等. 하지만 후대의 五禮는 『晉書』에 보이며 隋·唐을 거쳐 지금의 吉·凶·軍·賓·嘉의 다섯 가지 예로 정착됨. 『隋書』, 「禮儀志一」에 따르면 "以吉禮敬鬼神, 以凶禮哀邦國, 以賓禮親賓客, 以軍禮誅不虔, 以嘉禮合姻好, 謂之五禮."라 하였다.

498 庇藏은 隱藏과 같은 말로 동물의 은신처, 사람의 거처이다.

499 앞에 나온 전례·정교·서수·재용·의식·궁실·기명을 말함.

500 서두의 '道德仁義, 習用之大得'의 말을 고려하면 원문 得의 대상은 도와 덕과 인의로 그것이 본성과 덕에 해당하기 때문이다.

일을 통섭한다.

凡此七條, 習用事物之不可闕者, 而及其習用, 有質有準有經驗有妙方, 又有攸得之
稱號. 然推測之要領比例, 實爲習用之統攝.

일곱 가지 안에서 서로의 추측에서 드러내는 바가 많고, 또 다섯 가지
일[501]을 참여시켜 번갈아 추측하면 인사의 변통에 방법이 있을 것이다.

七條之中, 自相推測, 多所發明, 又參五事, 交互推測, 通變有方.

---

[501] 五事가 무엇인지 불분명하다. 유교 경전에 등장하는 五事는 문맥에 어울리지
않는다. 그렇다면 본문 속의 다섯 가지 일로 보아야 하는데, 추측을 제외한 天地萬
物, 三綱五常, 經訓史策, 口傳心授, 道德仁義에 관한 일로 보인다.

해 설

백성의 일상생활에 없어서 안 되는 일곱 가지를 헤아렸다.

저자 학문의 실용적·현실적 성격을 잘 나타내고 있다. 다만 "도와 덕과 인과 의는 그 크게 얻은 것이다"라는 말에서 '인과 의를 얻었다'라는 말은 저자 철학이 이전의 그것과 차별성이 보이는 부분이다. 경험을 중시하고 인간의 본성이 본능과 사회 규범의 통일체라는 점을 고려하면 이해할 수 있다.

70. 속마음은 소리에서 드러난다
心發於聲

마음속에 있는 느끼어 움직이는 기운이 목구멍으로 나와 목소리를 이루
고, 일의 이치가 솟아나는 목소리가 말이 되며, 말의 볼 만한 것502이
문장이 된다.503

中有感動之氣, 出於竅而成聲, 事理湧出之聲爲言, 言之成章爲文.

그 말을 듣고 그 문장을 읽어 그 마음에 쌓은 내용을 헤아릴 수 있다.
싫어함이 절실하여 목소리로 드러나면 울음이 되고, 좋아함이 깊어 목소
리로 나타나면 노래가 되니, 그 노래와 울음을 듣고 좋아하고 싫어함의
깊이와 성실과 거짓을 분별할 수 있다.

聽其言讀其文, 可測其中所蘊. 惡之切而發於聲爲哭, 好之深而形於聲爲歌, 聽其歌
哭, 好惡之淺深誠僞可辨.

* * *

---

502 成章은 노력 따위가 점차 쌓이고 모습이 변화여 볼 만한 형국을 이룬 것. 『論語』,
「公冶長」의 "子在陳曰, 歸與歸與. 吾黨之小子, 狂簡, 斐然成章, 不知所以裁之."와
『周易』, 「說卦傳」의 "故易六位而成章."과 『孟子』, 「盡心上」의 "流水之爲物也, 不盈
科不行, 君子之志於道也, 不成章不達."에 보인다.

503 『신기통』 권3의 「文理究解在變通」에서 "文辭者, 言語之成章也."라고 하여 이처럼
표현하였다. 이 단락의 표현은 『禮記』, 「樂記」의 "凡音者, 生人心者也. 情動於中,
故形於聲, 聲成文, 謂之音."의 표현과 흡사하다.

일찍이 헤아린 내용은 나중에 비슷한 상황에서 느끼어 움직인다. 만약 이전에 헤아린 내용이 없으면 어떻게 끌어오지 않고 드러나겠는가? 그것이 느끼어 움직일 때 소리를 따라서는 음악[504]이 되고, 일의 이치를 형용하는 것을 일러 말이라 한다.

曾有所測者, 後因傚似幾微而感動焉. 若無前日所測, 何以不提而發. 及其感動, 因聲爲節奏, 形容事理, 謂之言.

이치에 밝은 사람은 말이 간단하면서도 다 갖추고, 이치에 어두운 사람은 말이 장황하고 문란하다. 그러니 소견의 정밀함과 거침, 앎의 깊이가 말이나 말씨에 드러나지 않음이 없다. 개중에는 볼 만한 내용[505]이 있어 베껴 쓰는 사람이 꾸미는 대상이 된다. 말을 알아듣는 묘법과 글을 읽는 능력을 갖춘 사람만이 그 의미를 미루어 그 마음에 쌓은 내용을 헤아릴 수 있다.

理明者, 其言畧而備, 理昏者, 其言煩而紊. 所見之精麤, 所得之淺深, 無不呈露於言辭. 簡中有章采, 而傳寫者爲文. 能有聽言之妙, 讀文之功者, 推其義測其中之所蘊.

나아가 다 같게 들리는 울음이지만 애통의 깊이와 참과 거짓을 소리에서 알아들을 수 있고, 다 같게 들리는 노래이지만 흥취의 깊이와 참과 거짓도

---

504 節奏는 음악의 강약·장단 및 속도 따위를 말하는데, 『禮記』, 「樂記」의 "樂者, 心之動也, 聲者, 樂之象也, 文采節奏, 聲之節也."에 보인다. 여기서는 음악의 뜻. (앞에 나옴)

505 章采는 원래 꽃무늬와 색채로 『後漢書』, 「輿服志下」의 "衣裳玉佩, 備章采."에 보인다. 여기서는 앞의 成章과 같은 의미로 쓰였다.

목소리에서 알아들을 수 있다. 또 참고할 만한 기색506도 있으니, 목소리
와 이것을 서로 증험하면 자연히 내면을 가릴 수 없는 단서가 있다.

至如哭是一也, 哀痛之淺深誠僞, 可聽於聲, 歌是一也, 興趣之淺深誠僞, 亦可聽於
聲. 且有可參之氣色, 則彼此互證, 自有難掩之端.

---

506 여기서 말하는 氣色은 얼굴빛 또는 안면에 나타나는 감정의 변화.

해 설

사람의 목소리와 울음과 노랫소리와 말과 표현한 문장을 듣고 보고 그 사람의 내면 상태를 알 수 있다는 주장이다.

이 내용은 문학과 예술을 비평하는 이론적 근거가 될 수 있고, 또 독서법에도 활용할 수 있다. 이것은 저자만이 아니라 관찰과 사유 능력이 향상된 사람이라면 어느 정도 알 수 있는 일이다. 옮긴이가 이 책의 해설에서 가끔 본문의 행간을 통해 하는 말도 그런 맥락이다.

남의 속마음을 아는 일은 사실 정확도가 생명인데 후대에 이 문제를 이론적으로 다룬 학문이 심리학이다. 심리학이 이론적 근거를 정확히 제시하고는 있지만, 실제 임상에서 개인의 내면을 상황마다 백 퍼센트 정확히 파악할지는 미지수다. 인간의 심리는 복잡하기 때문이다. 그런 어려움과 개연성을 의식했는지 저자는 말뿐만 아니라 얼굴빛이나 표정과 감정을 보조적으로 활용할 수 있다고 하였다. 이런 맥락에서 생리현상에 집중하여 응용한 기계가 거짓말탐지기(lie detector)이다. 이 또한 정확도에 문제가 있다.

이 내용의 사상적 연원은 『논어』 속 공자의 말, 곧 "그 사람이 하는 일을 보고, 그 사람이 따르는 일을 관찰하며, 그 사람이 즐거워하는 일을 살피면, 사람이 어찌 숨기겠는가? 사람이 어찌 숨기겠는가?"[507]에 보인다. 본문은 그 말의 저자 방식의 상세한 설명이라고 보아도 좋다.

---

507 『論語』, 「爲政」: 子曰, 視其所以, 觀其所由, 察其所安, 人焉廋哉. 人焉廋哉. 朱熹는 安을 樂으로 풀었다.

71. 같고 다름을 따지는 피해
辨異同之害

몸을 닦고 가정을 가지런히 하며 나라를 다스리는 학문508은 천하의 바른길이다. 만약 이것에 이롭다면 크거나 작은 상세한 설명은 절차탁마에 피해가 되지 않는다. 그리고 어떤 것을 취하거나 버리는 일은 사람에게 달려 있고, 관측하여 증험하는 일은 물건에 달려 있으니, 비록 차이가 있는 논의라도 깊이 물리칠 필요가 없고 그 우열을 밝힐 뿐이다. 만약 바른길에 해롭다면, 어찌 그것을 나만 물리치겠는가? 온 세상 사람들도 장차 배척할 것이다.

修身齊家治國之學, 天下之正道. 苟益於斯, 大小詳說, 不害切磋. 而取捨在人, 測驗在物, 雖有差異之論, 不必深闢, 明其優劣而已. 苟害於正道, 奚但自我闢之. 天下之人, 亦將揮斥.

이단의 해로움은 그들의 핵심 가르침509에 근거하고, 유학자의 해로움은 자기네 당을 감싸는 데서 생기니, 추측할 수 없으면 어떻게 죄다 알겠는가?

異端之害, 根於宗旨, 儒者之害, 起於護黨, 不能推測, 何以統悉.

* * *

---

508 大學의 학문을 달리 표현한 말.
509 가령 뒤에 등장하는 楊朱의 위아설, 墨子의 겸애설 따위.

가정을 가지런히 하고 나라를 다스리는 일은 모두 몸에 근본을 두고 있다. 몸을 닦아 미룸을 넓히면 가정을 몸으로 삼고, 가정을 가지런히 하여 미룸을 넓히면 나라를 몸으로 삼아 나라 또한 다스려진다. 이것이 인도의 떳떳한 도리[510]요, 학술의 치우치지 않은 올바름이다.

齊家治國, 皆本於身. 修身而擴推, 則以家爲身, 齊家而擴推, 則以國爲身, 而國亦治矣. 是乃人道之常經, 學術之中正.

하지만 마음에 잠복해 뿌리내린 일에는 리와 기에 대한 서로 다른 이론[511]이 있고, 밖으로 드러나는 일에는 남이나 내가 원만하게 행동하거나 편당을 짓는[512] 일이 있다. 만약 추측의 방법을 체득하면 이런 것들을 모두 해소할 수 있어, 우열이 벌써 구별되고 해로움과 이로움이 저절로 정해진다. 그 가운데서 이로움을 취하고 해로움을 버리며 우수함을 보존하고 열등함을 제거하면, 치우치지 않은 올바른 도리에 크게 이로우니, 스스로 치우치게 고집하는 일에 돌아가 자기 당을 감싼다는 비웃음을 살 필요는 없다.

然潛根於內, 而有理氣之異論, 發用於外, 而有物我之周比. 如有得於推測之方, 此皆可以和解, 而優劣已辨, 害益自定. 就其中, 取益捨害存優去劣, 大有益於中正之道, 不必自歸於偏執, 至有護黨之譏也.

---

510 常經은 『추측록』 권6, 「聖經本於天經」에서 '일상의 經典'으로 언급한 바 있다. 여기서는 경전의 의미보다 도리의 뜻으로 쓰였다.

511 학자나 학파에 따라 리와 기를 규정하는 관점의 차이.

512 『論語』, 「爲政」: 子曰, 君子, 周而不比, 小人, 比而不周. 『集注』는 "周, 普遍也, 比, 偏黨也."라고 풀이하였다.

노자와 불교와 양주(楊朱)513와 묵적(墨翟)514의 학술에서 그들의 말을 관찰하면 간혹 취할 만한 것도 있지만, 그들의 행적을 고찰해 보면 수신·제가·치국의 도리는 함께 논할 수 없다. 저 주희(朱熹)와 육구연(陸九淵)의 존덕성과 도문학 논쟁515과 호학(湖學)과 낙학(洛學)의 '리는 같고 기가 다르다'라는 논쟁516은 모두 통합해야지 당을 나누면 안 된다. 그리고 학술 말류의 폐단은 제각기 문호를 지켜 생각이 다르면 치고 같은 당을 비호하고,517 돌아가 의지할 근거와 학문이란 명분을 만드니, 어느 겨를에 온전한 본체와 큰 작용518과 치우치지 않는 올바른 도리로 자기

---

513 전국시대 魏 나라 사람으로 墨翟의 兼愛說과 상반되는 극단적 개인주의인 爲我說을 주장하였다. 맹자가 비판하였다. (앞에 나옴)

514 전국시대 墨家의 창시자인 墨子. 널리 남을 사랑하라는 兼愛說을 주장하였고, 맹자가 비판하였다. (앞에 나옴)

515 남송의 朱熹와 陸九淵(1139~1192) 사이의 논쟁. 鵝湖論爭이라고도 부른다. 두 사람의 근본적 차이는 인성론과 윤리학의 방법론에서 기인한다. 주희는 격물치지를 통해 사회 규범을 파악하는 점을 강조했고, 육구연은 개체의 양심을 강조하여 자기의 본심 발휘를 강조하였다. 전자는 『중용』에서 말하는 道問學, 후자는 尊德性이 강조되어 理學과 心學이라는 학문적 성격을 지닌다. 주희는 이것을 "尊德性, 所以存心而極乎道體之大也, 道問學, 所以致知而盡乎道體之細也."라고 풀이하였다. 두 사람의 논변에 대한 더 자세한 내용은 陳來/이종란 외 옮김, 『주희의 철학』, 예문서원, 2002의 '제4부 주육 논변'을 볼 것.

516 湖樂論爭은 기호지방을 근거로 한 선비들의 湖論과 서울과 그 주변 지역을 근거로 한 선비들의 洛論이 논쟁한 일로 달리 人物性同異論爭이라고도 부른다. 이 논쟁은 人物性同異論爭과 未發心體純善論爭과 聖凡心同異論爭의 세 부분으로 구성되어 있다. 그 시작은 權尙夏의 문인인 韓元震은 人物性의 다름을 주장하고, 李柬은 그것의 같음을 주장하였는데, 권상하는 한원진의 다름을 지지했으므로 이간은 권상하·한원진을 상대로 논변한 데서 비롯하였고, 이어 학파와 당파까지 가세하여 조선 말까지 이어졌고, 조선 후기 성리학의 한 특징을 이루기도 하였다. 원문의 理同氣異는 같음과 다름의 근거로서 말한 것. 호락논쟁에 관한 자세한 내용은 홍정근, 『호락논변의 전개와 현대적 가치』(학고방, 2020)를 참고할 것.

517 伐異護黨은 黨同伐異와 같은 말.

518 全體大用은 주희가 『大學章句』에 한 말로, 萬理를 갖춘 마음의 온전한 본체와 큰 작용을 말한다. 여기서는 그 말의 형식 논리를 채용함.

몸을 닦는 일을 논하겠는가?

老佛楊墨, 觀其言, 則或有可取, 考其行, 則不可與論於修身齊家治國之道. 若夫朱陸之德性問學, 湖洛之理同氣異, 俱宜統合, 不宜分黨. 而末流之弊, 各守門戶, 伐異護黨, 以作歸託之所, 學問之名, 何暇論全體大用, 中正自修哉.

추측지리는 견문과 경험에서 생겨나고 사리를 깊이 연구하고 사색하는 일이 모두 추측지리를 따라 통달한다. 하지만 몸이 생성한 것은 곧 유행지리이니 인력으로 증감할 수 없다. 불교 마음의 이치를 정자가 본성의 이치[519]로서 물리쳤고, 양주와 묵적의 위아설과 겸애설을 맹자가 임금도 아비도 없는[520] 주장이라고 물리친 일은 모두 그런 폐단을 바로잡는 방법에서 나온 것이다.

推測之理, 生於見聞閱歷, 而窮究思索, 皆由此通暢矣. 氣質生成, 卽流行之理, 不可以人力增損矣. 佛氏之心理, 程子辟之以性理, 楊墨之爲我兼愛, 孟子辟之以無君無父, 是皆出於矯捄之方.

이 도리[521]에 해가 되는 학설·종교가 세상에 따라 만들어지고 세속을 오염시키면서 일어났다. 그것이 번성할 때는 비록 없애기 어려울 듯하나 차츰 오래 유행하면 점차 효험이 없다는 점을 깨닫게 될 것이다.

---

519 이 性理는 性卽理의 그것이다. 이 논리를 최초로 사용한 사람은 程頤이다.『二程全書』 가운데 불교를 비판한 글은 모두 57조항이 있고, 본문의 불교의 心理란 유가적 방식에서 불교를 본 것으로 一切唯心造를 그렇게 말할 수 있다.

520 『孟子』,「滕文公下」: 楊氏爲我, 是無君也, 墨氏兼愛, 是無父也, 無父無君, 是禽獸也.

521 서두의 修身齊家治國之學와 관련된 것으로 넓게는 유학, 좁게는 修己治人에 충실한 도리.

그리하여 그 가운데서 해악이 일어나 서로 싸우게 되어 물리칠 일을
기다리지 않아도 스스로 없어질 것이다.

有害於斯道者, 隨世而栩, 染俗而起. 方其熾盛, 縱若難滅, 行之稍久, 漸覺無效.
害起其中, 互相侵伐, 不待辟之而自滅.

여기서 일상의 당연한 도리는 바뀌지 않으나 치우치고 바르지 못한
학설·종교는 잠깐 나타났다가 사라짐을 알 수 있다. 인민522의 큰 도리는
자연의 이치를 따르고 달리 신통한 방법이 없으니, 추측을 실제로 사용하
는 일은 고금의 사람이 고유한 일이어서 거기에는 저절로 회통하는523
방법이 있다.

於此可見, 經常之不易, 詖邪之暫滅. 生民之大道, 率循天理, 而無他神方, 推測之實
用, 古今人所固有, 而自有會通之術.

---

522 生民은 인민, 백성의 뜻으로 『書經』, 「畢命」의 "道洽政治, 澤潤生民."에 보임.
523 會通은 會合變通의 뜻으로 『周易』, 「繫辭上」의 "聖人有以見天下之動, 而觀其會通,
    以行其典禮."에 보인다. 또는 하나로 녹여 관통한다는 뜻으로 사용함. 둘 다 통함.

해 설

학문과 종교의 말류를 논하여 추측으로 해결할 수 있음을 논하였다. 모든 종교와 학문의 논쟁 뒤에는 사회·경제적 배경이 있다. 대개 기득권을 가진 집단은 이념화된 기존의 학문과 종교를 옹호하고, 개혁하려는 집단은 학문과 종교에서 새로운 관점을 제시한다. 저자가 추측을 강조하는 일도 후자의 맥락에서 봐야 한다.

여기서 저자는 전통의 유학 외의 학문이나 종교의 부분적 가르침을 인정하더라도, 사회를 지탱하는 기본 틀은 유학에서 말하는 수기치인에 있음을 분명히 밝혔다. 그럼에도 불구하고 같은 유학 내에서 자기 주장만 옳고 남의 주장이 그르다는 논쟁을 비판하였다.

그런데 저자 자신이 이성적이고 합리적이어서 그런지 남도 그렇다고 여겨 세속을 오염시키는 종교가 사라질 것이라 예상했으나, 이것은 오판이다. 세상이 내 맘 같지 않기 때문이다. 세상에는 그렇지 못한 사람이 너무나 많아 상식적으로 이해가 안 되는 사이비 종교에 빠진 사람들이 지금도 많다. 유교식으로 말하면 아직도 세상은 교화되지 않았고, 유럽 계몽주의식으로 말하면 아직도 계몽되지 않았다. 이런 의미에서 역사 발전은 어느 한 부분에만 해당할지라도 전체 역사에서는 희망 사항일 뿐이다. 역사는 얼마든지 인간의 무지와 탐욕으로 인해 퇴보할 수 있기 때문이다.

72. 후하게 박하게 하거나 먼저 하고 나중 하는 일
厚薄先後

상대를 대접할 때의 도리에는 후함과 박함이 있다.[524] 하지만 박하게 대해야 할 대상에 후하게 대함은 융통성 발휘이다. 일에는 앞뒤가 있다.[525] 하지만 나중에 해야 할 일을 먼저 하는 것은 때에 맞춤이다.

物有厚薄. 然厚之於所薄者權也. 事有先後, 然先之於宜後者時也.

* * *

위험할 때 손발로 머리와 눈을 막아 몸을 지키고, 가축을 잡아 사람에게 먹이고, 초목을 베어 가축을 먹이며, 젖은 흙을 북돋우어 물 빠짐이 좋게 하여 초목을 기르고, 한 그릇의 밥과 한 그릇의 국을 먹지 못하면 죽을 상황[526]에서 두 사람 모두를 구할 수 없는 경우라면, 차라리 가장 가까운 친족을 구원하고 길 가는 사람에게는 주지 않는다. 이렇게 백성을 사랑하고 물건을 아끼는 일을 가까운 데서 시작하여 멀리 이른다면, 이것이 어찌 의도가 있어 후하거나 박하게 하겠는가? 제각기 위주로 하는 일에 따라 멀리하고 가까이하는 데는 한계가 있고, 사랑하는 데에는 차등이 있기 때문이다.[527]

---

524 『大學』: 其本, 亂而末治者, 否矣. 其所厚者薄, 而其所薄者厚, 未之有也.; 『傳習錄』
　　卷下-276: 問, 大人與物同體, 如何大學又說箇厚薄. 先生曰, 惟是道理自<u>有厚薄</u>.
525 『大學』: 物有本末, <u>事有</u>終始, 知所<u>先後</u>, 則近道矣.
526 『孟子』,「告子上」: 一<u>簞食</u>, 一<u>豆羹</u>, 得之則生, 弗得則死, 嘑爾而與之, 行道之人,
　　弗受, 蹴爾而與之, 乞人, 不屑也.

把手足捍頭目, 宰禽獸養人身, 艾草木養禽獸, 培水土長草木, 簞食豆羹, 救至親而
不及於路人. 仁民愛物, 自近始而至於遠, 則是豈有意而厚薄之也. 各隨所主而遠近
有限, 仁愛有等.

후하게 대해야 할 대상에 후하게 대하고 박하게 대해야 할 대상에 박하게
대하는 일은 일상의 당연한 도리이다. 그런데도 후하게 대해야 할 대상에
박하게 대하는 사람은 남이 비난할 수 있고, 그가 무리로부터 박하게
취급당할 일은 언급할 필요조차 없다. 간혹 박하게 대해야 할 사람에게
후하게 대하는 일은 그 사람의 존경을 불러일으켜, 그것이 후하게 대해야
할 사람에게 후하게 대하는 일보다 심하니, 이는 일을 진행할 때 융통성으
로는 가까스로 활용할 수 있다.

厚之於所厚, 薄之於所薄, 乃是經常也. 然薄之於所厚者, 人得而誅之, 羣薄幷臻,
不須論也. 或厚之於所薄者, 致其人之懷仰, 有深于厚之於所厚者, 庶可用於做事之
權也.

일에는 본디 앞뒤가 있는데, 미리 해야 할 일을 미리 하지 않으면 반드시
실패하고, 늦추어서 해야 할 일을 늦추지 않으면 대부분 일이 뒤섞여
혼란해진다. 하지만 먼저 해야 할 일을 뒤로 미루면 이미 손 쓸 수가
없고, 나중에 해야 할 일을 먼저 하면 때로는 효과를 볼 때도 있다.

---

527 『傳習錄』卷下-276: 比如身是一體, 把手足捍頭目, 豈是隔要薄手足, 其道理合如
　　此. 禽獸與草木同是愛的, 把草木去養禽獸, 心又忍得, 人與禽獸同是愛的, 宰禽獸
　　以養親與供祭祀, 燕賓客, 心又忍得, 至親與路人同是愛的, 如簞食豆羹, 得則生,
　　不得則死, 不能兩全, 寧救至親, 不救路人, 心又忍得, 這是道理合該如此. 及至吾身
　　與至親, 更不得分別彼此厚薄. 蓋以仁民愛物皆從此出, 此處可忍, 更無所不忍矣.
　　(강조는 같은 글자)

事固有先後, 宜豫者不豫, 則必致僨敗, 宜緩者不緩, 則多見雜亂. 然後其所先者, 已無及矣, 先其所後者, 或有見效之時也.

해 설

후하거나 박하게 대해야 할 대상과 먼저 하고 나중에 해야 할 일을 헤아렸다.

사물을 취급할 때나 일할 때는 반드시 원칙이나 순서대로 해야 하지만, 때로는 예외 되는 때와 상황이 생긴다. 권도의 발휘란 그런 곳에 적용된다.

본문에서는 『전습록』의 내용을 가져다 인용하였는데, 저자가 즐겨 쓰는 전형적인 맥락 바꾸기에 활용되었다. 『전습록』의 그것은 양지의 발현이 사물의 경중과 후박에 따라 응하는 자연적인 조리가 있다는 설명이다. 이는 맹자의 친한 이를 친하게 여긴 뒤에 백성을 사랑한다는 친친이인민(親親而仁民)의 방법이기도 하다.

저자는 양지의 발현이 아니라 사물에 대한 우선순위와 일에 대한 순서와 예외 사항을 일반적 관점에서 논하였다. 사물에 대한 우선순위는 양지라는 도덕성의 발현이 아니라도 평상시의 삶에서 누구나 보편적으로 실천하는 일이다. 그래서 일상의 당연한 도리이다. 곧 머리와 눈보다는 팔다리가 그래도 덜 소중하고, 사람보다는 가축이, 가축보다는 기르는 식물이, 기르는 식물보다는 흙과 물이, 어버이보다는 길 가는 사람이 우선순위에서 밀릴 수밖에 없다. 일도 앞뒤에 맞게 하면 합리적이다. 다만 예외는 있을 수 있다.

이 내용은 기본적으로 『대학』의 "물건에는 근본과 말단이 있고 일에는 처음과 끝이 있으니, 먼저하고 나중에 할 일을 알면 도에 가깝다"라는 사상을 저자의 방식으로 해석하고 확장했다.

73. 물욕에도 자연히 치우치지 않은 올바름이 있다
物欲自有中正

물욕은 모조리 없앨 수 없고 거기에 빠져 달라붙어서도 안 되니, 자연히 치우치지 않은 올바른 지극한 선의 상태[528]가 있다.

物欲不可頓除, 亦不可沈着, 自有中正之至善.

* * *

물욕이란 버릴 수 없는 물건이 있어서 그것으로 인해 갖는 욕망이다. 의롭지 않은 물욕은 의와 불의로서 논하여 결정하더라도, 단지 물욕만으로써 말하면 안 된다. 적당함에서 지나친 물욕과 그것에 모자라는 물욕은 그 지나침과 모자람을 경계할 수는 있으나, 단지 물욕만으로써 말하면 안 된다.

物欲者, 物有不可去者, 而因其物有所欲也. 非義之物欲, 乃可以義不義論定, 而不可但以物欲言也. 過當之物欲, 不及之物欲, 乃可以過不及爲戒, 而不可但以物欲言也.

재물욕과 성욕과 명예욕과 출세욕은 물욕 가운데서도 큰 것인데, 이 네 가지를 없애면 일삼을 일이 거의 없고, 이 네 가지에 빠져 달라붙으면 다시 다른 일을 고려하지 않는다. 재물욕이 삶의 바탕[529]에 대해서나

---

528 『대학』의 止於至善의 그것으로 여기서는 최선의 뜻.

성욕이 부부에 있어서나 명예가 일을 올바르게 처리함530에 대해서나 출세가 스스로 수양하는 일에 있어서나 제각기 원래 치우치지 않은 올바름과 지극히 선한 상태의 도리가 있다.

貨色名顯, 物欲之大者, 除却四者, 是鮮所事矣, 沈着四者, 更不顧他矣. 貨之資生, 色之夫婦, 名之務實, 顯之自修, 元有中正至善之道理.

해당하는 물건을 따라 일의 마땅함을 절충하고, 관계되는 욕망을 따라 사사로운 뜻을 극복하고 다스려 그 덕량과 기량이 진보하기를 기다려야, 자연히 제거하기를 기약하지 않아도 제거되고, 담담해질531 상태를 기약하지 않아도 담담해질 것이다. 그러니 어찌 힘써 잘라버리기만 하여 마치 충분히 곪지도 않은 종기를 도려내듯 통증만 더 생기게 할 수 있겠는가?

因其物而折衷事宜, 因其欲而克治私意, 待其德器之成就, 自有不期去, 而去之者, 不期乎澹泊, 而自抵於澹泊者. 豈可用力割斷, 如抉未濃之腫, 添得別痛也.

---

529 資生은 ~을 의지하여 살아간다는 뜻. 『周易』, 「坤卦」의 "至哉坤元, 萬物資生."에 보임. (앞에 나옴)

530 務實은 실제적인 일을 講究하는 것으로 『國語』, 「晉語六」의 "昔吾逮事莊主, 華則榮矣, 實之不知, 請務實乎."에 보인다. 여기서는 명예와 관련해서 일을 올바르게 처리하는 것.

531 澹泊은 욕심이 없고 마음이 깨끗한 상태, 또는 맛이나 빛깔이 산뜻한 상태. 여기서는 전자의 뜻으로 『漢書』, 「敍傳上」의 "若夫嚴子者, 絶聖棄智, 修生保眞, 淸虛澹泊, 歸之自然."에 보인다.

해 설

물욕에도 알맞은 상태가 있음을 헤아렸다.

그 알맞은 상태가 『주역』에 자주 등장하는 중정(中正)과 『대학』의 지선
(至善)으로 표현하였다. 전자는 중용의 도리를 얻어 바르다는 뜻이고,
후자는 『대학』의 목표인 지극한 선의 상태에 머무는 일이다.

본문은 상식적인 진술로 보이지만 전혀 그렇지 않다. 이 글은 주희
성리학에 대한 비판의 성격을 지니고 있기 때문이다. 성리학은 맹자의
본성이 선하다는 관점을 따랐기에 인간의 본성이 선한데, 현실적으로
선하지 못한 원인에는 크게 기품과 물욕이 있고, 그것들이 선한 본성을
가려서 방해한다고 보기 때문이다.[532] 그래서 그 물욕을 제거해야 한다
고 보았고,[533] 이른바 '천리를 보존하고 인욕을 제거한다'라는 말의
인욕도 물욕이다.

물론 성리학이 인간의 기본적 욕망마저 제거하라고 주장하지는 않았다.
하지만 인성이 선하다고 못 박고 그 선한 형이상의 이치가 존재한다고
주장한 이상, 물욕이 없으면 불선을 설명할 수 없게 되어서, 또 선의
방해 요소로서 언제나 취급되어야 할 문제이다.

반면 저자의 철학에서 선이란 인간 판단의 몫이고, 그것은 물욕이 인간의
좋은 행위에 있어서 적절한가 적절치 못한가에 따른 사람의 평가에
달려 있다. 그래서 물욕 자체가 문제 되는 것이 아니라, 그것의 발휘가

---

532 『孟子集註』, 「告子上」: 人有是性, 則有是才, 性旣善, 則才亦善. 人之爲不善, 乃<u>物欲</u>
　　陷溺而然, 非其才之罪也.; 『朱子語類』 15-52: 人之一心, 本自光明. 常提<u>撕他起</u>,
　　莫爲<u>物欲</u>所蔽.

533 『朱子語類』 16-75: 分別善惡了, 然後致其愼獨之功, 而力割去物欲之雜, 而后意可
　　得其誠也.; 같은 책, 99-48: 須是<u>去物欲</u>之蔽, 則淸明而無不知; 窮事物之理, 則脫然
　　有貫通處.

정당한가 또는 중용의 도리에 합당한가의 문제에 달렸고, 더 나아가서는 인류의 복지 곧 지극한 선의 상태에 이바지해야 함을 말한다. 그래서 물욕 자체를 금기시하지 않았다.

그런 점에서 물욕을 두고 주희 성리학이 취급하는 태도와 저자가 그렇게 하는 데는 지향점이 달랐다. 결과는 같을지 몰라도 접근 방식은 전혀 달랐다.

더 나아가 저자의 철학에는 그 합당함의 절대적 기준이 형이상학적으로 전제되어 있지 않기에 결국 인류의 합리적이고 보편적 문명이 결정할 문제이다. 가령 에어컨이 한때 사치품이었던 때도 있지만, 지금은 필수품이 된 사태를 고려하면, '적당한 물욕'이라는 것도 인간의 자연적 욕구와 인간이 추측으로 건립한 사회적 질서와의 절충점에서 찾을 수밖에 없다.

74. 서적의 취사
書籍取捨

고금의 저술이 비록 많지만, 민생의 도리534와 심성의 합당함535과 기가 운행하는 실제적 자취를 말한 것이어야 널리 전파될 수 있다.

古今著述雖多, 說得民生之秉彝, 心性之剴切, 氣運之實蹟, 可以致遠.

하지만 고금의 저술은 제각기 생전의 추측을 따라 당시의 권하고 징계하는 내용을 밝혔지만, 많은 서적을 수집하여 몸소 살펴서, 본 내용이 천고에 통달하고 들은 내용이 만 리에 관통하는 일도 나를 위한 추측이 아님이 없다. 그러니 참된 곳으로 이끌며 사물의 정신과 기운을 묵묵히 깨닫고 헤아린536 서적은 비록 없애려고 해도 할 수 없다. 반면 왜곡된 논설과 치우친 견해와 야한 해학과 외도의 글은 비록 강제로 읽으라고 해도 되지 않을 것이다.

然各因生前之推測, 以明當時之勸懲, 集羣書而體察, 見達千古, 聞徹萬里, 莫非爲我推測. 導眞契神之書, 雖欲泯而不可得. 曲論偏見, 野諧外道之文, 雖欲强接而不

---

534 秉彝는 상도를 지키거나 지키는 사람의 뜻으로 『詩經』, 「大雅·烝民」의 "民之秉彝, 好是懿德."에 보인다. 여기서는 민생에 꼭 필요한 법도로서 윤리적인 도리만이 아니라 실용적 법도까지 포함하고 있다.

535 剴切은 합당하다 적절하다는 뜻으로 『新唐書』, 「儒學傳上·孔穎達」이 "後太子稍不法, 穎達爭不已, 乳夫人曰, 太子旣長, 不宜數面折之. 對曰, 蒙國厚恩, 雖死不恨, 剴切愈至."에 보인다. (앞에 나옴)

536 契神은 默契神會의 준말로 宋 郭若虛의 『圖畫見聞志』, 「敍論·論氣韻非師」의 "如其氣韻, 必在生知, 固不可以巧密得, 復不可以歲月到, 默契神會, 不知然而然也."에 보인다.

可得也.

* * *

삼대의 세상에서도 저술이 응당 많았겠지만, 후세에 흘러 전파된 서적이 얼마 없기에 세월이 오래되면서 없어진 점을 상상할 수 있다. 그 가운데서 오랜 세월을 거쳐 전파되다가 거의 끊어지듯 하면서 다시 살아난 저술은 필연적으로 그 저자의 뛰어난 능력537을 의지하였다. 그리하여 말은 도리로 인하여 세워지고 행위는 도리를 따라 드러나서538 민생이 없앨 수 없는 법칙이 되었다.

三代之世, 著述應多, 而後來流傳無幾, 則世久而泯滅可想矣. 其中閱劫而流傳, 幾絶而更甦者, 必藉其人之賢聖. 言由道而立, 行由道而著, 爲生民不可泯之則也.

요순과 주공이 마음으로 깨닫고 몸소 실천한 내용은 대체로 경전에 나타나니, 마치 초상화를 그리는 사람이 용모를 그대로 옮겨, 사람들에게 그것을 보고 그 참모습을 더듬어 찾도록 하는 일과 같다. 한나라와 진나라 이후로 문자를 조금이라도 아는 사람은 모두 저술을 남겼다. 이는 마치 그림을 배우는 사람이 먹과 붓을 이리저리 마음대로 놀리는 것처럼 만물의 모습과 요괴539의 자취와 무형의 대상과 밝히기 어려운 일 등 모두 묘사할 수 있었다. 그래서 저술을 판각하여540 불후의 작품이

---

537 賢聖은 여기서 현인이나 성인처럼 도덕과 재능이 뛰어남을 말함. 『戰國策』, 「趙策二」의 "故去就之變, 知者不能一, 遠近之服, 賢聖不能同."에 보임.

538 원문 '行由道而著'은 『孟子』, 「盡心上」의 "行之而不著焉, 習矣而不察焉, 終身由之而不知其道者, 衆也."에서 핵심을 요약한 말.

539 鬼魔는 맥락상 요괴·마귀·도깨비 등을 총칭하는 말.

540 梨棗는 옛날 판각하여 인쇄할 때 배나무와 대추나무를 많이 사용하였으므로

되기를 도모하였다.

堯舜周公, 心得躬行, 概現於經傳, 如寫眞者, 倣像容貌, 使人因此而討求其眞耳. 漢晉以降, 粗識文字者, 皆有著述. 如學畫之人, 戲墨弄筆, 萬物之形, 鬼魔之蹟, 無形之物, 難明之事, 皆得模寫. 剞劂梨棗, 以圖不朽.

만물의 실정과 형상은 좋고 나쁜 대상을 막론하고 모두 사물을 관찰하여 권하거나 징계할 수 있다. 하지만 괴이하고 거짓된 요괴는 우매한 사람을 거짓으로 꾸며 속이기 알맞다. 나아가 무형의 대상과 밝히기 어려운 일에 대해서는 신통한 지식541을 스스로 자부하여 도설(圖說)로 상세하게 나타내니, 그것을 좋아하는 사람은 또 찬미하고 주석을 보태어, 비판하는 사람을 구렁텅이에 밀어 넣으려고 하면서도, 같은 마음을 펼치는 사람과는 속마음을 모두 쏟아내었다.542 그리하여 시비하는 문서가 한우충동543의 지경에 이르렀다.

萬物之情象, 無論善惡, 皆足以觀物勸懲. 鬼魔之怪誕, 適足爲愚迷者誣惑. 至於無形之物, 難明之事, 自負神識, 詳細圖說, 從而好之者, 又贊美之增註之, 刺之者欲排坑塹, 敷同者與吐肝膽. 是非之文案, 乃至充棟汗牛.

판각·인쇄의 대명사가 됨. (앞에 나옴)

541 神識은 불교 용어로서 영혼과 같은 말로 有情의 心識은 靈妙하고 불가사의하여 그렇게 부름. 『楞嚴經』 卷8의 "先見猛火滿十方界, 亡者神識飛墜乘煙, 入無間獄發明二相." 등에 보이지만, 본문에서는 靈妙하다는 뜻만 취함.

542 吐肝膽은 吐盡肝膽 또는 吐肝露膽의 뜻.

543 책이 많이 쌓여 있다는 고사성어. 唐 柳宗元의 「陸文通先生墓表」의 "其為書, 處則充棟宇, 出則汗牛馬."에 보인다.

문헌을 관장하는 사람은 그 까닭을 대략이라도 알지 않을 수 없으니, 앎이 정밀하고 참되면 허황하고 망령된 책을 제거할 수 있고, 그렇지 못하면 그것을 제거하기 어렵다. 그러므로 누군가의 조예를 알려면 먼저 그가 취사하는 서적을 관찰하고, 취사하는 서적을 알려면 먼저 그 사람됨의 정밀함과 거침과 참과 거짓을 관찰한다.

掌文獻者, 不可不畧知其所以然, 得其精實, 則可除虛妄, 不得精實, 則難去虛妄. 故欲知其人之造詣, 先觀書籍之取捨, 欲知書籍之取捨, 先觀其人之精麤誠僞.

그리하여 성현의 참된 서적을 취해야 하되, 상고의 저술을 내가 상고를 추측한 내용으로 삼고, 중고의 저술을 내가 중고를 추측한 내용으로 삼고, 지금의 저술을 내가 지금 추측한 내용으로 삼아야 한다. 그리하여 옛날과 지금에 차이가 없는 내용은 옛날의 일을 미루어 지금의 일을 헤아릴 수 있으나, 옛날과 지금에 차이가 있는 내용은 지금의 일을 미루어 옛일을 헤아려서는 안 된다.

須取聖賢誠實之書, 以上古著述, 爲我上古之推測, 以中古著述, 爲我中古之推測, 以方今著述, 爲我方今之推測. 若夫無古今之異者, 可以推古測今, 有古今之異者, 不可以推今測古.

참된 곳으로 이끌며 사물의 정신과 기운을 묵묵히 깨닫고 헤아린 서적은 어찌 그 문장만 기뻐하겠는가? 실제로는 저자가 안 내용에 동의하며 따른다. 왜곡된 논설과 치우친 견해와 야한 해학과 외도의 글은 그 말을 배척할 뿐만 아니라, 또한 그 저자를 불쌍히 여길 수 있다.

導眞契神之書, 豈獨悅其文也. 實服其人之所得也. 曲論偏見, 野諧外道之文, 非但揮斥其言, 亦可哀矜其人.

해 설

취하거나 버려야 할 서적을 논하였다.

일종의 독서론이다. 서적에 관한 문제는 앞에서도 자주 다루었다. 이 글에서 다루는 중요한 내용을 두세 가지로 요약할 수 있다. 먼저 생명이 긴 저술의 종류에 대해 말했는데, 민생의 실용을 다룬 저술, 사람의 마음과 본성의 합당함을 다루는 저술, 기에 관련된 저술이 그것이다. 오늘날의 관점으로 분류하면 실용에 관련된 저술, 도덕과 윤리 및 철학 관련 저술, 과학과 기술에 관련된 저술 등이다. 자연히 문학이나 예술 등은 관심에서 제외되었다.

다음으로 독서는 추측이라는 사유 작용이 없으면 제대로 읽을 수 없다는 생각이다. 곧 "본 내용이 천고에 통달하고 들은 내용이 만 리에 관통하는 일은 나를 위한 추측이 아님이 없다"라는 말은 책의 내용을 독자가 추측한 내용으로 삼아야 한다는 말과 같은 맥락으로서, 책의 내용을 제대로 이해한다는 전제가 없으면 할 수 없는 말이다. 흔히 말하는 '독서는 독자와 저자와의 대화'라는 것도 그런 뜻이다. 역으로 말하면 추측이 진보하지 않으면, 고급 저술을 읽어도 이해할 수 없고, 대화 자체가 불가능하다는 뜻이다.

또 고금의 보편적인 내용은 옛일을 가지고 지금을 비판할 수 있으나, 서로 다른 내용은 지금의 관점에서 옛일을 비판하면 안 된다는 주장을 펼쳤다. 이는 역사를 해석하여 평가할 때도 그대로 적용될 수 있어, 객관성을 가져야 한다는 일로 해석할 수 있다. 사실 후자의 문제는 역사 평가에서 동서양의 그것을 비교하면서 자주 범하는 오류이기도 하다. 과거 유럽인들이 동양의 역사를 볼 때도 그랬고, 우리가 우리 역사를 볼 때도 자주 범하고 있다.

끝으로 이전 저술에 대한 비판이다. 이는 앞의 진술과 상반되지만, 이전 역사에 등장한 저술에 대한 단순 비판이 아니라, 합리성과 과학성을 지향하는 철학의 관점에서 비판하고 있다는 점을 잊어서는 안 된다. 사실 모든 비판은 현재의 문제의식에서 출발하기 때문이다.

그 대상은 먼저 '괴이하고 거짓된 요괴'가 상징하는 당시 전파된 기독교를 말한다. 불교나 민간신앙은 당시 저자에게 그런 주의를 끌 만한 위치가 못되었다. 이는 본서에서 자주 비판하는 점을 보면 곧장 알 수 있다. 또 "도설을 상세하게 나타내었다"라는 이하의 말은 주희 성리학을 상징한다. 곧 그 도설이란 주희 성리학의 기반이 되는 하도 낙서와 「태극도」와 「태극도설」 등이다. 이에 대해서는 이미 앞의 「하도 낙서는 방술이다」(河洛爲方術)와 「형체가 없는 대상은 그릴 수 없다」(無形不可圖)에서 별도로 논의하였다. 거기에 덧붙여 조선 후기까지의 그 학문적 풍토를 거론하였다.

특이한 지적은 '야한 해학'으로 옮긴 야해(野諧)에 대한 부정적 시각이다. 이는 조선 후기에 유행한 해학과 풍자를 다룬 소설과 글 또는 풍속화에 대한 저자의 평가일 것이다. 사실 이것은 저자가 인간의 본성을 너무 합리적으로만 이해한 결과이기도 하다. 예술과 함께 이런 문학적 저술은 계속 나와 전파될 것이다. 왜냐하면 인간은 오랜 진화의 산물이고, 그 진화는 생물인 자기 몸의 항상성 유지를 위해서 이루어졌으며, 그러기 위해서는 외물에 반응하는 느낌과 감성이 일차적이고, 그런 인간의 행위가 이성적으로만 발휘되는 것이 아니기 때문이다.

75. 풍속의 바뀜에 일이 있다
俗移有事

민간의 풍속은 점차로 변하고, 일의 의리는 오래되면서 사라진다. 고금
의 군자가 급급하게544 일을 두어 잠시라도 해이할 수 없었던 까닭은
풍속의 바뀜에 주의하여 그것을 좋은 데로 인도하고, 의리가 사라짐에
따라 그것을 붙들어 세우려 했기 때문이다.

俗習漸有所移, 事義久而有泯. 古今君子, 所以汲汲有事, 不能暫弛者, 因其移而導
之於善, 因其泯而扶植其義.

* * *

만약 민간의 풍속이나 일의 의리가 천년이나 만년을 거치면서도 변하거
나 사라지지 않는다면, 후세의 군자가 자기를 수양하는 일에만 충분하여
다시 세상을 염려할 일이 없다.

如使俗之習事之義, 雖歷千萬世, 而無變移無泯滅, 則後世君子, 裕於自修, 更無世
慮矣.

풍속이 바뀜은 교묘한 꾀545에서 발생하는데, 거기에는 꾸미기를 추구

---

544 汲汲은 마음이 절박하거나 절실하다는 모습의 뜻으로 『禮記』, 「問喪」의 "其往送也,
　　望望然, 汲汲然, 如有追而弗及也."에 보이고, 또 그렇게 추구한다는 뜻으로 『莊子』,
　　「盜跖」의 "子之道狂狂汲汲, 詐巧虛僞事也."에 보인다.
545 知巧는 智慧와 技巧로 『管子』, 「五輔」, "古之良工, 不勞其知巧以為玩好."에 보이고,

한 바뀜, 편리만을 취한 바뀜, 거짓을 따른 바뀜, 다른 종교에 물든 바뀜이 있고, 심지어 이전 풍속을 뒤집어 전환하는 등 그 변화가 끝이 없다.

俗習之移, 生於知巧, 有趨文飾而移者, 有取便利而移者, 有因邪僞而移者, 有染外道而移者, 至於飜覆轉環, 無有窮極矣.

일에는 반드시 의리가 있고, 의리는 일을 따라 드러나며, 일은 의리를 따라 바르게 된다. 일을 처리하는 사람이 의리에 맞게 하면 일이 잘 다스려지고, 의리를 잃으면 일이 혼란해진다. 그러므로 성인이 사리에 따라 의리를 천명하고 일상의 이치546에 따라 의리를 밝혔다.

事必有義, 義因事著, 事因義正. 處事者, 得其義則治, 失其義則亂. 故聖人因事理而闡義, 因彝倫而明義.

그런데 시속이 흘러 바뀐 뒤부터 점점 일과 행위의 말단으로 치달았다. 처음에는 그 의리를 망각하고 일을 시행하다가 끝에 가서는 도리어 그 일을 배반하고 그 의리를 해치는 지경에 이르렀다. 이것이 바로 고금의 군자가 세상을 구원하려는 생각으로 죽기를 각오하고 그만두지 않는 까닭이다.

自時俗之流遷, 漸趨於事爲之末. 始則忘其義而做其事, 終至於反其事而害其義. 此

또 智謀와 巧詐의 의미로 『商君書』, 「去强」의 "國無力而行知巧者, 必亡."에 보인다. 여기서는 교묘한 꾀의 뜻으로 쓰였다.
546 彝倫은 常道 또는 常理의 뜻. 『書經』, 「洪範」의 "王乃言曰, 嗚呼, 箕子. 惟天陰騭下民, 相協厥居, 我不知其彝倫攸敍."에 보인다.

乃古今君子, 救世之念, 抵死不已者也.

바뀌는 풍속을 이롭게 인도하는 방법과 사라지는 의리를 그치게 하고 붙들어 세우는 방책에는 좋고 나쁨이 있으니, 강제로 만회하려고 해서는 안 되고 또 틀에 박힌 담론547으로 드러내 밝혀서는 안 된다. 마땅히 때와 형세를 참작하여 덕으로서 가르침을 세우거나 정치로서 이끌어야 하고, 풍속이 바뀌는 것을 기다려서 바꾸고 사라지지 않는 것을 말미암아 밝혀야 한다.

因遷利導之方, 濟泯扶植之策, 有善不善焉, 不可以强力挽回, 又不可以例談發明. 須參時勢, 或以德立言, 或以政導率, 須其移動而轉之, 因其不泯而明之.

---

547 例談의 국어사전에서 말하는 의미는 '慶事, 弔事, 問病 따위의 경우에 맞게 하는 말'이라 하는데, 이와 함께 한자 例의 의미와 문맥을 고려한다면, 어떤 정해진 원칙이나 규정 또는 본보기에 해당하는 담론으로 보임. 오늘날 이념 고수와 같은 것.

해 설

풍속의 바뀜에 따라 해야 할 일을 헤아렸다.

이 풍속의 변화도 19세기 초 조선의 세태를 반영한 글임이 분명하다. 문맥은 새로운 풍습 특히 서학에 대해 오랑캐의 풍습이라고 배척하는 위정척사파의 그것과 비교된다. 오늘날과도 통하는 재미있는 점은 그 바뀌는 원인을 분석한 내용이다. 그 가운데 편리함을 취한다거나 다른 종교에 물들어서 그렇다는 점은 현대 한국의 풍속이 가장 크게 바뀐 요인이기도 하다. 그것은 다름이 아닌 자본주의 문화와 서양 기독교이다.

저자가 여기서 우려하는 일은 풍속이 바뀌는 일 그 자체가 아니라, 일의 의리가 사라진다는 점이다. 의리란 달리 말하면 정의의 근거가 되는 ‘일의 마땅함’ 내지 ‘옳음’이다. 물론 그것을 어떻게 규정하느냐 하는 문제는 철학적으로 더 논의해야 하지만, 보편적으로 말하면 개인의 지나친 욕망보다는 공동체 더 나아가 인류의 보편적 욕망을 추구하는 길과 연관되어 있다. 그래서 군자로 표현되는 지식인의 역할을 강조하였다.

그런 점에서 현재 우리의 자본주의 문화는 대체로 천박하다. 그것이 예술이든 종교든 학문이든 또 어떤 영역이든 가리지 않고 침투해 있다. 그에 따른 천박함의 기준이 도덕적 가치에만 있는 것이 아니라, 공동체 및 인류의 복지와 꿈과 이상을 좇고 지구상의 모든 생물과 함께 상생해야 하는 세계관에서 볼 때도 그러하다.

76. 기를 미루고 때를 미룸
推氣推時

물건을 미루어 물건을 헤아리는 사람은 그 기를 미루어 그 다름을 헤아려야 하고, 일을 미루어 일을 헤아리는 사람도 일할 때를 미루어 그 의리를 헤아려야 한다.

推物而測物者, 須要推其氣而測其異, 推事而測事者, 亦當推其時而測其義.

*　*　*

오로지 겉모습만을 보는 사람은 불을 미루어 불만 헤아리고 물을 미루어 물만 헤아릴 줄 알지, 불을 미루어 물을 헤아리고 물을 미루어 불을 헤아릴 줄 모른다. 오직 기를 아는 사람이야말로 물과 불의 기를 미루어 물과 불이 서로 만나 성취함[548]을 헤아려 알 수 있다.

惟見形體者, 但知推火測火, 推水測水, 不知推火測水, 推水測火. 惟見氣者, 乃能推水火之氣, 而測得水火之交濟矣.

오로지 일에는 비슷한 일만 있다고 아는 사람은 배고프면 다 배고프고

---

548 水火交濟는 달리 水火相濟로 일컫는데 『周易』과 전통 의학과 일상생활(기술)에 엿볼 수 있다. 『주역』의 旣濟卦(䷾)의 象이 위가 水(☵)이고 아래가 火(☲)를 나타내어, 물은 아래로 내려오고 불을 위로 올라가 서로 교섭하는 상이 되어 만물을 이루고 성취한 상징이다. 전통 의학으로는 水와 火에 해당하는 장기인 腎과 心이 서로 견제하면서도 조화를 이루게 하는 치료법이다. 일상생활에서는 음식을 조리하거나 대장간에서 쇠를 달구어 농기구를 만들 때도 적용된다.

배부르면 다 배부르다고만 알지, 배고픔 가운데 배부름이 있고 배부름 가운데 배고픔이 있는 줄 모른다. 오직 때를 아는 사람이야말로 이쪽저쪽 의 일을 미루어 때의 도리549에 다름이 있음을 헤아릴 수 있다.

惟見事之有類者, 但知饑同於饑, 飽同於飽, 而不識饑中有飽, 飽中有饑. 惟見時者, 乃能推彼此之事, 而測時義之有異.

---

549 時義는 때의 도리를 말하는데, 『周易』, 「豫卦」 단전의 "豫之時義大矣哉."에 먼저 보인다. 주희는 『周易傳義大全』에서 이것을 "豫之時義, 言豫之時底道理."라고 풀 었다. 程頤는 「遯卦」에서 '時之道'라고 풀었다. 때와 도리로 푸는 학자도 있다.

해 설

추측도 사람의 지적 능력에 따라 차이가 있음을 밝혔다.

이는 사물을 바라보는 관점이 다양하다는 사실을 말해준다. 곧 같으면서도 다름이 있고, 다르면서도 같음이 있으며, 움직이면서도 고요함이 있고, 고요하면서도 움직임이 있다는 전통적 논리의 연장이다.

게다가 어떤 논리가 언제나 똑같이 적용되지 않는다. 곧 형식 논리가 언제 어디서나 그대로 들어맞는다고 할 수 없는 까닭은 '때'와 '형세'라는 시세(時勢) 속에서 일이 전개되기 때문이다. 특히 『주역』 속의 논리가 그렇다.

77. 물리는 일정해도 사리는 정해짐이 없다
物理有定事理無定

만물에는 저절로 자연적으로 주어진 이치가 있으나 만사는 모두 추측지리를 말미암는다. 물리와 사리에는 자연과 인간의 나눔이 있어서 같음과 다름이 생긴다. 그러므로 공부는 오로지 자연의 이치를 따르고 추측을 정하는 데 달려 있으니, 그런 뒤에 추측에 통달하여 물리에 합한다. 만약 물리와 사리의 구분이 없으면, 의가 마음속에 있다거나 마음 밖에 있다[550]고 하여 하나로 정리되기 어렵다.

萬物自有天賦之理, 萬事皆由推測之理. 物理事理, 有天人之分而同異生焉. 故功夫惟在順天理而定推測, 然後通推測而協物理. 若無分於物理事理, 則義外義內, 所以難得歸一也.

＊　＊　＊

만물은 기가 엉기고 모여 이루어졌으니, 그 이치는 자연히 바뀔 수 없고 선도 불선도 없다. 만사는 마음이 추측하는 일이니, 그 이치에는 자연히 변통이 있고 선도 불선도 있다.

萬物乃氣之凝聚, 其理自有不可移易, 而無善不善. 萬事乃心之推測, 其理自有變通, 而有善不善.

---

550 『孟子』, 「告子上」에서 고자가 "食色, 性也. 仁, 內也, 非外也, 義, 外也, 非內也."라고 한 주장에서 촉발된 맹자와 고자 사이의 토론 내용이다. 고자는 義가 마음 밖에 있다는 주장에 대해 맹자는 그것이 마음 안에 있다고 비판했다.

일과 물건을 분간하여 그 차이를 안 뒤에야 자연의 이치를 따라서 추측을 정할 수 있고, 또 추측에 통달하여 물리와 합할 수 있다. 만약 물리와 사리에 구분이 없다면, 정해진 물리가 정해지지 않은 사리와 뒤섞여서, 정해지지 않은 사리로 정해진 물리를 판단하는 지경에 이를 것이다. 그러니 정해진 물리가 도리어 정해지지 않은 사리에 의해 없어짐을 어찌 알 수 있겠으며, 또 정해지지 않은 것 가운데 자연히 이미 정해진 추측이 있음551을 어찌 알 수 있겠는가?

事與物分, 得其所異, 然後方可率循天理, 以定推測, 又能通達推測, 以協物理. 若無分於物理事理, 則物理之有定者, 與事理之未定者混殽, 至以未定之事理, 裁度有定之物理. 安能知有定之物理, 反爲未定之事理所泯, 又安知未定之中, 自有已定之推測.

그래서 추측에서 아는 사람은 경험 속에 있는 정해진 물리를 미루어 지금 당면한 정해진 물리를 헤아리고, 정해지지 않는 사리의 경험을 미룬 내용을 지금 당면한 정해지지 않는 사리의 헤아림으로 여긴다. 그러니 경험한 물리와 사리는 지금 당면한 물리와 사리와 함께 모두 외부에 있으나 오직 추측만은 내부에 있으니, 다시 어찌 안팎을 나누어 한쪽만 치우치게 고집하는가?

是以得於推測者, 推經驗有定之物理, 測當今有定之物理, 推未定事理之經驗者, 以爲當今未定事理之測矣. 然則經驗之物理事理, 當今之物理事理俱在外, 而惟推測在內, 更有何內外偏執.

---

551 事理는 원래 정해져 있지 않은 것인데, 사람들이 말하는 가운데 이미 정해져 있는 事理가 섞여 있다는 말.

해 설

자연의 물리와 인사의 사리를 구분하여 헤아렸다.

이 내용은 저자 철학에서 갖는 중요한 핵심을 포함하고 있다. 유행지리는 물리, 추측지리는 사리의 범주에 놓고 설명했다. 사실 그것은 유행지리와 추측지리, 자연과 당연, 천도와 인도 구분의 맥락 속에 있다. 자연과 인간의 구분은 일찍이 『순자』, 「천론」에 보인다.

앞에서 밝혔듯이 저자는 기의 조리인 유행지리를 천도로 보고, 성리학에서 말하는 리나 태극 등은 모두 추측지리로서 인도라고 간주하였다. 또 유행지리는 인간과 무관하게 기의 유행에 따른 사물의 법칙이고, 추측지리는 검증이 필요한 일종의 가설만이 아니라 사리로서 윤리나 도덕규범도 그것에 해당한다. 후자는 인간의 가치 의식에 따른 추측의 산물이다. 그래서 물리에는 선이니 불선이니 하는 가치가 존재하지 않지만, 사리에 그것이 있다는 말은 사리가 곧 추측지리이며 인간과 무관하게 존재하는 자연의 그것이 아님을 말해준다. 가치는 인격체가 판단하는 문제이기 때문이다. 여기서 사리에는 일의 합리적 이치도 포함하지만, 대개 인간 도리의 뜻으로 쓰였다.

이런 전제에서 맹자와 고자의 논쟁에 종지부를 찍으면서 두 사람 모두를 비판하였다. 곧 의는 사리인데, 그것이 인간 안에 갖춰진 본성이라는 맹자의 설과 인간 외부에 있는 것이라는 고자의 설에 대한 비판이다. 성리학이 물리와 사리를 구분하지 않고 자연법칙처럼 인간의 본성으로 갖추었다고 보는 점에서 이 맹자의 비판은 실제로는 성리학의 비판이다. 여기서 사회 규범과 추측지리는 '외부' 경험을 전제하고, 추측은 '내부' 기능으로 본다. 그러므로 인의와 같은 본성은 인간 내부나 외부의 한 방향만으로 설명할 수 없다는 주장이다. 그가 규정한 인간의 본성 자체가 본능과 사회 규범의 통일체이기 때문이다.[552] 그래서 "다시 어찌 안팎을 나누어 한쪽만 치우치게 고집하는가?"라고 비판하였다. '다시'라는 말에 주의하면 철학사에서 매우 중요한 현재진행형 발언이다.

---

[552] 더 자세한 내용은 『추측록』 권3의 「仁義禮知」를 볼 것.

78. 큰 허무와 작은 성실
大虛小實

본뜨고 좇아 실천할 방법이 없는 대상은 비록 '아주 좋은 것'이라고 말해도 도리로 여길 수 없고, 조그마한[553] 보탬이라도 있으면 비록 '조금 좋은 것'이라고 말해도 큰 도리까지 미루어 넓힐 수 있다.

無模着遵行之方者, 雖謂大善, 不可以爲道, 有得寸得尺之益者, 雖曰小善, 可推擴於大道.

* * *

자연의 길은 매우 좋고 크다. 낮에는 활동하고 밤에는 쉬며 봄에는 만물이 생겨나고 가을이면 그것들이 성숙하는 일 등은 사람과 만물이 준수하고 받들어 실천하는 일이 아님이 없다. 그러므로 예부터 신령한 가르침을 세우고 성인의 학문을 밝힌 것은 모두 하늘을 따르는 일을 도리로 삼아 큰일이든 작은 일이든 모두 그것을 말미암았고,[554] 거대하거나 세밀한 일이 거기에 젖어 잠겼으니, 비록 그것을 벗어나고자 해도 할 수 없었다.

天地之道, 至善且大. 晝夜動靜, 春生秋成, 無非人與物遵守承行. 故自古建神敎明聖學者, 皆以順天爲道, 而大小由之, 鉅細涵游, 雖欲外此, 而不可得也.

---

553 尺寸之益의 尺寸은 『孟子』, 「告子上」의 "無尺寸之膚不愛焉, 則無尺寸之膚不養也." 에 보인다.
554 『論語』, 「學而」: 有子曰, 禮之用, 和爲貴, 先王之道斯爲美, 小大由之.

후세 허무555의 가르침과 귀신의 설556과 방술의 말은 모두 밝히기 어렵고 증거가 없는 일을 들어 최고의 큰 도리557로 여기니, 그 말을 탐구해 보면 실로 본뜨고 좇아 실천할 방법이 없다.

後世虛無之敎, 鬼神之說, 方術之論, 俱擧難明無證之事, 以爲無上大道, 究其說, 則實無模着遵行之方.

또 가령 묵자의 겸애와 불교의 자비는 의미는 크고 의도는 좋다 하겠으나, 실로 싹트고 꽃 피고 열매 맺는 참된 단계를 실마리로 드러내는 일이 없다. 겸애설은 자기의 아비와 자식과 형제를 길 가는 사람과 똑같이 보니,558 이는 나의 어버이를 먼저 섬기고 남의 어버이에게 미치고, 나의 자제를 먼저 기르고 남의 자제에게 미치는559 일이 없다. 자비의 설은 일심의 빛560을 희롱하여 원통561과 돈오562의 가르침을 세웠으니,

---

555 虛無는 저자가 주로 불교나 도교 같은 종교를 지칭하는 말.

556 저자가 기독교를 가리킬 때 주로 쓰는 말. 여기서는 墨子를 빌어와 비판하는 말로 쓰였다.

557 無上大道는 불교에서 비교할 데가 없는 최상의 대도인 無上道로서 여래가 얻었다는 도. 『無量壽經』卷上의 "我建超世願, 必至無上道, 斯願不滿足, 誓不成等覺."에 보인다. 또 도교에서 '無上~'의 형식으로 신이나 도 등으로 자주 표현하고 있다. 본문에서는 그것을 모두 통틀어 최고의 도리나 가르침의 뜻으로 쓰였다.

558 『孟子』,「滕文公下」: 墨氏兼愛, 是無父也.;『孟子集註』: 墨子, 愛無差等, 而視其至親, 無異衆人. 故無父.

559 같은 책,「梁惠王上」: 老吾老, 以及人之老, 幼吾幼, 以及人之幼, 天下可運於掌.

560 光影은 빛과 그림자의 뜻도 가지나 여기서는 번뜩이는 빛의 뜻으로 한순간의 깨달음 또는 지혜 따위를 비유한 말. 일심은 불교에서 반야의 지혜를 닦아 도달해야 하는 참된 마음을 가리키는 것.

561 막힘없이 두루 통한다는 뜻으로 깨달은 성인의 묘한 지혜가 證得한 실상의 이치로, 『楞嚴經圓通疏前茅』卷下,「楞嚴經纂註」卷五에 보임.

562 단번에 깨달음을 일컫는 불교의 용어로 漸修와 대비된다. (앞에 나옴)

이는 자기를 다하고 남을 다하고 물건을 다하는563 도리가 아니다. 설사 자애라는 특별한 도리가 있더라도 이미 실천할 조리가 없으니 사람마다 그것을 본받게 할 수도 없고, 또 혹시 그것을 체득한 사람이라도 한갓 마음뿐이니, 사람들이 모두 자애가 베풀어졌는지 알지 못한다.

且如墨氏之兼愛, 佛氏之慈悲, 意則大而志則善, 實無發端抽芽開花成實之眞的階級. 兼愛之說, 將自家父子兄弟, 與途人同視, 是無老吾老, 以及人之老, 幼吾幼, 以及人之幼也. 慈悲之說, 弄一心之光影, 立圓通頓悟之教, 是非盡己盡人盡物之道也. 設有慈愛之別般道理, 旣無措行之條理, 則不可使人人效之, 且或有得之者, 徒心而已, 人皆不知慈愛之施矣.

대저 성실한 추측의 방법은 비록 작은 일이라도 한 치를 알면 한 치의 보탬이 있고, 한 자를 알면 한 자의 보탬이 있어, 미루어 넓혀 나가면 커다란 도리에 나아 갈 수 있다. 이는 오로지 사람이 쉬지 않고 정진하는 데 달려 있다.

夫誠實推測之方, 雖小事, 得寸而有寸之益, 得尺則有尺之益, 推擴之, 可進於大道. 惟在人之進就不息.

---

563 이 말은 『中庸』의 "誠者, 非自成己而已也, 所以成物也."에서 연역한 것이다. 『집주』에서는 "誠雖所以成己, 然旣有以自成, 則自然及物, 而道亦行於彼矣."라고 풀었다. 또 그 제1장 『大全』의 "盡己之性, 盡人之性, 必說到盡物之性, 則可見矣."라는 말에도 그 논리가 들어 있다.

해 설

허무한 큰 가르침과 성실한 작은 가르침을 헤아렸다.

여기서 '크다'와 '작다'의 표현은 가르침을 적용하는 시작과 순서의 범위
이다. 곧 '허무한 큰 가르침'이란 묵자의 겸애설이나 불교의 자비 또는
기독교의 사랑과 같은 무차별성을 의미하고, '성실한 작은 가르침'이란
유학의 가르침인 친한 사람부터 먼저 사랑하는 차별성을 의미한다.
저자의 이런 생각은 『맹자』 속에 녹아 있는 마땅히 친해야 하는 부모나
자식 등을 먼저 친하게 여긴다는 '친친(親親)' 사상에 근거하고 있다.
맹자가 묵자를 비판한 일에 등장한다. 그러니까 유학은 남이나 물건까지
사랑하지 않음은 아니지만, 내 가족과 남의 가족을 사랑하는 일에 우선순
위가 있다고 분명히 전제하고 있다. 본문에서 말한 『중용』의 '자기를
다하고 남을 다하고 물건을 다하는 도리'가 바로 그것의 논리이다.
그래서 저자는 불교와 묵자의 자비와 겸애의 취지는 좋지만, 그런 사랑과
자비는 담론이 거대하여 그것을 실천할 단계가 없다는 점에서 허망하다
고 비판하였다. 적어도 유학은 차별적이기는 하지만, 실천의 단계와
조리가 있다는 점에서 계승하였다. 그리고 그 실천을 추측으로 더 보완할
수 있다고 보았다.

유학은 그것이 인간의 자연스러운 인정의 발로로 본다. 그런 유학을
자칫 가족 이기주의로 오해하고, 또 현실 역사에서 가족 이기주의로
흐른 점이 분명히 있지만, 사랑의 실천을 가족이란 범위에만 한정하지
않았음은 분명하다. 가족만 돌보고 이웃의 불행에 눈감는 일도 문제지
만, 인류를 돕는다고 가족을 돌보지 않는 일도 비난받아 마땅하다.
전자는 가족 이기주의에 빠진 사람들, 후자는 종교에 투신한 사람들에서
쉽게 볼 수 있다.

그런데 저자가 행간에서 현실적으로 비판하고 싶은 대상은 이미 사라진 묵자 집단은 아니다. 본문의 '허무의 가르침과 귀신의 설과 방술의 말'에 보이듯이 당시의 기존 종교와 미신 따위 및 '귀신의 설'에 해당하는 서양 기독교이다. 그래서 여기서 묵자는 기독교의 은유로 사용되었다. 서학이 중국에 처음 들어올 때 중국인들은 예수회 선교사들을 묵자의 무리로 보았다고 한다. 그 근거가 바로 겸애설이 기독교의 사랑과 같고, 또 귀신의 존재를 믿어 하늘에 의지가 있다고 여겼으며, 무엇보다 기술에 능통했다는 점이 그 근거이다. 저자가 묵자를 거론한 점도 기독교와 그런 공통점이 있었기에 그랬다는 점을 충분히 상상할 수 있다.

79. 저술은 미룸을 선택한다
著述擇推

저술하는 글564에서는 본래 그 미룸을 먼저 선택해야 한다. 미룰 만한 내용을 얻었으면 문세(文勢)565가 순하게 펼쳐지고, 헤아림 또한 통달하여 저절로 한 몸을 이룬다. 하지만 미룸에서 그 적절함을 얻지 못하면 견강부회하게 끌어다 합친566 내용이 비록 좋더라도 처음부터 끝까지 불안불안 위태하여 글에 힘도 없고 볼 만한 문채(文彩)도 없다.

著述文辭, 固宜先擇其推. 得其可推, 則理勢順布, 測亦通達, 自成一體. 推不得其宜, 則牽合雖善, 終始鼿脆, 無力無文.

* * *

예법을 연구한 사람들567은 옛것을 상고한 것을 미룸의 대상으로 삼고, 역사를 기록하는 사람들은 역사의 실제적 자취를 미룸의 대상으로 삼고,

---

564 文辭는 文詞, 곧 글 또는 문장과 같은 의미. 『史記』, 「伯夷列傳」의 "余以所聞由光義至高, 其文辭不可槪見, 何哉."와 같은 책, 「儒林列傳」의 "是時天子方好文詞, 見申公對, 默然."에 보인다. 또 저자의 『신기통』卷3의 「文理究解在變通」에서 "文辭者, 言語之成章也."라고 하여 문장과 같은 뜻이다. 본문 중간 文章家의 문장은 좁은 의미의 그것이다.

565 理勢는 사리와 형세 또는 사리의 발전 추세와 정황을 뜻으로, 『抱樸子』, 「暢玄」의 "實理勢之攸召, 猶影響之相歸也." 등에 보인다. 여기서는 文勢 또는 논리 전개의 형세의 뜻. (앞에 나옴)

566 牽合은 牽合附會의 준말로 牽强附會와 같은 말. (앞에 나옴)

567 典과 禮에 대해서는 본서, 권6의 「習用諸具」에 상세함. 典禮家는 예법을 연구하여 능통한 사람 정도로 보임.

경전을 해석하여 주석하는 사람들은 문장의 의미를 미룸의 대상으로 삼고, 가르침을 세우는568 사람들은 실제로 체득한 내용을 미룸의 대상으로 삼고, 문장가는 허상569을 미룸의 대상으로 삼고, 운율에 맞게 시를 잘 짓는 사람들은 음향의 색조를 미룸의 대상으로 삼는다. 이것들은 그 처지를 따라 미룸을 선택한 대략이나, 개중에는 자연히 뜻을 밝히고 이치를 천명하는 데 있어서 우열과 깊이가 있으니, 이것은 오로지 붙잡은 미룸이 적절했느냐 못했느냐를 말미암았기 때문이다.

典禮家, 以稽古爲推, 記史家, 以實蹟爲推, 傳注家, 以文義爲推, 立言者, 以實得爲推, 文章家, 以虛影爲推, 詩律家, 以響色爲推. 此其隨處擇推之大畧, 而箇中自有明義闡理之優劣淺深, 專由於執推之宜不宜.

만약 미룬 내용이 없이 한 편의 글을 저술하려고570 하여 예전에 들은 글귀571를 주워 모아, 잡되게 섞이거나 어울리지 않는 단절이 없기를 바란다면, 이것은 초학자가 연습하는 일이다.

若無所推, 而欲排撰一篇, 掇拾舊聞之句讀, 要無班駁崖岸, 是乃初學之肄習也.

---

568 立言은 글이나 말로써 후세에 가르침을 나타낸 것. 『左傳』, 「襄公二十四年」의 "大上有立德, 其次有立功, 其次有立言, 雖久不廢, 此之謂不朽."에 보인다. (앞에 나옴)
569 虛影은 문장을 꾸밀 때 미룸의 대상으로서 그 근거가 허상과 같다는 뜻. 아마도 문장이 추구하는 미적 아름다움이나 기백 따위는 현실에 존재하지 않는 심미적 가치이거나 개념이기 때문일 것이다. 문예를 바라보는 저자의 학문관이 반영되어 있다.
570 排撰은 글자를 배열하여 글을 짓는 일. 『신기통』, 「文字之言語」에 '以文字排撰'과 같은 책, 「功能最多」에 '排撰文字'라는 말이 나온다. (앞에 나옴)
571 句讀는 용어사전을 볼 것. 여기서는 한 조각 글귀의 의미로 쓰였다.

미룸이 적절한 사람은 미루는 뜻을 제기하여 첫머리에 쓰고, 이 미루는 뜻을 보호하여 중간에 펼치고, 미루는 뜻을 끝맺어서 마무리 짓는다. 그리하여 활동하는 기에 조응하여 독자들의 마음과 기운[572]을 일으키니, 그 글을 통해 권하고 징계하는 일을 거의 기대할 수 있다.

推得其宜者, 以提推之意擡頭, 以輔護斯推之意抱腰, 以閱推之意掇尾. 有照應活動之氣, 使讀之者, 心神興起, 庶望勸懲矣.

비록 미룸은 있으나 그것이 적절하지 않은 사람은 내용이 딱 들어맞지 않고 말의 의미가 서로 조응하지 않아, 향기와 악취가 같이 나고 얼음과 재를 서로 섞으려 하니, 미봉을 잘한다고 해도 끝내 군색함을 면치 못한다.

雖有推, 而不得其宜者, 辭緣不襯合, 語意無照應, 欲使薰蕕同臭, 氷炭相合, 彌縫雖善, 終未免窘塞.

이는 저술 전체를 논하는 것만 아니라 인용하여 근거 대는 글귀에도 미룸을 선택하는 우열이 있다. 또 이는 글을 논하는 것만이 아니라, 일을 처리하고 경영하거나 관리하는 일에서도 미룬 내용을 가지고 그 성공과 실패, 예리함과 둔함을 점치지 않음이 없다.

非獨以全篇論也, 句讀之引據, 亦有擇推之優劣. 又非獨以文辭論也, 至於處事營理, 莫不以所推, 占其成敗利鈍.

---

572 心神은 마음과 精力으로 『莊子』, 「在宥」의 "解心釋神, 莫然無魂"에 보인다. 精力은 마음의 활동력 또는 상태를 말함.

해 설

글 쓰는 일을 미룸이라는 말로 설명하였다. 곧 글쓰기를 설명한 내용이다.

여기서 미룸이란 어떤 주제를 논리적으로 시작과 중간과 끝맺음에 맞게 전개하는 일로 표현하였다. '미룸의 대상'이란 글의 분야, '미루는 뜻'이란 글의 주제로 보이며, 그것에 따라 글의 종류와 글 쓰는 사람이 나뉜다. 또 '미룸을 선택한다'라는 말은 글의 주제를 찾는 것 그리고 '미룬 내용'이란 생각의 전개를 의미하는 것으로 보인다.

여기서 저자의 글쓰기에 대한 이론적인 부분을 더 분석할 수 있다.

80. 격식의 유무
格式有無

추측지리는 해당하는 때를 따라 바뀌니 격식573을 세워 정할 수 없다.
반면 시행하는 사업에는 그 방법을 따라 기준이 있으니, 하나의 척도를
정하고 마땅하게 한다.

推測之理, 隨其時而變易, 不可立定格式. 措行之業, 隨其道而有準, 正宜一箇規矩.

* * *

격식이든 척도든 모두 내가 정하는 것이지 상대방에게 있는 것이 아니다.
그러니 나의 격식과 척도가 있는 곳에서 나의 격식과 척도를 쓸 수 있고,
상대방의 격식과 척도가 있는 곳에서는 그 격식과 척도를 가지고 나의
그것을 넓힐 수 있다.

格式也規矩也, 皆自我攸定, 而非在於物. 則在我之有格式規矩處, 可用自我之格式
規矩, 在物之有格式規矩處, 可將其格式規矩, 以擴我格式規矩.

나아가 범위가 매우 크고 통제하기 어려운 자연의 이치, 변화에 따라서
일정함이 없는 추측에서는 격식을 세워 정할 수 없다. 이때 살아 있는
방법을 죽은 방법으로 삼거나 일정한 틀이 없는 방식을 방식이 있는
것으로 삼기도 하는데,574 죽은 방법이든 일정한 틀이 있는 방식이든

---

573 格式은 여기서는 일정한 규격과 양식을 말함.

모두 해당하는 사람을 따라 생겨나고 없어지지만, 그 유행과 추측의
이치는 원래부터 덜어낼 것이 없다.575 그러므로 격식을 정할 수 없는
곳에서는 일정한 틀이 없는 격식을 가지고 나의 격식을 삼을 수 있다.

至於天理之至大難統, 推測之隨變無定, 不可立定格式. 以活法爲死法, 以無方爲有
方, 而死法也有方也, 皆從其人而起, 亦從其人而滅, 其於流行推測之理, 固無所損
矣. 是以不可格式處, 可用無方之格式, 爲我之格式.

내가 만든 일과 같은 것은 나아가고 물러나거나 행하고 그만두는 일576이
오로지 나에게 달려 있으니, 마땅히 하나의 척도를 정하여야 한다. 하지
만 그것도 일정한 방식이 없는 격식 가운데서 나와야 하므로 이것 외에
따로 척도가 있지 않다.

若夫自我所做之業, 進退行止, 惟在於我者, 宜定一箇規矩. 然須從無方格式中出來,
非外此而別有規矩.

---

574 方의 의미는 다양하다. 方向, 方所, 類 등이 그것인데, 無方이 일정한 방소가
    없다는 의미로는 『周易』, 「益卦」의 "天施地生, 其益無方."에, 정해진 방법이 없다는
    뜻으로는 『禮記』, 「檀弓上」의 "事親有隱而無犯, 左右就養無方."에, 하나의 격식에
    구애받지 않는다는 뜻으로는 『孟子』, 「離婁下」의 "湯執中, 立賢無方."에 보인다.
    여기서는 『禮記』와 『孟子』의 의미에 가깝다.
575 流行推測之理는 앞에 나온 天理와 推測之理를 말함. 그것은 격식을 세워 정할
    수 없다는 뜻.
576 『孟子』, 「梁惠王下」: 行, 或使之, 止, 或尼之. 行止, 非人所能也.

해 설

일정한 격식이 필요한 일과 그것을 정할 수 없는 일을 헤아렸다. 내가 익히 알고 내가 주관하는 일은 그 규모와 방법 따위의 격식을 정해서 시행할 수 있다. 하지만 범위가 넓고 알기 어려운 대상을 탐구할 때는 원칙적으로 정할 수 없다는 뜻이다. 곧 일정한 틀에 고정되지 않는 방식을 적용해야 하는데, 현대식으로 말하면 유연하고 창의적인 방식을 찾아야 한다는 뜻이다. 그래서 일정한 틀이 없는 격식이 나의 격식이 될 수 있다.

81. 겸손과 사양과 공적과 능력
謙讓功能

공적은 사양으로서 완성되고 능력577은 겸손하여 진보한다. 공적과 능력의 의의를 추측할 수 없는 사람은 비록 실제의 공적과 실제의 능력이 있더라도, 반드시 스스로 자랑하거나 교만하여 되레 손해를 일으키니, 애석한 공적과 능력이 되고 만다.

功以讓成, 能以謙進. 不能推測功能之義者, 雖有眞功眞能, 必自伐自矜, 以致反害, 因作可惜之功能矣.

거짓 공적과 거짓 능력으로 스스로 교만하거나 자랑하는 사람은 다만 남의 미움을 받을 뿐 실제의 공적과 능력에는 영향이 없다.

如將假功假能, 而自矜伐者, 但被人憎, 而功能無得失.

* * *

공적은 자기가 공적이라 여겨서 되는 일이 아니라 반드시 남이 인정해야 완성되고, 능력도 자기가 능력자라 해서 되는 일이 아니라 반드시 남이 인정해야 성립한다. 그러므로 겸손과 사양으로서 하지 않으면 남이 장차 시기하고 해를 끼쳐 성취할 수 없다.

---

577 能은 재능 또는 능력의 뜻으로 쓰였다. 『書經』, 「大禹謨」의 "汝惟不矜, 天下莫與汝爭能."과 『墨子』, 「尚賢上」의 "故官無常貴而民無終賤, 有能則擧之, 無能則下之."에 그 용례가 보인다.

功非自爲功也, 必由人而成, 能非自爲能也, 必由人而成. 故不以謙讓, 人將猜害,
莫可成就矣.

이러한 뜻을 추측하는 사람은 겸손과 사양을 공적과 능력으로 삼지,
공적과 능력만을 공적과 능력으로 삼지 않는다. 반면 이러한 뜻을 추측할
수 없는 사람은 반드시 "만약 자랑하지 않으면 그 공적과 그 능력을
크게 하여 그것들을 이룰 수 없다"라고 말하여, 도리어 그 공적과 능력에
해를 끼침을 알지 못한다.

推測斯義者, 以謙讓爲功能, 不以功能爲功與能也. 不能推測斯義者, 必以謂若非矜
伐, 不可大其功大其能, 成其功成其能, 不識反害其功能.

이는 어찌 전대의 공신에게만 해당하겠는가? 아주 작은 일에서도 자랑
과 교만으로 한탄과 손상을 초래한 사람이 많다. 설사 공적과 능력이
없더라도 공연히 자랑하고 교만하면 반드시 남의 미움을 받으니, 사람
사이에 무용한 것은 오직 자랑과 교만일 것이다.

奚特前代之功臣. 至於微細事, 以矜伐致嗟傷者多矣. 設使無功能, 而空自矜伐, 必
也被人憎惡, 人間無用者, 其惟矜伐乎.

해 설

자기에게 업적과 능력이 있어도 자랑하거나 교만해서는 안 된다고 헤아렸다.

이 글에서 과거와 지금의 문화 차이를 발견할 수 있다. 전근대사회에서는 남의 공과 능력과 학식 따위를 누가 알아서 천거해 주었기에, 자기 스스로 그것을 알려 진출하는 일을 염치없고 부끄러운 일로 여겼다. 그래서 공이 있더라도 겸손과 사양은 미덕이 되었다.

지금 우리는 아무리 업적과 능력이 있어도 거의 남이 알아서 써주지 않는 시대에 살고 있다. 그래서 자기 추천으로 공모에 응모하기도 한다. 하지만 비록 그렇더라도 진학과 취업을 위해 자기소개서를 쓰거나 프로젝트를 따내기 위해서 업적과 능력을 과장하지 않으면서 있는 그대로 진술하는 일은 중요하다. 어쨌든 그건 자랑과 교만이라 할 수 없다. 그렇다고 해서 학력과 경력을 위조하여 자랑하거나 취업하는 일은 일단 그것이 범죄 성립 여부는 차치하고서라도 자신에게조차도 염치없고 부끄러운 일이다.

공이나 능력이 있으면 남이 알아주기를 바라는 일이 인지상정일까? 공자도 "남이 알아주지 않더라도 성내지 않으면 군자가 아니겠는가?"라고 했는데, 여기서 알아준다는 말은 사회에 봉사할 수 있도록 지위를 보장해 준다는 뜻이다. 자랑과 교만과는 거리가 멀다. 그 또한 남이 알아서 써주지 않으면 어찌하겠는가? 섭섭하게 여기지 말고 군자답게 조용히 살 수밖에. 반면 정당한 절차를 무시하면서까지 써달라고 떠들고 자랑하고 심지어 아첨하는 사람은 참으로 소인일 것이다. 요즘은 소인 세상이다. 그런 소인이 발탁되는 것 자체가 조롱거리요 난센스이건만, 당사자만 그 사실을 아는지 모르는지 뻔뻔하기 그지없다.

82. 사람과 물건의 기가 암석으로 굳어지다
人物氣結成石

물건의 정기는 응결하여 암석을 이루고, 사람의 마음[578]은 온전히 한결같이 하면 단단함을 이룬다.

物之精氣, 凝結成石, 人之心靈, 專一成堅.

* * *

『직방외기』에 말하기를 "보르네오섬에 사슴 비슷한 짐승이 있어 이름은 '파잡이'라고 부르고 뱃속에 돌이 들어있어 온갖 질병을 치료할 수 있다"라고 한다. 무릇 짐승의 배 안에 들어있는 돌을 '자답'[579]이라고 부르고, 또 물고기와 게의 뱃속에도 종종 흰 돌이 있다. 또 결석[580]을 앓는 사람도 있는데 모두 기가 응결하여 이룬 것이다.[581]

---

578 心靈은 유학에서는 사람 마음의 신령함〔人心之靈〕의 뜻이고 불교에서는 정신 또는 마음의 뜻으로 『楞嚴經』卷1의 "汝之心靈, 一切明了."에 보인다. 둘 다 통함.

579 『五洲衍文長箋散稿』의 「鮓荅馬墨辨證說」에 등장하는 내용을 종합하면 짐승의 담석으로 보이며, 서역이나 몽골에서 기우제를 할 때 사용했으며 우황과 같은 종류라 하였다. 『物理小識』에서도 '以求雨'라 하여 기우제와 관계됨을 알려주고 있다.

580 요로, 방광, 신장, 담낭 등에 생기는 결석.

581 『職方外紀』, 「亞細亞總說·渤泥」: 渤泥島, 在赤道下. 出片腦極佳, 以燃火沉水中, 火不滅, 直焚至盡. 有獸似羊似鹿, 名把雜爾, 其腹中生一石, 能療百病, 西客極貴重之, 可至百換, 國王籍以為利.;『物理小識』卷12, 「氣之所結皆成堅石」: 諸獸腹中之石子曰鮓荅, 以求雨. 外紀, 渤泥島, 有獸似鹿, 名把雜爾, 腹中有石, 能療百病, 皆其氣想所結成者也. 通論之人患石淋, 有石塊, 刀斧不能破. 又嘗見龍脛骨中髓, 皆是白石, 蛇蟹鼉, 皆能成石. 두 책의 내용을 비교해 보면 저자는 『職方外紀』에서 직접 인용한

外紀云, 渤海島, 有獸似鹿, 名把雜爾, 腹中有石, 能療百疾. 凡獸腹中之石子, 曰鮓答, 且魚蟹骨體, 往往有白石. 又有人患石淋, 皆氣結而成者也.

『정씨유서』582에 실려 있기를 "파사 사람이 민중583의 옛 무덤을 발굴하였는데, 관 속은 모두 뼈가 오래되어 없어지고 깨끗했는데 오직 심장만은 견고하여 돌과 같았고, 톱으로 켜 보니 산수화 속에 여인이 난간을 기대고 있었다"584라고 하였으니, 대개 마음에 두었던 뜻585이 이처럼 맺혔을 것이다. 송렴(宋濂)586의 문집에 "임천587의 한 승려가 입적한 뒤 화장하

    것이 아니라, 『物理小識』에서 일부만 간접 인용했고, 나머지는 『物理小識』의 내용임을 알 수 있다. 把雜爾은 무슨 동물인지 확실치 않음. (강조는 같은 글자)

582 보통 『二程遺書』라 부르고 원명은 『河南程氏遺書』이다. 북송 때 학자 程顥 (1032~1085)와 程頤(1033~1107) 형제가 저술한 『文集』, 『經說』, 『易傳』 및 후인들이 수집하여 편찬한 『遺書』, 『外書』, 『粹言』 가운데 『遺書』만을 말한다. 이하 내용은 『二程遺書』에 보이지 않고, 『物理小識』 내용을 그대 인용한 것이다.

583 閩中은 福州府의 별칭으로 지금의 福建省과 浙江省의 중간에 속함. 波斯는 페르시아의 음역, 『元史』에 보이는 인도네시아 수마트라섬에 있던 國名, 고대 중국에서 진귀한 보물이 난다는 해외 지역으로 여긴 곳, 서양인처럼 수염이 긴 노인 등을 일컬었다는데, 정확히 어느 지역의 누군지 알 수 없음.

584 명대의 몇몇 저술에 이 고사가 보임. 이 내용은 明 陸楫編, 『古今説海』 卷136, 「損齋備忘録」의 "潛溪文集内一事, 昔波斯人來閩相, 古墓有寶氣, 乃謁墓鄰以錢數萬, 市之墓鄰諱不與. 波斯曰, 汝無庸爾也. 此墓已無主五百年矣. 墓鄰始受錢, 波斯發之, 見棺衾肌肉潰盡, 惟心堅如石, 鋸開觀之, 有佳山水青碧如畫, 傍有一女靚妝凭闌凝睇. 盖此女有愛山水癖, 朝夕玩望吐呑清氣. 故能融結如此, 此志壹動氣也. 程氏遺書内一事, 南中有人, 因採石, 石陷壓閉, 石罅中幸不死饑甚, 只取石膏食之, 不知幾年. 後他人復採石, 見此人引之出, 漸覺身硬, 纔見風便化為石. 此氣壹動志也."에 보이며, 대부분 宋濂(潛溪)의 문집에 있다고 소개하고 있다. 또 『古今説海』의 '程氏遺書内一事, 南中有人' 이하의 사례는 『二程遺書』87에 있다. (강조는 옮긴이)

585 注意는 마음을 한곳에 집중하여 모은 뜻으로 『史記』, 「田敬仲完世家論」의 "易之為術, 幽明遠矣, 非通人達才孰能注意焉."에 보인다.

586 1310~1381. 명대의 문인 겸 정치가. 潛溪는 그의 호.

587 지금의 江西省 臨川市 서쪽에 있던 현.

였는데 오직 심장만이 없어지지 않고 오색의 빛을 띠었고, 거기에는
뼈도 아니고 돌도 아닌 불상이 있었다"라고 하니, 이것은 모두 의지588가
분산되지 않아 신령스러운 정기589와 기의 진액이 감응하여 응결된
모습이다.590

程氏遺書, 載有波斯人, 發閩中古塚, 棺內俱盡, 惟心堅如石, 鋸開, 有山水畫女凭欄,
蓋其注意所結如此. 宋潛溪文集, 臨川浮屠, 寂後火焚, 惟心不化, 出五色光, 有佛像,
非骨非石, 此皆志局不分, 精靈氣液, 因感凝形.

---

588 志局는 의지와 德量이지만, 여기서는 문맥상 굳은 의지로 보임.

589 精靈은 精靈之氣로서 만물을 형성하는 본질이다. 『周易』, 「繫辭上」의 "精氣爲物,
遊魂爲變."의 孔穎達의 疏에서 "陰陽精靈之氣, 氤氳積聚而爲萬物也."라 풀었다.

590 『物理小識』 卷12, 「氣之所結皆成堅石」: 程氏遺書, 載有波斯人, 發閩中古冢, 棺內俱
盡, 惟心堅如石, 鋸開, 有山水畫女凭欄, 蓋其註意所結如此. 宋潛溪文集, 臨川浮屠,
寂後火焚, 惟心不化, 出五色光, 有佛像, 非骨非石. 又徽士死茶毗之心, 內包觀音像
如刻成, 此皆志局不分, 精靈氣液, 因感凝形. (강조는 같은 글자)

해 설

기가 암석으로 굳어진 사례를 소개하였다.

인용한 자료는 모두 방이지의『물리소지』에서 가져왔으며, 저자가 그것을 통하여 말하고자 하는 핵심은 기가 암석이 될 수 있다는 사실이다. 이 내용은 기가 형이상학적 존재가 아니라 물질적 계기를 지닌 존재임을 분명히 말해주는 곳이다.

일상생활에서 신장과 요로결석은 소변 속의 물질, 담석은 담즙에 들어 있던 물질이 침전·응결되어 생긴다. 딱딱하니 옛날에는 돌로 여길 법도 하다. 조개 속의 진주든, 동물 몸속의 그것이든, 또 승려가 입적 후 남긴 사리이든 모두 몸속의 물질이 그렇게 만든 것이고 그것이 기와 관련되어 있다는 주장은 합리적이다.

그런데 마음의 굳은 의지도 몸속의 돌을 만드는 일에 일조하고 있다는 점을 인정하고 있는데, 오늘날 승려가 남긴 사리를 두고 그렇게 보는 이도 있어서, 오랜 수행에 따른 몸의 조건이 그렇게 만들었다고 믿으면 그럴 수 있겠다. 마음이 수행하는 몸을 주관한다는 점에서 이와 무관하지는 않다. 하지만 모든 담석증과 결석증 환자가 그들의 의지로 생겼다고 믿기는 어렵다. 하물며 동물이랴.

83. 중국과 서양 역법의 차이와 같은 점
中西歷異同

역법의 이치는 실로 인사의 준칙인데, 옛 역법은 대부분 불필요하게 꾸며 늘어놓은 것591이 많다. 그러므로 재앙과 상서로움과 관련된 말이 지금까지 전해오지만, 새로운 역법은 대부분 실제로 관측한 것이다. 그러므로 추측과 증험592을 점점 쌓아 점차로 밝힌 것이 있다.

歷理, 實爲人事之準則, 而古法多餼飣. 故災祥之說, 迄今遺傳, 新法多實測. 故積累推驗, 漸有所明.

* * *

사람과 만물이 태어나고 자라고 늙고 죽으며, 봄에는 꽃이 피고 가을에 성숙하고, 낮에는 활동하고 밤에는 쉬며, 쌓인 대기의 차갑거나 덥거나 마르거나 축축한 현상에 이르기까지 저절로 생성되고 다스려지는 법칙이 있어서 어기거나 초월할 수 없다.

人物之生長老死, 春榮秋熟, 晝動夜靜, 以至積氣之寒熱燥濕, 自有裁御之則, 而不可違越者.

인간은 추측을 쌓아 자신의 한계593를 바야흐로 열어 그 이치를 차츰

---

591 餼飣은 불필요한 문학적 나열, 雜亂, 요란한 장식 따위를 비유하는 말.

592 推驗은 推步와 驗證의 뜻으로 볼 수 있으나 아래 문장 人能積累推測의 맥락에 따라 옮겼음.

밝힐 수 있었다. 역법이 옛날에는 엉성하고 지금은 정밀한 까닭은 형세가 본래 그러하기 때문이다. 역법을 세울 당초에 아주 조그맣게 어긋나도 나중에는 반드시 매우 큰 오차가 생긴다. 하물며 끌어다 합쳐 견강부회하게 인간의 생각을 간여시키는 일이랴.

人能積累推測, 始開分數, 稍晳其理. 歷法, 古疎今密, 勢所固然. 立法之初, 如有毫釐之差, 必致千萬里之謬. 況引合附會, 參以人意哉.

한나라의 태초력594은 음률595에서 역수(曆數)를 일으켰고, 당나라의 대연력596은 『주역』의 수로 역법을 말했는데, 이것들은 『주역』과 음률을 역법 만드는 실마리로 삼아 사람들을 현혹하였다. 후세에 그 범위를 벗어날 수 없어 재앙과 상서로운 일의 설명이 물들어 고질병이 되었다.

漢之太初歷, 起數於鍾律, 唐之大衍歷, 以易數言歷, 是乃以易與律爲造歷之端, 眩人惑衆. 後世不能出其範圍, 灾祥之說, 染着膏肓.

회회력597과 서양 역법이 중국에 흘러 들어온 이래로 차츰 역법의 본지를

---

593 分數는 여러 뜻이 있으나 여기서는 지적인 능력의 한계나 조건의 뜻으로 쓰였음.
594 한 무제 때 司馬遷, 孫卿, 鄧平 등 20여 명의 건의에 따라 제정한 역법.
595 鍾律은 전통음악의 음높이와 간격 등을 설명하는 이론이다. 거기에는 서양음악의 음계에 해당하는 6呂와 6律로 이루어진 12律이 있고, 12律마다 鍾律이 있다. 그 기준 음이 黃鍾이며 林鍾과 應鐘 등의 律名에도 鍾 자가 들어 있어서, 鍾律이란 말이 거기서 나왔다. 보통 음악 이론의 의미로 쓰인다.
596 승려 一行이 玄宗의 명을 받아 제정한 역법. 천체관측에 충실한 역법으로 전하며, 『주역』, 「繫辭上」에 등장하는 '大衍之數'에 근거를 두고 만들었다고 하여 '大衍曆'이라 하였다.
597 元·明 시기 중국에 들어온 이슬람 역법.

알았지만, 도리어 젖어 있던 옛 모습을 버리지 못했다. 그 병통을 제거하려면 그 기원을 따라 그 역법을 밝혀 실제의 이치를 찾아볼 것을 기대해야 진정한 안목을 열 수 있다.

自回回歷西洋歷, 流入中國, 稍知歷法之本旨, 而猶未能掃除舊染. 欲祛此病, 從其 所起之源, 明其歷法, 期覩實理, 可以開眞正眼目矣.

서양의 역법을 가지고 중국의 그것에 비교해 보면 우열과 예리함과 둔함이 이미 자연히 명백하다. 서양의 태양과 오성598의 최고 가감은 중국에서는 영축력이며 또한 달의 지질력이고,599 서양 오성의 일주 궤도600는 곧 중국의 단목이고,601【행성이 느려지고 제자리에 머물고 역행하고 머물러 있는 것】서양에서 항성이 동쪽으로 운행한다는 설은 중국의 세차602에 해당하고, 서양에서 절기를 태양이 황도 12궁을 지나는 일을 가지고 정한 것은 곧 중국에서는 정기603이고, 서양의 지역마다

---

598 수성·금성·화성·목성·토성.

599 고대 중국에서 태양이 하루에 1도씩 움직여 일 년이면 360도를 돈다고 여겼다. 하지만 태양의 궤도(사실은 지구의 궤도)는 타원형이므로 케플러의 법칙에 따라 원일점과 근일점의 속도가 다른데, 자세히 관측하여 그 차이를 알아냈다. 그래서 그 표현이 日行盈縮인데 盈은 늘어난 것 縮은 줄어든 것이고, 그에 따른 역법이 盈縮曆이다. 서양의 '最高 加減'이란 이러한 태양의 不等 운동의 盈縮에 따른 가장 큰 차이를 말하며, 달의 遲疾曆 또한 달의 不等 운동에 따라 생기는 역법이다.

600 歲輪은 별이 한 바퀴 도는 궤도이다. 지구에서 관측할 때 태양을 기준으로 보면 1년에 한 바퀴 돌므로 붙여진 것으로 보임.

601 段目은【】의 설명대로 시야에 관측된 행성의 겉보기 운동을 어느 방향으로 얼마나 빨리 움직이는지 차례대로 붙인 목록의 이름이다. 가령 合伏·晨疾·晨遲·晨留·晨退·夕退·夕留·夕遲·夕疾·夕伏 등이 그것이다.

602 歲差는 천구상의 춘분점과 추분점이 황도를 따라 角度 50.26초씩 서쪽으로 이동함으로써 조금씩 앞당겨지는 현상. 이것은 지구 자전축이 달과 태양의 중력에 의하여 이동하는 현상. 달리 말하면 항성년과 태양년의 길이 차이. (앞에 나옴)

딱 맞는 절기가 똑같지 않은 것은 중국에서는 리차[604]이다.

將西法而較諸中法, 優劣利鈍, 已自皎然矣. 西法之日五星之最高加減, 卽中法之盈縮歷, 亦是太陰之遲疾歷也, 西法五星之歲輪, 卽中法之段目也, 【遲留逆伏】西法恒星東行, 卽中法之歲差也, 西法節氣之以日躔過宮, 卽中法之定氣也, 西法各省直節氣不同, 卽中法之里差也.

이것들은 모두 중국과 서양의 공통점이지만, 중국의 역법은 단지 응당 그러한 천체의 운행을 나타냈지만, 서양의 그것은 그렇게 되는 까닭의 근원을 미루어 밝혔다.[605] 가령 오성과 같은 것에는 교점[606]과 위행[607]이 있고, 태양과 달의 운행 궤도가 타원이며, 지구 대기설은 중국 역법의 큰 결함인데, 서양의 그것을 얻어 그 미비점을 보충하였다.[608]

此皆中西之所同, 而中歷只著當然之運, 西法推明所以然之源矣. 至若五星, 有交點有緯行也, 日月行道, 楕圓分積也, 及蒙氣之說, 乃中歷缺陷之大端, 得西法而補其未備矣.

서양의 역법과 중국 그것의 차이점은 첫째, 서양은 태양의 궤도가 두성(斗星)이 4도인 날을 정월 초하루로 삼는데, 중국의 하정과 시작이 같지

---

603 定氣는 태양이 일 년 동안 지나는 황도의 도수를 24등분하여 節氣로 정한 역법.

604 里差는 동서의 거리 차이로서, 곧 경도의 차이를 말함.

605 바로 뒤 문장의 중세와 르네상스 시기 이후의 천체에 대한 과학적 발견을 염두에 둔 진술이다.

606 여기서 말하는 交點은 오성과 같은 행성의 궤도면이 황도와 만나는 점.

607 緯行은 28宿의 經星에 대비되는 緯星의 운행.

608 서양의 역법을 참고하여 만든 時憲曆 등을 염두에 둔 발언이다.

않다.[609] 둘째, 중국에서 달의 이동을 추보(推步)하는 일은 초하루에서 시작하지만, 서양에서는 보름에서 시작한다. 셋째, 중국에서는 날을 따질 때 자정을 시작으로 논하지만, 서양에서는 정오를 시작으로 본다. 넷째, 중국에서는 윤달을 두지만, 서양에서는 윤달을 두지 않고 단지 날짜만 늘어나는 윤년을 둔다. 다섯째, 중국의 별 이름에서는 삼원[610]과 28수[611]이나 서양은 황도12궁과 황도 북쪽의 21개 별자리와 황도 남쪽의 15개 별자리를 합하여 48개[612] 별자리가 있어, 중국의 별 이름과 하나도 같은 게 없다. 여섯째, 중국에서 날 수를 따지는 방식은 갑자로 하여 60일이 되면 한 바퀴 돌지만, 서양에서의 그것은 요일로서 모두 7일이면 한 바퀴 돈다. 일곱째, 중국에서는 햇수를 따지는 방식은 갑자로 하여 60년이 되면 한 바퀴 돌지만, 서양에서는 누적한 총합으로서 지금까지 6천여 년[613]의 수가 된다. 여덟째, 중국의 절기는 동지를 기점으로 하지만, 서양의 그것은 춘분을 기점으로 한다.

---

609 고대 동아시아에서 정월의 첫날을 북두칠성의 자루의 끝이 가리키는 방향에 따라 날짜로 삼는데, 斗四度란 북두칠성의 자루의 끝이 子方에서 4도 거리에 있을 때의 날. 夏正은 하나라 역법의 정월이다. 북두칠성 자루의 끝이 子方일 때 정월로 삼은 것은 周 나라 역법인 周正(이른바 建子이고 天統)이고, 丑方을 가리킬 때는 商 나라 역법인 商正(이른바 建丑이고 地統)이며, 夏正(이른바 建寅이고 人統)은 夏 나라에서 그것이 寅方을 가리킬 때 정월 초하루로 삼는 역법이다. 본문의 夏正은 당시까지 사용한 중국의 전통 역법을 일컫는 말. 『漢書律曆志』에 나오지만, 『論語集註』, 「爲政」에 "三統, 謂夏正建寅, 爲人統, 商正建丑, 爲地統, 周正建子, 爲天統."이라는 말이 보인다.

610 별자리의 세 구획인 紫微垣(北極 부근)과 太微垣(獅子宮 부근)과 天市垣(蛇遣宮 부근)을 말함.

611 천구의 적도를 따라 남북에 있는 별들을 28개로 구획으로 구분한 별자리.

612 서양 별자리의 48개는 2세기 프톨레마이오스가 정리한 숫자이다. 그 후 더 발견되어 1930년 국제천문연맹(IAU)에서 88개의 별자리로 확정했다.

613 이 근거는 과거 서양인들이 기독교 성서 「창세기」의 기록에 있던 일로부터 어림잡던 숫자이다. 저자는 서학 서적에서 그것을 보았을 것이다.

西法之與中歷異者, 以太陽躔斗四度之日, 爲正月一日, 與中法之夏正歲首不同, 一也. 中法步月離始于朔, 而西法始于望, 二也. 中法論日始子半, 而西法始午中, 三也. 中法立閏月, 而西法不立閏月, 惟立閏日, 四也. 中法星名, 有三垣二十八舍, 而西法有黃道十二像及黃道北二十一像, 黃道南十五像, 合四十八像, 與中法星名, 無一同者, 五也. 中法紀日以甲子, 六十日而周, 西法紀日以七曜, 凡七日而周, 六也. 中法紀歲以甲子, 六十年而周, 西法紀年以總積, 六千餘年爲數, 七也. 中法節氣, 起冬至, 而西法起春分, 八也.

이 공통점과 차이점을 가지고 근원과 말단을 탐구하여 밝힐 수 있으면, 방술과 재앙과 상서를 믿는 일은 없어질 것을 기다리지 않아도 자연히 제거될 것이다.

有能擧此異同, 究明源委, 則方術災祥, 不期去而自去矣.

해 설

동서 역법의 공통점과 차이점을 설명하였다.

저자는 동아시아 역법이 방술과 재상(災祥)이 결합한 것을 비판하였는데, 고대 서양에서도 천문학과 점성술이 쌍둥이처럼 같이 통용되었다. 다만 근대 과학이 발달하면서 서양이 동아시아보다 먼저 미신에서 벗어났다고는 말할 수 있다. 저자의 글은 그것을 반영하고 있다. 특히 동아시아 역사에서 국운을 천문에서 살피거나 그것을 해석하는 일은 조선말까지도 볼 수 있다.[614] 그렇다고 전통의 천문관측이 엉성하거나 잘못되었다는 뜻은 아니다. 다만 해석이 그렇다는 뜻이다. 그러니까 정밀한 책력의 제작과 국운을 살피는 일이 병행되었다고 할 수 있다. 천문관측만 두고 본다면 고대의 천문학이 서양이 앞서고 동양이 뒤떨어졌다고 결코 단정할 수 없다.

저자의 말은 우리의 근대 전환기에 와서 동서의 격차를 말하는 것으로, 중국 역법의 미비점을 보완했다는 지적도 서양 과학의 성과를 도입했다는 뜻이며, 천문에 대해 방술과 재상을 버려야 한다는 주장이다.

---

614 천문현상에 대한 미신적 견해는 홍대용의 『醫山問答』에서 신랄하게 비판하고 있다. 더 자세한 것은 이종란, 『의산문답』, 앞의 책을 볼 것.

84. 통일을 높임은 다스림과 평화를 위한 일이다
尊一統爲治平

통일615을 높임은 나라616를 다스리고 온 세상을 평화롭게 하기617 위함이다. 만약 그것이 나라를 다스리고 온 세상을 평화롭게 하는 일과 무관하다면 그것은 케케묵은 높임이요, 다스리고 평화롭게 하는 일에 해로움이 있다면 그것은 해치는 높임이다.

尊一統者, 爲其治平家國天下也. 若無關於治平, 則是陳腐之尊統, 若有害於治平, 是戕賊之尊統.

* * *

통일을 높임은 자연의 이치 높임을 기준으로 삼고, 자연의 이치 높임은 다스리고 평화롭게 하는 일을 목표로 삼는다. 그러니 다스리고 평화롭게 하는 일은 하늘을 받들고618 인심을 따르는619 일이다.

尊一統者, 以尊天理爲準的, 尊天理者, 以治平爲準的. 治平者, 乃奉天而順人也.

615 一統의 의미는 해설을 보라.
616 家와 國은 각각 大夫와 諸侯가 다스리는 나라.
617 治平은 『大學』의 "修身齊家, 治國平天下."에서 가져온 말. 나라나 세상을 다스리고 평화롭게 하는 일.
618 奉天은 원래 天命을 받든다는 뜻으로 『書經』, 「泰誓中」의 "惟天惠民, 惟辟奉天."에 보인다.
619 順人은 민심(인심)을 따르는 일로 『韓非子』, 「用人」의 "聞古之善用人者, 必循天順人 而明賞罰, 循天則用力寡而功立, 順人則刑罰省而令行."과 『後漢書』, 「章帝紀」의 "俗知順人, 莫知順天."에 보인다.

자연과 인간이 일치하는620 문제는 예법을 만든 이후의 논의요, 자연의 이치를 따라 인사를 제정하는 일은 예법 이전의 말이다. 만약 인사가 변하지 않으면 예법 또한 불변하여 자연의 이치를 따라 다스리고 평화롭게 하는 일에 어긋남이 없다. 하지만 인사가 만약 변한다면, 예법을 때에 맞게 고쳐서 불변하는 자연의 이치에 어긋남이 없도록 하는 일이 실로 다스리고 평화롭게 하는 방법이요 통일을 높이는 의의이다.

天人一致, 禮法以後之論, 因天理而制人事, 禮法以前之說. 人事不變, 則禮法亦不變, 而無違於天理之治平矣. 人事若變, 則禮法當隨時修改, 俾不違於不變之天理, 實爲治平之術, 尊統之義也.

혹시나 이 의미를 탐구하지 않는 사람이 오직 예법이 천고에 바뀌지 않는다고만 알고 인사에 변화가 있음을 모른 채 케케묵은 담론을 굳게 지킨다면, 이는 인사와 예법을 나누어 두 가지 길로 삼으니, 어느 겨를에 통일된 다스림과 평화를 논하겠는가?

或有不究斯義者, 惟知禮法之爲千古不易, 而不知人事之有變, 膠守陳腐之談, 是乃以人事與禮法, 判爲二路, 何暇論一統之治平.

더욱 심한 사람은 통일을 높인 뒤의 남은 실마리를 주워 모아 의리의 깃발을 세웠다고 스스로 자부한다. 그리하여 바람이 고요한 밤에 파도를 일으키고, 큰 재앙621이 지난 뒤에 잠깐 성토한다.622 또 잘 다스려지고

---

620 해설을 보라.
621 劫灰는 세계가 파멸할 때 일어난다는 큰불이 만든 재. 불교 용어로서 범어로 kalpāgni라 함. 불교 세계관인 成·住·壞·空의 四劫의 끝인 壞劫에 火災·風災·水災

평화로운 세상에 살면서도 스스로 세상을 어지럽히는 출발623로 돌아가, 본래의 착한 심성624으로 분하고 답답한 공허한 담론만 길이 품으니, 이는 나라의 다스림과 평화를 해치는 데 딱 알맞다. 어찌 다스리고 평화롭게 하는 일이 통일을 높이는 근본임을 알겠는가?

尤有甚者, 綴拾尊統之餘緖, 自許義理之立幟. 起波濤於風靜之夜, 假聲討於劫灰之後. 居治平之世, 而自歸亂世之嚆矢, 以本善之心性, 長抱憤鬱之空談, 適足爲家國治平之戕賊. 烏知治平爲尊統之本.

가 일어난다고 함.

622 상황에 맞지 않다는 뜻. 성토하는 일보다 재앙이 있기 전에 예방하는 기능이 우선이다.

623 嚆矢는 어떤 일의 시초라는 뜻으로 『莊子』, 「在宥」의 "吾未知聖知之不爲桁陽接槢也, 仁義之不爲桎梏鑿枘也, 焉知曾史之不爲桀跖嚆矢也."에 보인다.

624 저자의 전체 글의 맥락에서 보면 그가 말하는 인성은 性無善無不善이다. 여기서 말하는 '本善之心性'은 문맥상 성선설의 그것이 아니라, 순박하고 때 묻지 않은 사람의 일반적인 심성을 말한다.

해 설

통일을 높이는 목적과 기준을 명확하게 밝혔다.

이 내용은 쉬워 보여도 이해하기 까다로운 글이고, 학술 논문에서 자주 인용된다. 먼저 통일로 옮긴 '일통(一統)'은 일찍이 하나의 계통 또는 정권625이라는 의미로 사용했지만, 후에 그 대상과 의미는 여러 가지로 분화되었다. 본문에서는 예법의 통일을 언급하고 있는데, 그것은 문물 전체를 상징하고 있다.

그런데 "통일을 높임은 자연 이치의 높임을 기준으로 삼고, 자연 이치의 높임은 다스리고 평화롭게 하는 일을 목표로 삼는다. 그러니 다스리고 평화롭게 하는 일은 하늘을 받들고 인심을 따르는 일이다"라는 진술은 유학의 핵심을 찔러 매우 의미심장하다. 여기서 말하는 자연 이치인 '천리(天理)'의 성격은 학파마다 다르나, 그것을 높인다는 점에서 적어도 형식상에서는 일치한다. 그것은 원래 하늘 또는 그 명령인 천명을 따르거나 받든다는 말에서 이치를 따른다는 말로 바뀐 것에 지나지 않는다. 여기에는 고대의 인격적 자연관에서 이법적 또는 물리적 자연관으로 전환하는 과정을 엿볼 수 있다.

그래서 자연과 인간이 일치하고자 하는 천인일치 또는 천인합일의 사상이 형성되었는데, 그 배경에는 밤낮과 계절 변화 등의 자연 질서를 잘 따르면 풍요롭게 되는 농경문화에 있다. 『주역』의 기본 사상도 거기에 토대를 두고 있다. 또 노자의 무위자연도 스스로 그러한 도와 일치된 삶을 추구한다는 점에서 천인일치라 볼 수 있다. 유가에서 천인일치의 영역은 크게 예법과 책력과 제도 그리고 개인의 수양 등 거의 모든

---

625 『管子』, 「五行」: 以天爲父, 以地爲母, 以開乎萬物, 以總一統.; 『史記』, 「秦始皇本紀」: 海內爲郡縣, 法令由一統.

영역에 걸쳐 있다.

문제는 자연의 이치를 높이는 목적이 나라를 잘 다스리고 평화롭게 만드는 데 있다는 점이다. 이것은 바로 '자연을 받들고 인심을 따르는 일'로서 달리 말하면, 자연을 따르고 인심에 호응하는 일626이다. 성리학 중심의 나라를 세운 조선의 문물은 모든 영역에 걸쳐 이 정신이 깃들어 있다. 예법이나 관직 제도나 심지어 음악에서도 그랬다.627

그런데 인사는 변할 수밖에 없어서 예법과 제도도 그것에 따라 변해야 한다는 당위성이 등장한다. 예나 지금이나 기득권자들은 변하는 인사를 부정하거나 외면하거나 심지어 그것도 모자라 아예 옛것으로 되돌리려고 한다. 그래서 예법과 제도의 공허한 통일만 부르짖는 일종의 이념 공세에 몰두한다. 본문의 마지막 단락은 그런 사람을 묘사한 내용이다. 조선 후기 강경한 보수 세력의 태도를 반영하고 있다.

아이러니하게 여기서 저자의 미묘한 논리적 자가당착이 일어난다. 자연의 이치는 변하지 않고 인사만 변한다면, 천인일치는 옛것을 고집스럽게 지키려는 보수주의자의 말이 옳다. 변하는 인사에 맞게 제도를 바꾸는 저자의 주장은 되레 자연의 이치가 반영된 과거의 인사를 뒤집는 일이다. 어째서 불변하는 자연의 이치에 맞던 예법이 지금에 맞지 않는가? 예법이 달라졌다면 그것을 거기에 맞도록 환원해야 함이 논리상 맞다. 사실 자연의 이치가 불변하고 거기에 맞게 제정한 성인의 예법도 그렇다는 주장이 주희 성리학의 기본 관점이고, 조선 후기 도학자들의 생각이기도 하다. 더구나 저자도 자연의 이치는 불변하고 인사가 바뀌니, 변함없는 자연의 이치가 그 기준이라고 말하지 않았던가?

사실 이 논리적 모순의 해법은 '자연의 이치'라는 말 속에 이미 들어

---

626 『周易』, 「革卦」: 湯武革命, 順乎天而應乎人, 革之時大矣哉. (강조는 옮긴이)
627 렴정권 역, 『악학궤범』 (여강출판사, 1991), 27쪽.

있다. 저자가 파악한 자연의 이치는 주희 성리학에서 말하는 형이상학적 이치와 다르다는 점을 먼저 인지해야 한다. 그것은 자연에 대한 인간 인식의 문제로서 그 인식 결과에 조응해 현실의 제도를 개혁할 필요가 등장한다. 그것이 본문에 '불변하는 자연의 이치에 어긋남이 없도록 하는 일'이라고 명시하였다. 그래서 법과 제도는 현실에 맞게 소통되어야 한다. 저자가 본서에서 가끔 말하는 천인지의(天人之宜)나 후기 철학에서 자주 언급하는 운화(運化)의 승순(承順)을 인간의 자연에 대한 실천적 논리로 사용하고 있는데, 그 실천적 노력이 변통이다. 그 논리에 따르면 자연은 자연 그대로가 아니라 인간의 실천 속에서 재규정된다. 아무튼 그런 실천의 논리적 근거를 자연에서 가져왔다는 점만은 유가 전통의 계승임은 분명하다. 곧 이 글은 유학의 정신을 계승하여 자기 철학으로 재창조한 내용이다. 그래서 그 형식적 논리가 같다고 해서 곧장 이전의 성리학 또는 여타의 학문과 같다고 단정할 수 없는 까닭은 자연이나 그 법칙의 규정이 서로 다르기 때문이다. 결국 인사도 자연의 인식 결과에 달려 있는 문제였다.

85. 무게중심의 수선과 때에 들어맞음
重徑時中

안정되게 놓는 무거운 물건이나 운동하는 물체는 모두 중심의 수선[628]이 있다. 중심의 수선이 적당하면 물체의 상태는 안정되지만 적당하지 않으면 기울거나 넘어진다. 학문에서 다루는 때에 들어맞음[629]도 이것을 미루어 마땅함을 헤아릴 수 있다.

安置重物, 運動形體, 皆有重心之垂線. 重線得宜, 動靜皆平穩, 重線失宜, 易致傾仆. 學問時中, 可推此而測宜.

* * *

무릇 무거운 물건의 중심은 물체 사방의 무게 평균이 되는 가운데에 있고, 무거운 물체의 왼쪽이나 오른쪽에 무게를 보태거나 빼든지 혹은 어쩌다 작은 무게[630]라도 이동하면, 중심은 반드시 이동한다. 중심이 한번 이동하면 중심의 수선은【중경은 중심의 수선임】반드시 따라서 이동한다.

凡重物之心, 在於四面輕重均平之中, 而重體或左右加減, 或那移銖兩, 則重心必移.

---

628 여기서 말하는 重心은 아래의 설명을 보면 무게중심이다. 重心之垂線이란 무게중심이 연직선 방향으로 지면과 이어지는 가상의 선이다. 垂線은 수직선으로 銳角과 直覺 등과 함께 마테오 리치가 옮긴 유클리드의 『幾何原本』에도 등장한다.

629 『周易』, 「蒙卦」: 蒙亨, 以亨行, 時中也.; 『中庸』: 君子之中庸也, 君子而時中. 時中이란 인간의 실천적 행위가 때에 딱 들어맞는 것을 말함.

630 銖兩은 작은 무게 단위로, 1兩은 24銖이다.

重心一移, 則重徑,【重徑, 卽重心之垂線】必隨之而移.

지렛대로 무거운 물체를 드는 일은 중심 수선의 거리를 보고서 쓸 만한 힘을 가감하고, 의기[631]를 좌대(座臺)에 앉히는 일도 중심 수선이 기울어졌는지 똑바른지 보고 안정과 위태로움을 분별한다.

槓杆之起重, 視重徑之遠近而能力加減, 儀器之座架, 視重徑之斜直而分別安危.

사람이 보행할 때 오른쪽 발을 들면 몸은 반드시 왼쪽으로 쏠려 왼쪽 발에만 의지하므로 중심 수선은 왼쪽 발로 이동한다. 또 왼쪽 발을 들면 몸은 반드시 오른쪽으로 쏠려 오른쪽 발에만 의지하므로 중심 수선은 오른쪽 발로 이동한다. 만약 우두커니 멈춰서서 오른쪽 발을 들었을 때 몸을 왼쪽으로 쏠리게 하지 않으면, 반드시 서 있을 수 없어서 넘어질 것이다.

夫人行動時, 提起右足, 則身體必偏於左, 而獨托於左足, 故重徑移過左足. 提起左足, 則身體偏右, 而獨托于右足, 故重徑移過右足. 若竚立而提起右足時, 不偏身于左, 則必不能立而仆矣.

또 사람이 앉았을 때는 머리와 등이 다리와 발과 서로 직각의 형태를 이루다가, 일어나려면 등과 머리가 앞으로 향하고 발은 뒤로 향하면서 서로 예각의 형태가 되어, 저절로 몸의 무게가 중심 수선의 주위에서 균형을 이룬 뒤에 설 수 있다. 만약 그 힘의 방향을 조절하여 무게가

---

631 儀器는 의례나 관측·측정 때 사용하는 도구. 여기서는 후자 뜻. (앞에 나옴)

균형을 이루도록 하지 않으면 반드시 설 수 없다. 또 사람이 물건을 들 때는 두 발을 양쪽으로 벌려 한 발은 앞에 한 발은 뒤에 오게 해야 중심의 수선이 자연히 몸의 중앙에 있게 된다.

又如人坐時, 頭背與股足, 成直角形, 若欲起立, 背與頭那移向前, 而足向後, 變爲銳角形, 自令本體之輕重, 均適於重徑之週圍, 然後可立. 若不變通其力, 使輕重適均, 則必不能立矣. 又如人擧物, 兩足必分開, 一前一後, 重徑自在本體之中.

또 새가 비스듬한 언덕을 날아오를 때는 날개를 펼쳐 앞으로 오게 하고, 날아내릴 때는 날개를 살짝 오므려서 뒤로 오게 한다. 또 목과 다리가 긴 새는 날아오를 때 목을 약간 앞으로 쭉 빼면서 다리는 반드시 약간 뒤로 뻗는데, 이는 모두 중심의 수선이 앞뒤에서 고르게 몸체의 무게를 나누게 해야 몸이 전복되지 않기 때문이다.

至若飛禽, 上躍斜坡, 張翼而前, 下躍斜坡, 斂翼而後. 且頸長而足長者, 飛翔時, 引頸而前若干, 必伸足于後若干, 皆令重徑線, 前後均平分本體之輕重, 乃不致于身仆爾.

이러한 인간과 동물의 무게 중심선을 미루어 학문에서 다루는 때에 들어맞음을 증험한다. 구부리거나 올려다보면서 상황에 대처하거나[632] 굽히거나 펼쳐서 처신하거나[633] 관직에 나아가 활동하거나 멈추거

---

632 俛仰은 세상에 대처하는 방식으로 『荀子』, 「非相」의 "與時遷徙, 與世俛仰."에 보이는데, 특히 俛은 『論語』, 「顔淵」의 "君子之德, 風, 小人之德, 草, 草上之風, 必偃."에 보인다.
633 여기서 말하는 屈伸은 사물의 모양이 아니라 사회적 처세나 진퇴를 말한다. 『荀子』, 「不苟」의 "與時屈伸, 柔從若蒲葦, 非懦怯也."에 보인다.

나634 말하거나 침묵하는 일이 만나는 상황에 따라 알맞게 들어맞는 일이 있다. 이는 마치 중심의 수선이 무게를 따라 어떻게 이동하여 넘어지지 않고 항상 평형을 유지하는 일과 같다.

推此人物之重徑, 以驗學問之時中. 偃仰屈伸行止語默, 隨所遇而有中. 如重徑線之隨輕重而那移, 不致傾仆, 常得均平.

학문에서 치우치고 막힌 사람이 이 중심 수선의 이치를 때에 들어맞게 실천하는 방법으로 삼을 경우, 기준635이 밝아지고 덮고 가린 것636을 제거할 수 있다.

學問之偏滯者, 以重徑之理, 爲法於時中, 柯則昭然, 障翳可祛.

---

634 行止는 벼슬길에 나아가거나 멈추는 일로 『孟子』, 「梁惠王下」의 "行, 或使之, 止, 或尼之. 行止, 非人所能也."에 보인다. 또 行動擧止의 뜻도 있는데 둘 다 통한다.

635 柯則은 기준의 의미로 『中庸』의 "詩云, 伐柯伐柯, 其則不遠. 執柯以伐柯, 睨而視之, 猶以爲遠. 故君子, 以人治人, 改而止."에 보인다. 인용된 『시경』의 내용은 「豳風」의 그것이다.

636 障翳는 遮蔽의 뜻으로 『後漢書』, 「陰興傳」의 "興每從出入, 常操持小蓋, 障翳風雨."에 보인다.

해 설

무게중심을 잡아 균형을 이루는 일을 설명하고, 그것을 학문의 시중(時中)에 비유하였다.

본서에서 말하는 중심(重心)의 수선은 저자가 말한 '역예학(力藝學)'인 역학을 다루는 책에서 봤을 것이지만, 그것이 누구의 무슨 책인지 아직 찾지 못했다.

이렇게 무게중심을 잡는 물리 현상을 학문하는 일에 비유하였다. 물론 이때의 학문은 전통의 학문관에 따라 앎이 사회적 실천과 연계되어 있다. 그 요지는 판단과 행위가 때에 맞아야 한다는 주장이다. 사실 시중 또한 중용의 일인데, 중용은 '지나침과 모자람이 없다'라는 정의에서 볼 때 다소 이론적이고 추상적이지만, 시중은 중용을 실천하는 일이 변하는 현실의 상황과 시점에 적중해야 한다는 점에서 그 '지나침과 모자람'을 규정하는 기준이 구체적이라는 데에 강조점이 있다. 그래서 『중용』에서 "군자의 중용은 군자의 덕으로서 때에 맞게 알맞게 처신한다"라고 하였다.

지금도 우리가 사회적 활동을 할 때 과격해야 할 때는 과격하고, 온건하게 대처해야 할 때는 온건하게 행동해야 하는 일이 그런 까닭이다. 그러니 기울어진 운동장의 한가운데 서는 일이 과연 중용일까? 저울이 평형을 이루지 못하면 기울어지는 반대쪽에 저울추를 올려야 하는 것이 시중이다. 해서 과격하거나 온건하다고 무조건 탓하는 일은 무지가 아니면 어떤 의도에서 나온다. 그래서 때와 형세를 아는 일이 무엇보다 중요하다.

86. 동서 문물의 취사
東西取捨

바다에 배가 두루 다니고 서적이 서로 번역되면서 눈으로 보고 귀로 들은 내용이 전달된다. 좋은 법제나 이로운 기물637과 좋은 토산품은 우리보다 나은 점이 있다면, 나라를 위한 방도로 마땅히 취하여 사용해야 한다.

海舶周遊, 書籍互譯, 耳目傳達. 法制之善, 器用之利, 土産之良, 苟有勝我者, 爲邦之道, 固宜取用.

하지만 풍속과 예법638에는 그에 합당한 환경639과 젖어든640 물듦이 있어, 설령 우리보다 낫다고 해도 그것을 급하게 바꿀 수는 없다. 하물며 숨겨져 어두운 것으로서 빛나고 밝은 것을 가리며, 신이(神異)하고 괴이한 것으로서 참되고 바른 것을 흔드는 일641이랴.

至於風俗禮敎, 自有風氣之攸宜, 薰陶之習染, 縱有勝我者, 不可以猝變. 況以隱晦掩光明, 神怪撼誠正哉.

---

637 기물에 대해서는 『신기통』 권2의 「窮格器用」을 참고 바람.
638 禮敎는 성인이 만든 예법과 가르침 또는 예법과 그 교화이다.
639 風氣는 기후·풍습·풍속 따위를 통틀어 일컫는 말인데, 여기서는 환경.
640 薰陶는 불에 물건을 굽고 흙으로 그릇을 만드는 비유로 감화를 주는 교육을 말함. 『宋史』, 「道學傳一·程頤」의 "今夫人民善敎其子弟者, 亦必延名德之士, 使與之處, 以薰陶成性." 여기서는 직간접으로 영향받았다는 뜻.
641 행간의 의미는 서양 기독교가 동아시아 전통을 흔드는 일을 빗댄 말이다.

최종의 승리와 패배는 풍속이나 예법에 달려 있지 않다. 그것은 오직 실용에 힘쓰는 자는 승리하고 공허한 제도[642]만을 숭상하는 자는 패배하며, 남에게서 취하여 이롭게 쓰는 자는 승리하고 남을 비방하며 고루한 것을 지키는 자는 패배하는 데 달려 있을 뿐이다.

畢竟勝絀, 不在於風俗禮敎. 惟在於務實用者勝, 尙虛文者絀, 取於人而爲利者勝, 非諸人而守陋者絀.

* * *

서양의 여러 나라는 정밀하고 예리한 기계와 교역[643]의 이익을 가지고 비로소 온 세계를 두루 다닐 수 있었다. 그 나라들은 견문이 점차 넓어지고 지혜와 재주가 더욱 밝아져, 한 가지 기술이라도 익혀 갖춘 사람을 등용하여 높이고 물건을 새로 발명한 사람을 반드시 썼으며, 서적 간행으로 보고 들음을 자랑하고 즐겁게 하였다.

西方諸國, 以器械之精利, 貿遷之贏羨, 始得周行天下. 聞見漸廣, 智巧益明, 成一藝者登崇, 創奇制者須庸, 傳印書籍, 誇悅耳目.

측량하고 계산하는 학문과 증기기관[644]과【불의 힘과 물의 힘으로 기계

---

642 虛文은 알맹이 없는 형식적 제도 또는 공허한 글. 여기서는 전자의 뜻.

643 貿遷은 교역 또는 무역의 의미로 漢 荀悅의 『申鑒』, 「時事」의 "貿遷有無, 周而通之."에 보인다.

644 輪機는 직역하면 바퀴 달린 기계이지만 증기기관이다. 그의 『人政』 卷11, 「知氣雜說息」의 "水火器械之驅氣築氣吐氣納氣."라는 말과【 】의 설명을 보면 알 수 있다. 훗날 저자의 『운화측험』(1860)에서는 이것을 火輪機라 부르고 그것을 淸 魏源

를 돌려 옷감을 짬】풍차645와【목화씨를 제거하는 것】선박 제조와 대포의 기술이야말로 실용에서 뚜렷한 것들이다. 이것이 어찌 다 한 가문이나 한 사람이 창조한 데서 나왔겠는가? 반드시 여러 나라 여러 사람에게서 거두어 골라 뽑아 활용을 잘하였기 때문이다. 그리하여 도리어 여러 나라와 여러 사람이 두려워하고 꺼리는 대상이 된 일은 참으로 여기에 있지, 미사 드리는646 종교에 있지 않다.

學之測量計算, 器之輪機,【以火力水力, 轉輪機而織布】風車,【所以去棉核】船制礮式, 乃實用之尤著也. 是豈盡出於一家一人之所創始. 必收取於諸國諸人, 以盡其用. 反爲諸國諸人之所畏憚, 亶在於此, 而不在於瞻禮之敎.

모든 천하만국에는 가르침647 있지 않음이 없고, 가르치는 방식648이 비록 많아도 모두 권선징악에서 벗어나지 않는다. 정치가 권하고 징계하는 일은 상·벼슬과 형벌에 달려 있으며, 학문의 그것은 자연의 이치와 인심을 따르느냐 거스르냐에 그리고 경영하여 이루는 사업에서 그것은 성공과 실패와 날카로움과 둔함에 달려 있다. 또 간혹 비유를 끌어

(1794~1856)의 『海國圖志』(1844년 초간)에서 보았다고 말한 뒤, 그 구조와 기능을 자세히 설명하였다. 여기서는 방적·방직기로 보인다. 산업 혁명 때의 그것도 증기기관을 사용했다.

645 설명을 보면 목화씨를 제거하는 기계의 동력을 풍차를 사용하는 일로 보임.

646 瞻禮는 祝日이라는 의미이지만 축일에 미사를 보았기 때문에 미사로 뜻이 변천됨. 개신교의 예배에 해당.

647 敎는 유교식 성인의 가르침이라는 전통에 따라 서양식의 종교 개념이 아니라, 교육·학문과 종교의 구별이 없는 통합적 敎의 개념이다. 여기서는 '瞻禮之敎'처럼 서양의 기독교를 가리킬 때만 종교에 해당하는 말.

648 敎術은 일차적으로 교화하거나 가르치는 방식. 또는 학술로서 종교철학이나 신학 따위로 뜻은 다양한데 여기서는 문맥을 고려하면 통합적으로 쓰였다.

대 권하고 징계하는 일은 천당과 지옥의 가르침에 달려 있고, 허구를 엮어 권하고 징계하는 일은 신이하고 괴이하고 거짓된 내용에 달려 있다.649

凡天下萬國, 莫不有教, 而教術雖多, 總不離於勸善懲惡. 政事之勸懲, 在於賞爵刑罰, 學問之勸懲, 在於天理人心之順逆, 營濟之勸懲, 在於成敗利鈍. 又或引諭而勸懲, 在於天堂地獄, 搆虛而勸懲, 在於神異怪誕.

하지만 선하거나 악한 상태에 들어가고 나감은 있어도, 선을 권하고 악을 징계하는 일에 고정된 방법이란 없다. 또 풍속으로 물든 게 있어서 설령 색다른 가르치는 방식이 있더라도 급하게 바꿀 수도 없다. 그러니 세상을 다스리는 군주는 옛것을 따르면서 알맞게 조절하고, 남의 나라에 들어가는 자는 그 나라의 풍속을 물어 돌아다닌다.650

然善惡有出入, 勸懲無定法. 且有風氣習染, 縱有別樣教術, 不可猝變. 故濟世之主, 沿其舊而節制, 入人之國者, 問其俗而周旋.

그런데 유사시 우열을 다투고 승리와 패배651를 견줄 그런 때에 공허한 제도만은 숭상하는 사람은 말솜씨만 뽐어낼 뿐이나, 실용에 힘쓰는 사람

---

649 기독교 『성서』에 등장하는 각종 신화의 내용에 대해 권선징악을 위한 효과적 방법으로 이해하려는 의도가 엿보인다. 이는 달을 가리키는 손가락의 역할로서 현대 신학자들도 비유나 신화는 진리를 위한 방편으로 본다. 불교의 그것도 마찬가지이다.
650 『禮記』, 「曲禮上」: 入竟而問禁, 入國而問俗, 入門而問諱.
651 勝絀은 이기고 굽히는 것, 곧 승리와 패배의 뜻. 앞의 글에서 絀는 勝의 반대 의미로 쓰였다.

은 편안히 앉아서 승리를 이끈다.652 또 여러 사람을 비난하며 고루함만
지키는 사람은 남이 반드시 적게 도와주나, 남에게서 취하여 이롭게
쓰는 사람은 남이 반드시 자기의 쓰임이 된다.

及其有事, 而爭優劣較勝絀, 尙虛文者, 只騰辯說之噴薄, 務實用者, 安坐而制勝.
非諸人而守陋者, 人必寡助, 取諸人而爲利者, 人必爲用.

그러므로 서양 종교가 세계에 만연된 일을 걱정할 것이 아니라, 실용을
다 취하여 쓰지 못하는 점이야말로 우려할 만한 일이다. 하지만 실용을
다 취하여 쓰지 못하는 일도 되레 걱정할 게 못 되고, 인재를 다 거두어
쓰지 못함이 참으로 우려할 만한 일이다.

是以西敎之蔓延天下, 不須憂也, 實用之不盡取用, 乃可憂也. 實用之不盡取用, 猶
不足憂也, 人材之不盡收用, 誠可憂也.

만약 인재를 거두어 쓰는 일에 모든 방법을 쓰되 우리나라에 있는 것만으
로 하여 서양에 의지하지 않고, 실력 있는 인재를 취하여 쓰되 끝까지
성실하고 절실하게 한다면, 서양이 익힌 내용은 모두 우리의 쓰임이
될 것이다. 설령 서양에 미치지 못하는 분야가 있더라도, 주객의 형세가
그 빠진 부분을 보충할 것이므로, 나아가고 물러나며 조종하는 일은
오직 우리에게 달려 있을 뿐이다.

---

652 制勝은 상대를 제압하여 이긴다는 뜻으로 『孫子』, 「虛實」의 "人皆知我所以勝之形,
而莫知吾所以制勝之形."에 보인다.

苟人材之收用, 得盡其方, 以我邦之所有, 無所藉於西洋, 實藝之取用, 到底誠切, 西洋所習, 皆爲我用. 而縱或有不逮之端, 主客之勢, 可以償其闕, 進退操縱, 惟在於我矣.

해 설

저자가 살았을 당시 시대의 문제를 절박하게 다루었다.

이 글은 그 시대의 문제의식과 해결 방식이 종합적으로 녹아 있는 매우 중요한 내용으로서 각종 논문과 글에 자주 인용되고 있다. 특히 서양 문물에 대처하는 방식이자 서양 문명의 도전에 따른 저자 생각을 담아냈다.

이 내용을 크게 보면 내부의 개혁과 서양 문물의 수용인 개방의 문제로 나눌 수 있는데, 둘은 서로 독립된 일이 아니라 맞물려 있는 과제였다. 근대 전환기의 전근대적 폐습의 온존과 함께 서양 제국주의의 서세동점으로 인해 시대 자체가 그랬기 때문이다.

우선 눈에 띄는 내용은 훗날 20세기 초 사회진화론의 영향으로 개화사상가들이 우승열패를 주장했지만, 그 이전에 이미 사회진화론과 무관하게 등장하는 글이다. 특히 "최종의 승리와 패배는 풍속이나 예법에 달려 있지 않다"라는 이하의 글을 보라! 이는 사회진화론만이 아니라 다윈의 『종의 기원』(1859)이 나오기 이전의 발언이므로, 저자 자신만의 시대에 대한 통찰로 봐야 한다.

사실 본서는 1836년에 집필을 완료한 것으로 알고 있지만, 본문과 같은 『추측록』의 일부 내용을 보면, 청이 아편전쟁에서 진 뒤의 모습을 반영하고 있는 것처럼 보인다. 그래서 "여러 나라와 여러 사람이 두려워하고 꺼리는 대상이 되었다"라는 진술도 그것을 뒷받침하고 있다. 그 근거 가운데 또 하나는 『추측록』 권5의 「스승의 도리를 미루어 임금의 도리를 헤아리다(推師道測君道)」에서 『해국도지(海國圖志)』의 내용이 인용되고 있는데, 그 초판이 1842년에 나왔으므로 적어도 본서는 아편전쟁 후에 중국 북경에서 인쇄하기 전에 내용을 더 추가했을 것이다.

다음으로 동과 서의 장점을 취하자는 주장이다. 그 기준은 실용이다. 다만 서양 문물에서 우리보다 나은 점을 취하되 급하게 바꿀 수 없는 대상은 풍속과 예법이라고 하여, 곧 전통문화를 쉽게 바꿔서는 안 된다는 주장이다. 이는 매우 의미 있는 주장이다. 이후 20세기에 이르러 우리 역사는 전통문화를 비하하고 서양의 그것을 추종하는 일이 그 자화상이라면, 21세기 오늘날에 와서야 한류가 세계에 유행하면서 우리의 문화를 잘 지키고 보존하며 발전시키는 일이 얼마나 중요한지 대중들도 자각해 가고 있는 점에서 본다면, 선각자의 탁견이 아닐 수 없다.

이런 맥락에서 저자를 단순히 동도서기론자로 보면 곤란하다. 여기서 동도와 서기의 외연을 어디까지 규정할 것이냐의 문제가 있기에, 그렇게 싸잡아 규정하기는 쉽지 않다. 옮긴이는 동도서기론보다 제목 그대로 '동서취사론(東西取捨論)'이라 규정한 바 있다.653 더구나 그는 서양 과학만이 아니라 철학까지도 수용하고 있어서 그렇게 규정하기는 더욱 어렵다.

결국 문명의 취사선택에 있어서 중요한 점은 '주객의 형세'인 주인과 손님의 처지에서 언급하는 주체의 문제라는 점이다. 이 발언은 문물 수용보다 더 중요한 내부 개혁인 조정의 인재 발탁을 말하면서 함께 한 말이다. 심지어 서양 문물에 의지하지 않더라도 이 인재만 잘 발탁하면 주체적으로 해결할 수 있다는 주장도 펼친다. 그 인재 가운데 저자 자신도 포함된다는 점을 행간에서 읽어 낼 수 있다. 이는 서양 문물이 필요하지 않다는 의미보다 인재 발탁이 더 시급하다는 강조의 표현으로 보인다.

또 서양 종교에 대한 저자의 태도도 엿볼 수 있다. 이미 본서에서 자주

---

653 이에 대한 논의는 이종란, 『서양 문명의 도전과 기의 철학』, 287-307쪽 "서양 과학 수용 담론"을 볼 것.

비판하고 있지만 여기서는 좀 더 사회적 맥락에서 언급하고 있다. 곧 "서양 종교가 천하에 만연된 일을 걱정할 것이 아니라, 실용을 다 취하여 쓰지 못하는 점이야말로 우려할 만한 일이다"라는 지적이 그것이다. 이는 당시 조선 정부의 천주교 박해와 관련된 간접적 언급으로 보인다. 종교를 박해하는 일보다 실용을 취하여 쓰는 일이 더 시급하다는 비판이다. 더구나 종교의 신화적 미신적 표현은 권선징악을 위한 방편으로 여기고 있어, 종래의 혹세무민하거나 거짓된 것으로 여기는 데서 한 발짝 물러나는 모습을 보인다. 아마도 가혹한 박해654에 따른 천주교인에 대한 동정심의 발로인 것 같기도 하다.

사실 제국주의는 무력과 함께 기독교를 활용했기에 선교 과정에서 현지인과 갈등을 일으킨 일이 적지 않았다. 그런 점에서 저자가 제국주의에 대한 인식과 경계가 부족하다고 지적할 수 있겠다. 하지만 중국의 서학 전파는 제국주의 성립 이전에 있었던 일이어서 19세기 제국주의와는 다르다. 자기 학문에 영향을 준 서학과 19세기 제국주의를 저자가 구분하기는 쉽지 않았을 것이다. 다만 제국주의의 본질을 알고 있었는지는 저자의 다른 문헌과 비교하여 면밀하게 분석해야 하겠지만, 본문에 등장한 승패·기계·교역·선박·대포·서교 등의 낱말에서 제국주의가 사용하는 도구들을 언급하여 제국주의의 행태만은 알고 있음을 알 수 있다.

서양 문물의 적극적 수용 문제는 우리 역사에서 1876년 개항 이후에 본격적으로 등장하지만, 이 당시 저자의 주장에 귀를 기울인 정치세력과 정치가는 없었다. 이 내용은 일본이 미국에 개항하기 이전의 주장이므로, 만약 이것을 받아들였다면 우리의 근대화는 일본보다 훨씬 앞섰을

---

654 천주교 박해는 저자가 태어나기 전에 신해(1791)와 신유(1801)박해가 있었고, 본서 집필을 전후해서 기해(1839)가 있었다.

것이다. 하지만 대외 문제는 항상 국내 정치 상황에 얽매이므로 기대하기
어려웠다.

87. 바다에 선박이 두루 다니다
海舶周通

범선은 바다에서는 그 자체로 무궁한 효용이 있지만, 강과 호수에서는 드러낼 만한 이익이 별로 없다. 교역하는 상인이 온 세상의 물산을 유통하면 해당 지역 산물의 유무를 고려하여 이익을 얻는 술책이 생기지만, 한 지역만 돌아다니면 때에 따른 물건의 품귀와 가격 하락만 따져서 운송655에 힘만 들 뿐이다.

舶桅之制, 在海洋, 自有無窮之用, 在江湖, 別無可施之利矣. 貿遷之商, 通天下之物産, 則隨其地之有無, 而贏羨有術, 在一鄕而周旋, 則乘其時之貴賤, 而擔負徒勞.

* * *

물의 힘에 기대서 무거운 짐을 싣는 것은 배이고, 바람의 힘을 몰아 무거운 짐을 운반하는 것은 돛이다. 바람과 물은 폭이 좁은 강이나 호수에서는 단지 유통되지 않는 상황만 해결할 뿐이지, 그 기능을 크게 발휘할 수 없다. 하지만 바다에서는 바람656에 힘이 있고 물이 넓고 끝이 없어 동서남북 어느 쪽이든 마음대로 두루 다니며 네 계절 수시로 왕래한다.657 그러니 범선은 그 묘한 작용을 다 할 수 있고, 또한 짐을 실어

---

655 擔負는 등에 지고 어깨에 멘다는 뜻으로 운송의 의미로 썼다.
656 積氣는 여러 뜻이 있는데, 모여 쌓인 기의 의미로 『列子』, 「天瑞」의 "天, 積氣耳, 亡處亡氣."에 보임. 여기서는 바람의 뜻으로 쓰였음.
657 네 계절의 언급은 강은 水量이 풍부하지 못하면 배가 갈 수 없으므로 계절의 영향을 받는다는 뜻이 포함되어 있다.

운반하는 기능도 확대할 수 있다.【만약 한 척의 배에 무거운 짐을 실어 강이나 호수에 띄우면 물에 많이 잠기지만,658 바다에 띄우면 물에 적게 잠기는 까닭은 바닷물의 힘이 강물의 그것보다 많기 때문이다.659】

藉水力而載重者舟也, 驅風力而運重者桅也. 風水, 褊小之江湖, 只可濟其不通, 無所容其技能. 至於海洋, 積氣有力, 浩蕩無邊, 東西南北, 任意周行, 春夏秋冬, 隨時來往. 舶桅之制, 可以盡其妙用, 亦可以大其載運.【如將一船載重, 泛于江湖, 則沈多, 泛於海洋, 則沈少, 以其海水之力, 多於江水也.】

대개 바다를 항해하는 선박의 방식은 밑바닥이 깊고 좁으며 그곳에 모래나 돌을 실어660 기울거나 흔들리는 우려를 없애고, 바깥쪽은 구리로 입혀 물의 침투와 암석에 부딪혀 생기는 손상을 막고, 안에는 흡수관을 설치하여 틈으로 스며드는 물을 뽑아내고, 좌우에 가판661을 서너 층 설치하여 선실과 물건을 싣는 창고를 나누어 배치하고, 뱃머리에는 전축662을 설치하여 닻과 돛의 줄을 매어 놓고, 후미의 높은 방에는 창문을 설치하여 밖을 살펴보는663 장소로 삼는다. 또 상부에는 널빤지로 지붕을 덮고, 그 위에 서너 개의 돛대를 세워 필요에 따라 돛을 폈다 오므렸다

---

658 흘수선을 기준으로 잠기지 않는 건현이 줄어들고 잠기는 흘수가 늘어난다는 뜻. 바닷물은 그 반대.

659 바닷물의 비중이 민물의 그것보다 크다는 뜻의 표현.

660 배의 바닥짐. 오늘날의 평형수(ballast water) 역할이다.

661 架板은 널빤지로 시렁처럼 만든 공간.

662 轉軸은 뒤의 설명을 참고하면 오늘날의 갑판 보조 기계인 揚錨裝置와 繫船裝置 등이다.

663 遊觀은 돌아다니며 구경한다는 뜻으로 『荀子』, 「君道」 "人主不能不有遊觀安燕之時, 則不得不有疾病物故之變焉."에 보인다. 여기서는 바깥을 내다보며 구경하거나 살핀다는 뜻.

하되 바람의 세기와 방향에 따라 회전하게 만들고, 돛대 맨 꼭대기에 올라가서 망을 보아 해로의 험난함과 편안함을 분별하고, 작은 나무 배664를 앞서 몰아 모래와 암석의 접촉을 미리 알아챈다. 여기에다 대포와 무기와 물과 불을 묘하게 사용하는 일665까지 편리하지 않은 것이 없다. 이것은 모두 교역에서 이익을 위하여 거액의 비용을 아끼지 않기 때문에 사람의 노력을 첨가하여 점차 생겨난 일이다.

蓋海舶之制, 深狹其底, 載以沙石, 俾免傾蕩之患, 外裹銅衣, 避水石之浸傷, 內設吸管, 洩隙水之滲入, 左右架板三四層, 分排房室庫帑之藏, 頭鼻設轉軸, 以繫纜索帆索, 後尾設軒窓, 以爲遊觀之所. 上覆板屋, 立三四桅, 隨宜開閉, 使風勢回轉, 桅上候望, 辨海路之險夷, 先驅木瓢, 占砂石之抵觸. 至於火礮兵刃水火妙用, 莫不便利. 是皆由於貿遷之贏羨, 而不惜鉅萬之費, 漸生加人之力.

각 나라의 물산은 여러 곳에서 팔고 쓰니, 추이를 알맞게 잘 헤아린다.666 페루667의 금과 은, 미국668의 방직기로 짠 옷감, 태국과 미얀마669의 쌀, 중국의 찻잎, 서양 각 섬의 아편은 세계에서 이롭게 파는 물품이다.

---

664 木瓢는 우리말로 함지박 또는 나무 쪽박 또는 표주박처럼 만든 작은 배. 정확하게 어떤 장치인지 모르겠다. 아마도 암초가 의심스러운 곳에 먼저 작은 목선을 띄어 미리 관측하는 일일 수도 있다.

665 水火는 석탄을 연료로 증기를 이용하는 것.

666 推移는 變化 또는 移動·發展의 뜻.『禮記』,「王制」의 "中國戎夷, 五方之民, 皆有性也, 不可推移." 여기서는 운송 또는 운반의 뜻. (앞에 나옴)

667 孛露는 마테오 리치의『곤여만국전도』에 보면 지금의 페루이다. (앞에 나옴)

668 「곤여만국전도」에서는 아메리카를 亞墨利加로 표기되어 있고, 또 彌利堅 외에 美理哥, 亞美里加, 美利堅, 彌利堅, 米利堅 등으로 표기하였고, 미국만을 말할 때도 그렇게 썼다. 여기서는 미국. (앞에 나옴)

669 暹緬은 緬甸과 暹羅의 합성어로『곤여만국전도』에 따르면 각각 현재의 미얀마와 태국 지역이다.

각국에서 교역을 처음 시작한 사람은 적지 않은 이익을 남겼으나 오래되면서 줄어들었다. 하지만 같은 지역 안에서 사고팔면서 오직 시세가 좋은지 나쁜지만을 요행으로 삼는 일과는 규모가 현저히 다르고 역량도 판이하다. 그것이 어찌 거처하는 곳과 관습으로 삼는 일이 저절로 달라서 그런 것이 아니겠는가?

各國物産, 諸處售用, 量宜推移. 孛露國之金銀, 彌利堅之機布, 暹緬之稻米, 中原之茶葉, 西洋各島之鴉片, 爲天下利售之物. 而各國始通交易者, 獲不些之利, 久而減殺. 然與其同鄕販賣, 惟幸時勢之有無者, 大小懸殊, 力量判異. 豈非所處所習, 自有不同歟.

대개 황무지를 개간한 이래 대륙에는 인물이 번성하여 늘어났고, 수만 리 바다는 곧장 텅 빈 버려진 곳이었다. 그러다가 명나라 때 이후로 바다에는 선박이 대륙 사이를 두루 다녔다.【정덕[670] 이전에 포르투갈인 카노[671]가 국왕에게 여쭈어 청한 5척의 배로 출발하여 동쪽에서 서쪽으로 돌아 지구를 한 바퀴 돌아 되돌아왔다. 되돌아온 날에 국왕이 은으로 주조한 작은 지구본을 하사했는데, 그 표면에 글자를 새겨 이르기를 "최초로 지구를 돌아서 되돌아온 사람은 카노이다"라고 하였다. 지금은 바닷길에 더욱 익숙해서 서양 선박이 동쪽에서 서쪽으로 가거나 서쪽에서 동쪽으로 돌아서 지구를 돌아오는 데 계산하면 8~9개월이 지나지

---

670 正德은 明 武宗의 연호로 1506년에서 1521까지이다.

671 원명은 후안 세바스티안 엘카노(Juan Sebastián Elcano)이다. 그는 스페인 바스크 지방 출신으로 1919년 콘셉시온(Concepción) 호의 선장으로서 마젤란이 이끄는 탐험에 참여하였고, 1521년 필리핀에서 마젤란 사후 자신을 포함한 18명의 생존자를 데리고 1522년 스페인으로 귀환함으로써 역사상 최초의 세계 일주에 성공했다. 탐험을 이끌었던 마젤란은 포르투갈 출신이다. (앞에 나옴)

않으니, 곧 지구 전체를 한 바퀴 돌 수 있는 일은 모두 앞 사람이 개척한 공이다.】 그래서 바닷가 여러 지역에는 부두 가까이 시장이 즐비하고, 건장하고 용감한 병사를 모아 군사기지672를 설치하고 군사를 상선에 배치하니, 온 세상의 누구도 막지 못하는 일이 되었다.

蓋自開荒以來, 人物蕃延於大陸, 而數萬里海洋, 便爲空棄之所. 自明代以後, 洋舶周行大地. 【正德以前, 有葡蔔牙人, 名嘉奴者, 稟請發船五隻, 東行旋繞至西, 周地而返. 返之日, 王賜以銀鑄小地球, 上刻字云, 始周地而旋者, 其嘉奴乎. 今則海道益習, 洋船自東往西, 或由西返東, 周地而返, 計不過八九月之間, 卽可周行全地, 皆前人開創之功也.】 沿海諸處, 羅列市埠, 收聚健勇, 設置鎭守, 寓兵於商, 而爲天下之難禦.

여기서 인간 세계에서 도모하는 일이 일변하는 데 이르렀으니, 물산을 만국에 유통하고 여러 종교가 온 세상에 뒤섞이고, 육지의 시장이 바다의 시장으로 바뀌며, 육지의 전쟁이 바다의 전쟁으로 바뀌었다. 변화에 대처하는 방법은 참으로 변화하는 것으로서 변화를 감당해야지, 불변하는 것으로서 변화를 감당해서는 안 된다.

於是人世營濟, 至於一變, 物産交通於萬國, 諸敎混殽于天下, 陸市變爲海市, 陸戰變爲水戰. 處變之道, 固宜將其變以禦其變, 不宜以不變者禦其變.

---

672 鎭守는 군대를 주둔하여 중요한 곳을 지키는 일. 여기서는 그런 장소나 기관.

해 설

선박 이용과 해상무역의 중요성을 역설하였다. 배라는 물건을 미루어 교역이라는 일을 헤아리는 추물측사의 논리에 어울리는 글이다. 글을 읽어보면 마치 해적선 영화에 등장하는 선박처럼 그 모습과 구조가 생생하다. 실학자 가운데 수레의 사용을 주장한 분이 있지만, 저자는 배의 사용을 더욱 중요하다고 여겼다. 그것은 한 지역이라는 좁은 범위를 넘어서 국제 무역에 유용하기 때문이기도 하지만, 19세기 서양 세계는 이미 그런 시대에 돌입한 지 오래되었기 때문이다.

그런데도 조선은 그것을 꿈도 꾸지 않고 있었으니, 그 사정을 안 저자는 답답했을 것이다. 사실 조선의 국세가 점점 기울어진 이유를 경제 분야에서만 한정해 말한다면, 사농공상을 중시하는 가치 속에서 농업 중심의 생산력 저하도 한몫했다고 할 수 있다. 하지만 조선이 고려처럼 선박으로 무역하지 않은 까닭에는 명을 의식한 대외 정책상의 역사 배경이 있는데, 저자가 그것을 알고 있었는지는 미지수다.

그런데 이 글의 일부 내용은 초기 선교사들이 전한 내용과 질적인 차이가 있다. 산업 혁명 이후의 사례가 들어 있기 때문이다. 그러니까 당시로서는 상당히 최신 자료를 보았다고 하겠다. 곧 아편전쟁을 전후한 아편, 차, 면포 무역 등이 그것을 말해준다.

마지막 문장은 매우 의미심장하다. 하나는 당시의 세계 정세이고, 다른 하나는 변화에 대처하는 방식이다. 오늘날에도 여전히 통하는 명언이다. 정부와 기업에 이런 원리를 잘 알고 있는 인재가 필요함은 두말할 필요가 없다. 특히 끝부분 '변하는 것으로 변화를 감당한다'라는 짧은 말 속에 그의 철학이 들어 있다. 이 세상에 고정불변하는 대상은 없다. 그것은 단지 희망 사항일 뿐이다.

88. 물건의 성질을 미루어 지구를 헤아리다
推物性測大地

물건의 성질이 그러한 까닭은 말로 형용하기 꽤 어렵고, 다만 그 사용을 좇아 경험을 추측할 수 있을 뿐이다. 자석[673]에서 발동하는 기운이 멈추는 현상[674]에서 그것이 지구 양극 방향에는 저절로 멈추나 동서 방향은 항상 움직이는 사실을 알 수 있다. 또 범선이 순풍과 역풍을 타는 현상에서 바람은 서쪽에서 동쪽으로 불고,[675] 지형은 북쪽에서 남쪽으로 경사짐을 알 수 있다.

物性之所以然, 頗難形言, 只可從其須用, 推測經驗而已. 吸鐵石發動之氣, 歸靜之所, 可見地球兩極自靜, 東西常動. 海帆乘風之順逆, 可見風氣自西而東, 地形自北而南.

＊　＊　＊

무릇 아주 작은 물체 가운데 멈춘 상태에서 기에 의하여 움직일 때는 반드시 남북 방향으로 향하면서 늘 정지한다. 이는 마치 빨갛게 달군 쇳조각을 구리철사로 공중에 매달아 열이 식은 뒤에는 두 끝이 스스로 움직여 남북극의 양쪽으로 향하는 현상과 같다. 또 오래된 담장 안에

---

673 흡철석은 산화철로 이루어진 자성이 강한 광물. 철을 끌어당긴다는 데서 이름이 유래됨. 여기서는 磁石의 의미로 쓰였다.
674 나침반 현상을 말함. 막대 모양의 자철석을 실로 공중에 매달아 놓으면 확인할 수 있다. 吸鐵石發動之氣는 吸鐵石에서 나오는 磁力을 말함.
675 중위도 지역에서 연중 부는 편서풍이다.

녹슨 쇠붙이를 앞의 방법대로 하여 공중에 매달아도 그렇게 된다. 그리고 우물 밑의 척목676도 처음에는 비스듬히 있어도 오래될수록 스스로 돌아 두 끝이 남북극을 향하는 일과 같다. 이는 모두 움직임이 둔한 물건이어서 움직임의 방향이 느리고 둔하다. 자석이 철침에 관여할 때는 저절로 감응하는 활동과 잡아당겨 옮김을 전달하는 기운677이 있다. 자석과 철침이 가까이 붙어 있을 때는 자석의 성질은 철을 흡수하여 움직이고 철의 성질은 자석에 반응하고 움직여, 움직임이 민첩한 물건을 이룬다. 그리하여 동서를 가리키게 놓으면 항상 움직여 방향을 정하지 못하다가, 남북으로 놓으면 차츰 멈추고 움직이지 않는데, 그것은 자연적으로 생긴 본래의 성질이 그렇기 때문이다.

凡微小之物體, 靜而爲氣轉移者, 必向南北而常靜. 如燒紅之鐵, 以銅絲懸之空中, 旣復原冷, 則兩端自轉, 而向南北兩極. 再如舊墙內, 生鐵鏽之磚, 等照前法, 懸之空中亦然. 且如井底尺木, 初雖橫斜, 久久自轉, 向南北極. 是皆頑動之物, 其所運向遲鈍. 至於吸鐵石與鐵針, 自有感應之活動, 吸染之傳氣. 及其交切, 石性吸鐵而動, 鐵性應石而動, 因成搖動捷疾之物. 指東西, 則常動未定, 指南北, 則稍止不動, 以其有稟受之本性而然也.

---

676 尺木은 용이 승천할 때 의지한다는 짧고 가느다란 나무. 漢 王充의 『論衡』, 「龍虛」의 "短書言龍無尺木, 無以升天. 又曰升天, 又言尺木, 謂龍從木中升天也."에 보인다. 또 唐 段成式의 『酉陽雜俎』, 「鱗介篇」에서는 "龍頭上有一物, 如博山形, 名尺木. 龍無尺木, 不能升天."이라고 하여 용의 머리에 달린 승천을 돕는 물건이라 한다. 어떻든 본문의 내용은 우물 속에 尺木을 넣은 일은 물 속에 용왕이 산다는 신화와 우물이 마르지 않기를 바라는 주술과 관계가 있다. 또 『東國歲時記』에 따르면 음력 1월 15일 또는 上辰日 새벽 우물에서 용알뜨기 풍습도 그 전날 용이 우물에 내려와 알을 낳는다는 믿음과 관련이 있다. 尺木은 용이 다시 승천하기 위한 배려일 것이다.

677 傳氣가 개념적 용어로 쓰이는 사례는 보이지 않는다. 문맥에서 보면 전하는 기운, 곧 두 물체에 연관된 현상이나 움직임을 매개하는 기운의 뜻.

모든 물건의 방향은 반드시 지구의 방향을 기준으로 하는데, 지구 위로는 태양과 달의 운행678에 반응하고, 아래로는 조석의 이동이 있어 동쪽과 서쪽으로는 항상 움직이나 남쪽과 북쪽으로는 늘 고요하다. 스스로 움직여 이동할 수 있는 여러 물건은 각자의 진행 속도와 정도를 따르더라도 종국에는 남북 방향으로 돌아와 위치가 정해지는데, 이는 흡사 초목의 줄기와 잎 등이 모두 스스로 그 기운에 통달하여 위로 자라는 현상과 같다.

凡物方向, 必以地球之方向爲準, 而地球上應日月之輪轉, 下有潮汐之移動, 東西常動, 南北常靜. 諸物之能自轉移者, 隨其利鈍遲速, 畢竟歸定于南北, 猶草木之脈絡, 皆自達其氣而上生焉.

대개 본성이 없는 물체는 없으니, 본성을 따르지 않고 움직여서 그 몸체를 온전하게 하는 대상은 없다. 나아가 남북의 방면에 해당하는 지역은 두 극지방에 비하여 동서로 치우치는 차이가 약간 있으므로, 저절로 지역마다 같지 않고 기를 받는 현상도 제각기 다르다.

蓋物之體, 莫不有其本性, 則未有不順本性之行, 以全乎其爲本體者也. 至於南北方向之比兩極, 少有偏東西之差者, 自有隨地之不同, 受氣之各異也.

또 저 바다에서 돛을 펼쳐 두루 다닐 때 바람과 지세를 말하면, 서쪽에서 동쪽으로 갈 때는 편안하고 동쪽에서 서쪽으로 갈 때는 힘들며, 북쪽에서

---

678 輪轉은 후기 저술에서 공전의 의미로 쓰인다. 여기서는 천동설에 따른 태양과 달의 겉보기 운동을 표현한 말.

남쪽으로 갈 때는 편안하고 남쪽에서 북쪽으로 갈 때는 힘들다. 바로
여기서 바람은 서쪽에서 동쪽으로 불며 지세는 북쪽에서 남쪽으로 기울
어졌음을 알 수 있다. 언젠가 천하만국의 여러 지도[679]를 살펴보았더니,
오대주의 이름난 산과 큰 강을 그려 넣었는데 모두 실처럼 이어져 수천만
리 멀게 이어지고, 남쪽에서 북쪽으로 꼬불꼬불[680] 수놓은 듯 얽혀 있어
서, 땅에 관한 그 사례를 분명하게 볼 수 있었다.

且夫海洋, 張帆而周遊, 以其風勢言之, 自西而東則順, 自東之西則難, 自北而南則
順, 自南之北則難. 於此可見風氣自西而東, 地勢自北而南也. 嘗考天下萬國堪輿諸
圖, 書五大洲名山大川, 皆互相棉亘, 至幾千萬里之遙, 自南而北, 透迤繡錯, 其列于
地者, 顯而可見也.

그런데 물건의 성질이 그러한 까닭은 참으로 알아내 설명하기 어렵다.
생강과 계수나무가 매운 까닭과 유황과 초석[681]에 인화성이 있는 까닭은
비록 늘 보고 늘 사용하는 물건이더라도 그 실마리를 발견하기 어렵다.
하물며 드물게 사용하거나 그 성질이 잘 알려지지 않은 여러 물건이랴.
설령 누가 그 이치를 형용하여 말한다고 해도, 한쪽만 붙잡아 고집하
는[682] 논의가 아니면 반드시 밝히기 어려운 설명일 것이다. 어찌 그

---

679 원문 萬國堪輿諸圖에서 堪輿는 하늘과 땅 그리고 風水를 뜻한다. 風水의 뜻으로
　　보면 만국의 지형도임을 알 수 있다. 그 용례는 『史記』, 「日者列傳」의 "孝武帝時,
　　聚會占家問之, 某日可取婦乎. 五行家曰可, 堪輿家曰不可."에 보인다. 堪輿家는
　　風水에 종사하는 地官.
680 透迤은 透蛇와 같이 쓰이며 실처럼 꾸불꾸불 꺾인 모양. 『淮南子』, 「泰族訓」의
　　"河以透蛇故能遠, 山以陵遲故能高."와 『楚辭』, 「遠游」의 "方蝘蟲象並出進兮, 形蟉
　　虯而透蛇."에 보인다.
681 화약의 주재료인 질산칼륨의 광물 형태. 전통적으로 焰硝라 불렀음.
682 執一은 한쪽만 붙잡아 변통을 모른다는 뜻으로 『孟子』, 「盡心上」의 "執中無權,

형체가 드러내 쓰는 내용을 좇아 무리를 비교하고 측험하는 일만 하겠는
가? 옛사람들이 흡철석을 참흙의 성질로 삼고, 오금683 가운데 오직
철을 순수한 흙의 성질로 삼은 일은 반드시 근거가 있을 것이지만, 그
까닭을 밝히기 어렵다.

至於物性之所以然, 固難得而究說. 薑桂之所以辛辣, 硫硝所以引火, 雖是常見常用
之物, 難發其端. 況稀罕之所用, 隱晦之諸物乎. 縱或形言所以之理, 如非執一之論,
必是難明之說. 豈若從其形體發用, 而比類測驗哉. 古人以吸鐵石, 爲眞土之性, 五
金之中, 惟鐵爲純土之性者, 必有所據而, 難明其所以也.

猶執一也."에 보인다. (앞에 나옴)
683 금·은·동·철·주석.

해 설

물건의 성질이 그러한 까닭에 대해 헤아리기 어렵고, 다만 그 물건을 사용한 경험을 추측할 수 있다고 주장하였다.

등장한 사례는 자석이 남북을 가리키는 현상, 편서풍 그리고 대륙이 북반구에 치우쳐 있다는 사실 등이다. "대체로 보아 아주 작은 물체 가운데 멈춘 상태에서 기에 의하여 움직일 때는 반드시 남북 방향으로 향하면서 정지한다"라는 말은 일반화의 오류라고 비판할 소지가 있다. 다만 '기(氣)'라는 말에 주의하고 그 영향력을 받는 물질이라면, 그렇게 말할 수 있다. 이미 앞서 '자석에서 발동하는 기운'이라는 말이 나왔기 때문이다. 여기서 우리는 기라는 용어의 용례가 다양함을 재차 확인할 수 있다. 기(氣)는 자력으로서 힘을 말한다.

또 본성 개념도 윤리적 그것이 아니라 경험적으로 파악할 수 있는 물건의 성질 개념으로 사용하였다. 따라서 조선 후기 인간과 물건의 본성이 같은지 다른지 따지는 문제는 여기서는 의미가 없다. 그 본성이 왜 그러한가의 문제는 결국 과학의 대상이다. 사실 여부를 떠나 당시 제한된 과학 정보에서 이 정도 추리했다는 점은 놀라운 일이다.

89. 만물이 의지하여 자라다
萬物資育

대기가 차거나 덥거나 건조하거나 습한 까닭은 위로 태양과 달과 별의 서로 다른 빛을 받고 아래로는 물과 흙의 서로 다른 성질684의 영향을 받기 때문이다. 그 변화가 무궁하여 만물이 그것을 의지해 자라는 모습도 다르다.

氣之冷熱乾濕, 由於上受日月星辰異照, 下染水土脈理異情. 變易無窮, 資育不同.

* * *

온 세상의 각 지역에서 만물이 생장하고 변화하는 일 모두 기를 의지한다. 기는 위로는 태양과 달과 별이 네 계절에 따라 비추는 빛을 받고, 각 나라 지평685의 상하와 고저는 그 땅이 강하거나 부드럽거나 건조하거나 습한 특징686을 다르게 한다. 그것을 말미암아 따르는 만물은 대체로 거기에 알맞게 산다. 하지만 태양과 달로부터 받는 빛은 사람이 쉽게 보지만, 여러 별도 어찌 아무런 이유 없어 배열되어 궤도를 따라 운행하겠는가? 반드시 제각기 주요 기능이 있어 경험하지만, 어긋난687 많은

---

684 해설을 볼 것.

685 地平은 지평선의 준말로 관측점을 포함하는 수평면과 天球와 만나는 지점. 달리 말하면 "지구는 둥그나 사람이 서 있는 위치에서 눈으로 최대한 볼 수 있는 것은 그 절반이어서 평평한 물체와 다르지 않기 때문에 이를 地平이라 부르는데, 바로 여러 별이 뜨고 지는 경계이며 낮이 밝고 밤이 저무는 교차점이다(南相吉의 『六一齋叢書』, 「時憲紀要」 참조)." (앞에 나옴)

686 태양의 고도가 지질과 기후에 영향을 미친다는 뜻.

갈래가 늘 우려스럽기에 아직 일정하게 확실한 설이 아직 없다. 각 천체는
또 서로 만나거나 상대하는 형세에 따라 기의 성질을 다르게 변화시키므
로, 그 효과도 마침내 그것을 따라 달라진다.

天下各地, 萬物生長變化之功, 皆藉賴於氣. 而氣乃上受日月諸星, 循四序照臨, 而
各國之地平上下高卑, 不同其地之剛柔燥濕. 因而隨之萬物, 槩得其宜. 然日月所受,
人所易見, 至於諸星, 豈是無緣布列, 循軌周行哉. 必有各主之德性而經驗, 常患參
錯之多端, 尚未有一定的然之說也. 各曜又因相會相對之勢, 變異其情, 則其效遂因
之而亦異.

기는 또 아래로는 물과 흙에서 발생해 증발하는 기의 영향을 받는데,
이는 외면에 있어서만이 아니라 실로 내부에 쌓인 흙과 암석의 두께와
층688의 깊이를 말미암는다.

下染水土之蒸鬱, 不特在於外面, 實由積內之土石厚薄, 腠理淺深.

그리하여 기가 만물을 기르는 일에도 또 차이가 있다. 비록 정교한 역법과
철저한 계산으로도 태양과 달의 운동과 이합을 천백 년을 똑같이 파악할
수 있는 것도 아니고, 쌓인 물과 땅의 층을 한두 길의 깊이로 증험할
수 있는 것도 아니다. 그 어긋나 바뀌는 것을 분별하기 어렵지만, 대체로

---

687 參錯은 엇갈린다는 뜻으로 漢 董仲舒『春秋繁露』,「玉杯」의 "春秋論十二世之事,
　　人道浹而王道備, 法布二百四十二年之中, 相為左右, 以成文采. 其居參錯, 非襲古
　　也."에 보이고, 또 錯亂의 뜻으로는『宋書』,「禮志一」의 "諸議所據各參錯, 若陽祀用
　　騂, 陰祀用黝復云祭天用玄, 祭地用黃, 如此, 用牲之義, 未為通也."에 보인다.
688 腠理는 전통 의학의 용어로 피부·근육·장부의 무늬와 피부나 근육 조직 間隙의
　　결합 조직 또는 살가죽과 거기에 생긴 작은 무늬를 말함.

기의 차고 덥고 건조하고 습한 현상부터 시작하면 저절로 경중과 다소의
분별이 생긴다.

資育萬物, 又有異焉. 雖使巧歷窮算, 日月星運動離合, 非千百年之可齊, 水土腠理
之積襲, 非一二丈之可驗. 其所參錯變易, 難以分別, 而大槩自冷熱乾濕, 而有輕重
多少之分.

이것을 사람 몸의 촉각에서 증험해 보면, 가령 열이 나는 물건을 만졌을
때 몸 안의 열과 그것이 서로 같으면, 그것이 차가운지 열이 있는지
느끼지 못하는 일과 같다. 반면 바깥 열의 온도가 몸 안의 그것보다
높거나 낮으면, 그 열의 강약을 곧장 분별할 수 있는 일과 같다. 그러나
촉각 기능이 무디거나 둔한 사람은 그 기의 미세한 변화를 뚜렷이 증험할
수 없다.

驗之于人身觸覺, 如有外熱之觸身, 與身內之本熱相等, 則不覺其冷熱也. 外來之熱,
有過不及於人身之熱, 則方能辨其熱之强弱也. 然觸司頑鈍, 不能顯證其氣細微之
變.

또 차가운 가운데 열이 있거나 열 가운데 차가움이 있거나 건조한 가운데
약한 습기가 있거나 습기 가운데 약간 건조한 현상은 사람이 비록 짧은
순간에 분별할 수 없지만, 만물이 변화하는 단서에 있어서는 그것에
따라 차이가 있다. 그것은 질적으로 가볍고 미세한 기는 사람이나 물건의
몸체에 쉽게 들어가서 영향을 주기689 때문이다.

---

689 薰染은 영향을 받는다는 뜻으로 『朱子語類』 95-55의 "人性本善而已, 才墮入氣質
　　中, 便薰染得不好了. 雖薰染得不好, 然本性卻依舊在."에 보인다. 여기서는 영향을

冷中之熱, 熱中之冷, 乾而微濕, 濕而乍乾, 人雖不能分別于頃刻之間, 至於物化之端, 因以有異. 以其氣之質輕而且微, 易入人物之體而薰染之.

이것을 따라 추측하면 인물이 지혜롭거나 어리석거나 강하거나 약하거나 질병의 유무 등의 제반 이치는 모두 해당하는 각 지역의 기를 받아들인 것이다.

由是推測, 人物智愚强弱病否諸理, 皆感受於各地之氣也.

준다는 뜻.

해 설

대기의 차거나 덥거나 건조하거나 습한 기를 가지고 인간과 사물의 일을 헤아렸다.

여기서 기는 대기의 특징 가운데 하나인 기후의 의미로 사용하였다. 사실 이 내용은 선교사 알폰소 바뇨니의 『공제격치』의 내용을 비판·변용하면서 작성한 것이다. 원문 情은 『공제격치』에서 라틴어 원소의 성질을 '行之情'으로 옮길 때 선택된 말이며, '異情' 또한 '다른 성질'의 의미로서 거기에 총 4회 등장한다. 또 냉열건습(冷熱乾濕)도 『공제격치』에서 4원소의 성질을 설명하는 개념이다. 곧 불은 열+건, 공기는 습+열, 물은 냉+습, 흙은 건+냉의 성질의 순서쌍으로 아리스토텔레스가 『기상학』에서 만물의 변화를 설명하기 위한 기초이론에 속한 장치이다.[690] 본서에서 한열조습(寒熱燥濕)을 6회 사용했는데, 이곳에서만 『공제격치』와 같이 냉열건습이란 용어를 그대로 썼다. 그리고 후기 저술에서는 冷 자를 寒 자로 바꾸어 한열건습(寒熱乾濕)을 기의 정(情)으로 규정하여 사용하였다. 이로 보면 냉열건습이 저자의 기 사상에 일정하게 영향을 주었다고 할 수 있다. 그리고 본서 권6, 「색깔을 미루어 사물을 관찰하다(推色觀物)」에서 『공제격치』의 내용을 직접 인용한 적이 있어, 이 글도 그것을 읽고 변용한 것임을 알 수 있다.

바로 여기서 저자는 4원소의 논리나 세계관을 그대로 따르지 않고, 자신의 기철학에 맞게 변용하였음을 알 수 있다. 곧 아리스토텔레스는

---

690 『空際格致』 卷1, 「行之數」: 一曰, 元情之合. 蓋散于萬物者, 元情, 止有四. 主作且授者二, 曰熱曰冷. 主被且受者二, 曰乾曰濕. 冷熱屬陽, 乾濕屬陰. 今任相合, 如熱乾相合, 成火. 火性甚熱, 次乾. 或曰, 二情, 皆甚而無次, 亦通. 濕熱相合, 成氣, 冷濕相合, 成水, 乾冷相合, 成土. 여기서 元情은 본원적 성질이다. 더 자세한 것은 알폰소 바뇨니/이종란 옮김, 『공제격치』, 앞의 책을 참고할 것.

그의 『기상학』에서 사물의 원질(原質)로 흙과 물과 공기와 불이라는 4가지로 한정하고, 이 네 가지 특징을 4원소가 가진 본래 성격인 본원의 성질로 고정해서 배치하였지만, 저자는 4가지 성격이 비록 기에 있는 것이어도 그것은 불변하는 그것이 아니라 쉽게 말해 태양열의 복사와 물과 땅이 갖는 관계에 따라 변하는 것임을 천명하였다. 그러니까 땅과 물은 물론 대기도 고정된 온도나 습도를 갖지 않고 조건에 따라 그것이 바뀐다는 점에서 훨씬 현대 과학에 가까운 견해이다. 여기서 저자의 기는 과학의 탐구 대상인 서양의 물질 개념과 만나고 있다.

이것은 두 사람의 철학 차이에서 생기는 문제이다. 아리스토텔레스와 그의 뒤를 이은 중세 기독교철학은 자연마저도 그 배후의 존재에는 4원인과 원소의 성질이 고정적으로 전제되어 있고, 저자의 그것에는 기 외에 어떤 존재도 전제하지 않기 때문이다. 선교사들이 믿었던 창조주와 그의 섭리 따위가 저자에게는 허용되지 않았다. 저자의 기독교 비판은 이러한 철학적 근거와 자신감에서 나왔다.

90. 기용학
器用學

무형의 이치 담론은 설령 미묘하다고[691] 말해도 참으로 끝까지 탐구하기가[692] 어렵고, 유용한 기구는 비록 작은 재주라고 말하더라도 그 이치는 대부분 증험하여 밝힌다.

無形之理譚, 縱云微妙, 實難究竟, 有用之器具, 雖曰小技, 理多徵明.

* * *

학술에는 문파가 많은데 그 크거나 작거나 정밀하거나 거친 문파를 막론하고 모두 세상을 구제하고 자연에 어긋남이 없기를 바란다. 그러니 자연에 어긋나고 세상에 해를 끼치는 학술 따위는 말할 필요도 없다. 더구나 거대하나 마땅함이 없는 학문이나 공허하여 알맹이가 없는 이치나 현(玄)[693]을 말하는 학술은 설령 비유를 들어 천천히 말하는[694] 자료가 될지언정, 실제로는 본떠서 나타낼 것이 없고 또 대부분 잡박한데,

---

691 微妙는 『老子』 15장의 "古之善爲士者, <u>微妙</u>玄通, 深不可識."에 보이며, 『朱子語類』에 21회 등장한다.

692 究竟은 끝까지 窮究한다는 뜻으로 『史記』, 「三王世家」의 "夫賢主所作, 固非淺聞者所能知, 非博聞彊記君子者所不能<u>究竟</u>其意.."에 보인다. 또 궁극을 뜻하는 불교 용어.

693 玄學. 위진남북조 시대 노장사상을 바탕으로 경서를 해석하는 학문. 『도덕경』, 『장자』, 『주역』을 三玄이라 불렀음.

694 緩頰는 비유를 들어 천천히 말함. 『史記』, 「魏豹彭越列傳」의 "漢王謂酈生曰, <u>緩頰</u>往說魏豹, 能下之, 吾以萬戶封若."을 『漢書』, 「高帝紀上」에서 인용함. 顔師古의 注에서 張晏을 인용하여 "緩頰, 徐言引譬喻也."라고 하였다.

이는 형체가 없는 대상을 좇아 형체가 없는 내용을 말하기 때문이다.[695]

學術多門, 無論大小精麤, 總期有濟於世, 不違於天. 若其違於天害於世者, 不須言也. 至於大而無當, 虛而無實之譚理說玄, 縱爲緩頰之資, 實無模着, 且多斑駁, 以其從無形而譚無形也.

기용학[696]은 민생의 일용과 나라의 흥기에 보탬이 있다. 한갓 어떤 방식과 도구만을 고집하여 물건을 손질하고 만들어 삶을 의지하는[697] 일은 장인 기술의 말단이다. 그러나 형체가 있는 기물을 좇아 무형의 이치를 증험하고,[698] 무형의 이치를 미루어 형체가 있는 기물을 제조하여, 온 세상의 이익을 이루고 정미한 이치를 증험하는 일이야말로 세상을 다스리는 사람의 임무이다.

夫器用之學, 有益於民生日用, 國家興作. 徒執法式規矩, 修製資生, 工匠之技藝末務也. 從其有形之器, 驗其無形之理, 推諸無形之理, 製造有形之器, 以成天下之利, 以驗精微之理, 乃治世者之所務也.

대개 하늘은 기물이고 땅도 기물이며 사람도 만물도 기물이다. 세상의

---

695 형체가 없는 대상이란 그것을 경험하거나 검증하는 물질적 근거가 없는 형이상학적 대상을 말하며, 형체가 없는 내용이란 그 대상을 설명하기 위해 동원되는 개념 따위를 말함.

696 器用은 그 뜻은 기물과 도구로서 『書經』, 「旅獒」의 "無有遠邇, 畢獻方物, 惟服食器用."에 보인다. 학문으로서 그것은 해설을 볼 것.

697 資生은 ~을 의지하여 살아간다는 뜻. 『周易』, 「坤卦」의 "至哉坤元, 萬物資生."에 보임.

698 무형의 이치란 기물의 원리 또는 사물의 법칙. 후기 저술인 『기학』에서는 이것을 有形之理로, 대신 형이상학에서 다루는 원리를 無形之理로 바꾸어 말함.

어리석은 사람은 솥이나 나무 그릇[699]이 기물됨을 알뿐 솥이나 나무 그릇의 이치는 모른다. 그래서 언제나 기용학을 천하게 여겨 버린다. 앎이 조금 있어 따져 이해하는 사람은 증기기관[700]과 배와 수레 제작의 오묘함을 겨우 알아 제작의 최고 경지[701]와 이익의 좋은 원천으로만 볼 뿐, 하늘과 땅과 사람과 물건도 기물임을 미처 생각하지 못하니, 어찌 참된 기물의 쓰임을 논할 수 있겠는가?

蓋天是器也, 地亦器也, 人亦器也, 物亦器也. 世之愚夫, 惟知釜鼎栝栬之爲器, 而不知釜鼎栝栬之理. 故輒賤棄器用之學矣. 稍有知覺究解者, 纔得水火器舟車制之妙, 以爲工作之督府, 利益之美源, 曾不思天地人物亦是器也, 烏可論其眞器之用也.

통합해서 말하면 단지 자연이라는 하나의 기물이 있을 뿐이지만, 나누어 말하면 하늘과 땅과 사람과 만물이 제작기 기물이 된다. 나아가 더 세밀하게 나누어 보면[702] 사람 가운데에 자연히 현명하거나 어리석거나 밝거나

---

699 『孟子』, 「告子下」: 性猶杞柳也, 義猶栝栬也. 以人性爲仁義, 猶杞柳爲栝栬."

700 水火器는 水火器械의 준말로 증기기관이다. 저자의 『人政』 卷11, 「知氣雜說息」의 "水火器械之驅氣築氣吐氣納氣."라는 말에 등장하는데, 인용문의 驅氣·築氣·吐氣·納氣는 내연기관의 흡기·압축·연소(폭발)·배기의 4행정 사이클처럼 증기기관도 제각기 증기를 실린더에 몰아넣고 피스톤을 밀고 배기하고 다시 흡기하는 과정을 말한다. 훗날 저자의 『運化測驗』(1860)에서는 이것을 火輪機라 부르고 그것을 淸 魏源(1794~1856)의 『海國圖志』(1844년 초간)에서 보았다고 말한 뒤, 그 구조와 기능을 자세히 설명하였다. 이 『추측록』 뒤쪽의 내용은 후기 저술과 겹치는 내용이 자주 등장한다.

701 督府은 軍府나 幕府로서 『北史』, 「崔伯謙傳」의 "文襄將之晉陽, 勞之曰, 卿騁足瀛部, 已著康歌. 督府務總, 是用相授."에 보인다. 여기서는 상징적 의미로 으뜸의 뜻으로 쓰였다.

702 毫分은 아주 작은 도량 단위로서 漢 班固의 『答賓戲』의 "牙曠淸耳於管弦, 離婁眇目於毫分."에 보이며, 縷析은 작게 쪼갠다는 뜻으로 『明史』, 「雲南土司傳序」의 "而土司名目淆雜, 難以縷析, 故係之府州, 以括其所轄."에 보인다. 따라서 毫分縷析은

어두워 천차만별한 기물이 있고, 만물 가운데도 강하거나 약하거나 맑거나 탁하여 여러 갑절703 다른 기물이 있다.

統言之, 則只有天之一器也, 分言之, 則天地人物, 各自爲器也. 至於毫分縷析, 則人之中, 自有賢愚昏明千萬不齊之器, 物之中, 自有彊弱淸濁倍蓰各異之器.

학문이 하늘과 땅과 사람과 만물이라는 기물을 배워 하늘과 땅과 사람과 만물이라는 기물을 사용하면, 이는 참된 기용학이다. 그리하여 쇠와 돌과 흙과 나무로 이루어진 기물을 미루어 하늘과 땅과 사람과 만물이라는 기물을 헤아리고, 하늘과 땅과 사람과 만물이라는 기물을 미루어 쇠와 돌과 흙과 나무로 이루어진 기물을 헤아리는 일에 저절로 서로 드러내 주는 이익과 변통의 방법이 있을 것이다.

學到於天地人物之器, 用及於天地人物之器, 是眞器用之學. 推金石土木之器, 測天地人物之器, 推天地人物之器, 測金石土木之器, 自有互發之益變通之道.

아주 작게 쪼개거나 가른다는 뜻.
703 『孟子』, 「滕文公上」: 夫物之不齊, 物之情也. 或相倍蓰, 或相什百, 或相千萬." 倍는 1배, 蓰는 5배.

해 설

기용학의 중요성을 논하였다.

기용학은 저자의 설명에 따르면 기물의 원리를 알아 일용과 나라와 천하의 이익을 도모하는 학문이다. 여기서 기물의 외연이 매우 넓어 물건만이 아니라 사람과 자연도 포함된다. 오늘날의 관점에서 보면 공학이나 기계학의 범위를 아우르면서도 외연이 더 확장된 과학의 범주에 가까운 개념이다. 그러니까 기술과 자연과 인간의 원리를 통합한 학문이다.

여기서 과학의 폭주에 따른 위험성을 견제하는 말은 "세상을 구제하고 자연에 어긋나지 않아야 한다"라는 학문의 목적이다. 과학과 기술의 윤리적 책임을 일깨우는 말이 되겠다.

저자가 이렇게 모든 대상을 기물로 보는 견해는 앞서 『신기통』에서도 인체를 기계로 보는 관점의 연장선에 있다. 이것을 자칫 기계론적 자연관에서 나온 결과라고 오해할 수도 있지만, 앞에서도 밝혔듯이 저자 기철학은 그렇게 규정할 수 없다. 다만 새롭게 등장하는 기물을 보고 그 학문의 필요성과 방법과 외연과 목적을 밝혔을 뿐이다.

이는 어떻게 보면 만물 이해의 공학적 접근이라 할 수 있는데, 공학에서 이용하는 이치에 상응하는 자연적 원리가 모든 자연물에 들어 있다는 전제에서 출발하기 때문이다. 어쩌면 지구상의 생물이란 의식 없이 자기를 복제하는 거대 분자라는 기물의 후예일 것이다.

91. 몸은 기물의 근본
身爲器本

인체의 맥박[704] 수는 시간을 조사하는 시계[705]로 대신할 수 있고, 흉부의 차고 따뜻한 기운은 냉열기[706]이다.

人身脈息之數, 可代驗時儀, 胸腑寒溫之氣, 便是冷熱器.

* * *

어떤 일이 있어 시각과 분초의 느림과 빠름을 측정하려는 사람이 시각을 잴 기구가 없이 그 미세한 시간을 헤아려 측정할 때는 의당 자기 몸의 맥박을 가지고 미루어 알 수 있다. 대개 혈기가 평온할 때 사람의 맥박은 대체로 1초에 한 번꼴로 뛴다. 만약 어떤 일이 걸린 시간을 측정할 때 맥을 짚어 몸소 그 맥박수를 세면, 또 그 미세한 시간의 많고 적음을 측정할 수 있다. 만약 자기의 한 번 뛰는 맥박이 시계의 1초보다 느리거나 빠른 차이가 있으면, 비례법을 써서 그 비율을 정하면 되니,[707] 어디를 간들 통하지 않겠는가?

---

704 脈息은 맥박과 호흡이지만 여기서는 맥박만을 말함.

705 時儀는 고대 시간을 재는 儀器로 그 종류는 淸 魏源의 『海國圖志』, 「籌海篇三」의 "儀器則鐘表晷刻, 不亞西土."에 보인다. 晷刻은 日晷와 刻漏를 말함.

706 冷熱器는 온도계로 이에 대해서는 『추측록』 권2, 「陰晴儀」를 볼 것.

707 가령 해당하는 상황의 맥박수가 1분에 80회인 사람이라면, 0.75초마다 1번 뛰며 그것을 자기 맥박의 상수로 삼아 a라 보고 재려는 시간을 y, 맥박수를 x라 한다면, $y=ax$로 구할 수 있다.

當事而欲驗時刻分秒之遲速者, 如無驗時諸儀, 參測其細微, 宜將本身之脈息, 可推而知也. 蓋人於血氣和平之時, 其一息, 大率應時刻之一秒. 如當測時切脈, 而自數其息, 則又可定其微數之多寡. 若己之一息, 與時之一秒, 有過不及之差, 用比例法定其率, 何往而不通哉.

날씨가 차가우면 피부에 소름이 돋고 주위 공기가 답답하면 속이 덥다. 그래서 그 정도를 세밀하게 미루어 미세한 차가움과 잠깐의 따뜻함도 측정할 수 있으니, 이 몸이 곧 냉열기이다.

天氣寒而皮膚生粟, 地氣鬱而胸次發熱. 細推其分, 微寒乍溫, 亦可而驗, 此身便是冷熱器也.

냉열기는 유리로 공처럼 둥글게 만들어 그 공 아래에 관을 배치한다. 마치 박의 잎줄기처럼 하고,[708] 굴곡진 것이 갈고리와 같아 명칭이 좌관과 우관[709]이다. 이것을 받침대 위에 안치하고, 관의 입구에 물을 조금[710] 부어 관의 구부러진 부분까지 채운다. 날씨가 더우면 공 안의 공기도 데워져 확장되니, 그 형세는 필연적으로 좌관의 물을 밀어 압박하면 우관의 수위가 수평선[711]보다 조금 올라간다. 날씨가 차가우면 공 안의

---

708 페르비스트(Ferdinandus Verbiest, 南懷仁: 1659~1688)의 『靈臺儀象志』에 실린 도해를 보면 둥근 지붕처럼 생긴 덮개 아래에 박 넝쿨의 잎과 줄기 그리고 양쪽으로 덩굴손 모양의 장치가 있다. 자세한 모양은 최한기/이종란 옮김, 『운화측험』, 122쪽을 보기 바람.

709 『靈臺儀象志』의 도해를 보면 U자형 유리관이다.

710 小許는 조금, 微少의 뜻으로 『晉書』, 「天文志上」의 "今視諸星出於東者, 初但去地小許耳."에 보인다. (앞에 나옴)

711 여기서 地平은 지평선이라기보다 중력 방향과 직각을 수평선의 의미이다. 곧 기울지 않은 수평의 뜻.

공기가 수축하여 좌관의 물이 따라서 그 빈 곳을 채우려고 상승하지 않을 수 없어, 우관의 수위도 물러나 수평선에 이르니, 수위가 올라가고 내려오는 정도를 가지고 외기의 차고 더운 정도를 측정한다.

夫冷熱器者, 以琉璃造球, 球下有管. 如匏葉莖, 而屈曲如鉤, 名爲左管右管. 安於架上, 灌水于管口小許, 以塞管之屈處. 若天氣熱, 則球內之氣, 亦熱而舒放, 勢必驅逼左管之水, 而右管之水頭, 上於地平幾分. 若外氣冷, 則球內氣收斂, 而左管之水, 隨實其虛, 不得不强之上升, 而右管之水頭, 亦退至地平, 以其水上下之分數, 驗外氣之冷熱也.

대개 인체도 본래 기물이어서 고금의 사람이 제작한 기물과 도구는 모두 가까이는 몸에서 취하여[712] 그 미치지 못한 것을 미루어 넓히고 그 모방한 것에 꾸밈을 더했을 뿐이다. 만약 신체에서 근거하지 않았다면 일찍이 제작할 기물도 없었고 또한 사용하는 기물도 없었을 것이다.

蓋人之一身, 本是器也, 而古今人所制器用, 莫非近取諸身, 而推擴其所不逮, 增飾其所倣像而已. 若不根因於身體, 則曾無所制之器, 亦無所用之器.

---

712 『周易』, 「繫辭下」: 古者包犧氏之王天下也, 仰則觀象於天, 俯則觀法於地, 觀鳥獸之文與地之宜, <u>近取諸身遠取諸物</u>, 於是始作八卦, 以通神明之德, 以類萬物之情.

해 설

앞 글의 논리를 이어 인체도 기물임을 논증하였다.

논증의 사례로 제시한 기물이 시계와 온도계였다. 시계와 온도계는 오늘날의 그것과 모양과 작동 방법에서 약간의 차이가 있다. 온도계의 원리는 보통의 물질이 온도가 올라가면 부피가 늘어나고 내려가면 수축하는 성질을 이용했다.

맥박수로 시계를 대신할 수 있다는 생각은 사람들이 미처 생각지 못했던 혜안이다. 자기 맥박의 상수(常數)를 알고 있다면, 시계가 없어도 언제 어디서든 짧은 시간은 금방 잴 수 있겠다.

냉열기의 구조는 벨기에 선교사 페르비스트(Ferdinandus Verbiest, 南懷仁: 1659~1688)의 『영대의상지(靈臺儀象志)』에 실린 도해를 보고 설명하였다. 훗날 『운화측험』에서 다시 소개했다.

또 몸이 기물의 근원이라는 지적의 사상적 근거는 『주역』의 「계사전」에서 가져왔다.

92. 무형의 의기
無形儀器

의기713는 역법을 다스리는714 근본이 되고, 역법을 다스리는 일은 하늘의 법칙을 좇는 일이 된다. 이치를 밝혀서 수로 나타내고, 수로 나타내어 상을 드러내며, 상을 표현하여 의기를 제작한다.

儀器爲治歷之本, 治歷爲順天之則. 明理而闡數, 闡數而著象, 著象而制器.

의기의 사용에서는 의기를 따라 상을 징험하고 상을 좇아 수를 깊이 헤아리고 수를 매개로 이치를 깨닫는다.715 다만 이것은 태양 빛과 별빛을 가지고 고저와 원근을 표시할 뿐, 천지의 참모습과 태양과 별의 궤도에 대해서는 자연히 마음속716 무형의 의기가 있다.

及其須用, 由器而徵象, 由象而考數, 由數而悟理. 只將日星之光影, 以表高低遠近而已, 至於天地眞形, 日星軌道, 自有靈臺無形之儀器.

* * *

---

713 儀器는 의례나 과학 기술상의 관측·측정 때 사용하는 도구나 장치.

714 治歷은 治曆과 같은 말로 역법을 제정하거나 연구하는 일. 『周易』, 「革卦」의 "君子以治歷明時."에 보인다.

715 『신기통』 권1, 「數學生於氣」의 "氣必有理, 理必有象, 象必有數. 從數而通象, 從象而通理, 從理而通氣."의 논리와 유사한데, 數-象-理는 본문의 象-數-理의 순서와 다르다.

716 靈臺는 임금의 대, 천문을 관측하는 장소 등의 여러 뜻이 있지만, 여기서는 心의 뜻으로 쓰였다. 『莊子』, 「庚桑楚」의 "不可內於靈臺."의 郭象의 注에서는 "靈臺者, 心也."라고 하였다. 뒤의 내용을 고려하면 추측을 비유한 말.

제왕의 정치는 역법을 다스려 해마다 이루어지는 일[717]을 정하고, 역을
다스리는 방법은 의기를 기준으로 삼는다. 선기옥형[718]이 생긴 이후로
창조한 천문관측의 의상[719]이 제법 많았고, 제각기 알맞게 소용되고
마땅한 점이 있다. 그래서 이것들은 이치와 수와 상과 의기를 근거로
삼지 않음이 없고 또한 정치하고 정밀하게 들어맞음을 기교로 삼지
않음이 없다.

帝王之政, 以治歷定歲功, 治歷之方, 以儀器爲準的. 自璿璣玉衡以後, 刱造儀象頗
多, 各適所用, 各有所宜. 莫不以理數象器爲據, 亦莫不以精緻密合爲巧.

새 방법이 옛 방법보다 낫고 나중에 제작한 의기는 이전의 그것을 더욱
상세하게 하였으며, 책력의 이치는 이것을 말미암아 정밀하게 되었고,
역법도 이것을 따라 엄밀하게 되었다. 하지만 의기의 실제 쓰임을 따져보
면 무게중심의 수선[720]을 가지고 위와 아래를 바로잡고, 남북선[721]을
가지고 방위를 정하며, 유표[722]를 가지로 태양과 별빛의 비춤을 기록하

---

717 여기서 말하는 歲功은 일 년의 때의 순서로서『漢書』, 「律曆志上」의 "權者, 銖兩斤鈞
　　　石也. … 四萬六千八十銖者, 萬一千五百二十物曆四時之象也. 而歲功成就, 五權謹
　　　矣."에 보인다.
718 璿璣玉衡은 璇璣玉衡이며 고대 옥으로 장식하여 천체를 관측하는 의기로서『書經』,
　　　「舜典」의 "在璿璣玉衡, 以齊七政."에 보인다.
719 儀象은 여기서는 儀器로 천문을 관측하는 일의 뜻으로 쓰였다.『晉書』, 「天文志上」
　　　의 "春秋文曜鉤云, 唐堯卽位, 羲和立渾儀. 此則儀象之設, 其來遠矣."에 보인다.
　　　이하 같음.
720 重垂線은 무게중심과 땅이 만나는 수직선을 말함. (앞에 나옴)
721 남북을 가리키는 선. 지구와 천체에서 말하면 經線이다.
722 表는 관측이나 측량을 위해 지상에 수직으로 세운 막대인데, 遊表는 지상에 고정되
　　　지 않고 의기에 표시된 표. 洪大容의『籌解需用』外編의 「製器」의 "方圓儀者,
　　　外爲半規, 內容半方, 當方圓之心設遊表, 因心爲徑線之垂線. 平分半規, 爲兩象限,

여 고저와 원근을 분별할 따름이니, 어찌 하늘과 땅의 만분의 일이라도 모방할 수 있겠는가?

新法較勝於舊, 後制加詳於前, 歷理由此得精, 歷法由此得密. 然究其實用, 以重垂線正上下, 以南北線定方位, 以遊表識日星光影之射, 分別高低遠近而已, 何能傚象乎天地眞形之萬一哉.

그 중심을 말하면 의기의 중심이지 하늘의 중심이 아니고 땅의 중심도 아니며, 그 궤도723를 말하면 의기의 테두리가 정원이나 여러 천체의 궤도는 타원이고, 천체가 비추는 빛을 말하면 쌓인 지구의 대기가 가리고 막아 번갈아서 이리저리 요동하니 일정하기가 어렵다. 하물며 다시 평평한 의기를 가지고 둥근 천체에 견주고, 천체가 내려 비추는 빛을 사람이 우러러 관측하는724 일이랴.

言其心, 則儀器之心, 非天之心, 亦非地之心, 言其圈, 則儀器之圈平圓, 諸天之圈橢圓, 言其光影, 則積氣遮隔, 迭蕩搖動, 難得其定. 況復以平較圓, 以仰測俯乎.

의기를 궁리하여 밝히는 사람은 옛사람이 만든 것을 대상으로 먼저 모형725의 우열을 밝히고 다음으로 작은 오차를 제거하여야, 우주726의

平分半方, 爲兩小方. 方圓之分度, 視器大小遊表, 亦具細分. … 窺衡兩耳, 與遊表兩耳參直. … 仰當天頂儀之遊表."에서도 보인다.

723 圈은 범위 또는 구역으로서 천체에 있어서는 星圈 곧 궤도이다.

724 『周易』, 「繫辭下」: 古者包犧氏之王天下也, 仰則觀象於天, 俯則觀法於地. 본문에 仰과 俯의 주체를 다르게 썼다.

725 模範은 본떠 제작한 모형과 견본의 뜻으로 여기서는 의기를 가리킴. 王充의 『論衡』, 「物勢」의 "今夫陶冶者, 初埏埴作器, 必模範爲形, 故作之也."에 보인다.

참모습을 의상으로 다 드러낼 수 없음을 점차 알게 될 것이다. 또 텅 비고 광활한[727] 불가사의한 것을 버리고, 분별할 수 있는 빛을 좇아야[728] 천체의 남극과 북극 황도와 적도와 지평권[729]과 기상한[730]에는 자연히 저절로 마음 가운데 있는 무형의 의기를 갖게 된다. 그리하여 그것을 열어 넓히면 하늘처럼 커지고, 감아서 축소하면 점처럼 작아지고, 옮겨 돌리면 늘어나거나 줄어들 수도 있고, 그 도수를 나누어 보면 성기거나 빽빽하게 할 수 있고, 그 몸체를 가두면 타원이나 정원이 될 수 있고, 일정한 곳에 놓아두면 참되거나 거짓될 수도 있으니, 이것이야말로 추측의 의기이다.

講究儀器者, 須將古人所制, 先明模範之優劣, 次抉毫釐之差謬, 漸覺大象之眞形, 非儀象之所能盡也. 捨其寥廓不可思擬者, 從其光影之可辨別者, 南北極黃赤道地平圜紀象限, 自有心中無形之儀器. 開張則與天齊其大, 捲縮則與點畫埒其小, 轉旋則可息可消, 分數則可疎可密, 圜體則可楕可圜, 定置則可實可虛, 是乃推測之儀器也.

---

726 大象은 『추측록』 권2, 「大象一氣」에서 우주의 뜻으로 사용하였다. 그곳의 해설을 참고할 것.

727 寥廓은 『楚辭』, 「遠游」의 "下崢嶸而無地兮, 上寥廓而無天."에 보인다. (앞에 나옴)

728 현대 천문학이 근거할 수 있는 것도 별빛이다.

729 지평의 범위이다. 지평은 지평선의 준말로 관측점을 포함하는 수평면과 天球와 만나는 지점.

730 象限은 活象限, 滿象限, 半象限과 더불어 천문학 용어. 象限儀는 망원경 이전의 천체관측 기구로, 90도의 눈금이 새겨져 있는, 부채 모양의 천체 고도 측정기로 四分儀라고 부름. 象限은 평면 좌표계를 90도 단위로 나눈 각각의 구역으로, 曆을 계산할 때는 周天(360도)을 동지로부터 춘분까지, 춘분으로부터 하지까지, 하지로부터 추분까지, 추분으로부터 동지까지 각각 90도씩 배정하여 4상한으로 나눔. 滿象限은 90도가 넘어 180도까지, 半象限은 45도 이하의 범위, 活象限은 상한에 구애받지 않고 각거리를 살려 보는 것. 여기서 紀象限은 四分法 또는 象限儀로 기록하는 일로 보임.

의상을 창조한 사람은 앞서 추측의 의기를 가지고 법식으로 삼았는데, 의상을 사용하는 사람도 추측의 의기를 가지고 정밀하게 부합되는 내용을 취해야 비로소 추측이 의기의 유연한 방법이요, 하늘을 좇는 수단임을 알게 된다.

刱造儀象者, 先將推測之儀器爲法式, 就用儀象者, 亦將推測之儀器取密合, 方知推測乃儀器之活法, 順天之階級也.

저 격물과 궁리731를 학문으로 삼은 자들은 기물과 수학과 관련된 것732을 자질구레한 일로 여겨 기꺼이 탐구해 해명하지 않고, 추측의 의기도 소홀히 한다. 그리하여 이미 눈에 보이는 기물에 문제가 생겼으니, 혹시라도 눈에 보이지 않는 이치에 흠이 없겠는가?

夫以格物窮理爲學者, 以器數爲瑣屑, 不肯究解, 幷與推測之儀器而忽略. 旣失於形下之器, 則倘無闕於形上之理乎.

---

731 格物은 『대학』에, 窮理는 『주역』에 등장하며 성리학에서 사물의 탐구 방법으로 주장하였다.
732 器數은 원래 고대 예법에 관련된 기물과 도수이다. 여기서는 과학적 도구나 일상의 기물과 그에 관련된 數理나 기술 따위를 말함.

해 설

천문 관측 기구인 의기를 설명하면서 추측의 의기가 있음을 주장하였다. 추측의 의기란 그 관측의 경험을 통하여 마음에 터득한 관측의 원리나 기준과 내용 따위로 보인다. 여기서 저자가 천문관측을 비롯한 과학 탐구를 얼마나 중시했는지 알 수 있다. 그것을 『신기통』에서도 언급했듯이 천체의 모습인 상(象)과 그것의 수리적 표현인 수(數)와 법칙인 리(理)의 관계로 표시하였고, 그 현상을 관측하는 도구가 의기였다. 또 관측 도구는 후대로 오면서 더욱 정밀하게 발전한다는 견해는 탁견이다. 아무리 성인이 제작했다고 해도 오늘날의 그것에 미치지 못한다. 그리고 그런 의기로 관측해 우주를 밝혀내기는 해도 완벽하지 않다는 점은 오늘날도 마찬가지이다.

끝에서 이학을 비판하였는데, 그것은 이학이 과학보다 윤리의 근거인 심성과 실천에만 관심을 두었기 때문이다. 정확한 지적이다.

93. 윤전과 나전
輪轉螺轉

윤전733이란 하늘과 땅의 범위에서 일어나는 운동이고 나전734이란 형체 있는 물건이나 기가 칭칭 감아 얽어매는 운동이다. 이치를 찾는 사람은 이것을 탐구하여 그 변화를 궁구하고, 기물을 제작하는 사람은 이것을 본떠서 그 묘함을 다한다.

輪轉者, 天地之範圍, 螺轉者, 形氣之纏結. 究理者, 探此而窮其變, 制器者, 象此而盡其妙.

* * *

지구와 달과 태양과 별은 회전운동이 끊이지 않아 크고 작은 것이 서로 의지하고 위와 아래에서 층층이 연결되어 있다. 이는 마치 시계의 톱니바퀴735와 같고, 안팎으로 겹쳐 싸서 끝이 없는 우주는 큰 달걀이 겹겹이 알을 담고 있는 것과 같다.736

---

733 바퀴처럼 굴러가거나 도는 운동 또는 그렇게 운동하는 바퀴 장치. 행성의 공전도 여기에 해당함.

734 螺絲轉의 준말. 나사처럼 일정한 나사산과 나사골을 따라 도는 운동 또는 그런 나사 장치.

735 천체 운행을 본떠 자동으로 종(북)을 쳐 시간을 알리는 臺 위에 설치한 장치 또는 큰 시계로 천체를 상징하는 8개의 톱니바퀴가 있다. 宋 蘇頌이 贊한 『新儀象法要』卷2에 도해와 함께 설명이 자세하다. 여기서는 인용한 원문의 自鳴鐘을 時鐘으로 바꿔 사용했음을 알 수 있다.

736 重天說을 표현한 말. 다만 그 중심이 지구냐 태양이냐의 차이가 있다. 그래서 무엇을 중심으로 회전운동을 하는지 분명하지 않음. 저자의 『地球典要』에 도해가

地月日星, 幹運不已, 大小相資, 上下層連. 如時鐘之塔輪, 內外重胞, 六合無端, 如大卵之容重卵.

이미 우주의 범위에는 본래 돌아 굴러가지 않은 천체가 없으니, 기물을 제작하는 사람은 여기서 알아내어 바퀴의 굴대와 테에서 출발하여[737] 점차 변통하였다. 그래서 바퀴 굴대는 도르래와 시계와 녹로[738]로 변하였고,[739] 바퀴 테가 변한 물건에는 아치[740]나 파랑[741]이나 고릉[742]이나 광망[743]이나 입판[744]이나 등륜[745]이나 쌍각[746]을 붙이거나 수통[747]이나 안풍선[748]이 있다.[749]

있다.

737 權輿은 사물의 맹아 또는 시초의 뜻으로 전자는 『大戴禮記』, 「誥志」의 "於時冰泮發蟄, 百草權輿."에, 후자는 『詩經』, 「秦風·權輿」의 "今也每食無餘, 于嗟乎. 不承權輿."에 보인다. 朱熹가 "權輿, 始也."라고 주석했다.

738 『陸海法』 상권에 「轆轤圖說」이 있다. 그림을 보면 도르래[滑車]의 원리를 이용해 우물 같은 곳에서 물을 퍼 올리는 기구이다. 또 그의 『心器圖說』(1842)에도 '起重'을 설명하면서 轆轤를 사용하는 설명이 등장하는데, 일반적으로 그것은 도르래를 이용해 무거운 물건을 위로 옮기는 기구이다.

739 鄧玉函, 『奇器圖說』 卷2: 論軸有三. 或無軸止有軸眼滑車之類是, 或有軸甚細自鳴鐘之類是, 或圍圓廣厚以便轉索如轆轤之類是. 강조는 같은 글자 또는 같은 의미.

740 같은 책, 卷2의 「第65款」에 그림이 있음. 바퀴 둘레에 일정한 간격을 두고 12개의 작은 돌출부가 있음.

741 같은 책. 바퀴 둘레에 8개의 산 모양의 돌출부가 파도처럼 연결됨.

742 같은 책. 원기둥 모양의 길쭉한 바퀴에 6개의 완만한 산 모양의 돌출부가 있다.

743 같은 책. 바퀴 테에 아무것도 장치하지 않은 것.

744 같은 책. 立板은 加板으로 표기되어 있고, 바퀴 테에 6개의 마름모꼴의 판을 붙여 고정하였다.

745 같은 책. 원통형의 바퀴에 긴 톱니를 깎았다. 저자의 『심기도설』, 「解木第二圖」의 설명에도 등장함.

746 같은 책. 바퀴 테의 절반을 초승달 모양으로 더 돌출되게 덧붙인 것.

747 같은 책. 바퀴 테의 5분의 4 정도를 초승달 모양으로 더 돌출되게 덧붙인 것.

748 같은 책. 바퀴에 풍차를 설치한 것. 저자의 『심기도설』, 「取水第四圖說」와 「轉磨第七

已自大象之範圍, 無非圍轉, 則制器者, 有得於此, 而權輿於軸輞, 漸加變通. 軸有滑車時鐘轆轤之異, 輞有牙齒, 或波浪, 或觚稜, 或光輞, 或立板, 或燈輪, 或安雙角, 或安水筒, 或安風扇.

그 쓰임에는 행륜과【사람이나 가축이 바퀴 안에서 걸으며 다른 바퀴를 굴림】750 교륜과【사람이나 가축이 밀거나 끎】751 답륜과【사람이 발로 밟음】752 반륜과【사람이 손으로 끌어당김】753 수륜과【물의 힘으로 부딪혀 돌림】754 풍륜과【바람의 힘으로 밀어서 돌림】755 방륜과【톱니를 갈마들며 곁의 바퀴를 돌림】756 비륜이【자기의 무게로 그 힘을 거듭 가하는 것】757 있다.758 또 화력을 사용하여 바퀴를 굴리는 것에는 화륜선과【해상에서 소식을 전하는 데 사용】759 화륜기가【베 짜는 데 사

圖」~「轉磨第十一圖」에 그 구조와 용어가 보이고, 『육해법』 하권의 「輪圖說」에도 언급하고 있다.

749 같은 책, 論輞之物, 或牙齒, 或波浪, 或觚稜, 或光輞, 或輞外加板, 或輞是燈輪, 或周圍另安雙角, 或安水筒, 或另安風扇, 如上圖. (강조는 같은 글자)

750 이 설명에 해당하는 것은 『심기도설』, 「起重第十圖說」, 「轉磨第一圖」, 「轉磨第二圖」 등에 용어와 함께 보임.

751 『육해법』 상권, 「驢轉筒車圖說」과 『심기도설』, 「引重第四圖說」, 「轉磨第五圖說」 등에 보임. 이하 『심기도설』의 내용은 『奇器圖說』 卷3에 나오는 내용임.

752 『심기도설』, 「轉磨第一圖」, 「轉磨第六圖」 등에 보임.

753 같은 책, 「起重四圖」, 「起重五圖」 등 다수에서 보임.

754 『육해법』 상권, 「水轉翻車圖說」, 「筒車圖說」 등에 보임.

755 『심기도설』, 「取水第四圖說」와 「轉磨第七圖」~「轉磨第十一圖」 등에 보임.

756 같은 책, 「解木第二圖」에 용어와 함께 보임. 『기기도설』에는 齒輪 곧 톱니바퀴로 되어 있다.

757 같은 책에 용어와 함께 보임.

758 鄧玉函, 앞의 책: 輪子所多用者有八種. 一行輪,【或人或獸行于輪內, 以轉他重】二攬輪,【或人或獸在輞外, 或推或曳】三踏輪,【止是人用足踏】四攀輪,【止是人用手攀】五水輪,【水力激之而轉】六風輪,【風力鼓之而轉】七齒輪,【齒與他輪齒遞相轉】八飛輪,【前七輪受力而不加力, 飛輪受力而又以己之重能加其力者也.】

용】760 있다. 그 제조 기술이 무궁하여 설계761에 일정한 법도가 있고, 또 무거운 힘을 다루는 일은 등자로 하는 일과 같아762 그 이치가 매우 분명하다.

其用有行輪,【或人或獸, 行于輪內, 以轉他輪】有攪輪,【或人或獸, 或推或曳】有踏輪,【人用足踏】有攀輪,【人用手攀】有水輪,【水力激之而轉】有風輪,【風力鼓之而轉】有傍輪,【以齒遞轉傍輪】有飛輪.【以重加其力者】又有用火氣轉輪者, 火輪船,【用於海上傳信】火輪機.【用以織布】其制無窮, 規畫之有定度, 重力之如等子, 其理孔昭.

또 나사전763의 이치는 하늘에서는 갑자기 비바람이 회오리를 일으켜764 나무와 돌과 물과 흙을 상공으로 몰아칠 수 있는 경우이고, 땅에서는 물결이 소용돌이쳐 사람과 물건을 빨아들여 아래로 떨어뜨리는 경우이며, 물건에 있어서는 등나무와 오이의 덩굴손과 소라 껍데기의 모양이

---

759 火輪船은 일반적으로 증기 기선을 말한다. 傳信 기능은 그 단면으로 보임. 그 용어는 淸 郭嵩燾의 『倫敦致李伯相書』에서 "火輪船創始乾隆, 初未甚以為利也. 至嘉慶六年, 始用以行海內."에 보인다. 倫敦은 런던의 음역. 원래 火輪은 태양을 가리켰으며 唐 韓愈 「桃源圖」의 詩의 "夜半金雞啁哳鳴, 火輪飛出客心驚."에 보인다.

760 火輪機는 일반적으로 증기기관, 火輪은 증기 터빈을 일컫는 말. 여기서는 그것을 이용한 방적·방직기. 산업 혁명 때 사용되었다.

761 規畫은 단순한 그림이 아니라 무엇을 하려고 의도된 그림이다. 의도된 계획의 뜻으로는 『三國志』, 「蜀志·楊儀傳」의 "亮數出軍, 儀常規畫分部, 籌度糧穀."에 그 용례가 보인다. (앞에 나옴)

762 等子는 소량의 물건을 재는 저울이다. 宋 李廌의 『師友談記』의 "子之文銖兩不差, 非秤上秤來, 乃等子上等來也."에 보이는데, 여기서는 무거운 물건도 기구를 사용하면 가볍게 취급한다는 뜻.

763 螺轉의 본딧말.

764 盤旋은 儀節 가운데 돌아서 進退하는 것으로, 『淮南子』, 「氾論訓」의 "夫絃歌鼓舞以為樂, 盤旋揖讓以修禮."에 보인다. 여기서는 자연현상에 대한 표현.

그것으로, 모두 이러한 나사 모양을 갖추었다.

且螺絲轉之理, 在天則風雨陡遇盤旋, 擊搏木石水土, 可挾而上, 在地則波中洄漩, 能吸人物下墜, 在物則如藤如瓜如螺之類, 皆具此象.

그것에서 취하여 기물을 제작한 것에는 기둥 모양765의 나사전과 공 모양766의 나사전과 못 모양767의 나사로 구멍을 뚫는 것 등 그 용도가 가장 넓고 능력도 크다.768 가령 수문769의 나무는 무겁고 길어서 사람의 힘으로 들 수 없는 것인데, 나사전을 사용하면 그것을 들어 올릴 때 어렵지 않다. 또 가령 크고 긴 나무 끝에 쇠를 붙여 땅에 매우 깊이 박을 때 사람의 힘으로는 일으킬 수 없는 것인데, 나사전을 사용하면 그것을 일으킬 수 있다. 또 수분과 즙이 있는 물건을 눌러 짜려고 할 때 다른 무거운 물건으로는 눌러 짤 수 없고, 또 설령 눌러 짜더라도 물기나 즙을 다 짜내지 못한 경우에는 오직 이 나사전만은 눌러서 짜낼 수 있고, 또 거칠거나 찌꺼기가 있거나 부석770과 같은 물건이 그 건조함을 비교할 수 없게 만든다. 또 몸소 책이나 그림을 인각(印刻)하여 찍는 사람이 나사전을 사용해 찍으면 농담과 깊이가 잘 발휘된 인쇄 상태가

---

765 鄧玉函, 『奇器圖說』 卷2의 그림을 보면 원기둥처럼 생긴 나사이다.

766 같은 책을 보면 半球에 나사산을 깎은 모양이다.

767 같은 책을 보면 나사못처럼 가늘게 한쪽 끝이 뾰족한 나사이다.

768 같은 책: 藤線器有三類, 一柱螺絲轉, 二球螺絲轉, 三尖螺絲轉. … 第七十五欵. 前諸器, 皆有妙用, 而此器之用更大更妙. 何以見此器更妙于前諸器也, 為其用最廣, 其能力又最大耳. (강조는 같은 글자)

769 水閘은 물의 수위와 유량을 조절하기 위해설치된 수문이다. 明 徐光啟의 『農政全書』 卷17의 "水閘, 開閉水門也. … 如遇旱潦, 則撒水灌田, 民賴其利. 又得通濟舟楫, 轉激碾磑, 實水利之總揆也."에 보인다.

770 화산에서 분출할 때 나온 작은 암괴로 물에 뜬다.

될 것이다. 나아가 여러 물건을 제자리에 고정해 놓을 때 구리든 철이든 나무든 금이든 나무로 된 물건이든 상관없이 나사못을 들이면, 곧장 저절로 안정되고 견고하게 되고 또 힘도 덜 들며, 문득 필요할 때 풀어서 떼어낼 수 있다.[771]

取以制器, 有柱螺絲轉, 有球螺絲轉, 有尖螺絲鑽, 其用最廣, 能力又大. 假如水閘木重且長, 人力不能起者, 用螺絲轉, 則不難起. 又如長大木, 其尖爲鐵, 入地甚深, 人力不能起者, 用螺絲轉, 則能起之. 又或欲壓有水有汁之物, 他重物不能壓, 縱壓不能盡其汁與水者, 惟此螺絲轉能壓之, 且令物之糟粕渣滓浮石, 不能比其乾也. 自印書及畫者, 用螺絲轉印之, 濃淡淺深, 曲盡款畫之致. 至于定置諸物, 不拘銅鐵金木之器, 以螺釘入之, 便自安穩堅定, 又不費力, 抑且可開卸也.

이것은 대개 하늘과 땅이 크고 묘한 작용을 드러내어 그것에 의지하여 보여주는 사물의 현상으로서 사람이 쓰는 것을 가르쳐 준 것이다. 그리하여 변동하고 변통하며 기회에 따라 알맞게 쓰는 일에는 저절로 무궁한 묘법이 있고, 그 까닭을 탐구하여 알면 저절로 즐거움이 있게 되니 억지로 된 일이 아니다. 그사이에 혹 어긋나는 점이 있더라도 이 이치의 어긋남이 아니다.[772] 기물에 나아가서 보면 재질의 어긋남이 있거나 아니면 사람이 제작하는 일에 어긋남이 있을 뿐이다.

---

771 鄧玉函, 앞의 책: <u>假如水閘木重且長</u>, <u>人力不能起者</u>, <u>用螺絲轉</u>, <u>則不難起</u>. <u>又如長大木</u>, <u>其尖爲鐵</u>, <u>入地甚深</u>, <u>人力不能起者</u>, <u>用螺絲轉</u>, <u>則能起之</u>, <u>又或欲壓有水有汁之物</u>, <u>他重物不能壓</u>, <u>即壓不能盡其汁與水者</u>, <u>惟此螺絲轉爲能壓之盡</u>, <u>且令物之糟粕渣滓浮石</u>, <u>不能比其乾也</u>. 西庠<u>印書</u>亦用<u>螺絲轉</u>. 故其書濃淡淺深, <u>曲盡欵畫之致</u>. <u>至于定置諸物</u>, <u>不拘銅鐵金木之器</u>, 其釘一入, <u>便自安穩堅定</u>, <u>又不費力</u>, <u>抑且可開卸也</u>. (강조는 같은 글자)

772 기물의 제작에 응용되는 사물의 원리 그 자체에는 잘못이 있지 않다는 말.

此蓋天地顯以大用妙用, 托示物象, 以詔人用者. 推移變通, 隨機適用, 自有無窮之妙, 究得其故, 自有悅樂, 非强也. 間或有差, 非此理之差. 卽器, 材質之有差, 抑或人之造作有差耳.

해 설

바퀴와 나사의 원리를 이용한 물건을 소개하였다.

모든 물건을 자연의 물상을 본받아 제작하였다는 생각은 『주역』에서 말한 이래로 동아시아 전통의 기본 관점이었다. 바퀴와 나사의 원리를 사용한 사례는 예수회 선교사 테렌츠(Johann. Terenz, 鄧玉函, 1621~1630)의 『기기도설(奇器圖說)』에서 가져왔다. 그리고 그것 외에 산업 혁명 이후의 자료는 다른 곳에서 취하였다.

여기서 알 수 있는 저자의 글쓰기 방식은 자료를 어디서 가져왔든 일관된 자기의 관점에서 사용한다는 점이다. 옛사람들의 글쓰기가 비록 오늘날 학술 저술처럼 인용한 출처를 일일이 밝히지는 않았고, 또 꼭 밝혀야 하는 시대도 아니었어도, 남의 글을 가져다 나열만 하지 않고 자신의 주장에 적절히 선택해 이용하고 있음을 알 수 있다. 그래서 자료를 하나의 저술이나 한 시대에 얽매이지 않고 전체를 통틀어 폭넓게 선택하였다. 저자의 『심기도설』에 테렌츠의 이 저술 내용이 반영되어 있고, 『육해법』에도 일부 보인다.

이러한 기물은 모든 자연의 원리를 원용하였으니 원리 그 자체에 문제가 있는 것이 아니라, 기물의 재질이나 사람이 제작하는 데서 어긋남이 있다고 평가하였다. 기철학의 세계관에서 과학과 기술을 중시하는 저자의 태도가 드러난다.

94. 가르침을 세운 말과 제작한 기물
立言制器

가르침을 세운 말773이 상황과 때에 들어맞으면774 온 세상 사람 모두가 듣기 원하고, 제작한 기물이 쓰임에 적당하면 온 세상 사람이 모두 보기 원하는 까닭은 보편성이 있기 때문이다. 그러므로 내가 최초로 가르침을 세운 말과 제작한 기물에는 간혹 의도하지 않았어도 보편성이 있다.

立言得中, 天下皆願聞, 制器適用, 天下皆願見, 以有所同也. 故自我刱始之立言制器, 或有不謀而同.

* * *

일상의 떳떳한 도리775와 평상시 하는 일과 민생의 도구는 온 세상의 보편적인 것이다. 그 실제의 이치를 밝히고 마땅히 행동해야 할 일을 들어 가르침을 세우면, 그것을 듣는 사람이 기뻐하고 아직 듣지 못한 사람은 듣기를 희망한다. 일마다 편리하고 쓸 때마다 힘이 덜 들게 기물을 제작하면, 그것을 본 사람은 기뻐하고 아직 보지 못한 사람이 보기를 희망하는 까닭은 일이 같고 기물을 사용하는 일도 같기 때문이다.

---

773 立言은 글이나 말로써 후세에 가르침을 나타낸 것. 『左傳』, 「襄公二十四年」의 "大上有立德, 其次有立功, 其次有立言, 雖久不廢, 此之謂不朽."에 보인다. (앞에 나옴)

774 中은 中庸 또는 時中의 도리.

775 彝倫은 常道 또는 常理의 뜻. 『書經』, 「洪範」의 "王乃言曰, 嗚呼, 箕子. 惟天陰騭下民, 相協厥居, 我不知其彝倫攸敍."에 보인다. (앞에 나옴)

彝倫及日用之常行, 民生之所具, 天下之所同也. 明其實理, 擧其當行而立言, 則聞之者悅, 未聞者思聞. 隨事便利, 隨用省力而制器, 則見之者喜, 未見者思見, 以其事同而用亦同也.

수천 년 이래 물리는 점차 밝아지고 일의 마땅함은 더욱 뚜렷해졌으니, 가르침을 세운 말과 기물의 제작에는 저절로 옛날과 지금의 차이가 있다. 후세의 꾸밈은 옛 바탕을 따라 생겨나고, 후세의 기교는 옛 일상을 따라 나오니, 이것은 가르침을 세운 말과 기물의 제작이 한 번 변한 것이다. 꾸밈이 지나쳤기에 바탕으로 돌아가고, 기교가 심해서 일상으로 돌아오니,776 이것은 가르침의 세운 말과 기물의 제작이 두 번 변한 것이다.

自數千載以來, 物理漸明, 事宜益著, 立言制器, 自有古今之異. 後之文, 因古質而生, 後之巧, 因古常而出, 是立言制器之一變也. 因其文過而反質, 因其巧勝而復常, 是立言制器之再變也.

한 번 변하고 두 번 변하는 가운데 자연히 변하지 않는 항상성이 있고 또 변통의 방법도 있다. 온 세상에 지식을 가진 사람이 모두 이것을 탐구할 수 있으면, 저가 창조한 것을 내가 모방하는 것이 제법 많을 것이고, 때로는 내가 창조한 것도 저가 창조한 것에 가만히 부합할 것이다.

---

776 꾸밈과 바탕이 한쪽을 능가해서 안 된다는 관점은『論語』,「雍也」의 "子曰, 質勝文則野, 文勝質則史, 文質彬彬然後, 君子."와 그것을 더 풀이한『集注』의 "楊氏曰, <u>文質不可以相勝</u>. 然質之勝文, 猶之甘可以受和, 白可以受采也, <u>文勝而至於減質, 則其本亡矣</u>. 雖有文, 將安施乎. 然則與其史也, 寧野."에 보인다. (강조는 관련된 내용)

一變再變之中, 自有不變之常, 又有通變之方. 天下之有知識者, 皆能深究乎此, 則
彼之刱始, 我乃效倣者頗多, 或有我之刱始者, 與彼暗符也.

해 설

일상의 가르침과 기술의 보편성을 말하였다.

보편적인 까닭은 그것들이 실생활에 필요하고 편리하기 때문이다. 여기서 기술은 그렇다 치고 가르침이 보편성을 띠려면 이치에 맞고 도리에 합당해야 한다. 다시 말해 사실에도 부합해야 한다는 뜻을 내비치고 있다.

이는 저자 학술의 특징을 암시하는 말이기도 하다. 그가 제시하는 과학과 기술도 그렇지만, 존재의 근거와 그 이치를 인식하는 방법 그리고 윤리의 가치를 탐구하는 공부가 사실에 근거를 두어, 그의 철학이 합리적인 보편적 학문이라는 점을 행간에 묻어두고 있다. 더 나아가 본인의 학문이 옛것을 모방한 점도 있지만, 독창적이라는 점을 은연중에 드러내고 있다.

사실 이 점은 옮긴이가 줄곧 주장한 저자 철학의 성격이다. 고유사상만으로 우리 철학이라 규정한다면, 거기에는 분명한 한계가 있을 수밖에 없다. 이전에 누가 또는 본인이 외부로부터 어떤 사상을 수용하였든 간에 그것을 삶 속에서 주체적으로 재해석하여 새롭게 이론을 세웠다면, 그 또한 우리 철학이라 아니할 수 없다. 신라의 불교사상이나 조선의 성리학이 인도나 중국의 그것과 똑같은 사상이 될 수 없는 까닭이 바로 그런 점 때문이다.

고유성만 따진다면 사실상 고유한 사상이란 없다. 어떤 사상이든 크든 작든 영향을 주고받기 때문이다. 현재의 민족주의 또는 국가주의를 기준으로 사상을 특정 국가의 그것으로 한정하는 경향이 강하지만, 교통과 통신이 발달하지 못했던 먼 과거에는 지금의 가까운 곳도 먼 곳의 다른 국가나 지역이었고, 그 국가의 당시 지역과 구성원이 지금과 꼭 일치하지도 않는다. 중국의 경우 그 강토와 범위가 점점 확대하면서 지금의 크기가 된 것은 겨우 청나라 때 와서 형성되지 않았던가? 더구나 저자의 철학은 전통 사상의 자장에만 머물러 있지 않다. 동아시아 전통의 유학, 불교, 도가의 사상은 물론 서양의 기독교사상과 그 속에 녹아든 아리스토텔레스의 그것 그리고 과학과 기술 및 지리 영역까지 포함하고 있어서, 그것을 주체적으로 종합하여 자기 철학으로 만든 점에서 그 독창성을 인정하지 않을 수 없다.

95. 지지학
地志學

온 세상에서 경륜777은 모두 지지와 지도에 달려 있다. 그러니 전체의 국면을 생각하고 형세를 살펴서 일을 착수하는 완급을 결정하고, 그것으로 이웃 나라를 살피고 우열을 비교해서 때에 맞는 조치의 취하고 버릴 일을 결정한다.

天下經綸, 盡在地志圖. 案全局而察形勢, 以定着手之緩急, 觀隣國而較優劣, 以定時措之取捨.

* * *

지지란 풍토와 물산과 고금의 사실을 기록한 것이고, 지도란 행정구역778과 나라의 경계와 서로 같지 않은779 면적780을 모방한781 것이다.

---

777 經綸은 국가나 천하 등의 큰 조직을 다스리는 것. 『周易』,「屯卦」의 "雲雷屯, 君子以經綸."과 『中庸』의 "唯天下至誠, 為能經綸天下之大經, 立天下之大本, 知天地之化育,"에 보인다. (앞에 나옴)
778 郡은 행정구역의 대명사로 쓰였다.
779 參錯은 엇갈린다는 뜻으로 漢 董仲舒 『春秋繁露』,「玉杯」의 "春秋論十二世之事, 人道浹而王道備, 法布二百四十二年之中, 相為左右, 以成文采. 其居參錯, 非襲古也."에 보인다. (앞에 나옴)
780 廣輪은 토지의 면적으로 『周禮』,「地官·大司徒」의 "以天下土地之圖, 周知九州之地域廣輪之數."에 등장하며, 후에 동서를 廣, 남북을 輪이라 풀이하였다.
781 倣象은 倣像과 같은 말. 『傳習錄』卷中-165의 "後儒之所謂著察者, 亦是狃於聞見之狹, 蔽於沿習之非, 而依擬倣象於影響形跡之間, 尚非聖門之所謂著察者也."에 보임.

地志者, 載錄風土物産, 古今事實者也, 地圖者, 倣象郡國界境, 參錯廣輪者也.

사람에게 경륜하는 일이 없으면 지지는 한가한 담론 거리로 삼고, 지도는 거리를 분별하는 표시로 삼을 뿐, 비록 눈으로 보아도 마음은 미치지 못하고 귀로 들어도 의향이 한 곳에 집중되지 않는다. 그리하여 평생 고생하며 일하는782 범위가 이웃 마을을 벗어나지 못하고,783 백 년 동안 하는 일이 좁은 지역784 안에서 생겼다가 없어지니, 지도와 지지가 어찌 그 사람의 경륜을 일으켜 발동시킬 수 있겠는가?

人未有經綸, 則以志爲汗漫談說之資, 以圖爲分別遠近之標, 目雖觀而心不及, 耳雖聞而意不專. 平生拮据, 執滯於隣里, 百年事業, 起滅於房闥, 圖與志, 何能起發斯人之經綸也.

경륜이 있는 사람은 지도가 없는 곳에도 지도를 제작하고, 지도가 있는 곳에는 그 상세함을 더욱 밝힐 수 있다. 또 지지가 없는 곳에도 지지를 만들고, 지지가 있는 곳에는 다시 밝고 정밀하게 한다. 그리하여 시작에 는 당세에 사용하다가 마침내 후인에게 가르침785을 남긴다.

人之有經綸者, 能於無圖之地有圖, 有圖之地, 益明其詳. 又於無志之地有志, 有志

---

782 拮据는 손발을 부지런히 움직여 바삐 일하거나 힘든 일의 뜻으로 『詩經』, 「豳風·鴟鴞」 의 "予手拮据."에 보인다.

783 執滯는 집착 또는 고수한다는 뜻으로 『舊唐書』, 「陸贄傳」의 "卿所奏陳, 雖理體甚切, 然時運必須小有改變, 亦不可執滯, 卿更思量."에 보인다.

784 房闥은 방과 집(궁) 안의 문으로 좁은 지역의 뜻으로 쓰였다.

785 遺詔는 처음에 황제의 유언으로 쓰였다. 『史記』, 「秦始皇本紀」의 "而更詐爲丞相斯 受始皇遺詔沙丘, 立子胡亥爲太子."에 보인다. 여기서는 가르침의 뜻.

之地, 更加昭密. 肇須用於當世, 竟遺詔於後人.

온 세상 스승의 도리786를 맡은 사람은 이것으로 인민의 기상787을 증험하고 풍속을 비교하되, 이로움을 따라 인도하고 교화하며 형세를 따라 나아가거나 물러나게 한다. 한 나라의 강역을 공고히 하는 사람은 이것으로 형세를 살피고 조치를 결정하되, 대내적으로는 백성의 이주나 곡식을 옮기는 일788을 껴안아 맡고, 대외적으로는 가까운 나라나 멀리서 온 사신을 접대한다. 군대를 통솔하여 적을 막는 사람은 이것으로 전략을 정확히 지적하여 군사와 물자 수송의 경계를 갈라 결정한다. 멀리 떨어진 곳으로 사신으로 가는 사람은 이것을 보고 거듭 통역해야 하는789 사항도 전달하며 미리 길이 험하고 좁음을 탐색한다.

任天下之師道者, 將此而驗人氣較風俗, 因其利而導化, 隨其勢而進退. 鞏一國之疆域者, 將此而審形勢定施措, 在內而拱制移民轉粟, 在外而接待隣國遠使. 統軍禦敵者, 將此而指點方略, 區畫運輸. 奉使絶域者, 覽此而傳達重譯, 豫探險阨.

산길을 오르거나 바다를 항해하여 공물과 조세790를 천자에게 바치는

---

786 직역하면 스승의 도리이나 저자가 사용한 용례를 이 책의 서문에서 "周公孔子所以爲百世師者", 또는 "後之師周孔者"라고 말한 것을 보면 주공과 공자를 스승으로 삼으므로 師道란 성인의 도리이다. (앞에 나옴)

787 人氣는 타인의 기질, 감정 따위로 『莊子』, 「人間世」의 "且德厚信矼, 未達人氣, 名聞不爭, 未達人心."에 보인다. 여기서는 해당 지역의 습속이나 풍속에 따른 인민의 기질 따위를 말함.

788 『孟子』, 「梁惠王上」: 河內凶則移其民於河東, 移其粟於河內. 여기서는 移民移粟을 移民轉粟으로 바꾸었다.

789 重譯은 지역에 따라 달라지는 언어(방언)에 따라 한 차례를 넘어서는 번역. 『尚書大傳』 卷4의 "成王之時, 越裳重譯而來朝, 曰道路悠遠, 山川阻深, 恐使之不通, 故重三譯而朝也."에 보인다.

일791과 육지의 관문을 통과하고 섬나라로 무역하는 상인792들이 이익을 좇는 일은 모두 이웃 나라와 먼 나라의 지도와 지지로 강구한다. 자사793나 수령이 멀고 가까운 지역을 유지하는 일, 고개와 나루와 역과 시장에서 감찰과 세금 징수를 조종하는 일, 비옥하거나 척박한 땅을 헤아려 백성의 생업을 바로 잡는 일, 풍속을 살펴 정치와 교화하는 일, 심지어 서민794이 명승지를 골라 집을 짓거나795 전지(田地)를 설치하는 일, 산물을 교역하여 서로에게 있거나 없는 물건을 유통하는 일 모두가 그 나라의 지도와 지지가 더욱 상세함을 이뤄야 하는 까닭이다.

山梯海航, 貢賦之朝宗, 陸關水國, 商旅之趨利, 是皆隣國遠邦之圖志, 所以講究也. 刺史守令, 維持遐邇, 嶺津驛市, 操縱譏征, 量肥墝而制民產, 觀風俗而施政敎, 以至匹庶之粧點名區, 排布庄田, 交易物產, 通達有無, 是乃該國圖志, 所以尤致詳也.

옛 서적을 읽는 사람은 먼저 그 지명의 연혁을 따라 해당 지역을 안 다음에 사방을 경영하면 쉬울796 것이다. 이치와 기를 탐구하는 사람은 지구를 먼저 안 다음 해당하는 지역의 북극 고도와 위도와 경도를 살피면,

---

790 貢賦는 공물과 부세로 『國語』, 「魯語下」의 "今我小侯也, 處大國之間, 繕貢賦以共從者, 猶懼有討."에 보인다.

791 朝宗은 옛날 제후가 봄과 여름에 천자를 알현하는 일. 『周禮』, 「春官·大宗伯」의 "春見曰朝, 夏見曰宗, 秋見曰覲, 冬見曰遇."에 보인다. 본문은 옛날 朝貢의 예를 들어 말함.

792 『周易』, 「復卦」: 商旅不行, 後不省方.

793 중국의 고대 관직.

794 匹庶는 서민 또는 평민. 『後漢書』, 「張純傳」의 "陛下興於匹庶, 蕩滌天下, 誅鉏暴亂, 興繼祖宗."에 보인다.

795 粧點은 단장하다, 치장하다 또는 좋은 땅을 골라서 집을 짓는다는 뜻.

796 指掌은 분명하고 쉽다는 뜻으로 『論語』, 「八佾」의 "或問禘之說. 子曰, 不知也. 知其說者之於天下也. 其如示諸斯乎. 指其掌."에 보인다.

풍기797의 강점·약점과 산물의 유무를 증험할 수 있다.

讀古書者, 先從其沿革地名, 認其處所, 而後經營四方, 可以指掌. 究理氣者, 先認地球, 察其地之北極度高低, 經緯度多少, 可以驗風氣之强弱, 物産之有無.

세상의 이른바 경륜과 사업은 땅을 떠나서 착수할 방법이 없고, 지도와 지지를 버리고 지리를 알 길이 없다. 지지를 읽어 되풀이하여 복습하면 이익과 병폐의 근원과 말단을 증험할 수 있고, 지도를 상고하여 지시하면 마음과 그 활동력798이 멀리서도 밝게 살핀다. 그리하여 착수하는 일의 완급이나 때에 맞게 취사하는 일도 이것을 따라 생각해 낸다. 서쪽 지방 사람들에게 동쪽 지방의 지도와 지지를 읽게 하면 서방의 사업에 더욱 밝게 번창하는 게 있을 것이고, 북쪽 지방 사람들이 남쪽 지방의 지도와 지지를 보게 하면 북쪽 지방의 경륜에 다시 상세함을 더할 것이니, 이는 인간의 사업이 대동소이하여 남에게서 취하는 일에 거리의 제한이 없기 때문이다.

人世所謂經綸事業, 捨土地無以措手足, 捨圖志無以認地理. 讀志而溫繹, 則利病可驗其源委, 案圖而指示, 則心神明察於遙遠. 着手緩急, 時措取捨, 從此起意. 使西方之人, 讀東方圖志, 而西方事業, 有益明暢焉, 北方之人, 觀南方圖志, 而北方經綸, 更加詳悉焉, 由於人間事業, 大同而取諸人者, 無有遠近之限.

---

797 風氣는 기후·풍습·풍속 따위를 통틀어 일컫는 말인데, 여기서는 주로 기후나 풍토를 의미함.

798 心神은 마음과 精力으로『莊子』,「在宥」의 "解心釋神, 莫然無魂"에 보인다. 精力은 마음의 활동력 또는 상태를 말함. (앞에 나옴)

마음에서 탐구하는 일은 견문이 공급하는 내용을 기다려야 한다. 다만 안타깝게도 멀리서 듣는 내용은 가까운 곳의 상세함만 못하다. 문자에는 또 모양의 차이가 있어서 글쓰기[799]를 업으로 하는 사람은 막혀서 통하지 못하는 탄식이 있으며, 번역하는 사람도 잘못 전하는 오류가 많다. 그러니 만약 각국의 총명하고 뜻이 있는 사람이 제각기 그 지도와 지지를 밝히되, 겉만 번드레한[800] 내용을 버리고 참된 모습을 보존하여 훗날에 모아[801] 크게 이루기를 기다린다면, 어찌 아름다운 은혜[802]가 아니겠는가?

究諸心者, 須待見聞之提及也. 但恨遠聞不如近地之詳. 文字又有形象之異, 鉛槧家, 有阻隔之歎, 繙譯人, 多差繆之傳. 如有各國聰明有志之人, 各自明其圖志, 去浮華存實蹟, 以待後日裒集大成, 豈非嘉惠耶.

---

799 鉛槧의 鉛은 鉛粉筆, 槧은 木板으로 고대 문자를 쓰는 도구.『西京雜記』卷3의 "揚子雲好事, 常懷鉛提槧, 從諸計史, 訪殊方絕域四方之語."에 보인다.

800 浮華는 표면상의 화려함만 추구하여 실제에 힘쓰지 않는 일로, 王充의『論衡』, 「自紀」의 "其文盛, 其辯爭, 浮華虛偽之語, 莫不澄定."에 보인다. (앞에 나옴)

801 裒集은 뽑아 모으다, 수집한다는 뜻으로『新唐書』, 「文藝傳中·王維」의 "寶應中, 代宗語縉曰, 朕嘗於諸王座聞維樂章, 今傳幾何. 遣中人王承華往取, 縉裒集數十百篇上之."에 보인다.

802 嘉惠는 타인이 베푼 은혜에 대한 경칭.『左傳』, 「昭公七年」의 "今君若步玉趾, 辱見寡君, 寵靈楚國, 以信蜀之役, 致君之嘉惠, 是寡君既受貺矣, 何蜀之敢望."에 보인다.

해 설

이 내용은 『추측록』 권6, '추물측사'의 마지막 글이자 이 책의 끝부분이다. 지지와 지도를 미루어 여러 일을 헤아렸다.

국어사전에서 보면 지지란 '특정 지역의 자연 및 인문 현상을 백과사전식으로 나누어 기술한 책'이라 되어 있고, 지지학은 '특정 지역의 지역적 성격을 종합적으로 구명하는 학문. 지리학의 한 분야이다'라고 기술되어 있다. 저자의 정의와 별반 다르지 않다.

저자의 저술이 다방면에 걸쳐 있어서 지리나 지도에 관한 저술도 있다. 「청구도서(靑丘圖序)」(1834), 『만국경위지구도』(1834), 『지구전요』(1857) 등이 있다. 특히 『만국경위지구도』는 고산자(古山子) 김정호(金正浩)와 협력하여 판각하였고, 「청구도서」는 김정호의 『청구도』에 쓴 서문이다. 김정호는 뒤에 이 『청구도』를 밑바탕으로 『대동여지도』를 제작하였다. 그리고 『지구전요』는 세계에 대한 지지와 지도로 이루어져 있다. 그럼에도 2016년에 개봉한 영화 '고산자, 대동여지도'에는 저자가 등장하지 않아 좀 아쉬웠다.

이런 점은 저자가 지리에 얼마나 관심이 있었는지 보여주는 객관적 사실이다. 그리고 훗날 『인정』에서도 「지지(地志)」(권12)에서 지지학에 대해 다시 언급하기도 하였다. 지도와 지지는 오늘날 식으로 말하면 국토정보에 해당하고, 행정과 산업과 군사 등에 필수적이므로 그의 말은 백번 지당한 주장이다. 외국의 그것도 무역과 안보를 위해서도 당연히 필요하다.

그런데 저자는 보편적이고 낙관적인 관점에서 지지와 지도를 논했는데, 제국주의시대 국제사회는 그렇지 못했다. 그것을 침략의 도구로 활용했기 때문이다. 서양 제국은 침략에 앞서 탐험가나 선교사나 인류학자

등을 먼저 보내 현지 상황을 정확히 알아낸 다음 침략했다. 저자의
학문이 근대 제국주의가 형성되기 전 중국에 온 예수회 선교사들의
도움이 컸지만, 역으로 그들이 중국의 문헌이나 사정을 본국에 알린
내용도 적지 않다. 그것이 유럽이 중국 등 동아시아 침략에 얼마나
도움을 주었는지 확인하기는 어렵지만, 중국의 정보가 서양에 노출된
것은 확실하다.

이처럼 일제가 조선을 침략할 때도 여러 학자의 연구에서 큰 힘을
얻었고, 훗날 조선 총독부에서는 조선을 효과적으로 지배하기 위해서
조선의 지리와 풍속과 역사 등을 총체적으로 연구했다. 일례로 최남선
(崔南善, 1890~1957)이 불함(不咸) 문화권을 제창하여 중국문화와 다른
단군의 실재성을 증명한 일도 일본 학자들 가령 도리이 류조(鳥居竜藏)와
시라토리 구라키치(白鳥庫吉) 등의 대륙 연구, 곧 일본의 문화가 중국의
그것과 다르다는 연구 동기에서 나온 결과에 힘입은 바 크다.

마지막 단락의 행간에서 저자 자신의 자부심이 우러나온다.

『추측록』 권6 끝. 推測錄 卷六 終.

주요 용어사전

견문열력(見聞閱歷): 견문은 보고 듣는 일 또는 그 결과. 열력은 밟아 겪는 일 또는
　　　　그 결과로서 경험이나 경력. 모두 경험 또는 그 방법의 뜻.

경력(經歷): 어떤 일을 겪어 지내옴. 경험과 같은 뜻으로 쓰이며 열력과 같이 쓰임.

경상(經常): 상도(常道)와 일상의 의미로 유학자들은 보통 오륜과 같은 사회적
　　　　규범을 지칭했음. 저자는 일상적이면서 당연한 보편적인 도리나 원리
　　　　로 사용함.

경험(經驗): 외부의 대상을 인식하는 방법 가운데 하나로서, 인식의 출발이자 앎의
　　　　양적 확장 및 검증의 방법. 좁게는 감각기관을 사용하여 외부의 감각
　　　　내용을 마음에 기억하는 일로서 직접 경험은 물론 간접 경험도 포함함.
　　　　본서에 제목 포함 총 49회 등장하며, 이 용어는 경전 등에 거의 보이지
　　　　않는다. 다만 전통 의서(醫書)에 대부분 '경험방(經驗方)'이라는 용
　　　　어 속에 나온다. 이때 경험은 효험·증험의 뜻이지만, 저자의 그것은
　　　　서학의 내용을 첨가하여 현대적 의미에 가까움. 경험의 오류 개연성을
　　　　인정하여, 하나의 또는 적은 양의 경험 자체가 검증된 인식의 완성은
　　　　아님.

괴탄(怪誕): 괴이하고 거짓되다 또는 황당무계의 뜻으로 자주 허망(虛妄)과 병렬
　　　　해서 사용하며, 그 대상은 대부분 기독교이고 드물게 신을 섬기는 일
　　　　반 종교를 상징하는 말. 허망과 함께 논리상 거짓의 뜻으로, 참인 성실
　　　　또는 진실의 반대 의미.

교(敎): 　　종교나 교육 등으로 분화하기 이전 성인의 가르침을 말함. 문맥에 따라
　　　　종교나 교육 또는 성인의 가르침으로 백성을 교화하는 뜻으로 표현함.

교법(敎法): 수기치인과 예악 등의 유가 성현 또는 불교 성인의 가르침과 법도를
　　　　말하지만, 저자는 그것을 천하로 확대하므로 각 문명에 해당하는 종교

나 교육의 영역을 포함하고 있다. 곧 유교처럼 종교와 학문과 교육이 분화되지 않은 입장에서 사용하고 있다. 교술(敎術) 또는 교학(敎學)이라는 말과 섞어 씀.

교화(敎化): 예악 등을 통하여 성인의 가르침으로 선하게 살도록 백성을 감화시키는 일. 이것은 유교의 이념을 강제로 주입하는 일이 아니라, 예의범절이나 풍속 등을 통해 자발적으로 내면화한다는 점에서 비판적 사고나 질문을 허용치 않는 서양 중세의 교화와는 차원이 다르다.

구규(九竅): 귓구멍(2)·눈(2)·입(1)·콧구멍(2)·요도(1)·항문(1)의 아홉 구멍. 일찍이『장자』,「제물론」과『주례』,「천관」에 보임.

구두(句讀): 주로 띄어쓰기와 문장 부호가 없는 한문에서 그 의미를 이해하기 위하여 구절을 나누거나 기호 등으로 표시하는 일. 句는 하나의 의미 단위인 문장이 끊어져 종결된 곳, 讀는 이어지는 문장의 중간에 잠시 끊어지는 곳.

궁격(窮格): 이치를 궁리하여 밝힘. 성리학의 공부 방법 가운데 하나로 '궁리(窮理)'와 '격물(格物)'의 합성어. 용어 자체는『주자어류』에 12회 등장함. 저자는『추측록』에서 성리학의 궁리를 비판하지만, 때로는 그 용어를 빌려서 자연법칙을 탐구하는 의미로 사용함.

귀신(鬼神):『주역』과『중용』등에 보임. 성리학자들은 음양의 기를 가지고 귀신을 설명해 왔는데, 존재하는 사물은 모두 귀신이다. 저자도 그 관점을 이어 원칙적으로 '일기의 취산'으로 설명하였다. 그런데 저자는 민간에서 귀신이 마치 신처럼 존재한다고 믿는 미신을 비판하면서 민간의 용례를 인용하고 있는데, 특히 기독교의 신도 귀신의 범주에 넣음.

기(氣): 기철학에서 다루는 존재의 근원이자 물질과 생명 및 정신 현상을 아우르는 근거. 개별 상황에 따라 에너지·물질·온도·날씨·마음·의식·감정 등 다양한 뜻으로 사용되며, 신기·천기·지기·심기·대기·몽기 등의 복합명사로 활용함. 저자의 기 개념은 전통의 생기(生氣)와 취산(聚散)

과 일기장존(一氣長存) 등의 요소를 포함하면서도 서양의 물질 개념 일부를 포섭함.

기괄(機括): 기괄(機栝)과 같은 말로 『장자』, 「제물론」에 등장하며 화살을 발사하는 기계 장치. 곧 기계가 발동하는 한 부분으로서 기관(機關).

기수(氣數): 전통적으로 기수는 24절기 따위를 가리키지만, 저자가 사용하는 의미는 어떤 범위 내에서 기가 작용하는 주기·거리·정도 또는 원리로서 오늘날의 자연과 인사의 법칙에 가까이 접근하고 있음. 『운화측험』 권1의 「기지수(氣之數)」에서 그 설명이 상세함.

기질(氣質): 기와 질. 질은 기가 엉겨서 된 구체적 형질 곧 가시적인 물질임. 이 둘이 합쳐서 몸과 마음을 구성하는 바탕이 됨. 좁혀서 성격·성향의 한 측면 때로는 몸의 뜻.

기질지리(氣質之理): 기질에 있는 이치로서 사물의 유행지리와 같은 말.

대기(大氣): 지구 대기(atmosphere)를 비롯한 우주에 가득 찬 기. 지구의 대기는 따로 몽기(蒙氣)라고 함.

도학(道學): 『추측록』 권1, 「배워 들은 데서 학문의 명칭을 달리하다(學聞異稱)」의 형식적 정의를 따르면 '도의 실천을 추구하는 학문'. 원래 도학은 송대 유가의 학문을 일컫는데, 그 계보를 요임금-순임금-우임금-탕임금-문왕-무왕-주공-공자-맹자로 연결하고, 조선조 사림파는 흔히 정몽주-길재-김숙자-김종직-김굉필(정여창)-조광조로 이어지는 계보이다. 율곡 이이는 "도학이란 대상을 연구하고 앎을 이루어서 선을 밝히고, 뜻을 정성스럽게 하고 마음을 바르게 하여 몸을 닦는 것이니, 몸에 지니고 있으면 자연스러운 덕이 되고, 정치에 베풀면 왕도가 된다"라고 하였다. 이 책 서문에서 저자는 자신의 학문이 주공-공자의 학문을 잇고 있다고 자부한 데서 도통과 도학을 의식하고 있다.

대상(大象): 우주. 육합(六合)과 같은 뜻.

명덕(明德): 『대학』에 등장하며 마음을 가리킴. 성리학에서 마음의 설명이 복잡하듯 그 설명도 복잡하여 조선 후기까지 논쟁이 벌어짐. 저자는 그것을 무한한 능력을 지닌 신기(마음)로만 보며, 그 밝은 덕을 바로 기의 신(神)이라고 정의함.

몽기(蒙氣): 지구 대기(Atmosphere). 청몽기(清蒙氣) 또는 청몽(清蒙)으로도 부름. 수증기를 포함한 지기인 증울기(蒸鬱氣)가 상승하여 이루어진다고 함. 그 두께와 높낮이는 수증기의 영향을 크게 받음.

물리(物理): 물리적 법칙만이 아니라 사물의 이치까지도 포함. 일반적으로 모든 사물의 법칙이란 뜻. '人情物理'의 형태로 27회, 단독으로 62회 등장하여 인사에 대응한 자연법칙의 뜻에 가깝게 사용함.

미발(未發)과 이발(已發): 미발과 이발은 『중용』에 등장하는 용어이지만, 성리학에는 발동하는 대상이 성(性)이냐 또는 심(心)이냐에 따라 다양한 견해와 주장이 있고, 성정 개념에서만 본다면 성은 미발, 정은 이발임. 저자는 더 나아가 기억하거나 아직 모르는 앎과 잠재적 능력까지도 아직 발현되지 않은 상태라면 미발, 발현된 것을 이발이라는 다의적 의미로 사용함.

방기(傍氣): 어떤 물체의 곁이나 그 주변에서 감싸고 있는 기.

방술(方術): 원래는 학술·학설의 의미로 쓰였다. 『장자』, 「천하」와 『순자』, 「요문」에 보이며 도교의 연단(鍊丹)과 수련(修鍊)을 포함한 천문·역산·점험(占驗)·의약·풍수·둔갑·신선술·방중(房中)도 그것임. 저자는 주로 인간의 운명이나 길흉 따위를 점치거나 화를 피하고 복을 받고자 하는 술수를 가리켜 말함. 본서에서는 그런 일에 종사하는 사람을 방술가라 칭함.

방통(傍通): 사방으로 통한다는 뜻으로 『관자』, 「병법(兵法)」에 나옴. 곡창방통(曲暢傍通) 또는 상지방통(詳知傍通) 때로는 단독으로 쓰여 조리가 분명하고 두루 통하거나 사방으로 통한다는 뜻. 이 책의 곡창방통(曲暢傍通)은 곡창방통(曲暢旁通)의 뜻으로 썼으며, 후자는 주희의 「주역장구서문」에 보임. 또 방통(旁通)은『주역』,「건괘」에 나옴.

범위(範圍): 한도나 한계의 의미로 쓰임. 일찍이『주역』,「계사전상」에 등장하여 모범으로 삼거나 틀로 잡다의 뜻으로 등장하며, 그 한도나 한계도 틀로 잡다와 통함. 총 33회 등장함.

변통(變通): 원래『주역』「계사전」의 말. 학문 분야에 따라 다양한 뜻으로 쓰이며 인식 이론에서는 앎의 수정을 말하기도 하고, 대체로 사회적 실천으로서 개선을 통한 개혁의 의미로 사용함. 때로는 수양을 통한 마음의 변화, 또는 융통성을 발휘하여 문제를 해결한다는 뜻.

사기(事機): 일을 착수 또는 진행하는 상황에 따라 대상을 만나는 기회나 낌새. 또는 일의 알맞은 시기나 기밀.『신기통』권2의「말을 듣는 조리(聽言條理)」에서 정의를 내림.

상도(常道): 보통 '떳떳한 도리', '일상의 도리' 등으로 옮기며,『노자』나『순자』가 언급한 이래 유가에서는 일상적이지만 불변의 도리로서 인륜. 저자는 일차적으로『노자』처럼 인간을 포함한 만물에 적용되는 보편원리 또는 보편의 도리로 보기도 하였음. '용상지도(庸常之道)', '상구지도(常久之道)'라는 용어를 대신 사용하기도 했고,『추측록』권1의「동물의 추측(動作物推測)」에서 "사람과 만물이 공유하면서 만고와 세계에 통하여 달라지지 않는 것을 일러 상도라 한다"라고 하여 '항상 통하는 도리'로 정의함.

생기(生氣): 본서에 11회 등장하며 주로 몸이나 생물체에 한정하여 생명력, 또는 활물(活物)의 의미로서 활동 곧 운동하는 기라는 뜻. 후기 철학에서는 기의 본성 가운데 하나인 활(活)을 설명하는 개념.

성리(性理): 성리학에서 말하는 성즉리의 리가 아니라 자연법칙으로서 유행지리.

성실(誠實): 허무(虛無)의 반대 개념으로 자주 쓰이며 참되고 실효성이 있다는 의미로 저자 자신의 기철학을 형용할 때 자주 씀.『중용』의 성(誠)과 같은 의미로 주희의 '진실하고 거짓 없음(眞實無妄)'의 해석을 따라 참 또는 참됨의 뜻.

서학(西學): 우리 역사에서 17세기 이후 예수회 선교사들이 중국에 전한 서양의 학술과 과학기술과 종교를 통틀어 일컫은 말. 저자는 이 책에서 한 번도 서학이라는 용어를 쓰지 않고, 서양 종교나 학문을 서교(西敎)로, 학문과 과학·기술·종교를 아울러 서법(西法)이라 불렀다.

손익(損益): 덜어내거나 보태다의 뜻으로 제도나 학문 따위를 현실에 맞게 잘 조절하는 일. 드물게 셈에서 더하거나 빼는 일과 손해와 이익의 뜻. 그 사상적 기원은 『주역』의 손괘(損卦)와 익괘(益卦)에서 가져왔으며, 저자 철학의 변통 사상과 연결되어 개혁과 통한다.

수용(須用): 총 64회 등장하며 대체로 사용 또는 사용한다는 뜻이며 드물게 운용의 뜻.

순담지기(純澹之氣): 순수하고 맑은 기로서 기의 본성을 형용한 말. 순담은 마음의 본체가 그렇다는 표현으로도 자주 사용하며, 그때는 인식론의 백지설과 통함.

습염(習染): 감각기관으로 경험한 내용을 기억하는 일. 서학에서는 기억을 기함(記含)으로 옮겼는데, 거기에 대응한 저자만의 전문 용어. 여기서 습(習) 자와 염(染) 자가 절묘한 조화를 이루는 데, 습 자에는 거듭된 익힘이라는 뜻과 염 자에는 물들인다는 뜻이 있어서, 결국 '거듭된 학습(경험)을 통한 기억'의 의미. 염착(染着)이라는 말로 대신 쓰기도 함. 때로는 환경의 영향을 말하거나 말 그대로 물든다는 의미도 있음.

시험(試驗): 사물의 이치를 실지로 시험하여 증험해 봄.

신괴(神怪): 신이(神異)하고 괴이함. 기독교를 비판할 때 자주 쓰는 말.

신기(神氣): 직역하면 '신령스러운 기운'이지만, 문맥에 따라 마음, 인식의 주체, 만물의 근원, 인간과 자연물에 깃든 기, 깃들지 않은 기 등 여러 의미를 지님. 서학의 영향을 받아 인간의 영혼을 비롯하여 동물혼·식물혼과 무생물의 그것을 포함한 만물의 영혼에 대응하는 의미로 쓰였음. 죽은 물질로 이루어졌다는 우주관과 다르며, 제목을 포함하여 총 552회 등장함. 드물게 신명지기(神明之氣) 또는 신명(神明)이라 불렀음.

신기통(神氣通): 인식 일반 또는 신기의 소통 또는 저자의 책 이름.

신통(神通): 감각기관의 기능이 최대한 발달하여 최고의 경지에 이르면, 대상을 직접 보거나 듣는 감각기관의 도움 없어도 사물을 알 수 있는 인식 능력. 『신기통』 권1의 「신통(神通)」에 신과 신통의 의미가 자세함.

실용(實用): 실제의 사용 또는 사물이 갖는 실제의 작용·기능이나 쓰임.

심리(心理): 심리학에서 말하는 심리가 아니라 추측을 통해 알게 된 마음속의 이치를 말하며 반드시 증험을 거쳐야 한다고 주장함. 성리학이나 불교를 비판할 때도 이런 표현을 씀. 이 심리를 다른 말로 추측지리라고 하며, 사물의 법칙인 유행지리와 구별함. 제목을 포함하여 총 20회 등장함.

알운(斡運): 천체의 회전운동. 대체로 천체의 겉보기 운동으로서 지구를 중심으로 회전하며 운행하는 뜻으로 쓰임. 운알(運斡)과 알선(斡旋)으로도 표현함.

얼올(臲卼): 불안하고 위태로운 모양으로 일찍이 『주역』에 등장함.

역산(歷算): 역법(曆法)과 산술(算術)의 뜻이나 본서에서는 거의 역산(曆算)의 의미로 사용되어 천문학과 관련된 역법.

역상(歷象): 천체의 운행을 관측하고 계산하는 일 등의 천문역법과 관련된 일, 또는 역법.

연혁(沿革): 보통 변천해 온 과정의 뜻으로 쓰이지만, 沿은 따르는 것, 革은 바꾸는 것의 본래 의미를 따라 손익과 함께 현실 개혁의 변통 사상을 설명할 때 자주 등장함.

염착(染着): 기억의 뜻으로 습염(習染)과 같은 말. 염지(染漬)와 유사한 말. 또는 몸에 익힘.

우주(宇宙): 'space'나 'the universe'의 뜻이 아니라 천지사방(天地四方)과 왕래고금(往來古今)을 가리킨 말로서 시공간을 통합한 말. '온 세상' 또는

'동서고금'으로 옮김.

운전(運轉): 움직여 도는 것 또는 운행. 훗날『운화측험』에서 공전과 자전을 아울러, 때로는 공전과 자전을 일컫는 말로 쓰였음. 이 책에서는 주로 육안에 보이는 운행의 뜻.

원기(元氣): 만물을 생성하거나 생명의 원천이 되는 기운. 때로는 정기(精氣)와 같은 의미.

유행지리(流行之理): 기가 자연적으로 운동하는 법칙. 사물의 법칙도 이에 해당함. 유행은 운행(運行)과 유사한 말로 기의 운동을 가리킨 말이며 후기에 운화(運化)로 바뀜.

윤강(倫綱): 인륜강기(人倫綱紀)의 축약어. 또는 오륜(五倫)과 삼강(三綱). 모두 도덕 준칙 또는 윤리를 일컫는 말.

윤상(倫常): 인륜(人倫)과 상도(常道)로서 윤리와 도덕. 윤강(倫綱)과 같은 뜻으로 씀.

윤전(輪轉): 바퀴처럼 굴러가는 운동. 본서에서는 태양과 달의 겉보기 운동을 말할 때 표현한 용어로, 후기 저작에서 행성의 공전을 뜻함.

인도(人道): 하늘의 길인 천도와 대비되는 사람의 길. 제도나 윤리 따위가 여기에 포함됨.

인물(人物): 인간과 만물, 인간과 동물, 인간 등으로 문맥에 따라 달리 쓰임.

인정(人情): 주로 물리 또는 천리와 함께 거론하며 문맥에 따라 인간의 감정 또는 인간의 각종 사정과 실상을 뜻함. 감정의 의미는 원래『예기』에 희로애락 등에서 말하고, 사리(事理)의 표준으로서 인간의 상정(常情)을 말하는 것은『장자』에서는 나옴. '人情物理'의 형태로 27회, 단독으로 20회 등장함.

자득(自得): 스스로 터득하거나 체득하여 아는 일 또는 앎.『중용』과『맹자』에 보임. 본서에 35회 등장하며 대체로 스스로 경험하여 아는 일 또는 경험을 바탕으로 한 추측을 통해 아는 일을 뜻함. 得 단독으로 이같이 쓰일 때도 있음.

적기(積氣): 주로 지구 대기인 몽기. 드물게 바람의 뜻.

정기(精氣): 기의 정수 또는 원기와 같은 의미로 생명의 원천이 되는 기운이나 물질. 총 8회 등장함.

정력(精力): 심신의 활동력, 정성을 다해 힘을 쏟는 것. 오늘날 남성의 정력과 관련해서 말할 때는 양촉(陽觸)이라는 용어를 씀.

제규제촉(諸竅諸觸): 제규는 의서(醫書)에 많이 등장하며 귓구멍(2개)·눈(2개)·입(1개)·콧구멍(2개)·요도(1개)·항문(1개)의 아홉 구멍인 구규(九竅)를 말하며 도교에서는 구원(九元)으로 부르기도 함. 제촉은 불교 용어로 손·발 등의 피부로 느끼는 감각 또는 그 기관. 모두 경험을 매개하는 감각기관의 뜻으로 쓰임.

제요(諸曜): 해와 달과 오성(五星: 수성·금성·화성·목성·토성)의 칠정(七政).

조리(條理): 기의 이치로서 법칙이나 원리. 또는 일의 가닥이나 맥락.

존양(存養): 『맹자』에서 본심을 보존하고 본성을 기른다는 뜻에서 가져와 성리학에서는 미발(未發)일 때에 공부 방법으로 사용하였다. 이 책에서는 보존하여 기른다는 의미로 그 대상에 앎도 포함하였다.

주통(周通): 일반적으로 두루 알다 또는 널리 유통되는 것을 의미. 인식론적으로는 두루 안다는 의미로서 주관적 앎이 아니라 객관적 인식이자 그 한계 내에서 모르는 게 남아 있지 않은 앎으로, 신기의 그것이 빛나고 밝으며 감각기관의 역할도 최상의 상태에 이름을 말함. 그 앎이 종합되거나 통합되어 객관성과 명증성과 타당성과 실효성을 가짐.

준적(準的): 원뜻은 수준기와 과녁. 문맥에 따라 기준과 표준 또는 목표의 의미.

중정(中正): 한쪽으로 치우치지 않고 올바름. 또는 딱 맞고 올바름. 원래는 『주역』의 괘에서 6개의 효의 위치에 관련된 용어인데, 가령 ䷠(함괘)처럼 아래로부터 두 번째인 2효와 다섯 번째인 5효가 위치하는 자리를 중(中)이라 부르고, 양효(─)가 양의 자리(1·3·5)에 음효(--)가 음의 자

리(2·4·6)에 있는 것이 정(正)으로 위의 함괘에서는 2·3·5·6효가 정이
다. 그러니까 중정이란 바로 두 번째 자리에 음효가 위치한 육이와
다섯 번째 자리에 양효가 위치한 구오의 덕(상태)을 일컫는 말이다.

증기(蒸氣): 원래 솥이나 시루에서 나는 더운 수증기인데, 보통 땅에서 상승하는
수증기로 쓰임.

증울(蒸鬱): 쪄서 후덥지근한 현상. 증울기(蒸鬱氣)는 지기를 포함한 수증기. 증울
기를 증기(蒸氣)로도 축약해 사용함.

증험(證驗): 효험(效驗)과 증거(證據) 따위의 의미로 쓰였는데, 저자의 철학에서 감
각기관 등의 경험적 계기를 통한 검증의 뜻으로 사용함. 비슷한 말로
는 징험(徵驗)이 있음.

지각(知覺): 주로 앎을 말할 때 쓰는 용어로 동사와 명사로 쓰임. 감각적으로 알게
되는 지각(sensation)만을 말할 때는 대체로 견문(見聞)으로 표기하므
로, 이것은 추측을 포함한 앎. 때로는 감각과 관련하여 의식(意識)의
뜻으로도 쓰임.

참증(參證): 참고하거나 참여시켜 증험함. 또는 재판 따위에서 참작과 증거. 참험
(參驗)으로도 사용함.

천도(天道): 하늘의 길. 일월과 사시의 변화를 주로 일컬으며, 추상화하여 자연의
운행 원리 또는 법칙 또는 그 질서를 말함.

천지(天地): 하늘과 땅, 우주와 지구, 자연을 말함. 또는 天 단독으로 자연을 뜻하기
도 함.

천리(天理): 자연의 이치 또는 그 법칙. 때로는 보편타당하고 공정한 원리의 의미로
자연스러운 이치. 유행지리와 같은 의미로 쓰임.

천인(天人): 자연과 인간 또는 우주와 인생. 천인합일을 지향하는 자연에 대한 인간
의 실천적 관계에서 앎과 행위의 객관적 정당성을 주장할 때 사용하며,
이때는 앎과 실천이 자연과 일치하는 보편적 인간의 뜻. 드물게 우주
와 인간의 이치를 꿰뚫은 사람(『장자』에 보임)의 뜻. 전자의 의미는

후자의 특징과 일치함. 후기 철학에서 천인운화(天人運化), 천인대도 (天人大道), 천인교접(天人交接) 등의 형태로 즐겨 씀.

천인지신기(天人之神氣): 자연과 사람의 신기. 또는 우주와 인간의 이치를 꿰뚫은 사람의 신기. 또는 그 둘 사이에 서로 통하는 신기.

천인지의(天人之宜): 자연과 인간 모두에 합당한 상태. 총 8회 등장함. 전통적으로 천리와 인정에 합당하다는 의미이며, 그 연원이 『서경』과 『맹자』를 이어, 특히 『주역』 「혁괘·단전」의 "하늘을 따르고 사람에게 호응한 다"라는 사상의 논리로서, 저자는 『신기통』, 「서문」에서부터 본서에 자주 등장하는 '물리'와 '인정'에 합당해야 한다는 의미로 씀. 물리는 자연의 일이고 인정은 인사에 해당하지만, 모두 기의 운행 속에 통합 하여 천인(天人)으로 표현하였다. 이는 학문을 비롯한 제반 인간의 실천적 행위가 이 양자를 만족시켜야 하며, 모두 자연과 인간 모두에 운행하는 기의 원리를 따라야 한다는 실천 논리. 가령 『추측록』 권6 「옳고 그름의 본원(是非本原)」에 "자연과 인간 모두에 합당한 상태에 맞으면 옳고, 자연과 인간 모두에 합당한 상태에 맞지 않으면 그르다" 라는 말과 또 같은 책, 권6의 「본성의 도리와 의식(性道衣食)」의 "본성 의 도리를 따르는 일이란 자연과 인간 모두에 합당한 상태에 순응하고 전례에서 살펴, 아버지와 자식, 임금과 신하, 부부, 친구의 윤리에서 그 도리를 잃지 않는 것이다"라는 말을 보면 알 수 있음. 이것은 전통의 천도와 인도를 일치시키는 태도와 같은 맥락으로, 후기 철학에서 운화 (運化)의 승순(承順)과 연결하여 천인운화(天人運化)로 대체하는데, 그 래서 『기학』에서는 이 '천인지의'가 한 번도 등장하지 않는다. 운화의 승순이란 자연에 대한 인간의 합리적이고도 적절한 실천적 원리를 말함.

천지지기(天地之氣): 하늘과 땅의 기로서 어떤 사물 속에 들어 있지 않은 기. 자연의 기.

천지지신기(天地之神氣): 천지지기와 같은 말.

체인(體認): 지식의 장기간 누적을 통하여 향상된 높은 수준의 앎. 또는 체득의 뜻.

추측(推測): 앎의 과정에서는 추(推)라는 추리와 측(測)이라는 판단의 논리로 이루어지며, 감각적 인식과 대비되는 사유를 통한 인식 과정. '推A 測B'를 'A를 미루어 B를 헤아리다'로 통일함. 이는 앎의 과정만이 아니라 수양과 실천의 과정에서 등장함.

추측지리(推測之理): 추측 작용으로 산출한, 곧 경험한 내용을 추리하여 판단한 이치. 또는 그러한 능력으로서 사유 법칙의 총체. 윤리나 도덕 또는 형이상학적 원리 등이 거기에 해당함.

추측지도(推測之道): 추측의 방법. 추측 논리.

추측통(推測通): 추측인 사유활동을 통한 인식.

취산(聚散): 기철학의 주요 개념 가운데 하나로 기가 모이면 물건이 되거나 생명이 있고, 흩어지면 죽거나 물건이 사라지는 것으로 기의 모임과 흩어짐.

측험(測驗): 대상 사물을 관측하거나 헤아려 증험함. 『운화측험』의 제목으로도 사용됨.

통(通): 신기통의 핵심 개념으로 여러 가지 의미로 쓰임. 가장 대표적인 경우는 인식으로서 알거나 앎의 뜻이고 그 밖에 소통하다, 유통되다, 연결되다, 허용하다, 능통하다, 막힘없이 흐르다 등 문맥에 따라 다양하게 쓰임.

통달(通達): 막힘없이 알다. 또는 기가 통하여 두루 도달함.

편폐(偏廢): 한쪽을 들면서 다른 한쪽을 버리는 일. 또는 반신불수나 신체 한 곳의 장애를 일컫는 말.

풍담(風痰): 담음(痰飮)의 하나로서 풍증과 관련된 담(痰)을 말하거나 풍(風)과 담(痰)이란 뜻으로도 쓰이고, 평소에 담증(痰證)이 있는 것을 말하기도 함. 때로는 질병의 대명사로 쓰임.

피륜(被輪): 행성을 곁에서 둘러싸고 그것과 함께 운동하는 기로서 다른 행성의 운동에 간여함. 이것이 일종의 중력 역할을 하는데, 훗날『성기운화』에서는 기륜(氣輪)으로 통일하여 기륜설로서 중력의 대체 이론으로 사용함.

한열조습(寒熱燥濕): 전통 의학의 육기(六氣) 가운데 4가지였는데, 서양 4원소의 냉열건습(冷熱乾濕)의 영향으로 주장하는 지구 대기의 차고 덥고 마르고 축축한 성질. 한난조습(寒暖燥濕)으로도 표현하며 후기 저작에서는 한열건습(寒熱乾濕)으로 정형화함.

험시(驗試): 증험과 시험 또는 증험하고 시험함.

형질(形質): 사람의 몸, 사물의 몸체 또는 기질. 이때 몸은 정신과 분리되지 않고 그것을 포함하며 정신의 특징도 몸의 그것과 연관됨. 물건의 경우 외형 또는 그 바탕.

형질통(形質通): 감각기관인 제규제촉(諸竅諸觸)을 통한 인식. 형지지통으로 부르며 드물게 성교의 뜻으로 사용함.

형체지기(形體之氣): 인체나 사물 속에 들어 있는 기. 형체가 갖추어짐과 동시에 생겨나 그것에 맞는 기능이 발달하며, 이것은 몸체 가운데 국한된 천지지기이며 그것을 의지함.

형체지신기(形體之神氣): 형체지기와 같은 말.

허망(虛妄): 허황하고 망령됨. 저자 학문의 특징인 성실의 반대 뜻으로 자주 쓰며 주로 도가(도교)와 불교를 지칭하고, 문맥에 따라 드물게 미신이나 방술 및 성리학을 그 대상에 포함할 때도 있음. 때로는 괴탄(怪誕)과 함께 기독교까지 포함한 종교 일반을 지칭해 사용하는 말. 같은 의미로 허무(虛無)라는 말을 사용하기도 함. 괴탄과 함께 논리상 참의 반대인 거짓으로도 사용함.

참고문헌

『關尹子』　　　　　　　　『管子』

『老子』　　　　　　　　　『論語』

『大戴禮記』　　　　　　　『大學』

『呂氏春秋』　　　　　　　『列子』

『禮記』　　　　　　　　　『劉子』

『楞嚴經』　　　　　　　　『萬機要覽』

『孟子』　　　　　　　　　『墨子』

『文選』　　　　　　　　　『本草綱目』

『北齊書』　　　　　　　　『史記』

『四書大全』　　　　　　　『四書集註』

『書經』　　　　　　　　　『宋史』

『荀子』　　　　　　　　　『詩經』

『新唐書』　　　　　　　　『五燈會元』

『魏書』　　　　　　　　　『陰符經』

『二程文集』　　　　　　　『二程遺書』

『資治通鑑』　　　　　　　『莊子』

『傳習錄』　　　　　　　　『左傳』

『周禮』　　　　　　　　　『周易傳義大全』

『周易』　　　　　　　　　『朱子語類』

『中庸』　　　　　　　　　『晉書』

『楚辭』　　　　　　　　　『韓非子』

『漢書』　　　　　　　　　『黃帝內經·靈樞經』

『黃帝內經·素問』　　　　　『淮南子』

『後漢書』　　　　　　　　葛洪. 『抱朴子』

董仲舒. 『春秋繁露』　　　　呂坤. 『呻吟語』

劉劭. 『人物志』

方以智. 『物理小識』

邵雍. 『觀物編』

吳乘權. 『綱鑑易知錄』

王充. 『論衡』

張載. 『正蒙』

朱熹呂祖謙. 『近思錄』

秦蕙田. 『五禮通考』

『儀象考成』

『新法算書』

班固. 『白虎通』

徐光啟. 『泰西水法』

呂祖謙. 『左氏傳說』

王肅. 『孔子家語』

張星曜. 『天儒同異攷』

朱載堉. 『律呂正義』

陳耀文. 『天中記』

『曆象考成』

『曆象考成後編』

高一志(Alphonsus Vagnoni). 『空際格致』

羅雅谷(Giacomo Rho). 『五緯曆指』

南懷仁(Perdinand Verbiest). 『靈臺儀象志』

鄧玉函(Johann. Terenz). 『奇器圖說』

利瑪竇(Matteo Ricch). 『乾坤體義』

________. 『天主實義』

馬若瑟(Joseph-Henry Marie de Prémare). 『儒敎實義』

徐日昇(Andreas Pereira). 『律呂正義續編』

艾儒略(Jules Aleni). 『職方外紀』

陽瑪諾(E. Diaz). 『天問署』

熊三拔(Sabatino de Ursis). 『簡平儀說』

________. 『泰西水法』

湯若望(Adam Schall von Bell). 『遠鏡說』

畢方濟(Francesco Sambiasi). 『靈言蠡勺』

『承政院日記』

南相吉. 『六一齋叢書』

『朝鮮王朝實錄』

南九萬. 『藥泉集』

李匡師.『圓嶠集』

李珥.『栗谷全書』

李瀷.『星湖僿說』

李濟馬.『東醫壽世保元』

安鼎福.『順菴集』

鄭道傳.『佛氏雜辨』

崔致遠.『桂苑筆耕』

崔漢綺.『陸海法』

______.『習算陳筏』

______.『身氣踐驗』

______.『運化測驗』

______.『人政』

______.『地球典要』

______.『增補明南樓叢書』. 成均館大學校

崔睍.『訒齋先生文集』

韓元震.『南塘集』

洪大容.『醫山問答』

李圭景.『五洲衍文長箋散稿』

『星湖全集』

李滉.『退溪文集』

任聖周.『鹿門集』

正祖.『弘齋全書』

『氣學』

『星氣運化』

『心器圖說』

『儀象理數』

『籌解需用』

『明南樓全集』. 驪江出版社, 1990.

大東文化研究院, 2002.

沈大允.『沈大允全集』

許筠.『惺所覆瓿稿』

F. 코플스톤/박영도 옮김.『중세철학사』. 서광사, 2011.

금장태.『한국실학사상연구』. 집문당, 1989.

대니얼 데닛/이희재 옮김.『마음의 진화』. ㈜사이언스북스, 2006.

렴정권 번역.『악학궤범』. 여강출판사, 1991.

李能和 輯述/李鍾殷 譯註.『朝鮮道敎社』. 普成文化社, 1986.

미우라 쿠니오/김영식 · 이승연 옮김.『인간 주자』. 창작과 비평사, 1996.

민족문화추진회.『국역 기측체의』. 민족문화문고간행회, 1986.

버트런드 러셀/송은경 옮김.『나는 왜 기독교인이 아닌가』. 사회평론, 2012.

알폰소 바뇨니/이종란 옮김.『공제격치』. 한길사, 2012.

안토니오 다마지오/고현석 옮김.『느끼고 아는 존재』. 흐름출판, 2021.

艾儒略 原著/謝方 校釋. 『職方外紀校釋』. 中華書局, 1996.

야규 마코토. 『최한기 기학 연구』. 경인문화사, 2008.

우기동 편역. 『철학연습』. 미래사, 1986.

李能和 輯述/李鍾殷 譯註. 『朝鮮道敎社』. 普成文化社, 1986.

이봉호 외 옮김. 『도교사전』. 파라아카데미, 2018.

이이/이종란 역해. 『율곡의 상소문 – 개혁하지 않으면 나라가 망한다』. (사)율곡연구원, 2018.

이재룡. 『예의 사상에서 법의 통치까지』. 예문서원, 1995.

이종란. 『운화와 윤리』. 문사철, 2008.

______. 『의산문답』. 한설연, 2017.

______. 『기란 무엇인가』. 새문사, 2017.

______. 『서양 문명의 도전과 기의 철학』. 학고방, 2020.

______·김현우·이철승. 『민족종교와 민의 철학』. 학고방, 2020.

이철승. 『우리철학, 어떻게 할 것인가』. 학고방, 2020.

이현구. 『최한기의 기철학과 서양 과학』. 성균관대학교 대동문화연구원, 2000.

장사훈·한만영 공저. 『국악개론』. 한국국악학회, 1975.

전성곤. 『육당 한국학을 찾아서』. 동서문화사, 2016.

主編 罗竹风/汉语大词典编辑委员会 汉语大词典编纂处 編纂. 『漢語大詞典』. 汉语大词典出版社, 1986.

陳來/이종란 외 옮김. 『주희의 철학』. 예문서원, 2002.

최한기/이종란 옮김. 『운화측험』. 한길사, 2014.

홍정근. 『호락논변의 전개와 현대적 가치』. 학고방, 2020.

이종란. “『주역』을 통해 구축한 동서 융합 철학의 플랫폼.” 한중철학회. 『주역의 연원과 한중 역학의 지평』. 경인문화사, 2019.

______. “기독교철학에 대한 최한기의 비판적 수용.” 「인문학연구」 제52집 (2016).

______. “최한기의 인식이론의 성격.” 「동서철학연구」 11-1 (1994).

______. “『전경(典經)』의 사상 분석으로 살펴본 ‘우리철학’의 방법론.”「대순사상논총」 30호 (2018).

이중원. “현대 물리학의 자연 인식 방식과 과학의 합리성.”「과학철학」 7 (2001).

陳敏皓. “初探『曆學疑問』·『曆學疑問補』.”「第七回科學史硏討會彙刊」. 臺北: 中央硏究員科學史委員會, 2007.

최슬기. “衛滿朝鮮과 匈奴의 ‘穢裘’ 交易.”「선사와 고대」 (2017).

고전번역원.『한국고전종합DB』; https://db.itkc.or.kr/

https://en.wikipedia.org

찾아보기